威科法律译丛 II

反托拉斯法
案例与解析

〔美〕克里斯托弗·L. 萨格尔斯 著

谭袁 译

Christopher L. Sagers
Antitrust
Second Edition

This is a translation of Antitrust, 2nd edition, by Christopher L. Sagers, translated from its original language, published and sold by The Commercial Press, with permission of CCH INCORPORATED, New York, NY, USA.

本书根据 CCH Incorporated 2014 年版译出

Copyright © 2014 CCH Incorporated

出 版 说 明

我馆历来重视迻译出版世界各国法律著作。早在1907年就出版了第一套系统介绍外国法律法规的《新译日本法规大全》81册，还出版了《汉译日本法律经济辞典》。1909年出版了中国近代启蒙思想家严复翻译的法国著名思想家孟德斯鸠的《法意》。这些作品开近代中国法治风气之先。其后，我馆翻译出版了诸多政治、法律方面的作品，对于民国时期的政治家和学人产生了重要影响。新中国成立后，我馆以译介外国哲学社会科学著作为重，特别是从1981年开始分辑出版"汉译世界学术名著丛书"，西方政治法律思想名著构成其中重要部分，在我国法学和法治建设中发挥了积极作用。

2010年开始，我馆与荷兰威科集团建立战略合作伙伴关系，联手开展法学著作中外文双向合作出版。威科集团创立于1836年，是全球最大的法律专业信息服务和出版机构之一。"威科法律译丛"是我们从威科集团出版的法律图书中挑选的精品，其中涉及当前中国学术界尚处在空白状态、亟需研究的领域，希望能够对中国的法学和法治建设有所助益。除了引进国外法律图书外，我们同时也通过威科集团将中国的法律思想和制度译介给西方社会，俾使中国学人的思想成果走向世界，中华文明的有益经验惠及异域。

商务印书馆编辑部
2011年8月

译 序 一

史际春[*]

全球化对于不同国家或地区、不同族群、不同阶层、不同企业或者个人的意义不尽相同，但无论如何它是人类经济社会和历史发展的一种趋势，无可改变。全球化的一大表现就是资本跨国流通和企业跨国经营，中国的境外投资和本土跨国公司曾几何时也成为常态。随着我国社会主义市场经济和法治的发展，反垄断法从无到有，作用愈显，反垄断合规成为企业经营的要素，尤其是大中型企业和跨国公司，不仅要遵守本国反垄断法，也要理性地规避境外的反垄断风险。为此需要放眼世界，了解世界上主要国家的反垄断法及其动态，既为国内反垄断法提供可能的借鉴，也为中国企业"走出去"的反垄断合规提供支持。

近日，谭袁告诉我，我推荐他翻译的［美］克里斯托弗·L.萨格尔斯所著《反托拉斯法：案例与解析》一书即将由商务印书馆出版，从而为国内读者了解美国反垄断法增添一部新作，我为他历经四年多辛劳取得这一成果感到由衷的高兴。谭袁在人大学习期间，与我交流较多，对学术有浓厚的兴趣，在许多事情上也愿意征求我的意见和建议。2012年，他计划前往美国学习一年，我表示支持，为他写了推荐信，后来他到纽约大学交流，并获得国家留学基金委员会的资助。在美国期间，他专攻美国反垄断法，因此非常适合由他来翻译美国克利夫兰州立大学萨格尔斯教授的这本书。

我国《反垄断法》实施十余年，成效显著，以至于被认为已与美国、欧盟并列为世界三大反垄断司法辖区。但中国的反垄断法与欧美相比毕竟历史短，经验少，尚须在实践中不断发展完善。反垄断法律规则的健全，反垄断

---

[*] 史际春，中国人民大学法学院教授，安徽大学讲席讲授，安徽师范大学法治中国建设研究院特聘教授。

执法和反垄断诉讼案件的社会影响力以及案件的数量，都是评价一个司法辖区的反垄断是否发达的指标；同样重要的是反垄断的理念是否深入人心，能否成为社会各界不仅在观念上认同而且外化于行的指南。其他司法辖区这方面的政策法规文本、做法和效果，都值得我们深入了解和准确掌握，只有这样，方能对其作有益且有效的借鉴。

美国开现代反垄断法之先河，一百多年来的发展与积淀，造就了其发达的反垄断法。而美国属于普通法系，其反垄断法以司法实施为主，仅从制定法不可能得其精要，判例说理及所形成的规则才是美国现实的"活"的反垄断法。比如《谢尔曼法》条文简短、表述含糊，只是理念和原则的表达，法院无法直接适用，需要法官在对市场经济有准确把握的基础上，灵活运用自由裁量权对具体案件进行审理，作出判决及形成裁判规则。学术研究对此也是至关重要的。这典型地反映出，反垄断法是合理性和合法性高度统一、充分讲理的法，反垄断法的条文只是为判断一种行为是否合乎市场经济的要求提供一种分析的框架和方法，无法直接生硬地套用，这对中国也不例外。美国的反垄断法，如同其他判例法，正是历来和现在的法官作为法律化身、结合具体案情的说理，美国反垄断案件中法官说理的部分及其包含的逻辑和规则，是美国反垄断法的重要内容，也是最值得中国反垄断法借鉴的部分或方面。

本书涵盖了美国反垄断法的制度与实践。对于每一部分制度，作者都对其历史和现状作了梳理，并辅以相关案例进行阐释。制度意为广义的法，不等于立法，其实施和结果，是以法官的认识和说理为中介的法与实践的一种互动，这是大陆法系背景的中国读者尤须明察的。作者对判例的处理也很有特点，他将相关判例涉及的重要问题或法官的观点精炼地展现给读者，避免了篇幅的冗长，又给读者一个指引，让其不妨去进一步了解案件详情。这些，使得本书的原文读起来不像许多英文法学著作那样繁杂晦涩，但却也并不意味着本书的翻译就很简单容易。谭袁在高校工作，平时的教学科研任务不轻，再找时间坐下来译此厚重的著作，我想如果他内心没有相当的热情和责任感，是不可能高质量地拿出这部译作的。谭袁的成果将要面世，希望它能够在帮助我们进一步了解美国反垄断法的基础上,助益中国反垄断法治的进步,也不啻可作为中国企业在美经营的一本反垄断合规"手册"。

是为序。

2021 年 1 月 12 日

译 序 二

孟雁北[*]

2020年12月的中央经济工作会议提出要"强化反垄断和防止资本无序扩张",并明确要"加强规制,提升监管能力,坚决反对垄断和不正当竞争行为",从而使"反垄断"成为我国"十四五"开局之年经济工作的关键词之一。

在社会各界热议我国反垄断法之际,得知谭袁副教授的译著《反托拉斯法:案例与解析》即将由商务印书馆出版,我内心有数倍的欣喜。一则是谭袁曾在我所任教的人大法学院攻读经济法专业的硕士和竞争法方向的博士,与我相识已久,亦师亦友。他踏实诚恳、勤奋好学,尤为可贵的是愿意安静地做学问,能用几年时间坚持翻译完这本近600页的著作可以窥见这位年轻学者的定力。二则是这本译著是我几年前推荐谭袁翻译的,我深知专业翻译工作苦乐参半,译者的付出远远超出我们的想象,我很高兴在我的周围有许多如谭袁一样,因为对反垄断法研究发自内心的热爱而愿意埋头翻译专业文献的青年学者,他们是中国反垄断法研究的未来。三则是反垄断法的国际化程度非常高,我国的反垄断法执法与司法在社会经济生活中的重要性已经不言而喻,但反垄断法的实施复杂、专业,需要大量的理论研究予以支撑,而译著是客观全面了解域外反垄断立法、理论与实践的重要桥梁,我国的反垄断理论研究与实践需要这样的文献。四则是尽管在我国的科研评价体系中,专业翻译的含金量一直比较低,但于热爱研究的学者而言,专业翻译是增强自己研究功底的最好的学术训练,我相信谭袁通过翻译本书从中收获的感悟,对他之后从事中国反垄断法的研究大有裨益,也很高

---

[*] 孟雁北,中国人民大学法学院教授、博士生导师,反垄断与竞争政策研究中心执行主任,数字经济竞争法研究中心主任。

兴看到谭袤的译著出版。

阅读《反托拉斯法:案例与解析》一书是我再次学习美国反托拉斯法的过程,也引发了我关于反垄断法的一些思考。

第一,作为最早制定反垄断法的国家之一,美国反托拉斯法的产生与发展曾对许多国家(地区)竞争法律制度的制定与实施发挥了重要的影响,因此成为反垄断法国际比较研究中最重要的样本之一。美国反托拉斯法从1890年《谢尔曼法》的制定,到结构主义反托拉斯时代,再到行为主义的反托拉斯时代,再到后芝加哥学派的反托拉斯时代,以及到最近几年新布兰代斯学派主张的提出,其执法与司法态度是处于动态变化之中的,必须结合每个不同历史阶段政治、经济背景以及经济学的发展,才能准确地理解美国反托拉斯政策的严格与宽松。或者说,准确客观地了解美国反托拉斯法并不是一件容易的事情,而大量阅读经典文献则是其中的必经之路。

第二,从美国反托拉斯案例的历史变迁理解美国反垄断法的理论与制度是一种重要的学习方法,《反托拉斯法:案例与解析》一书就充分地证明了这一点。美国是判例法国家,司法是美国反托拉斯法实施的重要路径,但解析反托拉斯案例的重要性主要还是因为反垄断案件复杂、专业、论证过程贯穿着反垄断法重要的理论以及重要的经济学分析方法,只有通过对案例精准的选择与评析,反垄断案件中的关键争议点才会不断凸显并被深入讨论,我们才可以借此准确地触摸到美国反垄断领域重要的制度与裁判规则。例如本书在第十章中关于"纵向限制的横向视角:从迈尔斯医生案到大陆电视案再到利金案的漫长之旅"的解读,就可以帮助读者清晰地理解美国反垄断法对于纵向限制的规制态度、变迁缘由以及横向共谋与纵向共谋的规制差异。

第三,正如本书作者克里斯托弗·L.萨格尔斯教授在其英文版序言中所谈及的一样:学习反托拉斯法时通常会遭遇到两个挑战:(1)经济学理论的学习以及(2)反托拉斯问题之间的相互关联性,而该书在力图策略性地解决这两个问题,并将这种策略与经过验证的"案例与解析"这种问答式的教学方法结合起来。这样的写作目标令读者期待并使本书的结构安排独具匠心。具体来讲，本书共分十一个部分，即：反托拉斯法导论；当代反托拉斯的经济学基础；限制贸易的共谋；纵向限制；共谋的证明；遭遇"大人物"：垄断法；反托拉斯、创新以及知识产权；价格歧视；合并与收购的反托拉斯问题；反托拉斯机构与程序；反托拉斯法的适用范围。乍看本书的章节安排有些松散，但却是为了因应反垄断法实施的需求，从问题出发并兼顾反垄断法的逻辑，深入浅出地回答许多关于美国反托拉斯法的问题，且有效地解决了读者学习反托拉斯法面临的挑战。

第四，反垄断法是法律分析、经济学分析和产业分析高度融合的学科。经济学理论不仅可以为反垄断法实施的正当性提供理由，也是反垄断执法与司法中的重要分析工具，还与反垄断法的发展相辅相成。经济学分析对我最初的触动是结构-行为-绩效作为分析市场竞争状况范式的简洁与深刻，以及通过成本-效益来量化分析经营者动机与意图而带来的说服力。反垄断法著作一定会有经济学分析的内容，但大多数反垄断法著作对于经济学的阐述是从竞争政策、竞争理论、不同的经济学学说的视角展开的，本书的一大特色则是从反托拉斯案例出发，以鲜活的反垄断实践为背景，通过深入浅出的阐述让读者触摸到反垄断案件中如何进行经济学分析。阅读本书关于"效率""消费者保护标准""市场势力的传统测算方法""市场集中度的衡量""寡头垄断理论"的论述，读者会有关于反垄断经济学分析意想不到的收获。

第五，尽管反垄断法的国际化程度非常高，但是各国（地区）反垄断法都会有自己独特的制度选择。正如欧盟竞争法会有关于国家援助的规定，中国反垄断法有禁止行政垄断行为的规定，日本禁止垄断法会有禁止不公平交易方法的规定一样，美国反托拉斯法也有自己的制度选择，其中结构主义的历史基因，对于"试图垄断"的规制，以及对于剥削性滥用行为的不规制等，都是极具美国反托拉斯法特色的。因此，准确地把握各国（地区）反垄断法律制度的异同，是国际反垄断法领域进行富有成效的对话与交流的基础，也是研究与借鉴域外经验的前提。

当今，以使用数字化的知识和信息作为关键生产要素、以现代信息网络作为重要载体、以信息通信技术的有效使用作为效率提升和经济结构优化的重要推动力的数字经济，又给反垄断法的立法、理论以及实践提出了诸多新的挑战。在如何面对超级平台的兴起，如何考量价格竞争要素的弱化，如何看待流量竞争和注意力竞争，如何面对"赢者通吃"形成的寡占市场结构，以及如何规制数据驱动型的并购行为等一系列问题上，中国已经与世界站在了同一起跑线上，中国反垄断法律共同体应当关注国际反垄断最新的理论发展，借鉴域外有益的国际经验，根植于我国的国情并发出属于中国的声音。

是为序。

孟雁北

于中国人民大学明德法学楼

2021年1月6日

译者序

美国被竞争法学界公认为是反垄断法律制度最为发达的国家。自1890年《谢尔曼法》颁布至今，美国的反垄断法律制度已经有一百三十多年的历史了。虽然美国是一个很年轻的国家，但在反垄断法律制度方面，则又是一个历史极为悠久的国度。反垄断法律制度的发展与成熟，与市场经济的发展息息相关。只有进入市场经济社会，当市场出现缺陷且政府主动运用法律的手段予以规制时，才产生了现代意义上的经济法。虽然域外国家鲜有作为部门法的经济法，但这并不妨碍这些国家务实地运用法律的手段来纠正市场的缺陷。作为经济法核心组成部分的反垄断法，其产生与发展也遵循着同样的逻辑。当美国从自由资本主义的发展中享受到巨大好处时，也潜在地要面临不受规制的自由资本主义发展所带来的巨大损害。因为"竞争本身就孕育着毁灭竞争的种子"。在19世纪中后叶的美国，这种"毁灭竞争的种子"最终发展成为遍布主要行业的托拉斯组织。这窒息了美国经济上的民主。然而，经济上的独裁必然会威胁到政治上的民主，加之民众饱受垄断之苦，垄断也引发了众多社会问题，1890年，美国通过了《谢尔曼法》，正式对托拉斯这种垄断组织及其垄断行为宣战，从而开启了美国的反垄断历史。

作为反垄断法律制度创制型的国家，除了普通法上的相关规则以外，并没有其他国家的经验可供美国所借鉴。因此，美国的反垄断法律制度从一开始就只能在实践中不断探索完善，而这也正契合了美国的判例法制度。在长期的、众多的司法判例中不断形成、提炼出的反垄断法规则，更能够符合实践的要求。这确保了美国的反垄断法律制度来源于活生生的市场竞争实践以及严谨而睿智的司法审判，使其具有强大的生命力和制度魅力，从而使其成为其他国家或地区借鉴的对象。美国的反垄断法律制度也与经济学理论密切相关，准确而言，美国经济学理论的发展直接决定了反垄断法律制度的调整。哈佛学派和芝加哥学派等分别对应了不同的反垄断分析思路和分析框架。不能说哪一种经济学理论及其对应的反垄断分析孰优孰劣、孰对孰错，因为每一种经济学理论的产生及发展，都是为了顺应当时的社会经济发展的需要。我们不能脱离当时的社会经济背景而孤立地评判哪一种经济学理论是否合理，也不能从我们当前发展阶段的需要来对过去的经济学理论横加指责。这违背了历史唯物主义的立场。任何一种经济学理论，只要符合其当时的社会经济发展的需要，能够解决当时所面临的问题，都有其自身的价值。美国反垄断法律制度发展的难能可贵之处就在于其能够顺应经济学理论的发展而作出相应的调整，当然，这也是美国反垄断法律制度发展之福，因为美国发达的经济学理论能够提供最为有力的支持。这也告诫我们，反垄断法并不仅仅是法律问题，而且也是经济学问题。本国反垄断法律制度的发展与成熟，离不开本国经济学理论所提供的支持。美国的反垄断法律制度对其他国家或地区包括我国的反垄断法的制定和实施都产生了重要影响。想要深刻全面把握反垄断法的理论与实践，美国无论如何都是一个无法绕开的国家。

　　美国的反垄断法以司法实施为主，这决定了美国的反垄断法律制度主要体现在卷帙浩繁的案例之中。典型重大的案件是我们了解美国反垄断法最为本真的方式。然而，要想系统而全面地学习了解美国反垄断法律制度，一本好的教材仍然是不二之选。反垄断法在美国大学的课程中占据着重要地位。我在中国人民大学攻读博士学位期间，有幸获得了国家留学基金委的资助，前往美国纽约大学从事一年的学术研究。在埃莉诺·福克斯教授的反垄断法课堂上，我深刻体验了案例教学的方法。美国的反垄断法课程，在某种意义上也是判例发展史的展现，教授引导学生结合判例就涉及的争议问题展开分析和讨论。这与我们国内的教学确实存在很大的差别。但我们也不可妄自菲薄地认为国内传统的教学方法就逊于国外的教学。经历了这么多年的比较与思考，我们在很多方面也应当有自己的自信，而且这种自信也是有现实基础的，而非一种盲目的自大。尽管美国在某些制度方面已经显现出衰败的趋势，但在反垄断法领域，其所具有的先进性仍然是毋庸置疑的。如果我们不承认这一点并对美国的反垄断法律制度持一种排斥的态度，或减少对美国反垄断法律制度的关注和学习，则显然将不利于我国反垄断法律制度的进一步发展。

在美期间以及回国之后，我始终心怀要为加强中美之间竞争法的交流做出自己应有贡献的志向。虽然自己资历尚浅，不敢奢望像学术前辈大家那样发挥出巨大的功绩，但总能贡献自己的绵薄之力。因此，承蒙史际春教授和孟雁北教授两位恩师信任，推荐我翻译本书时，我自然欣然接受并也将这视为是对国家资助我前往美国学习的一种回报。本书的作者克里斯托弗·L.萨格尔斯教授自2002年起一直任职于美国克利夫兰州立大学克利夫兰-马歇尔法学院。在此之前，他曾在华盛顿特区从事了四年的法律实务活动。与大多数美国法学教授一样，萨格尔斯教授的研究也涉及多个领域，包括反垄断法、行政法、法律经济学、金融法等。但反垄断法一直是萨格尔斯教授研究的重点，本书即是萨格尔斯教授多年反垄断法教学研究的重要成果。本书第一版于2011年6月出版，之后进行了修订，并于2014年3月再次出版，也即此次翻译的版本。此次翻译的相关版权事宜全部由商务印书馆统一负责，因此我完全无须为此奔波，从而使得我能够安心专注于翻译。也正是因为如此，我也就没有事先与萨格尔斯教授联系。国内许多译著的译者与作者大都或多或少有过一段"佳话"。在翻译过程中，我没有刻意去联系萨格尔斯教授，以同样续造一段"佳话"。这一方面是因为我认为，与作者对话的最好方式就是用心阅读作者呕心沥血所撰写的著作，大部分问题事实上都可以在书中寻找到答案，如无需要，没有必要绕过书本身去打搅作者。另一方面，等译著出版以后，与作者再联系也为时不晚。等待此次译著出版，我将与萨格尔斯教授联系，我相信我与萨格尔斯教授见面的日子会越来越近，对此我很期待。

萨格尔斯教授撰写本书，最主要还是满足学生学习反垄断法的需要，这会使得本书乍一读似乎感觉很简单。国内有些读过本书原文的学者也向我这样反映过。但正如孟雁北教授曾经说过的，阅读外文文献很快，但真正要翻译出来却会很慢。对此我深表认同。其中的原因可能在于，自己阅读，只求自己理解即可；而如果要翻译出来，就不能仅止于自己理解，而是要让他人在不看原文的情况下也能够理解，而且还要追求"信、达、雅"。我最初大致翻阅本书之后也认为翻译的难度应该不大。但正是这种"错觉"让人"侯门一入深似海"。自2016年6月起正式翻译，至2018年9月完成初稿，之后进行数次修订，于2019年7月向商务印书馆提交了第一版的修订稿。至2019年10月的三个月期间又反复修订了三四次。2019年底，商务印书馆将排版后的稿件发给我，我在此稿件上逐字阅读，又进行了一次全面而深入的修订，并于2020年6月底将最终的校对稿寄送给商务印书馆。至此，已经过去了整整四年。如果事先知道需要耗费如此之多的时间与精力，自己是否还有勇气接受这一任务？我想我最终还是会接受，尽管真诚地讲会有短暂的犹豫。之所以如此，除了前述的为中美反垄断法交流贡献自己力量这一理由之外，还有以下几个方面的原因。

首先，虽然萨格尔斯教授说本书主要是满足学生学习的需要，但在我看来，本书远远超越了这一目标价值，是一本非常难得的反垄断法教材和著作，这是我非常愿意进行翻译的重要原因。本书内容丰富，对美国反垄断法律制度及理论作了非常全面的阐释和梳理，不仅是学生，而且反垄断法的专业研究者、执法人员、法官、律师等以及其他对反垄断法感兴趣的人士，都可以从本书中全面而深刻地了解美国反垄断法律制度的全貌。本书自然会围绕相关判例展开，但难能可贵的是，本书并没有大段援引判决书的原文，而是对相关判例所涉及的反垄断问题进行了提炼、总结和梳理，这样不至于让读者一开始就陷入到庞杂而冗长的判决书中而理不清头绪，对判例的处理非常得当。从某种意义上来说，这也符合我们中国人阅读的习惯。或许也或多或少因为这方面的原因，才让有些学者感觉本书很简单。萨格尔斯教授对反垄断法所涉及的经济学理论也进行了精简，仅介绍了那些最为核心的经济学理论，萨格尔斯教授坦诚地指出学习法院所适用的那种基本反垄断法时，是不需要那些高级的经济学理论的。而且，本书对于不同需求的读者提供了不同的经济学理论学习方案。这些都不会让读者在阅读本书的前几章时就被恫吓住从而丧失了进一步探索的勇气。

本书的篇章结构安排方面,遵循的是从原则到具体的方式。萨格尔斯教授首先分析了市场势力,然后在后面的诸多章节围绕美国反垄断法中的三大"诉因"——这实际上也是大多数国家反垄断法中"三大支柱"的内容——展开,即依据《谢尔曼法》第1条针对共谋行为提起的诉讼,依据《谢尔曼法》第2条针对垄断行为所提起的诉讼,以及依据《克莱顿法》第7条针对合并与收购行为所提起的诉讼。之所以说是三大"诉因",是因为美国的反垄断法是司法主导的,即便在我们看来属于行政执法机构的美国司法部反垄断局以及联邦贸易委员会,也基本上是以原告的身份向法院提起诉讼来实施反垄断法。美国反垄断法上的这三大"诉因"对应的就是我国反垄断法上的垄断协议、滥用市场支配地位和经营者集中三大制度。因此这种体例安排也基本上与国内教材相差不大。在此我想就萨格尔斯教授单独将市场势力作为一章且放在三大"诉因"制度之前的原因作简要分析。美国反垄断法上的市场势力即相当于我国反垄断法上的市场支配地位。在国内,市场支配地位通常包含在滥用市场支配地位制度中。萨格尔斯教授这样安排,并非是随意为之,正如其所言,市场势力在三大诉因中都要涉及市场势力的证明,因为如果没有市场势力的话,则被告将没有能力对市场造成任何损害。我本人长期以来也对反垄断法三大支柱之间的关系展开思考,也在一些场合表达过自己的观点。垄断协议制度、滥用市场支配地位制度和经营者集中制度,都旨在预防和禁止经营者利用所形成或已经拥有的垄断力从事排除、限制竞争行为,这种垄断力是从事排除、限制竞争行为的依据之所在,没有这种垄断力,则其所意欲从事的排除、限制竞争行为并不会真正产生排除、限制竞争效果,反而会遭受市场的惩罚。事实上,经营者通过达成垄断协议,本质上旨在通过协议在相关市场内共同形成一定的垄断力,并依据协议共同滥用这种垄断力,形成垄断力的目的就在于滥用。如果垄断协议没有形成垄断力,则达成垄断协议的经营者实施垄断协议时,消费者必然会转向那些并未加入垄断协议的经营者,从而使得垄断协议无法达到其目的。经营者集中是经营者形成垄断力的另外一种方式,这种方式更加彻底,一旦完成集中,则会形成垄断力或者强化原本已有的垄断力。虽然这种垄断力不一定被滥用而只是具有被滥用的可能性,但一旦被滥用再采取拆分的措施将会造成巨大的社会成本,因此需要进行事前审查。滥用市场支配地位制度则更为直接,旨在禁止已经形成的市场支配地位的滥用。可见,垄断协议和经营者集中都是形成或强化垄断力的途径,而垄断协议制度和经营者集中制度都是为了防止形成垄断力或禁止所形成的垄断力的滥用,最终都着眼于垄断力的滥用禁止上。从这种意义上来说,滥用市场支配地位制度在三大支柱中确实居于最为核心的地位,是一种最为本源的制度。如此,三大支柱之间的内在逻辑关系就能够得到很好的解释。当然,这并非是为了进行解释而解释,厘清三者之间的关系是为了更好地实施反垄断法制度,尤其是垄断协议和经营者集中制度。在实施垄断协议和经营者集中制度时,始终要以认定是否会形成市场支配地位以及所形成的市场支配地位是否会被滥用为根本,从而不至于在制度的理解和适用过程中迷失了方向。

其次,本书被纳入了商务印书馆的"威科法律译丛",这也是促使我进行翻译的重要原因。商务印书馆是我国历史悠久、底蕴深厚且学术性很强的出版社,也是我很尊敬的出版社。商务印书馆出版了大量的学术经典著作,其中最为有名的就是"汉译世界学术名著丛书"。我书架上的书籍,有很大一部分是由商务印书馆出版的。能在商务印书馆出版一本著作,应该是很多学者所期许的。因此,在商务印书馆出版译著,自然也让我倍感荣幸。但这同时也带来了巨大的压力。商务印书馆将本书的翻译交给当时尚不满三十岁的我,也是需要极大勇气和极大信任的,因为在这个相对浮躁的年代,这是有风险的。唯有以更加严苛的标准进行翻译,才能不辱使命、不负重托。回首来看,很欣慰自己在漫长的翻译过程中基本上很好地做到了这一点。这也是为什么本书稿翻译了四年多才最终付梓的原因之一吧。

最后,通过翻译再系统深入地学习一遍美国的反垄断法律制度,也是我愿意进行翻译的重要原因。虽然通过阅读其他文献也能够学习美国反垄断法,尤其是我在美国也学习过一年,但为什么还要通过翻译这种费时费力的方式来进行学习呢?原因就在于通过翻译来学习是一种特殊的学习方式,具有无法媲美的优势。通过翻译来学习是一种最为精读的方式，它不仅要求自己读懂，还要求要以其他读者也能够理解的方式表达出来。虽然这会花费数倍的工夫，但也确实能够让我获得许多仅仅以读者身份所无法获取而只能以译者身份才能发现的宝藏。

翻译工作的目的就在于搭建起一座桥梁，让没有阅读原著的读者通过译著也能准确且容易地了解和掌握原著的内容。要做到"准确"，就必须忠实于原著，要把作者的观点客观地展现出来，译著不是译者超越原著内容表达自己观点之地。要做到"容易"，就必须经常转化译者和读者之间的角色，从读者的角度去思考，如果这样翻译，读者是否容易理解。不能让译著反而成为妨碍读者了解原著内容的障碍，如果因为译著的晦涩而促使读者无奈地跳过译著而直接阅读原著，那么译著的价值又何在？因此，在翻译时也必须考虑读者的阅读习惯等因素，让译著最大程度地实现"读者友好型"。在翻译过程中，我经常以读者的身份去逐字逐句阅读，看自己是否能够理解译文的含义，将那些可能西方化的表述方式转化成为中国读者所习惯的方式。此外，我还将原著中"1.1""1.1.1"等标题格式改为中文中通常所使用的"一""（一）"等标题格式。当然，这种转化也会有一些无法很好处理的问题，例如原文中在某些部分会指引到其他部分如"6.2.1.3"，如果转化的话，就只能使用"第六章第二节第一部分第三小部分"的表述，显得比较冗长，而且"第三小部分"也是一种无奈的表述。好在类似的情形不是很多，不至于使得良好的初衷落空。另外，本人将本书的书名翻译成"反托拉斯法"而不是"反垄断法"，是因为"反垄断法"只是我们从中国的角度对包括美国在内的其他国家或地区类似于我国反垄断法的法律制度的一种通称，虽然便于理解，但却可能无法准确反映出各国或地区"反垄断法"的特点。因此，将美国的"反垄断法"仍然翻译成"反托拉斯法"，不仅更为严谨，而且也能够时时提醒我们，各国或地区在反垄断方面除了有某些共同之处以外，还都有各自的特殊之处，我们应当持开放包容之态度，学习借鉴凡能为我所用的制度经验。

能够有幸翻译本译著，我首先要特别感谢史际春教授和孟雁北教授的推荐。在人大学习期间,两位老师都给予了我巨大的指导和帮助,在我工作以后,也一如既往地关心我,为我的事业发展提供各种支持。史老师是一位思想睿智、极具批判主义精神的学者,对我具有重要影响。无论是在课堂上,还是在与史老师的交流中,每次都能获得许多宝贵的启发。2020 年 11 月份,我曾邀请史老师来中国社会科学院大学法学院做一次讲座,当时史老师身体不适,仍然从外地专程赶回北京,令我十分感动。孟老师学识渊博,对竞争法的研究永远都充满着无比的热爱,这也深深地感染着我。孟老师也永远是那样的和蔼可亲,将她对生活的乐观、热情传递给身边的每一个人。在我举办学术会议时,孟老师总是欣然接受邀请,给予大力支持,并发表见地深刻的学术观点。感谢两位老师的推荐与信任,让我能够有缘翻译本书。吾爱吾师!

我也要感谢我的妻子对我翻译工作的大力支持,也要感谢我四岁的儿子,给我的生活带来了无比的乐趣。伴随他成长真的是一件非常幸福的事。我还要感谢我的父母、岳父岳母,为我们的小家作出了很大的牺牲。感谢家人的支持,让我能够专心地完成翻译工作。

我还要感谢商务印书馆"威科法律译丛"的总负责人王兰萍老师,是王老师策划了该译丛,进一步推动商务印书馆在我国法治建设中的独特价值。"威科法律译丛"的品牌规模及其社会影响力,凝结了王老师的大量心血。感谢王老师的信任与支持,才使得本译著能够得以顺利立项和出版发行。我也要感谢本译著的责任编辑金莹莹老师为本译著的编辑所做的辛勤工作,金老师专业且严谨的编辑,让本译著得以以最好的面貌展现给读者。

回首四年多的翻译工作,百感交集。翻译需要热爱,需要摒弃一切功利的考量,纯粹出于内心的热爱来进行。很高兴在翻译中,我始终能够保持这种热爱。翻译让我感到很充实,无论是在何时、何地,只要能够有工作的条件,肩负的责任都促使我翻译。当令人满意的译文逐渐从指间流淌出来,又是何等的具有成就感。在翻译过程中与作者进行思想上交流所带来的满足和愉悦,又何曾不是辛劳的翻译工作所带来的最大馈赠。如果本书能够对中国读者更好了解美国的反垄断法律制度具有切实的帮助,那将是对我翻译工作的最大肯定。当然,限于个人水平和能力,译著中可能不可避免地存在一些错误或值得进一步完善的地方,还希望读者们能够不吝指正。伴随着我国法治建设的不断深入推进,我国反垄断法制度建设和实施也必然将进入新的阶段。在此背景下,本译著也将体现出应有的价值。

是为序。

谭袁
于北京
2021 年 1 月 10 日

简　目

第一版序 …………………………………………………………… 1
第二版序 …………………………………………………………… 5

第一部分　反托拉斯法导论

第一章　联邦竞争政策的历史、本质及理论 ………………………… 3

第二部分　当代反托拉斯的经济学基础

第二章　反托拉斯经济学 …………………………………………… 23
第三章　现代反托拉斯经济学概论 ………………………………… 56
第四章　市场势力的重要概念 ……………………………………… 74

第三部分　限制贸易的共谋

第五章　《谢尔曼法》第1条概论 …………………………………… 93
第六章　本身违法行为 ……………………………………………… 108
第七章　合理原则及附属性限制规则 ……………………………… 122
第八章　中间分析：界定简化合理原则的长期努力 ……………… 130
第九章　横向合作中的另一个问题：信息交换 …………………… 144

第四部分　纵向限制

第十章　反托拉斯和商品分销：一个全新的领域 ………………… 153
第十一章　搭售和排他性合同 ……………………………………… 165

第五部分　共谋的证明

第十二章　《谢尔曼法》第 1 条共谋的证明 …………… 179

第六部分　遭遇"大人物"：垄断法

第十三章　垄断违法行为 …………………………………… 205
第十四章　试图垄断及共谋垄断 …………………………… 256

第七部分　反托拉斯、创新及知识产权

第十五章　反托拉斯、创新及知识产权 …………………… 267

第八部分　价格歧视

第十六章　价格歧视及《罗宾逊-帕特曼法》 …………… 287

第九部分　合并与收购的反托拉斯问题

第十七章　合并与收购的反托拉斯问题 …………………… 309
第十八章　《哈特-斯科特-罗迪诺法》的合并审查 ……… 356

第十部分　反托拉斯机构与程序

第十九章　反托拉斯机构与程序 …………………………… 383

第十一部分　反托拉斯法的适用范围

第二十章　　反托拉斯法适用范围概论 …………………… 417
第二十一章　反托拉斯法与政治 …………………………… 434
第二十二章　反托拉斯及受监管行业 ……………………… 471
第二十三章　劳动豁免 ……………………………………… 493

附 录

附录 反托拉斯经济学的更多主题：产业组织问题 …………… 509

词汇表 ………………………………………… 526
案例表 ………………………………………… 536
索引 …………………………………………… 550

目 录

第一版序 ··· 1
第二版序 ··· 5

第一部分　反托拉斯法导论

第一章　联邦竞争政策的历史、本质及理论 ····················· 3
　第一节　什么是"反托拉斯"? ······································ 3
　第二节　更广图景之下的当代反托拉斯 ························· 10
　第三节　如何使用本书 ·· 16
　第四节　整体反托拉斯法的简单描述 ···························· 19

第二部分　当代反托拉斯的经济学基础

第二章　反托拉斯经济学 ··· 23
　第一节　经济学在反托拉斯中的作用 ···························· 23
　第二节　经济学理论的直观解释:反托拉斯经济学基本规则 ···· 26
　　一、经济学基本规则 ·· 27
　　二、感受经济学基本规则 ·· 30
　第三节　基本价格理论更为传统的解释:通过图表及数学掌握
　　　　　经济学概念 ·· 35
　　一、函数、曲线及图表 ·· 36
　　二、竞争市场如何实现均衡 ······································ 37
　　三、垄断均衡 ··· 49
　　四、价格理论的规范论证:计算消费者剩余、生产者剩余和
　　　　无谓损失 ··· 52

第三章 现代反托拉斯经济学概论 56
第一节 反托拉斯的基本目标:"效率"的含义及消费者保护标准的兴起 57
一、"效率"及其在当代反托拉斯中的含义 57
二、消费者保护标准 59
第二节 现今反托拉斯真正关心的是:保护实现竞争的最优条件以促进"以品质为基础的竞争" 61
一、反托拉斯保护竞争而非竞争者 62
二、在反托拉斯中"社会"正当性理由永远是不相关的:辨识问题 64
三、反托拉斯(几乎)总是认为价格是不可知的 67
第三节 "哈佛学派"的贡献:制定反托拉斯规则以权衡漏查与误查 69
第四节 单边行为与多边行为及柯普维空缺:反托拉斯更关注共谋而非单个行为 72

第四章 市场势力的重要概念 74
第一节 反托拉斯法中普遍存在的市场势力 74
一、什么是市场势力? 74
二、市场势力在反托拉斯法中的重要地位及其表现 74
第二节 市场势力的传统测算方法:市场份额标准 78
一、市场份额标准及其起源 78
二、界定产品市场:赛璐玢测试 79
三、界定地理市场 84
四、界定市场后的市场份额计算 85
五、确定市场势力的其他指标 85
第三节 市场集中度的衡量:合并指南及赫芬达尔-赫希曼指数 87

第三部分 限制贸易的共谋

第五章 《谢尔曼法》第1条概论 …………………………… 93
  第一节 商业合作概论及几个初步概念:"横向"和"纵向"限制、
         本身违法原则与合理原则 …………………………… 93
    一、《谢尔曼法》第1条禁止"不合理"共谋的局限,以及本身
        违法与合理原则分析之间的区别 ………………………… 95
    二、"横向"与"纵向"协议安排:《谢尔曼法》第1条产品
        分销的重要性 ……………………………………………… 98
  第二节 本身违法原则与合理原则区分的困难:1975年以来
         变化的观点以及误查与漏查之间的权衡 …………… 99
  第三节 多边限制协议法律制度总结 ………………………… 105

第六章 本身违法行为 …………………………………………… 108
  第一节 本身违法行为诉因的框架 …………………………… 108
  第二节 本身违法行为的类型 ………………………………… 111
    一、横向固定价格 ………………………………………… 111
    二、横向划分市场 ………………………………………… 114
    三、联合拒绝交易(联合抵制) …………………………… 116

第七章 合理原则及附属性限制规则 …………………………… 122
  第一节 合理原则及合理原则诉因的要素 ………………… 122
  第二节 附属性限制规则 ……………………………………… 126

第八章 中间分析:界定简化合理原则的长期努力 …………… 130
  第一节 引言 …………………………………………………… 130
  第二节 快速审查原则的运用 ………………………………… 130
    一、适用快速审查原则的案件 …………………………… 131
    二、当前快速审查原则的框架 …………………………… 140

第九章 横向合作中的另一个问题:信息交换 ………………… 144
  第一节 传统的书立方法 ……………………………………… 144
  第二节 美国诉美国集装箱公司案的结构性方法及目前的法律 …… 147

第四部分 纵向限制

第十章 反托拉斯和商品分销:一个全新的领域 ………… 153
 第一节 纵向关系概述 ………………………………………… 153
 第二节 纵向限制法律概述 …………………………………… 154
  一、纵向限制行为的类型 ……………………………………… 154
  二、纵向限制的横向视角:从迈尔斯医生案到大陆电视案
    再到利金案的漫长之旅 …………………………………… 155
  三、利金案全面采纳合理原则之后的教义化阐述 …………… 162
 第三节 横向共谋和纵向共谋的区分 ……………………… 163

第十一章 搭售和排他性合同 …………………………………… 165
 第一节 引言 …………………………………………………… 165
  一、分销中的一个特殊问题 …………………………………… 165
  二、《克莱顿法》第 3 条的局限性及特性 …………………… 166
 第二节 搭售 …………………………………………………… 167
  一、什么是搭售 ………………………………………………… 167
  二、所谓的本身违法搭售测试 ………………………………… 168
 第三节 排他性合同 …………………………………………… 173

第五部分 共谋的证明

第十二章 《谢尔曼法》第 1 条共谋的证明 ………………… 179
 第一节 难以证明共谋的原因 ……………………………… 179
 第二节 单一实体问题:柯普维案、达格尔案及美国尼德
     公司案 ……………………………………………… 181
 第三节 共谋的证明 ………………………………………… 187
  一、基本框架及曾经的法律 …………………………………… 187
  二、通布利案、孟山都案及松下电器案中的共谋证明:
    "经济意义"的审前要求 …………………………………… 190

三、寡头垄断理论的重要性 ………………………………………… 195

四、利用间接证据证明共谋的持续性框架：现在所适用的
"附加因素"测试 ……………………………………………… 197

第四节 纵向共谋证明中的特殊问题 ………………………………… 200

第六部分　遭遇"大人物"：垄断法

第十三章　垄断违法行为 …………………………………………… 205

第一节 早期的判例法及其当前的重要性：美国铝业公司案、
联合鞋业案，以及法律所可能存在的多种形式 …………… 208

第二节 基本的诉因：作为动词的"垄断" …………………………… 211

第三节 排他性行为的证明 …………………………………………… 212

一、排他性行为一般理论 …………………………………………… 212

二、垄断意图的价值 ………………………………………………… 219

三、排他性定价：掠夺性定价及其形式 …………………………… 221

四、排他性的拒绝合作 ……………………………………………… 230

五、排他性分销：排他性合同、搭售、捆绑、全线逼销、忠诚
折扣，以及纵向排他行为的多面性 …………………………… 237

六、排他性的滥用机构：通过公共及准公共机构从事
排他性行为 ……………………………………………………… 241

七、排他性的创新 …………………………………………………… 247

八、其他"排他性行为"的无限范围及司法的迟疑 ……………… 251

第四节 合法的商业正当性理由 ……………………………………… 253

第十四章　试图垄断及共谋垄断 …………………………………… 256

第一节 《谢尔曼法》第 2 条试图垄断的诉因 ……………………… 256

一、掠夺性行为 ……………………………………………………… 257

二、具体意图 ………………………………………………………… 258

三、获得垄断力的危险可能性 ……………………………………… 259

第二节 《谢尔曼法》第 2 条的共谋诉因 …………………………… 261

第三节　商业正当性理由的证据 ………………………………… 262
第四节　试图垄断与共谋垄断理论的实践意义:请求策略 …… 262

第七部分　反托拉斯、创新及知识产权

第十五章　反托拉斯、创新及知识产权 ……………………………… 267
　第一节　两种政策的合理性 …………………………………………… 267
　第二节　反托拉斯具体适用程序 ……………………………………… 268
　　一、违反反托拉斯法的收购合法知识产权行为 …………………… 269
　　二、不适当地扩展或滥用原本合法的知识产权 …………………… 271
　　三、合法知识产权的许可问题 ……………………………………… 274
　　四、违法获得的知识产权的实施 …………………………………… 282

第八部分　价格歧视

第十六章　价格歧视及《罗宾逊-帕特曼法》 ……………………… 287
　第一节　价格歧视及其竞争意义 ……………………………………… 287
　第二节　理论观点 ……………………………………………………… 289
　　一、经济学理论中的价格歧视 ……………………………………… 289
　　二、价格歧视在竞争制度中的特征 ………………………………… 292
　第三节　法规及其起源、特征 ………………………………………… 293
　第四节　恢复的先决条件 ……………………………………………… 295
　　一、被限缩的司法范围 ……………………………………………… 295
　　二、《罗宾逊-帕特曼法》的范围 ………………………………… 297
　第五节　《罗宾逊-帕特曼法》的四种诉因 ………………………… 298
　　一、主要的违法行为:《罗宾逊-帕特曼法》第2(a)条之下的
　　　　普通价格歧视 …………………………………………………… 299
　　二、第2(a)条抗辩(也适用于另外一种情形) …………………… 302
　第六节　《罗宾逊-帕特曼法》的附属性诉因 ……………………… 304
　　一、《罗宾逊-帕特曼法》第2(c)条佣金支付 …………………… 304

二、《罗宾逊-帕特曼法》第 2(d)条和第 2(e)条的促销 …… 304

三、《罗宾逊-帕特曼法》第 2(f)条的诱导或接受歧视性
好处 …………………………………………………………… 305

第九部分 合并与收购的反托拉斯问题

第十七章 合并与收购的反托拉斯问题 …………………… 309

第一节 简单背景介绍 ………………………………… 311

一、一家企业收购另外一家企业或其一部分的多种方式：
收购交易的基本知识 ……………………………… 311

二、合并企业之间的竞争关系：横向、纵向及混合合并，
以及这种区分的价值 ……………………………… 313

第二节 并购法的法律渊源：《克莱顿法》第 7 条、《哈特-斯科特-
罗迪诺法》、指南，以及最高法院特殊的准无相关性 …… 315

一、《克莱顿法》第 7 条漫长的立法历史及《哈特-斯科特-
罗迪诺法》的制定 ………………………………… 316

二、合并指南 ………………………………………… 322

第三节 《克莱顿法》第 7 条的实体法：适用范围及适用性 …… 325

第四节 《克莱顿法》第 7 条实体性诉因 ………………… 330

第五节 实体性诉因（第一步）：市场界定、结构性推论，以及
被告的初步反驳 …………………………………… 334

一、横向合并 ………………………………………… 334

二、纵向及混合合并 ………………………………… 336

第六节 实体性诉因（第二步）：损害理论 ……………… 337

一、关于横向合并的损害理论 ……………………… 337

二、关于纵向合并的损害理论 ……………………… 342

三、关于混合合并的损害理论 ……………………… 346

第七节 实体性诉因（第三步）：抗辩 …………………… 350

一、"企业破产"抗辩 ………………………………… 350

二、效率抗辩 ……………………………………………… 350
第十八章 《哈特-斯科特-罗迪诺法》的合并审查 ……… 356
第一节 1976年:《哈特-斯科特-罗迪诺法》及合并审查官僚主义革命 …………………………………………… 356
一、引言 …………………………………………… 356
二、《哈特-斯科特-罗迪诺法》的解析 …………… 358
第二节 调整的交易 ………………………………… 361
第三节 合并审查 …………………………………… 368
一、初次申报以及HSR时间表 ……………………… 368
二、二次要求及审查时间的进一步延长 …………… 370
三、哈特-斯科特-罗迪诺程序内的争议 …………… 371
四、"偷偷提前行动"的问题 ……………………… 374
五、审查的结果 …………………………………… 375
六、适用于现金要约及破产实体的特殊规则 ……… 376

第十部分 反托拉斯机构与程序

第十九章 反托拉斯机构与程序 ……………………… 383
第一节 私人救济的局限性:"反托拉斯损害"规则、当事人资格的要求,以及伊利诺伊州砖块公司案规则 …… 384
一、反托拉斯损害 ………………………………… 385
二、当事人资格或"关系疏远" …………………… 388
三、间接购买者规则 ……………………………… 391
第二节 不同寻常多的实施者 ……………………… 393
一、联邦实施机构 ………………………………… 394
二、私人原告及三倍赔偿规则 …………………… 400
三、州政府:作为私人原告及国家亲权 …………… 402
第三节 技术程序特征 ……………………………… 403
一、后继诉讼及禁止反言 ………………………… 403

二、反托拉斯诉讼时效 …………………………………… 405
　　三、政府和解及托尼法案 ………………………………… 407
　第四节　反托拉斯救济 ……………………………………… 408
　　一、金钱补偿 ……………………………………………… 408
　　二、结构性救济：剥离或解散 …………………………… 411
　　三、其他类型的禁令 ……………………………………… 412
　　四、经营者集中合并前审查的救济 ……………………… 413

第十一部分　反托拉斯法的适用范围

第二十章　反托拉斯法适用范围概论 ………………………… 417
　第一节　反托拉斯法是巨大的"瑞士奶酪" ………………… 417
　第二节　反托拉斯法的基本范围："商业"的要求、州际的要求，
　　　　　以及《克莱顿法》和《联邦贸易委员会法》的适用范围 … 419
　　一、"贸易或商业"的一般原理；排除慈善和退休金；
　　　　以及反托拉斯法不适当的例外——职业棒球 ……… 419
　　二、《克莱顿法》第3条及《罗宾逊-帕特曼法》 …………… 424
　　三、联邦贸易委员会的管辖 ……………………………… 425
　第三节　国际反托拉斯：美国反托拉斯法的域外适用 …… 427
　　一、《谢尔曼法》的域外适用范围 ………………………… 428
　　二、《联邦贸易委员会法》及《克莱顿法》的域外适用 …… 430
　　三、反托拉斯法域外适用总结 …………………………… 431
　第四节　反托拉斯法适用的基本范围总结 ………………… 432

第二十一章　反托拉斯法与政治 ……………………………… 434
　第一节　反托拉斯法与政治的交融 ………………………… 434
　　一、为什么政治行为或者政府行为（理论上）会违反
　　　　反托拉斯法 …………………………………………… 434
　　二、政治豁免案件的宪法特征 …………………………… 436
　　三、政治豁免总结 ………………………………………… 439

第二节 州自身作为被告：帕克豁免或"州行为"豁免 …… 440
 一、基本规则：真正的州行为是"根据事实"进行的豁免 …… 440
 二、其他未被承认的可能例外，以及市场参与者例外具有持续不确定性 …… 443
第三节 私人作为州政府限制贸易代理人的问题：米德卡豁免 …… 444
 一、清晰阐述 …… 448
 二、积极监管 …… 451
 三、州机构和地方政府分支机构：哈雷镇案规则 …… 452
第四节 诺尔-彭宁顿豁免或"请愿"豁免 …… 455
 一、基本规则：不是"幌子"的"请愿"能够获得反托拉斯法豁免 …… 457
 二、联合管道公司案及限制的"来源、背景和性质" …… 462
 三、本身违反反托拉斯法的行为不是"请愿行为" …… 463
 四、声称的例外 …… 465
 五、独特的宪法第一修正案保护：克莱本五金公司规则 …… 468
第五节 关于反托拉斯及联邦行为的一点说明：暗示废止规则 …… 468

第二十二章 反托拉斯及受监管行业 …… 471
 第一节 受监管行业的范围及它们与反托拉斯的关系 …… 471
  一、引言 …… 471
  二、经济规制的历史：改变对竞争的信念 …… 474
  三、源于行政法的几点有益思考 …… 478
 第二节 曾经且继续普遍存在的法定豁免 …… 480
 第三节 "暗示废止"规则 …… 482
 第四节 司法谦抑规则：申报价格规则及主要管辖规则 …… 486

　　　　一、基奥或申报价格规则 …………………………… 486
　　　　二、主要管辖规则 …………………………………… 489
第二十三章　劳动豁免 …………………………………………… 493
　第一节　反托拉斯中的劳动问题 ………………………………… 493
　　　　一、引言 ……………………………………………… 493
　　　　二、一段非常简短的历史：早期的司法敌意及现代法律
　　　　　　制度的兴起 ……………………………………… 497
　第二节　当今的规则框架："法定"豁免、"非法定"豁免及
　　　　　艾伦布拉德利规则 …………………………………… 500
　　　　一、法定豁免 ………………………………………… 500
　　　　二、非法定豁免 ……………………………………… 503
　　　　三、艾伦布拉德利规则：工会—雇主共谋 ………… 507
附录　反托拉斯经济学的更多主题：产业组织问题 …………… 509
　第一节　分销经济学：纵向关系及其在反托拉斯法上的意义 … 510
　　　　一、横向—纵向的区分 ……………………………… 510
　　　　二、一些基本特征：产品分销的基本问题及产品
　　　　　　差异化的目标 …………………………………… 511
　　　　三、纵向损害的传统理论及新古典主义的批判 …… 514
　　　　四、最近关于新古典主义批判的重新审视 ………… 518
　第二节　不完全竞争的模型：寡头垄断理论 …………………… 521
　　　　一、寡头垄断相互依存 ……………………………… 522
　　　　二、关于较少数量竞争者竞争的进一步发展：限制定价
　　　　　　及可竞争性市场 ………………………………… 524
词汇表 …………………………………………………………… 526
案例表 …………………………………………………………… 536
索引 ……………………………………………………………… 550

第一版序

促使我写作本书的信念,是学生在学习反托拉斯法时通常会遭遇到两个挑战:(1)经济学理论的学习以及(2)反托拉斯问题之间的相互关联性。这使他们觉得非常困难,但事实上这两个挑战根本不具有任何挑战性。本书策略性地解决了这两个问题,并将这种策略与经过验证的"案例与解析"这种问答式的教学方法结合起来。

就经济学而言,好消息是,理解反托拉斯判例法所需要的最低程度的经济学理论根本没有想象中的那样困难,即便对于那些没有经过前期经济学训练的学生来说亦是如此。关于反托拉斯问题的经济学,在政策辩论以及学术会议上可能还有很多可以讨论的,并且反托拉斯法的执业者往往也精通经济学。但是,在学习正如法院所适用的那种基本的反托拉斯法时,是不需要这些高级的经济学理论的。本书通过第二章和第三章所包含的两部分策略来教授经济学最核心的理论。在第一部分策略中,第二章第二节通过一种纯粹直观的、不包含任何数学知识的方式,介绍了一个学生真正理解反托拉斯法判例所要掌握的所有经济学理论。(对于那些想要或希望通过更加严格的方式学习这部分材料的同学,可以参见第二章第三节,这部分的内容通过更加传统、定量的方式对同样的材料进行了再解释。我希望第二章第三节对于任何想学习该部分内容的学生仍然是易于理解的。)在第二部分策略中,第三章通过介绍一系列贯穿于反托拉斯法的经济学归纳,来进一步推动对经济学基本理论的理解;第三章还解释了目前的大部分法律。本书也包含了更多的经济学材料,以方便那些想要这些材料的学生使用,如果教授这门课程的老师对这部分内容作了更为深入的讲解,则这些经济学材料对于这些课程的学生也是有帮助的。

就反托拉斯问题的相互关联性而言,问题在于,在反托拉斯中,似乎任何事物都与其他事物相关,因此很难知道从哪儿开始。特别是在反托拉斯课程的初期，老师可能很难解释任何知识，因为学习任何知识似乎都需要首先理解如此多的其他知识。通常，这会使得学生在反托拉斯法课程的大部分时间里都感到茫然无措。但这并不成其为一个问题，因为在反托拉斯中有许多非常普遍的概念，我们可以首先对这些概念进行解释，而无需参考任何其他的材料，因此，在教授反托拉斯概念时，可以采取从最为原则性的到更为具体的方式。

我们可以从什么是反托拉斯这样一种基本的归纳开始。我们可以借鉴第一章中的一段话：

> 依据联邦反托拉斯法，反托拉斯是美国关于私人不得不当干预竞争性市场运行的一项政策。

而且，赋予该一般性政策生命力的几乎所有法律都可以被归结为三个诉因：依据《谢尔曼法》第 1 条针对共谋行为提起的诉讼，依据《谢尔曼法》第 2 条针对垄断行为所提起的诉讼，以及依据《克莱顿法》第 7 条针对合并与收购行为所提起的诉讼。此外，结果表明，这三个诉因有很多共通之处。由于它们具有如此多的相似性，因此我们可以首先确定关于这三个诉因最为一般的理论，然后由此出发进一步寻找更加具体的细节。这三个诉因最为共通之处在于，它们都旨在禁止那些不合理干预竞争的行为。这种不合理干预在反托拉斯中已经逐渐被界定为，给市场造成的损害大于其所产生的好处的私人行为。现在的反托拉斯通过运用经济学理论工具来考察这种私人行为造成的损害和产生的好处。换言之，目前反托拉斯法中唯一基本的理念就是第二章和第三章中运用两部分策略进行分析的简单经济学理论。

接下来，这一经济学理论的一个基本洞见就是，私人对市场的干预可能是有害的——也就是说，这种干预可能是不合理的——前提是市场的某些特征或缺陷使其无法实现自我修复。大多数经济学家认为，当一家企业试图抬高价格或以其他方式损害消费者利益时，市场通常会通过导致该企业失去交易机会的方式来实现自我修复。但市场有时并不会这样做，并且当市场自我修复的力量被抑制时，该市场中的企业可能就拥有某种势力来抬高价格或从事其他滥用行为。该企业就被认定为具有市场势力，并且，市场势力的概念确实已经逐渐在反托拉斯中具有根本的重要性。构成反托拉斯法上述三个诉因中的每一个诉因，在大多数的案件中都要求原告证明被告拥有市场势力，因为如果没有这种市场势力的话，试图在市场中从事滥用行为的被告就只是会损失交易机会。由于无论涉及的是何种类型的诉因，原告都必须依据相同的测试规则来证明市场势力，因此市场势力的证明就是反托拉斯法中接下来最一般性的概念。这将在第四章中进行解释。

在我们已经掌握了经济学理论以及市场势力的概念以后，我们就可以学习三大诉因更为具体的知识了，本书接下来的好几章内容都涉及这一主题。最后，剩下的章节涉及的是更为边缘性的问题，例如反托拉斯法和知识产权法的交叉（第十五章），价格歧视的问题（第十六章），反托拉斯法的程序问题（第十九章），以及反托拉斯法的适用范围（第二十至第二十三章）。

我要感谢威科集团（Wolters Kluwer）的林恩·丘吉尔（Lynn Churchill）女士为我提供写作本书的机会。她是一位非常好的工作伙伴。对于负责本书编辑以及管理整个"案例与解析"系列丛书的彼得·斯卡格斯塔德(Peter Skagestad)编辑，还能有什么其他溢美之词呢？似乎仅仅监督设定法律教育标准的系列丛书（用第二语言）还不够，彼得·斯卡格斯塔德还是一个通晓多种语言的哲学经济学家，从监管政策到查尔斯·桑德斯·皮尔斯（Charles Sanders Peirce）的诸多问题，他都有有趣的话要说。对我更为重要的是，他在任何情况下都给予了我耐心与宽容。我也要感谢彼得·卡斯滕森(Peter Carstensen)以及其他数位匿名评议人提供的反馈意见，他们承担了繁重且"吃力不讨好"的工作，并提出了富有真知灼见的建议。本书的写作也得到了克利夫兰-马歇尔暑期学术基金的资助，并受益于克利夫兰-马歇尔法学院为我提供的学术休假。

本书献给我四岁大的儿子，在我写这本书时，他也在写自己的一本书，对于一位父亲而言，能和儿子一起工作真是太好了。他告诉我，他的书完全是用蚂蚁-中文写的，这是一种只有蚂蚁才能读得懂的语言，这本书的名字叫《我的儿子是一粒花生》。他是一个好苗子。对于我妻子安妮（Annie）所提供的大力支持与无私牺牲，是我无法用言语表达感谢的。

2011 年 5 月
克里斯托弗·L. 萨格尔斯

第二版序

我之所以想对本书进行修订，有两个方面的原因。第一，自从本书2011年第一版出版以后，反托拉斯法在短短数年时间中发生了巨大的变化。最高法院在如此短的这段时间内，做出了三个重要的反托拉斯判决以及数个对反托拉斯诉讼具有直接和潜在严重后果的程序性的案件。任何上诉法院的判决也都足够重要，以至于确实需要对其予以考虑，例如形成的新的通布利-伊克巴尔（Twombly-Iqbal）辩护标准的案件，这是第三巡回法院作出的一个重要垄断案件判决，对反托拉斯法的国际适用范围作出了重要澄清。司法部也完全背离了它自己的最近历史，提起诉讼以禁止三个具有重要影响力的合并，并提起了针对苹果电脑公司的一起重大的非合并民事案件，除了一个仍然在审理中的案件以外，司法部在所有这些案件中都胜诉了。并且，司法部和联邦贸易委员会最近所修订的《横向合并指南》已经开始以我们必须予以盘点的方式而为人所知。第二，我认为，需要尽快对第一版所使用的方法和语言进行彻底的反思，因此整本书都已经被修订和澄清。

我确定我不会这么快就结束对彼得·斯卡格斯塔德所给予的耐心和支持的感谢，他是一个博学且思想深邃的编辑，负责整个"案例与解析"丛书项目的进展。我也会继续认为，如果我只在这些序中写或重写足够自责的道歉的话，他会原谅我令人难以忍受的拖延以及其他的一些未尽事宜。

自从第一版之后还有另外一个重大的变化，尽管它与反托拉斯无关，并且也确定不足以成为修订本书的理由。第一件事，上次还只是一个四岁的小男孩现在已经是一位身强力壮的年轻学者了，他有一位同事，还有一只懒散的猫，他们一直都很忙。还有，我们小小的团队已经是非常高产的了！

2013 年 11 月

克里斯托弗·L.萨格尔斯

第一部分 反托拉斯法导论

第一章　联邦竞争政策的历史、本质及理论

第一节　什么是"反托拉斯"？

什么是"反托拉斯"？简单地说，依据联邦反托拉斯法，反托拉斯是美国关于私人不得不当干预竞争性市场运行的一项政策。

通常在美国各大学法学院所学习的反托拉斯法，主要是《谢尔曼法》第1条和第2条(15 U.S.C. §§1-2)，以及《克莱顿法》第7条(15 U.S.C. §18)。这三个条款通过禁止商事主体可能从事的三类行为，以此来实现上述的政策目标，即防止这种行为干预健康竞争的运行。《谢尔曼法》第1条禁止商人通过"合同、联合……或共谋"的方式"限制……贸易"。其大致含义为，从事商业的人彼此之间不得达成一致以从事损害其所在市场的行为。他们从事这种行为的方式可能包括共同达成以下协议：固定销售商品的最低价格，划分消除彼此之间竞争的地理市场，或者任何其他类似的协议。《谢尔曼法》第2条禁止"垄断"；也就是说，任何一家大的企业，如果其试图将市场上所有的或大多数的竞争者都排挤出市场的话，则是一种违法行为。最后，《克莱顿法》第7条禁止一家企业对另外一家企业所进行的、"可能会实质性……减少竞争或产生垄断"的"并购"行为。这三个简短的法律条款各自分别创设了一个诉因(cause of action)，并通过政府或者私人诉讼的方式得以实施。换言之，说大部分的联邦反托拉斯法可以归结为三大诉因，这并非过于简单化，这三个诉因分别是《谢尔曼法》第1条的共谋，《谢尔曼法》第2条的垄断，以及《克莱顿法》第7条的限制竞争的并购。

不过，首先需要重点说明的是，上述三个条款都并非绝对地禁止所有的

"限制竞争的共谋",或所有的"垄断",或所有的并购。它们仅禁止那些被认为是不合理的共谋、垄断或并购。事实上,反托拉斯政策的整个历史都可以理解为是努力去界定"合理"这个术语的真正内涵,而这也是我们反托拉斯法课程的主要内容。这是反托拉斯最核心的问题,并仍然处于激烈的争论之中。

尽管有各种形式的州一级的法律也会影响或调整商业竞争,但本书中的反托拉斯仅指联邦层面的反托拉斯法及其在联邦法院的诉讼活动。[1] 虽然反托拉斯课程主要关注的是《谢尔曼法》第1、2条以及《克莱顿法》第7条,但联邦反托拉斯法并非仅仅只包括这两部法律。在早期,美国还制定了另外两部法律,即《联邦贸易委员会法》(1913年)以及《罗宾逊-帕特曼法》(1936年),从而对反托拉斯主体法律制度进行补充。依据《联邦贸易委员会法》成立了一个独立的竞争执法机构,即联邦贸易委员会;而《罗宾逊-帕特曼法》则对销售者的自由进行了限制,以禁止销售者"歧视"购买者(也即,就相同的商品向不同的购买者收取不同的价格)。

在美国法律中,自由竞争政策的理念十分古老。《谢尔曼法》已有120多年的历史,是现行仍然有效的最古老的联邦法律之一。但《谢尔曼法》却明确建立在英美法一个更为古老的传统之上。早在1624年,英国议会就对王室所授予的垄断进行了限制,[2] 英国法院早在1414年就根据普通法规则来促进自由竞争政策的发展。[3] 早期的美国法中也包含有憎恶绝对垄断的

---

[1] 参见马雷兹诉美国骨科医生协会[Marrese v. Am. Acad. of Orthopaedic Surgeons, 470 U. S. 373 (1985)]案判决书第379—380页;通用投资公司诉湖滨密歇根南方铁路公司[General Inv. Co. v. Lake Shore & Michigan Southern Ry. Co., 260 U. S. 261 (1922)]案判决书第287页。

[2] 参见《垄断法令》[*The Statute of Monopolies*, 1624, 21 Jac. c. 3(1624), reprinted in vol. 4. pt. 2 Statutes of the Realm at 1212 (William S. Hein & Co., 1993)],规定除特定情形外,所有旨在垄断"在该领域内任何商品的独家买卖、制造或者使用",都是无效的;参见爱德华·柯克(Edward Coke),《英国法令研究所》[*Institutes of the Laws of England*, 181(1797)(1985年摹本)],"所有授予垄断的行为都违反王国古老而基本的法律。"

[3] 参见哈伦·M. 布莱克(Harlan M. Blake),"雇员不竞争协议"(Employee Agreements Not to Compete),《哈佛大学法律评论》(*Harvard Law Review*),第73卷(1960),第631—637页,该文讨论了1414年著名的Dyer's案中的决定[Y. B. Mich. 2 Hen. 5, f. 5, pl. 26 (C. P. 1414)],在该案中,法院拒绝实施不竞争协议,而欧洲手工业行会复杂的制度体系正是源自于这种不竞争协议。

表述。[4] 18、19世纪的某些普通法规则对我们而言特别重要,因为这些规则对于以后解释《谢尔曼法》具有直接的重要价值。一方面,英美普通法一直声称重视个人契约自由以及财产所有者处分其财产的自由。法院常常解释道,对这种自由的容忍是为了促进贸易的健康发展。但另一方面,法院长期以来也一直担心某些契约事实上可能会通过某种方式损害贸易的健康发展。法院尤为关注那些禁止特定人在特定市场展开竞争的契约,例如师徒达成的在很长时间内或很广地域范围内彼此之间不展开竞争的契约。正是基于这种担心,逐渐形成了一系列的普通法规则,以规制那些逐渐被法院描述为"限制贸易"的契约,以及在某些方面限制"垄断行为"。当1890年制定《谢尔曼法》时(尽管该法在某些方面是不确定的,并且不同辖区对其理解也各不相同),这种判例法已经卷帙浩繁且为美国律师所熟知。事实上,《谢尔曼法》明确吸收了两个普通法术语——它禁止"限制贸易的合同"以及贸易"垄断"。大量证据表明这是经过慎重考虑后作出的选择,并且法院也没有忽略这一事实。在《谢尔曼法》一百多年的历史中,法官们一直援引普通法来对其进行解释。[5]

《谢尔曼法》是在美国经济发展历史的重要节点上制定的。[6] 在19世

---

[4] 参见:Md Const. art. XXXIX (1776) ("垄断是令人厌恶的,有悖于自由政府之精神及商业原则,应当避免受其损害。")。需要注意的是,在18世纪后期"垄断"这一术语通常是指政府所授予的垄断,而非仅仅依靠商业成功而获得的垄断,后一种形式的垄断在当时十分罕见。

[5] 参见联合总承包商诉加州木工协会[Associated Gen. Contractors of California Inc. v. Carpenters, 459 U. S. 519 (1983)]案判决书第531—532页;美国专业工程师协会诉美国[National Socy. of Profl. Engrs. v. United States, 435 U. S. 679 (1978)]案判决书第687—688页;新泽西标准石油公司诉美国[Standard Oil Co. of New Jersey v. United States, 221 U. S. 1 (1911)]案判决书第58—59页;也可参见柯普维公司诉独立管道公司[Copperweld Corp. v. Independence Tube Corp., 467 U. S. 752 (1984)]案判决书第786页[史蒂文斯法官(Stevens, J.)在该案判决中提出了反对意见]。

[6] 关于这一部分历史的背景,可参见路易斯·哈茨(Louis Hartz),《美国的自由传统》(The Liberal Tradition in America) (1963);詹姆斯·维拉德·赫斯特(James Willard Hurst),《19世纪美国的法律与自由的条件》(Law and the Conditions of Freedom in the Nineteenth Century United States) (1964);加里·格尔斯(Gary Gerstle),"美国自由主义的多样性特征"(The Protean Character of American Liberalism),《美国历史评论》(American Historical Review),第99卷(1994),第1043页。

纪50年代以前,美国仍然是一个农业经济占主导地位的国家,工商行业内主要是一些规模非常小的企业。但在19世纪发生了巨大的改变。19世纪后半叶的改变是如此巨大,以至于它通常被指代为内战时期(1861—1865),而接下来的几十年则被称为"美国工业革命"或"第二次工业革命"。跨洲运输、大众传播、大规模的工业生产等都在19世纪中期开始出现,并随后得以迅速发展。这种发展有趣的一点是,纯粹出于经济因素方面的考虑,企业往往感到不得不进行大规模的生产。首先,生产工艺方面的技术革新使得企业能够生产出更好的产品,而且也提高了生产效率,但这通常也需要进行巨额的投资来修建工厂和购买设备。企业需要通过某种方式来收回其巨大的固定资产投资,而且投资越大,企业就需要销售更多的产品才能够刚刚保持收支平衡。(这暗含了"规模经济"的概念,将在本书最后的词汇表进行讨论。)其次,美国交通运输范围和运输能力不断扩大的一个结果——最明显地就是新兴的全国铁路系统——就是企业能够在更广的市场内销售其产品。因此,许多行业的企业都能够开始进行大规模的生产,而这在以前是不可能实现的,因为以前在企业所在的地方市场上没有足够的购买者来购买所有的产品。无论如何,大规模的生产都会产生一定的经济后果。其中,本书最为关注的是,数量相对较少的大生产商控制了生产,并通常会消灭部分或全部的小竞争者。(如果存在显著的规模经济,大生产商相对于规模较小的竞争者而言将拥有明显的成本优势,在一个竞争性的市场中,这种优势一般会给规模较小的竞争者带来致命性的打击。)至少部分是因为上述原因,这一时期见证了世界历史上最大的行业并购浪潮。企业要么与竞争对手合并,要么收购被其打败的竞争对手的资产,这使得企业的数量越来越少,但每一家企业的规模却不断增大,并开始控制许多行业。事实上,大约在1895年至1905年期间发生了如此大规模的并购,以至于这一时期逐渐被称为"大并购浪潮"

(Great Merger Wave)。[7]

上述以及其他一些事件似乎导致了中产阶级及工薪阶级日益增长的分裂与政治焦虑,而这直接推动了反托拉斯法的制定。作为进步政治运动的骨干,一些城市知识分子及早些年的士绅阶层都对大企业怀有敌意。另外,由于大规模的工业生产需要大量的劳动力,因此企业要雇佣大量的移民以及农民工,但通常却仅支付非常低的工资,这导致无地农民以及贫穷的城市工人阶级数量不断增长。这一团体中的许多人都不断加入工会,他们和势单力薄的农民都感觉受到了压迫,并被日益集中的财富剥夺了正常的经济机会。

因此,在《谢尔曼法》颁布之际,"美国工业革命"使得商业发展和财富、经济机会分配不均二者之间的冲突达到了危险的程度。虽然有大量但却通常冲突的理论试图对国会制定《谢尔曼法》的最初意图进行解释,但毫无疑问,《谢尔曼法》是在公众对新资本集中所带来的政治权力产生恐慌的背景下制定的。在很大程度上,国会制定《谢尔曼法》的目的就在于平息公众的这种恐慌。[8]

---

[7] 有关论述及详细分析,请参见小阿尔弗雷德·D. 钱德勒(Alfred D. Chandler, Jr.),《看得见的手:美国商业中的管理革命》(*The Visible Hand: The Managerial Revolution in American Business*)(1977);内奥米·拉莫雷奥(Naomi Lamoreaux),《美国商业大合并运动:1895—1904》(*The Great Merger Movement in American Business, 1895-1904*)(1985)。

大多数人认为制定《谢尔曼法》是为了禁止大规模的、具有限制竞争效果的合并,如果事实真是如此,那可以说将是相当讽刺的,因为合并浪潮正是始于《谢尔曼法》颁布以后的19世纪90年代中期,反托拉斯的批评者注意到了这一点。批评者因此而认为,《谢尔曼法》非但不能禁止垄断以及不断增长的市场势力,反而引发了大兼并浪潮。参见乔治·比特灵梅耶(George Bittlingmayer),"是反托拉斯政策导致了大合并浪潮吗?"(Did Antitrust Policy Cause the Great Merger Wave?),《法律与经济学杂志》(*Journal of Law & Economics*),第28卷(1985),第77页。然而,有充分的理由相信,世纪之交的并购与反托拉斯之间没有任何因果关系,而且,无论是否制定了联邦反托拉斯法,并购浪潮都会发生。如果说二者之间有什么联系的话,那就是并购浪潮与《谢尔曼法》的制定都是由19世纪巨大的社会经济变迁所引起的。参见唐纳德·J. 斯米斯(Donald J. Smythe),"最高法院和托拉斯:反托拉斯与现代美国商业监管的基础——从奈特案到斯威夫特案"(The Supreme Court and the Trusts: Antitrust and the Foundations of Modern American Business Regulation from Knight to Swift),《加州大学戴维斯法律评论》(*UC Davis Law Review*),第39卷(2005),第85页。

[8] 参见大卫·米伦(David Millon),"《谢尔曼法》与权力平衡"(The Sherman Act and the Balance of Power),《南加州法律评论》(*Southern California Law Review*),第61卷(1988),第1219—1220页("《谢尔曼法》两个简短而明确的条款是美国通过保护自由竞争的机会实现经济分权进而控制政治权力这一传统的'遗言'。")。

在这部分的介绍中有必要指出的是,反托拉斯法具有一定的制度特殊性。首先,《谢尔曼法》模糊而简短的条文与大多数仍然现行有效的法律形成了鲜明的对比,这些法律要么规定得很详细,要么委托某些联邦行政机构通过规章的方式来进一步细化。由于《谢尔曼法》的条文是如此的宽泛和模糊,因此反托拉斯法普遍被认为授予了制定普通法的权力,而联邦法院据此负有制定保护自由竞争的联邦政策的职责。法院在行使这种立法权时,使得围绕反托拉斯原本就存在的争议更加激烈,尤其是当它们对经济理论有着不同程度的信仰时更是如此。

不管怎样,联邦法院在反托拉斯立法方面已经摸索出了一条可以被称之为"类型化方法"(category approach)的道路;也就是说,多年以来它们已经创制出了几种类型并尝试将其所调查的其他被诉行为纳入其中,然后参照该类型内的所有其他案件来处理这一被诉行为。因此,正如我们将要看到的,一些行为被归为"横向固定价格"的类型,即具有直接竞争关系的竞争者达成的固定产品或服务价格的协议。这些案件将适用统一的法律标准。而这一特殊的类型则正是违法性最明显且受到最严厉惩罚的违反反托拉斯法的行为。

在适用"类型化方法"时,对于法院而言最为基本的类型可能是判断在任何特定的反托拉斯诉讼中,被诉行为究竟是由单方实施的(即单边行为)还是由多方共同实施的(即多边行为)。例如,《谢尔曼法》第 1 条就仅规定了多边行为——仅适用于"限制贸易的合同、联合,……或共谋"——因此单个人不可能违反《谢尔曼法》第 1 条。而另一方面,《谢尔曼法》第 2 条在大多数情况下仅适用于单边行为。依据第 2 条,"垄断,或者试图垄断"任何特定市场的行为都是违法的。[9] 如今在法院看来,对《谢尔曼法》所做的上述两种类型的划分意味着是基本公共政策的一种微妙但却极为重要的承诺。依据《谢尔曼法》第 2 条证明诉因通常要比依据第 1 条证明诉因更为困难,

---

9 事实上,依据第 2 条,"与任何人联合或密谋垄断"任何市场的行为也是违法的。但是,第 2 条的这一规定很少被实施。

因为第 2 条要求原告证明被告具有"垄断力"。因此,《谢尔曼法》暗含着这样一个观点,即单边行为对经济造成的危害相较于多边行为而言要更小。正如最高法院所言:

> 对第 1 条协同行为的判断要比第 2 条的单边行为更为严格……相较于单边行为,国会之所以对协同行为更为严格,其原因是很容易理解的。协同行为固有地充斥着限制竞争的风险。它消除了市场中的独立决策中心,而这正是竞争所具有和要求的……这不仅减少了经济权力旨在实现的多元化方向发展,而且还突然提高了经济权力并使其朝某一个特定的方向发展。

柯普维公司诉独立管道公司[Copperweld Corp. v. Independence Tube Corp.,467 U.S.752 (1984)]案判决书第 768 页。与美国尼德公司诉美国职业橄榄球大联盟[American Needle,Inc. v. NFL,130 S. Ct. 2201(2010)]案判决书第 2209 页的观点一致。

但无论如何,正如我们将要看到的,类型化方法也有其自身的问题。尽管某些种类的行为表面看起来类似,但后来却被证明会产生不同的竞争后果,而法院有时却将这些行为混为一谈并归为同一类型。因此,对这些行为处以相同的法律制裁可能是不合理的。另一个问题是,尽管类型的界定看似很简单,但要确定某一特定行为属于何种类型实际上还是十分困难的。事实上,正如我们将要看到的,横向固定价格行为虽然看似简单,却可能是最难以界定的。

反托拉斯法的第二个制度特殊性就是它实施的方式多得令人吃惊,这一事实本身就引起了相当多的批评和争议。两个完全不同的联邦机构共同实施反托拉斯法,而它们的管辖权却在很多方面都是重叠的。首先,司法部(the Justice Department)可以对违反反托拉斯法的犯罪行为提起诉讼,寻求禁令以禁止任何违反反托拉斯法的行为,并负责监督"经营者集中事前审查"程序(我们将在本书后半部分学习该制度)。其次,一个被称之为联邦贸易委员会(the Federal Trade Commission, FTC)的独立机构在实施反托拉斯法以及监督经营者集中事前审查方面也基本上拥有相同的权力,唯一的主要区别就是 FTC 不负责反托拉斯法的刑事实施。(在联邦层面,任何形式的刑事起诉都只能由司法部提起,任何其他机构都不享有该权力。)但是,反托拉斯法同样也通过私人提起金钱损害赔偿之诉这一方式而得以实施,而这也成为反托拉斯法实施最引人注目的特征之一。私人原告如果能够成功证明存在违反反托拉斯法的行为,则不仅可以就自己因垄断行为遭受的损害获得赔偿,还能够依据所谓的"三倍"赔偿规则获得所受损害的三倍赔偿(而且他们也有权就诉讼费和律师费获得补偿)。最后,州政府也负责实施反托拉斯法。州政府可以起诉那些给州自身造成损害的被告(例如,投标人在公共工程招标中密谋固定价格),州政府还可以代表本州受到垄断行为损害的市民提起诉讼。

第二节 更广图景之下的当代反托拉斯

大多数人都认为,反托拉斯是一门处于重要变化中的学说,并已存在了很长时间。依其性质,反托拉斯不可避免地具有政治色彩,并且会涉及当今一些最具争议性的问题。这些争议所造成的特殊学说混乱,至少自 20 世纪 70 年代初期起就已经成为反托拉斯的一部分。因此,对于学习反托拉斯的学生而言,花一些时间将反托拉斯置于其政治背景之中,就看似是大有裨益的了。

反托拉斯始于理论争议,而且也差不多就停留于此。在《谢尔曼法》颁布之际,美国经济学家严重质疑处理工业革命问题的最佳方式,或者更确切地说,甚至质疑这是否成其为一个问题。当时许多经济学家认为,工业变革已经改变了经济的基本规则,并且在很多行业中不再可能存在公开竞争。因此,在事实上要求企业彼此之间展开竞争的《谢尔曼法》等法典中,公开竞争将不再具有价值。事实上,绝大多数经济学家都认为行业集中(包括导致垄断的集中)不仅是不可避免的,而且还是自然的、健康的。

在这些经济学家看来，制定政策以禁止企业通过联合或共谋协调彼此行为是不明智的。

虽然这些观点不再受到重视，但是关于什么是理解经济的最佳方式及管理经济的最佳政策的争论却从来也没有终止过。对于当今的反托拉斯从业者而言，漫长争论历史的最重要特征即是，我们仍然处在由经济学家思想所推动的、四十多年来一直持续的理论变革之中。沃伦（Warren）法院（之所以这么称是因为其首席大法官是厄尔·沃伦）因其20世纪50年代中期至60年代末所作的一系列反托拉斯判决而变得有些声名狼藉，在这些案件中，最高法院基本上将各种不同类型的行为都自动认定为违法。正如我们将要看到的，自《谢尔曼法》制定之后，法院就已经通过这种方式至少将某些行为认定为"本身"违法，而且即便是现在，仍然有少数几种行为适用本身违法原则。沃伦法院时期最异乎寻常之处就在于其适用本身违法原则的范围，并在适用这些规则时基本不采用经济分析的方法。

遏制这种趋势的一个著名标志性事件是依据《克莱顿法》第7条提起的一个诉讼。在一个看起来健康且竞争的市场中，一家小的杂货连锁店收购了另外一家杂货连锁店，最高法院依据《克莱顿法》第7条认定应当承担法律责任。为了对这种认定表示抗议和谴责，在经过较长时间激烈争论以后，斯图尔特（Stewart）大法官说道："我唯一能够（在《克莱顿法》第7条的判例法中）发现的一致性就是，在依据《克莱顿法》第7条所提起的诉讼中，政府总是能够胜诉。"参见美国诉冯食品杂货公司［United States v. Von's Grocery Co.，384 U.S. 270（1966）］案判决书第301页（斯图尔特法官持反对意见）。

无论斯图尔特大法官是否正确，他都不是唯一持有这种观点的人。自20世纪70年代中期开始，最高法院以及下级联邦法院就开始非常严肃地反思严格的沃伦法院规则，并且探究这些规则能否与当时流行的经济学理论相协调。从那时起，在许多观察家看来，绝大多数的规则都无法与当时的经济学理论相协调。不管正确与否，需要指出的是，最高法院不断变化的观点立场正好与这一时期最高法院重要的人员变动（与此相伴随的将是对于哪些应当优先考虑以及哪些值得同情的看法的改变)相一致,围绕反托拉斯的猜测永恒不变的一点就是,大法官们不断变动的政治立场是否已经成为他们不断变动的反托拉斯判例法的一部分。[10] 无论如何,正如目前的发展情况一样,仅有三种主要行为仍然适用本身违法原则,而且大多数的经济行为都能够受到更加灵活和宽容地审视。当然,尽管许多人都认为这种发展很重要,但也并非每一个人都认为这是一件了不起的事情。

恰巧的是,我们要么处于另一个新的转变过程中,要么仍然处于始于20世纪70年代的转变之中。尽管没有人知道确切的原因,但在过去十年左右的时间里,最高法院已经判决了大量重要的反托拉斯案件。一些评论家认为这一趋势表明最高法院进入了第二次重要的人员变动期,尽管这充其量只是一种片面的解释。自2005年罗伯茨(Roberts)被任命为首席大法官以后,在很短的时间内又有数位大法官被任命,随着2006年阿利托(Alito)被任命为大法官,一些人认为最高法院的大多数已经变得更加保守。然而,当时在任的大法官加起来的工作年限要比美国历史上任何其他大法官小组都要长,并且最高法院在这一时期所作出的诸多重要的限制性反托拉斯判决,至少可以追溯到十多年以前,也即1992年,这要早于最近所任命的一批大法官的时间。但无论如何进行解释,最高法

---

[10] 这种概括是危险的,但不管怎样,值得指出的是:在1969年至1975年的短时期内,尼克松总统和福特总统就任命了五位大法官——伯格(Burger)(被任命为首席大法官,以替代沃伦),布莱克曼(Blackmun)、鲍威尔(Powell)、伦奎斯特(Rehnquist)、史蒂文斯(Stevens)。这五位大法官替代了沃伦首席大法官,以及福塔斯(Fortas)、哈兰(Harlan)、布莱克(Black)以及道格拉斯(Douglas)大法官。艾森豪威尔任命的斯图尔特大法官,以及最新任命的最为保守的集团——首席大法官伯格以及鲍威尔、伦奎斯特大法官——往往能够与他们其余五位同事中的一位或多位联合起来从而形成大多数。人们普遍认为,这一个新的集团至少能够在表面上形成一种较之于沃伦法院时期更为保守的立场。参见霍华德·R.卢里(Howard R. Lurie),"伯格法院时期的企业合并:一种反对反托拉斯的偏见及其影响"(Mergers Under the Burger Court: An Anti-Antitrust Bias and Its Implications),《维拉诺瓦大学法律评论》(*Villanova Law Review*),第23卷(1978),第213页。关于这一时期的政治发展的介绍,参见劳拉·卡尔曼(Laura Kalman),《保守派的崛起:一种新的政治,1974—1980》(*Right Star Rising: A New Politics, 1974-1980*)(2010);西恩·维伦茨(Sean Willentz),《里根时代:历史,1974—2008》(*The Age of Reagan: A History, 1974-2008*)(2008)。

院最近在许多反托拉斯案件中所作出的判决——如果它们有任何共同特征的话,那就是保护企业免受私人诉讼的侵扰——已经被某些人描述为最高法院在"商业"法学领域中趋于保守。至于这些判决是否能够被称之为"保守",或者最高法院是否真的过于"商业友好"等,还存在着很大的争议。但我们不能否认这样一个事实,那就是自1992年至2010年的近二十年的时间里,最高法院判决了大量的反托拉斯案件,并且在每一个案件中都站在了被告一边。

这些判决中实际影响最大的可能是贝尔大西洋公司诉通布利[Bell Atl. Corp. v. Twombly, 550 U. S. 544 (2007)]案,该案提高了原告依据《谢尔曼法》第1条对共谋行为提起控诉的最低门槛。有观察家注意到,在贝尔大西洋公司诉通布利案以后,反托拉斯诉讼案件数量急剧下降(贝尔大西洋公司诉通布利案以及其他一些庭审前的问题将在第十二章中进行探讨)。最高法院对"纵向"限制协议态度的转变也具有重要意义。最高法院在相对较短的时间内所做的这种转变,实际上代表了其对整体商业活动法律态度方面的巨大变化。其中最具代表性的案件可能就是利金创意皮革产品公司诉PSKS公司[Leegin Creative Leather Prods., Inc. v. PSKS, Inc., 551 U. S. 877 (2007)]案。从某种意义上来说,利金创意皮革产品公司案只是这一发展过程的顶点,这一转变实际上自大陆电视公司诉GTE西瓦尼亚公司[Continental T. V., Inc. v. GTE Sylvania, Inc., 433 U. S. 36 (1977)]案就已经开始了,在大陆电视公司诉GTE西瓦尼亚公司案中,最高法院第一次开始放松了之前一直以来对纵向限制协议所进行的非常严格的限制,这种纵向限制协议实际上就是产品生产者和服务提供者与分销商之间达成的一种合同。一般认为,大陆电视公司诉GTE西瓦尼亚公司案之所以如此重要,是因为在该案中最高法院首次采用了一种真正经济性的、理论性的方法来分析纵向限制协议在竞争方面的利弊;而传统的方法要更为严格,并且似乎也未对下游分销商的自由展开经济方面的考量,而下游经销商的行为实际上也受到了合同的限制。但是,当利金创意皮革产品公司案终结了始自于大陆电视公司诉GTE西瓦尼亚公司案的这种发展时,其影响还是非常巨大的。利金创意皮革产品公司案最终清除了本身违法原则在纵向领域中适用的最后地盘,并因此而放松了对纵向固定最低价格这一曾经被认为是最严重的纵向限制竞争行为的法律控制。社会普遍期待,最高法院将要推翻迈尔斯医生医疗公司诉约翰·D.帕克父子公司[Dr. Miles Med. Co. v. John D. Park & Sons Co. ,220 U. S. 373（1911）]案这个一百多年前形成的先例,当这种期待被证实时,同样产生了巨大的影响。（利金创意皮革产品公司案、迈尔斯医生案以及这两个案件所涉及的被称之为"转售价格维持"的相关法律将会在第十章中进行讨论。）[11]

其他一些发展也很重要,例如威瑞森通信公司诉柯蒂斯·V.特林科律师事务所[Verizon Commcns. , Inc. v. Law Offices of Curtis V. Trinko, 540 U. S. 398（2004）]案和太平洋贝尔电话公司诉链路通信公司[Pacific Bell Tel. Co. v. Linkline Commcns. , Inc. , 129 S. Ct. 1109（2009）]案,这两个案件可能对垄断诉因进行了重要限制（这将在第十三章中进行探讨）,并且,瑞士信贷第一波士顿有限公司诉比伶[Credit Suisse First Boston Ltd. v. Billing, 127 S. Ct. 2383（2007）]案可能被证明明显扩大了受规制企业反垄断豁免的范围。[12]

不可否认的是,原告频频败诉的态势终于在美国尼德公司诉美国职业橄榄球大联盟案中得以扭转,紧接着,原告在联邦贸易委员会诉菲比帕特尼健康系统公司[FTC v. Phoebe Putney Health Sys. , Inc. , 133 S. Ct.

---

[11] 调整纵向关系的法律也有其他一些变化,例如伊利诺伊州工具工作公司诉独立油墨公司[Illinois Tool Works, Inc. v. Independent Ink, Inc. , 126 S. Ct. 1281（2006）]案对所谓的"搭售"（tying）的诉因进行了限制（该案及与搭售相关的法律将在第十一章中进行讨论）;并且,在惠好公司诉罗斯-西蒙斯硬木公司[Weyerhaeuser Co. v. Ross-Simmons Hardwood Lumber Co. , 127 S. Ct. 1069（2007）]案中形成了一种新的规则,以调整一种由具有市场支配地位的企业所从事的特殊纵向滥用行为[该案涉及"掠夺性购买"（predatory buying）问题];这一问题以及其他一些由具有市场支配地位的企业从事的单边行为将在第十三章中进行讨论。

[12] 比伶案重新讨论了首先在西尔弗诉纽约证券交易所[Silver v. N. Y. Stock Exchange, 373 U. S. 341（1963）]案中所提出的问题,即受联邦监管的全国性股票交易所受到了反托拉斯法以外的许多其他联邦法律的调整,以至于人们认为国会的意图就是证券交易所在某些案件中不适用反托拉斯法（尽管在本案中法院认为应该适用反托拉斯法）。西尔弗规则以及其他一些适用除外或豁免的情形将在第二十至二十三章中进行探讨。

1003（2013）]案中也最终胜诉，这两个案件的一致性意见说明一些支持实施反托拉斯法的观察者持有一种谨慎乐观的态度。[13] 同样地，奥巴马政府上任后也表现出要更加严格地实施反托拉斯法的意图，尤其是取消了前任政府所发布的具有挑衅色彩的政策报告，[14]并且至少在某种程度上已经这样做了，特别是在针对苹果电脑公司所提起的一个主要案件，[15]以及在数个备受关注的企业合并案[16]中表现出了这种趋势。

因此，也许当前时期只是更加证明了一个主题，这一主题通常被认为贯穿于反托拉斯历史始终。在其120年的历史中，（依据广泛被接受的观点）反托拉斯理论一直在支持原告和支持被告间摇摆不定，并且这一趋势看起来还很有可能持续下去。但是，也有观点认为反托拉斯理论事实上没有任

---

[13] 关于这两个案件是否具有重要性仍然没有定论。一方面，如果最高法院确认并且支持抗辩的话，则这两个案件原本都应该是具有重要影响力的大案。在美国尼德公司诉美国职业橄榄球大联盟案中，下级法院认为全国橄榄球联盟——由独立成员所组成的协会——是一个"单一实体"（single entity），因此不可能违反《谢尔曼法》第1条。如果最高法院对此予以确认的话，则将全面且高度地限制《谢尔曼法》第1条的实施。在联邦贸易委员会诉菲比帕特尼健康系统公司案中，下级法院认为地方"医院管理局"作为一个准公共机构，通常而言受反托拉斯法的规制，但由于州的法律授予了它类似于普通公司的权利，可以签订合同、购买或者销售财产，因此能够被豁免。如果最高法院对此予以确认的话，一些人担心许多实质上是私人实体的机构将会突然获得反托拉斯法的豁免，这将诱发许多机会主义行为。令人欣慰的是，在这两个案件中，最高法院都推翻了下级法院的判决，但尚不清楚这是否表明法院的观点发生了任何重要的改变。美国尼德公司诉美国职业橄榄球大联盟案将在第十二章中进行讨论，联邦贸易委员会诉菲比帕特尼健康系统公司案将在第二十一章进行讨论。

[14] 美国司法部反垄断局，新闻稿：司法部撤销了关于反托拉斯垄断法的报告（2009年5月11日），http://www.justice.gov/atr/public/press_release/2009/245710.htm.

[15] United States v. Apple, Inc., __F. Sup. 2d __, 2013 WL 3454986 (S. D. N. Y. 2013).

[16] 除了由反托拉斯执法机构所审查的数量众多但规模较小的企业合并案件外，自2011年以来司法部已经提起诉讼以阻止三起规模巨大的企业合并，并且已经在两个案件中获得胜诉，另外一个案件（在本书写作时）仍然在审理中。这些企业合并案件包括AT&T和T-Mobile之间的合并，参见美国诉AT&T[United States v. AT&T, Inc., Civ. Action No. 11-1560 (D. D. C. Dec. 15, 2011)]案（由于合并双方放弃合并交易，因此该案停止审理），H&R Block和TaxACT之间的合并，参见美国诉H&R Block[United States v. H&R Block. Inc., 833 F. Supp. 2d 36 (D. D. C. 2011)]案，以及American Airlines和U. S. Airways之间的合并，参见美国诉AMR公司[United States v. AMR Corp., Civ Action No. 13-01236 (D. D. C. Sept. 5, 2013)（修改后的控诉）]案（对该合并的控诉在本书写作时仍在进行中）。

何摇摆,并且反托拉斯实施政策在数十年间一直保持相对稳定。[17] 而且事实上,人们怀疑最近的一些迹象是否真的显示了积极的反托拉斯实施政策的重要回归。虽然美国尼德公司诉美国职业橄榄球大联盟案和联邦贸易委员会诉菲比帕特尼健康系统公司案的判决都不约而同地支持了原告,而且判决书所用的语言也十分严厉,但它们实际上都仅触及反托拉斯的范围,而非其实质,也即是说,这两个案件判决书的意见都仅指出反托拉斯应当适用于本案所指控的事实,而未涉及实质内容。在二十多年前的一个案件中,最高法院事实上依据案情支持了原告,在最近的联邦贸易委员会诉阿特维斯[FTC v. Actavis, 133 S. Ct. 2223 (2013)]一案中,最高法院的投票结果是5:4,而且表达了强烈的反对意见。

无论如何,可以肯定的一点就是反托拉斯现在正处于许多问题都仍在激烈争论之中并不可避免地被政治化的时期,这会影响政府的决策。

第三节 如何使用本书

本书围绕一个中心问题展开,该问题通常被教授反托拉斯法的老师所抱怨,即不知道该从哪儿开始,因为一切似乎与其他一切相关联。本书认为这事实上并不是一个问题。唯一的问题就是在反托拉斯领域有许多具有普遍相关性的问题。因此本书也遵循从抽象到具体的思路。

本书将以经济学理论——这可能是当代反托拉斯中最一般性的主题——开始。当代美国的反托拉斯作为美国的一种政策,在很大程度上是微观经济学理论的一种应用,理解反托拉斯案件需要运用一些复杂的经济

---

[17] 参见威廉·E.科瓦奇(William E. Kovacic),"美国竞争政策实施规范的现代演变"(The Modern Evolution of U. S. Competition Policy Enforcement Norms),《反托拉斯法律杂志》(*Antitrust Law Journal*),第71卷(2003),第377页;托马斯·B.利里(Thomas B. Leary),"美国并购政策的本质稳定性"(The Essential Stability of Merger Policy in the United States),《反托拉斯法律杂志》,第70卷(2002),第105页。

学理论。本书将首先介绍这些经济学理论。我们的经验是，为了更好地理解当今的反托拉斯判例法，我们事实上只需要掌握少数基本的经济学分析方法。值得提请注意的是，反托拉斯政策最终掌握在联邦法官手中，而这些法官往往是作为通才律师而非经济学家接受教育的。（不可否认，某些联邦法官确实非常精通经济学理论[18]，其他的一些联邦法官同样也非常熟悉这些理论。但是，联邦法院法官基本上都没有接受过系统的、正式的经济学教育，截止到本书写作时，现任联邦法院法官或大法官都不拥有经济学研究生学位。）因此，我们会把所需要了解的经济学理论进行提炼，并将其称之为"反托拉斯经济学基本原则"，整本书都会对此予以参考。

接下来我们将关注另外两个非常抽象的主题，这也是本书剩余部分的内容。首先，我们将分析一个非常抽象的概念，这一概念基本上在我们将要学习的所有判例法中都具有至关重要的作用。这一概念就是"市场势力"（market power）。正如我们将要看到的，几乎在所有的案件中，只有当被告在某些被合理界定的"市场"中拥有"势力"，其才可能被认定为违反了反托拉斯法。一般认为，如果一家企业能够提高价格或采取其他一些损害顾客的行为，却不会因此而遭受损失，则该企业就会被认定为拥有市场势力。确定这是否确实如此，对于经济学家和法官来说具有一定的挑战性，而且也一直充满诸多争议。

接下来，本书将系统介绍反托拉斯实体法的具体规则，并且思考这些规则的方式仍然是将其归结为三种基本诉因，即《谢尔曼法》第 1 条规定的共谋行为，《谢尔曼法》第 2 条规定的垄断行为，以及《克莱顿法》第 7 条规定的并购行为。当然，这可能使反托拉斯法比实际看起来要更加简单。一方面，

---

[18] 最为有名的是第七巡回上诉法院的波斯纳（Posner）和伊斯特布鲁克（Easterbrook）两位法官，他们都是芝加哥大学法学院的教授，他们是所谓的"法经济学"运动中的有影响力的人物。同样地，华盛顿特区巡回法院的道格拉斯·金斯伯格（Douglas Ginsburg）和联邦最高法院的布瑞耶尔（Breyer）法官都曾是哈佛大学法学院的教授，他们都在哈佛大学教授过反托拉斯的课程，除此以外，他们二人还因精通经济学而闻名。最近才退休的前最高法院法官约翰·保罗·史蒂文斯（John Paul Stevens）在其长期的职业生涯中，也常因其在反托拉斯判决中运用复杂经济学理论而闻名。

关于如何更好地掌握这三种责任理论占据了本书接下来几百页的篇幅；但我们可能同时也应当记住，并不是所有的反托拉斯法内容都可以归结为这三种诉因。我们也应当学习其他一些内容，例如价格歧视（受《罗宾逊-帕特曼法》即《克莱顿法》第 2 条调整），反托拉斯与行业监管之间的关系，相当复杂的哈特-斯科特-罗迪诺合并前的批准程序（严格来说这仅是实施《克莱顿法》第 7 条的一种工具，但其自身已经成为一个复杂的法律领域），以及涉及反托拉斯法适用范围的复杂问题。

不管怎样，我们将首先学习调整多边行为（multilateral conduct）的具体反托拉斯教义学规则，也即违反《谢尔曼法》第 1 条的多种行为。包括固定价格、划分市场、联合抵制（也被称为"联合拒绝交易"）、纵向限制（包括价格和非价格方面的限制）、信息共享，以及也可以依据其他法律条款进行调整的"搭售"这一特殊的违法行为。接下来我们将学习主要关注"垄断"（monopolization）的《谢尔曼法》第 2 条以及调整单边行为（unilateral conduct）的相关法律。我们紧接着将学习并购法，这是《克莱顿法》第 7 条调整的领域。企业合并是反托拉斯实践的重要部分，同样也十分特殊，因为它已经变得高度科层化（bureaucratized），不同于以诉讼为特征的其他反托拉斯实践。本书接下来涉及几个更加混杂的主题：《罗宾逊-帕特曼法》所规定的价格歧视，以及反托拉斯与知识产权之间的关系。本书之后将介绍反托拉斯所特有的一套机构及程序：实施机制的范围，调整私人实施的诸多特殊规则，以及救济问题。最后，我们将考虑另外一个虽然很重要但却并非属于实质性法律分支的内容，即反托拉斯的适用范围。反托拉斯法适用范围的法律体系非常宽泛且复杂，主要是由将众多具体行为排除在反托拉斯适用范围之外的一系列成文法及判例法理论构成。我们尤其将考虑一系列规定反托拉斯法不适用于发生在政治体系内行为的判例法规则，尽管这些行为在某种程度上被认为具有限制竞争效果。我们也会考虑规定反托拉斯一般范围的规则，域外适用的规则，政治行为及州政府行为的豁免，其他一些受规制的商业行为，以及工会行为。

第四节　整体反托拉斯法的简单描述

最后,请记住以下内容:

(一)学习反托拉斯法主要是学习关于以下三种诉因的法律:

1. 依据《谢尔曼法》第1条起诉共谋或多边行为;
2. 依据《谢尔曼法》第2条起诉垄断行为或单边行为;
3. 依据《克莱顿法》第7条起诉企业合并。

(二)总体而言,每个诉因都具有相同的基本形式。原告必须:

1. 证明存在某种具体行为——无论这种行为是共谋,获得或维持垄断,还是企业合并或其他并购行为;
2. 证明这种行为是不合理的。

(三)证明行为不合理通常涉及两个不同概念的适用,但它们的适用在反托拉斯中是一致的:

1. 证明市场势力的规则,通常而言原告必须证明被告拥有这种势力;
2. 法院将运用一套相对简单的经济学原则以判断,如果被诉行为是由拥有市场势力的企业所实施的,这是否会损害竞争。考察这种行为是否会损害竞争通常意味着考察其是否会:

(1)导致价格上涨或

(2)导致产量下降。

(四)最后,还有一些内容是学生在绝大多数反托拉斯课程中都可能遇到的,包括:

1. 《罗宾逊-帕特曼法》所规定的价格歧视行为;
2. 反托拉斯与知识产权之间的交叉;
3. 反托拉斯法的适用范围,包括国际反托拉斯法、法定除外,以及判例法豁免规则。

第二部分 当代反托拉斯的经济学基础

第二章　反托拉斯经济学

每个人都必然尽可能通过自己的劳动以使社会年收入尽可能地增加。事实上，他之所以这样做，既不是意图促进社会利益的提升，也不知道自己能在多大程度上促进这种提升……他仅关心自己的所得，他这样做，正如在其他许多情形中那样，是受到一只看不见的手的指引，以达成一个并非其本意要实现的结果。

——亚当·斯密[1]

经济学家和政治哲学家的思想，无论其是正确的还是错误的，都要比通常所理解的更具影响力。事实上，世界是由其他微妙的事物所统治的。那些相信自己完全不受任何思想影响的务实的人，通常却是已逝经济学家的奴隶……我确信，相比于不断受到侵蚀的思想，既得利益的势力被极大地夸大了。

——约翰·梅纳德·凯恩斯[2]

第一节　经济学在反托拉斯中的作用

现今的反托拉斯本质上是经济学理论的一种运用。因此，为了理解判

---

[1] 亚当·斯密（Adam Smith），《国民财富的性质和原因的研究》（*An Inquiry into the Nature and Causes of the Wealth of Nations*）[vol. 1, bk. iv, ch. ii (1776)]。

[2] 约翰·梅纳德·凯恩斯（John Maynard Keynes），《就业、利息和货币通论》（*The General Theory of Employment, Interest, and Money*）(1936)，第383页。

例法，我们需要学习一些经济学理论，这也是本章的目的之所在。

正如我们在第一章中所观察到的，当前反托拉斯政策的核心可以归结为如下定义这一最为简单的形式：依据联邦反托拉斯法，反托拉斯是美国关于私人不得不当干预竞争性市场运行的一项政策。事实上，这或许很好地诠释了反托拉斯政策120多年历史中一直存在的核心。问题是，这种简单的归纳掩盖了一些具有挑战性和未被深入阐述的看法："不当"干预一个原本是"竞争性"的"市场"究竟是指什么？法院在不同时期给出了不同的答案。他们几乎总是认为，要将对市场的"干预"认定为违法，这种"干预"必须不合理地损害了市场。但这种理解仍然在反托拉斯的核心领域引入了一个相当宽泛且未被界定的术语，即究竟什么是不合理地损害了市场？在最近几十年，法院对该问题的回答几乎完全依赖于经济学理论。[3] 简言之，反托拉斯法中"合理"（reasonableness）这一关键性的、中心的概念现在可以归结为以下问题：原告所起诉的某种行为，根据经济学理论，是否是在给消费者造成净伤害的意义上损害了市场？

正如目前的判例法所显示的，在绝大多数的反托拉斯案件中，我们都可以在无需运用大量经济学原理的情况下对这一问题给出一个大致合理的、粗略的答案，我们也因此能够很好地理解法院通常是如何审理这些案件的。事实上，最低限度需要的经济学理论可以被提炼为一组简单的规则，在本书中我们将其称之为"反托拉斯经济学基本规则"。我们将在本书中对这些规则进行直观的解释。具体参见本章第二节。

但是很显然，如果因此而认为经济学理论果真如此简单，或者认为反托拉斯课程的学生通过更深入地理解一些更为高阶的经济学理论也不会有任何收获，那将是极具误导性的。本书将采用两分法的策略来介绍反托拉斯课程学习中所需要掌握的所有经济学知识。首先，除了介绍基本规则外，本章还将尽可能满足那些在反托拉斯课程中希望深入学习经济学理论的学生

---

[3] 这并不是说所采纳的经济学理论完全是新的。正如我们所要看到的，一些非常悠久的、重要的反托拉斯案件运用的正是本章中所讨论的经济学原则。不过，有两个方面是全新的。第一，在整个反托拉斯的发展中，经济学理论自身已经发生了改变，因此法院所依赖的经济学原则本身也是新的；第二，经济学理论在界定反托拉斯规则方面正发挥着独一无二的作用。

的需要。本章第二节首先将对基本规则进行纯直观的解释——而这对于判例法的基本理解可能是足够的——本章第三节随后将采用更传统的方法,对这些内容进行再次解释并在此基础上予以扩展。

你可以以不同的方式来使用这部分材料,这取决于你的反托拉斯课程在多大程度上关注经济学理论,以及你愿意花多大工夫来学习。如果你对经济学理论一无所知,并且你的教授并未如此强调经济学理论,你可能仅需要学习本章第二节中的经济学基本规则。如果你的课程非常关注经济学理论的一些概念,那么你可能不仅需要学习经济学基本规则,还需要认真学习本章第三节的材料,尽管这部分内容对你而言可能比较陌生并且具有一定的挑战性。如果你有较好的经济学基础,那你就可直接略过经济学基本规则内容,而且对于第三节的内容也仅需作为参考。

我们可能需要再次重申:本章既包括第二节的经济学基本规则也包括第三节的传统解释,这并非意味着你必须掌握第三节的内容。对于没有经济学基础的学生而言——恐怕大多数法学院的学生都是如此——第三节的内容具有一定的难度,而且许多反托拉斯课程的教授也并不要求学生掌握该程度的经济学理论。本章的目的仅在于确保你能够获得尽可能多的所需材料,这取决于你的教授在多大程度上重视经济学理论。

策略的第二部分即第三章在某些方面存在很大不同。该章归纳了法院在反托拉斯判例法中所使用的一系列经济学理论。所有这些理论都相对简单,虽然只是对经济学基本规则的一种补充,但对于理解反托拉斯却十分重要。这些理论包括:(1)反托拉斯主要保护消费者,而非将其他一些基本经济目标作为其中心法益,这些经济目标中的任何一项都可能改变反托拉斯的一些规则,这是当前的一种共识;(2)反托拉斯保护竞争而非竞争者的理念;(3)在反托拉斯诉讼中,竞争价值优于其他类型的社会价值;(4)反托拉斯对市场中所收取的真实价格(几乎)总是不可知的;(5)"横向"与"纵向"关系之间的区别及其经济上的重要性。

最后,本书关于经济学还有最后一部分但不太重要的内容。还有一些更为高阶的经济学理论,它们出现在反托拉斯判例法的不同地方,并且通常被认为是"产业组织"经济学理论的一个分支。例如,"寡头理论"就与共谋的证明(第十二章)、信息交换(第九章)和横向合并(第十七章)有关。由于本章关于经济学理论介绍的内容已经非常庞杂了,因此如果再在本章中对这些理论进行详细解释将显得不合时宜,而且也不适宜在本书中涉及这些理论时每次都进行重述。鉴于此,这部分的内容将以附录的形式安排在本书最后。如果正文任何地方涉及附录中的主题,请参见交叉索引。

第二节 经济学理论的直观解释：反托拉斯经济学基本规则

与人们通常可能认为的相反,本书所关注的经济学并没有过多地涉及货币。本书所指的经济学是一个试图解释个人是如何决策的模型,并依据该模型,试图进一步解释社会中的更大的机构是如何运转的。换言之,经济学的核心实际上就是关于人的行为的理论。[4] 这一心理学理论的基本观点认为,个体倾向于作出能够实现其"利益"最大化的决定；换言之,假设面临两种选择,如果其他所有条件都相同,人们将倾向于作出最能够满足其需求的那一选择。只有在这一最为基本的观点之上,经济学家才能够建立起可以解释市场以及事实上整个社会是如何运行的复杂理论。

尽管更高阶的理论很复杂,但贯穿于反托拉斯法的基本经济学观点却相当简单。[5] 该观点认为,在一个健康且竞争的市场中,来自于竞争对手攫

---

[4] 实际上这种表述有些不严谨。严格来说,大多数的经济学家都不关心个体的行为。运用该模型旨在解释个人通常而言是如何行为的,该通常行为的模型又被用来解释市场的运行。

[5] 尽管我们要向奥卡姆的威廉(William of Ockham)致歉,但这并没有证明其实际就是正确的。参阅斯坦福大学哲学百科全书中的"奥卡姆的威廉"词条,https://plato.stanford.edu/entries/ockham/(注意威廉提出的著名的"奥卡姆剃刀定律",该理论提倡用最为简单的方式来解释现象)。虽然必然有一些人认为最为简单的经济学理论是最符合其本质的,但也有许多人并不这样认为。正如我们所要看到的,对传统经济学批评的一个永恒主题就是,认为经济学对现实世界的复杂性作了过多的假设,这使得它们在反托拉斯诉讼中无法对这种复杂性作出合理解释。

取交易机会的压力,会迫使其他所有经营者都以尽可能低的价格销售产品。如果市场是健康的,消费者将能够比较不同销售者的价格,并且原则上,对于竞争对手在技术或其他方面所具有的优势,特定的销售者也能够迅速予以追赶。因此,如果市场是健康的,销售者提高价格将会导致其迅速失去交易机会。如果一个销售者试图从其所销售的产品中获取更多的利润,这将促使消费者转向销售同种产品的其他销售者。之所以如此,就在于上述的最为基本的心理学洞察:人们将作出最能够满足其需求的选择。假设产品是相同的,则购买产品时最合适的选择,就是选择最便宜的产品。

这种销售者彼此之间迫使对方以尽可能低的价格进行销售的现象就是"价格竞争"。基于一个简单的理由,"价格竞争"仍将是贯穿反托拉斯课程始终的中心概念。如今,法院在理解反托拉斯法时,会理所当然地认为,如果被告能以违反反托拉斯法的任何方式造成任何损害的话,那么唯一方式就是其能够提高价格。当我们学习完经济学基本规则以及本书的剩下内容以后,我们将更为清楚地知道为什么法院持有这种观点。

一、经济学基本规则

以下是经济学基本规则。(在本章剩余部分,凡是以黑体标示的词语将在本书最后的词汇表中进行定义。)

1. 随着时间的推移,我们的反托拉斯法体现了应当允许**市场**(markets)进行自我规制的政策。该政策建立在这样一种理论信念之上,即如果不被干涉,**市场**将不仅能够实现自我规制,而且通常还要比政府规制得更好。

2. 经济学家认为,只有当满足特定条件时,该自动机制才能运行得最好,反托拉斯政策就是尽可能使美国市场趋近于理想市场状态的一种努力。

3. 尽管这些条件在现实中基本不会完全得以实现,但在理论上假设所有条件都能够完全得以满足还是有益的。在最为完美的情形中,这些条件包括:

(1) 不存在**市场进入障碍**(entry barriers);

(2) 所有购买者和销售者都能够获得完全信息(包括成本、价格方面的信息,以及所有有关替代品或替代服务的信息);

(3) 市场中的产品或服务彼此之间都是互可替代的;

(4) **交易成本**(transaction costs)为零。[6]

4. 由于理想条件之下的市场自我规制能够**优化资源配置**(optimize resource allocation),因而被认为优于政府对产品的规制。之所以如此,是因为完全竞争要求产品价格要尽可能低。只要某个销售者将其价格提高到最低成本线之上,其他竞争者就能够从该销售者那里攫取交易机会。

(1) 由于在产品或服务以可能的最低价格进行销售之前,不断会有新的市场**进入**(entry),因此在**完全竞争**(perfect competition)下**长期均衡价格**(long-run equilibrium)恰好等于**生产成本**[包括对投资者的竞争性**投资回报**(return on investment)]。这意味着,在**完全竞争市场**(perfectly competitive market)中所有生产商所赚取的**经济利润**(economic profit)为零。

(2) 而且,随着时间的推移,**竞争**(competition)会持续将生产**成本**(cost)压低到可能的最低价格水平,这表明在特定时期从技术上来讲是可行的,因为每一个生产商都有提高其自身**生产效率**(productive efficiency)的动机。

(3) 生产商之所以具有这种动机,是因为如果他们能够以竞争对手所无法匹敌的方式降低成本的话,则他们将要么能在当前的市场价格上赚取一定的**经济利润**,要么能通过收取更低的价格而从竞争对手那里攫取交易

---

[6] 关于完全竞争市场特征的更为深入的探讨,参见丹尼斯·W. 卡尔顿(Dannis W. Carlton)与杰弗里·M. 佩洛夫(Jeffrey. M. Perloff),《现代产业组织》(*Modern Industrial Organization*)第三章,2000年第三版。关于该理论起源的有趣的讨论,参见乔治·J. 斯蒂格勒(George J. Stigler),"完全竞争,历史设想"(Perfect Competition, Historically Contemplated),《政治经济学杂志》(*Journal of Political Economy*),第65卷(1957),第1页,以及保罗·麦克纳尔蒂(Paul McNulty),"关于完全竞争历史的一个注解"(A Note on the History of Perfect Competition),《政治经济学杂志》,第75卷(1967),第395页。如果你真的想了解其历史,参见约瑟夫·A. 熊彼特(Joseph A. Schumpeter),《经济分析史》(*History of Economic Analysis*)(Mark Perlman, trans., rev. ed. 1996)。

机会。

（4）因此,这种竞争过程有助于将价格和成本降低到可能的最低水平上,投入尽可能少的社会财富从事特定的生产,从而能为其他领域的生产留下更多的资源。

（5）可以通过数学方法(本章第三节将介绍简单的形式)证明,这种竞争过程将使得大多数人获得最大的利益,而且没有其他的安排能够使得任何人的境况变得更好。因此,竞争被认为能够**优化资源配置**。

5. 在现实中,理想的条件是无法完全实现的,但即便在特定情况下能够得以实现,也往往无法予以维持。它们要么会因特定**市场**中自然发生的失灵,要么会因为个人或政府的有意行为,而遭受不同形式的损害。这种损害包括但不限于以下情形：

（1）**市场进入障碍**,这包括许多特殊的成本或困难,例如：非常高的启动**成本**；规制门槛,例如许可要求；某个经营者控制了实现有效**竞争**所必需的关键设施。

（2）信息方面的障碍,例如：信息成本；欺诈；信息不对称——如制造商和消费者之间的信息不对称,或专业人员与其客户之间的信息不对称。

（3）产品**差异**（differentiation）以及阻碍替代的不完美**替代品**（substitutes）。

6. 第一个基本事实就是,竞争者对于自由**竞争**充满敌意。因为自由竞争将降低他们的价格,并因而降低他们的**利润**（profit）。因此,他们具有很强的破坏**市场**的动机,并将采取措施制造上述 5 点中所列的市场障碍,只要这样做是有利可图的。

7. 第二个基本事实就是,由于理想竞争的条件既不可能完全得以实现,也往往不能自我维持,因此在特定的**市场**中健康**竞争**可能难以实现,所以某个或某群生产商将获得某种**市场势力**（market power）。**市场势力**是指一个销售者所具有的提高价格而不会失去交易机会的能力,依据上述的论证,一个不具有**市场势力**的销售者不具有这种能力。

8. 第三个基本事实就是,对于一个拥有**市场势力**的销售者而言,将价格提高到**竞争性价格**（competitive price）之上几乎总是能够获得更大的利润，尽管该销售者的销量会有所减少。这只有在不超过**垄断价格**（monopoly price）这一点时才能够实现；将价格提高到该点以上将开始减少**垄断**（monopoly）销售者的**利润**。第三个基本事实之所以是真的，源于在不同总产量水平之上，价格、需求与每单位产品的生产**成本**之间的关系。第三个基本事实为上述第 6 点提供了动机。

9. 第四个基本事实就是，**完全竞争**模型没有考虑现实**市场**的一个非常重要的需求，即为使其得以存在而做的必要的制度安排。因此，有时需要由政府或私人提供这种制度安排，可能包括建筑、基础设施、法律、协议、通信方式，或能够使特定交易得以发生的其他要素。一个非常基本的例子就是，除非存在一个能够保护产权的政府，否则市场将无法按照我们所描述的方式运行。[7]

10. 最后一个基本事实就是，**完全竞争**模型没有考虑发展过程中的**动态效率**（dynamic efficiency）。在特定的**市场**中，因短期垄断价格而造成的社会损失，可能会被动态效率所带来的社会收益所抵消，而这种动态效率则正是源于垄断价格所带来的利润。例如，一家制药企业可能会提高专利药品的价格，但是它可能同样会进行研发的再投资，从而生产出更好的药品，这是有利于社会的。

二、感受经济学基本规则

我们可以通过假设以下事实并提出相关问题，来使经济学基本规则更加具体化。假设在某州有十家水泥混合料生产企业。某一时期，它们设法满足该州所有水泥混合料的需求。每一家企业最主要的原材料投入仅包括

---

[7] 参见吉多·卡拉布雷西（Guido Calabresi）与道格拉斯·A. 梅拉米德（Douglas A. Melamed），"财产规则、责任规则与不可让渡性：大教堂的景观"（Property Rules, Liability Rules, and Inalienability: One View of the Cathedral），《哈佛大学法律评论》（Harvard Law Review），第 85 卷（1972），第 1093—1105 页；哈罗德·德姆塞茨（Harold Demsetz），"走向财产权理论"（Toward a Theory of Property Rights），《美国经济评论》（American Economic Review），第 57 卷（1967），第 347 页。

石灰石、黏土和页岩；对于每一种原材料，它们都能够稳定地从竞争非常激烈的采石场获得。该州也拥有大量熟练的劳动力。水泥混合料的生产工序非常简单，并且不同企业所生产的水泥混合料都基本相同。基于以上各个因素，这十家企业都能够非常有效地进行生产，并且它们的生产成本也几乎一样。它们的规模基本相同，而且通常也几乎生产相同数量的水泥混合料。

表 2.1 列明了这些企业在该州销售水泥混合料可能的价格。该表也列明了它们在不同价格水平上愿意销售的数量、不同产量水平上的生产成本及相应的利润。在该表之后提出了一些问题，这有助于我们了解经济学基本规则在实践中是如何适用的。

表 2.1　该州水泥混合料的生产价格、产量及利润

1	2	3	4	5	6
价格（美元/磅）	消费者愿意购买的数量（磅）	十家企业的总收入（美元）	生产的经济成本（美元/磅）	生产的总经济成本（美元）	十家企业的总经济利润（美元）
10.00	1,000	10,000	40.00	40,000	−30,000
9.00	2,000	18,000	20.00	40,000	−22,000
8.00	3,000	24,000	15.00	45,000	−21,000
7.00	4,000	28,000	8.00	32,000	−4,000
6.00	5,000	30,000	5.00	25,000	5,000
5.00	6,000	30,000	4.25	25,500	4,500
4.00	7,000	28,000	3.50	24,500	3,500
3.00	8,000	24,000	3.00	24,000	0
2.00	9,000	18,000	3.50	31,500	−13,500
1.00	10,000	10,000	5.00	50,000	−40,000

虽然我们最后将要得出的结论实际上是非常简单的，但是这个例子并非如此容易就能够掌握。在我们挖掘这些数字之前，掌握几个常识点将是有所帮助的。首先，注意第 4 列中的数字。生产水泥混合料的单位成本最初是非常高的，然后迅速下降，最后又开始再次回升。这正是现实市场中的实际情况。生产非常少量的产品的成本往往是非常高的。如果一个人准备销售汽车，但是他要从零开始生产每一辆汽车，而且每次只生产一辆，想象

一下此时所耗费的时间,无疑是非常长的,劳动强度也将非常高。但是,如果一次生产更多的汽车,雇佣劳动力,训练每一个工人以使其能执行专业的、琐碎的任务,这样将能够迅速降低成本。不过,通常而言,随着产量变得更大,单位产品的成本也将最终再次上升。这反映了几方面的事实。随着特定行业产量不断增大,生产产品所必需的某些原料将开始变得更加稀缺,因此价格也会随之而上升。同样地,运营一个大企业也包含着显而易见的压力——在某个节点上,扩大的规模本身将开始变得低效。

接下来请尝试回答以下问题。

问题

表 2.1 中,当第 1 列中的数值变得越小时,为什么第 2 列中的数值变得越大?

解释

这仅仅是供需关系的体现。通过常识就可以解释这一结果,这也得到了实证经验的证实,而且这也是经济学理论最为基本的心理学观点:人们倾向于作出能够实现其需求最大化的选择。在其他条件相同的情况下,当产品的价格降低时,消费者几乎总是将会购买更多的产品。

问题

第 3 列中所列数值具有什么价值?是如何计算的?

解释

收入就是在扣除任何成本之前,销售者销售产品所获得的总金额。因此,表 2.1 中,第 3 列中每行的数值就是相应的第 1 列中的数值(销售价格)乘以第 2 列中的数值(销售数量)的结果。

问题

第 5 列中所列数值具有什么价值?是如何计算的?

解释

这种价值非常重要。注意,第 5 列中所列的不仅仅是**成本**,而是**经济成本**(economic cost)。经济学理论区分了**会计成本**(accounting cost)和**经济成本**。会计成本,也即我们通常口语中所言的"成本",是指生产产品的原材料和劳动力的成本、分销产品的成本、广告成本等经常费用。一家运行得好的企业所获得的收入至少应该超过上述所有成本之和,超出的这部分(即**会计利润**)可以由企业用以投资新的项目,也可以分配给企业的股东或其他所有者。但是,经济学家的看法则有些不同。在经济学家看来,企业所获得的超出成本的利润——其中企业可以作为利润支付给所有者的那一部分——也被视为是做生意的另外一种成本。原因很简单。每一家企业都需要获取运营资金,为了获得这种资金,企业就必须向投资者支付足够的回报,只有这样才能够确保投资者不会将其资金投向其他更赚钱的企业。在**完全竞争**条件之下,企业应该首先确保其能够拥有足够的资本以保证自身的运行,在此前提下再向投资者支付足够的回报。这种成本——所有原材料、劳动力、设备等的成本,以及竞争水平的投资回报——是经济成本。

这一事实的重要性怎么强调也不为过,因为它解释了为什么在完全竞争条件下所有企业的**经济利润**都为零。

在任何情形之下,表 2.1 中第 5 列的数值都是第 4 列的数值(即单位产品的**经济成本**)乘以第 2 列的数值(即在特定价格上的需求量)。

问题

如果消费者在水泥混合料价格很高时愿意购买的量仍然很低,那么这些原本会在价格很低时选择购买水泥混合料的消费者将继续持有这部分原本会购买水泥混合料的资金。在这种情形之下,消费者会怎样使用这部分资金?

解释

虽然并非绝对如此,但消费者很有可能要么选择继续持有这部分资金一段时间,要么选择购买水泥混合料的替代品,尽管他们原本并不会购买这些替代品,但是在水泥混合料价格上涨后他们会选择这样做。例如,有些人可能选择建造石板路,以代替水泥人行道,或者可能用金属或木头等建筑材料来代替水泥。这种类型的备选物被称之为**替代品**(substitutes),其在经济学和反托拉斯中具有非常重要的作用。我们将在第四章有关**市场势力**的讨论以及本书其他相关部分对替代品作深入的介绍。

问题

最后，水泥混合物的销售量是多少，在何种价格水平之上？

解释

基于本案例中所述事实，并且假设基本规则中所描述的健康竞争的条件都能够在某种合理程度上得以满足，[8] 我们可以预见，生产商将以 3 美元每磅的价格提供 8000 磅水泥混合料，并且消费者将购买所有这些水泥混合料。

我们之所以能够预见到这种结果，是因为在任何其他价格之上，生产商将要么获得**经济利润**，但这会引发新的**市场进入**或促使现有的生产商扩大产量，要么会遭受损失，这将促使其调整投放于市场的水泥混合料的数量。例如，假设生产商仅仅提供 5000 磅而不是 8000 磅水泥混合料。此时所有的生产商都将获得正**经济利润**，并且鉴于消费者的需求量和生产商的生产成本，此时他们将获得可能的最大利润。（请读者自己看看——表 2.1 第 6 列中，最大的正数是 5000 美元，此时生产商以 6 美元每磅的价格销售 5000 磅水泥混合料。）你可能会想，对于生产商而言只有在该水平上进行销售才是最合理的，因为我们曾说过经济学的基本观点就是人们将追求其自身利益的最大化。但是想一想如果他们这样做会发生什么。对于他们中的任何人而言，如果其中一个生产商哪怕是将水泥混合料的价格调低一点点，则在该运行良好的市场中所有消费者都将很快察觉到这一情况，并涌向调低价格的该生产商。当市场价格是 6 美元时，这十个生产商中的每一个（我们被告知他们的规模相同）都能够平分这 5000 美元的**经济利润**。但是，如果其中一个生产商将价格下调至 5 美元，此时该生产商将能够攫取所有的交易——假设其能够迅速提高产量以满足所有新的需求，因此，该生产商就

---

[8] 本案描述的事实表明该市场的竞争很充分，即基本规则中所规定的理想条件应该都能够得到很好的满足。该市场没有明显的市场进入障碍（在一段时间内没有新的市场进入这一事实可能正好表明市场正在竞争性价格的水平上有效运行着；在该市场中能够很容易获得劳动力和原材料，生产过程简单，生产商的运营规模小，这些都表明该市场的进入很容易）。产品彼此之间具有可替代性，并且没有明显的信息不对称或其他信息问题。由于在所有的现实市场中都存在交易成本，但是对于零售市场中的单一产品而言，这种交易成本应当很低。

能够销售消费者在该价格上所需的所有 6000 磅水泥混合料,并因此而独占所有的 4500 美元经济利润。(请读者再次看看表 2.1 中这些数字的来源——在 5 美元的价格上,水泥混合料的需求量是 6000 磅,此时**经济利润**将是 4500 美元。)但是请思考一下接下来将发生什么。其他九个生产商将看到有必要迅速作出反应将他们的价格至少降低至 4 美元。这一过程将一直持续,直到所有的生产商所获得的**经济利润**为零为止。

但是你可能会问,当价格低于**经济利润**为零的 3 美元水平时,生产商还能够有所得吗?从长远的角度来看,答案是否定的。如果一个生产商不能以能够涵盖其所有成本的价格进行销售,那么他迟早会放弃这种生意。[9]

生产商以 3 美元每磅的价格进行销售,消费者购买所有的 8000 磅水泥混合料并且不再寻求购买更多,这一结果将很有可能是稳定的,只要成本和需求仍然保持稳定。因此这也被称为**竞争均衡**(competitive equilibrium)。3 美元每磅的价格被称为**竞争性价格**,8000 磅则被称为**竞争性产量**(competitive quantity)。

第三节 基本价格理论更为传统的解释:通过图表及数学掌握经济学概念

在某种意义上,本节内容是对我们在第二节中所学的"基本规则"的重述,但又不仅仅是运用更为复杂的方式进行的一种重述。本节将介绍基本价格理论的强大分析工具。本节将展示如何仅仅依据企业生产成本以及消费者对这些产品的需求量等少量事实,就能够对企业的行为及其所在的市场作

---

[9] 对经济学很熟的读者可能会注意到这里所说的结果是一种"长期"的结果。在某些情形中生产商确实会继续坚持,即便在短期内遭受了经济损失。之所以如此,是因为生产商可能够继续弥补其"固定成本",即生产商负有法律义务必须在某段重要时期比如说一年或更长时间内支付的成本,尽管其在每一次单独的销售中都会遭受损失。如果你对该问题更为深入的探讨有兴趣,可以参见本章第三节中关于短期和长期的区分。

出强有力的分析和预测性的判断。

为了讨论的需要,我们将分析一个生产某种产品的假定企业的行为,我们将其称为企业 X。我们将通过讨论企业 X 的行为来分析共同构成价格理论基本核心的两种基本情形。首先,在本节第二部分中,我们将探究如果企业 X 是完全竞争市场中的一个竞争者,其将如何行动:它将选择生产多少?又将以何种价格进行销售?其次,本节第三部分也将提出同样的问题,即如果企业 X 是一个彻头彻尾的垄断者,它又将如何行动?

但是首先,简要回顾一下如何使用图表来进行展示可能是有所帮助的,我们将运用这些图表来详细介绍价格理论。

一、函数、曲线及图表

经济学理论基本上就是关于重要的变量彼此之间如何相互关联,以及其中一些变量是如何引起其他变量变化的理论。我们认为,产品的价格之所以上涨和下跌(也即,产品价格不断变化),是因为其与产品的生产成本以及消费者的需求量有关。经济学家(借鉴微积分学)将这些因果关系称之为其中的一个变量是某个其他变量的一个"函数"。如果我们认为其中的一些现象如 X 导致或能够解释其他现象如 Y,则我们可以说"Y 是 X 的一个函数"。

例如,一般认为,产品的定价取决于消费者的需求量以及该产品的生产成本。如果生产肥料的某种原料的供应出现了严重短缺,这将导致肥料的价格变得更贵,并进而抬高玉米的价格。同样地,如果科学家发现了玉米的一些新的重要用途——比如说为汽车提供乙醇汽油——则大量的买家都想购买玉米从而使得玉米的需求量大增。这同样会导致玉米的价格上涨。因此,我们可以说玉米的价格是玉米的需求量以及生产成本的一个函数。

经济学家通常也将函数称之为"曲线",原因很简单,因为当你在图表上画一个函数时,它看起来像一条直线或曲线。例如,经济学中最为常见的图表即均衡状态下的竞争性市场,就可以通过图 2.1 来予以展示。

在该图中有两条线分别被标示为"供给"和"需求"。这两条线都代表"函数"。需求是一个函数,因为它描述了两个变量之间的关系,它展示了在

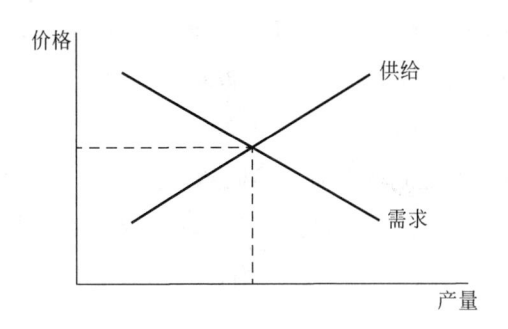

图 2.1 "曲线"图(以竞争均衡图为例)

任何特定价格上消费者所愿意购买的产品的数量,因此,被标示为"需求"的线展示了价格(纵轴)与产量(横轴)之间的关系。供给同样也是一个函数,它描述了企业在任何特定价格上将生产及销售的产品的数量,因此,被标示为"供给"的线也展示了价格与产量之间的关系。由于这些函数都是通过图表展示的,因此我们可以将这两条线称之为"供给曲线"和"需求曲线"。[10]

二、竞争市场如何实现均衡

我们将首先通过设问企业 X 在竞争条件下会如何行动,来开始我们关于实体价格理论的讨论;即在本部分剩余的内容中,我们将假设企业 X 处于一个完全竞争性的市场中。(在讨论中,当我们说一个市场是"竞争性"的,意指其是"完全竞争性的"。)在假设企业 X 所处的市场是竞争性的时,我们假设本章第二节中所描述的满足完全竞争的所有"理想条件"在此都能得以实现:市场进入是自由的,信息是充分的,产品是同质的,以及交易成本为零。

企业 X 所生产产品的产量及其定价取决于几个方面的因素,我们将分

---

[10] 你可能会想,尤其是当你有很长一段时间没有学过数学,或者从来没有接触过微积分,这些看起来并不十分像"曲线"。相反,它们看起来更像是"直线",因为它们是直的。的确如此,但是经济学家和其他运用微积分的人都习惯将所有二维函数称之为"曲线",因为所有这些函数都能够以相同的方式在简单的二维图表中画出来。如果函数在图表中表现为直线,则该函数就被称之为"线性函数";如果表现为曲线的话,则被称之为"曲线函数"。现实中,几乎所有的成本曲线和供求曲线都是曲线性的,或者是更为复杂的形状。

五步来予以分析。(1)我们首先必须理解企业 X 的成本,因为只有当一家企业的收入高于其成本时,其才能够获得利润。(2)然后我们必须弄清消费者的需求是多少。(3)理解了前两个因素——企业 X 的成本以及消费者对其产品的需求——事实上足以为上述问题即企业 X 在竞争条件下将如何行动给出一个基本答案。我们将把这两个因素结合在一起,运用它们来预测企业 X 为了追求利润最大化会如何行动。(4)但是,对一个重要的区分予以考虑,将有助于我们了解更多的信息。市场的短期表现不同于其长期表现。一家企业可能能够在短时间内(短期)以某种方式运营,从而获得一点超竞争的利润或遭受一些损失,尽管从长期来看这两种结果都将是不可持续的。(5)最后我们要问:如果开始亏损的话,企业 X 应当如何做?

(一) 企业如何决策——第 1 部分:成本

企业面临的一个基本决策就是生产多少产品以及以何种价格进行销售。这些决策首先都取决于企业的成本。虽然有无数种测算成本的方法,但是在微观经济学理论中有三种方法尤为重要。我们随后将会在图表中以曲线的方式来展示这三种重要的成本测算方法,并讨论它们彼此之间的关系及其整体的重要性。

首先,我们要关注的是**平均成本**(average cost)(也被称作是平均总成本)。平均成本就是生产特定数量某种产品的总成本,除以该产品的数量。例如,如果企业生产 100 单位产品的总支出是 1000 美元,则在产量为 100 时的平均成本就是 10 美元。

接下来我们要关注的是**平均可变成本**(average variable cost)。在此我们必须对企业在从事生产时所产生的两种不同类型的开销予以区分。一些成本是**固定的**(fixed),也即企业仅仅为了启动生产而必须投入的资金。企业必须投入固定数量的资金,并且这与企业实际生产多少数量的产品无关。例如,一家企业计划生产自行车,那么它就必须租用或购买生产场地及生产设备。这就是某种固定价格标签,无论企业生产十辆自行车还是数千辆自行车,这些费用都是一样的。但是其他一些成本则是**可变的**(varible)。这些成本的上涨或下跌取决于企业生产的产品数量。因此,一家自行车企业可能需要建造工厂并购买一些机器,但是,严格来说,如果该企业并不打算实际生产自行车的话,那么它就不用投入任何资金来购买生产自行车车架的金属管材。如果该企业开始生产自行车的话,则投入在金属管材上的资金也将会增加,而且生产的自行车数量越多,这种投入也将持续增加。

最后,我们关注——事实上是更为关注——最后一种测算成本的方式,其看起来更具挑战性,这即是边际成本(marginal cost)。企业的边际成本是指每一单位新增生产的产品给总成本带来的增量。正如我们所要看到的,企业在作最重要的决策时会考虑如果他们增加一点或减少一点产量,会对边际成本和价格之间的关系产生何种影响;也即,考虑边际成本的变化对于理解理性企业作出价格和产量方面的决策至为重要。事实上,这就是我们所要学习的经济学的精髓。

请仔细观察我们在图 2.2 中以企业 X 为对象绘制的上述三种测算成本的曲线。

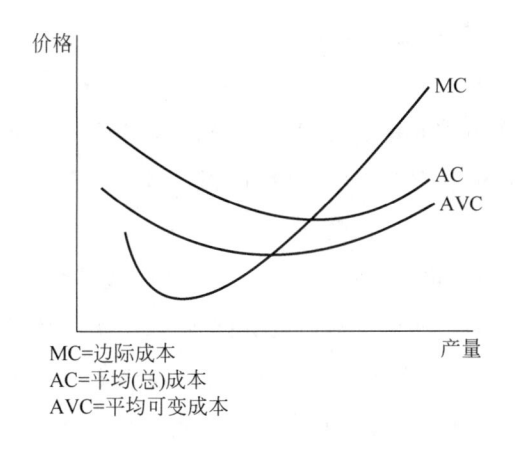

价格

MC
AC
AVC

产量

MC=边际成本
AC=平均(总)成本
AVC=平均可变成本

图 2.2　X 企业的成本特征

请注意这三条曲线几个非常重要的特征。首先,每一条曲线都基本上是 U 形的。在图的左侧,每一条曲线开始都处于一个相对较高的点。然后,随着往图形右侧移动,每一条曲线都开始下降然后又再次上升。我们可以结合本章第二节中的例子来看,这几乎是生产任何产品的一个特征,即如果企业计划只生产少量的产品的话,那么它的成本将非常高——这是无效率的。如果设立一家自行车厂却只生产一辆或非常少量的自行车的话，那么这将是非常低效的；这是因为设厂至少需要场地以及一些设备，而所有初始资本投入将仅仅由这些少量的产品来分摊。这就是为什么这三条成本曲线在图形左侧最开始处于相对较高点的原因。但是随后，哪怕只是增加了一点点产量也会带来效率的提升。这也是这些曲线首先会急剧倾斜向下的原因。但注意它们会在某点触底，然后又开始上升。正如本章第二节中的例子所展示的，通常有多个因素会导致成本曲线最终以这种方式向上倾斜。随着行业的产量不断扩大，生产这些产品的原材料将变得更加稀缺，而且随着企业的产量变得越来越大，企业的管理也将变得越来越低效。

接下来请注意平均成本与平均可变成本曲线的形状：最开始它们彼此之间相距很远，但是越往图形的右侧移动，它们之间变得越来越近。事实上，如果我们将它们延伸得更远的话，我们会发现二者将无限接近，但却不会重合。之所以这样是有原因的。平均成本包括**固定成本**和**可变成本**。固定成本是不会随着产量变化而变化的成本。如果生产某种产品需要购置一些机器，而且当这些机器安装完成以后，进行移除或转售的成本非常高的话，那么这种购置就被固定了，因为无论企业生产多少数量的产品，这种资金都是必须投入的。[存在不同类型的固定成本，我们也将学习这些固定成本之间的不同；我们将在后文第（四）部分中讨论这些区别。]另一方面，**可变成本**会随着产量的变化而变化。例如，当企业购置了昂贵的机器并安装以后，它同样需要购买一些原材料，以使用机器来生产产品，但它只用购买用于生产产品的原材料。因此生产的产品越多，需要投入的原材料也就越多；购买原材料的支出就是一种可变成本。

因此，平均成本线上的每一个点都代表在该点产量值上的总平均固定成本及平均可变成本。但是，如果我们将平均固定成本绘制成一条曲线的话，该曲线开始将相对很高，然后迅速地下降，之后再呈现平稳的下降趋势。它将持续不断接近横轴——这代表成本为 0——但事实上它将永远不会接触到横轴。如果固定成本为 100 美元，当产量 Q 为 1 时，则平均固定成本 AFC 为 100 美元；如果产量 Q 为 2，则 AFC＝50 美元，并且随着 Q 不断增加，AFC 将变为 33.33 美元、25 美元、20 美元等等。当企业产品的平均固定成本无限接近于 0 时（但永远不会等于 0），AFC 曲线就会开始变得越来越平。因此 AFC 曲线就如同图 2.3 中所示。

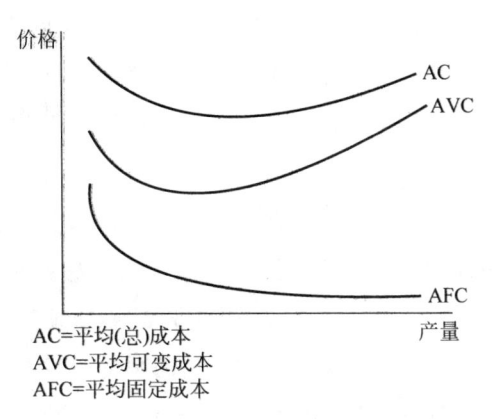

图 2.3 平均固定成本

在图形中 AVC 之所以越来越靠近 AC，原因在于这两条曲线之间在任何点上的距离正是该点所对应产量的平均固定成本。平均固定成本随着产量的增加而变得越来越小，因此 AC 与 AVC 之间的距离也就变得越来越小。

最后，MC 曲线与 AC 曲线和 AVC 曲线之间有着一种非常有趣的关系。MC 曲线与 AC 曲线和 AVC 曲线的交叉点正是后两条曲线的最低点。参见图 2.4。

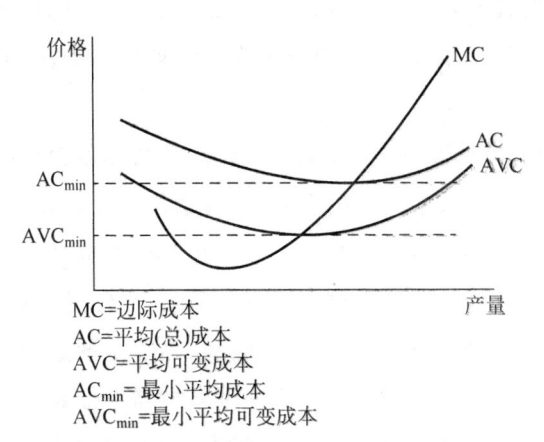

图 2.4 边际成本曲线与平均成本曲线之间的关系

注意该图中的 AC_{min}（指最小平均成本）和 AVC_{min}（指最小平均可变成本）。这就是 MC 穿过 AC 曲线和 AVC 曲线的点。一开始理解可能有一些困难，但事实上原因非常简单。请回忆我们之前所介绍的，边际成本就是每增加一单位产量给总成本所带来的增量。只要这一边际成本低于平均成本曲线，则边际成本的增量将会拉低平均成本。因此当 AC 和 AVC 在 MC 之上时，它们必然会向下倾斜。但只要边际成本曲线高于平均成本曲线，则边际成本的增量将会拉升平均成本。一旦 MC 穿过 AC 和 AVC，这三条曲线都将向上倾斜。考虑一下这个例子：你进行百米赛跑，并且记录自己的成绩，因为你想提高你的平均成绩。你跑得非常快，跑完 15 次以后你的平均成绩是 15 秒。但随后，假设你有一次跑得非常好，成绩是 13.5 秒。这一低于你现有平均成绩的数字，将会使得你的新的平均用时再下降一点点。

当我们在后文第（五）部分中讨论当一家企业开始亏损时它应当如何做时，AC_{min} 和 AVC_{min} 将是非常重要的指标。同样地，注意在长期竞争均衡中［我们将会在后文第（四）部分中讨论］，事实上有三条线都将穿过同一点：为了能够继续留在市场中，每家企业都有自己的企业特定需求曲线，这是一条穿过 AC_{min} 的水平直线，而边际成本曲线恰好也同样会穿过该点。之所以会这样，是因为每家企业都必须能够以技术上可行的最低生产成本进行生产，这就是 AC_{min}。由于这正好也是边际成本曲线穿过需求曲线的点，因此在该点上企业将能够实现利润最大化。虽然在该点上的经济利润为零，但企业却能实现利润的最大化，因为企业选择任何其他价格或产量，企业都会赔钱。

（二）企业如何决策——第 2 部分：需求、弹性以及企业特定需求曲线

虽然企业自身的成本曲线很重要，但其也仅仅是解释企业如何决策的两个因素之一。我们也需要考虑另外一个重要因素，即需求。一般来说，需求的特征是非常直观的。当某种产品很昂贵时，人们通常会只购买少量的这种产品；当产品很便宜时，人们通常则会购买更多的这种产品。因此，如果我们按照绘制企业 X 成本曲线的方法来绘制需求曲线的话，该需求曲线看起来就是一条在图的左侧相对较高然后不断向右倾斜向下的直线或曲

线。图 2.5 中展示了两个例子。

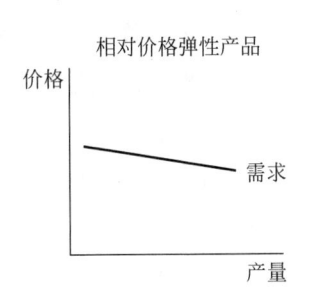

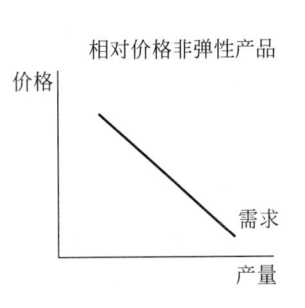

图 2.5 需求曲线的特征

在考虑企业 X 产品的需求之前,我们有必要首先讨论需求曲线的另一特征:需求价格弹性(price elasticity of demand)。"弹性"用于衡量一个变量对其他变量变化的敏感程度。因此需求价格弹性(通常仅称为"价格弹性")就是衡量当产品的价格上涨或下跌时,消费者对该产品需求变化的敏感程度。从技术上来看,价格弹性就是因产品价格变动 1% 而引起的产品需求量变动的百分比。从实际情况来看,如果弹性是一个非常大的数值,[11]则表明该产品的价格弹性很强,很小幅度的价格上涨将会大大减少消费者所愿意购买的该产品的数量。如果弹性是一个非常小的值,则表明该产品不具有价格弹性,此时小幅的价格上涨仅会导致少量的销量损失。

弹性取决于消费者希望获得某种产品的意愿强弱,以及其他替代品的可获得性。因此,对于药品以及主食产品等而言,由于消费者对其具有很强的需求,这些产品相对而言就不具有弹性,而对于那些非必需品如娱乐产品或零食而言,其销量受价格变化就更为敏感。同样地,高度差异化的产品——如那些经过精心品牌营销以及独具特征以至于在消费者看来很难被其他替代品所替代的产品——相对于那些同质化的产品而言,弹性就要更弱些。

---

[11] 这里是指绝对值很大。需求弹性总是一个负数,但是绝对值越大——例如 −2 相对于 −1——对该产品的需求就更具弹性。需求弹性越大,价格的少量变化就会导致对该产品需求量更大的变化。绝对弹性大于 1 的产品被认为是具有"弹性的";绝对弹性小于 1 的产品被认为"不具有弹性"。

通过思考价格弹性是如何影响需求曲线的形状的，就能够很好地对价格弹性进行界定。如果某种产品具有弹性，则价格的些许下降（图形中纵轴上从上向下的一点移动）将大大增加消费者所愿意购买的数量（图形中横轴上从左向右的很大移动）。因此需求曲线看起来就要相对平一些，而且只是缓缓地向下倾斜。图 2.5 左图中展示的就是这一情形。如果某种产品不具弹性，则即便是价格大幅下降（图形中纵轴上从上向下的很大移动）也只会相对较小地增加需求量（图形中横轴从左向右的相对很小的移动）。图 2.5 右图中展示的就是这一情形。

在理解企业 X 所面临的需求曲线时，我们也必须记住在本节第二部分开始所提出的：自始至终我们的这个讨论都建立在企业 X 处于竞争性市场这一假设之上。也即，完全竞争的理想条件都能够被满足。因此，企业 X 就只能控制交易的一方面。它能决定生产多少数量的产品，但却不能决定价格。回想一下我们在讨论基本规则时所提出的：在真正的竞争性条件之下，如果企业试图将价格提升到竞争价格水平之上，最终结果只会导致消费者转向其他销售者。[12]

仅是这一事实就能够告诉我们企业 X 面临怎样的需求曲线。由于市场是竞争性的，因此如果企业 X 的定价高于竞争性价格的话，那么它只会使消费者转向竞争对手。但是，只要它以竞争性价格进行销售，那么它就能销售其实际所能生产的任何数量的产品。[13] 换言之，企业 X 所面临的需求曲线是一条水平的直线。[14] 这通常被称之为企业特定需求曲线。它不同于

---

[12] 再次重申，这并未考虑短期与长期的区别，但我们将会在后文第（四）部分中予以考虑。

[13] 后文第（四）部分解释了如果企业 X 以低于竞争性价格进行销售时将会发生什么。但为了阐述得更清楚，我们在此可能也需要指出，如果企业 X 的定价能够低于其竞争对手的话，那么在竞争性条件之下，它并不能长久地予以维持这种低价。现有的竞争者或新进入者将最终谋划出如何匹配企业 X 的价格。

[14] 这一情形被称之为"无限需求价格弹性"（infinite price elasticity of demand）——无限弹性需求曲线是水平的。完全竞争条件下，一家企业的企业特定需求曲线总是完全弹性的，因此实际结果就是只要企业能够以竞争性价格进行销售，其就能销售其所生产的任何数量的产品，但是只要其价格高于竞争性价格，其销量将为零。同样地，企业也无法在以低于竞争价格进行销售的同时还能弥补其成本。

市场或行业需求曲线。当我们问,所有消费者在特定价格水平上将会购买的整个行业产品的总数量时,我们就能够得到行业需求曲线。除了非常特殊的产品外,行业需求曲线都不会是一条水平的直线。它将是一条从左向右向下倾斜的斜线。几乎对于任何产品而言,其价格越低(在图形上表现为从上向下移动),消费者将购买得越多(在图形上表现为从左向右移动)。

因此我们假设,一旦企业 X 进入市场,它的企业特定需求曲线就能够被绘制成图 2.6 中 p_1 价格处的水平线。

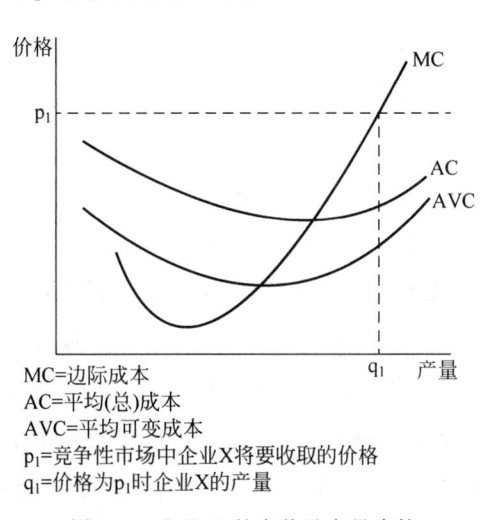

MC=边际成本
AC=平均(总)成本
AVC=平均可变成本
p_1=竞争性市场中企业X将要收取的价格
q_1=价格为p_1时企业X的产量

图 2.6　企业 X 的定价及产量决策

(三) 企业如何决策——第 3 部分:利润最大化

现在,基于图 2.6 中所展示的 MC 曲线、p_1 价格水平的企业特定的、横向的需求曲线,我们能对企业 X 将如何行动作出一些预测。如上所述,市场运行中边际成本作用的发挥是现代经济学最为重要的观点之一。了解边际成本的最为关键之处也非常简单:增加一单位产品的销售是有利可图的,只要边际成本低于所增加的销售收入。如果企业扩大产量所增加的额外成本要低于其销售这些增量产品所获得的收入,那么企业就应当扩大产量。企业将能够获得一点更多的利润,这是明智的。企业可以一直沿着其边际成本曲线扩大产量,直到所增加的成本正好等于所增加的收入为止;也即,企业应当继续生产更多的产品,直到所增加的最后一单位产品所带来的成本正好等于其价格。因此,在竞争性市场中,企业应当生产边际成本等于价格时所对应的量的产品。在图 2.6 中,企业 X 的产量就应当是 q_1。

有人可能注意到在绘制图 2.6 时或许有一些奇怪:当企业 X 的产量为 q_1 时,企业特定需求曲线(p_1 处的虚线)事实上要高于其在该点的平均成本。这似乎不应当在竞争性市场中发生——X 企业在该产量上将获得一点点正的经济利润,因为它的总收入(价格乘以所对应的产量,或 $p_1 \times q_1$)要大于它的总成本(平均成本乘以产量)。但这是有可能的,因为一家企业可能具有一些技术优势,或拥有更为便宜的原材料进货渠道或其他优势等,从而使其能够以相较于市场中其他企业更低的成本进行生产。不过,只要市场是竞争性的,这将只是一种短期的结果,应当无法持续太久。从长期来看经济利润将回归为零。我们接下来将要讨论这种区别。

(四)企业如何决策——第 4 部分:短期、长期及不同类型的固定成本

"短期"和"长期"事实上都是专业术语,并且都具有准确的含义。短期是指某些固定成本无法避免的时期;也即,某些成本不仅是固定的——无论企业实际生产多少数量的产品,都必须投入固定数量的资本——而且即便企业停止经营也无法避免,并且一旦投入就无法收回。例如,某企业可能租赁办公场所,或者签订要求按月进货并且货到付款的进货合同。持续付款就是一种合同义务,无论该企业事实上生产了多少数量的产品都必须遵守该义务,而且也不能仅仅因为停止经营就不再承担这种义务。再如,由于没有方便的转售市场,某企业可能需要购买一种专门的送货卡车,并且该卡车的使用寿命只有两年。购买卡车的成本同样是不可避免的,因为卡车的价值无法得到恢复。[15]

某些成本在短期内是不可避免的这一事实具有两方面的重要影响。首先,这将影响企业与其他企业展开竞争的能力。虽然某企业的技术创新能

---

15 严格来说,短期是指至少有一个生产要素是不能无成本变化的时期。长期是指所有生产要素都能无成本变化的时期。参见前引卡尔顿与佩洛夫书第 32 页。

够降低其成本并使其获得一点正的经济利润,但其他能够迅速模仿该技术的企业却可能并不能因此而获得利润,因为虽然它们能够因技术创新而降低成本,但同样会损失更多的不可避免的成本。

这也就是为什么在图 2.6 中企业 X 能够在一段时间内获得超额利润的原因。无论是基于何种原因,企业 X 都努力使其成本曲线低于其他竞争对手,在这一时期它要么能够获得一些利润,要么能够与那些成本更高的竞争对手展开价格竞争。但从长期来看,当其他企业能够调整投入以效仿企业 X 的先进技术时,价格竞争将使价格从 p_1 下降到竞争性价格水平。回到图 2.6,在完全竞争的长期均衡中,每一个能留在市场中的企业都将具有相同的成本曲线,最终所确定的价格将从 AC 曲线的最低点穿过;也即,如我们在本章第二节基本规则中所说的,竞争性价格等于技术上可能的最低生产成本。

其次,正如我们接下来将要在第(五)部分中看到的,在短期内一些成本是不可避免的这一事实会影响企业在亏损时所作的决策。在短期内即便亏损也继续保持生产可能是明智的——尽管并非必须这样做,因为在不可避免的成本被收回之前,继续保持生产相比于退出市场所遭受的损失要更少。

最后,我们必须辨别最后一个成本概念,并且该概念事实上具有相当大的挑战性,不仅因为很难分辨该概念与其他成本概念的差异,而且也因为它会影响理性决策,让大多数人都感觉违反直觉。已经发生而且不能被收回的固定成本被称为"沉没"成本。比方说某企业必须购买一种转售成本极高的重型设备——该设备一旦购买就没有了残值。问题的关键并不在于其是不可避免的,而在于这些钱已经被支付了。我们将在接下来的第(五)部分分析这种类型的成本对理性决策的影响。

因此,我们应当区分以下类型的成本:

固定成本:是一种不会随着产量变化而变化的成本;它是为了从事某种生产而必须支出的固定数量的资本。如果企业在退出行业时能够收回固定成本,则其是可以避免的。如果企业即便是退出行业也不能收回固定成本,则其是不可避免的。如果固定成本是不可避免的,则仅当其已经发生时,从企业的角度来看它才是"沉没"的。

可避免的成本：是指企业停止运行就不再发生的成本。这种成本可以是固定的，也可以是可变的。固定成本是可以避免的，例如当租赁可以分租或设备能够以公允的价值进行转售时即是如此。可变成本总是可以避免的，因为在退出时所有的可变成本都为零。

不可避免的成本：是指即便企业停止运行仍然会持续发生的成本。显然，不可避免的成本是一种固定成本，因为所有的可变成本在企业退出时都为零。

沉没成本：是指不仅不可避免，而且已经发生的成本。

（五）企业如何决策——第 5 部分：损失最小化

最后，企业有时会亏损。很显然，亏损的企业并不总是直接停止生产并迅速放弃经营。它们有时会继续坚持，希望事态会有所转机，生产能够重新有利可图。

正如上所述，在面临损失时决定是否退出经营取决于作出该决策的时期——是短期还是长期——以及损失究竟有多大。只有短期这一情形有一些难以理解，因为即便企业面临一些损失也仍将继续经营。

请仔细观察图 2.7。该图与图 2.6 的绘制方法一样，而且你将注意到此时的价格——p_1 处的虚线——在平均成本曲线之上。我们说过这是短期的结果，因为只要其他企业能够调整它们的投入，它们就能够匹配企业 X 更低成本的技术，拉低价格以使得没有人能够获得经济利润。但问题是，价格甚至可能被拉低到低于企业 X 成本的程度。在图 2.7 中，价格最终可能会被拉低到 AC_{min} 处的虚线之下，或者甚至被拉低到 AVC_{min} 处的虚线之下。之所以可能会发生这种结果是因为，例如其他新进入的企业拥有甚至比企业 X 更好的技术、更廉价的投入、更好的管理等等。

企业对于这种损失在短期内和长期内有不同的反应。在短期内，只要价格高于平均可变成本，即便低于平均总成本，企业也会继续从事生产。结合例子来说，即使价格低于 AC_{min}，但只要其高于 AVC_{min}，短期内企业 X 也将继续保持生产。不可否认，如果价格低于平均总成本的话，则企业将开始

价格

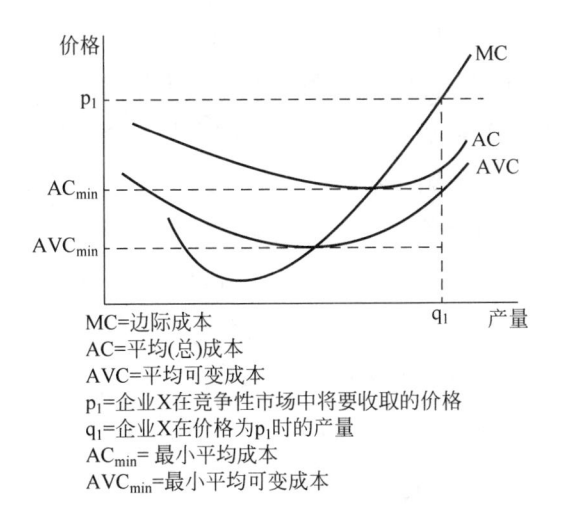

MC
p₁
AC
AVC
AC_min
AVC_min

q₁ 产量

MC=边际成本
AC=平均(总)成本
AVC=平均可变成本
p₁=企业X在竞争性市场中将要收取的价格
q₁=企业X在价格为p₁时的产量
AC_min=最小平均成本
AVC_min=最小平均可变成本

图 2.7　当企业亏损时 X 企业的价格与产量决策：适可而止

损失它为了进入该行业而投入的资本——企业的部分固定成本将无法得以收回。但企业仍能足以覆盖生产的可变成本，而且如果有额外的资本的话，企业将用以弥补固定成本。如果企业能够覆盖平均可变成本，那么它可能会损失部分固定成本，但不会损失全部固定成本。但是，即便在短期内，如果企业都无法至少覆盖其可变成本的话，那么它将无法继续在市场中存续。如果价格低于 AVC_{min}，那么企业只有直接完全退出市场才能损失更少的钱。

最后，在长期内所有这一切都会发生变化。只要企业从事经营的时间足够长，从而能够调整它所有的投入，避免在短期内所无法避免的任何固定成本，那么它将拥有决定继续生产的自由，只要其经济利润不为负。在长期内，企业将继续经营，只要它能覆盖所有的成本——只要价格高于或等于 AC_{min}。

三、垄断均衡

正如在最开始提到的，我们对价格理论的探讨分为两个方面：一是理解企业在完全竞争市场中是如何决策的；二是理解企业在拥有市场势力——

当它们拥有定价权——的情况下是如何决策的。

为了理解垄断行为,我们需要引入另一个概念:边际收入(marginal revenue)。与边际成本的界定类似,边际收入就是企业从每增加的一单位产品的销售中所获得的额外收入。

为了更好说明垄断者作出的关于边际收入的决策,我们将考虑一个极端的情形,假设一家企业拥有完全的市场势力——它是一个真正的垄断者,意思是说它是市场中的唯一企业,没有替代品,也不存在市场进入所形成的竞争约束。图2.8展示了该情形。

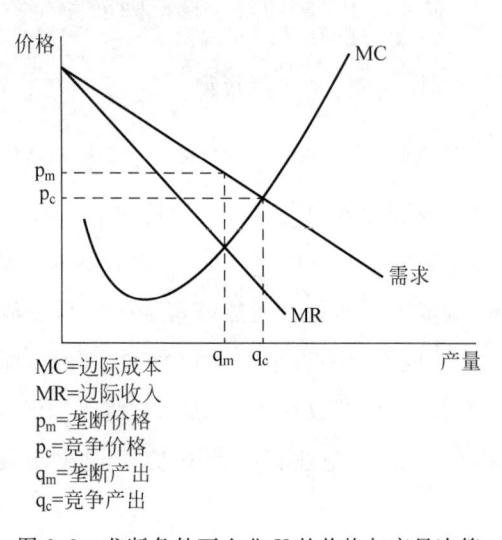

MC=边际成本
MR=边际收入
p_m=垄断价格
p_c=竞争价格
q_m=垄断产出
q_c=竞争产出

图2.8 垄断条件下企业X的价格与产量决策

虽然看起来这与我们在图2.6和前文第(三)部分中考虑的情况存在很大的区别,但是垄断企业将采用像其他任何企业一样的利润最大化策略来确定其价格和产量。我们可以再重温一下竞争企业的决策策略,即:只要销售所带来的边际成本小于所增加的收入,那么增加一单位产品的销售将是有利可图的。在该情境中唯一的不同就是企业现在所面临的企业特定需求曲线不再是水平的——而是向下倾斜的。因此,垄断企业从增加的销售中所获得的额外收入——它的边际收入——将不再是恒定的了。垄断企业从销售的每一单位产品所获得的边际收入都是不同的。当垄断企业增加产量时,所增加的产量将影响整体的市场价格。这与竞争性企业所面临的情况不同。因为竞争条件下企业特定需求曲线是完全弹性的(水平的),企业所作出的产量决策无法影响消费者所愿意支付的价格。(因此,竞争市场中的企业所面临的边际收入曲线是一条水平线,它与企业的企业特定需求曲线是相同的。)

因此,当企业面临的是一条向下倾斜的边际收入曲线时,利润最大化的策略将如何运行?如果是在竞争性市场,企业将被迫将价格确定在 p_c 水平,并销售 q_c 数量的产品。(这是因为如果市场是竞争性的,图 2.8 中的需求曲线将不是企业的企业特定需求曲线,而是市场需求曲线;企业的企业特定需求曲线将是一条穿过 p_c 的水平线。)但是,当所有的销售都是由一家企业来完成时,即由一家企业提供市场中消费者所需要的所有产品,则一切都将发生改变。注意在图 2.8 中,当价格为 p_c 时,垄断企业从最后一单位产品的销售中所获得的边际收入,将会大大低于垄断企业销售这一最后一单位产品的边际成本(由 MC 在 p_c 与 q_c 交叉点给出的)。也就是说,该市场中企业单次进行销售所赚取的钱要少于所带来的成本。但需要重点注意的是,这并不意味着垄断企业在竞争性价格水平上会整体赔钱。事实上这几乎从来不会发生。[16] 更确切地说,这只意味着在边际销售上,其成本要高于收入。因此,企业将发现减少产量是明智的。在图中,当不断向横轴的左侧移动时,垄断企业在单次产品销售上的损失将越来越小。这种损失最终将降低为零;该点就是 q_m,* 在该点上,最后一单位产品销售的边际成本等于边际收入,或者 MC=MR。但是你可能会想,垄断企业为什么不继续将产量向图形横轴左移动得更多一些呢,因为这样价格将变得更高,而边际收入也将比边际成本更大。原因很简单。记住,任何理性企业的目的都不是为

---

[16] 一个罕见的例外就是所谓的"自然垄断"(natural monopoly)。自然垄断是指,在一个市场中固定成本是如此地高,以至于即便仅有一个企业拥有整个市场的交易,它也不能实现充分的效率——足够低的平均总成本——以使其能够获得长期利润。一般认为在这种市场中有必要通过政府规制来确定价格;因此,美国大部分领域早就有了公用企业的监管。

* 原文为 p_m,应为笔误,译者予以纠正。——译者注

了追求单次交易利润的最大化。任何理性企业的目标都是为了实现整体利润的最大化。任何边际收入大于边际成本的销售——图上表现为边际收入曲线高于边际成本曲线的部分——都将增加整体的利润。因此，垄断企业更希望将产量定在 q_m 处，而非 q_m 左侧的任何点。

但我们需要再次注意，作为利润最大化策略，其事实上根本没有区分竞争性企业和垄断企业。严格来说，一家企业在所有条件包括在完全竞争条件下的理性决策，就是将产量设定在 MR＝MC 上。在所有情形中，即便是在完全竞争条件下，利润最大化的选择都是 MR＝MC。这可能看起来有一些奇怪，因为我们早些时候曾说过，在完全竞争条件下 P＝MC。但同样地，这是因为在完全竞争条件下，企业面临的是一条水平的企业特定需求曲线，而需求曲线就是边际收入曲线。当需求曲线是水平的时，每一个新增单位产品的销售总会给收入带来相同的增量，其值就是所收取的价格。因此，在完全竞争条件下，P＝MC＝MR。将这一竞争结果描述为"利润最大化"看起来可能同样很奇怪，因为在长期竞争均衡中经济利润为零。但是请记住，这一结果仍然是企业在竞争中可以获得的最优结果——任何更低的价格都将意味着损失金钱，而任何更高的价格则意味着将丧失所有的交易。

基于此，我们可以得出价格理论的一个强有力的、基本的结论：所有理性企业在任何情况下都试图使 MC＝MR，当它们这样做时市场就将处于均衡之中。

四、价格理论的规范论证：计算消费者剩余、生产者剩余和无谓损失

既然我们已经对市场行为的基本价格理论模型作了介绍，现在我们可以讨论价格理论的另外一个运用，它在反托拉斯法中具有重要影响力。价格理论不仅是关于市场行为的一种描述性理论，而且也是一种规范性理论。

价格理论的基本规范承诺是从"效用"（utility）或"福利"（welfare）开始的。这些意义相近的术语，描述了你因拥有某种东西而获得的好处。比方说我想花 10 美元购买一本新书。如果我具有购买该书的意愿，则这将合乎

情理地表明,在我看来,相比于拥有 10 美元,拥有这本新书能够给我带来更大的好处。但是如果我并不想以 10 美元的价格购买该书,则我必然认为 10 美元的价值要高于我拥有该书的价值。[17]

规范论证接下来会涉及另外一个概念,即 **分配效率**(allocational efficiency),我们在本章第二节的基本规则中曾首次介绍过。经济学家认为,能够给人们带来更大的总体效用的政策是更优的政策;也就是说,如果政策能够使资源分配实现大多数人最大程度获得他们所想要的结果,则这种政策就是最好的政策。

基于上述两个概念,我们可以发现在完全竞争条件下,自由市场竞争将产生最大可能的分配效率。接下来我们将考虑一个简单市场图,参见图 2.9。

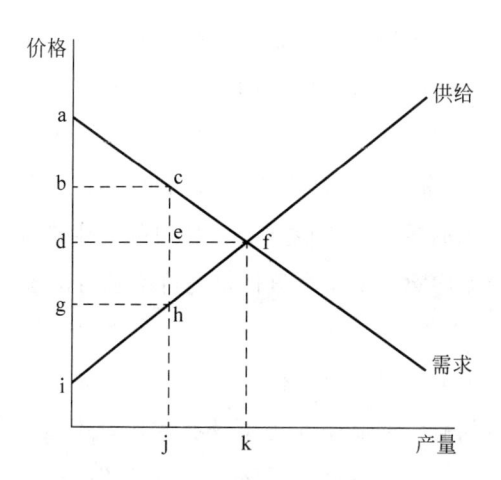

图 2.9 福利分析——竞争和垄断下的消费者剩余及生产者剩余

---

[17] 我们需要重点澄清一点,尽管其在反托拉斯法中严格来说并不相关:无论这些概念多有用,我们都只能通过衡量支付意愿来衡量效用的大小。如果 A 只愿意支付 1 美元来购买一块披萨,而 B 愿意支付 2 美元,则经济学理论必然假定 B 事实上更愿意享用披萨。但是这并不必然真实,事实上只有当 A 和 B 在购买披萨之前拥有相同数量的钱时,我们才能说这是真实的。A 之所以只愿意支付更少的钱,可能仅仅是因为 A 没有 B 那么多的钱。类似的情形还有,相较于富人而言,穷人总是只愿意支付更少的钱来购买某种商品,即便其事实上能够从该商品中获得更多的满足。有一个原因可以解释为什么经济学忽视了这一扭曲的情形:如果不进行这种简化的话,价格理论将会变得更加复杂和非客观。

如果市场是竞争性的，则产量将为 k，而价格将为 d。但是请注意需求曲线和供给曲线。当你移动到竞争均衡点也即对应的产量为 k 点的左边时，注意需求曲线向上，而供给曲线则向下。这意味着有一些消费者原本会以高于竞争价格的价格购买产品，而有一些生产商原本会以低于竞争价格的价格生产产品。事实上，所有消费者和生产商，除了那些正好处于边际水平的以外，都仍将在均衡点以左的某个点上继续从事交易。正好处于边际水平的生产商和消费者，即那些只会以竞争价格或更低的价格购买产品的消费者，以及只会以竞争价格或更高的价格生产产品的生产商，被称之为**边际消费者**和**边际生产商**。而位于均衡点左侧的消费者和生产商就是**超边际**（inframarginal）的。

这种区分之所以很重要，是因为每一个超边际的市场参与者相较于边际参与者而言，能够从市场参与中获得更多，因此，为了估量该市场的真实社会价值，我们需要将所有这些额外的好处都予以计算。超边际的消费者所享有的额外好处就是，他们原本愿意以高于竞争价格的价格购买产品，但由于竞争价格是每一个消费者都必须支付的价格，因此他们就可以支付更少的钱，并将省下来的钱用在其他方面。超边际的生产商也将获得类似的好处，因为他们原本愿意以低于竞争价格的价格进行销售的，但现在他们可以以竞争价格进行销售。

例如，考虑一下原本愿意以价格 b 购买产品的消费者。该消费者购买了该产品，并且从拥有该产品中获得了一些效用。不过该消费者同样也保留了一些额外的、原本应当用来购买该产品的钱，但是现在他可以将该笔钱用作他用。这笔钱恰好可以用 c 点和 e 点之间的线来予以准确衡量。同样地，即便当价格下降到 g 点仍然会选择销售的生产商，现在可以以竞争性价格来进行销售。这一额外的收入可以用 h 点和 e 点之间的直线来予以准确衡量。

额外的收益就是**剩余**（surplus）。超边际的消费者能够享受**消费者剩余**（consumer surplus），而且市场中所有消费者所能够享受的消费者剩余总量等于 a-d-f 三点所连接的三角形的面积。超边际的生产商享受**生产者剩**

余（producer surplus），而生产者剩余总量等于 d-f-i 三点所连接的三角形的面积。

现在想象一下，如果整个市场由一个垄断者控制会发生什么。我们假设垄断者在 MC＝MR 时的产量——正如在前文第（三）部分垄断均衡中解释的，垄断者在该点上能够实现利润最大化——为 j。这将会使得价格上涨到 b 点。只有那些原本愿意支付价格 b 或更高价格的消费者才能够获得该产品。并且，由于他们现在必须支付更高的价格 b，他们将失去 b、c 之间直线以下的所有消费者剩余。也就是说，垄断企业通过将价格提升到 b 点所获得的额外利润仅仅是所牺牲的消费者剩余。在本例中，矩形 b-c-d-e 代表了垄断企业所获得的剩余。

但这并不是唯一的后果。产量从 k 点减少到 j 点意味着有一些交易将不会发生，因此有一些剩余无论是消费者还是生产者都无法享受。损失的这部分剩余被称之为**无谓损失**（deadweight loss），在本例中，三角形 c-h-f 的面积代表了这种无谓损失。无谓损失不仅仅是一种转移——它不仅仅是个人参与者从交易中所获好处的改变。事实上，它是一种社会损失。当垄断企业攫取消费者剩余时，社会上某些人至少仍然能够从经济活动中获得好处——某些市场参与者从买卖中获得了剩余。事实上，许多经济学家认为，社会确实应该对消费者与生产者之间剩余的转移保持一种矛盾的态度。他们论证到，从社会视角来看这仅仅是一种骗局。但是无谓损失确实是一种损失。它表明，在竞争条件下原本能够享有的经济价值现在却损失掉了。

鉴于此，你可能会想垄断企业为什么还要费心呢。原因就是尽管无谓损失对于社会而言可能是一种损失，但是垄断企业所遭受的损失相对于它提高价格而攫取的消费者剩余而言简直是微不足道的。构成垄断企业所损失生产者剩余的无谓损失量在此为三角形 e-f-h 的面积，而社会无谓损失量要比这更多。

第三章 现代反托拉斯经济学概论

本章旨在通过一系列非常宽泛的经济学概论对第二章基本价格理论予以补充。法院在审理反托拉斯案件时会运用到我们将要列举的每一条经济学概论,它们贯穿于反托拉斯法的始终。所有这些概论对于解释现代的判例法意义深远。尽管这些概论的集合看起来可能有一些混杂,但在某种程度上所有这些概论都仅仅体现了一个中心思想,即反托拉斯如今全部关乎的是:反托拉斯致力于保护为了实现价格竞争和质量竞争所需的最好的可能条件,正如当代经济学理论对这些目标的理解。因此它旨在禁止那些只会损害竞争的行为,并谨慎观察,因为激烈竞争行为与限制竞争行为之间的界限有时是不确定的。

经济学概论如下:

一、(一)在某种意义上,反托拉斯法的中心目标一般被认为是"效率",但我们需要对效率的反托拉斯含义赋予某些更加概括性的考虑。幸好,它在反托拉斯中有一个相对清晰的含义,但是它通常是在未被澄清的情况下使用的,而且对于外行人而言它可能具有不同的含义。一般来说,在反托拉斯语境下,法院和评论家通常用"效率"一词来指代更低的价格和更高的产量。因此,只有当某种行为会导致产量减少或价格上升时,法院通常才会认定该行为违反反托拉斯法。

(二)但是,在这一共识之下仍然存在一个问题。追求高产量和低价格事实上有时会有两个不同的目标。它要么旨在保护消费者,要么实现整体效率(正如在第二章以及附录中讨论的,这也被称之为"分配效率")的最大化。通常而言,通过这两种方式实现的结果是相同的,但也并非总是如此。如果这两种方式导致的结果不同,现在的共识是应当优先保护消费者。

二、反托拉斯法旨在保护"以品质为基础的竞争"(competition on the merits),也就是说,它保护的是有利于促进价格竞争或质量竞争的条件。

因此,有一些类型的损害是不可弥补的,并且某些类型的行为并不是违法的,尽管其可能给某些人造成损害。正如我们将要看到的,这一重要的理念在当今的反托拉斯中有多重表现形式:

（一）反托拉斯法保护竞争,而非竞争者;

（二）在反托拉斯的抗辩中,"社会"正当性理由永远都是不相关的;

（三）反托拉斯对于价格(几乎)总是持不可知论的立场。

三、反托拉斯规则的制定应当关注反托拉斯法自身实施的成本,尤其是其可能会意外窒息促进竞争行为的风险,这一观念在最近几十年中变得日益重要。对这种无意造成的适得其反的关注,有时被称之为"哈佛学派"方法。

四、最后,反托拉斯法有一个特殊的缝隙,一种已经普遍存在的经济学争论对其进行了解释。这种经济学观点认为,合谋行为要比单边行为更加危险。这之所以会造成反托拉斯法存在缝隙的原因在于,某些在大多数人看来是限制竞争的行为却并不违法。如果该行为是单边行为,即便其提高了价格或减少了产量,它也不违反《谢尔曼法》第1条,而且除非被告拥有非常大的市场势力,否则它也不违反《谢尔曼法》第2条。

第一节　反托拉斯的基本目标:"效率"的含义及消费者保护标准的兴起

一、"效率"及其在当代反托拉斯中的含义

"效率"是反托拉斯争论和决策中经常使用的一个词,但是对该词的使用有时却是相当随意的,而且也很少被明确界定。这引发了许多困惑,而且很明显人们有时是在不同含义上使用它。这是一个问题。我们通常说,在某种意义上"效率"是反托拉斯的中心目标,并且在某些案件中选择效率的这一含义还是其他含义会影响案件判决的结果。

不管有没有用,并且也无论是否希望实现,法院在适用当代反托拉斯法

的过程中,当他们说反托拉斯法旨在提高"效率"时,他们几乎总是意指:反托拉斯法的目标在于提高产量并降低价格。因此,例如我们认为赤裸裸的固定价格行为是无效率的,因为共谋者所意欲实现的目标只有一种可能的结果,那就是生产更少的产品但却收取更高的价格。另一方面,被告通常辩驳被诉行为能提升效率,但只有在该行为看起来确实可能会促使被告以更低成本或某种更优的方式从事生产时,这种抗辩才会被予以考虑。

更低的价格和更高的产量是反托拉斯的目标,因为这能够有助于市场更好地运行。正如在第二章中所解释的,价格竞争过程是市场实现理想结果的全部方式。任何企业,只要其能设法以低于其他企业的价格进行销售,那么它都应当这样做,并且每一个人都能从中受益(即便是竞争对手也会受益,只要他们能够设法将其成本降低到市场普遍的成本,因为他们将持续地弥补经济成本,包括获得竞争性的投资回报)。

有时这可能令人困惑,因为法院将其他一些方面例如提升产品的质量、安全或种类,也描述为"效率"的特征,或认为它们也是反托拉斯的重要目标。参见美国诉大陆金属罐公司[United States v. Continental Can Co., 378 U.S.441(1964)]案判决书第455—456页(在该案中,法院认为质量竞争以及价格竞争在反托拉斯中都很重要)。但这只是反映了在现实中"价格"竞争并不通常只是价格方面的竞争这一事实。两种产品彼此之间可能具有很强的替代关系,因此能向对方施加价格方面的竞争压力,但它们同样也会在质量或其他方面展开竞争。换言之,被认为是完全竞争理想条件的完全替代性在现实生活中从来没有真正实现过。例如,你可能考虑购买一辆新车,但在两种非常相似的车型间犹豫不决。它们都是紧凑节能的四门轿车。其中一辆车要比另外一辆贵,但它却拥有更好的质量声誉、耐用性以及转售价值。很显然,这两种汽车是在其他方面而非仅仅是价格方面竞争你的注意力——价格更低的汽车并不能仅仅因为其价格更低就受青睐。但这也不是说它们是以一种完全不同于经济学理论所描述的价格竞争的其他方式展开竞争的。(经济学家认为)这是同一种类型的竞争,它们以同样的方式运行。唯一的区别就是,当产品彼此之间并不是完全可替代时,消费者必须对不同产品的价格和质量特征进行综合比较,在此基础上判断其愿意为哪一种产品支付更高的价格。经济学家将这一现象称之为"质量调整的价格竞争"(quality-adjusted price competition)。在现实市场中,价格竞争几乎总是指不同产品之间的竞争,每一种产品都代表了价格和质量的不同组合。

因此,人们可能听说法院将限制竞争行为描述为损害"效率"或提升"效率",即便关注点看起来可能涉及的是质量或其他表面上来看属于非价格的特征。但是记住,现实世界产品的价格和质量特征的结合,总是可以被理解为是相同的、本质上属于价格竞争过程的一部分。

二、消费者保护标准

自20世纪60年代后期开始,司法界和理论界就本书前文所解释的作为中心的效率目标究竟应包括哪些内容展开了争论,并一直持续了几十年。确定一个目标具有非常重要的影响,因为法律的目标是什么将决定某些行为违法与否。

很显然,当前反托拉斯由不同于其之前的理论基础所指引,而且,反托拉斯的现代目标较之于之前也表现出更加狭隘的"经济性"。[1] 但至少有几个方面是"经济性"目标所必需的。它可能要么意味着(1)正如在第二章第

---

[1] 这在某种程度上具有误导性。从广义上来讲,目标总是"经济性"的,因为无论反托拉斯在特定时期的具体目标为何,整体的繁荣总是被认为能够得到最好的实现。但是,从现代的眼光来看,在不同历史时期反托拉斯的目标是更加政治性的而非经济性的。反托拉斯曾经的重要目标包括:保护消费者和小生产商的个体自由,反对大企业对政治机构所施加的威胁。可参见赫伯特·霍温坎普(Herbert Hovenkamp),《企业与美国法律,1836—1937》(*Enterprise and American Law, 1836-1937*)(1991);埃莉诺·M. 福克斯(Eleanor M. Fox),"司法判决中的法律经济政治学:作为窗口的反托拉斯"(The Politics of Law and Economics in Judicial Decision Making:Antitrust as a Window),《纽约大学法律评论》(*New York University Law Review*),第61卷(1986),第563—565页(描述了反托拉斯中变化的政治动机);大卫·米隆(David Millon),"《谢尔曼法》与权力平衡"(The Sherman Act and the Balance of Power),《南加州法律评论》(*Southern California Law Review*),第61卷(1988),第1287—1292页(全面总结了历史评论,根源在于"国会在1890年更多考虑的是权力,而非效率");罗伯特·皮托夫斯基(Robert Pitofsky),"反托拉斯的政治内容"(The Political Content of Antitrust),《宾夕法尼亚大学法律评论》(*University of Pennsylvania Law Review*),第127卷(1979),第1051页。

三节第四部分中所解释的,反托拉斯旨在实现分配效率的最大化,这是经济学理论通常所述的中心规范目标;要么意味着(2)反托拉斯旨在保护消费者,即便有时会以牺牲分配效率为代价。通常而言这二者之间并没有什么不同。绝大多数会导致价格上涨的行为——因而会转移消费者的财富——将导致产量下降,从而产生无谓损失并降低分配效率。(参见第二章第三节第四部分内容。)但是,正如我们将要看到的,这两种不同的目标有时也确实会导致不同的结果。

目前这种争论似乎已经归于平静,至少暂时是这样的,并逐渐形成这样一种共识,即反托拉斯旨在防止财富从消费者转移到拥有市场势力的生产商那里。这种观点的转变始于1982年罗伯特·兰德教授发表的一篇被广泛引用的论文,[2]并且这似乎已经成为主流观点。[3]

通常而言这两种标准的结果都一样,但并非总是如此。在某些情形中,尽管行为本身攫取了消费者的财富,但整体的分配效率可能没有发生改变,甚至还有提升。尤其是,某些安排可能既能增强市场势力又能节约成本。例如,假设两个具有直接竞争关系的竞争者合并。合并可能会赋予他们足够的额外市场份额,从而使他们享有某种自由定价权。如果他们提高价格,这会导致一部分产量的损失,并因而导致无谓损失——这是消费者和生产

---

[2] 罗伯特·H.兰德(Robert H. Lande),"作为反托拉斯最初以及首要关切的财富转移:效率解释面临挑战"(Wealth Transfers as the Original and Primary Concern of Antitrust: The Efficiency Interpretation Challenged),《黑斯廷斯法律杂志》(Hastings Law Journal),第34卷(1982),第65页。

[3] 参见劳伦斯·A.沙利文(Lawrence A. Sullivan)与沃伦·S.格里姆斯(Warren S. Grimes),《反托拉斯法:综合手册》(The Law of Antitrust: An Integrated Handbook),2006年第二版,第116页及20注释;艾伦·S.埃德林(Aaron S. Edlin),"停止高于成本的掠夺性定价行为"(Stopping Above-Cost Predatory Pricing),《耶鲁法律杂志》(Yale Law Journal),第111卷(2002),第947页及24注释;埃纳·艾尔豪格(Einer Elhauge),"搭售、捆绑折扣以及单一垄断利润理论的终结"(Tying, Bundled Discounts, and the Death of the Single Monopoly Profit Theory),《哈佛大学法律评论》(Harvard Law Review),第123卷(2009),第435—439页;丹尼尔·J.吉福德(Daniel J. Gifford)与罗伯特·T.库德乐(Robert T. Kudrle),"现代经济学中价格歧视的法律经济学:和解的时机?"(The Law and Economics of Price Discrimination in Modern Economies: Time for Reconciliation?),《加州大学戴维斯法律评论》(UC Davis Law Review),第43卷(2010),第1240—1241页及21注释。

者剩余损失,而不仅仅是一种流失——这是一种社会损失。在这种程度上,即便从整体效率观点来看,该合并也是应当被反对的。但是,合并后的企业可能因合并而成为一个效率更高的生产商,并因此能够降低成本。合并所节约的成本对于社会而言也是一种整体效率的获得,即便其并没有以更低价格的形式转移给消费者。如果这种所获大于无谓损失,则整体效率理论将会允许该合并,即便消费者会因此而遭受损失。然而消费者保护理论则不会允许该合并。[4]

许多其他安排也是类似的,它们可能既会形成定价权也会节约成本,例如生产型或研发型企业合营。同样地,"价格歧视"也可以在不影响产量的情况下转移消费者的财富,因此它并不必然导致分配效率的下降。(参见第十六章)

第二节　现今反托拉斯真正关心的是：保护实现竞争的最优条件以促进"以品质为基础的竞争"

无论最终目标是提高分配效率还是保护消费者——通常而言是一回事——现在很明确的一点就是,反托拉斯的中心目标是保护以品质为基础的竞争(competition on the merits)。也就是,其目标在于确保,让生产更好的或更便宜的产品成为企业获得成功的唯一途径。

这一理念至少体现在贯穿于反托拉斯法的三条主要规则之中：(1)反托拉斯并不单纯为了竞争者的利益而保护竞争者本身；(2)"社会正当理由"不能成为原本限制竞争行为的抗辩理由——唯一相关的抗辩理由是能够证明被诉行为事实上能够提高以品质为基础的竞争；(3)反托拉斯对实际价格持不可知论——企业所收取的价格本身几乎从来不是违法的,并且反托拉斯

---

[4]　这一点在本章脚注 2 兰德教授文章的第 142—150 页进行了解释。

并不试图直接干预竞争者所作出的买卖选择。因为如果干预的话将会阻碍正是反托拉斯所要保护的竞争本质,从而引发大量的风险。

一、反托拉斯保护竞争而非竞争者

最高法院在布朗鞋业公司诉美国[Brown Shoe Co. v. United States, 370 U.S. 294 (1962)]一案中写道,国会"关注的是保护竞争,而非竞争者,并且只有在某种行为可能损害竞争的情况下,国会才意欲对其进行限制"(参见该案判决书第 320 页)。这句话经常被引用。如果某种行为只会损害竞争者,而不会对价格或产量有影响,则反托拉斯将不会提供针对这种行为的救济。在实践中几乎总是会发生这样的情形,即被诉损害恰恰正是价格竞争本身的结果。毕竟,竞争是一个残酷的过程,低效的企业将被迫退出。对于这些低效企业来说这自然是一种损害,只不过这并不是反托拉斯所关注的损害。(事实上,通过价格竞争排除低效企业被看作是一件好事。)

这一理念体现在不同的方面。最为明显的,反托拉斯私人诉讼的原告需要证明其所起诉的行为给其造成了"反托拉斯损害"(antitrust injury)。他们不仅必须证明自己遭受了损害,而且必须证明这种损害正是反托拉斯法所要禁止的。而且,这种损害不能仅仅是其他企业通过价格竞争本身所造成的;它必须是一种将阻止企业降低价格或减少产量而造成的损害。这一问题将在第十九章第一节第一部分中进行详细探讨。这一理念在实体性规则中也有所体现。它在最高法院的判决中被采纳,从而使得单边行为要比多边行为更难被挑战,因为最高法院认为损害竞争对手的单边行为更有可能正是反托拉斯法所要追求的竞争优势。参见柯普维公司诉独立管道公司案判决书第 767—768 页。这是最高法院致使原告很难通过"掠夺性定价"来证明垄断的原因——为了扼杀新的市场进入者或现有的竞争者而大幅降低价格的做法将限制垄断企业的长期定价权。最高法院认为,很难将这种行为与那些普通的激烈价格竞争行为区分开来,因此,如果将这种行为认定为违法的话,可能往往正好使得竞争者避免遭受竞争力的冲击,而这种竞争力则正是反托拉斯所要保护的。参见布鲁克集团有限公司诉布朗威廉姆森烟草公司[Brooke Group Ltd. v. Brown & Williamson Tobacco Corp., 509 U.S. 209 (1993)]案。并且这一理念现在正促使最高法院对纵向限制进行大量思考。最高法院认为,损害被纵向限制所排除的分销商或零售商,是大多数纵向限制所可能造成的唯一损害。由于最高法院认为这种排除通常并不会损害消费者,因此这种损害并不在反托拉斯的保护范围之内。参见利金创意皮革产品公司诉PSKS公司案判决书第906页。(纵向限制以及纵向关系的经济学将在第十章及附录中进行更为全面的讨论。)

例子

鲍勃五金器具(Bob's Hardware)是一个地方家居店,它与另外一家叫作"吉恩自己动手做"(Gene's DIY)的店之间展开着激烈的价格竞争。鲍勃五金器具的店主鲍勃赢得了竞争,"吉恩自己动手做"面临破产。由于竞争压力有所减缓,鲍勃就能将价格提高一点。但是,在经过"吉恩自己动手做"破产的两个多月平静之后,鲍勃非常害怕地了解到,"吉恩自己动手做"及其所有的存货将被一家全国性的家居超级商场收购。鲍勃认为收购"吉恩自己动手做"将违反《克莱顿法》第7条。于是鲍勃提起诉讼,指控超级商场将有能力运用其巨大的成本优势而将鲍勃逐出市场,从而会减少竞争。

结果将会怎样?

解释

鲍勃很有可能会败诉。他所抱怨的损害——他将会被逐出市场——是竞争所带来的损害,而非对竞争施加限制的限制竞争行为所造成的。如果真如其所言,超级市场将能够利用"成本优势"而打败他,那么这也只表明,作为一个效率更高的企业,超级市场在价格方面将是一个更加有效的竞争对手。

以上正是嘉吉公司诉科罗拉多州蒙福特公司[Cargill, Inc. v. Monfort of Colorado, Inc., 479 U.S. 104 (1986)]案和布伦斯维克公司诉普韦布洛保龄球馆公司[Brunswick Corp. v. Pueblo Bowl-O-Mat, Inc., 429 U.S. 477 (1977)]案这两个案件的基本事实,在这两个案件中,最高法院都认为原告的控诉不能证明"反托拉斯损害"。我们将会在第十九章第一节第一部分中讨论这一规则。

二、在反托拉斯中"社会"正当性理由永远是不相关的：辨识问题

只要涉及反托拉斯，被告就会寻求为自己的行为进行辩护，指出在特定情况下，如果允许价格竞争不受任何约束，将会导致某些坏的结果；为了避免这些坏的结果，他们需要从事这种行为。这种抗辩基本上总是不会得到支持。法院现在非常坚定地认为，反托拉斯法将不受限制的自由竞争作为美国的一项基本政策。因此，尽管被告通常被允许对那些原本违法的行为提出"商业正当性理由"或"促进竞争的正当性理由"抗辩，但这种正当性的抗辩必须是该行为促进了价格或质量竞争。这种抗辩理由不能是，在该情形下为了最好地实现社会利益，因此需要避免竞争。正如最高法院所说的，"这种抗辩只有向国会提出才是合适的，而且也有可能从法规中获得对特定行业的豁免，但这在反托拉斯诉讼中是不被允许的。"参见美国专业工程师协会诉美国[National Socy. of Profl. Engrs. v. United States, 435 U.S. 679 (1978)]案判决书第 689—690 页。

被告提出了上述抗辩但被法院予以驳回的一个典型的案例就是美国诉索科尼-真空石油公司[United States v. Socony-Vacuum Oil Co., Inc., 310 U.S. 150 (1940)]案。在该案中，全国主要的原油开采商及冶炼商寻求"支持"汽油的价格，政府认为该共谋构成犯罪并提起诉讼。这些企业抗辩道，不受约束的价格竞争将使得生产变得如此无利可图，以至于许多油井将被废弃，而一旦被废弃则永远也不可能再使用。事实上，他们论证到，价格支持计划将使得他们能够从油井的运行中获得合理的回报率，这对于保护自然资源是必要的。

最高法院并没有采纳这种抗辩：

这是被告在固定价格案件中通常提出的一些典型抗辩。在整个反托拉斯历史中，毁灭性竞争、金融危机、恶性降价等都被声称为固定价格的正当性理由。如果我们在此对所谓的竞争弊端进行评估的话，那

么每一个固定价格案件都必然面临价格合理性的问题。如果那样的话,《谢尔曼法》将很快变得无效;其理念将被一个完全不同于自由竞争的制度所取代;它将不再是制定者所期望的自由的大宪章。

国会并没有赋予我们决定特定固定价格行为是否明智、健康还是具有破坏性的权力。它不允许以毁灭性竞争、竞争弊端等为固定价格共谋行为抗辩,尽管这种呼吁一直以来就存在。相较于企业具有良好的意图这种理由,它更不允许将真实或虚构的竞争弊端作为认定固定价格的法律正当性理由。如果要作出这种改变,那也必须由国会来作出。毫无疑问,国会并没有赋予我们作出任何这类选择的权力。《谢尔曼法》也没有规定或授权规定针对石油行业的任何特殊例外。无论《谢尔曼法》自身具有何种特殊问题或特征,只要涉及固定价格协议,它都确定了适用于所有行业的统一规则。

美国诉索科尼-真空石油公司案判决书第220—222页。

最高法院在其他许多案件中也持有相同观点。在美国专业工程师协会诉美国案中,一个重要的专业协会制定了职业伦理规则,禁止工程师在达成合同之前就费用展开协商,最高法院认为该规则是违法的。法院认为该规则几乎无异于一个固定价格协议,但工程师却声称这事实上对于保障公共安全是必需的。他们认为价格压力将导致工程师从事粗劣的工作,其所进行的工程设计的安全也将难以得到保障。最高法院驳回了这一在本质上认为竞争本身就是问题的抗辩。同样地,在联邦贸易委员会诉高等法院出庭律师协会[FTC v. Superior Court Trial Lawyers Assn., 493 U.S. 411, 423-424 (1990)]案中,最高法院考察了由哥伦比亚特区的律师所组织的"罢工",这些律师主要代理由法院所指定的刑事辩护案件,罢工的目的在于促使哥伦比亚特区政府提高支付给律师辩护案件的费用。法院对律师的这种行为表达了一定的同情,并且为了判决的目的而推测如果提高费用将能改善贫困当事人所享受的宪法规定的强制性服务。被告认为,如果任由价格竞争的话,那么将没有政治选民能够进行有效游说以获得这些更好的服务，法院原则上并没有驳回这一观点。但是最高法院认为所有诸如此类的事项都与其要作出的判决无关。法院认为这一赤裸裸的、横向的联合抵制行为是本身违法的。

在有些案件中最高法院也接受了被告所提出的商业正当性抗辩，对这些案件进行考察也是有所帮助的，因为法院永远只会接受那些真正能够被认定为促进竞争的抗辩理由。在芝加哥贸易委员会诉美国[Chicago Board of Trade v. United States, 246 U. S. 231 (1918)]案中，最高法院考察了一项由众多商品经纪人达成的涉及交换谷物价格信息的协议。显然该协议是一个横向的固定价格共谋，尽管算不上是"赤裸裸的"。[5] 考虑到该协议具有明显的限制价格属性，所以可能仍然有人对最高法院表示怀疑。但是最高法院依据合理原则展开分析并支持了该协议，因为法院认为该协议将能够促进芝加哥谷物销售的竞争。在最高法院看来，该协议能够促进市场信息的流动，并减少某些交易商针对那些原本处于信息不对称地位的城外农民采取的欺诈和滥用行为。如果该协议能够增强农民的信心进而促使他们将更多的谷物运输到交易所，那么这将是促进竞争的。同样地，在广播音乐公司诉哥伦比亚广播系统公司[Broadcast Music, Inc. v. Columbia Broad. Sys., 441 U. S. 1 (1979)]案中，最高法院考察了由音乐作曲家成立的一个商业团体。该团体的主要目的是推广成员的作品，许可使用者演奏这些作品，并且打击侵权行为。然而，该团体采取的是一揽子许可的方式——缴纳固定的费用之后使用者就能够演奏该作曲池中的任何一首曲子。从形式上来看，这种类型的安排非常类似于一种赤裸裸的横向固定价格共谋。但是最高法院仅适用合理原则展开分析，并强烈认为这种协议是合理的，因为其具有促进竞争的特性。也就是说，联合许可以及版权实施将能够节省大量

---

[5] 也就是说，该协议是一个"附属性的"限制，本书将在第七章第二节中对此作更加详细的解释。虽然该协议涉及价格，而且也是横向竞争者之间达成的——为了生存而买卖谷物的人——但它是一个更大的商业安排的一部分，该商业安排自身看起来是有利于商品交换本身的。如果诸如此类的商业安排包含了一些孤立来看可能是违法的规则或边缘性协议，但作为商业安排的一部分同样是能够带来好处的，我们就将这些规则或边缘性协议称之为"附属性"限制。从法律上来看，这些附属性限制协议将依据"合理原则"来进行考察，尽管孤立来看它们是本身违法的。

的交易成本,并最终促进更多的音乐创作和音乐销售。除了最著名的作曲家以外,其他所有作曲家都将发现,在全国范围内进行单个许可谈判并保护自己的权利,成本将是非常巨大的,但是如果联合起来则是非常经济的。[6]

三、反托拉斯(几乎)总是认为价格是不可知的

我们经常说在反托拉斯中,法律的基本政策就是通过确保生产商无法提高价格或(事实上是同一回事)减少产量,以此来保护消费者的利益。换言之,从某种意义上来说,反托拉斯法就是一部关于价格的法律。然而,几乎没有听说过法院在适用反托拉斯法时会考虑被告实际收取的价格,或者依据任何实质性的措施来判断这些价格是否"正确"或"合理"。

反托拉斯仅在两种情形下确实会直接考虑被告实际收取的价格,而且事实上仅在其中的一种情形中——这还只是整个反托拉斯法中的非常狭窄的领域——法院确实曾经考虑了被告实际收取的价格是否"正确"。首先,反托拉斯中某些规则调整"价格歧视"。有时企业可能试图就相同的产品或服务向两个不同的客户收取不同的价格。其之所以这样做可能出于不同的原因:一方面,差别定价可能反映了服务不同顾客的实际成本差异;另一方面,价格歧视有时只是限制竞争策略的一部分。我们将在第十六章中对价格歧视进行详细讨论。其次——正是在该情形中法院才会对价格合理性本身予以考虑——无论是垄断企业还是众多横向的竞争者,从事"掠夺性定价"(predatory pricing)都是违法的。垄断企业或团体为了达到损害竞争对手的目的,可能会试图将价格降到如此之低,以至于竞争对手难以匹敌从而被逐出市场。如果掠夺者的目的是之后将价格提升到竞争水平之上的话,

---

[6] 法院仅接受那些确实能够促进价格竞争的正当性抗辩,而阿巴拉契亚煤炭公司诉美国[Appalachian Coals v. United States,288 U. S. 344 (1933)]案则是一个例外,从名义上来看它仍然是好的法律。但是,如今该案例的结论已经不再被遵循,而且几乎确定地不再成为判例法。参见威廉姆·L. 雷诺兹(William L. Reynolds)与斯宾塞·韦伯·沃勒(Spencer Weber Waller),"法律程序与反托拉斯的过去"(Legal Process and the Past of Antitrust),《南卫理公会大学法律评论》(*Southern Methodist University Law Review*),第 48 卷(1995),第 1812 页(指出阿巴拉契亚煤炭公司案是"非同寻常的",而且"只有置于国家处在经济大萧条深渊资本主义幻灭的背景之下才是合理的")。

那么这种掠夺性定价行为就可能是限制竞争的。之所以说考虑掠夺性定价行为涉及评判价格"正确"与否，是因为法院现在非常坚定地认为，除非价格低于掠夺者自己的成本，否则掠夺性定价就不能被认定为违法。因此，在这些案件中，法院就通常必须对掠夺者所收取的价格以及其与成本之间的关系进行艰苦而详细的实证研究。我们将在第十三章第三节第三部分中讨论掠夺性定价行为。

法院之所以非常不愿意对价格本身进行判断有两个方面的原因。首先，法院认为对价格进行评估将是十分困难的，而且进行价格评估意味着法院将承担起持续性的、本质上属于监管的工作，而法院并不适合于担当这一角色。一个多世纪以前，当时还是法官的威廉·霍华德·塔夫脱（William Howard Taft，后来成为总统、首席大法官以及美国第一位著名的反托拉斯学者）在美国诉阿德斯顿钢管公司[United States v. Addyston Pipe & Steel Co., 85 F. 271 (6th Cir. 1898)]案中就回答了该问题。在该案中，被告达成了一个固定价格的卡特尔，对于违反《谢尔曼法》的指控，他们抗辩认为他们的价格——尽管被固定——是"公平且合理的"。塔夫特法官用现在非常有名的话回答道：让法院来评判实际所收取的价格是否合理，无异于是"在怀疑之海上起航……"。

在另外一个重要的早期案例——美国诉索科尼-真空石油公司案中，最高法院首次并永久地确定了横向固定价格行为总是违法的规则——法院进一步阐述道：

> 由于决定价格的商业事实处于动态变动之中，因此没有恒久不变的合理价格。企业今天确定的合理价格明天就可能变得不合理，因为这些价格不会受到持续的行政监管并依据变更的情势进行重新调整。这些控制了价格的企业可能会控制或有效主导市场。而处于该战略地位的企业将利用其权力破坏或极大损害竞争制度。但这将进一步发展，并达到更甚于垄断力的结果。企业任何干预价格结构的联合行为都是违法的。即便固定价格协议的成员并不拥有控制市场的地位，但只要他们能够提高、降低或稳定价格，他们就能够直接干预市场的自由

运行。《谢尔曼法》禁止所有这些类似的行为,并保护我们经济的重要部分不受任何程度的不当干预。国会并没有赋予我们决定特定固定价格行为是否明智、健康还是具有破坏性的权力。它不允许以毁灭性竞争、竞争弊端等为固定价格共谋行为抗辩,尽管这种呼吁一直以来就存在。相较于企业具有良好的意图这种理由,它更不允许将真实或虚构的竞争弊端作为认定固定价格的法律正当性理由。如果要作出这种改变,那也必须由国会来作出。

参见该案判决书第 221—222 页。

其次,法院至少现在在干预定价机制方面是十分谨慎的,因为该机制被认为是非常脆弱的。存在这样一种担忧,即政府的所有干预都可能会不经意间发出或扰乱控制资源分配的信号,并导致不同于完全自由竞争条件下形成的价格与产量结果。一般认为,政府干预将给定价行为带来的风险最大。即便某些定价行为从理论上来看可能是限制竞争的,但其通常而言只是看起来具有侵略性,或者原本就是理性的定价行为。尤其是掠夺性定价行为,被认为极难与那些纯粹的激进价格竞争行为区分开来——而价格竞争则正是被反托拉斯法视为最有价值的行为。同样地,价格歧视可能只是激进竞争或创新竞争的一部分。

因此,综上所述,虽然反托拉斯的目标毫无疑问是降低价格并增加产量,但是几乎在所有的案件中,法院试图做的都仅仅是保护定价的机制。它们不考虑价格本身。就像在其他方面一样,反托拉斯可能看起来像是政府的某种笨手笨脚的工具,但是它至少追求保护自由市场的价值。

第三节 "哈佛学派"的贡献:
制定反托拉斯规则以权衡漏查与误查

在本书中有一个问题将不断被提及,那就是现今法院对于反托拉斯代价的担忧,尤其是担心反托拉斯可能会无意间窒息促进竞争的行为。尽管法院一方面承认某些行为具有限制竞争效果,但法院现在往往认为不应当将这些行为认定为违法,因为存在认定错误以及禁止原本具有促进竞争效果行为的风险,这要比允许这些限制竞争行为在特定情况下继续存在产生更坏的后果。在最近一个具有代表性的表述中,最高法院指出只有在以下情形下被告才需要承担法律责任:

> 由于反托拉斯具有价值,因此即便其有时具有相当大的缺点也是可以被接受的……(因此,)在考虑反托拉斯干预的价值时,(法院)必须对这种干预的代价进行现实的评估。即便是在最好的情况下适用反托拉斯法也是很困难的,因为(限制竞争行为)的手段,正如合法竞争的方法一样,存在无数种情形。错误的推论,以及由此而导致的错误的违法认定,将是极具代价的,因为这会阻吓那些正是反托拉斯法所要保护的行为。误查所具有的成本告诫我们不能过度扩大责任的范围。

参见威瑞森通信公司诉柯蒂斯·V.特林科律师事务所案判决书第412—415页(判决中的引文以及引号省略)。这一观点逐渐被称之为"哈佛学派"(Harvard School)方法,因为该观点主要是与哈佛法学院的菲利普·阿里达(Philip Areeda)教授和唐纳德·特纳(Donald Turner)教授,以及同样曾经是哈佛法学院教授的史蒂芬·布雷耶(Stephen Breyer)法官联系最为密切。[7]

一些评论人认为误查(false positive)——也就是说,调查发现被告的行为是限制竞争的但实际上却并不是——要比漏查(false negatives)——

---

[7] 参见霍伯特·霍温坎普(Herbert Hovenkamp),《反托拉斯企业:原则与执行》(*The Antitrust Enterprise: Principles and Execution*)(2005);威廉姆·E.科瓦契奇(William E. Kovacic),"具有市场支配地位企业的行为——美国现代竞争法的知识DNA:芝加哥学派/哈佛学派双螺旋"(The Intellectual DNA of Modern U.S. Competition Law for Dominant Firm Conduct: The Chicago / Harvard Double Helix),《哥伦比亚大学商法评论》(*Columbia Business Law Review*),2007年卷,第1页。

也即调查发现被告的行为并不是限制竞争的但实际上却是——效果更坏。[8] 这些评论认为,除非被告拥有巨大的市场势力,否则大多数的限制竞争行为都只会迅速招致竞争的惩罚。因此,大多数的限制竞争行为都将适得其反并能够自我纠正。但是,如果法律规则错误地禁止了原本是促进竞争的行为——也就是说造成了误查——将产生在未来持久打压这种行为的效果。无论如何,这就是他们的观点。[9]

但也有人持不同意见。他们强调所产生的不确定性经验问题。市场如何自我纠正,其能自我纠正吗?哪些种类的行为是可能进行自我纠正的,自我纠正需要多长时间?在这期间将会造成多大的损害?另一方面,如果某些行为因为误查而承担相应的法律责任,从而受到了抑制,那么是否能够通过那些不会被认定为违法的类似行为,来达到本质上类似的促进竞争效果呢?(例如,如果某个特定类型的企业合并被认定为违法,那么企业是否可以仅仅通过内部扩张就实现类似的良好结果呢?)[10] 正如一个观察家所写的:

> 应用型活动如反托拉斯诉讼关心的是现实生活中的决策。在现实生活中,不做改变有时与做出改变是一样的:因错误地没有改变商业行为、政府政策或法律规则而造成的代价,与错误地改变了商业行为、政府政策或法律规则所造成的代价一样高,甚至要比后者更高。因此,与社会科学不同,在应用型活动中,漏查所造成的代价可能等于甚至高于误查的代价。

梅尔文·阿伦·艾森伯格(Melvin Aaron Eisenberg),"公司法中的不

---

[8] 艾伦·德夫林(Alan Devlin)与迈克尔·雅克布斯(Michael Jacobs),"反托拉斯错误"(Antitrust Error),《威廉玛丽法律评论》(*William & Mary Law Review*),第52卷(2010),第75页。该文对误查与漏查二者之间的区分作了非常好的解释。

[9] 一个敦促法院宁可宽松实施反托拉斯法也不要实施过严的主要观点,参见弗兰克·H.伊斯特布鲁克(Frank H. Easterbrook),"反托拉斯的限度"(The Limits of Antitrust),《得克萨斯州法律评论》(*Texas Law Review*),第63卷(1984),第2—3页。

[10] 参见前引脚注8,德夫林与雅克布斯的论文。

良争论"(Bad Arguments in Corporate Law),《乔治城大学法律杂志》(*Georgetown Law Journal*),第78卷(1900),第1552—1553页。

第四节 单边行为与多边行为及柯普维空缺：反托拉斯更关注共谋而非单个行为

最后,现代反托拉斯法对单边行为(unilateral action)与多边行为(multilateral action)作了重要区分。这一区分的最为重要的基本后果就是导致《谢尔曼法》的调整范围存在空缺。由于为了证明违反了《谢尔曼法》第1条,就必须证明存在协同行为,但只有在存在某种比较大的市场势力时,单边行为才可能违反《谢尔曼法》第2条,除此以外,也可能存在其他一些危害性很大的行为,但这些行为却并不在反托拉斯法的调整范围之内。也就是说,在集中度很高的行业中,单边行为会模仿公开的卡特尔行为。如果在特定行业中只有少数企业展开竞争,则它们可能只用模仿彼此的定价,即便它们之间是超竞争的。这就是所谓的"寡头"(oligopoly)定价,它可能要比许多依据《谢尔曼法》第1条被认定为本身违法的卡特尔行为更具危害性。("寡头理论"解释了这种行为是如何发生的,本书将在附录中予以介绍。)但是,由于在这些情形中并没有实际的共谋,并且假设没有一个企业拥有足以违反《谢尔曼法》第2条的市场势力,如此一来,这种行为就是合法的了。这一结果被认为是源于《谢尔曼法》第1条和第2条的语言,这两条归根结底看起来是对"共谋"与"垄断"进行了区分。[11] 但是,在现代的反托拉斯判例法中,最高法院基于经济学原理也确认了这一结果。最高法院根据一种经济学观点而确认该结果,法院认为该观点构成了反托拉斯的基础,并且这一观点也与本章的整体主题相契合。

最高法院首次在柯普维公司诉独立管道公司案中认识到存在这种空

---

11 法条本身是否存在该区分并不总是很清楚。参见第十二章第二节。

缺。在该案中法院认定,一个公司和完全受其控制的分支机构不能构成《谢尔曼法》第 1 条意义上的共谋。最高法院强调国会自身有意在单边行为与多边行为二者之间进行显著的区分。这一规则的法律细节将在第十二章第二节中进行更为全面的讨论,但是,最高法院在该案中也提出了一个重要的经济学解释,即在反托拉斯法中存在而且也应该存在这种空缺:"如果对单一企业的任何行为的合理性都要进行司法审查的话,那么这将会打击正是反托拉斯法所寻求保护的竞争热情。"参见柯普维公司诉独立管道公司案判决书第 775 页。

不管怎样,这种空缺也并非完全没有被填补,因为反托拉斯中的一些其他规则确实也能对那些具有危害性的单边行为进行某种规制。首先,《克莱顿法》第 7 条对横向合并进行规制,其根本目的在于限制市场集中度的提高,因为这种集中度的提高会促进寡头理论所预测的相互依存定价行为。[68](合并法将在第十七章中进行讨论;相互依存的定价行为以及寡头理论将在附录中进行讨论。)同样地,自美国诉美国集装箱公司[United States v. Container Corp. of America,393 U. S. 333 (1969)]案以后,一般认为,只要市场条件表明市场中的企业是寡头垄断者,并且价格信息的分享将促使它们在价格上互相依存,则价格信息交换协议将被认定为违反《谢尔曼法》第 1 条,尽管纯粹的交换行为本身并不违法。(信息交换的法律将在第九章中进行讨论。)

第四章　市场势力的重要概念

第一节　反托拉斯法中普遍存在的市场势力

一、什么是市场势力？

依据目前的法律,绝大多数的反托拉斯诉因都要求原告证明被告在某"相关市场"(relevant market)中拥有"市场势力"。对于什么是市场势力,不同市场势力定义之间的区别,以及经济学家和律师如何在不同意义上使用市场势力,人们往往都能够娓娓道来。但是,如果我们只要给出一个粗略且简单的定义就足够的话,那么可以将其界定为:市场势力就是指销售某种产品或提供某种服务的卖家所拥有的能够收取高于竞争性价格的一种权力。通常情况下,卖家是没有能力这样做的。在一个健康的市场中,任何将价格抬升到竞争水平之上的企图都只会导致卖家丧失交易机会(而且,在一个完全竞争市场中,这将导致卖家迅速丧失所有的交易机会)。[1]

二、市场势力在反托拉斯法中的重要地位及其表现

之所以大多数反托拉斯诉因都要求证明存在市场势力,原因在于《谢尔曼法》并不禁止所有干预市场的行为,而仅禁止那些不合理的行为;也即是说,如果限制贸易的行为不会损害竞争,则其并不违法。理论上,如果市场

---

[1] 需要指出的是,有时某些学者会对"市场势力"和"垄断势力"(monopoly power)予以区分。也即,"垄断势力"有时指市场势力达到了足以使特定卖家成为一个垄断者的程度。但是,由于这两个术语通常都是交替使用的,而且在反托拉斯中更多使用的是"市场势力",因此在本书中我们将仅使用"市场势力"这一术语。

本身运行健康,而且卖家自身不拥有市场势力,则卖家将没有能力对市场造成任何损害。换言之,即便某个卖家故意试图损害市场,这种尝试也不会有效果。即使某些卖家联合起来通过某种方式限制市场竞争,这种行为应该也没有能力产生效果,只要市场本身是健康的、充分竞争的,并且这些卖家不拥有市场势力。但是,一般认为在某些市场中至少有一些主体拥有市场势力——他们拥有抬高价格或限制产量的某种权力,并且不会因此而导致顾客流向竞争对手。

关于应当何时要求原告证明市场势力的争论,是贯穿于反托拉斯主义历史的一个永恒主题。争论之所以如此激烈,是因为市场势力的证明成本非常高,而且也非常困难。在那些必须证明存在市场势力的案件中,通常都包含数千页的文件——这些数据涉及被告的销售、产品的特性以及被认为存在于该市场的其他竞争者——而且双方都至少需要由一位经济学家提供专家证言。加上所有这些,这种案件的成本就非常高了。对于在美国提起了大量反托拉斯诉讼的原告律师而言,[2] 诉讼将尤为困难,他们通常在紧急情况下代理集团诉讼。(对他们而言之所以困难,是因为即使他们赢得了诉讼,他们也必须至少在终审判决以前由自己负担这种成本,并且,如果存在上诉情况的话,这通常都意味着要等更长的时间。)而且,正如我们将要看到的,对于任何能够证明存在市场势力的证据,被告总是有各种方法予以反驳,即便其在自己所生产产品的销售中占据了非常大的份额。例如,被告可以说"相关市场"界定得不合理,其提高价格的能力事实上受到了替代产品的限制,或者潜在竞争者很容易进入该市场,如果其将价格提高到竞争水平之上,潜在竞争者就将进入该市场并夺走被告的交易机会。据说正是因为这些原因,使得当原告必须证明市场势力时,他几乎总是会失败。[3]

---

2 至少在过去约四十年中,私人原告平均提起了95%的反托拉斯民事诉讼。参见威廉姆·克拉斯基(William Kolasky),"反托拉斯诉讼:在25年中发生了什么变化?"(Antitrust Litigation: What's Changed in Twenty-Five Years?),《反托拉斯》(Antitrust),2012年秋季刊,第9页。

3 参见斯蒂芬·卡尔金斯(Stephen Calkins),"加州牙科协会:并非快速审查但也非全面审查"(California Dental Association: Not a Quick Look But Not the Full Monty),《反托拉斯法律杂志》,第67卷(2000),第522页及130注释。

但是，原告也并非会输掉所有的诉讼，因为并不是所有的反托拉斯案件都要求证明市场势力。首先，某些行为被认为是"本身"违法的（"per se" illegal）。如果这样的话，原告就只需要证明被诉行为发生过。如果原告能够证明，则案件就结束了——原告胜诉了，被告是否拥有市场势力因而就不相关了。但是，如今本身违法的反托拉斯案件很少。在绝大多数情况下，只有当原告能够证明被告达成的是赤裸裸的固定价格或划分市场的横向协议时，才能够说被告*的行为是本身违法的。[4]

其次，在过去三十年中原告有幸能够说服法院，某些特定的行为应当界定为本身违法与合理原则之间的中间类别，在这些案件中原告不需要对市场势力进行完整的事实证明。原告可以通过有说服力的、纯粹的先验经济推理，或者从其他类似市场中涉案行为具有危害性这种经验证据，以这种证明标准更低的方式来证明被诉行为是不合理的。法院认为他们能够以更加宽容态度对待这些行为，虽然其限制竞争的效果不像赤裸裸的固定价格行为那样明显，但其促进竞争的效果也不像那些可能具有促进竞争效果的限制，如包含在合同中的契约或者企业合营协议那样不明显。例如，在一起由具有竞争关系的牙医之间达成的拒绝向患者的保险公司提供 X 射线结果的限制协议案件中，最高法院就运用了该方法。参见联邦贸易委员会诉印第安纳牙医联合会［FTC v. Indiana Fedn. of Dentists, 476 U. S. 447 (1986)］案（本案将在第八章中进行讨论）。这一趋势仍在发展之中，而已经形成的规则仍然具有不确定性。这种规则有几个不同的、实际上是行话的称谓——所涉及的这种类型的行为被认为是依据"快速浏览的合理原则"（quick-look rule of reason）或者"简化的"合理原则（"abbreviated" rule of reason）进行判断的。

最后，即便是在纯粹适用合理原则的案件中，如果原告能够证明存在损害市场的"直接"证据，则原告有时也能避免全面证明市场势力的义务。直

---

　　* 原文为原告，应为被告。——译者注
　　[4] 这些诉由将在第六章中进行讨论。严格来说，法院仍然将某些针对"搭售"行为提起的诉讼归为本身违法案件，但是在这些案件中原告事实上必须证明被告在涉及的其中一个市场中拥有市场势力。搭售行为将在第十一章中进行讨论。

接证据能够清楚地证明被诉行为事实上确实对市场造成了损害,如导致价格上涨或产量减少。

在区分证明损害的直接证据以及通过市场份额进行证明的间接证据时,记住这两种证明损害的方法所证明的都是实际已经发生了的损害。也即是说,通过市场份额进行间接证明,这种方法不仅仅是证明损害可能发生,而是证明损害事实上已经发生了。区别在于市场份额是一种证明损害事实已发生的间接证据(circumstantial evidence)。

直接证据并不常见而且很难提供。通常而言,直接证据要求一系列的事实,原告能够借此进行一些前后比较,或者与另一原本非常类似的市场进行比较,其中的一个市场受到被诉行为的损害,而另一个市场则没有。联邦贸易委员会诉印第安纳牙医联合会案就是一个很好的例子。在该案中,许多牙医拒绝向病人的保险公司提供他们的 X 射线报告,联邦贸易委员会针对这种行为提起诉讼。最高法院认为牙医应当为其拒绝提供 X 射线报告的行为承担一定的法律责任,因为竞争条件之下,这些牙医之间原本会在针对保险公司的政策方面展开竞争。参见联邦贸易委员会诉印第安纳牙医联合会案判决书第 452 页。这个案件对市场进行了前后比较,可以确定地说,是被告的行为导致了市场发生了可见的实际变化。另外一个很好的例子是联邦贸易委员会诉史泰博公司[FTC v. Staples, Inc., 970 F. 2d 1066 (D. D. C. 1997)]案。在该案中,联邦贸易委员会针对两家办公用品连锁店史泰博公司和办公用品仓储公司(Office Depot)之间的合并提起诉讼。联邦委员会能够证明:在那些两家连锁店都设有店面而且店面的地理位置十分靠近的城市中,它们的定价要远远低于那些仅有一家连锁店设立店面的城市。

因此总体来看,除了《谢尔曼法》第 1 条的本身违法诉由和"快速浏览"诉由,或者原告能够通过直接证据证明被告行为对市场造成实际损害的情形外,[5]原告在每一个反托拉斯案件中都必须证明存在市场势力。这些例

---

5 严格来讲,还有一种不需要证明市场势力的反托拉斯诉因,但是它几乎从来没有被实施过从而事实上成为空文,即《克莱顿法》第 8 条的禁止连锁董事(interlocking directorates)条款。

外情形确实是非常小比例的反托拉斯诉因,在以下情形中都必须证明存在市场势力:《谢尔曼法》第 1 条下的所有适用合理原则的诉讼;《谢尔曼法》第 1 条下的一些联合抵制案件;[6]《谢尔曼法》第 2 条下的所有的垄断、试图垄断及共谋垄断的案件;《谢尔曼法》第 1 条或《克莱顿法》第 3 条下的"搭售"以及排他性交易行为案件;《克莱顿法》第 7 条下的合并或收购行为案件;依据《哈特-斯科特-罗迪诺法案》进行的集中审查;《谢尔曼法》或《罗宾逊-帕特曼法案》下的掠夺性定价或价格歧视行为。

第二节 市场势力的传统测算方法:
市场份额标准

一、市场份额标准及其起源

如果无法获得证明限制竞争损害的直接证据,正如通常情况下所出现的那样,原告就必须通过被告拥有市场势力的证据来间接地证明损害的存在。这种推理是,即便被诉行为原则上能提高价格或减少产量,它也可能不会有效,除非被告享有由市场势力所代表的竞争纪律的保护。问题在于,在实践中很难直接衡量市场势力。通常而言,很难提出任何具有说服性的证据以证明,被告事实上可以在不丧失市场份额的情况下提高价格。之所以这样说是因为,即使是在竞争性很强的市场中价格也是波动的,很难证明被告提高价格是为了攫取更多的利润,而不是对其自身无法控制的市场条件变化所作的一种自然反应。被告在一段时期内不断提高价格,这一事实可能只能表明其成本也是不断上涨的(而成本的证明本身是很困难的,而且充满争议)或者需求增加了(这可能是因为消费者最近发现被告的产品拥有某

---

6 虽然有些"联合抵制"或横向的共同拒绝交易行为是本身违法的,但最高法院也曾指出在适用本身违法原则之前,原告可能需要提出一些证明存在市场势力的证据。这一问题将在第六章中进行讨论。

种非常好的品质或者某些替代品的价格上涨了）。被告提高价格的同时其所在市场可能也变得更加集中，但即便是这一事实，也可能仅仅表明成本或需求发生了变化。

为了避免这些问题，法院提出了一种通过被告的市场份额来判断其是否拥有市场势力的测试方法。"市场份额"是指某个销售者在特定市场销售额中所占的比例。这一测试方法有时被称为"市场份额替代"（market share proxy），因为法院将被告在某个市场中的市场份额作为判断其在该市场中是否拥有市场势力的间接证据。

这一测试方法包括三个部分。首先，原告必须界定被告展开竞争的产品市场，即如果被告提高价格的话，消费者所可能转向的其他替代品的总和。其次，原告必须界定被告展开竞争的地理市场，即如果被告提高价格的话，消费者所可能转向的一定地理范围内的其他销售者或潜在销售者的总和。最后，原告必须证明考虑到相关市场内所有其他条件的情况下，被告的市场份额表明其能够提高价格且不会因此而丧失交易机会。

理解该测试方法，有助于我们记住它的根本目的。法院真正想知道的仅仅是被告拥有多大的势力来提高价格。因此，市场份额替代方法尝试确定当被告试图提高价格或减少产量时，它所面临的所有竞争惩戒。

二、界定产品市场：赛璐玢测试

原告必须首先确定与被告产品具有竞争关系，并因此能够制约被告从事限制竞争行为的产品。被告几乎总是力图证明相关市场包含更多而非更少的产品。如果同一市场中彼此竞争的产品越多，则被告所占的市场份额相应地将会越小。基于同样的原因，原告将总是尽可能地限缩产品市场中的产品。

由于相关市场应当包含所有能够对被告定价自由产生限制的因素，因此相关市场就不仅仅包含与被告产品相同的产品，而且也包含那些好的替代品，即当被告产品价格上涨时消费者所转向的产品。因此，产品市场界定也就取决于某一特定产品是否是被告产品的适当替代品这一问题。关于这一问题,涉及的最为有名的可能就是美国诉杜邦公司[United States v. E. I. du Pont de Nemours & Co.,351 U. S. 377 (1956)]案,该案件通常被称为"赛璐玢案"(Cellophane case),因为被告被指控垄断了赛璐玢市场。在该案中,最高法院提出了一种测试替代性的粗略而简单的方法,这在今天仍然可以适用:

> 产品是否具有替代性取决于所提供的产品彼此之间在产品特性或用途方面有多大的差别,以及消费者愿意旅行多远来用一种产品替代另一种产品……但是,没有比以下规则更加明确的了,即如果消费者基于相同的目的而认为产品之间具有合理可替代性,这构成"贸易或商业的一部分",垄断该市场可能是非法的……是产品的功能或用途施加了这种控制,因此市场就是由基于相同生产目的而具有合理可替代性的产品组成的——考虑价格、用途及质量等因素。

美国诉杜邦公司案判决书第393—396页,第404页。法院通过综合运用经济学理论、数据分析及实用主义判断来适用这一"合理可替代性"(reasonable interchangeability)测试方法。在实用主义层面,法院仅仅从主观上询问,他们是否认为当价格变化后消费者可能用一种产品替代另一种产品。例如在赛璐玢案中,被告所生产的赛璐玢被认为与其他"柔软包装材料"(flexible packaging materials)之间具有合理可替代性,因为最高法院发现赛璐玢的每一种用途——例如在肉铺店包装肉或者包装香烟——都有其他一些在产品特性上具有合理相似性的产品,而且,如果被告杜邦公司提高价格,消费者转向这些产品时它们的价格并不会有太大的不同。即便是各种"柔软包装"产品——包括其他透明薄膜、防油纸和铝箔——都具有消费者所要求的不同等级的产品特性,亦是如此。

在理论性更强的层面上,法院通常会考虑与被称之为"需求的交叉价格弹性"(cross-price elasticity of demand)现象相关的证据。一般来说,在经济学中,"弹性"(elasticity)是指当其他因素变化时某因素变化的可能性。

例如,特定产品的"需求价格弹性",就是衡量当该产品的价格上涨或下降时,消费者的购买欲望将发生何种变化。牛奶和药品通常不具有弹性,因为考虑到这两种产品的重要性,即便其价格上涨,消费者仍然会购买相同的数量。还有很多其他衡量弹性的方法。例如,"需求的收入弹性"(income elasticity of demand)衡量当消费者的总体收入下降时,他们购买特定产品的数量将会减少多少;"供给的价格弹性"(price elasticity of supply)衡量当市场价格上涨时,生产商所生产的产品数量将增加多少。对我们而言,衡量弹性方面,最为重要的是需求的交叉价格弹性:衡量当其他产品的价格上涨时,对某种产品需求的变化。例如,如果有线电视服务的价格上涨,在其他所有条件仍保持不变的情况下,消费者购买卫星电视服务的欲望就会上升。这两种电视服务之间所可能存在的交叉价格弹性表明消费者认为它们是很好的替代品,因此其中一种服务的可获得性将限制另外一种服务的提供商提高价格的能力。

  弹性是经济学中的一个重要概念,但是交叉价格弹性在反托拉斯诉讼中所发挥的作用却存在问题。首先,正如通常在反托拉斯诉讼中那样,准确衡量交叉价格弹性将是非常有帮助的,但事实上,衡量交叉价格弹性所需要的数据通常是无法获得的,而且即便能够获得,在任何情况下都将是很昂贵、费力和充满争议的。因此,当讨论交叉价格弹性时,法院通常都会基于可获得的证据对其进行大致的、实用的估计。其次,交叉价格弹性的估算有时具有非常严重的误导性。这使得审理赛璐玢案件的法院出现了现在称之为"赛璐玢谬误"(Cellophane fallacy)的错误。在该案中,最高法院将被告的产品市场界定得非常宽泛,因此认为被告拥有的市场份额太小,从而难以支持政府的控诉。法院之所以得出该结论,部分是因为其信赖了倾向于表明赛璐玢与其他柔软包装材料之间具有很高交叉价格弹性的这一数据。问题在于,最高法院并没有查明,这一弹性衡量是否可能仅仅是因为杜邦本来就是一个垄断者,因而收取了已经很高的、超竞争水平的价格所致的结果。也就是说,最高法院一开始就没有比较杜邦产品的价格与其生产成本,或者没有考察当时的价格是否已经是一种垄断价格。一旦垄断者将价格提高到某种明显的超竞争水平时,任何垄断产品都会开始显现与其他产品的某种交叉价格弹性。即便其他产品通常不被认为是好的替代品亦是如此——如果它们都是竞争定价的话,它们与被告产品之间的交叉价格弹性可能会很低。

例子

原告印西格尼菲康公司(Insignificon, Inc.)提起反托拉斯诉讼,起诉被告大吸盘行业(Big Sucker Industries, BIS)垄断了一种逐渐被称之为"家庭数字组织者"(household digital organizer, HDO)的产品,违反了《谢尔曼法》第2条。

家庭数字组织者类似于便携式个人数字助理(personal digital assistants, PDA),能够运行软件并提供上网服务。但是,大多数家庭数字组织者都要比个人数字助理更大,屏幕尺寸为6到8英寸,而且是固定的。市场营销宣传也将家庭数字组织者界定为固定在家中某个中心位置的组织工具,组织安排计划,便于家庭成员之间的交流,跟踪家庭的财务状况以及其他事务。许多家庭可能会喜欢这样一种产品,但是既不想在厨房的柜台上放置一个全尺寸的台式电脑,也不想当其在家庭其他地方能够使用台式电脑或笔记本电脑的情况下购买这样一种产品。大吸盘行业在起诉状中宣称以下公司在营销家庭数字组织产品或其他类似于家庭数字组织的产品:

生 产 商	年平均销量(千个)
大吸盘行业(被告)	1,400
瓦默(Whammo)	500
阿维尼克斯(Avionix)	300*
贾斯珀斯电子(Jaspers Electronics)	200
印西格尼菲康(原告)	100
大孩子(Big Kidz)	100
合　　计	2,600

* 基于2002—2003年的销售

大吸盘行业的产品与印西格尼菲康公司的产品非常类似。阿维尼克斯和贾斯珀斯二者都是大的电器消费产品生产商,二者都销售6至8英寸、能够连接互联网并且能够运行家庭数字组织者和个人数字助理软件的家庭组织产品。事实上阿维尼克斯只在2002年销售了该产品。但是它在这一年的销售量却非常大，因此，如果它继续生产的话，那么30万的年平均销量可能并不能准确反映该公司所构成的威胁。有趣的是，瓦默和大孩子事实上都是玩具公司。它们的产品看起来像一些小的便携式电脑（大孩子的产品甚至包括男孩款和女孩款，其中蓝色一款上面描绘有授权的风火轮赛车图案，另外粉色一款是授权的芭比主题），它们内部包含有小型计算机，并且都能够通过电缆连接互联网。软件，主要包括一些适合小孩的学习游戏，都可以在这些设备上运行，但是只能通过公司的专有游戏带才能够加载。（它们不支持电脑磁盘、只读光盘驱动器或其他类似产品。）所有这些产品的零售价格都大致相同，除了瓦默和大孩子的产品要便宜些。

当大吸盘行业首次在2000年引入第一个家庭数字组织者产品时，它就产生了商业上的意义：个人电脑仍然体积庞大而且价钱昂贵，当时几乎最贵的个人数字助理的功能也仍然相当简单，与没有电话及上网功能的豪华计算器没有多大的区别。但是毫无疑问，上述年平均销售数据有一些误导性，因为所有家庭数字组织者产品的销售在相关时期内都下降了（除了瓦默和大孩子的产品，这两个品牌的销量一直保持稳定）。

大吸盘行业的市场份额是多少？

解释

法院很可能认为大吸盘行业的市场份额很小。第一步是界定相关市场。大吸盘行业、印西格尼菲康公司、阿维尼克斯和贾斯珀斯的产品具有相似性，因此应该将它们都纳入相关市场。（虽然阿维尼克斯目前并没有销售家庭数字组织者产品，但是其作为一个大型的、多元化的电器生产商，如果生产是有利可图的话，那么它将很有可能重新生产。）基于两方面的原因，瓦默和大孩子的产品显然应当被排除在外。从功能和期望的用途方面来看，它们看起来并不是合适的替代品，而且虽然它们的售价明显更低，但却并没有影响到家庭数字组织者的销售。因此，从以上数据可见，市场至少包含大吸盘行业、印西格尼菲康公司、阿维尼克斯和贾斯珀斯，这些企业联合起来的市场销售达到了每年 200 万个。如果相关市场被界定为包含这些销售者的话，那么大吸盘行业的 140 万销售份额将占到该市场的 70%。

但是，现在可能也要将个人数字助理和便携式电脑作为家庭数字组织者的替代品而纳入相关市场。它们现在拥有家庭数字组织者上市时的特征——在很小的尺寸内实现处理能力与上网之间的融合——而且它们现在的定价也大致相同。如果个人数字助理和便携式笔记本电脑也被纳入相关市场，则大吸盘行业的市场份额可能变得很小。[7]

例子

巴塞洛缪·P. 希多夫·塞克拉斯三世（Bartholomew P. Headoftheclass, Ⅲ）博士是海伐卢廷（Highfalutin）大学的一位著名经济学家教授。在一起违反《谢尔曼法》第 2 条的垄断案审判中被申请为专家证人作证。原被告双方在市场界定问题上存在争议，希多夫·塞克拉斯博士现在试图向陪审团解释，当被告产品的价格上涨时，铝箔的价格也会上涨。

希多夫·塞克拉斯博士更有可能是原告的专家证人还是被告的专家证人？

解释

是被告的专家证人。被告几乎总是想说服审判者相关市场包含更多而不是更少的产品。之所以这样，是因为相关市场中的产品越多，被告的市场份额将会越小。证明被告的产品与铝箔之间存在交叉价格弹性，可以表明这两种产品是替代品，铝箔应当被纳入被告的产品市场中。

三、界定地理市场

如果有一个销售者正在与被告相同的地域范围内向消费者销售相同或

---

[7] 一个有趣的附带问题是，个人数字助理和便携式笔记本电脑现在可能是市场的一部分，但是大吸盘行业可能面临着一个与家庭数字组织者最初上市时不同的相关市场。如果这样的话，而且如果大吸盘行业对该市场的垄断导致了原告的损害，并且该损害仍然在反托拉斯法的范围之内，则大吸盘行业市场份额太小以至于不能被提起诉讼这一辩驳理由就并不重要了。关于这些程序问题，参见第十九章。

替代性的产品,或者如果当被告提高产品价格时他能够很容易这样做的话,那么该销售者就应当被纳入被告的地理市场之内。如果被告产品价格上涨将导致消费者到其他地方购买替代品,或者促使其他销售者将更多的产品运输到被告的地域范围之内,则这些替代品都应当被纳入进来。通常,地理市场界定中的一个重要问题就是运输成本。现有的或潜在的替代品生产商,虽然他们目前并没有在被告所在地域销售替代品,但如果他们能够以非常低的成本将产品运输到该地域的话(或者如果消费者能够以很低的成本到其他地方去购买这些替代品并把它们带回居住地的话),那么这些替代品的生产商可能也应当被纳入进来。

四、界定市场后的市场份额计算

界定产品市场和地理市场之后,仍然需要计算被告在该市场中的份额。通常这并不会带来真正的问题,法院只需要将该市场中的每一个销售者的销售额加总起来,然后计算被告的市场份额在这一总额中所占的比例。

一个特殊问题是,当产品市场中产品的价格差别过大时应当如何计算市场份额。请注意,通常而言应该不会发生这种情况。如果两种产品的销售价格存在很大差别,那么它们就不应当被认为是具有合理可替代性的替代品。但是,如果法院认为尽管这两种产品的价格差别很大,但二者彼此之间确实具有可替代性,此时就会出现市场份额测量的问题。如果通过比较市场中不同销售者总收入的方式来测量市场份额,则那些产品售价更高的销售者的市场份额将被夸大。通过所销售产品的数量或采取其他一些与价格本身没有关系的测量数量的方式,法院就能很容易地避免该问题。

五、确定市场势力的其他指标

最近几十年,市场份额替代方法最为重要的要素可能是第三点:法院已经深刻认识到,即使是很大的市场份额也并不必然表明被告拥有定价自由。原则上,被告可能拥有非常大的市场份额,但在该市场中所有参与者都能够获得充分的信息,产品是高度同质的,而且市场进入门槛也非常低。在这种情形下,可以合理预见到,如果被告收取了超竞争水平的定价的话,则其他销售者以及新的市场进入者将发现,如果他们扩大自己的产量并从被告那里"窃取"交易机会,这将是有利可图的。因此,即使原告已经证明被告在相关产品市场和地理市场之内拥有很大的市场份额,法院仍然会询问其他一些因素是否——特别是,很低的市场进入门槛是否——能够使得对被告的市场势力产生质疑。

实际上,在运用市场份额替代测试方法的该阶段,法院对某些弹性进行了非常实用主义的估计。它们想测试,在其他已知因素确定的情况下,价格上涨所可能带来的后果,因此,它们想首先评估消费者的需求价格弹性(这不同于被告产品及其替代品之间的交叉价格弹性)。如果消费者能够很容易就放弃该产品的话,那么被告的市场份额可能就没有所显示得那么高。其次,法院想评估市场现有的竞争者与潜在进入者的供给弹性。如果有证据表明,被告提高价格将可能吸引竞争者提供新的供给的话,那么即使被告拥有很大的市场份额,也并不能因此就证明其拥有市场势力。

例子

假设在国内,橡皮筋的市场可以被合理地界定为包括"所有适合办公用的柔软的固定产品"(可能并不奇怪,对于橡皮筋的需求是非常富有弹性的,因此多种潜在的替代品可以被合理地纳入该市场),地理市场为整个美国。虽然在该市场中也有许多销售这些产品的小生产商,并有效地形成了"外围型竞争"(competitive fringe),但该市场主要由斯缀奇公司(Stretchy, Inc.)和波音基公司(Boingy, Inc.)这两家企业所主导。波音基是通过五年前收购了几个外围型企业并投入了额外的50万美元进行资本重组后才开始经营的。在过去十年中,整个行业的年平均总收入大约为2亿美元。斯缀奇的年平均总收入约为1.5亿美元,波音基为3000万美元。

请问斯缀奇是否拥有市场势力?

解释

可能拥有,但也可能不拥有。诚然,斯缀奇确实拥有非常大的市场份额。从总收入方面来看,它占据了75%的份额。该市场也是高度集中的。

斯缀奇所面临的竞争,仅来自于拥有15%市场份额的波音基,以及分享剩余10%份额的其他"几个小生产商"。但是,波音基在进入市场后不久且在只进行了适度投资(收购其他企业的成本以及另外进行的50万美元的再投资)的情况下就获得了15%的市场份额,这一事实表明市场进入是很容易的,因此,斯缀奇通过滥用行为损害消费者利益的能力应该能够受到竞争性市场力量非常有效的抑制。

在引证率很高的美国诉斯宇菲企业[United States v. Syufy Enters., 903 F.2d 659 (1990)]案中,法院基于类似于上述例子中的事实认为,即便是非常大的市场份额也不足以支持政府的起诉。在被告斯宇菲进入拉斯维加斯电影院行业不久,它就展开了一系列针对竞争对手的收购,从而使其迅速拥有了非常高的市场份额——在短期内达到了100%,并且之后也差不多一直维持在这一水平。在本案审判之时,它在票房收入市场的份额仍然达到了75%。但是,政府除了能够证明存在一定的市场进入障碍外,并不能提供更多的证据。而法院则注意到,在被告获得100%市场份额后不久,它就试图迫使一个较大的电影分销商将其影片以较低的价格许可给被告,而该分销商则直接选择不再与被告进行交易。之后又有其他一些竞争者进入了拉斯维加斯市场,其中一些竞争者开始获得重要的市场份额。最为重要的是,斯宇菲从来没有提高门票或其他优惠门票的价格。

第三节 市场集中度的衡量: 合并指南及赫芬达尔-赫希曼指数

最后,与市场势力相关,我们应当考虑一个独立且相关,同时也是非常一般性的概念,即集中度(concentration)。特定市场的集中度是用于衡量该市场中有多少家企业,以及每一家企业拥有多大控制力的一种方法。如果一个市场中只有少数几家企业,或者虽然有很多家企业但是只有一家或少数几家拥有非常大的市场份额,则该市场就是一个高度集中的市场。

在衡量市场势力方面,集中度方法与市场份额替代方法是相同的,但是集中度方法在反托拉斯法中的运用却并不常见。通常只有在依据《克莱顿法》第 7 条指控企业合并,以及联邦反托拉斯实施机构依据《哈特-斯科特-罗迪诺法案》对企业合并展开事前审查时,才需要计算集中度。在上述两种情形下集中度之所以很重要,是因为依据当前的企业合并判例法,原告可以仅通过证明合并交易将大大增强集中度原本就很高的市场的集中度,以此来推定该合并交易具有限制竞争的效果。(这些将在第十七章和第十八章中进行讨论。)

传统上,在衡量集中度时,仅通过计算特定市场中企业的市场份额,然后再直接进行比较。这一方法被称作是计算市场的"集中比率"(concentration ration)。最为常见的形式就是"四企业"(four-firm)的集中比率,这基本上主要由法院和反托拉斯执法机构在 20 世纪 60 年代至 70 年代间采用。该测试方法要求首先界定相关市场,然后将最大四家企业的市场份额相加。之所以关注最大的四家企业,是因为传统经济学理论认为,如果大企业的数量越少,则固定价格及其他共谋行为发生的风险就越大。

集中比率方法现在主要被赫芬达尔-赫希曼指数(Herfindahl-Hirschman Index,HHI)测试所取代。方便记忆的话,赫芬达尔-赫希曼指数听起来更像是一首五行打油诗。虽然你可以自己判断以下记忆技巧是否真的有趣,但从现在开始你可能永远不会忘记赫芬达尔-赫希曼指数。如下:

曾经有一种衡量市场的方法, 需要精确,因此我们不能只求大概。 它就是市场中所有企业 之市场份额 之平方之和。	There once was a measure of markets, Precise, so we need not ballpark it. It's the sum of the squares of the market shares of all of the firms in the market.

因此,计算赫芬达尔-赫希曼指数时,需要界定相关市场,测算每一个企

业在该市场中的市场份额,然后分别进行平方,最后再将平方的结果相加起来。赫芬达尔-赫希曼指数的范围,最大值是 10000,[8] 最小值无限趋近于 0。[9] 赫芬达尔-赫希曼指数数值越小,市场集中度也就越低。

赫芬达尔-赫希曼指数之所以现在更多地被采用,是因为它相对于单一的集中比率测试方法而言要更为准确。赫芬达尔-赫希曼指数方法能够区分两种看似集中但实质却不同的市场:(1)在一个市场中企业数量相对较少,每一家企业都只拥有非常小的市场份额;(2)在一个市场中只有一家或少数几家企业,但它们都拥有很大的市场份额,而且仅面临来自于小得多的、外围型竞争者的竞争。在很多人看来,后一市场要更加麻烦。这可能是因为,在市场份额集中于少数几家规模类似的大企业的市场中,这几家大企业将展开价格竞争,因此对于它们而言很难维持任何稳定的卡特尔。相反,如果在一个市场中只有一个非常大的竞争者,其仅面临来自于许多小的外围型竞争者的竞争,则该强势的竞争者就有能力从事"价格领导"(price leadership),它会提高自己的价格,并通过对那些小的竞争者施加各种报复威胁,以此避免来自于这些小的竞争者的竞争约束。

赫芬达尔-赫希曼指数可以区分这两种市场,但是仅仅靠集中比率则不能。例如,假设某特定市场中有十家企业,其中四家的规模非常大——每一家都拥有 20% 的市场份额——其他六家企业共享剩余的 20% 的市场份额。在这个例子中,"四企业"集中比率与赫芬达尔-赫希曼指数会对集中程度引发的风险作出截然不同的衡量。假设剩余的六家企业规模相同,则赫芬达尔-赫希曼指数为 1666,这一数值并不会被认为很高。[10] 另一方面,四企业的集中比率将非常高——80%。但是设想一下,在同一市场中有十家企业,

---

[8] 如果赫芬达尔-赫希曼指数为 10000 的话,则表明这是一个完全集中的市场——一家企业拥有 100% 的市场份额:$100 \times 100 = 10000$。

[9] 例如,假设一个看似荒诞但却具有理论可能性的情形,在某特定市场中有 100 万家企业,并且每一家企业都拥有相同的市场份额——也即每一家企业都拥有 1% 的万分之一的市场份额。则赫芬达尔-赫希曼指数将为 $0.000001^2 \times 1000000$,或者 0.000000000001(万亿分之一)。

[10] 计算该市场的赫芬达尔-赫希曼指数:$20^2 + 20^2 + 20^2 + 20^2 + 3.33^2 + 3.33^2 + 3.33^2 + 3.33^2 + 3.33^2 + 3.33^2 \approx 1666$。

其中一家企业拥有 80% 的市场份额,剩余的九家企业共享余下的 20% 的市场份额。现在这两种测试方法显示了类似的结果。赫芬达尔-赫希曼指数将大幅度提高到 6444,[11] 但是四企业的集中比率仍然大约保持相同——86.6%。

11　$80^2 = 6400, 2.22^2 \times 9 \approx 44$；$6400 + 44 = 6444$。

第三部分　限制贸易的共谋

第五章 《谢尔曼法》第 1 条概论

> 进行同一种贸易活动的人们甚至为了娱乐或消遣也很少聚集在一起,但他们聚会的结果,往往不是阴谋对付公众便是筹划抬高价格。
>
> ——亚当·斯密[1]

> 将一般性的违反反托拉斯法的控诉与违约或侵权损害之诉联合起来,并不自动使得后者成为反托拉斯法之下的控诉。
>
> ——亨利·弗兰德利法官(Judge Henry Friendly)[2]

第一节 商业合作概论及几个初步概念:"横向"和"纵向"限制、本身违法原则与合理原则

我们将首先学习反托拉斯三种主要诉因中的第一种:《谢尔曼法》第 1 条,依据该条,任何人都不得通过"合同、联合……或共谋来限制贸易……"。[3]

事实上,企业彼此之间——即使是具有直接竞争关系的竞争者之间也是

---

[1] 亚当·斯密,《国民财富的性质和原因的研究》[vol. 1, bk. 1, ch. 10 (1776)]。

[2] 参见萨勒诺诉美国职业棒球俱乐部联盟[Salerno v. Am. League of Profl. Baseball Clubs, 429 F. 2d 1003 (2d Cir. 1970)]案判决书第 1004 页(弗兰德利法官)。

[3] 正如在第一章中所介绍的,另外两种诉因分别是《谢尔曼法》第 2 条规定的单边行为(也被称作是"垄断化"),这是第十三、十四章的内容,以及《克莱顿法》第 7 条规定的合并及收购行为,这是第十七章的内容。

如此——会以各种各样的方式展开合作,并且大多数的合作都是合法的。在西方法律制度历史中,商人也会联合起来创办企业,尽管他们原本可能会在同一行业中展开竞争。例如,两个律师可能会共同成立一个律所,而不是彼此之间展开业务竞争。长期以来,类似的企业可能选择合并,或者由一家企业收购另一家企业。在过去大约一个世纪的时间里,那些彼此独立且形态各异的企业,也逐渐通过企业合营、财团、标准制定机构、知识产权池以及其他合作性安排等各种方式展开合作。这种合作性的努力可能会帮助参与其中的企业生产更好的产品、大幅度降低成本或者研发新产品,或者它们会以贸易协会或专业协会的形式运行,代表参与企业进行游说,为它们提供信息或专业方面的服务,或者在其他方面为企业提供帮助。当然,没有人知道全世界究竟有多少个这样的组织,但仅仅在美国就有数百万个。[4] 在这些不同的方式中,偶尔也会发生企业彼此之间分享大量信息的情况,在反托拉斯历史中,这本身就一直是反托拉斯关注的对象。不管怎样,所有这些类型的合作都宣称至少有一定的社会价值,而且现在几乎所有的经济学家和反托拉斯律师都认为,至少某些商业合作和信息分享是促进竞争的。(仅仅数十年前,许多律师和经济学家还持有截然相反的观点。)但所有这些行为也提高了这样一种可能性,即合作行为会违反反托拉斯法。特别地,当企业彼此之间展开合作时,他们可能会发现自己卷入了不合理"限制贸易"的"合同、联合或共谋"之中。有时之所以可能会发生这种情况,是因为一些恶意的商人会利用贸易协会等掩盖其明显的固定价格行为。但是,尽管商人彼此之间只进行了交流,或者他们试图通过其善意认为是合法的方式展开合作,这通常也足以招致反托拉斯麻烦。

---

[4] 计算所有能够引发《谢尔曼法》第 1 条关注的正式或非正式的合作安排是不可能的,但是这显然有数百万之多。除了活跃在美国的 1000 多个非常正式的标准制定机构外(参见 http://www.consortiuminfo.org/links/#.Up-Y3KWTOlI),还有数千个私人财团和知识产权池,虽然它们不那么正式,但也制定标准,以及 90000 个左右的贸易和专业协会(参见 http://www.asaecenter.org/Advocacy/contentASAEOnly.cfm?ItemNumber=16341),我们还要把所有的企业合营、信息共享安排以及当前企业通常所采纳的其他合作形式也包括进来。美国统计局报告称在美国有 3000 万家企业(参见 http://www.census.gov/econ/smallbus.html),因此我们也应当考虑数百万个类似的安排。

企业彼此之间有时也会以不那么隐晦的方式展开合作。也即，它们有时会故意达成协议以限制贸易，包括在定价或划分市场方面达成一致。现今，由于这种类型行为的违法性是如此明显（而且事实上也很有可能招致刑事起诉），以至于类似的会议通常会秘密召开。例如，记者库尔特·艾兴瓦尔德(Kurt Eichenwald)在其 2001 年出版的《告密者》(*The Informant*)一书中，详细描述了数家主要农业公司的高管在全球范围内所从事的大规模共谋，旨在固定数十亿美元的赖氨酸农业产品市场的价格。这些共谋者——富有，并且是企业的高管——通常在偏远的地方会面，十分神秘。该共谋之所以能够被发现，很大程度上归功于美国联邦调查局与打入该圈子的一个告密者之间的合作，该告密者穿戴隐藏式的麦克风参加了该会议。

无论如何，理解在什么情况下合作是违法的，什么情况下又是合法的，需要掌握几个初步的区别。《谢尔曼法》第 1 条引出了几个重要的背景概念。首先，在反托拉斯法早期历史中，法律条文本身就充满诸多争议。起初，联邦法院似乎可能会从字面意义严格解读法律条文——禁止任何限制贸易的合同——或者至少会进行非常宽泛的解读。但是，在法案通过几十年后，最高法院逐渐缓和了这一倾向。在借鉴普通法（《谢尔曼法》正是建立在此基础之上）之后，最高法院最终认为该法案仅禁止那些不合理限制贸易的行为。接下来，为了实施"合理"(reasonableness)这一宽泛的标准，法院对《谢尔曼法》第 1 条的案件进行了两种不同类型的区分，这一区分现在仍然很重要——"本身违法"的行为和受"合理原则"(rule of reason)规制的行为。最后，长期以来，法院对《谢尔曼法》第 1 条的两种不同类型的联合也进行了区分——"纵向"(vertical)联合和"横向"(horizontal)联合。讨论一下这些区分是什么含义，能为我们之后的学习打下较好的基础。

一、《谢尔曼法》第 1 条禁止"不合理"共谋的局限，以及本身违法与合理原则分析之间的区别

在《谢尔曼法》早期的历史中，法院在解释第 1 条时需要作出重要的选择。第 1 条禁止"每一个限制贸易或商业的……合同、联合……或共谋"。[88]

从字面上来看,禁止每一个"限制……贸易"的合同可能是一种灾难,因为严格来讲每一个合同都在某种意义上限制了贸易。如果我决定从某个特定的汽车经销商那里购买一辆汽车的话,那么我将大大限制自己从任何其他经销商那里购买汽车。事实上,一些看似有益的、为大家所熟知的合同,确实会大大限制贸易。例如,一个合伙协议,几乎必然会涉及赤裸裸的、横向固定价格的内容。想象一下,两个之前分别单独执业并在同一市场展开竞争的律师,现在决定共同成立一家律师事务所。作为律所治理的一个基本方面,他们彼此之间最有可能就所收取的律师费率达成一致。但是,没有人会以国会制定《谢尔曼法》的立法意图为由,将这些已有数百年历史的英美普通法中的合伙关系认定为违法。

但是,仅仅在依据《谢尔曼法》作出的第二个判决中,最高法院就首次触及了问题的实质,最高法院认为应当严格依据字面意义来理解《谢尔曼法》第1条,因此依据第1条,每一个限制贸易的合同都应当被认定是违法的。参见美国诉跨密苏里州货运协会[United States v. Trans-Missouri Freight Assn., 166 U.S. 290(1897)]案。[5] 最高法院认为,即使进行这样的解读会造成广泛的经济灾难,这也是国会原本应当解决的问题。

不过,这一规则并没有像想象中的那样得到广泛传播,该规则在当时所引发的恐慌也并没有持续。假设最高法院事实上就是打算进行最为极端的文意解读,[6]这种做法也没有经过多少年就被抛弃了。在具有里程碑意义

---

[5] 第一个《谢尔曼法》案件是美国诉 E. C. 奈特公司[United States v. E. C. Knight Co., 156 U. S. 1 (1895)]案,在宪法课上你可能会对该案很熟悉。在该案中,法院认为《谢尔曼法》不适用于制糖业,因为这种行为发生在"一州范围之内"(回想一下《谢尔曼法》第1条和第2条,二者仅适用于发生在州际或对外贸易中的共谋和垄断行为)。该案的结论明显反映了当前已经过时的"州际贸易"的概念。

[6] 参见唐纳德·J.斯米斯(Donald J. Smythe),"最高法院和托拉斯:从奈特案到斯威夫特案的反托拉斯及现代美国商业监管的基础"(The Supreme Court and the Trusts: Antitrust and the Foundations of Modern American Business Regulation from Knight to Swift),《加州大学戴维斯法律评论》,第29卷(2005),第107—113页(该文认为在美国诉跨密苏里州货运协会一案中,法院可能只是打算将那些涉及州际商业如铁路和电报的合同认定为违法,而且即便如此,也只有当这种限制是"直接和即时"的时,其才能够被认定为违法)。

的新泽西标准石油公司诉美国[Standard Oil Co. of New Jersey v. United States,221 U.S. 1 (1911)]案中,联邦政府针对约翰·D.洛克菲勒(John D. Rockefeller)的标准石油公司提起诉讼。该公司是一个典型的"托拉斯",它是公众对于财富集中问题关注的焦点,同时也是之前政府所提起的多起诉讼的幸存者。该案判决几乎看似就是写在一张白纸之上(而不是建立在《谢尔曼法》自身十五年左右的先例之上),最高法院指出,对《谢尔曼法》的解释应当"受法律使用词语所构成的原则的指导,这些词语当时在普通法或本国法中含义清晰,除非确实具有相反的含义,否则应该推定它们在这种意义上被使用"。参见新泽西标准石油公司诉美国案判决书第59页。因此,在对1890年所存在的限制贸易的英美普通法进行学术重述之后,最高法院认为,"法案……表明了其不对企业缔结并实施合同的权利进行限制的意图……只要这种合同没有不当限制……贸易,但要保护这种贸易免受不当限制。"参见判决书第60页。法院进一步指出,《谢尔曼法》第1条并没有专门具体列举应当被认定为"不当限制"的任何合同类型,而是"足够宽泛从而能够包含所能想象并得以实施的每个合同或联合",法院推测,国会必然希望由法院来确定评判合同的具体标准。另外,最高法院确信,《谢尔曼法》第1条使用了普通法的术语,这表明国会希望引入普通法的概念,因此法院确定,"国会希望将普通法上所使用的合理标准……作为判断被法律认定为违法的特定合同是否真的违法的方法。"参见判决书第60页。[7]

因此就诞生了——或者也许是重新找回了——合理原则,依据该原则,只有当"合同、联合……或共谋"是"不合理"的时才会违反《谢尔曼法》第1

---

[7] 为了公平起见,怀特(White)法官代表多数撰写判决书,他在之后的判决意见中认为,法院的所有判例都可以被理解为适用了"合理原则"的标准。参见新泽西标准石油公司诉美国案判决书第65—68页。在任何案件中,类似于标准石油案中的观点,都需要反思是否也为《谢尔曼法》所坚持,因为对《谢尔曼法》第1条进行字面解读是完全行不通的。正如布兰代斯(Brandeis)法官之后所写到的:"一项协议或规则的合法性,不能依据其是否限制了竞争这样简单的方法来进行判断。每一个贸易协议,每一个贸易规则,都具有限制效果。约束与限制正是贸易协议和规则的本质。"这仍是最高法院最为著名的观点之一。参见芝加哥贸易委员会诉美国[Chicago Board of Trade v. United States,246 U.S. 231 (1918)]案判决书第238页。

条。但是，正如我们之前所提到的，这一原则说起来容易而实施起来很难，本书很大部分其实都在致力于理解其含义。

还应当理解最后一个区别。虽然在某种意义上我们可以说，所有依据《谢尔曼法》第1条提起的控诉都应当适用标准石油案所提出的"合理原则"，也即意味着只有当被诉行为是"不合理"的时才能被认定为违法，但最高法院多年来在许多案件中也认为，某些特定类型的行为可以被自动认定为不合理。换言之，这些行为是"本身违法"的。正如我们将要在第六章中所要讨论的，基本上仍然有三种类型的行为应当适用本身违法原则——横向的固定价格（horizontal price fixing）、横向的划分市场（horizontal market allocations），以及某些横向的联合拒绝交易（horizontal concerted refusals to deal）（或"联合抵制"）。一旦原告能够证明被诉行为属于这三种类型之一，那么他唯一需要做的就是证明这种行为实际发生过。如果原告能够成功证明，案件就结束了，被告就要承担相应的法律责任。相反，在那些不属于《谢尔曼法》第1条本身违法的案件中，原告不仅必须证明被告从事了被诉行为，而且还必须证明该行为"不合理地"限制了贸易。这并不是说本身违法的案件以某种方式从标准石油案所要求的合理标准中移除出去了。它仅表明在本身违法的案件中，法院宣告，如果被诉行为能够被证明发生过，则其对竞争的损害是如此的明显，以至于从法律上可以推定它是不合理的。

但是，不管怎样，如果按照反托拉斯律师的通常说法而将某个案件描述为"合理原则的案件"，这就意味着该案中的被诉行为并不是本身违法的。

二、"横向"与"纵向"协议安排：《谢尔曼法》第1条产品分销的重要性

依据企业在其产品分销链中所处层次的不同，反托拉斯对不同类型的行为进行了区分，这将在第十章以及附录中作更为详细的讨论。企业之间的关系可能是横向的（如果它们是处于相同分销层次、销售相同产品的直接竞争者；例如索尼和三星之间的关系，二者都生产电视），或者是纵向的（如

果其中的一家企业是"上游"市场的生产商,并依赖于其他企业分销其产品;例如索尼与电视零售商如百思买之间的关系)。《谢尔曼法》第1条既适用于横向协议也适用于纵向协议,但是它对待横向协议要更为严厉些。

进行这种区分的原因很简单。具有直接竞争关系的竞争者彼此之间通常没有理由就任何事项展开合作或协商。它们之间正常的关系是对抗性的,它们的基本任务就是制造更好的、更便宜的产品,在牺牲对方利益的基础之上谋求利润。因此,除非横向竞争者能够证明他们之间所达成的协议将有利于生产新的产品,或者能够以更新、更好的方式进行生产,并且这是仅凭任何单一企业的力量所无法实现的,否则他们将有很大的风险遭受反托拉斯法处罚(参见第五章)。相反,产品的生产商和服务的提供商总是有理由与那些分销其产品的企业达成协议;这是一种基本的必要。同样也有理由相信,纵向限制的后果至少是不同的,而且更为复杂。围绕该问题发展出了大量的经济学理论,我们将在附录中对其进行探讨。在现行法下,纵向限制通常并不违反《谢尔曼法》第1条(参见第十章)。

第二节 本身违法原则与合理原则区分的困难:1975年以来变化的观点以及误查与漏查之间的权衡

最后,在深入探究《谢尔曼法》第1条的实质性细节之前,确实有必要考察一下最近历史上的某些发展。由于当前的反托拉斯包含如此多的领域,因此如果不对20世纪70年代早期以来司法和经济领域内的思想演变进行考察的话,就无法真正理解反托拉斯法。尤其是多边限制的法律,也即《谢尔曼法》第1条,自那以后也发生了很多变化。这一时期的基本转变都与原告的举证责任有关。本章接下来将对这种发展予以总结。

正如法哲学家罗斯科·庞德很早以前所解释的,在法律发展的历史中会反复出现这样一种情形,即某些已被接受的法律规则无法再满足当今社会的需求,但是法院又不能完全抛弃这些规则。当这种情形出现时,法院通常会试图通过扩展或限缩传统规则以使其能够适应不断变化的需求,这可能借助于新的法律拟制或新的合理化分析,以使得能够得出新的结论,即便在名义上适用的仍然是旧规则。在这些案件中,法院的观点看起来像是在努力说服我们一样在说服他们自己,即使是他们坚持认为,他们确实只是在像以前那样以相同的方式适用相同的旧规则。换言之,很多时候,当"书本上的法"(law in books)不再能很好地描述"实践中的法"(law in action)的运行时,通常将会自发地进入这样一种过程,并最终形成一种全新的规则,以更好地满足持续的需求。[8] 我们没有必要将这种过程当然地看作是一种坏事,无论其看起来是多么的知性不诚实。这只是普通法制度演变中的一般过程。

这可能能够很好地解释,在过去四十多年的时间中《谢尔曼法》第 1 条多边限制的法律发生了什么:法院感到有必要应对现实世界中不断变化的需求,同时法院又感到,在它们能够对其所作所为有任何好的理论解释之前,有必要在一段时间内适应这种变化。仅在 20 世纪 70 年代和 80 年代的数年中,就见证了附属性限制(ancillary restraints)规则的重现(第七章第二节),对横向联合抵制的全新态度(第六章第二节第三部分),在某些《谢尔曼法》第 1 条案件中发展出的全新证明方法,并被逐渐称之为"简化的"(abbreviated)或"快速审查的"(quick-look)合理原则(第八章),以及在广播音乐公司诉哥伦比亚广播系统公司案中提出的特殊的、可能是独一无二的规则。在广播音乐公司诉哥伦比亚广播系统公司案中,横向固定价格协议本身可能就是产品(第六章第二节第一部分第三小部分)。如果说有一种共同的需求促使法院对《谢尔曼法》第 1 条做种种限缩或扩展的话,这就是最高法院不断担心误查的发生,这在第三章第三节中进行了解释。法院担心,不当严厉的反托拉斯规则将会导致企业承担法律责任,尽管这些企业本身

---

[8] 罗斯科·庞德(Roscoe Pound),"书本上的法与实践中的法"(Law in Books and Law in Action),《美国法律评论》(*American Law Review*),第 44 卷(1910),第 12 页。

并没有从事限制竞争行为;更为糟糕的是,这会阻吓某些企业,使他们不敢从事某些虽然具有促进竞争效果但却可能被法院曲解的行为。

至少在《谢尔曼法》第 1 条的横向限制法律中,法院试图解释所有这些变化的方式引发了不少的困惑。最为主要的,"书本上的法"认为什么也没有改变,法院仅仅适用了同样的规则,正如其以前所做的那样,尽管"实践中的法"看起来确实有所不同。法院对于不要在另一条道路上走得太远的忧虑,进一步增加了这种困惑。全面合理原则的适用,以及全面的市场势力分析,事实上将对许多私人反托拉斯诉讼的原告"宣判死刑",甚至会阻止联邦反托拉斯机构针对许多潜在违法的协议提起的诉讼。[9] 鉴于此,法院一直在努力寻找中间道路,但这仍然使得被告能够享受到某些疑虑所带来的好处,而不用诱发全面合理原则的成本与困难。

这给《谢尔曼法》第 1 条留下了诸多困难。至少从表面上来看,许多《谢尔曼法》第 1 条案件似乎仍然遵循的是我们在第一章概论中所提到的"类型化"方法。也即是说,他们设想任何特定种类的被诉行为都落入此种或彼种特定的类型,然后就只需要将相同的规则适用于落入该类型的每一个案件。但是,这种类型化方法可能具有很大的误导性。《谢尔曼法》第 1 条最具欺骗性的特征就是,它使得本身违法原则的适用看起来很简单。从表面上来看,似乎一个本身违法的案件只涉及一个非常简单的事实问题:被告是否从事了被诉行为?有人可能会认为不需要调查市场势力、相关市场的市场份额或任何其他事实,这些事实调查使得适用合理原则的案件十分庞杂且诉讼成本高昂。问题在于,除了在那些事实非常清楚的案件中——如具有直接竞争关系的竞争者秘密会面从事明显的固定价格行为,除此以外并没有

---

[9] 参见斯蒂芬·卡尔金斯,"加州牙科协会:并非快速审查但也非全面审查",《反托拉斯法律杂志》,第 67 卷(2000),第 521—522 页(重述了适用合理原则诉讼的费用与难度;"如果作出判决需要对市场势力进行全面的、正式的证明,则反托拉斯无异于要求一应俱全了,这将是被告的天堂。");迈克·A.凯瑞尔(Michael A. Carrier),"真正的合理原则:弥合分歧"(The Real Rule of Reason: Bridging the Disconnect),《杨百翰大学法律评论》(*Brigham Young University Law Review*),1999 年卷,第 1265 页(搜集了一些经验证据,表明合理原则案件几乎总是有利于被告的,因为原告不能提供足够证据证明存在市场势力)。

做其他任何事——法院发现要提出任何明确的规则以判断一个案件是否为本身违法,确实具有很大的挑战性。除了一些赤裸裸的价格或产量方面的横向共谋外,法院通常都会给被告一些机会,让其解释那些看起来本身违法的贸易限制事实上具有某种促进竞争的价值。实际上,对于被诉限制性行为是否具有如此明显的限制竞争效果,以至于可以因此而免除证明其具有限制竞争效果这一问题,存在某种小型的、审前判断方法。(当然,这并不是一个真正的"审判",它通常并不需要提供证据,也不涉及陪审团;它通常只是审前处分性动议活动的一部分,正如在提请即决裁判动议的过程中一样。)

最高法院在广播音乐公司诉哥伦比亚广播系统公司案中可能才首次明确承认这一点,在该案中,对于一个从表面上看可能被称之为横向固定价格的协议,最高法院拒绝对其适用本身违法原则。最高法院写道:"简单的标签并不总是能够给出容易的答案",并提出了以下重要观点:

> 这并不是一个简单地确定两个或更多的潜在竞争者是否真的从事了"固定""价格"行为的问题。正如一般在反托拉斯领域中所使用的,"固定价格"(price fixing)只是一种简略的描述方式,用以描述那些应当适用本身违法原则的特定行为……无法单独依据字面的方法(literal approach)就能确定某行为是其中的一种,或者其就是"明显限制竞争的"并且很可能不具有"可取之处"(redeeming virtue)。字义理解过于简单且通常过于宽泛。

参见广播音乐公司诉哥伦比亚广播系统公司案判决书第 8—9 页。在随后二十年左右时间里的少数案件中,最高法院进一步阐述了这一观点。这些案件逐渐削弱了人们认为本身违法原则和合理原则存在明显区别这一观念。即:

> 例如,我们已经认识到,"通常并不存在区分本身违法原则和合理原则的明确标准",因为适用任何所谓的"本身违法"谴责要被认为具有

正当性,就必须首先"对市场情况进行大量的调查"。

参见全国大学生体育协会诉俄克拉荷马大学董事会[NCAA v. Bd. of Regents of the Univ. of Oklahoma,468 U. S. 85（1984）]案判决书第 110 页。关于这一点,最高法院在最近的表述中,似乎已经认为《谢尔曼法》第 1 条不同的证明标准之间根本就没有区别:

> 真相就是,我们关于限制竞争效果的类型化分析,不像"本身违法""快速审查"以及"合理原则"这些术语使它们看起来得那样确定……无论最终的发现是推定的或实际市场分析的结果,都需要进行类似的必要调查——被诉限制性行为是否会促进竞争……总是有某种评价合理性的滑尺（sliding scale）,但是该滑尺看似要比我们所能期望的更为精确……然而,所要求的证明质量应该因情而变……因此,在那些依据直觉就能很明显推测出具有反竞争效果的限制和那些需要进行更为具体分析的限制之间,通常并没有明显的界限。然而,真正需要的是根据案情展开分析,考察限制行为的具体情况、细节以及逻辑。目的就是看市场的表现是否如此清晰或必然,以至于可以通过一个快速的（或至少更快的）审查方法而非一个更复杂的方法,就能对限制行为的主要趋势得出一个有把握的结论。当然,如果在一个又一个适用合理原则的案件中能够得出相同的结论,则我们所看到的当然会因时而变。但至少现在,在对这些专业广告限制的趋势进行初步评估时,我们需要一个不那么快的审查方法。因为上诉法院并没有对相关限制竞争趋势的假设进行仔细审查,我们决定撤销判决并要求对该案涉及的问题进行更为全面的考虑。

参见加州牙科协会诉联邦贸易委员会[California Dental Assn. v. FTC,526 U. S. 756 (1999)]案判决书第 779—781 页。也可参见宝丽金控股公司诉联邦贸易委员会[Polygram Holding v. FTC,416 F. 3d 29 (D. C. Cir. 2005)]案判决书第 35 页("如果从复杂程度方面将'快速审查'方法看作是介于'本身违法原则'和全面'合理原则'之间的一种新的分析方法的话,这有些具有误导性";确切地说,这种分析已经成为一种"连续统一体")。

因此,《谢尔曼法》第1条困扰我们的首要问题仍然是,没有一个明确可适用的标准用以确定原告应承担何种程度的证明义务。在一种现在似乎可以称之为个案分析、具体问题具体分析的和不确定调查的方法下,法院必须将每一个案件置于以下的连续统一体中:

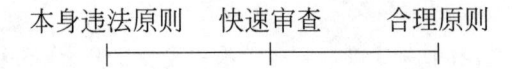

本身违法原则　　快速审查　　合理原则

在适用本身违法原则方面,还有另外一点并不像其看起来的那么确定。正如现在的法律所规定的,纵向限制行为不可能是本身违法的。因此,对于《谢尔曼法》第1条案件中的当事人来说,弄清被诉协议是横向的还是纵向的通常而言就很关键了。二者的区分可能看似很容易,但事实却并非如此。一般来说,如果原告主张,某些处于普通纵向关系的企业也以某种具有横向特征的方式展开合作,则在这些案件中,这一问题就会浮现出来。一个常见的情形就是所谓的"轴辐式"(hub and spoke)共谋。处于分销链上某一层次的企业可能帮助该分销链上另一层次的企业达成横向共谋,如果其这样做的话,则它将作为横向共谋的参与者而承担法律责任。例如,一个分销商可能与它所有的供应商就其转售价格达成一致。依据现行法,纵向转售价格协议并不是本身违法的。但是,如果分销商与它的每一个供应商所达成的转售价格都相同,而且供应商彼此之间也都同意遵守与分销商所达成的协议的话,则该分销商将既参与了横向的共谋,也参与了数个纵向的共谋。这种协议安排之所以被称之为"轴辐式"共谋,是因为分销商与供应商所达成的每一个纵向协议都像是轮子上的辐条,并且该分销商就是处于中心的轮毂。(该问题将在第十二章第四节中进行讨论。)

例子

XYZ公司是一家洗衣机生产商,拥有35%的市场份额,能够对购买其产品的零售商施加影响。多年来,XYZ公司一直寻求与重要的零售商发展合作关系,特别希望零售商们能够致力于进一步提高产品的销售量,而非展开激烈的价格竞争。XYZ公司的努力获得了回报。它与几个主要的零售连锁店达成了实质上非正式的独家销售协议。而且，即便这些连锁店继续销售其他生产商的产品，XYZ公司也要求它们不得低于XYZ公司所建议的零售价格。事实上，在过去十多年的时间里，从来没有连锁店以低于XYZ公司所建议的零售价进行销售。

在本案例中有任何潜在违反反托拉斯法的共谋吗？如果有的话，是横向的还是纵向的？还有其他哪些事实可能有助于更好地回答该协议是横向的还是纵向的这一问题？

解释

可能存在两种不同类型的协议，并且二者可能都违反了反托拉斯法。首先，XYZ公司与零售商达成了一系列的纵向协议。依据纵向协议的适用标准（将在第十章中进行讨论），这些协议将违反《谢尔曼法》第1条。其次，取决于其他可能存在的事实，在零售商之间可能存在一个横向的固定价格协议，构成一个由XYZ公司充当轮毂的"轴辐式"共谋。如果是这样的话，该协议将是本身违法的，XYZ公司将像零售商一样承担法律责任。

第三节 多边限制协议法律制度总结

《谢尔曼法》第1条长期以来一直处于重要的变迁之中，并且令人困惑。虽然在没有首先涉猎所有这些具体的话题之前（这些话题将在后面一些章节中涵盖），理解下述总结可能会有一些困难，但是，首先从一些简单的、大图景式的法律归纳总结开始，是非常有帮助的。下述总结也是本书接下来几章的一个指南。

一、两个或两个以上独立法律主体之间达成的任何协议，[10]只要这些主

---

[10] 关于两个或两个以上独立主体这一要求将在第十二章第二节中进行讨论。

体本身受《谢尔曼法》第 1 条调整,[11]则这种协议就应当受《谢尔曼法》第 1 条调整,并且可能构成不合理限制贸易的合同、联合或者共谋。所有这些协议都要依据如下规则进行分析。

二、在三种特定类型的多边协议案件中,法院将适用本身违法原则,这是第六章的内容:

(一)横向固定价格协议;

(二)横向划分市场协议;

(三)某些横向拒绝交易(也被称之为"联合抵制")。

三、在某些虽然范围很窄却远未得到清晰界定的案件类型中,法院将适用所谓的快速审查或适度的合理原则来进行审查。在那些"即便对经济学只有基本了解的人也不难看出涉案协议将对消费者和市场产生限制竞争效果"的案件中,将适用快速审查的标准。[12] 应当适用快速审查标准展开分析的限制性行为具体包括:

(一)除了存在情有可原的原因致使法院无法肯定认为协议总是违法的情形外,那些原本应被认定为本身违法的协议;[13]

(二)限制广告的协议,尤其是涉及价格广告的协议;[14]

(三)不展开价格谈判的协议,或对价格谈判的条件进行限制的协议;[15]

(四)禁止做理性竞争者在自由竞争情形下所做事情的协议,即使这与

---

[11] 《谢尔曼法》的适用范围将在第二十至二十三章中进行讨论。

[12] 参见加州牙科协会诉联邦贸易委员会案判决书第 770 页。

[13] 参见全国大学生体育协会诉俄克拉荷马大学董事会案(全国大学生体育协会严格限制会员学校橄榄球赛的电视转播,通常而言该规则是本身违法的,但是,"在某个行业中,如果对竞争进行横向限制是为了完全获得产品而必要的话,则将其认定为本身违法就是不合适的了");美国诉布朗大学[United States v. Brown Univ., 5 F. 3d 658 (3d Cir. 1993)]案(大学之间达成协议调整所提供的奖学金的数量和种类,这是一种明显的横向固定价格行为,但是考虑到被告具有公共属性,因此适用本身违法原则将是不合适的)。

[14] 参见加州牙科协会诉联邦贸易委员会案(专业协会禁止价格广告的道德规则应当适用快速审查的原则展开分析)。

[15] 参见美国专业工程师协会诉美国案(专业协会禁止工程师在与客户签订合同之前就价格展开谈判,对于该道德规则,应当适用快速审查原则展开分析)。

价格或产量并不直接相关。[16]

虽然在这种情形下,对于原告必须证明什么并没有一个清晰的指导,但必然有一些证据能够证明可能的限制竞争效果,这可能包括专家证人的理论论证,或者来自于相似产业的实际效果证据。最为重要的是,原告不需要通过相关市场内市场份额的证据来全面证明市场势力的存在。第八章将对快速审查标准作更为详细的讨论。

四、一种特殊类型的协议将受到一种特殊规则的调整,即所谓的搭售协议,在该协议下,卖方强迫买方购买两个或两个以上各自独立的产品,尽管他们可能只想购买其中的一种;调整搭售协议的特殊规则将在第十一章中进行讨论。

五、在所有其他情形下,涉案协议都只适用全面的合理原则。为了胜诉,原告必须证明:

(一)假定被告拥有市场势力,该行为将导致价格上涨或产量下降;并且

(二)要么被告拥有市场势力,要么有能够证明存在限制竞争效果的直接证据(已在第四章第一节第二部分中进行了解释)。

---

[16] 参见联邦贸易委员会诉印第安纳牙医联合会案(牙医之间达成协议拒绝向保险公司提供患者的X射线报告,而保险公司则需要该报告来评估牙医的治疗方法以及收取费用的合理性,这种协议并不是本身违法的,但可以在不进行深入行业分析的情况下予以谴责)。

第六章 本身违法行为

第一节 本身违法行为诉因的框架

自反托拉斯的早期历史起,法院就曾认为某些限制行为的损害效果是如此明显,以至于不需要对其目的或效果进行任何真正的调查就能认定其违法。正如最高法院在下面这段著名的话中所说的:

> 某些特定的协议或行为,由于它们会对竞争造成极为不利的损害,而且也缺乏任何具有可取之处的价值,从而被确定地推定为是不合理的,因此也是违法的,而无需对其造成的具体损害或其商业上的理由展开细致的调查。

参见北太平洋铁路公司诉美国[Northern Pac. Ry. Co. v. United States, 356 U.S.1 (1958)]案判决书第5页。最高法院强调,虽然本身违法的新规则可能会不时地被采纳,但采纳新规则是一件严肃的事情。"只有在对特定的商业关系有非常丰富的经验以后,法院才会将它们归为本身违法行为……"参见美国诉拓普康联合公司[United States v. Topco Assocs., Inc., 405 U.S. 596 (1972)]案判决书第607—608页。从政策方面来看,本身违法行为也被认为是最严重的,而且现在也是司法部提起刑事诉讼的唯一一种行为。

近年来,最高法院也强调将在《谢尔曼法》第1条的案件中遵守支持适用合理原则的推定。它解释道,"本法院将推定适用合理原则,依据该原则,如果要将特定的合同或联合认定为违法,则反托拉斯原告必须证明该合同或联合事实上是不合理的,并且具有限制竞争效果。"参见德士古公司诉达格尔[Texaco, Inc. v. Dagher, 547 U.S. 1 (2006)]案判决书第5页。因此,依据当前的法律,只有三种类型的行为仍然是本身违法的:

(一)赤裸裸的、横向固定价格行为;

(二)赤裸裸的、横向划分市场行为;以及

(三)赤裸裸的、横向联合拒绝交易(亦称为"联合抵制")。

上述每一种协议都是横向的,而且只有当其对价格或产量进行了"赤裸裸的"限制时,其才是本身违法的。一项协议是"赤裸裸的",是指其仅涉及贸易限制本身。另一方面,如果这种限制只是一个并非旨在限制贸易的更大协议的一部分的话,则这种限制可以被称作仅仅是"附属性的"(ancillary)。如果是这样的话,那么它就将得到更为有利的反托拉斯对待。附属性限制规则将在第七章第二节中进行讨论。

在说服法院适用本身违法原则方面(正如在第五章第二节中所解释的那样,这一任务要比想象的更为困难),原告有一个相当简单的案例。本身违法责任的现代法大多数都首先出现在美国诉索科尼-真空石油公司案中。在该案中,道格拉斯大法官在一个很长的、著名的脚注中所进行的一系列观察将会主导本身违法的诉讼,尽管这主要是法官的附带意见。他首先概括了最高法院关于本身违法的范围和简易性的结论:

> 无论特定的固定价格协议可能具有何种经济正当性,反托拉斯法不允许对其合理性展开调查。它们之所以应当全部被禁止,是因为它们对经济中枢神经系统将构成现实的或潜在的威胁。

参见美国诉索科尼-真空石油公司案判决书第224页及59注释。他接下来清楚地阐释了以下观点:

(一)无需证明存在市场势力,或者甚至无需证明具有造成损害的任何能力。

(二)原告在本身违法案件中无需证明被告的意图。

（三）无需存在实施共谋的任何公开行为；协议本身就足以构成违法。

（四）共谋的规模或者所涉及的商业是无关的；至少在最严格的法律意义上，《谢尔曼法》第1条本身违法原则不允许有任何例外情形。

参见美国诉索科尼－真空石油公司案判决书第224页及59注释。因此，本身违法诉因的结构确实非常简单。原告只需证明被诉行为曾经发生过。如果原告能够证明这一点，则被告就应当承担法律责任。假设能够证明基本的事实，则在明显的本身违法案件中，所存在的唯一困难问题将是如何确定损失的数额。

例子

约翰和乔二人都在缅因州的卡姆登市（Camden）中经营鱼饵商店。他们的商店仅间隔十个街区，他们都知道彼此有很多共同的顾客。由于他们厌倦了彼此之间为了一点点利益都要展开竞争，因此双方同意约翰只销售蠕动虫（Squirmy Wormy）牌的鱼饵，而乔则只销售闪亮的恶作剧（Shiny Shenanigans）牌的鱼饵。他们也同意，一旦顾客在自己商店咨询对方所销售的鱼饵，则必须将顾客指引到对方的商店。二人对该协议安排感到很满意，并将该协议称之为"互相引荐服务"（mutual referral service）。

在卡姆登市中，约翰和乔只是大约40家鱼饵及钓具商店中的两家，而且即使加在一起，他们在相关市场内也只占有2%—3%的市场份额。

他们达成协议的行为是违法的吗？对于他们不拥有市场势力这一事实怎么看？同样地，为什么这一协议不是"附属性的"，毕竟约翰和乔也向消费者推荐他们所希望购买品牌的地方。

解释

这是一个本身违法的划分市场协议。它不是"附属性的"，因为它并不附属于任何东西。如果一个限制是附属性的话，则它必须是一个更大的、促进竞争安排中的合理必要部分。但在这个例子中，它唯一可以附属的，就是两个原本完全独立的横向竞争者之间不再展开竞争的协议。

第二节　本身违法行为的类型

一、横向固定价格

(一) 概论

限制贸易的典型情形就是赤裸裸的、横向固定价格共谋——具有直接竞争关系的竞争者之间就其所销售产品或提供服务的价格达成的协议。长期以来,这种协议也被认为是最为严重的反托拉斯违法行为,而且其所受到的处罚也最为严厉(司法部通常将其作为犯罪而提起诉讼)。

考虑到违法的严重性,法院一般不倾向于让被告提出抗辩,无论这种协议看起来是在这方面或那方面与价格或产量相关,还是原本就是赤裸裸的限制。并不要求该协议就特定的价格达成一致;甚至不要求协议直接与价格相关。在美国诉索科尼-真空石油公司案中,被告们只是同意在市场中购买和储存一些产品,除此以外什么也没有做,而这就导致了价格上涨。

关于销售条款的协议也构成固定价格,只要该条款在某些方面涉及消费者在购买产品时所必须考虑的总体因素。在加泰拉诺公司诉塔吉特销售公司[Catalano, Inc. v. Target Sales, Inc. , 446 U. S. 643 (1980)]案中,啤酒分销商之间达成横向协议,规定他们不再向批发其产品的零售商提供信贷。在达成该协议之前,他们在收到进货款之前,都会例行地将啤酒先发送给零售商,而且通常只有在零售商最终将啤酒销售给消费者之后才收取货款。在本案中,虽然协议没有明确涉及任何价格——事实上,分销商仍然享有啤酒的定价权——但是,法院并不难将该协议认定为是一个赤裸裸的、横向固定价格协议。最高法院首先引用了一位持异议的法官的观点,该法官写道:

> 购买产品产生了一种支付义务。信用是购买产品支付的总价格中的一部分。零售商购买产品的成本包括:(1)为了获得产品而必须支付

的金额,以及(2)支付的具体日期。如果说付现交易与分期付款交易之间有区别的话,则这种区别不是利息,而是价格的一部分。

参见加泰拉诺公司诉塔吉特销售公司案判决书第645页,引用加泰拉诺公司诉塔吉特销售公司[Catalano, Inc. v. Target Sales, Inc. ,605 F. 2d 1097(5th Cir. 1979)]案判决书第1104页[布卢门撒尔法官(Blumenthal, J.)持异议]。最高法院随后引用了它在美国诉索科尼-真空石油公司案中的观点:

企业联合固定价格所使用的机制并不重要。依据《谢尔曼法》,如果进行联合的目的和效果是为了提高、压低、固定或者稳定在州际贸易或与外国贸易中的产品价格,则该联合就是本身违法的。

参见加泰拉诺公司诉塔吉特销售公司案判决书第647页(引用美国诉索科尼-真空石油公司案判决书第223页)。

(二) 构成本身违法固定价格行为的类型

一般来说,许多协议都可能涉及固定价格。法院不要求证明存在关于具体价格的实际协定,因为其他一些类型的行为可能具有相同的效果并缺乏可弥补的价值。因此,例如竞争者之间达成的聚拢收入的协议长期以来就被认为是本身违法的固定价格行为,因为它消除了各方彼此之间在价格基础之上展开竞争的动机。参见公民出版公司诉美国[Citizen Publishing Co. v. United States, 394 U. S. 131 (1969)]案判决书第134—135页。同样地,如果达成横向协议的唯一目的就是通过某种方式影响价格,则其也是本身违法的。这就是最高法院在具有重要影响力的美国诉索科尼-真空石油公司案中的观点。最高法院也认为,如果联合销售或联合许可协议的唯一目的只是分配参与者独立生产的产品的话,则这种协议就确实只是赤裸裸的横向固定价格协议。例如,假设四家电视机生产商同意共同成立一家子公司,它们将所生产的所有电视机都销售给该子公司。该子公司随后将以统一的价格进行转售。这是本身违法的;被告自然会抗辩认为该联合销售子公司只是某种形式的企业合营,能够提高效率,但是在上述情形之下,除了固定价格,它并不具有其他的目的。

(三) 广播音乐公司特殊规则:固定价格协议本身就是产品

在广播音乐公司诉哥伦比亚广播系统公司案中,最高法院在处理一种不同寻常并可能是非常罕见的赤裸裸的横向限制时,描述了一种特殊的规则。该案涉及的是一个音乐作曲家组织,该组织旨在帮助作曲家们更好地实施其版权。该组织向那些想演奏这些曲子的个人进行许可,但它并不就单首曲子进行许可——它按照固定的费用进行"一揽子许可"(blanket licenses),被许可人可以演奏乐曲库中由该组织内的不同音乐作曲家所创作的所有曲子。从技术上来看,这就是一种横向固定价格行为。从反托拉斯的角度来看,音乐作曲家是横向的价格竞争者,通过按照固定费率联合许可其作品,他们确实就特定的价格达成了一致。这种行为可能被认为是本身违法的,正如下级法院所认为的那样。最高法院撤销了下级法院的判决,认为只应当适用合理原则。

对于这一立场,最高法院给出了两种不同的解释,一种很熟悉且寻常,另一种则十分不平常。熟悉的解释就是认为可以适用简单的附属性限制规则,这将在第七章第二节中作更为详细的介绍。依据该规则,一个原本应适用本身违法原则的价格或产量限制协议,如果其仅仅是一个更大的、令人满意的安排的一部分的话,就应当适用合理原则。在本案中,这一更大的安排就是作曲家组织自身,最高法院基于几个方面的原因认为该组织是十分可取的。[1] 但是法院似乎提出了一个可以避免适用本身违法原则的不同理

---

[1] 作曲家将发现与可能演奏他们音乐的数百万个演奏者、广播电台、电影制片者、剧院、酒吧等等逐一进行谈判并达成许可协议是不现实的,但如果这些主体不获得版权许可又不能合法地进行演奏。他们也发现,对这数百万的演奏者的侵权行为进行查处也是不可能的。由于"一揽子许可"的创新使得版权实施成为可能,能够鼓励作曲家创作更多的产品,因此这种许可方式就具有促进竞争的目的。

顺便说一下,该案很好地阐明了本书第三章第二节第二部分中所讨论的、贯穿于反托拉斯的一个规则:提出限制性行为可能具有某种社会价值而非竞争价值,这种抗辩在反托拉斯中将永远不能得到支持。被告永远不能主张在这种情况下竞争本身将会导致一些不好的结果。但请注意在广播音乐公司诉哥伦比亚广播系统公司案中,被告并没有提出这种主张。他们认为他们的安排能够促进竞争,因为这种安排将使得他们能够创作出更多的音乐,或者创作出单靠个人所无法创作的音乐。创作更多的音乐,以更低的价格进行许可,或者提升其品质,这总是促进竞争的。

由,认为该组织许可模式事实上创造了一种全新的产品。在"一揽子许可"下,该组织能够许可其乐曲库中的所有歌曲,而这是任何单个的作曲家所不能许可的。该协议构成价格限制,换言之,这本身可能就是被许可人所想要的一种产品,最高法院认为,如果这样的话,则这种限制就不是本身违法的。(不过应当看到,这可能是一种非常罕见的情形——在这种罕见的情形下,横向的价格或产量限制本身能够给予消费者想要的,但如果没有这种限制却无法获得的东西。)

二、横向划分市场

有时划分市场的案件对于法院而言可能会比较困难,因为有时一些看起来非常明显的划分市场行为,却可能伴随一些原本清白的甚至可能促进竞争的安排。正是因为这个原因,最高法院所审理的涉及划分市场的一个主要案件——美国诉拓普康联合公司案就遭到了批评。从表面上来看,拓普康案仍然有效——最高法院从来也没有推翻它。但是该案所涉及的限制行为,仅仅是企业合营的一部分,该企业合营被认为可能通过引入新的品牌而促进竞争,这是反对者所着重强调的。批评者认为,该限制对于确保该企业合营的经济可行性是必要的,因此有人猜测如果最高法院再次重新审理该案,是否可能会采用在最近几十年中变得越来越重要的"附属性限制"方法。(参见第七章第二节。)

尽管如此,如果划分市场确实是赤裸裸的话,在认定其为本身违法方面,法院也不会有任何困难。关于这一点,最高法院在最近的帕尔默诉佐治亚 BRG 公司[Palmer v. BRG of Georgia, Inc., 498 U.S. 46 (1990)]案中就明确地重申,赤裸裸的横向划分市场行为是本身违法的。在该案中,一个主要的全国律师考试准备课程的提供者——为大家所熟悉的巴尔/布瑞(Bar/Bri)公司——与提供这些课程的、位于佐治亚州的新崛起的企业——被告佐治亚 BRG 公司——达成协议,它们将不再在该州展开竞争。该案有一个不寻常的转折,即被告所达成的协议不是表现为一种简单的、赤裸裸的限制贸易形式,而是表现为一种知识产权交易。虽然当佐治亚 BRG 公司首次开始经营时，双方曾展开了激烈的价格竞争，但它们之后达成了一项协议，规定佐治亚 BRG 公司将获得在佐治亚州销售巴尔/布瑞公司课程的独家许可权。佐治亚 BRG 公司将就其所销售的巴尔/布瑞公司的所有课程向巴尔/布瑞公司支付一笔佣金，剩余的归其自己所有。作为协议的一部分，巴尔/布瑞公司承诺它将不再与佐治亚 BRG 公司在该州展开单独的竞争，佐治亚 BRG 公司也承诺将不会在佐治亚州以外的其他地方与巴尔/布瑞公司竞争。课程的价格很快就从 150 美元飞涨到 400 美元（价格可能现在看起来很低，但想想这可是 1979 年的价格）。

该交易本质上就是一种代理关系的形式，一家全国性的公司许可一家地方性的公司销售其产品，最高法院在认定方面不存在任何困难。在一份不到三页的一致议决的判决书中，法院指出任何"不在另一方领域范围内展开竞争的协议""从表面上看是违法的"。参见帕尔默诉佐治亚 BRG 公司案判决书第 49—50 页。

例子

ABC 公司是一家全国性的废弃物管理服务的提供商。它在全国各个城市运营垃圾车。但是，ABC 公司却未能在俄勒冈州的垃圾管理市场中取得突破，它准备进行尝试。当前，在俄勒冈州波特兰市提供这种服务的是一家叫作 XYZ 的公司。ABC 公司的首席执行官有一天给 XYZ 公司的首席执行官打电话，提出他有兴趣进入波特兰市。他提出的建议就是，由 ABC 公司收购 XYZ 公司。但是 XYZ 公司的首席执行官坚决反对任何此类的收购，事实上，XYZ 公司还威胁 ABC 公司，如果 ABC 公司试图进入波特兰市的话，XYZ 公司将与之展开"全面的战争"。

事态持续了一个月左右的时间，在这一个月的时间里，两位首席执行官不断进行威胁和反威胁。但是，他们私下都知道对方并不是一个容易对付的对手，争夺波特兰市的主导权对于双方而言都将代价巨大。他们最后达成了妥协。他们签订了"代理协议"的书面合同，规定 ABC 公司将指定 XYZ 公司作为其在波特兰市的"授权机构"，以代替 ABC 公司自己直接在波特兰市提供废弃物管理服务。而且，在所谓的"代理"协议的序言中还列明了 ABC 公司为什么只愿意通过代理的方式在波特兰市进行经营的原因。

协议生效期间，ABC 公司并没有对 XYZ 公司的运营行使任何实际的权力。同样地，XYZ 公司也继续使用自己的设备，以自己的名义发布广告，也没有修改与客户之间的合同以表明新的代理关系。双方都没有公开宣布它们之间的代理协议。该协议最主要的要求就是 XYZ 公司需要向 ABC 公司支付一笔被描述为"佣金"的费用，数额为 XYZ 公司在波特兰地区服务合同中收入的一定比例。

首先，这种安排最可能适用哪种类型的反托拉斯分析？其次，这种安排可能是合法的还是违法的？

解释

这种安排是横向划分市场行为，是本身违法的。他们将其描述为代理协议可能是徒劳的，原因可见帕尔默诉佐治亚 BRG 公司案。

三、联合拒绝交易（联合抵制）

还有最后一种可能构成本身违法的行为，即联合拒绝交易行为，有时也被称为集体"联合抵制"（boycotts），相对于其他两种类型的本身违法行为，联合拒绝交易行为引起了更多的困惑。由于"联合抵制"这一术语本身有许多不同的含义，因此涉及联合抵制的法律十分复杂。在日常用语中，联合抵制意味着真正的政治示威——对某些公司或某些组织不满意的人可能联合起来拒绝光顾这些公司或组织。认为这种行为将违反反托拉斯法可能看起来是非常令人吃惊的，因为集体的非暴力抗议看起来正是美国文化的一部分，并且受到很多人的重视。而且，无论是否受到重视，至少消费者或政治抗议有时将得到美国宪法第一修正案的保护。然而，某些与这种联合抵制相似的情形有时不仅违反了反托拉斯法而且是本身违法的。

（一）本身违法和非本身违法联合抵制的区分

反托拉斯最为关心的行为，事实上与联合抵制这个词通常意义下的消费者联合抵制并不相同。在反托拉斯中我们所关心的行为，通常都是特定市场内竞争者之间或与其他市场参与者达成的拒绝与该市场中的其他第三方进行交易的协议。这种协议要引起反托拉斯的关注,其通常必须在某些方面服务于双方各自的商业优势。

但是,即便联合抵制具有很明显的商业动机,也很难说在反托拉斯中应当对其进行何种处理,这是因为联合抵制有许多不同的形式。例如,在弗吉尼亚蓝盾诉麦克格雷迪[Blue Shield of Virginia v. McCready,457 U.S. 465 (1982)]案中,原告诉称保险公司与精神病医生协会达成协议,约定保险公司将不会对心理医生的治疗进行赔付。这就是精神健康服务市场内的两个参与者(保险公司和精神病医生)之间达成的不与另外一个市场参与者(心理医生)展开合作的协议,这将直接干预精神病医生和心理医生之间的价格竞争。在联合总承包商诉加州木工协会[Associated Gen. Contractors of California Inc. v. California State Council of Carpenters,459 U.S. 519 (1983)]案中,被诉的则是另外一种不同类型的联合抵制行为。在该案中,一个木匠联盟声称众多建筑公司(也即是木匠的雇主)迫使第三方不得将其工程发包给雇佣了联盟木匠的建筑公司。这也直接干预了基于价格和质量的个人选择。

如何处理这些安排,这在反托拉斯中已经造成了大量的麻烦。在20世纪70年代以前有段时间,最高法院曾在宽泛的意义上认为所有的多边拒绝交易都应当是本身违法的。[2] 有一些属于非常宽泛意义上的"联合抵制"安排的限制竞争效果是如此之明显,以至于没有人认为其应当是合法的,但是还有许多其他的安排,它们所引发的后果要更加模糊。例如,"标准制定"中就存在一个常见的问题。目前存在许多私人团体,它们负责为产品的生产或其他相关职能的履行制定经各方一致同意的标准。这些团体的会员通常包括可能受标准影响的行业代表。如果某团体为特定产品的设计制定了一项标准,则该设计将会被产品的生产商及购买方大量采用,这对于那些恰好希望采取替代设计方案的生产商而言可能是不利的(原因是他可能在这一替代设计方案中拥有知识产权,或者依据该替代设计方案进行了大量的工

---

2 参见辐射燃烧器公司诉人民燃气轻工焦炭公司[Radiant Burners, Inc. v. Peoples Gas, Light & Coke Co.,364 U.S. 656 (1961)]案;克罗尔公司诉百老汇-海尔商店公司[Klor's, Inc. v. Broadway-Hale Stores, Inc.,359 U.S. 207 (1959)]案。

厂和设备投资)。这一标准就可以说是针对替代产品的一种联合抵制。也就是说,团体的会员可以被认为是对产品的购买方施加了压力,迫使他们不与那些采纳了替代方案的生产商进行交易。但是,标准也被认为具有促进竞争的效果,尤其是在近些年中,技术产品的"交互性"被认为能够促进价格竞争和质量竞争。另外一个常见问题涉及合作性组织和贸易协会。假设众多小型零售商同意整合它们的资源以成立一个批发采购合作机构,这将使得它们能够在采购时享受到数量折扣。这种安排可能具有促进竞争的优点。它使得那些小型零售商能够与那些已经具有规模效率的大型零售商展开更具活力的价格竞争。但是,如果这些零售商通过制定会员规则将其中的一个小的竞争者排除在这种合作机构之外呢?该竞争者所遭受的联合抵制行为应当被认定是违法的吗?

108　　最高法院在西北文具批发公司诉太平洋文具印刷公司[Northwest Wholesale Stationers, Inc. v. Pacific Stationery & Printing Co., 472 U. S. 284 (1985)]这一具有重要影响力的案件中解决了所有这些问题。在该案中,多家小型文具零售商成立了一个采购合作机构来进货。在此之前,这些小型零售商在与大竞争者竞争过程中面临成本劣势,因为大竞争者能够以较低的价格进行批量采购。通过联合采购,这些小型零售商就能够扩大采购量并获得折扣。本案之所以被提起,是因为其中一个会员违反了会员规则而遭到了采购合作机构的开除。从某种意义上来看这毫无疑问是一种"联合抵制"或"拒绝交易"。但是如果将任何排他性行为——任何会员规则——都视为是本身违法的话,这很有可能使得该合作机构难以运行,而且同样毫无疑问的是,至少从原则上来看该合作机构能够带来促进竞争的好处。

因此,对于与联合抵制有关的传统本身违法原则的适用,最高法院解释了一种新的测试规则:

本法院适用本身违法原则进行分析的案件,一般都涉及由一个或多个企业联合努力,要么通过直接拒绝,要么通过劝说或强迫供应商或消费者中断与竞争对手的联系,以达到将竞争对手置于不利地位的目的。在这些案件中,联合抵制通常切断了供应、设备或市场,而这些原本都是被联合抵制的企业为了竞争所必需的,通常实施联合抵制的企业在相关市场内都拥有市场支配地位……另外,这些行为通常不会因为那些貌似合理的主张,例如其目的是为了提高整体效率并且使市场更具竞争性等,而被认为是合理的。在这些情形下,联合抵制限制竞争的可能性很大,而促进竞争的可能性则是微乎其微的。

虽然并不要求联合拒绝交易必须具备所有这些特征之后才能对其适用本身违法原则,但也不是每一个涉嫌限制或排他性的合作性行为都像那些应适用本身违法原则的联合抵制一样具有严重的限制竞争后果。

参见西北文具批发公司诉太平洋文具印刷公司案判决书第294—295页(引文和引号已省略)。

因此,依据该标准,联合抵制在什么情况下是本身违法的呢?虽然该测试并没有成为一个固定的规则,但是在本案之后的案件中,如果联合抵制中包含有竞争者之间达成的横向协议,该协议被直接用来提高价格、限制产量或划分市场或消费者,并且联合抵制的目标针对的是另外一个横向竞争者,则对于这种联合抵制,法院几乎总是会保留适用本身违法原则。

另外,尽管有西北文具批发公司案,但是当法院遇到一个严重的、赤裸裸的横向联合抵制的案件时,将其认定为本身违法并不存在任何困难。最高法院在最近涉及联合抵制的联邦贸易委员会诉高等法院出庭律师协会案中就坚持这种观点。在该案中,在哥伦比亚特区为数量众多的贫困刑事被告进行辩护的律师达成了一项协议。由于这些律师不满意法院所支付的费用,因此他们决定在费用提高之前拒绝代理任何案件。尽管最高法院对部分是出于政治动机而进行的抵制表达了一定的同情,但仍然指出这是由横向竞争者之间达成的协议,不具有任何促进竞争的目的。它唯一的目的就是迫使提高支付给共谋者的费用。因此,这种行为是本身违法的。

(二) 第一修正案问题

正如我们将在第二十一章第五节第五部分中要作更多解释的,联合抵制案件引发了一个特殊的宪法第一修正案问题,联邦贸易委员会诉高等法院出庭律师协会案又是这方面的一个主要案件。当人们联合起来表达他们的观点,无论是公开的还是只诉诸政府,他们的这种行为可能是受宪法所保护的言论自由或向政府请愿伸冤的权利的表现。因此,至少在理论上,任何联合拒绝交易行为都可能受到宪法保护而免遭反托拉斯法的查处。这一问题正好在全国有色人种促进会诉克莱本五金公司[NAACP v. Claiborne Hardware Co.,458 U.S. 886 (1982)]案中被提出来了。在该案中,全国有色人种促进会(NAACP)的活跃分子宣称,位于密西西比州某城镇的多家零售商店存在种族歧视行为,因此他们决定联合抵制这些零售商店,拒绝光顾这些零售商店,并且鼓励其他人也这样做,直到歧视性行为结束。这些商店依据州的侵权法提起诉讼,州法院判决赔偿这些商店的损失,并颁发了禁令,但是最高法院推翻了州法院的判决。最高法院认为,"州所享有的规制经济活动的权利,并不能成为完全禁止一个旨在推动政府和经济变革并使宪法所赋予的权利得以有效实施的非暴力、政治性的联合抵制的正当理由。"参见全国有色人种促进会诉克莱本五金公司案判决书第914页。不过,当被告在联邦贸易委员会诉高等法院出庭律师协会案中提出了相同的宪法抗辩,宣称他们与全国有色人种促进会诉克莱本五金公司案被告情形类似时,最高法院并没有采纳其意见。尽管法院对这些被告表达了同情,但认为他们的联合抵制主要是"商业性"的,因此并不能享受宪法所提供的保护。也可参见联合管道公司诉印第安纳汉德公司[Allied Tube & Conduit Corp. v. Indian Head, Inc.,486 U.S. 492 (1988)]案判决书第508页(认为克莱本五金公司案并不适用于那些"由商业竞争者所实施的联合抵制,这些竞争者将从被抵制市场竞争的减少中获益")。

例子

众多零售连锁商店的老板聚集在一起,抱怨他们对沃尔玛忍无可忍,因为沃尔玛是一个非常成功的砍价者。他们决定联合访问主要生产商,告诉这些生产商除非停止向沃尔玛供货，否则这些零售商将不再销售这些生产商的产品。这种行为是违法的吗？如果是的话，为什么？

如果这些零售商不是联合抵制生产商，而是形成了一个游说集团并向国会声称除非它通过一部将使得沃尔玛更难展开竞争的法案，否则他们将停止销售沃尔玛所销售的产品，如果是这样的话，在适用规则方面还会有所不同吗？

解释

第一种情形的联合抵制是本身违法的。它是一个旨在通过阻止横向竞争者获得有效竞争所必需的资源从而对其造成损害的横向联合拒绝交易行为。如果这些零售商游说国会的话，情形就不一样了，即使他们努力的结果可能正好是一样的。一方面，并不能很明显地看出该联合抵制能依据克莱本五金公司案获得宪法第一修正案的保护，因为它具有商业动机。但是，正如我们将在第二十一章第五节中所要详细讨论的，这可能构成"请愿"行为，从而能够享受反托拉斯中的一种特殊豁免，这是由法官所创造的一项规则，被称之为诺尔-彭宁顿豁免（Noerr-Pennington immunity）。因此在第二种情形中，零售商的行为将不会违反反托拉斯法。

例子

有一个叫作路德母亲协会的团体，主要由信仰路德教的母亲所组成，她们发布了一份新闻稿，要求家庭游戏的生产商在向孩子们推销游戏时，应当减少游戏中所含暴力及穿着暴露的女性的内容。该新闻稿写到，如果该协会发现游戏含有太多的暴力或性暗示，该协会遍布全国的一万多名成员将拒绝从销售该游戏的任何商店中购买任何产品。这种做法违反反托拉斯法吗？

解释

这不违反反托拉斯法。该联合抵制没有商业内容，从本质上来看与全国有色人种促进会诉克莱本五金公司案是一样的。

第七章 合理原则及附属性限制规则

第一节 合理原则及合理原则诉因的要素

可能还有必要再重申一点。至少在理论上,在涉及《谢尔曼法》第1条的所有案件中,所问到的实质性问题总是相同的:问题不在于是否存在某种多边限制,而在于这种限制是否是不合理的。因此,在某个特定案件中究竟是适用本身违法原则还是适用合理原则,尽管这对于当事人而言具有重要的现实意义,但这种区别事实上只是程序上的。它只是一个关于哪些问题是可以进行事实审,以及哪些证据是需要原告提供的问题。正如最高法院曾解释的:

> 无论最终的结论是通过推论还是实际的市场分析得出的,基本的调查仍然是相同的,即被诉的限制性行为是否会促进竞争。依据《谢尔曼法》,被用以判断限制贸易行为是否合法的标准是其对竞争的影响。

参见全国大学生体育协会诉俄克拉荷马大学董事会案判决书第104页。

另外,尽管我们通常认为本身违法原则和合理原则之间的区别很明显,但实际却并非如此。之所以如此有两个方面的原因。第一,虽然"类型化"的方法看起来很简单(这在第一章中进行了解释),区别本身违法原则和合理原则看起来也很容易,但在特定的案件中确定应该适用哪一原则却十分困难。正如我们所要看到的,有时在决定适用本身违法原则之前,法院要对特定的情形展开大量的事实分析,即便某些行为看起来像是横向的价格或产量限制。有时很难说这种分析与传统合理原则的分析有什么不同,即便法院最终决定适用本身违法原则。

第二,事实证明,本身违法原则和合理原则并非像线段两端的点那样是差别如此明显的两个原则,法院决定采取何种程度的分析(也即,原告必须提供的证据以及哪些问题是可以进行事实审的)事实上是处于线段两个端点之间的某个点之上。

再一次地,最高法院进行了如下的表述(援引了早期的案例以及主要的论著):

> 这并不意味着每一个针对(相对于赤裸裸的横向固定价格而言)不具有那么明显反竞争效果的限制行为展开调查的案件都要进行完全的市场检查。事实是,我们的类型化分析并不像如"本身违法""快速审查"和"合理原则"看起来的那样固定。例如,我们已经认识到,在本身违法原则与合理原则分析之间通常并没有一条明显的界限,因为在确定适用所谓的"本身违法原则"是否合理之前,可能都需要对市场情况展开大量的调查。而且,在评价合理性方面总是有一把滑尺,但该滑尺却并没有提供我们所希望的精度。不过,所要求的证明质量应当随情况而定。

参见加州牙科协会诉联邦贸易委员会案判决书第779—780页(内部的引文及引号已省略)。

无论如何,一个真正适用合理原则的案件几乎总是要求原告要么提供证明实际损害的直接证据——通常意味着一些令人信服的证据,以证明是因为被诉限制行为导致了持续性的价格上涨或产量下降——或者通过我们在第四章中所讨论的市场份额替代测试方法,证明被告拥有市场势力。但是,即便是依据市场份额替代的方法证明存在市场势力,这也并不必然就是充分的。原告必须最终在事实审中证明,被告能够利用他们联合起来的市场势力来损害市场,并且该种损害要大于其所具有的任何好处。

再则，仅仅要弄清楚合理原则所要求的是什么就具有挑战性。一个主要的论著稍微保守地这样说，"虽然合理原则长久以来就是《谢尔曼法》中的一部分，但是准确的分析……仍然有一些模糊。"参见美国律师协会（Am. Bar Assn.），《反托拉斯法的发展》（Antitrust Law Developments）第1卷，2007年第六版，第56页。尽管关于合理原则有各种各样的规则范式，但它们都是表述容易实施起来却很困难。关于合理原则最有名的论述可能体现在1918年的芝加哥贸易委员会诉美国案中。布兰代斯大法官写道：

> 判断违法性的真正标准，是看所施加的限制是否仅仅是一种规制并因此而可能促进竞争，还是会压制甚至摧毁竞争。在确定该问题时，法院通常必须考察与被限制商业相关的特殊事实：限制行为发生前和限制行为发生后的情况；限制行为的本质及其实际或可能的效果。限制行为的历史，认为存在的有害的方面，采取特定救济措施的理由，所意图达到的目的或结果，所有这些都是相关的事实。

参见芝加哥贸易委员会诉美国案判决书第238页。此外，他补充说明了在合理原则分析中，意图的作用具有一定的重要性。他认为有关意图的证据虽然重要，但并不是支配性的，他写道：

> 这并不是因为一个好的意图能够挽救一个原本应当受到反对的规制，一个坏的意图将使一个原本应当得到支持的规制遭到反对；而是因为了解意图可能帮助法院解释事实并预测结果。

参见芝加哥贸易委员会诉美国案判决书第238页。

但是，这样著名的界定却因其非常宽泛而逐渐遭到严厉的批评。事实上，依据该标准，任何事实都是相关的，这不仅给那些准备制定计划的商人带来了不确定性,也使得诉讼变得十分烦琐而且没有定论。[1]

不过,有证据表明,在实际操作中合理原则是以一种更为有序的方式运行的,而非像传统总结所表明的那样。它之所以在实践中更为有序,是因为合理原则的案件几乎从没有到达过最后的"权衡"(balancing)这一阶段,该阶段看似是合理原则最为主要的部分。也即,合理原则案件的审理几乎从来没有到达过事实审这一阶段,该阶段通常会权衡判断限制性行为给价格或产量造成的损害是比其可能产生的竞争好处更大,还是更小。更确切地说,正如下级法院现在逐渐公开承认的,合理原则在实践中是以一种举证责任转移的步骤(burden-shifting steps)而非依据一种非确定的标准运行的。事实上,几乎所有的合理原则案件——根据一项最近的研究是97%的案件——都被申请驳回或作出即决审判,因为原告无法适当地进行指控,或者无法提供足够的初始证据以证明被诉限制性行为将会损害竞争。[2] 当原告能够熬过这一初始阶段后,法院有时也会在被告无法证明限制性行为具有促进竞争效果的情况下立刻作出对原告有利的判决。最后,仅有2%的合理原则案件曾到达过最后通过事实审进行权衡的阶段。

法院现在认识到,合理原则主要是以一系列的举证责任转移以及审前阶段来运行的,只有非常少的需要进行"权衡"的情形。另一个最近的表述,对案件进行了如下的总结:

> 原告负有初始义务证明协议已经具有或很有可能具有损害竞争的效果。如果原告履行了其初始证明义务,则举证责任转移到被告方,由

---

[1] 参见彼得·C. 卡斯滕森(Peter C. Carstensen),"反托拉斯空洞核心的内容:芝加哥贸易委员会案及'合理原则'在贸易限制分析中的含义"(The Content of the Hollow Core of Antitrust: The Chicago Board of Trade Case and the Meaning of the "Rule of Reason" in Restraint of Trade Analysis),《法学和经济学研究》(Research in Law and Economics),第15卷(1992),第1页;莫里斯·E. 斯塔克(Maurice E. Stucke),"合理原则违反了法治吗?"(Does the Rule of Reason Violate the Rule of Law?),《加州大学戴维斯法律评论》,第42卷(2009),第1375页。

[2] 迈克尔·A. 凯瑞尔(Michael A. Carrier),"合理原则:21世纪的经验更新"(The Rule of Reason: An Empirical Update for the 21st Century),《乔治梅森大学法律评论》(George Mason Law Review),第16卷(2009),第827页。

被告证明其行为具有促进竞争的效果。如果被告无法证明其行为存在促进竞争的效果的话，则原告必须证明被诉行为对于实现其所宣称的目的并非合理必要，或者该行为的限制竞争效果要大于其促进竞争的效果。

参见美国律师协会，《反托拉斯法的发展》第1卷，2007年第六版，第58页。

第二节　附属性限制规则

最后，近些年出现的另外一个特殊问题有时会改变本身违法原则的适用。"附属性"规则适用于这样一些案件，在这些案件中，某种安排从总体上来看是促进竞争的——例如设立一家新的企业或出售一家现存的企业——但是该安排的某一部分，如果孤立地看的话，可能看起来是限制竞争的。该规则规定，如果某安排中的一小部分——"附属性"部分——与促进竞争的安排的总体目标是合理相关的，并且不会对竞争造成不合理的损害，则该部分就仅适用合理原则。该规则很古老且备受推崇，尽管它沉寂了很长一段时间并且直到20世纪70年代才得以复兴，在同一时期最高法院正在限缩其传统的本身违法原则，并引入更为灵活的方式来适用它们。

几乎只要《谢尔曼法》还存在，只要赤裸裸的横向限制价格或横向限制产量行为被严格禁止这一规则仍然是明确的，就会同样存在一种认识，即某些积极的商业安排可能包含某些孤立来看类似于被禁止的横向限制行为的内容。一个典型的例子就是企业转让合同中所包含的不竞争的内容。假设一个理发师在一个小城镇的特定地点经营着一家很成功的理发店，但是他打算卖掉该理发店。他所拥有的店面以及店内的相关设备值一些钱，但显然比不上正在运营的商业整体，即理发师因其所处的地理位置以及建立起来的顾客关系而享受的利润创造价值。问题是，其理发店对于其他理发师而言真正具有价值的部分,他却很有可能无法予以变现,因为存在这样一种风险,即他可能会在附近再新设立一家理发店,并与买家竞争相同的顾客。这一风险可能会减损该理发店对于任何买家的价值。因此,为了获得能够反映理发店真实价值的交易价格,理发师可能不得不同意在一定时期、一定地域范围内不与买家展开直接竞争。假设理发师同意在一年之内不在其出售的理发店 10 英里范围内谋求设立新的理发店。现在,孤立来看,该协议——两个提供相同服务的横向竞争者达成的不在同一地域范围内展开竞争的协议——可能看起来像是一种划分市场的行为,因此是本身违法的(正如第六章第二节第二部分中所解释的)。问题是,在这个例子中这种协议可能同样也是健康的、竞争性的;即它能够促进在一个人看来不再具有价值但在另外一个人看来具有价值的两个人之间实现企业的转让。制定附属性规则就是为了解决这一问题。

确定一个限制是"附属性的"还是"赤裸裸的"产生了很多的诉讼,法院运用了许多方式来描述这一测试。一个主要的论著列举了以下许多不同的方式:

- 附属性限制"有助于"或"从属于"一个能够提升效率的有益安排。
- 如果某限制"是某有益安排的固有特征",而非一个"不必要的、限制产量的附属品",则该限制就是附属性的。
- 如果某限制与某有益安排的目的是"合理相关的……且没有超出为了实现该目的的必要合理范围"的话,则该限制就是附属性的。
- 为了实现有益安排的目的而"没有其他在本质上来看限制性效果更小的替代性方案"时,该限制才能够被认定为是附属性的。
- 一个"附属性限制是附属性的,意指其旨在使主交易能够更有效地实现其目的"。
- 一个附属性限制必须"与整体是合理相关的,并且对于实现其促进竞争的效果是合理必要的"。

参见美国律师协会,《反托拉斯法的发展》第 1 卷,2007 年第六版,第 466 页(收集了案例及其他权威观点)。综上,共识似乎就是,要认定某限制[116]

"附属于"某有益安排,该限制必须与该有益安排是合理相关的,并且是为了实现其目的而合理必要的。换言之,它不能仅仅是恰好也处于企业合营关系之中的双方之间的某种不相关的固定价格协议,并且,即便它与该企业合营具有非常紧密的关系,它也不能以某种会造成不必要损害的方式来实现企业合营目的。法院倾向于认为,如果有显然可行的替代性方案能够实现相同的结果,并且不会对健康的价格和产量造成过多限制,则这种限制就会被认为会造成不必要的损害。

因此,正如其现在的含义,附属性限制规则规定,如果被告能够证明以下要件,则被诉行为将仅适用全面的合理原则,即便孤立来看该行为可能会被认为是本身违法的:

- 某限制是"附属性的",意指其对于某种有益的安排如一个新的合作关系、企业合营或企业转让而言是必要的或合理相关的;而且
- 如果其他的替代性方案也会产生相同的结果,则该限制就并非是不合理地限制了竞争。

例子

美国马桶座圈协会是由学者、工程师、政府官员以及马桶座圈生产行业的代表组成的一个非营利性组织。该协会的宗旨是研究马桶座圈的设计与生产,以确保其安全及功能完善。除了其他许多活动以外,协会还每年发布不断更新的称之为"马桶座圈的设计和功能规格"的清单。该文件列出了为了获得该协会批准许可,马桶座圈所必须具备的最低功能要求清单。

该协会自身并不是一个政府机构,也不附属于任何政府。协会所发布的"马桶座圈的设计和功能规格"并不具有法律效力,它只是以协会意见的形式发布的。不过,协会的批准许可逐渐获得了超主导地位。其许可为消费者所熟知,并且一些州以及地方的建筑规范事实上也要求马桶生产企业必须遵循该协会的规格。无法获得协会的许可通常意味着商业的终结。

最近,协会召开年会讨论修改马桶座圈规格,协会对一家生产商关于新产品的请愿进行了考虑,该新产品被称之为"电动下降"马桶座圈。该座圈安装了一个小型的电动机,从而能够使马桶座圈在使用完以后能够自动放

下。讨论之后,协会的会员认为该产品不安全,协会规格不应当允许该产品。

协会决议采取由全体会员大多数决的方式进行,后经调查发现,大会表决受到了迈克尔·海斯特(Michael Heaster)所提交的一份报告的影响。海斯特是全国最大的马桶座圈生产商之一的企业的首席执行官,而且是"电动下降"马桶座圈这种新产品的强有力竞争者。协会的决定违反《谢尔曼法》吗?不满协会决定而提起的诉讼,在《谢尔曼法》第1条之下将依据什么标准进行分析?

解释

这实际上是一种联合拒绝交易的行为,由于其中的一些参与者本身就是产品的销售商,而且所销售的产品遭受到了不利的挑战,因此这是一个横向的拒绝交易行为。正如在第六章第二节第三部分中所解释的,某些横向联合拒绝交易行为是本身违法的。考虑到海斯特的商业动机以及协会的"超主导地位",在其他情况下这可能是可以适用本身违法原则的。不过,标准制定的功能,尤其是由众多不同的以及优秀的会员所推动的,可能具有重要的促进竞争的效果。因此,协会标准有时会排除一些竞争者这一事实可能并不能自动使其成为本身违法。

第八章 中间分析:界定简化合理原则的长期努力

第一节 引言

自20世纪70年代以来的大约四十年时间中,针对某些横向限制性行为,法院一直致力于提出某种界于本身违法原则和全面合理原则之间的中间分析方法。这种更新的方法有时被称之为简化的或快速审查的合理原则。最高法院在20世纪70年代中期至80年代中期这一段时期内判决的三个案件:美国专业工程师协会诉美国案(1978年判决)、全国大学生体育协会诉俄克拉荷马大学董事会案(1984年判决)、联邦贸易委员会诉印第安纳牙医联合会案(1986年判决),这一方法在这三个案件中逐渐显露出来。直到在15年以后的加州牙科协会诉联邦贸易委员会(1999年判决)案中,最高法院才再次对这一问题发表观点,并且自此以后最高法院就再也没有解决过该问题。[1]

但是,许多下级法院已经在适用快速审查的原则了,联邦贸易委员会在该原则的发展过程中也发挥了重要作用。我们将检视下级法院和反垄断执法机构的判例法,将其作为探究这一演进中的规则的重要依据。

第二节 快速审查原则的运用

理解快速审查原则确实提出了两个问题,但只有第一个问题是尤为棘

---

[1] 在1999年以前,事实上并不清楚最高法院依据《谢尔曼法》第1条作出的判决中,哪些是依据快速审查原则作出的,哪些对《谢尔曼法》第1条作了某些新的阐述。但是法院自己最终确认这三个案件是其关于该问题的决定。参见加州牙科协会诉联邦贸易委员会案判决书第769—770页。

第八章 中间分析：界定简化合理原则的长期努力　131

手的。这一更为棘手的问题就是，到底应当什么时候适用快速审查原则。该问题仍然存在，至少暂时是这样。第二个问题，也即稍微简单的问题是，一旦采用快速审查原则，那么应当适用什么样的分析框架。这在案件中是相对简单的。

一、适用快速审查原则的案件

（一）判例法

美国专业工程师协会诉美国案被普遍认为是第一个适用快速审查原则的案件。在该案中，一个历史悠久且很有名的行业协会要求其会员遵守其制定的道德规则，该规则禁止会员在签订工程合同之前与客户就价格展开谈判，司法部针对该行业协会提起了诉讼。史蒂文斯大法官代表大多数意见撰写了判决书，他明确指出没有固定价格共谋的指控。但是在实践中，该规则甚至禁止成员向客户提供任何形式的价格信息或在签订合同前讨论价格。被告辩驳道，"竞标工程服务本质上是不精确的"，价格竞争将"导致虚假的过低报价，因此会诱使个人工程师提供质量没有保障的服务，这会对公共安全和健康带来风险"。参见美国专业工程师协会诉美国案判决书第693页。史蒂文斯法官将这一问题描述为：

> 是否因为该规则是由专业协会的成员所采纳的、旨在避免可能因竞争导致更差的工程服务而威胁公共安全，就能够据此认定这种限制是正当的。

参见美国专业工程师协会诉美国案判决书第681页。

史蒂文斯大法官分析时，首先认为对于被告的限制性行为，"不需要进行详细的行业分析……以证明其具有限制竞争的特征"，参见判决书第692页，这似乎要表明史蒂文斯大法官认为该限制是本身违法的。但是，在最终驳回其之前，大多数意见又详细考虑了被告提出的该限制具有促进竞争效果的抗辩——需要制定该规则来禁止劣质的或危险的工程服务。如果该限制确实是本身违法的话,该分析看起来并不是特别必要。

至于为什么允许本案中的被告提出相比于平常更多的质疑,最高法院唯一的解释就是这些被告参加的是一个专业性的协会。法院提到了一份涉及法律行业的早期判决意见。在这一早期判决中,最高法院写道:"在确定某特殊限制是否违反《谢尔曼法》时,该限制是由不同于企业的专业团体所实施的,这一事实当然是相关的。"之所以这样,是因为

> 将专业团体的行为与其他商业行为看作是相通的,并自动地将产生于其他领域中的反托拉斯概念适用于专业团体,这是不切实际的。公共服务以及专业团体的其他特征,可能要求对某些特殊的行为进行区别对待,尽管在其他背景下这些行为可能被认定为违反了《谢尔曼法》。

参见美国专业工程师协会诉美国案判决书第686—687页,引自于戈德法布诉弗吉尼亚州律师协会[Goldfarb v. Virginia State Bar, 421 U. S. 773 (1975)]案判决书第788页及17注释。大多数被告工程师们随后表达了他们"坚持""戈德法布案所表达的观点,即依其自身的特性,专业服务可能与其他商业服务之间存在着很大的区别,因此,在这些服务中,竞争的特性可能会有所不同。道德规则可以被用来调整及促进这种竞争,因此落入了合理原则的适用范围"。

最高法院在几年后连续审理的两个不同案件中,再次考虑了中间分析的问题。第一个案子是全国大学生体育协会诉俄克拉荷马大学董事会案,它与美国专业工程师协会诉美国案完全不同,对于什么时候可以对一个案件适用合理原则这一问题,它增加了一些有趣的内容。在该案中,法院考察了全国大学生体育协会禁止作为其成员的大学销售橄榄球电视转播权的规则。该规则是一个赤裸裸的、横向限制产量协议,如果是在其他情形下,该协议很明显将被认定为本身违法。但是该案涉及的是一种不同寻常的产品——体育运动。正如最高法院所写的,"如果要保存上诉人及其成员机构

所要营销的竞争类型的话,那么一定程度的合作就是必要的。"参见全国大学生体育协会诉俄克拉荷马大学董事会案判决书第 118 页。该案"涉及这样一个行业,即如果想要完全获得产品,则需要对竞争进行必要的横向限制"。参见判决书第 101 页。正如最高法院所解释的,"有大量的规则对诸如场地的大小、一支球队的运动员数量,以及何种程度的身体对抗是被鼓励的而哪些又是被禁止的这些事项进行规定,所有这些事项都必须达成一致,而且所有这些都限制了成员机构之间展开竞争的方式。"参见判决书第 101 页。这并不是说成员之间达成的任何协议都是合法的,事实上法院也认为对电视转播权进行限制是违法的,而且即便没有证据能够证明存在市场势力亦是如此。但是,相比于纯粹的本身违法分析下被告所能够提出的抗辩,这能够为被告提出更多的抗辩提供足够的基础。

重要的是,最高法院补充道,该案中某些事实与适用快速审查原则无关。本案判决并不是基于"对这种类型的安排缺乏司法经验而作出的,而是基于全国大学生体育协会是一个非营利性实体,或基于……全国大学生体育协会在保护与促进校际业余体育方面的历史性作用而作出的"。参见该案判决书第 100—101 页。

之后不久,最高法院就审理了另外一个与美国专业工程师协会诉美国案非常类似的案件。在联邦贸易委员会诉印第安纳牙医联合会案中,法院分析了一项由众多印第安纳的牙医所达成的协议,依据该协议,牙医拒绝向牙科保险公司提供病人的 X 射线报告。该协议旨在阻止保险公司控制自身成本的努力,因为保险公司在实际支付保险费之前已经开始审查牙医的治疗方案。最高法院再一次认为不需要对该限制展开"详细的行业分析"就能认定其违法,但也明确表示不会对该限制适用本身违法原则。法院写道:

> 拒绝在向消费者提供的服务方面展开竞争,并不比拒绝在价格方面展开竞争的危害性小,这会损害市场通过确保以趋近于边际成本的价格向消费者提供产品或服务的方式来增加社会福利的能力。如果缺乏某种促进竞争的特性——例如,市场运行中所产生的效率或提供产

品及服务——这种会通过阻碍"市场正常供给"而限制消费者选择的协议，就不能适用合理原则。

参见联邦贸易委员会诉印第安纳牙医联合会案判决书第459页。由于没有提出合理的正当理由，该限制就是违法的。至于为什么没有适用本身违法原则，最高法院再一次指出它不愿意针对专业团体适用本身违法原则，参见该案判决书第458页。但是法院也补充道，"如果某些行为的经济效果并不能立即显现出来，则在这种商业关系"中适用本身违法原则也是不合适的。参见该案判决书第458—459页。

到目前为止，最高法院关于该问题的最后一次表述体现在加州牙科协会诉联邦贸易委员会案中，该案是另外一个与美国专业工程师协会诉美国案非常类似的案件。该案涉及的是另外一种对价格信息的限制。牙医专业协会禁止其成员发布广告声称提供更低价格或更优品质的服务。联邦贸易委员会和第九巡回上诉法院对该限制适用了快速审查的原则，依据该原则，该限制从表面上看就是违法的，不存在足够的促进竞争的理由。联邦贸易委员会和第九巡回上诉法院都驳回了被告的理由，即广告限制可以抑制欺诈，并且可以解决牙医及患者之间信息不对称的问题。最高法院推翻了第九巡回上诉法院的决定，并要求第九巡回上诉法院作进一步的分析。

加州牙科协会案的大多数意见希望进一步澄清什么时候适用快速审查原则，以及如果适用的话将会发生什么。在长达15年的评论以及下级法院判例法试图弄清最高法院在最初的三个案子中究竟得出什么结论这一背景之下，这一次最高法院不得不自己进行解释。最高法院将要表达什么观点毫无疑问是非常重要的，但不幸的是法院的观点非常模糊而且很简洁。最高法院唯一的真正解释就是，如果"一个即便对经济学只有基本了解的人也能够得出结论认为涉案的安排将会对消费者以及市场产生排除、限制竞争的效果"，或者"能够很容易确定限制竞争效果具有很大的可能性"，在这种情况下就应当适用中间分析的方法。参见加州牙科协会诉联邦贸易委员会案判决书第770页。但是，大多数意见对于为什么不适用本身违法原则是

第八章 中间分析：界定简化合理原则的长期努力

合理的提供了另外一条线索：

> 从反托拉斯的目的来看，在本案中，相关的产出很可能并不是信息或广告，而是牙医服务本身。问题不是可能的广告的范围是否受到了限制（事实上确实如此），而是对广告的限制是否会明显地倾向于限制所提供的牙医服务总量。

参见加州牙科协会诉联邦贸易委员会案判决书第 776 页。可能是基于此，最高法院认为某些赤裸裸的横向限制应当获得较之于全面合理原则更少的审查——因为即便是一个只有基本经济学知识的人也能够预测它们的竞争影响——但也不应当适用本身违法原则，因为它们并没有直接限制价格或产量。这可能有助于解释联邦贸易委员会诉印第安纳牙医联合会案和美国专业工程师协会诉美国案中的结论，这两个案件中所涉及的行为看起来都具有高度的可疑性，但却并没有直接固定价格或产量。[2]

自美国专业工程师协会诉美国案以来，下级法院以及联邦贸易委员会已经多次适用快速审查原则了。联邦贸易委员会在一系列案件中发展出了

---

[2] 自加州牙科协会案以后，最高法院在其最近的联邦贸易委员会诉阿特维斯〔FTC v. Actavis, 133 S. Ct. 2223 (2013)〕案中又提及了简化的合理原则。但是，它在该案中的观点实质上是附带意见，如果说有什么话，那就是它们要比加州牙科协会案更模糊和令人困惑。最高法院认为，药品生产商之间达成的某种限制竞争协议是违法的。特别是，专利药品的现有生产商将向潜在的市场进入者支付一笔费用以使他们不进入该市场，作为不起诉挑战现有企业专利有效性的交换条件。最高法院明确拒绝针对这些协议适用"快速审查"原则，也拒绝将其推定为违法，而是坚持认为应当适用结构化合理原则（structured rule of reason）。但是很难将最高法院对其所描述的结构化合理原则的解释理解成不同于某种非常严格的、几乎是本身快速审查方法以外的任何其他事物。最高法院认为，在任何案件中，如果向可能的市场进入者所支付的金额是"非常大"的话，该交易就是违法的，无需证明企业具有市场势力，只要企业不能提出具有促进竞争效果的抗辩，因为在任何案件中，如果所支付的金额"非常大"，则所有这些（具有市场势力和具有促进竞争效果）看起来都是不太可能的。而且，最高法院明确表明在将案件发回时，即使下级法院将适用全面的合理原则，他们可以"构造反托拉斯诉讼以避免……对每一个可能的事实或理论予以考虑"，因为合理原则诉讼"总是像一把滑尺"。参见联邦贸易委员会诉阿特维斯案判决书第 2238 页。

不清楚如何会存在某种独立的、能够与这一规则明显区分开来并且也能够被称之为"快速审查"的规则。该判决非常地新，这可能需要下级法院多年思考以后，才能够看清其效果如何。

分析适用快速审查原则案件的具体框架,该框架包含应当何时适用快速审查原则的观点,联邦贸易委员会的努力可能是有价值的。如果某限制是"天生可疑的"(inherently suspect),即"在没有效率正当性理由的情况下,看起来很有可能会限制竞争及减少产量……"的话,联邦贸易委员会就将适用快速审查原则。参见马萨诸塞州验光注册委员会[Massachusetts Bd. of Optometry, In re, 110 FTC 549 (1988)]案判决书第561页。有时联邦贸易委员会也将"天生可疑的"行为描述为"过去的司法经验及现在的经济学理论证明能够支持立即定罪"的行为。参见宝丽金控股公司[Polygram Holding, Inc., In re, 136 FTC 310 (2003)]案判决书第344—345页。

(二)适用快速审查原则的案件

同样地,快速审查原则涉及两个主要问题,其中更难的一个问题就是如何确定什么时候适用该原则。目前我们所能做的就是通过两种不同的方案来解决该问题。首先,我们可以尽可能地尝试从判例法中进行一个更为宽泛的归纳:一个适用快速审查原则的限制就是一个赤裸裸的限制,也即,并不附属于某个独立的、促进竞争的安排,它是横向竞争者之间达成的[3],很有可能导致价格上涨或产量下降,但它又不仅仅是普通的、为了谋取利润的竞争者之间所达成的一个简单价格或产量限制。

其次,通过对法院认为能够适用该原则的具体情形予以确认,我们可以尝试着做到更为具体。至少有三种范式场景:

1. 被告是一个专业团体的成员,而且被诉的限制性行为因其自我调整而看起来是似是而非的。

最高法院适用快速审查原则的四个案子中,有三个都是依赖于这一事实。但是,需要指出的是不能过分强调这一标准,因为最高法院的第四个案件即全国大学生体育协会诉俄克拉荷马大学董事会案,就根本没有涉及这

---

[3] 尽管最高法院并没有持这种观点,但至少有一个上诉法院现在强烈表明适用快速审查原则的协议必须是横向协议。参见保险经纪反托拉斯诉讼[Insurance Brokerage Antitrust Litig., In re, 618 F. 3d 300 (3d Cir. 2010)]判决书第318页;戈登诉刘易斯墩医院[Gordon v. Lewiston Hosp., 423 F. 3d 184 (3d Cir. 2005)]案判决书第210页。

一标准,而且下级法院在适用快速审查原则时也已经考虑了许多其他情况。另外,最高法院已经针对专业团体的被告适用本身违法原则,如果这些被告的行为确实是毫无掩盖的横向限制价格或横向限制产量行为的话。参见联邦贸易委员会诉高等法院出庭律师协会[FTC v. Superior Court Trial Lawyers Assn.,493 U.S. 411 (1990)]案;亚利桑那州诉马里科帕县医学协会[Arizona v. Maricopa County Med. Socy.,457 U.S. 332 (1982)]案。

2. 涉案协议是明显的横向限制价格或横向限制产量协议,但是产品的某些经济特征会使人对这种限制的竞争性效果产生怀疑。

例如在全国大学生体育协会诉俄克拉荷马大学董事会案中,最高法院解释道,要不是考虑到体育作为商业的特殊经济属性,其本来要对原本属于赤裸裸的、横向限制产量的行为适用本身违法原则。正如最高法院写道的,在本案中产品的生产——体育赛事——看起来要求有某种最低限度的横向合作,所以即便原本是一个赤裸裸的横向限制,相较于其他市场,它们仍将获得更多的容忍。相同的情形还包括体现在加州牙科协会案中大多数意见的基本理论——最高法院并不能完全确定广告限制的损害要大于它们的好处。

数个下级法院依赖于这种观点。例如,在美国诉布朗大学[United States v. Brown Univ.,5 F. 3d 658 (3d Cir. 1993)]案中,法院对一个原本属于赤裸裸的横向限制价格行为适用了快速审查原则,因为被告都是仅专注于教育的非商业性机构;在这些条件之下,就不能确定地推定该限制将减少产量或提高价格。

3. 涉案协议并不是一个明确涉及价格或产量的横向协议,但它与某种东西的"产量"有关,不过这并不是"反托拉斯目的所关心的相关产量",参见加州牙科协会诉联邦贸易委员会案判决书第776页。

这对于加州牙科协会案和联邦贸易委员会诉印第安纳牙医联合会案来说都是如此:加州牙科协会案所涉及的是对广告的限制(而非牙医服务),印第安纳牙医联合会案涉及的是拒绝向保险公司提供X射线的限制(同样也不是对牙医服务的限制)。

例子

全国采血文理学院研究院(the National Academy of Phlebotomy Arts & Sciences, NAPAS)是一家非营利性机构,其成员都是专业的采血师,即,他们是你在医院或医学实验室或当你向如红十字组织等机构献血时,在你手臂上扎针并抽取血液的人。该机构并不销售任何产品或提供任何服务,主要依靠会员每年所缴纳的会费来覆盖其运营成本。

所有州都要求采血师接受某种最低水平的训练和测试。但是,任何州都没有对全国采血文理学院研究院的会员提出这种要求。在美国,约65%的执业采血师都是全国采血文理学院研究院的会员,他们之所以愿意成为全国采血文理学院研究院的会员,主要是因为能够从这种会员关系中获得特定的好处。特别是,他们能够接受免费的继续教育服务,这能确保他们的执业许可证在绝大多数州保持更新。他们也能够通过全国采血文理学院研究院购买更便宜的保险,并享受某些其他特定的促销好处。

全国采血文理学院研究院制定了一系列的会员规则,并且经常开除那些不遵守这些规则的会员。此外,规则要求会员每周工作的时间不得超过40小时。全国采血文理学院研究院为这种规则辩解道,从机构的角度来看,过于劳累的采血师将会有更大的风险伤害到病人,并出现操作不当的行为。

全国采血文理学院研究院的规则违反联邦反托拉斯法吗?

解释

这可能是本身违法的,除非它符合反托拉斯法中所谓的劳动豁免(参见第二十三章)。分析如下。首先,这种限制通常属于本身违法的类型:它是一个关于产量(在本案中是劳动)方面的横向限制。它可能并不附属于任何东西。全国采血文理学院研究院本身可能构成一个"更大的促进竞争的安排"。但是,由贸易或专业团体所施加的限制通常并不会被认定是附属性的,因为它们与该团体的存在并不合理相关,或者对于实现其利益并不是合理必要的。

即便如此,全国采血文理学院研究院可能抗辩协会本质上是"专业性的",因此它所施加的限制作为一种自我监管应该适用快速审查的原则。这提出了一个不确定的问题。在所有涉及专业的快速审查案件中,没有一起案件曾对被告是真正的"专业人员"产生过任何严重质疑。尽管本案涉及的工作看起来只是一种中等熟练的非专业职业。但是,虽然很难说,但法院似乎不太可能基于此而认为本案中涉及的行业限制可以适用快速审查的原则。如果不会的话,则该限制将是本身违法的。

但是,是否适用劳动豁免这一重要问题仍然没有确定的答案。如果作为会员的采血师是医院的"雇员",他们可能被允许对工作时间和工作条件等相关事项进行限制。参见第二十三章。

例子

俄亥俄州亚克朗市有三家拍卖商。如果有人或机构想通过拍卖的方式来销售某些藏品的话,这三家拍卖商中的任何一家都能够派出一名拍卖师,并提供其他的拍卖服务以确保拍卖能够正常运行。

这三家拍卖商都面临着一个共同的问题:大量的客户对于其在拍卖会上拍卖的物品进行虚假展示,从而哄抬价格。拍卖商担心他们迟早会因这种欺诈行为而受到惩罚,但是他们更为担心的是,一旦这些欺诈行为被公开,将打消公众参与拍卖的积极性。这三家拍卖商聚集到一起,决定制定一项统一的政策以对拍卖物品的真实性进行验证,该政策包括一系列的评估程序,以及证明某些特殊展品如艺术品和古董真实性的最低证明要求。这三家拍卖商都同意,对那些宣称有价值但却并没有经过上述程序验证的物品,将不再提供拍卖服务。随后司法部以该联合协议违反《谢尔曼法》为由提起诉讼。

该协议是违法的吗?

解释

这是一个很难的问题。该协议是横向的,而且并不能明显地看出它附属于任何其他的安排。也可以说这是一个联合拒绝交易——如果物品无法满足真实性的最低标准,则拍卖商将不会进行拍卖。而且这三家拍卖商联合起来可能具有市场势力,因为它们是亚克朗市仅有的拍卖商。但是,即便假设该案件符合西北文具批发公司诉太平洋文具印刷公司案中提出的适用本身违法原则的条件,也存在一些事实支持适用本身违法原则以外的其他原则。应当说,该限制并不涉及"反托拉斯目的上的相关产量",而只是与拍卖商收集信息有关。其次,市场的特性可能使得法院感觉该限制具有的竞争效果并不是足够清楚。该限制的目的和效果看起来似乎是为所有的市场参与者提供更好的信息,这应该是具有促进竞争效果的。同样地,竞争损害看起来应该是很小的。除非该协议包含了某些不正当的限制性条款,可能的影响至多是,那些不能或不愿意对其高价值物品进行验证的销售者将丧失价格竞争。

二、当前快速审查原则的框架

快速审查原则产生的第二个主要问题是,当确定适用快速审查原则时将会发生什么。正如之前所提及的,这是两个问题中更容易的一个,因为快速审查原则的分析框架现在已经相当清楚。

(一)举证责任转移的框架

"不需要对"适用快速审查原则的限制性行为"进行详尽的行业分析……以证明其限制竞争的特征",参见美国专业工程师协会诉美国案判决书第692页,因此,尽管它们不能像本身违法行为那样被自动认定为违法,但是它们"要求提供某种竞争性的理由,即便没有详细的市场分析"。参见全国大学生体育协会诉俄克拉荷马大学董事会案判决书第110页。最高法院也给出了在现在看来至关重要的如下阐述:

> 真相就是,我们关于限制竞争效果的类型化分析,不像"本身违法""快速审查"以及"合理原则"这些术语使它们看起来得那样确定……无论最终的发现是推定的或实际市场分析的结果,都需要进行类似的必要调查——被诉限制性行为是否会促进竞争……总是有某种评价合理性的滑尺,但是该滑尺看似要比我们所能期望的更为精确……然而,所要求的证明质量应该因情而变……因此,在那些依据直觉就能很明显

推测出具有反竞争效果的限制和那些需要进行更为具体分析的限制之间,通常并没有明显的界限。然而,真正需要的是根据案情展开分析,考察限制行为的具体情况、细节以及逻辑。目的就是看市场的表现是否如此清晰或必然,以至于可以通过一个快速的(或至少更快的)审查方法而非一个更复杂的方法,就能对限制行为的主要趋势得出一个有把握的结论。

参见加州牙科协会诉联邦贸易委员会案判决书第 779—781 页(文中的引文及引号已省略)。[4] 在对其面前的这个案件适用这一新的滑尺方法(sliding-scale approach)时,加州牙科协会案的大多数意见认为,依据该案的记录,具有某种"进行相较于快速审查原则更为慎重考虑"的义务,但同时又说它并不必然要求"进行最为全面的市场分析"。参见该案判决书第 779 页。最高法院也强烈暗示,本案的问题并不是记录。联邦贸易委员会可能非常好地提出了足够的证据,但是下级法院的分析并没有让最高法院感到满意。要是第九巡回法院对记录中的证据作更为详细的书面分析——正如布雷耶大法官在反对意见中所做的那样——大多数意见可能会予以确认。

在这些案件中哪些形式的证据是能够或必须提供的,这一问题从来都不会非常清楚,但是,当加州牙科协会案拒绝对那些"易受到经验(empirical)而非先验(priori)分析影响的问题"适用快速审查原则时,该案意见还是给出了一个重要提示。[5] 参见该案判决书第 774 页。换言之,最高法院认为至少某些时候,基于经济学理论方面的理由,法院可以完全适用快速审查原则。

但是,所有这些就其本身而言,事实上并没有告诉我们关于实际快速审

---

[4] 也可参见宝丽金控股公司诉联邦贸易委员会案判决书第 35 页("事实上,在最高法院已经放弃对任何固定模式的依赖而转向连续体的情况下,简单地说其从二分法转向了三分法是具有一定的误导性的。")。

[5] "经验的"意指"基于证据的"。一个人将在检视某些实际证据以后作出经验判断。"先验"意指"基于推理,而非证据"。

查诉讼更多的信息。更多的细节是由联邦贸易委员会和下级法院填补的。自马萨诸塞州验光注册委员会案以来的一系列案件中，联邦贸易委员会一直寻求赋予快速审查原则更多的系统内容。在这些案件中，联邦贸易委员会提出了一种多步骤的、举证责任转移的分析方法，联邦贸易委员会和一些法院将其称之为"马萨诸塞州验光注册委员会标准"（Mass. Board 标准）。尽管马萨诸塞州验光注册委员会案要比加州牙科协会案早，但联邦贸易委员会却积极主张马萨诸塞州验光注册委员会案的判决与加州牙科协会案所坚持认为的《谢尔曼法》第1条举证负担必须在个案以及滑尺的基础上进行评估的观点相吻合。多家联邦上诉法院在加州牙科协会案之后所判决的案件中，也确认马萨诸塞州验光注册委员会框架与最高法院快速审查原则判例法相一致。参见北卡罗来纳州牙科检查委员会诉联邦贸易委员会[North Carolina State Board of Dental Examiners v. Federal Trade Commission,717 F. 3d 359,(4th Cir. 2013)]案判决书第374页及11注释；北得克萨斯专科医生诉联邦贸易委员会[North Texas Specialty Physicians v. FTC,528 F. 3d 346 (5th Cir. 2008)]案判决书第361页；宝丽金控股公司诉联邦贸易委员会[Polygram Holding v. FTC,416 F. 3d 29 (D. C. Cir. 2005)]案判决书第35页。也可参见 Realcomp Ⅱ有限公司[Realcomp Ⅱ, Ltd. ,In re,No. 9320 (FTC,Oct. 30,2009)]案，访问地址 http://www.ftc.gov/os/adjpro/d9320/091102realcompopinion.pdf（列举了其他能够证明联邦贸易委员会马萨诸塞州验光注册委员会框架代表现行法的证据）。

依据这一逐渐被接受的方法，快速审查原则的结构如下：

1. 如果原告能够依据第八章第二节第一部分中所解释的测试方法，通过证明限制行为是"天生可疑的"，从而使其成为一个表面上证据确凿的案件(a prima facie case)，则可以推断该限制行为是限制竞争的。

2. 举证责任随后转移到了被告方，由被告提出一些能够证明该限制是貌似合理的(plausible)、法律上承认的(legally cognizable)正当性理由（参见第八章第二节第二部分第二小部分）。

3. 原告随后可以证明被告提出的正当性理由是不充分的，并且该限制性行为很有可能会损害消费者的利益,这种证明既可以从理论上展开,也可以建立在能够证明这种损害是"可能的"证据之上。如果原告能够进行这种证明,则被告必须提出完整的证据以证明其提出的正当性理由是充分的。

4. 但是,如果原告不能证明被告初步提出的正当化理由是不充分的话,则该案件就变成了一个适用全面合理原则的案件。接下来,原告需要证明被告在相关市场内拥有市场势力,或提出能够证明存在限制竞争效果的直接证据。

参见宝丽金控股公司诉联邦贸易委员会案判决书第35—36页(归纳了联邦贸易委员会马萨诸塞州验光注册委员会标准规则,并确认该规则准确代表了快速审查原则)。

(二)被告的正当性理由

仍然存在的一个问题就是,被告必须提出何种证据,以反驳原告在表面上证据确凿的案件中所提出的限制竞争效果推断。

正如之前所提到的,这种反驳必须是貌似合理的,而且也必须是法律上承认的。参见宝丽金控股公司诉联邦贸易委员会案判决书第36页。抗辩必须是法律上所承认的,意思是指其必须既要证明这种合理性是如何源自于协议本身,也要证明其是如何促进了竞争的价值,也即,它可以通过提升产品品质或信息、降低成本等来提升被告参与价格竞争的能力。参见第三章第二节第二部分。

第九章 横向合作中的另一个问题：信息交换

第一节 传统的建立方法

131　反托拉斯长期以来就试图解决竞争者之间交换信息的问题。政策制定者总是认为，至少某些时候信息共享对于竞争机制是有害的，但这种观点本身就蕴含冲突。不可否认的是，至少某些时候这种行为是可疑的。正常而言，公司将其内部信息视为是一种财产，并且会竭力予以保护。如果可以的话，它们会申请专利、著作权或商标，如果不能的话它们则会隐藏这种信息，使其处于安全地位，惩罚泄露这些信息的员工，起诉窃取这些信息的竞争者，它们会主张强迫要求自己披露这些信息的行为侵犯了其享有的宪法权利。[1]

　　在当今时代，也有一些公司从事直接的间谍行为以刺探竞争对手的秘密。有关竞争对手的成本、销售、收入、程序等方面的信息都具有竞争价值。

132　内部信息也可能会使一个公司非常难堪，尤其是当公司业绩表现不好时，这也是质疑公司恰好随意大量泄露其信息的另外一个原因。

　　但另一方面，信息又是竞争性市场的生命线。我们曾经指出，完全竞争的理想条件之一就是所有市场参与者都能获得完全的信息（参见第二章第二节），因此，如果认为交换信息是一件坏事的话可能看起来会有一些奇怪。毕竟，美国联邦证券监管的大量制度存在的唯一目的就是促进信息的披露；

---

　　[1] 参见拉克尔肖斯诉孟山都公司［Ruckleshaus v. Monsanto Co., 467 U. S. 986 (1984)］案（公司为了获得依据《联邦杀虫剂、杀真菌剂和灭鼠剂法案》销售杀虫剂的联邦许可，被要求披露某种杀虫剂的研究数据，公司主张这是违反宪法第五修正案的攫取私人财产的行为，该案对这种主张进行了考察）。

它通过要求上市公司定期披露(那些通常不为证券市场以及证券分析师所能够获知的信息)以及制定反对内幕交易和证券欺诈的规则来实现该目的。

尽管信息对于运行良好的市场非常重要,但至少有少数观点认为,竞争者之间的某些信息交换至少是会损害竞争的。首先,这种交换可能表明竞争者之间事实上已经达成了某种实际的固定价格共谋。很显然,两个竞争者不可能在不披露彼此定价的情况下就价格达成一致。更为重要的是,一个受到良好监管的固定价格共谋要求进行一定的持续性信息共享,因为卡特尔面临的主要问题就是要确保其成员不会通过秘密将价格调低到卡特尔价格之下的方式来从事欺诈行为。因此,法院现在经常将交换价格信息的行为视为是通过间接证据证明共谋的"附加因素"(plus factor)。(共谋的证明以及"附加因素"测试将在第十二章中讨论。)其次,即便不存在事实上的固定价格共谋,某些市场可能尤为容易提高寡头定价。依据《谢尔曼法》第1条,在这种市场中达成的共享信息协议可能就是不合理的。在这种情形下,"合同、联合……或共谋"就不是固定价格的协议,而是共享信息安排本身。

信息交换的法律仍然是相当不确定的,而且对于商人而言可能是一个非常棘手的问题,因为当他们参加讨论会或贸易协会的会议时,或与他们的竞争者进行交际时,他们很难知道哪些内容是可以谈论的。正是因为这方面的原因,当商人代表公司履行专业职能或受竞争者的请求共享信息时,他们通常需要获得反托拉斯顾问的建议,贸易协会通常会有它们自己内部的反托拉斯顾问或广泛依赖于外部的建议。事实上,美国律师协会反托拉斯法部门的内部通讯就被称为《信息交换》。

了解一点背景知识是有所帮助的。信息交换的早期法律产生于20世纪最初几十年。直到世纪之交经济都是很困难的,信息产业所发生的巨大变化使得人们开始关注,亚当·斯密时期的平淡经济学理论不再能适应不断变化的世界经济的发展需求。因此,许多人逐渐认为,为了使各行业能够在新的竞争环境之下得以生存,以及为了避免持续的经济低迷,应该允许通过某种方式对产量及价格进行协调。一些人担心,这种控制要么会源自于欧洲所出现的某些社会主义或法西斯政府的干预,要么会通过私人合理化的生产实现,而这又意味着需要通过合并或某种形式的多边协议来协调特定产业。这一时期这种合作性努力的基石就是信息共享,其通常是通过"公开价格协会"(open price association)这一方式来进行的。在该协会中,成员能够分享它们的定价以及销售数据。

规制这种新现象的反托拉斯法最主要体现在20世纪20年代最高法院的两份判决意见之中,二者所处理的都是公开价格协会。我们可以将这两个意见粗略地看成是一对书立(bookends),或是允许信息交换的连续体的两端。更为重要的是,这两个早期的判决看起来主要关注的是意图——最高法院似乎是在问,基于所分享的信息的种类和数量,被告是否意图提高价格。如果是的话,则这种分享将被认为是违法的。

首先,美国卡勒姆木材公司诉美国[American Column & Lumber Co. v. United States, 257 U.S. 377 (1921)]案涉及的是木材生产商之间形成的一种安排。它们同意成立一个贸易协会,由相当复杂的中央秘书处进行管理。贸易协会不仅要求所有成员提供它们过去的定价以及销售的详细信息,而且也要求它们预测未来的销售情况。中央秘书处不仅收集这些信息,而且也会展开分析,运用这些信息对未来的销售趋势以及未来的价格作出具体预测。协会将这些预测分发给各成员,它也发布有关成员实际销售的具体信息,这能够识别出销售者、购买者以及个体销售的价格。最高法院认为这种安排是一种不合理的贸易限制。

相反,在枫木地板制造商协会诉美国[Maple Flooring Mfrs. Assn. v. United States, 268 U.S. 563 (1925)]案中,最高法院认为另一个表面上类似的安排并不违法。在该案中,也是由众多木材生产商成立的一个贸易协会,其具有相当复杂的信息收集机制,该协会的中央管理机构也发布该行业的表现报告。但是在本案中,所发布的信息只是回顾性的,而且也只是表现为总结和一般性的统计数据的形式。它没有提供关于特定销售者或特定交易的细节。

理解这两个案件的区别,有助于解释当前信息交换的法律,并展示最高法院尝试在鼓励那些有助于价格竞争的信息与限制那些会促成合谋的信息二者之间实现政策平衡。

另一个早期的案件即水泥制造商保护协会诉美国[Cement Mfrs. Protective Assn. v. United States,268 U.S. 588（1925）]案也具有持久的重要性。在该案中,被告是众多水泥生产商,它们利用贸易协会来收集和散布有关成员向谁、以多少的价格销售了多少水泥的信息。被告提出,它们在贸易中所使用的合同的特殊性会引发欺诈,它们需要达成这种协议以保护其免受这种欺诈行为的损害,[2] 最高法院支持了被告的这种说法。我们可以很快就看到为什么水泥制造商保护协会诉美国案具有持久的重要性。

第二节　美国诉美国集装箱公司案的结构性方法及目前的法律

尽管美国卡勒姆木材公司案和枫木地板制造商协会案（以及许多其他早期涉及贸易协会的案件）仍然是良好的法,但该领域的法律需要以大量的事实为支撑,而且不可预测。唯一非常清晰的规则就是,正如法院通常所说的,如果仅有信息交换而不存在其他行为,则这种信息交换本身并不是违法的,即使所交换的信息涉及价格。无论如何,不确定性都是存在的,这在很大程度上是因为最高法院在美国诉美国集装箱公司[United States v. Container Corp. of America,393 U.S. 333（1969）]案中就该问题所做的最后一次主要表述。

---

[2] 水泥主要是供那些准备投标建筑工程的建筑承包商所使用的。在投标时,它们需要对在建筑工程中所要使用的水泥的价格进行估算。因此,出于保护建筑承包商的目的,当承包商准备投标时,水泥生产商就具体的工程提出具体的报价是该行业的一种普遍做法。如果承包商竞标成功的话,即使水泥的市场价格已经上涨,水泥生产商也须按照商定的价格提供水泥；不过如果水泥的市场价格下降的话,承包商有权从其他水泥生产商那采购水泥。这使得水泥生产商面临着遭受承包商特定滥用行为损害的风险：某承包商可以在投标时设定一个价格,但随后又与不同的水泥生产商签订多份不同的合同,以保证其获得完成该工程所需的水泥总量。如果到时水泥的价格上涨了,则该承包商可以要求这些不同的水泥生产商提供所有的水泥,在满足其自己在该工程中所需要的量以后,将剩余的水泥进行转售以获取利润。为了避免这一问题,水泥生产商决定彼此之间共享具体销售的信息。

美国诉美国集装箱公司案至少是对最高法院在以前古老的"书立"案件中强调意图的一种改变。在该案中,法院完全没有考察当事人的意图,甚至也没有特别关注所分享信息的数量或种类。相反,法院关注的是行业结构本身,以及被分享的价格信息将导致更高价格的可能性。被告是数家硬纸箱生产商。尽管它们没有达成分享信息的正式协议,但是在该行业形成了一种非正式的传统,即任何人都可以询问其他人最近销售的相关信息。起初,最高法院认为这种非正式的传统足以满足《谢尔曼法》第1条的合同、联合或共谋的要求。其次,最高法院关注被分享的价格信息的竞争性风险。特别是,法院注意到该市场集中度高,产品具有可替代性,并且需求不具有弹性。这些条件有助于形成一种相互依赖的关系,即便没有明确的协议,被告也能够提高价格,只要它们掌握所收取的价格方面的信息。基于这些条件,最高法院认定共享价格信息的协议是违法的。

对于美国卡勒姆木材公司案和枫木地板制造商协会案中古老的书立方法的持续有效性问题,美国诉美国集装箱公司案并没有过多涉及,尽管它引用并赞同水泥制造商保护协会诉美国案的观点。因此,似乎只要原告能够证明存在类似于美国卡勒姆木材公司案中的信息共享协议,即便其无法提供像美国诉美国集装箱公司案中的任何市场结构证据,也仍然能够在合理原则之下胜诉。或者原告可以提出一个案件,以证明结构化要素使得某特定市场与美国诉美国集装箱公司案相似,如果这样的话,原告就可以依据事实上的合理原则来证明违法性。[3] 最后,被告可以通过证明协议的目的是为了实现其他的目的,而非为了限制竞争,例如像水泥制造商保护协会诉美

---

[3] 关于大多数意见是否认为涉案的信息交换是本身违法的这一问题,美国诉美国集装箱公司案的判决意见本身存在不确定性。大多数意见的某些用语似乎表明其是本身违法的。福塔斯法官强调他不认为最高法院持有这种观点,而且现在大家理所当然地认为该案仅仅提出了合理原则的诉因。参见美国律师协会,《反托拉斯法的发展》第1卷,2007年第六版,第92—93页。可以肯定的是,它与大多数其他适用合理原则案件的不同之处在于,不清楚原告是否必须证明被告在某一相关市场内拥有市场势力。似乎只要原告能够提供与寡头行为一致的证据——例如集中,某些市场进入障碍,不富弹性的价格,产品具有可替代性(这将使得基于质量基础上的"作弊"变得更困难),无数的顾客和频繁的交易,以及其他能够使合作更容易展开且"作弊"更容易被察觉的事实——价格共享协议就可能是违法的。

国案中那样防止欺诈行为,以此来反驳原告提出的上述理论。需要注意的是在后一种情形之下,这种目的必须是为了促进竞争,而非仅仅是任何其他社会价值。正如在第三章第二节第二部分中所解释的,如果提出需要某种限制的理由是竞争本身将会导致一种不良的结果,则这种抗辩理由在反托拉斯中是永远不相关的。水泥制造商保护协会诉美国案中所提出的预防欺诈的抗辩可以被认为是促进竞争的,因为保护市场参与者不受战略性滥用行为的损害,这会促使它们在市场中表现得更加活跃。

例子

假设你是一家生产回形针企业的首席执行官。这是一家小的企业,而且在该行业中没有任何一家企业拥有较大的市场份额。一些竞争者邀请你与他们成立一个组织。除了其他事项以外,作为该组织的一个成员,你需要提供有关客户以及定价的信息。加入这一组织是违法的吗?在你加入这种类似的组织之前,哪些事实是你所想知道的?

解释

参加该组织并不违法,至少不会仅仅因为信息共享这一方面而被认定为违法。但是,了解与两个独立问题相关的事实是明智的。首先,要求提供哪种类型的信息,以及这种信息将被作何用?它会以一种促进固定价格的方式进行传播吗?其次,在该行业的一般性条件下,可能会发生共谋或相互依赖的寡头价格等行为吗?

例子

ABC 公司是七家主要生产一种用于医疗用品的特殊编织棉纺织品的生产商之一。鉴于该纺织品具有多种用途,因此它没有其他好的替代品。这七家生产商联合起来在该相关市场中拥有 90% 的市场份额。这种产品是无差别的。也就是说,购买者并不关心他们到底购买的是哪一家公司的产品。

ABC 公司和竞争者会例行地交换销售信息。事实上,它们彼此之间经常会应对方的请求而提供特定销售、价格和顾客方面的信息。虽然没有任何书面的协议,但是在该行业中形成了某种一旦被请求就需要提供信息的

"君子协议"。

在这个例子中有什么是违法的吗?

解释

这实际上就是美国诉美国集装箱公司案中的事实。由于该行业是集中的,竞争的唯一形式就是价格竞争,降低价格的"作弊"行为很容易被察觉,该行业已经容易出现相互依赖的寡头定价行为。因此,共享价格信息的协议,尤其是当信息尚未被公开时,将是更值得怀疑的,因此可能会违反合理原则。

第四部分　纵向限制

第十章　反托拉斯和商品分销：一个全新的领域

第一节　纵向关系概述

到目前为止本书讨论的主要是横向限制。但是反托拉斯本身也关注"纵向"关系，即大致指买方和卖方之间的关系。纵向限制法，换言之，就是与分销（distribution）相关的反托拉斯法。

反托拉斯之所以关注分销协议，原因很简单。当一个商品的销售者将商品分销给某些中间商时——这些中间商随后将这些商品销售给最终的购买者——销售者将有兴趣对商品转售的方式发表意见。最初的销售者将非常关心商品最终的零售价格，以及中间商可能会采取何种方式来说服消费者购买商品。中间商销售的数量以及价格将会影响最初的制造商（最初的销售者）所能够获得的利润。

法院对于纵向限制的态度在过去四十年中发生了巨大转变。纵向限制曾被认为与横向限制具有同样的危害性，二者在反托拉斯法中经常被认为是违法的。法院尤为关心控制下游价格的行为，认为这种行为既会损害中间分销商的利益，也会损害消费者的利益。一些经济学家自20世纪60年代就开始质疑法院的这种观点，并且在20世纪70年代中期，反托拉斯对待纵向限制的态度终于发生了巨大转变。

表面上，关于纵向限制的现行法很容易表述：所有纵向限制都适用全面的合理原则，仅有一个真正的例外。"搭售"协议——生产商拒绝销售某一商品，除非购买者同时也购买其他一些商品——适用的是结构化合理原则标准，有时也被称之为搭售的"本身违法"原则。其他一些安排也被按照搭售予以对待，例如将不同种类的商品进行"捆绑"(bundling)或"全线商品搭销"(full-line forcing)。尽管如此，搭售的诉因与通常的合理原则相比也没有什么大的不同。唯一重要的区别就是，一旦原告能够证明在某一市场存在市场势力，则不再要求其证明该市场势力具有限制竞争的效果。

本章总体展示了现行的纵向限制法。事实证明，这在很大程度上是一节历史课，因为在相对较短的时间内发生了如此大的变化，而且在不久的将来可能还会有很多法律要被制定。本章第三节也涉及了纵向限制法律中的一个特殊技术规则，即如何区分纵向共谋和横向共谋。这一区分可能要比看起来得更难。特别是，既然纵向限制并不适用本身违法原则，那么原告提起诉讼时几乎总是试图证明它们在本质上就是横向限制或具有某些横向的特征，从而证明应当对其适用本身违法原则。第十一章是关于搭售和捆绑的法律。

第二节　纵向限制法律概述

一、纵向限制行为的类型

分销限制的类型很多，它们之间的区别对于它们可能的竞争效果具有重要影响。

最简单的情形就是，供应商和购买者可能就商品的转售价格达成一致，这通常被称之为"纵向固定价格"(vertical price fixing)或"转售价格维持"(resale price maintenance，反托拉斯律师将其简称为RPM)。价格限制可能设定最高转售价格或最低转售价格。

非价格限制至少表面上来看是不同的，尽管它们可能具有相同的目的并产生相同的效果。一个生产商可能授予某分销商独家的转售范围，也即，生产商与该分销商达成一致，该生产商将不会允许任何其他分销商在同一地域范围内销售其商品。但这实质上可能产生与最低转售价格维持相同的后果。无论是通过哪一种方式,生产商都可以通过保护某分销商免受品牌内部(intrabrand)的竞争,以此来确保该分销商销售商品时获得某种超额利润。例如,索尼公司可能向一个零售商作出承诺,索尼不会允许任何其他零售商在该零售商的地域范围内销售索尼电视机。如果索尼品牌具有某种差异化的价值——消费者认为索尼品牌具有质量优势而愿意为索尼品牌支付更高的价格——如此,则该零售商就能够将索尼电视的价格抬高一些,而不用担心来自附近其他索尼零售商的竞争。事实上,这与索尼纯粹要求所有零售商按照一个最低的、超竞争水平的零售价格进行销售具有类似的效果。

有观点认为,不同种类纵向限制的一个基本区别就是,有一些纵向限制可能是服务于上游利益的(因此可能是由销售者所施加的),有一些可能是服务于下游利益的(因此可能是由购买者所施加的)。那些有利于销售者利益并反映了上游势力的纵向限制,将有助于增强零售层面的竞争力;而那些有利于零售商利益的纵向限制则反映了零售商市场势力,并有可能导致更高的零售价格,却不会在商品质量或服务方面带来提升以作为补偿。[1]

二、纵向限制的横向视角:从迈尔斯医生案到大陆电视案再到利金案的漫长之旅

目前,对于纵向限制最主要是从历史的角度来进行叙述的。纵向限制是一个长期发展的过程,伴随着持续演进的基本哲学,但是,其最近也同样发生了很大的变化,并很有可能在不久的将来发生更大的变革。直到最近,《谢尔曼法》第1条纵向限制的法律仍然相当复杂。取决于如何界定纵向限制,可以适用数个不同的实体性规则,而且在证明纵向共谋方面,可以适用一系列技术请求规则,这使得纵向共谋比横向共谋要更难证明。但是,主要是因为一个判决——利金创意皮革产品公司诉PSKS公司案——所有这些看起来已经变得更为简单了。

---

[1] 这种区别在劳伦斯·A. 沙利文(Lawrence A. Sullivan)与沃伦·S. 格里姆斯(Warren S. Grimes),《反托拉斯法:综合手册》(*The Law of Antitrust: An Integrated Handbook*)(2006年第二版,第316—369页)一书中得到了很好的阐述。

在过去一个世纪的大部分时间里,纵向限制的法律是受一个更为久远的判决主导的,即迈尔斯医生医疗公司诉约翰·D. 帕克父子公司[Dr. Miles Med. Co. v. John D. Park & Sons Co.,220 U.S. 373(1911)]案。在该案中,原告迈尔斯医生医疗公司是一家药品生产商,它拥有药品秘方并进行了保密,但是却并没有申请专利。迈尔斯医生医疗公司通过分销合同销售其药品,合同要求药品必须以最低的零售价格进行销售,并禁止与那些可能以低于该价格进行销售的任何销售商进行交易。被告约翰·D. 帕克父子公司是一个设法以较低的价格获得迈尔斯医生医疗公司药品的第三方分销商。迈尔斯医生医疗公司起诉称约翰·D. 帕克父子公司不正当地干预了自己的分销合同。

最高法院认为该合同是违法的。法院既没有考虑原告[*]所宣称的保护其秘密配方的愿望,也没有考虑原告本质上的自由抗辩,即作为涉案药品的生产商和所有者,其应当能够控制自己的零售价格。基于本案的具体情况,最高法院最终的结论不是认为迈尔斯医生医疗公司本身违法地违反了反托拉斯法;相反,法院认为寄售合同依据违法合同原则是无法得以实施的,因此不能支持迈尔斯医生医疗公司的侵权诉因。但是从最高法院的说理来看,之后所有法院都认为迈尔斯医生医疗公司案阐述了本身违法原则,至少是针对纵向固定最低价格行为。在随后的几十年,法院将这一原则扩展至其他种类的纵向限制行为,包括那些完全没有明确涉及价格的纵向限制行为。

但是,由于大多数生产商都极其关心自己商品的零售价格以及分销商的行为与勤勉,而且由于法院总是对生产商选择与谁进行交易的权利表现出了直觉上的同情,迈尔斯医生医疗公司案催生出了一个充满例外的法学困境及特殊规则。重要的是,在一个超出纵向限制领域却仍然具有影响力的案件即美国诉高露洁公司[United States v. Colgate & Co.,250 U.S. 300(1919)]案中,最高法院对迈尔斯医生医疗公司案作了一次重要澄清。依据美国诉高露洁公司案,生产商有权决定依据何种条款销售其产品,而且

---

[*] 原文为被告,但根据上下文疑有误,应为原告。——译者注

也有权终止与任何分销商的交易,即便其这样做的理由是分销商拒绝遵守所建议的转售价格。这一区分被证明很难适用,因为单方面确定零售价格与共谋固定零售价格二者通常看起来非常相似。

最高法院在美国诉通用电气公司[United States v. General Electric Co., 272 U.S. 476 (1926)]案中进一步限缩了迈尔斯医生医疗公司案规则。在该案中,通用公司制定了分销其灯泡的全国性计划,政府对此提起诉讼。这种安排是由"代理"协议所组成的网络构成,包含批发分销商以及零售电器供应商店。通用公司通过寄售(consignment)的方式向这些代理机构分发灯泡,意味着虽然代理机构将这些灯泡存储在自己的仓库中,但它们并没有预先付款,只是从销售中获得相应的佣金,并将剩余的收益返还给通用公司。这些机构从来没有拥有过灯泡的所有权,也没有为灯泡投保,免受灯泡损坏所带来的主要风险,并且将未销售掉的灯泡返还给通用公司。换言之,这些事实都表明通用与代理机构之间的关系确实是普通法上的"代理"关系,而非掩盖为代理的销售关系。美国诉通用电气公司案确立了一个直到现在都是良法的规则,即委托人在法律上无法与其代理人从事《谢尔曼法》第1条的共谋行为。

多年来,该规则在某种程度上变得有所缓和,正如在辛普森诉加州联合石油公司[Simpson v. Union Oil Co. of California, 377 U.S. 13 (1964)]案中所体现的那样,在该案中,最高法院认为通过一系列声称是代售安排运行的转售价格维持计划是违法的。法院认为,除了他们无法设定自己的价格这一事实外,在本质上,"代售人"就是独立的企业。在这种情况下,

> 如果"代售"机制被用来掩盖一个巨大的汽油分销体系,通过许多零售渠道来固定价格,则反托拉斯法避免将这种"代售"称之为机构……否则,……固定价格的本身违法性将仅仅通过更为聪明的文字游戏就可以被逃避,而非因为其本质上有什么不同。如果本案中的强制性"寄售"机制能够成功应对依据反托拉斯法所提出的指控,将有助于为管理庞大规模的价格提供一种准则。

参见辛普森诉加州联合石油公司案判决书第 21—22 页。但是，即便是现在，如果一个供应商本质上确实是通过机构寄售安排运行的话，则其对分销商的限制看似也并不会违反《谢尔曼法》第 1 条。参见 Valuepest.com 夏洛特公司诉拜耳公司[Valuepest.com of Charlotte, Inc. v. Bayer Corp., 561 F.3d 282 (4th Cir. 2009)]案。区分真正的代理与纯粹的销售的相关事实调查，是看双方是否正式区分了所有权，当分销商控制货物时究竟是由生产商还是分销商承担货物损失的风险，是由谁承担未销售存货的风险。分销商是否仅仅销售该供应商的商品，还是同时也销售其他供应商的商品，这也有一定的影响。在后一种情形中，分销商就不太可能是一个代理商，即便协议的其他条款具有代理的特征。参见辛普森诉加州联合石油公司案判决书第 22—24 页及 10 注释。

多年来，源于迈尔斯医生医疗公司案、美国诉高露洁公司案以及美国诉通用电气公司案的法律变得更加复杂和不可预测。[2]

在 20 世纪的大多数时间里，不涉及价格的纵向限制（non-price vertical restraints）也受到了非常严格的对待，而且 20 世纪中叶，法院决定将所有这些行为都认定为本身违法，参见美国诉阿诺德施温公司[United States v. Arnold Schwinn & Co., 388 U.S. 365 (1967)]案（被推翻），大陆电视公司诉 GTE 西瓦尼亚公司案。但是，这些规则在 20 世纪 70 年代也遭遇了巨大的压力。美国诉阿诺德施温公司案涉及的是这样一个分销计划，生产商

---

[2] 特别地，依据迈尔斯医生医疗公司案而被认定为本身违法的转售价格维持协议，以及除非依据事先声明的转售条款并能依据美国诉高露洁公司案得到反托拉斯法豁免的纯粹单边拒绝销售行为，二者之间的区分是形而上学的，并很难进行解释。最近事态变得更糟了，因为法院越来越确信迈尔斯医生医疗公司案事实上是不正确的——转售价格维持可能确实具有某种促进竞争的特征，不应当对其适用本身违法原则。但是迈尔斯医生医疗公司案被证明并不是立法或司法失败的原因，因此相反，法院使得原告更难证明曾存在任何纵向价格安排。首先，孟山都公司诉斯普雷里特服务公司[Monsanto Co. v. Spray-Rite Service Corp., 465 U.S. 752 (1984)]案提出了一些证明共谋的新观点，并强烈表明了最高法院不想对纵向关系进行不当干预的态度。之后，在商业电子公司诉夏普电子公司[Business Electronics v. Sharp Electronics, 485 U.S. 717 (1988)]案中，最高法院为纵向固定价格提出了一种全新的抗辩标准。因此，原告需要提出一些或多或少特别的证据以证明被告密谋形成一个实际的、具体的转售价格，以此来证明其是本身违法的。即便是在横向固定价格案件中也并没有提出这种要求。

通过卖断(outright sales)的方式销售其部分商品,但要求这些分销商只能在特定的地域范围内进行销售,并且不得向那些未获授权的零售商进行转售。最高法院认为,在卖断交易中针对分销商所施加的不涉及价格的纵向限制——不同于针对代理商所施加的限制——应当是本身违法的。最高法院给出的唯一真正解释就是,其担心这种限制"将违反反对隔离限制的古老规则……",参见该案判决书第380页。严格来说,在法院面前只有一种特定类型的地域限制。但该判决意见的用语却看似宽泛得多,而且似乎要使所有的不涉及价格的纵向限制都适用本身违法原则:"如果生产商放弃了对其产品的支配,或将损失风险转移给了其他人,他可能不再对其产品或产品的转售条件具有控制权。"参见该案判决书第379页。

美国诉阿诺德施温公司案的判决并不受欢迎,仅仅部分因为其打破了最高法院四年前在怀特汽车公司诉美国[White Motor Co. v. United States, 372 U.S. 253 (1963)]案的意见,怀特汽车公司诉美国案拒绝将纵向地域限制行为认定为本身违法。批评意见反对美国诉阿诺德施温公司案将关注的焦点集中在隔离限制这种本质上并不涉及经济的方面,以及普通法关于卖断与寄售之间的区别。因此,仅十年之后,最高法院在大陆电视公司诉GTE西瓦尼亚公司案中就再一次不同寻常地推翻了自己之前的判决。在该案中,最高法院分析了另外一个允许零售商仅在特定地域范围内进行销售的分销计划,如果法院不推翻自己的决定,则这种限制将完全在施温规则的适用范围之内。

法院首先指出,"真实情况必须主导判决……反托拉斯法关注的是实质",参见大陆电视公司诉GTE西瓦尼亚公司案判决书第47页,因此,反托拉斯法"必须基于可以被证明的经济效果,而非……形式主义的划分",参见该案判决书第59页。最高法院也提出了以下代表关注焦点发生划时代改变的观点:"品牌间的竞争……是反托拉斯法最为关心的。"参见该案判决书第51页及19注释。相反,品牌内部的竞争显然应当受到更少的关注。

与美国诉阿诺德施温公司案的说理不同,大陆电视公司诉GTE西瓦尼亚公司案的大多数意见认为限制品牌内部竞争可能会大大有助于消费者的利益。事实上，最高法院认为这种限制可能使得生产商能够给予其分销商一小部分的奖励或动机，以鼓励他们帮助生产商进入一个新的市场，或在其现有的市场上展开更为有效的竞争。正如法院所解释的：

> 新的生产商以及进入新市场的生产商能够利用这种限制来招揽那些有能力和有进取心的零售商进行资本和劳动力方面的投资，而这对于销售那些不为消费者所熟知的产品很重要。老牌的生产商能够利用这种限制来促使零售商从事促销活动，或提供必要的服务或维修设施以确保产品的有效营销。服务和维修对于许多产品如汽车和主要的家用电器而言都很重要。是否提供这种服务以及这种服务的质量将影响生产商的商誉以及产品的竞争力。由于市场存在缺陷如所谓的"搭便车"（free rider）效应，在完全的竞争环境下零售商可能并不会提供这种服务，尽管所有零售商都提供这种服务相比于没有零售商提供这种服务，每一个零售商都将获益。

参见大陆电视公司诉 GTE 西瓦尼亚公司案判决书第 54—55 页。

纵向限制法律的其他领域也发生了类似的变化。在大陆电视公司诉 GTE 西瓦尼亚公司案的同一年，最高法院大幅度地放松了搭售安排的适用规则，反对一个曾经被视为是真正的本身违法原则，但实际上只能被称为结构化的合理原则。参见美国钢铁公司诉福特纳企业公司[U. S. Steel Corp. v. Fortner Enterprises, Inc., 429 U. S. 610（1977）]案。同样地，曾经在很长一段时期内，一种特殊类型的纵向限制——排他性交易合同，即禁止购买者从销售者的竞争者那里购买某些商品——被认为应当适用一种特殊的、相对有利于原告的规则。尽管最高法院在很长一段时期内都没有处理该问题，即便是它的最后一次相关阐述——50 多年以前——也只是显示其只会在存在非常大的市场势力以及对具体的市场条件进行考察之后，才会将排他性合同认定为违法。参见坦帕电力公司诉纳什维尔煤炭公司[Tampa Electric Co. v. Nashvill Coal Co., 365 U. S. 320（1961）]案。自此以后，下级法院就不仅将该问题视为普通的合理原则问题进行处理,而且也表明甚至可能存在特定的安全港,完全不能针对该安全港内的排他性交易安排提起诉讼。(搭售和排他性合同将在第十一章中分别进行探讨。)

最后,关于纵向限制思考的趋势最近终结了迈尔斯医生医疗公司案本身。许多观察家主张,在大陆电视公司诉GTE西瓦尼亚公司案中影响了最高法院的相同政策理由事实上也应当适用于纵向限制价格行为,并且它们应该得到相同的法律处理。即使是在大陆电视公司诉GTE西瓦尼亚公司案中,也有人督促最高法院走得更远一些并推翻迈尔斯医生医疗公司案,尽管最高法院拒绝了这种建议。参见大陆电视公司诉GTE西瓦尼亚公司案判决书第51页及18注释。但是在该案判决之后,推翻迈尔斯医生医疗公司案可能就只是时间问题了。1997年,在州石油公司诉卡恩[State Oil v. Khan, 522 U.S.3 (1997)]案中,法院认为纵向固定最高价格行为应当适用合理原则,这就使得仅剩纵向固定最低价格行为仍适用本身违法原则。2007年,在利金创意皮革产品公司诉PSKS公司[Leegin Creative Leather Prods., Inc. v. PSKS, Inc., 551 U.S. 877 (2007)]案中,最高法院清除了迈尔斯医生医疗公司案的最后一点仅存的遗迹。在纵向限制法律另外一个最近的案子即伊利诺伊州工具工作公司诉独立油墨公司[Illinois Tool Works, Inc. v. Independent Ink, Inc., 547 U.S. 28 (2006)]案中,最高法院也对搭售法律进行了一点限制[认为仅在"结卖品"(tying product)中拥有知识产权本身不足以证明被告在该产品市场中拥有"市场势力",因此不足以支持搭售的诉因,参见第十一章解释。]。

总之,在利金创意皮革产品公司案以后,所有纵向限制行为都适用合理原则,仅有一个有限的例外:如果原告起诉搭售安排时能够证明被告在结卖品市场中拥有市场势力,则可以产生一个可反驳的推定,即这种搭售安排将导致限制竞争效果。(回忆一下,在《谢尔曼法》第1条之下的任何普通合理原则案件中,原告不仅必须证明发生了限制性行为以及被告拥有市场势力,而且还必须证明从理论上来看该限制性行为事实上将导致价格的上涨或产量的减少。搭售将在第十一章中进行更为全面的讨论。)

三、利金案全面采纳合理原则之后的教义化阐述

但是,纵向限制在相关的案例中仍然会受到挑战。毕竟,最高法院在大陆电视公司诉 GTE 西瓦尼亚公司案和利金创意皮革产品公司案中只是认为纵向限制应当适用合理原则。最高法院从来也没有认为任何限制,无论是纵向的还是非纵向的,都要适用本身违法原则。但是,这种法律将怎样发展仍然值得关注。原告需要提出能够说服法院的理论,以证明在特定条件之下,特定的限制行为是有害的。尽管相关法律存在的时间仍然很短,而且利金创意皮革产品公司案后的判例法仍然很少,[3]但仍然存在数个不断发展的理论。其中有一些观点已经在利金创意皮革产品公司案的意见中被明确承认,而其他一些观点则在二手文献中得以发展。[4]

一般来说,各界普遍认为纵向价格限制要比纵向非价格限制受到更多的关注,尽管二者在表面上都适用《谢尔曼法》第 1 条之下的同一标准。首先,纵向限制被广泛认为可以成为横向固定价格共谋的组成部分,无论是在上游还是在下游都是如此。上游达成的卡特尔可以利用最低转售价格维持协议来帮助监督固定价格协议。在下游市场中拥有一定市场势力的卡特尔可能要求其供应商遵守转售价格维持协议,以避免其所在的下游市场发生作弊行为。如果原告能够证明最低转售价格维持协议是本身违法的横向共谋(无论是上游还是下游)的一部分,则纵向限制本身将违反合理原则。参

---

[3] 到目前为止,仅有一个重要的上诉决定是依据利金创意皮革产品公司案所要求合理原则标准对一个纵向固定价格的内容进行了分析。参见托莱多麦克销售服务公司诉麦克卡车公司[Toledo Mack Sales & Service v. Mack Trucks,530 F. 3d 204 (3d Cir. 2008)]案(因被告的法律问题而撤销了判决,发现有足够的证据能够证明纵向限制不合理地限制了竞争,并提交给陪审团)。在利金创意皮革产品公司案中原告没有考虑限制的优点,因而该案被发回重审,因为原告主张这是一个应适用本身违法原则的案件,没有提出相关市场或竞争性损害,参见利金案[PSKS, Inc. v. Leegin Creative Leather Prods. , Inc. ,615 F. 3d 412 (5th Cir 2010)],仅有少数几个地区法院的意见考虑了该问题,参见《反托拉斯法的发展》第 1 卷第 1 章,2012 年第 7 版(讨论案件)。

[4] 参见利金创意皮革产品公司诉 PSKS 公司案判决书第 892—894 页;沃伦·S. 格里姆斯(Warren S. Grimes),"利金案之后的道路发展:寻求纵向限制反托拉斯法改革的共识"(The Path Forward After Leegin: Seeking Consensus Reform of the Antitrust Law of Vertical Restraints),《反托拉斯法律杂志》,第 75 卷(2008),第 467 页(总结了"纵向限制政策的共识点",并列出了这些观点)。

见利金创意皮革产品公司诉 PSKS 公司案判决书第 893 页。

其次,无论是生产者还是购买者,如果其拥有市场势力,转售价格维持都可能成为它们实施滥用行为的工具。拥有市场势力的生产商可以利用最低转售价格维持来实施排他性行为——转售价格维持的奖赏事实上可以被作为一种贿赂,以诱使分销商不销售该生产商竞争对手的产品。拥有市场势力的零售商可能强迫供应商与其他的零售商达成转售价格维持协议,以避免价格竞争给其带来任何风险。无论是哪一种情形,所必须证明的市场势力可能是《谢尔曼法》第 1 条合理原则案件通常所要求的那种类型(参见第四章)。在利金创意皮革产品公司案中,最高法院指出限制行为的来源是相关的,因为如果限制是由零售商所推动的,则这种限制应当受到更多的关注。理由是,生产商通常都应该会希望其分销商之间展开价格竞争。生产商产品的零售价越低,则销售量将越大,在其他条件相同的情况下,利润也就越高。因此,如果是由生产商推动这种限制的话,则这种限制将更有可能具有某种合法性的目的。参见利金创意皮革产品公司诉 PSKS 公司案判决书第 897—898 页。

尽管法律仍然处于发展之中,这些观点在适用合理原则的纵向限制案件的说理中已经具有一定的影响力。参见托莱多麦克销售服务公司诉麦克卡车公司案判决书第 225 页(指出涉案的限制行为之所以受到关注,是因为生产商看起来拥有市场势力,而且该限制行为似乎是在零售商的要求下采纳)。在利金创意皮革产品公司案以后,纵向限制法律的发展所可能伴随的经济学说理,将在附录中作更为详细的探讨。

第三节 横向共谋和纵向共谋的区分

正如有人可能猜想的那样,在利金创意皮革产品公司案之后,任何受到真正纵向限制行为损害的原告都可能试图将这种限制归结为横向限制行为,或者证明其具有横向的因素。这样做,原告就可能利用本身违法原则。

原则上来说，任何纵向安排都可能具有横向的因素。例如，无论是哪一方都能够通过纵向融合进入另一方的市场，如此一来它们就既处于横向关系之中又处于纵向关系之中。同样地，没有纵向融合的买方和卖方可能同意形成旨在促进某种其他横向共谋的纵向限制。

后一种类型协议最常见的形式就是所谓的"轴辐式"共谋。一个具有市场势力的企业，无论其是在上游还是在下游，精心组织与处于另一层次的企业达成一系列的纵向协议，这就促成了另一层次企业间的横向共谋。这方面最主要的案件就是玩具反斗城公司诉联邦贸易委员会［Toys "R" Us v. FTC, 221 F. 3d 928（7th Cir. 2000）］案，玩具零售商玩具反斗城公司被指控与主要供应商接触以达成协议，限制供应商向那些具有竞争性的折扣零售商供货。如果每一个供应商都只与玩具反斗城公司达成双边协议，则这种协议充其量也就是一个不涉及价格的纵向排他性协议，因此可以适用合理原则，这样就能够依据高露洁规则（第十章第二节第二部分进行了解释）而获得绝对的抗辩。但是，联邦贸易委员会提出证据证明供应商已经获得了玩具反斗城公司的保证，即玩具反斗城公司会与每一个供应商达成类似的协议。换言之，这些供应商将玩具反斗城公司作为它们的一个协调者，以促使它们之间达成一个实质上的横向协议，以联合抵制折扣零售商。法院认定这构成一个横向共谋，其目的在于抬高价格，这是一个本身违法的限制行为，并且玩具反斗城公司也应当承担法律责任。

第十一章 搭售和排他性合同

第一节 引言

一、分销中的一个特殊问题

长期以来,反托拉斯形成了专门针对一种特殊类型的不涉及价格的纵向限制的规则:这种限制性安排导致买方从卖方那里购买他们原本可能并不想购买的商品。这种限制性安排有三种类型。首先是"搭售"安排,买方为了获得他们真正想要购买的商品,则必须至少购买另外一种其他的商品。其次,搭售有各种各样其他的形式,例如将数种商品捆绑销售或"全线商品搭销"(full-line forcing)。最后,"排他性交易"(exclusive dealing)合同要求某些下游购买者不得从其他供应商那里进行采购。以上每一种类型的行为都可以依据不同的法律条款被提起诉讼。每一种限制都是一个"合同"并因此而违反《谢尔曼法》第1条(即便买方在某种意义上是迫于卖方的市场势力*而被迫达成的),每一种限制都可以作为《谢尔曼法》第2条垄断化控诉排他性行为的证据,而且每一种限制都可能违反《克莱顿法》第3条这一单独的条款,这是专门调整这些销售安排的条款。

现在似乎可以肯定地说,这三种类型限制都受到了比其他纵向限制更为严厉的对待,尽管可能只是程度上轻微的。它们适用其自身的特殊规则,而且一般来说这些规则简化了原告原本应当承担的举证责任。所有其他纵向限制都适用全面的合理原则。

---

* 原文为买方的市场势力,但应为卖方的市场势力。——译者注

它们是否真正应当被区别对待,这一问题尚无定论。这种特殊处理的根源可能源于本质上非经济性的政治价值观(noneconomic political values)。对于20世纪早期的法院来说,销售者限制购买者商业自由的行为看起来似乎是错误的。这可能与社会效率的任何概念无关,相反可能是一种个人自由的抗辩。随着反托拉斯越来越受经济学理论的驱动,批评意见认为这些限制事实上可能是促进竞争的,而且无论处于何种水平都不可能造成损害。多年来一直有人呼吁放松这些规则。但是,最近的经济学理论开始证明,像其他纵向限制一样,搭售和排他性合同事实上可能真的具有经济危害性。而且也有人主张,至少搭售确实会引发特殊的问题从而需要特殊的规则。(进一步的解释,参见附录中关于分销经济学的讨论。)

二、《克莱顿法》第3条的局限性及特性

1914年国会制定《克莱顿法》的部分动机就是,认为《谢尔曼法》过于狭窄的司法结构导致特定类型的滥用行为无法得到规制,《克莱顿法》的实体性具体条款之一就是第3条,该条禁止排他性合同和搭售。由于《克莱顿法》第3条受到几个方面特殊性的困扰,因此法院往往依据的是《谢尔曼法》第1条和第2条而非《克莱顿法》第3条来调整搭售和排他性合同行为。所有或大多数能够适用《克莱顿法》第3条的搭售行为也可以适用《谢尔曼法》第1条,并且实践中也正是如此。[1]

无论如何,《克莱顿法》第3条(15 U.S.C. §14),规定以下行为是违法的:

> 出租、销售或通过合同销售……或固定因此而收取的价格,或基于该价格的折扣或回扣,并要求……承租人或购买者不得与出租人或卖

---

[1] 如果要使搭售行为能够完全受到法律规制的话,那么《克莱顿法》第3条在其制定之时可能是必要的。仅仅在其制定前的几年,最高法院支持了涉及源于专利而产生的势力的搭售安排,并且认为搭售可能很难依据反托拉斯法进行调整。参见亨利诉A.B.迪克公司[Henry v. A.B. Dick Co., 224 U.S.1 (1912)]案。

方的竞争者进行交易,其效果……可能会实质性地减少任何商业领域中的竞争或可能在该领域中导致垄断。[2]

《克莱顿法》第 3 条有以下几点特殊性。首先,第 3 条仅适用于"从事商业的人"(persons engaged in commerce),正如在本书其他部分所解释的,这就意味着这种销售或租赁必须涉及两个或两个以上的州(参见第二十章第二节第二部分)。其次,第 3 条仅适用于"商品、货物、机器、物资或其他的商品……"因此,第 3 条不适用于搭售品或结卖品是服务或其他无形物例如信用或知识产权的情形。

在目前的法律之下,对于原告而言,《克莱顿法》第 3 条唯一的好处可能就是它禁止那些"可能会实质性地减少任何商业领域中的竞争或可能在该领域中导致垄断"的安排。相比于《谢尔曼法》第 1 条的"不合理性"的证明要求,《克莱顿法》第 3 条所提出的这一标准对原告而言是否是一种更为宽松的证明义务,对此法院的观点存在分歧,而且最高法院也没有回答该问题。但是,鉴于一般性的批评意见认为《谢尔曼法》第 1 条之下的本身违法的搭售测试已经非常有利于原告,以及逐渐形成的共识认为纵向限制在任何情况下通常都不具有那么大的危害性,因此,这种区分似乎不太可能得以继续,即便是对于那些曾建议进行这种区分的巡回法院来说亦是如此。

第二节　搭售

一、什么是搭售

"搭售"安排是指卖方强迫买方购买两种或两种以上的产品,而非仅购

---

[2] 注意,尽管该条款并没有明确使用"搭售"这一词语,但是它禁止基于以下"条件"(condition)的交易,即买方不得购买卖方竞争者的产品。这种表述可以被解读为涵盖任何导致买方从卖方那购买了他们原本并不想购买的产品的协议。

买一种产品。可能存在这样的情形，即买方非常想要购买某种特定的产品，而且为了获得他们所真正希望购买的产品，将不得不购买另外一些其他的产品。在搭售判例法的术语中，消费者真正想购买的产品被称之为"结卖品"（tying product），而消费者被迫购买的则称之为"搭售品"（tied product）。*法院早期对于搭售安排的反应是非常负面的，并依据《谢尔曼法》将这些搭售安排认定为违法。它们的这种敌意反映了一些关切。最主要的理论关切就是，那些在某一市场已经拥有市场势力的卖方，可能利用搭售来增加在另一市场的份额，从而在另一市场也获得垄断利润。但是，法院似乎也怀有承认搭售会侵犯个人自由这种道德性或民粹性的直觉。无论如何，早期的搭售判例法都是极为顽固不化的。正如我们所要看到的，随着时间的推移这一严格的标准也不断松动，因此法院现在所适用的搭售测试方法——尽管仍然被称之为"本身违法原则"测试——为法院认为不具有损害性的那些搭售行为留下了一定的空间，而且实际上就是一种结构化的合理原则。

二、所谓的本身违法搭售测试

一般认为搭售诉因包含五个要素，而且不因该诉讼是依据《谢尔曼法》第1条还是《克莱顿法》第3条提起而有所不同：[3]

1. 原告必须证明：
（1）存在两种不同的产品；
（2）原告为了获得其所想要的一种产品，被要求同时购买两种产品；
（3）被告在结卖品市场中拥有某种"势力"；

---

* 理论上，国内有些反垄断法学者将 tying product 翻译成搭售品，将 tied product 翻译成被搭售品，但搭售品本身即含有搭售的含义，容易与被搭售品产生混淆。因此，译者参考经济学的相关理论，将 tying product 翻译成结卖品，将 tied product 翻译成搭售品，这样不会产生混淆。——译者注

[3] 正如所提到的，也可以依据《谢尔曼法》第2条来起诉搭售行为，但是这样的话诉因就会有所不同。原告必须证明存在非常大的市场势力，足以构成《谢尔曼法》第2条之下的"垄断力"，并且搭售安排是"排他性的"。参见第十三章第三节第五部分。

(4) 这种安排对商业产生了"重大的"影响。

2. 如果证明了这些要素，则：

(5) 被告可以尝试以商业正当性理由予以反驳。

(一) 不同的产品

搭售诉因是以一个微妙的哲学问题开始的：两种产品之间的界限在哪？如果是两种有形的产品并且在物理上是可以分开的，特别是当这两种产品彼此之间不具有互补性的话，这一问题看起来就会相当明显。但是，那些被指控的搭售安排几乎总是涉及互补性的产品(complementary items)。例如，一个重要的早期案件涉及的就是使用纸打孔卡的大型固定电脑的销售。被告 IBM 公司要求购买其电脑的买家也必须同时购买其卡片。参见 IBM 诉美国[International Bus. Mach. v. United States, 298 U.S. 131 (1936)]案。但是，正如在本案中那样，如果产品是互补性的，是否仅仅因为它们在物理上是独立存在的就能够很明显地认为它们是独立的产品呢？台式电脑与它的外围设备(监视器、鼠标和键盘)呢？一方面，它们看起来可能就是同一个产品，因为有人使用电脑时确实离不开键盘。但是另一方面，如果它们能够作为独立的产品而分开销售的话，这可能是有利于消费者利益的。可能有人能够通过货比三家，以实现系统内的每一部分价格最优且性能最好。无论如何，在其他一些销售情形中也存在大量类似的问题。例如，相对于汽车上的收音机而言，汽车是一个独立的产品吗？汽车相对于轮胎呢？如果据称是独立的产品是无形的，正如软件代码，或者其中一种是服务，正如麻醉或放射等与进行麻醉或放射的医院，则这些问题将变得更为复杂。

最高法院在最近的判决中尝试提出一种测试，以从那些试图在独立"事物"之间进行的形而上学区分中解脱出来，相反，区分的依据是有关生产者行为和消费者需求的证据。在最近的两个判决中，最高法院指出，独立产品的调查"并不取决于产品之间的功能关系，而取决于产品需求的特征"，参见杰斐逊教区医院第二区诉海德[Jefferson Parish Hosp. Dist. No. 2 v. Hyde, 466 U.S. 2 (1984)]案判决书第 19 页，因此，只有在存在"足够的消费者需求以至于企业分别提供产品是有效率的情况下",才能够认定产品之间是独立的,参见伊斯曼柯达公司诉图像技术服务公司[Eastman Kodak Co. v. Image Technical Servs., Inc., 504 U. S. 451 (1992)]案判决书第462页。

依据该测试,如果产品被分开独立销售是有利可图的话,则产品就是"独立的"。即便是一个人只想要其中的一种产品而不想要另外一种产品,这也能够证明。例如,没有人想要接受没有麻醉的手术,但是在杰斐逊教区医院第二区诉海德案中,手术和麻醉服务被认定为独立的产品。参见杰斐逊教区医院第二区诉海德案判决书第19页及30注释("我们经常发现这样一些安排,它们涉及功能上相互联系的产品,其中一种产品如果不与另外一种产品同时使用将是无用的,但这样的安排被认定为应当受到禁止的搭售行为。")。因此,问题不在于消费者是否需要或想要两种产品,甚至也不在于消费者是否想要其中的一种产品而不想要另外一种。对于其中一种产品而言,只要单独存在可能的销售市场,则产品就是独立的。因此,汽车和汽车轮胎是独立的产品,即便购买者在购买汽车时所配带的第一套轮胎是由交易商所提供的。对于轮胎的更换有独立的消费需求。在判例法中,如果原告能够证明其中的一种产品事实上曾被单独销售过,这往往是很重要的。销售者愿意这样做,本身就表明其是有利可图的,因此也是消费者所期望的。

但是,需要明白的是,并不能仅仅因为产品是独立的就意味着将它们进行联合销售甚至是拒绝进行单独销售就是违法的。认定构成搭售,还必须满足搭售诉因的其他条件。

(二)强迫购买两种产品

这一条件可能是最简单的。销售者必须存在拒绝分别提供产品的行为,或者对选择分别购买产品的购买者予以严厉惩罚。

(三)在结卖品市场中拥有市场势力

搭售所造成的损害的逻辑要求买方确实是被迫购买搭售品。这意味着卖方必须在结卖品市场上拥有市场势力。严格来说,最高法院的判例仅要求卖方在结卖品市场上拥有"明显的经济势力"(appreciable economic power),参见伊斯曼柯达公司诉图像技术服务公司案判决书第461页,而且有一段时间法院所要求的证明标准十分宽松。[4] 但是,最近的一些判决已经明确,结卖品市场中的"势力",是指能够充分满足《谢尔曼法》第1条合理原则诉因的"市场势力"。例如,伊斯曼柯达公司诉图像技术服务公司案认为所必须证明的"市场势力"是指"单个销售者能够提高价格和限制产量的能力",这种势力"通常可以从销售者拥有重要市场份额中推导出来"。参见伊斯曼柯达公司诉图像技术服务公司案判决书第464页。

(四)"大量的"商业受到影响

在大多数的巡回法院,该要素仍然遗留下来了。在最高法院更早的搭售案件中,法院认为搭售安排影响的必须"并非是少量的商业",参见北太平洋铁路公司诉美国案判决书第11页,但是,关键的是,对于何为大量仅依据绝对的美元数来进行衡量,而不管相关市场的大小。最高法院曾认为只要达到6万美元的数量就构成"大量"。参见美国诉劳氏公司[United States v. Loew's, Inc., 371 U. S. 38 (1962)]案判决书第49页。在联邦诉讼中被起诉的大多数搭售行为都很容易满足这一低门槛。

(五)商业正当性理由

如果原告能够证明本身违法起诉的其他要素,则被告仍然可以提出能证明其搭售具有促进竞争效果的正当性抗辩。最常见的抗辩理由就是提出搭售对于确保销售者产品的质量与品牌形象是必要的。例如,销售某种耐用性和持久性产品如高端复印机的销售商,可能在销售复印机时附加一个长期的供应墨盒的合同。如果该销售商能够证明使用第三方所提供的墨盒将严重影响复印机的复印效果,并将严重削弱其产品形象,则它就能够为这种搭售进行抗辩。这种类型的抗辩具有某种影响,特别是

---

4 事实上,直到数年前,认为在结卖品市场中拥有任何知识产权就足以证明在该市场中拥有"势力",还是一个长期存在的规则。但是,许多专利以及版权只给权利人带来了非常小的或者没有带来市场势力,因为受知识产权所保护的产品有其他一些非常近似的替代品。伊利诺伊州工具工作公司诉独立油墨公司案推翻了该规则。

当被告能够证明其制定该政策是为了回应消费者对于产品质量的抱怨时,更是如此。

例子

XYZ公司生产一种特殊的机器,供汽车修理商清洗旧的火花塞头。该机器非常受欢迎,由于XYZ在该机器上拥有一项专利,而且尚没有人能够通过不侵犯该专利的任何其他方法来清洗火花塞头,因此该机器目前并未面临来自于替代品的竞争。尽管XYZ的机器非常受欢迎,但许多用户也逐渐对XYZ的某些政策感到失望。特别是,该机器要求使用一种特殊的、由XYZ公司进行生产和包装的溶剂。虽然该机器也可以使用其他几种品牌的溶剂,但XYZ要求所有的用户签订一份协议,承诺在使用XYZ机器时只能使用XYZ的溶剂。

这是合法的吗?

解释

可能并不合法。该机器是专利产品并且没有好的替代品,这一事实表明XYZ在结卖品市场——清洗机器市场——中拥有很大的市场势力。这种特殊的溶剂是一个"独立的产品",对此应该没有多大的疑问,因为它是独立包装并且可以单独获得的;购买溶剂是"被强迫的",对此也应该没有多大的疑问,因为这是获得所想要的产品(清洗机器)的一个前提条件。在任何情况下,"大量的商业"都是一个基本的遗留要求,由于这种产品显然是大规模生产的,因此这一要求很有可能是能够满足的。XYZ的行为是否违法,唯一取决于XYZ能否提出具有说服力的"商业正当性理由"。如果XYZ能够提出证据证明消费者只有在使用XYZ的溶剂时才会更喜欢这种机器的话,那么这就构成具有说服力的"商业正当性理由"。

例子

巴佐默软件公司(Bazoomer Software, Inc.)是一套受欢迎的商业应用程序的开发者,该应用程序包括文档处理程序、电子数据表、用于演讲的幻灯片程序以及一些其他工具。巴佐默将这些软件整体销售,并且不单独进行销售。(巴佐默认为只有当所有程序成套销售时才能够发挥该程序的重要技术优势——程序将会运行得更好,因为它们要比其他的方式占用更少的电脑内存。)一个潜在的竞争者开发了它自己的幻灯片程序,并且试图销售两年,但是销售惨淡,企业也面临破产。该竞争者起诉巴佐默,指控其将所有的软件放在同一个套装之中——包括其具有绝对主导性地位的文档处理程序——排除了其套装软件中任何软件的独立市场。

巴佐默从事了违法的搭售行为吗?

解释

很难说,不过被告巴佐默可以提出大量的抗辩理由。不可否认的是,原告很有可能能够证明被告在结卖品市场(文字处理器市场)中拥有市场势力,而且如果原告能够证明产品是独特的,则很明显消费者是被强迫购买两种产品的。但是,仍然存在一个是否是独立产品的问题。只有当不同产品分别生产销售仍然有利可图时,这些不同产品才能够被认定为是独立的,但是原告自己的经验可能表明这些产品不是独立的。而且,即便这些产品是独立的,巴佐默也可以提出商业正当性的理由——显然,将这些程序组合在一起将使得它们运行得更好。

第三节 排他性合同

在很长一段时间内,各界认为存在一种特殊的、更加有利于原告的原则,以适用于一种特殊种类的分销安排,即排他性交易合同(the exclusive dealing contract)。这种安排也会限制买方从其他供应商那里购买产品的自由。其表现形式多种多样,包括要求购买方从单一供应商那里购买其所需的所有产品的需求合同(requirements contract),禁止从供应商的竞争者那里进行购买的合同,要求购买方购买供应商所有产出的产出合同(outputs contract),或者对从其他地方进行购买予以惩罚的合同。现在很明显,这些安排都适用普通的合理原则,要求证明在相关市场中存在市场势力以及可能具有限制竞争效果。

传统的支持实施的规则(pro-enforcement rule)建立在最高法院这方面少数几个判例中的其中一个之上,即加州标准石油公司诉美国[Standard Oil Co. of California v. United States, 337 U. S. 293 (1949)]案。在该案中,最高法院强调其允许原告依据一个相比于全面合理原则更加简单的标准起诉一个大规模的排他性交易计划。法院认为,如果这种计划被广泛采纳的话,它们将造成特殊的竞争风险,但法院也希望避免对其适用当时针对搭售的非常严厉的规则。最高法院指出,如果排他性合同排除了特定市场中"大量的"分销的话,则这种排他性合同应当被认定为违法的,并且认定排除6.7%的分销即可被认定为违法。

在最高法院关于该问题仅有的另外一个重要判决即坦帕电力公司诉纳什维尔煤炭公司案中,这一规则逐渐寿终正寝。在该案中,法院提出了一个更加注重事实调查的原则,而非像加州标准石油公司诉美国案那样简单地关注被排除的分销比例。最高法院写道,它必须:

> 157　　权衡合同对相关领域的有效竞争所可能产生的影响,考虑各方的相对力量,所涉及的商业的体量在相关市场总体商业体量中所占之比,抢先获得市场份额对有效竞争所可能具有的即时影响和远期影响。因此,仅仅证明合同本身涉及的金额很大通常并不重要。

参见坦帕电力公司诉纳什维尔煤炭公司案判决书第329页。因此,如果原告并不能证明现有的竞争者将很有可能利用排他性合同阻碍市场进入或阻碍市场扩大的话,则即便该排他性合同排除了非常大比例的分销,其也可能并不违法。

坦帕电力公司诉纳什维尔煤炭公司案之后,下级法院不断发展这一"定性的大量"(qualitative substantiality)测试,而且很明显,不仅可以适用通常的合理原则,而且在特定的案件中也可以开始适用一种特殊的,尤其是有利于被告的规则。在普通案件中,现在很明显原告必须证明被诉合同影响了所涉市场 30% 或更多的部分。有一些法院认为低于 30% 的也是违法的,[5] 但是在近些年中这已经非常罕见,[6] 而且鉴于现在更加强调的是考虑定性因素而非定量因素,因此有时排他性行为排除的市场要比曾认定为合法的标准更高。[7] 特别地,如果一个排他性安排——即便其排除的市场份额非常大——只是短期的,或者能够很容易就被终止,则它很有可能不会被认定为违法。在某些法院中,这一特殊的、不同寻常有利于被告的规则就是,如果排他性合同的期限少于一年的话,则其将被推定为合法。参见罗兰机械公司诉德莱科斯工业公司[Roland Mach. Co. v. Dresser Indus., Inc., 749 F. 2d 380(7th Cir. 1984)]案判决书第 395 页。

5　参见美国汽车旅馆公司诉假日旅馆公司[Am. Motor Inns, Inc. v. Holiday Inns, Inc., 521 F. 2d 1230 (3d Cir. 1975)]案（如果其他因素能够表明排他性行为不会对品牌间的竞争产生实质性的影响,则排他性行为影响到 14.7% 的市场也并不必然就是违法的）。

6　参见瑞科制造公司诉依登服务公司[Ryko Mfg. Co. v. Eden Servs., 823 F. 2d 1215 (8th Cir. 1987)]案；卫星电视联合资源公司诉弗吉尼亚州大陆有线电视公司[Satellite Television & Associated Res., Inc. v. Continental Cablevision of Virginia, Inc, 714 F. 2d 351 (4th Cir. 1983)]案（排除了 8% 的家庭是合法的）；孪生城市体育服务公司诉查尔斯·O. 芬利公司[Twin City Sportservice, Inc. v. Charles O. Finley & Co., 676 F. 2d 1291 (9th Cir. 1982)]案（在长期内排除了 24% 的市场是违法的）。

7　参见欧米伽环境公司诉吉尔巴克公司[Omega Envtl., Inc. v. Gilbarco, Inc., 127 F. 3d 1157 (9th Cir. 1997)]案（排除了 38% 的市场被认定为合法）；库克诉本森[Kuck v. Bensen, 647 F. Supp. 743 (D. Mo. 1986)]案（排除了 37% 的市场被认定为是合法的）；冈萨雷斯诉印西格奈瑞丝[Gonzalez v. Insignares, Civil Action No. C84-1261A, 1985 WL 2206 (N. D. Ga. 1985)]案（排除了 40% 的市场被认定为是合法的）。

第五部分　共谋的证明

第十二章 《谢尔曼法》第 1 条共谋的证明

第一节 难以证明共谋的原因

《谢尔曼法》第 1 条的所有诉因——除了垄断化或违法合并之外的绝大多数反托拉斯诉讼——要求原告证明存在限制贸易的"合同、联合……或共谋"。近来,最高法院强调了这一要求的重要意义:

> "合同、联合……或共谋"这一术语的含义反映了"联合行为与单独行为之间"的"基本区别",这也是用以区分《谢尔曼法》第 1 条和第 2 条的标准(柯普维公司诉独立管道公司案判决书第 767 页),引用孟山都公司诉斯普雷里特服务公司[Monsanto Co. v. Spray-Rite Service Corp.,465 U.S. 752 (1984)]案判决书第 761 页。《谢尔曼法》第 1 条仅适用于限制贸易的联合行为。相反,第 2 条则既适用联合行为也适用单独行为,但只有当该行为"垄断"(15 U.S.C. §2)或"可能会导致实际的垄断"时(柯普维公司诉独立管道公司案判决书第 767 页)才适用……这一范围要比贸易限制的范围更窄。垄断力(monopoly power)可能具有同样的危害性,无论其是联合行为还是单独行为的结果。

参见美国尼德公司诉美国职业橄榄球大联盟案判决书第 2208—2209 页。但是,要求存在多边行为(multilateral action),这一看似简单的要求可能是难于理解的,并且对于原告而言也很难证明。这也是当事人在庭审中激烈争论的一个高风险问题。在反托拉斯法中,只有依据《谢尔曼法》第 1 条

162 才能够适用本身违法原则和快速审查原则,因此,如果原告无法证明共谋的话,他唯一的希望就是对更难证明的市场势力予以证明,证明市场势力足够大以至于能够支持依据《谢尔曼法》第 2 条提起的垄断化诉讼。

共谋要件之所以具有挑战性,主要有三个方面的原因。首先,也可能是最令人感到诧异的是,甚至对于各交易方之间是否彼此独立这一问题也很难知道答案。当然,在大多数案件中这并不是一个问题,例如当众多被告都是自然人并且没有同时受雇于同一家公司时,就不存在这样的问题。但是它也可能迅速就变得非常复杂,特别是当其中的一个被告是一家公司而另外一个被告拥有该公司一定股份时即是如此。这一经常出现的、通常被称之为"单一实体"(single entity)或"企业内部共谋"(intraenterprise conspiracy)的问题,2010 年引起了最高法院的一个重要判决,而且自此以后就成为一个争议性的话题。(参见第十二章第二节。)

其次,举证证明存在违反反托拉斯法的共谋是很困难的。限制贸易的共谋是违法的,并且可能构成犯罪而遭受严厉的处罚。真正的共谋者知道他们的行为是违法的,通常会尽可能地隐秘。现今,证明存在共谋的确凿证据是极为罕见的,除非政府调查人员通过秘密特工或间谍手段获得。因此原告通常必须寻求通过纯粹的间接证据来证明共谋。但随之而来的问题是,如果法院使得原告能够很容易就证明存在共谋的话,尤其是仅通过间接证据进行证明,则法院担心这会存在阻吓那些无辜的、促进竞争行为的风险。(参见第十二章第三节第二部分。)

最后,通常会存在这样的情形,即在一个集中度较高的行业中,从企业的行为来看,它们之间似乎必然存在某种形式的协议,但实际上却并非如此。正如将在第十二章第三节第三部分及附录中详细解释的,在反托拉斯中一直存在的一个问题就是如何处理"寡头者"的行为,对于试图证明共谋的原告来说,寡头者的行为提出了一个特殊的问题。对寡头者来说,在适当的情形之下将价格提高到竞争性价格之上可能是一种理性的行为,而且是完全单方面的行为,因为它们彼此之间都能够预测到竞争对手也会这样做。这种"相互依赖的"定价被认为是非常常见的,但其内部和自身都不涉及《谢尔曼法》第1条"共谋"的目的,并不违反《谢尔曼法》第1条。不过,即便缺乏任何直接的证据,相互依赖的定价行为通常仍然会产生一些看似具有说服力的间接证据来证明曾经存在过这样的共谋。因此法院需要发展出一些能够处理这种类型案件的规则。(参见第十二章第三节第三部分。)

例子

一家电脑打印机的生产商已经获得了将近60%的市场份额。一个潜在的竞争者提起诉讼,指控被告利用其市场势力迫使软件公司开发仅能与被告已申请专利的打印机设计相兼容的操作系统,认为这违反了反托拉斯法。原告既依据《谢尔曼法》第1条提出控诉,也依据《谢尔曼法》第2条指控被告试图进行垄断。被告提出了反驳这两项控诉的动议。法院同意了被告关于《谢尔曼法》第1条的动议。这一判决正确吗?

解释

正确。在此唯一被诉的行为就是被告的单边行为。《谢尔曼法》第1条要求存在某种"合同、联合……或共谋",这意味着被告至少必须与另外一个当事人联合行动。

第二节 单一实体问题:柯普维案、达格尔案及美国尼德公司案

无论在证明共谋方面可能存在多少不确定性,但最高法院至少在柯普维公司诉独立管道公司[Copperweld Corp. v. Independence Tube Corp., 467 U.S. 752 (1984)]案中提出了一条清晰的重要规则。事实上,柯普维案似乎阐明了一个非常简单的规则,并且该规则在很多案件中都可以非常容易地适用:企业无法与其完全所有的分支机构从事《谢尔曼法》第1条意义上的"共谋"。这一规则看似几乎是极其明显的,因为任何企业家族简单的内部定价或营销决定看起来都可能会严重限制贸易,如果《谢尔曼法》也要适用于这些行为的话,则企业分支机构所有权的理念可能会或多或少被宣

布为不合法。一个相关的规则是企业的负责人及雇员彼此之间不构成共谋,同一企业内部的各独立机构也不构成共谋。

但是,有趣的是,这一看似简单的规则所引发的问题却具有挑衅性。一方面,柯普维案推翻了另外一个已存在40年之久且在最高法院之前的许多决定中得以确认的重要规则。无论柯普维案的结果在多大程度上是正确的,有趣的是,该判决如此之快地就引发了关于企业本质以及经济组织这些基本且重要的问题。引人关注的是,史蒂文斯法官在其强烈的反对意见中引用了以下话语,这源于他为最高法院1947年美国诉黄色出租车公司[United States v. Yellow Cab Co.,332 U. S. 218(1947)]案的判决进行的辩护。美国诉黄色出租车公司案是所谓的"企业内部共谋"规则方面的主要案件,但柯普维案拒绝接受该规则。史蒂文斯法官引用道:

《谢尔曼法》的中心要旨是,商业实体必须通过内部扩张来寻找新的客户并获得更高的利润,即通过成功的竞争而非与竞争者达成协议的方式得以实现。最高法院曾指出,如果能够显示企业是可以被区分开的话,则即便是共同被同一主体所控制的企业彼此之间也必须展开竞争。"共谋者之间的企业关系……并不是决定适用《谢尔曼法》的因素。"

参见柯普维公司诉独立管道公司案判决书第783页及7注释(史蒂文斯法官持异议)。引用美国诉南方公民国家银行[United States v. Citizens & Southern Natl. Bank,422 U. S. 86(1975)]案判决书第116—117页,并引用美国诉黄色出租车公司案判决书第227页。

不可否认的是,形成于柯普维案之前的"企业内部共谋"规则尤其受到批评者的轻视。简言之,在柯普维案之前的40年间,从技术上来讲,依据美国法,企业及其完全所有的分支机构是能够构成违反《谢尔曼法》第1条的共谋的。这引起了整个学术界的批评,下级法院也努力避免认定母公司与附属机构之间的共谋。当然,企业内部共谋规则受到了下级法院的尊重,但几乎总是会被违反。

第十二章 《谢尔曼法》第1条共谋的证明　183

同样不可否认的是，柯普维案提出了详细的政策分析以解释其为什么反对企业内部共谋，之后许多人将此视作是《谢尔曼法》第1条要求存在多边行为这一基本理论基础的重要注释。最高法院认真地提出了一个框架，以指导之后单一实体规则判例法。该框架的本质即是，独立的企业具有独立的"利益"。尽管最高法院从来没有准确地解释哪些"利益"是重要的或者为什么重要，但显然其意指这些足以构成《谢尔曼法》第1条共谋的独立企业并不共享相同的利益、分担相同的损失。这是理所当然的，因为只有企业构成这种意义上的"独立性"，彼此之间才会通过降价销售来获取利益。它们将试图从竞争对手那里窃取交易机会，并通过价格竞争来实现这一目的。这有助于公共利益，因为这将促使它们尽可能地提高生产效率。但是，如果两个企业具有相同的经济动机——例如当它们仅仅为一个共同基金赚取利润时就是如此，正如柯普维案中的情形那样——则它们各自独立的行为可能并不会比联合行为更有利于社会，因为无论是哪一种情形之下它们都将彼此斗争以从对方那里窃取交易机会。最高法院也提出了一项独立的政策观点，认为如果一项规则会阻碍富有效率的企业融合，则该规则将会带来一些成本。虽然从技术上来讲柯普维案只是回答了关于100%分支机构情形这一非常狭隘的问题，但是最高法院似乎要通过提供这种分析，用以指导下级法院形成一种新的单一实体判例法。

问题在于，在实践中，柯普维案中的论证根本没有使情况变得更加清晰。事实上，下级法院的判例法基本上很难与柯普维案之前的案件区分开。除了柯普维案自身的最终结论以外——认为企业及其完全所有的分支机构是一个"单一实体"——法院通常需要在一个相当早的诉前阶段，或多或少地对复杂的、推测性的、大量事实性的问题进行先验判断。虽然看起来没有人会质疑柯普维案推理的智慧，但其已被证明对于之后案件的判决可能过于抽象。说一个拥有80%股份的股东与一个拥有100%股份的股东在"控制"分支机构方面是大致相同的，这可能没有什么疑问。但如果是一个拥有49%股份的股东呢？或者是一个拥有35%股份的股东呢？或者如果两家企业彼此之间都不拥有对方的股份，但是二者联合起来成立一个"合营企业"(joint venture)以共同生产新的产品或提供新的服务呢？该合营企业是这两家企业之间的共谋吗，或者是一个独立于这两家企业的实体且其行为是单边性的？正如商业法领域的一位著名学者曾经所说的，法院在这些情况下适用的是语言而非规则。[1]

事实上，最高法院的下一个判决是关于相关领域中更加陌生、更加神秘的一个案件。在德士古公司诉达格尔[Texaco, Inc. v. Dagher, 547 U.S. 1 (2006)]案中，德士古公司和壳牌石油公司成立了一个合营企业，该独立企业由这两家公司共同所有。该合营企业负责炼油，并按照两个母公司的独立品牌分别进行销售，但是由该合营企业设定统一的价格。最高法院的基本观点是，在这种情况下，价格协议不能被当作本身违法的价格共谋而提起诉讼。尽管之前有许多判决对企业合营的内部行为都适用《谢尔曼法》第 1 条，[2]但在该案中法院多次提到该企业为一个"单一实体"。然而，即便如此，法院的观点可能看起来也只是熟悉的法律的一种寻常的、单调的适用：其基本规则看起来是这样的，即如果某安排是一个"合法的并且经济上一体化的合营企业"(参见德士古公司诉达格尔案判决书第 3 页)，则其就不是一种"伪装"(参见该案判决书第 5 页及 1 注释)，如果被诉行为是"合营企业的一种核心行为"的话，例如"内部的定价决定"，则不应当适用本身违法原则。最高法院明确保留了是否能够依据合理原则对价格协议进行单独指控这一问题。[3] 但是，真正使意见变得令人困惑的是，最高法院明确推翻了上诉法院曾适用的附属性限制规则，认为"在被诉商业行为涉及合营企业自身的核心行为，即产品的定价时，不能适用这一规则……"参见该案判决书第

---

    1   小阿道夫·A.伯勒(Adolph A. Berle, Jr.), "企业实体的理论"(The Theory of Enterprise Entity),《哥伦比亚大学法律评论》(Columbia Law Review), 第 47 卷(1947), 第 346 页。

    2   参见美国诉拓普康联合公司案；美国诉西利公司[United States v. Sealy, Inc., 388 U.S. 350 (1967)]案判决书第 352—354 页；蒂姆肯滚压机轴承公司诉美国[Timken Roller Bearing Co. v. United States, 341 U.S. 593 (1951)]案判决书第 598 页("压制竞争的协议不能因为被贴上'合营企业'的标签就获得了正当性。可能每一个限制贸易的协议和联合都能够贴上这种标签。")。

    3   这一问题未被解决有一些意外；原告只是未能提出任何合理原则的责任理论，因此最高法院拒绝回答合理原则责任的可能性这一问题。参见德士古公司诉达格尔案判决书第 7 页及 2 注释。

7—8页。由此引发的问题是,对该意见的一种可能解读就是,德士古公司诉达格尔案看起来认为"经济上一体化的"合营企业的"内部"行为,作为一种"单一实体"的行为,可以简单地完全豁免适用《谢尔曼法》第1条。[4]

但无论如何,无论德士古公司诉达格尔案可能引发何种担忧,这都在几年后的美国尼德公司诉美国职业橄榄球大联盟案中得以平息。被告美国职业橄榄球大联盟(National Football League,NFL)是一个由各支球队组成的、非团体性的协会,每一支球队都是一个独立组织的商业实体,其彼此之间没有共同的所有权。各支球队一致同意将它们的队标通过联合销售机构的形式许可给球队纪念品制造商——这一协议通常都会被认为是本身违法的固定价格行为。但是,职业体育的特殊经济属性,以及美国职业橄榄球大联盟的合营企业属性,使得很多人都认为联盟的合营行为至少应该接受更加谦恭的反托拉斯审查。在这个特殊的案件中,部分是基于对德士古公司诉达格尔案的依赖,美国职业橄榄球大联盟主张其是一个"单一实体",因此应当豁免适用《谢尔曼法》第1条。两个下级法院对此都表示同意。下级法院的意见只是表明了柯普维案中的经济推理是多么的灵活。上诉法院的判决建立在其认为"美国职业橄榄球大联盟的各支球队在共同推动大联盟橄榄球方面具有重要的经济利益"这一观点之上,因此,"只有一种经济势力能

---

[4] 之所以如此,是因为如果适用了附属性限制规则——对于大多数反托拉斯法人士来说,该案看起来像一个简单的附属性限制案件——则很容易得出与最高法院相同的结论。如果行为是合营企业的"核心行为",正如法院所认为的那样,则人们必然会推定其是"附属性的"——则这种行为必须与合营企业的目的"合理相关",并且是为了实现其促进竞争的好处而"合理必要的"。参见第七章第二节。换言之,推翻第九巡回法院适用本身违法原则的理由,可能只是因为第九巡回法院在关于限制是否"附属性的"认定方面存在错误,而根本不是因为其选择适用附属性限制规则存在错误。因此,法院既认为这种限制不能被认定为本身违法,又认为不能适用附属性限制规则,从逻辑上看起来这可能仅暗含了一层意思,即这种限制豁免适用《谢尔曼法》第1条。
许多人认为这只是一个规则错误,因为在这个案件中适用附属性限制规则看起来是如此合理。其所具有的意义在于,法院可能意在该规则中引进一条新的"褶皱"。德士古公司诉达格尔案之后,可能普通的合营企业——并非是德士古-壳牌那样的合营企业——可以对价格或产量进行横向限制,只要这种限制"附属于"合营企业的目标并符合合理原则;也即,它们能够采取与合营企业合理相关并且是为了实现其利益而合理必要的限制,只要它们不会不合理地限制贸易。但是,"经济上一体化的"合营企业——就像德士古-壳牌合营企业一样——所施加的限制虽然并非是"附属性的",但却仍然是一种"核心行为"。随后就只是教义方面的问题:可能是何种类型的限制?

够控制这种共同努力……"参见美国尼德公司诉美国职业橄榄球大联盟[American Needle Inc. v. National Football League, 538 F. 3d 736 (7th Cir. 2008)]案判决书第743页。

史蒂文斯法官——在柯普维案中持反对意见——撰写了全体一致同意的意见,并且被推翻了。该意见完全重申了柯普维案,并且主要重述了该案中的经济分析,但是反对认为美国职业橄榄球大联盟是一个单一实体。最高法院认为:

> 美国职业橄榄球大联盟各支球队在促使整个联盟成功和盈利方面具有共同利益这一事实,以及它们必须在提供和规划赛事方面进行合作,为它们作出集体决定提供了一个很好的、合乎情理的理由。但是该案中所涉及的行为仍然是一种联合行为,并且应当依据《谢尔曼法》第1条展开分析。

参见美国尼德公司诉美国职业橄榄球大联盟案判决书第2216页。

即便是在美国尼德公司案之后,也很难想象究竟能提供多少指导。最高法院最后强调,必须依据"功能分析"(functional analysis)来判断共谋的能力,但是又解释道这只取决于对被告经济利益的考虑,正如柯普维案那样。简言之,无论是在柯普维案之前还是之后,下级法院已经勉强依据宽松的、先验的判断来审理涉及单一实体的案件,无论被告是充分"融合的"还是拥有充分"一致的"经济利益以至于即便达成具体协议也不会排除市场的价格竞争。但是,无论柯普维案和美国尼德公司案中的说理看起来是多么的直观,事实上这完全没有提供任何指导。毕竟,赤裸裸的、横向的固定价格卡特尔的成员不也享有"一致的"经济利益吗?

之前已经提及,已经形成了少数的具体规则。最主要的就是,法院曾指出,如果一家企业控制另外一家企业,则这两家企业不能构成《谢尔曼法》第1条目的的共谋。"控制"能够以一家企业拥有另外一家企业大多数股份这一形式而简单存在,即便所持有的股份比例少于100%,但是大概也包括其他一些情形,如一家企业虽然只拥有少数的股份,但是其他因素能够表明其具有控制力。同样地,同一母公司之下的分支机构彼此之间也不构成横向的共谋。

通常也能很容易地辨别,某一特定的安排不是一个单一实体,其参与者构成共谋。一个常见的情形就是成立合营企业,合营企业表现为独立实体的组织形式,但是其成员能够通过合营协议强制规定某种会员资格或行为规则,或者促使合营企业采取一些其他影响竞争的行为。合营企业是一个法律上的独立实体这一事实并不意味着其成员彼此之间不会通过共谋实施这些行为。参见美国诉拓普康联合公司案;美国诉西利公司案判决书第352—354页。另外一个常见的情形涉及的是贸易协会或专业协会向其成员施加的规则。另一方面,"贸易协会依其本质并不必然是一个'活的'共谋",参见联合金属制品公司诉美国石油协会[Consolidated Metal Prods., Inc. v. Am. Petroleum Inst., 846 F. 2d 284 (5th Cir. 1988)]案判决书第293—294页,因此,为了使其成员对协会的行为承担责任,个体成员必须在实施这种行为中发挥了一定的作用。但是,如果协会的行为很明显是所有成员的行为的话——如制定具有约束力的道德规则或会员规则——则每一个成员都是这种共谋行为的一部分。显然,"如果一个组织是由众多竞争者所控制的话,则该组织就会被认为是其成员之间的一种共谋",参见北得克萨斯专科医生诉联邦贸易委员会案判决书第356页。成员之间是否是直接竞争者并不重要,只要它们具有"实质上类似的经济利益"。参见哈恩诉俄勒冈医生服务[Hahn v. Oregon Physicians' Serv., 868 F. 2d 1022 (9th Cir. 1988)]案判决书第1029页。

第三节 共谋的证明

一、基本框架及曾经的法律

一旦原告已经清楚地确定两个或两个以上的被告为分别独立的实体,

则接下来的问题就是被告之间是否存在构成"合同、联合……或共谋"的协议。主流观点认为,只需要有某种"统一的目的或者共同的安排及谅解,或者就一个违法安排达成共识"。参见美国烟草公司诉美国[American Tobacco Co. v. United States,328 U.S. 781 (1946)]案判决书第 810 页。

为了满足这一标准,绝不必然要求存在普通法意义上的"合同"。不需要有任何想法方面的交流或者存在正式普通法合同的其他指标。正如最高法院曾强调的,"在证明是否存在一个违法的联合或共谋时,应当依据当事人实际所做的而非他们所使用的文字来进行评判。"参见美国诉帕克戴维斯公司[United States v. Parke,Davis & Co. ,362 U.S. 29(1960)]案判决书第 44 页。因此,"为了帮助实现共谋之目的,无论共谋是通过协议、默契,还是通过默许而达成的,这都不重要。"参见美国诉博士伦光学公司[United States v. Bausch & Lomb Optical Co. ,321 U.S. 707(1944)]案判决书第 723 页。因此,不需要有任何书面形式或手续,共谋可以从非言语性的行为如一系列的交易中推导出来。

一个典型的案件就是州际电路公司诉美国[Interstate Circuit,Inc. v. United States,306 U.S. 208 (1939)]案。其中的一个被告是一家电影院的所有者。他使用公司信笺向八位电影分销商写信,在信中督促它们同意实际上将构成固定价格和划分市场的条款。尽管没有证据能够证明各分销商之间进行过任何交流,但他们的行为却惊人的相似。最高法院指出,每一个分销商都具有从事一致行动的经济动机,并认为基于所有这些情况,应当认定分销商从事了共谋行为。同样地,美国烟草公司诉美国案也涉及美国三家主要烟草公司之间的平行定价行为,这三家烟草公司共同生产了美国 90%的香烟。虽然没有证据证明存在明确的固定价格行为,但是最高法院认为它们之间的行为太过于一致,令人难以置信,以至于不能不认为它们之间存在共谋。事实上,它们的价格在 25 年中都是相同的,而且它们也是同步进行调价的,有时是在同一天,即便是在经济大萧条时期它们的成本都下降的情况下亦是如此。同样确凿的是,被告并不能证明它们的行为具有经济正当性。同样地,在美国诉美国集装箱公司案中,最高法院认为该行业中的多个生产商之间达成了一项协议,足以构成《谢尔曼法》第1条之下的"合同、联合……或共谋",使得其彼此之间能够共享价格信息。但是证明存在这种协议的唯一证据就是特定情况下,其中一个被告询问另一个被告在某一具体销售中所收取的价格,被询问的被告提供了相关的信息。这种交换行为的发生就足以证明被告之间达成了共享信息的协议。参见美国诉美国集装箱公司案判决书第335页。

而且,并不要求当事人彼此之间具有某种自然一致的利益。即便当事人彼此之间具有某种利益之争,也仍然可以存在"统一的目的或者共同的安排及谅解"。"作为一个法律问题,……当事人的怀疑态度、谨慎和自我保护,这些都不能否定共谋的存在。"参见美国诉辛格制造公司[United States v. Singer Mfg. Co., 374 U. S. 174(1963)]案判决书第192—193页。如果规则不是这样的话,那将是非常糟糕的政策,因为即便从其性质来看是最具限制竞争效果的卡特尔,其成员之间也存在某种利益冲突。事实上,即便某些成员(其实,即便是除了其中一个成员以外的所有其他成员都)是被强迫加入的,也可以认定存在共谋。

但是,这些案件总是非常谨慎地指出,仅有平行行为本身还不足以间接证明共谋。在戏剧企业公司诉派拉蒙电影发行公司[Theatre Enter. v. Paramount Film Distrib. Corp., 346 U. S. 537(1954)]案中,原告拥有一家郊区电影院。作为被告的每一个电影分销商都拒绝许可原告在其电影院首映影片。所有被告都否认进行了协作,并且提出了看似合理的经济理由以解释为什么它们都独自拒绝原告的请求(即,限制某些地方的电影首映对它们而言是有利可图的)。最高法院认为无法依据原告的证据认定存在共谋。法院写道,"能够证明有意识的平行行为的间接证据,已经严重影响到了传统司法对于共谋的态度;但是'有意识的平行行为'并不能完全证明《谢尔曼法》中的共谋。"参见戏剧企业公司诉派拉蒙电影发行公司案判决书第541页。

通常,原告提出的主要证据是,被告之间的价格在某段时间内是相似的,并且会进行同向调整。通常而言,这是由于被告已经成功从事了固定价格共谋行为的结果。这就是通常所称的通过"有意识的平行行为"这种证据来证明存在共谋。但可能显而易见的是,这一方法的最大问题在于,在竞争性市场中也能够观察到同样的结果。事实上,市场越具竞争性,销售者的价格应当越有可能更相似。同样地,在常见的"寡头垄断"情形中,即便不存在价格协议,价格也可能是超竞争性的,在大多数时候市场中的价格也倾向于是类似的。(参见第十二章第三节第三部分。)因此,虽然法院长期以来一直允许原告通过有意识的平行行为这种证据来证明存在协议,但是法院也调整了原告的举证责任,以确保审判者不会将仅是源于竞争的平行定价行为推定为共谋。

因此就产生了所谓的证明共谋的"附加因素"(plus-factors)测试。多年来,法院已经设计出了一个能够从间接证据中推导出共谋的框架,并且认为,如果原告的证明建立在平行行为证据之上的话,则必须还存在某些"附加因素"表明其不仅仅是一种平行行为。但是,在涉猎这种"附加因素"之前,我们必须对最高法院在过去几十年中所采纳的一种新的、更严格的理论方法的影响予以考虑。接下来我们将探讨这种发展。

二、通布利案、孟山都案及松下电器案中的共谋证明:"经济意义"的审前要求

(一) 经济意义测试

虽然在美国烟草公司诉美国案中"合同、联合……或共谋"的定义可能看起来相当的宽泛,并且刚刚讨论的某些更久远的案子中所使用的方法也很随心所欲,但是,可以说自州际电路公司诉美国案以后共谋的法律已经发生了很大的改变。正如最近的反托拉斯案件常常显示的那样,正是司法对经济理论日益增强的依赖性推动了这种改变。这种改变是通过最高法院的以下三个案件得以完成的:孟山都公司诉斯普雷里特服务公司[Monsanto Co. v. Spray-Rite Service Corp. ,465 U. S. 752 (1984)]案,松下电器工业有限公司诉天顶无线电公司[Matsushita Elec. Indus. Corp. v. Zenith Radio Corp. ,475 U. S. 574 (1986)]案,贝尔大西洋公司诉通布利[Bell Atl. Corp. v. Twombly,550 U. S. 544 (2007)]案。这三个判决针对通过间接证据证

明存在共谋提出了一种新标准。自此以后,在每一个《谢尔曼法》第1条的案件中,如果原告寻求在没有直接证据的情况下来证明共谋,法院必须进行先验的理论分析,以确定被诉行为是否具有经济合理性。

严格来说,长期以来,证明共谋的案件都会考虑这方面的合理性。州际电路公司诉美国案和美国烟草公司诉美国案都认为,在被告没有展开明示共谋的情况下,如果原告所证明的平行行为不具有经济合理性,则可以将此作为证明存在共谋的证据;而戏剧企业公司诉派拉蒙电影发行公司案认为,如果这种平行行为原本具有经济合理性,即便其是完全单边性的,则也可以将此作为证明不存在共谋的证据。但是始自于1984年的这三个案件使得这种调查变得更加严格,而且也明确,如果一个案件所指控的共谋不具有经济合理性——在一个地区法院的法官看来,应仅适用经济学理论——则从法律上看,该案必须以缺乏直接证据为由予以驳回。

这种发展始自于孟山都公司诉斯普雷里特服务公司案。最高法院写道:

> 正确的标准应当是,必须有证据能够排除被诉共谋者从事独立行为的可能性。也即,必须有直接或间接证据能够合理地证明被告共同实施了一个旨在实现违法目的的计划。

参见孟山都公司诉斯普雷里特服务公司案判决书第768页(强调部分为本书所加)。松下电器工业有限公司诉天顶无线电公司案随后明确,间接证据是否合理地证明了这一计划取决于经济合理性。最高法院解释道:

> 在《谢尔曼法》第1条的案件中,反托拉斯法限制了从模糊证据中进行可以被允许的推理的范围。因此,⋯⋯与被允许的竞争相一致的行为,以及违法共谋,二者都不能单独支持反托拉斯共谋的推论⋯⋯因此,原告⋯⋯必须提出其他的证据,以排除被诉共谋者从事独立行动的可能性⋯⋯换言之,⋯⋯共谋必须是合理的⋯⋯

参见松下电器工业有限公司诉天顶无线电公司案判决书第 588 页（引用已省略）。最高法院随后指出，在该案中被诉共谋并没有得到证明，因为在法院看来，其原本不具有经济合理性。最高法院并没有认为共谋是不可能的，而是认为，对于被告来说，为了实现有利可图，它们不得不采取一种困难而冒险的战略，而这却并不能带来确定的利益。由于最高法院认为，一个理性的、追求利益最大化的企业将不会冒这种风险，因此原告可以仅通过提出某些能表明共谋已经发生的真正重要的证据，以此来证明这种共谋。

（二）何时以及如何适用该测试

从民事诉讼程序来看，可以在诉讼中的多个节点适用这种经济意义上的测试，而且在任何节点上，案件都可以因原告的证据不充分而被驳回。在任何节点上，依该节点所适用的证明标准，原告都必须证明被诉共谋原本具有经济合理性。在前述三个案件之后，这种测试可以在辩护阶段、即决裁判阶段以及直接判决阶段予以适用。

贝尔大西洋公司诉通布利案的最主要创新，就是明确了甚至可以在更早的阶段适用经济意义测试：依据《联邦民事诉讼规则》12(b)(6)考虑驳回诉讼的动议阶段。因此通布利案的问题就是，如果原告简单的、最初的控告是真实的话，这是否足以"支持准予救济之诉"。在原告有机会展示证据之前，以及甚至在被告被要求就原告的指控给出承认或否定的答案之前，法院就必须作出判决。[5]

通布利案事实上走得更远，它修改了对另外两条联邦程序规则即 8(a)(2) 和 9(b) 的解释。这两条规则的相关部分规定如下：

规则 8. 申诉的一般规则

(a) 救济的申请。申请救济的申诉必须包括：

---

[5] 依据联邦规则，只有"当事人"才能够展示证据，而且在提起诉讼之前原告并不能成为"当事人"。被告依据联邦规则第 12(b) 所进行的答辩或申请必须在 20 天的申诉期内提申。因此，原告在依据第 12(b) 提起申请之前将没有时间展示证据，被告必须在进行任何答辩或依据规则要求进行任何强制性证据披露之前提起申请。

……

(2)能够证明申诉人有权获得救济的简单而清晰的陈述……

规则 9. 特殊事项的申诉

……

(b)欺诈或错误;主观方面的条件。对欺诈或错误提起控告时,当事人必须表明构成欺诈或错误的条件的特殊性。可以对主观方面的恶意、意图、明知以及其他条件进行一般性的控告。

……

正如通布利案的多数意见和反对意见所共同承认的,这些申诉规则旨在使申诉程序更加简单,避免庭审前活动变成律师技术的战略游戏(在19世纪现代申诉制度创新之前就是如此)。规则9(b)的意义在于,在传统上它被理解为只有对欺诈或错误提起控告时,才必须证明其"特殊性"。并且事实上,多年来最高法院在这一问题上的主导意见只要求对原告的诉求进行充分的解释,以"合理告知被告原告的诉求是什么及其所依赖的基础……"参见康利诉吉布森[Conley v. Gibson,355 U. S. 41 (1957)]案判决书第78页。康利诉吉布森案清晰地表明了最高法院的意图,即这只要求对原告的诉求有一个基本的、简单的陈述,而且多年来,数百个联邦意见都引用了该案判决,认为依据规则12(b)(6)而提起的动议都应当被否决,"除非似乎毋庸置疑,原告不能证明任何可以支持其诉求并使其获得救济的事实"。参见康利诉吉布森[Conley v. Gibson,355 U. S. 41 (1957)]案判决书第45—46页。通布利案推翻了康利诉吉布森案,参见贝尔大西洋公司诉通布利案判决书第562—563页,取而代之的采用了一种新的"貌似合理的"(plausibility)标准,以适用于依据规则8所提起的所有民事案件的所有控诉。在《谢尔曼法》第1条控诉共谋的案件中,貌似合理的标准要求控诉"有足够的事实(真实的)证明已达成协议"。它并没有"在控诉阶段强加一种可能性要求",依据最高法院的观点,仅要求"有足够的事实能够表明存在合理的预期,即证据展示将揭示违法协议的证据"。结果,在《谢尔曼法》第1条的案件中,"指控存在平行行为以及简单断言存在共谋,都是不够的。"因此,"当指控平行行为提出《谢尔曼法》第1条控诉时,必须将其置于这样的背景之下,即能够表明之前曾达成协议,而不仅仅是存在同样也能构成独立行为的平行行为。"

至少在反托拉斯案件中,该规则的实际后果就是,孟山都—松下电器经济意义标准测试现在适用于控诉阶段,而且当原告能够在该阶段提出控诉时,该测试也会适用于这些具体的事实。问题是对于绝大多数原告而言,在该阶段他们将一无所获。因此他们可能无法提供能够证明共谋的直接证据,而他们所可能拥有的间接证据也只是那些能够从公共渠道获得的,例如报纸或者公司向证券监管委员会所报送的材料。因此除了平行行为的证据外,他们不可能拥有更加清晰的证据证明任何其他行为。从实践来看,这将使得《谢尔曼法》第1条的诉讼对于消费者或者其他与被告保持一定距离关系的主体来说变得非常困难。唯一没有受到这种限制的,是那些通过某种更加直接的方式与被告进行交易或能够接触到内部告密者的原告。

正如通布利案在《联邦民事诉讼规则》12(b)(6)中适用了经济意义测试,孟山都案和松下电器案在简易判决和直接判决阶段适用了这种测试。严格来说,被告是否进行了共谋是一个事实发现问题,但是回忆一下列明了简易判决标准的《联邦民事诉讼规则》第56条,要求法院询问,在得出支持非动议方(the non-moving party)的所有合理推论之后,是否有任何真正的重要事实问题要求进行审判。与通布利案的分析不同,这种测试只有在原告有机会通过数月或数年的证据发现——证词、质询、被告依据联邦规则必须进行的强制性披露,以及原告方的证人提供的口供——推动案件发展以后才能得以适用。在两个阶段,原告都必须再一次证明其所指控的共谋从主流经济学理论来看是"合乎情理的"。同样地,即便原告能够挺过简易判决,他也有可能被要求在直接判决阶段,基于其在审判过程中所提出的附加证据,以证明存在真正的问题。

在通布利案判决以后存在这样一种担忧,即该案大大限制了原告提起反托拉斯诉讼,[6]而且它仍然充满争议,是许多改革建议所关注的对象。但是它们可能具有的价值是,自 2007 年以来一些下级法院的判决已经表明,至少是在反托拉斯领域,事情可能并不像它们最初看起来的那样糟糕。《谢尔曼法》第 1 条的多个共谋控告已经使它通过了通布利案的控诉阶段,而且也有迹象表明,如果指控符合传统证明托拉斯共谋的"附加因素"控诉方法,则其仍然是适当的,只要它们能含有某种特殊性。[7]

三、寡头垄断理论的重要性

正如之前所提及的,证明共谋的法律规则受到了"寡头理论"(oligopoly theory)的重要影响。寡头是指仅由少数几个大的企业所主导的市场。经济学家长期以来就认为这种市场的表现可能不同于竞争性市场,特别是,寡头企业可能基于它们对竞争者将如何决策的预测来作出决定。最为重要的是,寡头企业能够预见到,降价能够在短期内扩大销售,但竞争对手随后也会降价,如果这一过程持续的话,则所有竞争者的经济利润都将降为零。因此,对于所有人而言,更好的方案是将价格定得更高,并且避免从竞争对手那里窃取交易机会。这样,它们每一个人都可以无限期地获得超竞争的利润。这会产生与达成明示固定价格协议相同的结果,但关键不同在于,其可

---

[6] 参见克里斯·萨格尔斯(Chris Sagers),"两个小组的故事:议长对短信以及 Potash 的干预"(A Tale of Two Panels: The Size of the Chancellor's Foot in Text Messaging and Potash),《国际竞争政策反垄断纪事报》(*Competition Policy International Antitrust Chronicle*),2011 年 11 月;凯文·M. 克莱蒙特(Kevin M. Clermont)与斯蒂芬·C. 叶泽尔(Stephen C. Yeazell),"推出新测试,动摇旧制度"(Inventing Tests, Destabilizing Systems),《爱荷华大学法律评论》(*Iowa Law Review*),第 95 卷(2011),第 823 页,认为通布利案以及之后的阿什克罗夫诉伊克巴尔[Ashcroft v. Iqbal, 556 U. S. 662 (2009)]案,"动摇了整个民事诉讼制度",创造了一种"革命性的""迄今为止不同于我们基本诉讼规则的新的民事程序";也可参见琳达·格林豪斯(Linda Greenhouse),"罗伯茨法院是保守党人的梦想"(Roberts Court Is a Conservative's Dream),《纽约时报》(*New York Times*),2007 年 7 月 1 日 [引用耶鲁大学法学教授朱蒂丝·雷斯尼克(Judith Resnik)的观点,他将 2007 年称之为"他们关闭了法院的一年"]。

[7] 参见明尼苏达化学公司诉阿格瑞姆公司[Minn-Chem, Inc. v. Agrium, Inc., 683 F. 3d 845 (7th Cir. 2012)]案判决书第 859—860 页(全体法官共同审理);短信反托拉斯诉讼[In re Text Messaging Antitr. Litig., 630 F. 3d 622 (7th Cir. 2010)]案。

以完全不用达成任何协议。没有协议的话，这种行为就不违反《谢尔曼法》第1条，而且除非其中的一个寡头者拥有足够的市场份额以表明其具有垄断力，否则也不会违反《谢尔曼法》第2条。

在任何特定市场中，多个因素使得这种"相互依赖的定价"(interdependent pricing)行为更有可能发生。首先，市场必须是集中的。在竞争性更强的市场中，对于任何企业而言，提高价格并希望所有其他企业都会效仿，这太过于冒险。其次，如果寡头者能够轻易察觉到"欺诈行为"——某些企业收取更低的价格并希望保守这一秘密，以避免遭到报复——则这是有利寡头者的。如果许多销售者的交易很频繁，而且产品是相对无差别的（也即相对来说具有可替代性的），则欺诈行为就更容易被察觉。如果需求不富有弹性，则也更容易发生相互依赖的定价行为，因为需求越不具有弹性，任何价格上涨都会更加有利可图。

这一理论对于证明共谋具有重要性，但是该理论在任何特定案件中将指向何处是很难预测的。能够促进相互依赖的寡头定价行为的相同市场特征，也能促进明示的卡特尔协议。因此，原告提出的证明能够促进寡头定价行为的市场特征，究竟是能够帮助还是可能损害原告证明共谋的努力，取决于原告控诉时所能够提出的其他一些事实。

一方面，如果存在某些有意义的迹象表明存在共谋，而不仅仅是价格方面的平行行为，则控告寡头垄断的因素将能够为指控共谋提供更多的支持。事实上，寡头行业特征是额外的"附加因素"。参见短信反托拉斯诉讼案判决书第627—629页（认为如果原告也控诉平行定价行为，以及有大量的证据表明被告之间存在沟通时，寡头行业结构"构成共谋的支持性证据"）。

但是，另一方面，除了寡头因素以外，如果原告拥有的唯一证据只是被告在价格或其他行为方面具有相似性的话，则寡头因素在共谋案件中实际上可能会损害到原告。在竞争性市场中，价格或其他行为方面具有高度相似性可能是值得怀疑的。在一个由许多小的销售者所构成的、价格具有竞争性的市场中，如果这些销售者之间不存在某种事实上的共谋或协同性行为的话，则这些销售者在价格或其他方面表现出突然的、相似性的行动，这看起来将是十分令人惊奇的。但是寡头企业可能通过纯粹的独立行为来这样做。例如,在著名的石油产品反托拉斯诉讼[Petroleum Prods. Antitrust Litig., In re, 906 F. 2d 432 (9th Cir. 1990)]案中,第九巡回法院对数家石油公司针对精炼汽油所收取的价格呈现"锯齿"状的证据予以了考虑。所有这些石油公司的价格都会在同一时间迅速上涨,紧接着在随后的数周内又会逐步下降,之后又会再一次上涨。在图表上,这种模式如图12.1所示。

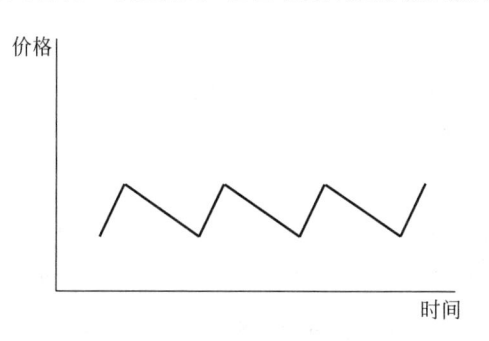

图 12.1　石油产品案中的"锯齿"定价模式

原告主张,如果不存在协议的话,竞争性的力量将会阻止这种行为。对于任何一家企业而言,单独进行反复的、急剧的价格上涨都将是不理性的,因此原告认为必然会存在某种潜在的协议。法院并不同意,因为法院发现这一市场是充分集中的,很容易受到相互依赖关系的影响,以至于这一模式可能源自于纯粹的独立行为。参见石油产品反托拉斯诉讼案判决书第444—445页。但是,值得指出的是,法院明确地观察到,如果市场是高度竞争性的话,则即便单独来看,这种定价行为也可能证明存在共谋。

寡头理论将在附录中作更为具体的探讨。

四、利用间接证据证明共谋的持续性框架:现在所适用的"附加因素"测试

即便是在孟山都案—松下电器案—通布利案三部曲之前,下级法院已经提出了用以判断共谋间接证据的标准,而且在某种程度上它已经融入了相同的基本推理,这三个案件后来使得这种推理变得更为严格。正如多次

提到的,这一标准逐渐被称之为"附加因素"方法。早在1954年就已经很明确,即如果仅有平行行为的证据而没有更多的其他证据,则并不能证明共谋。参见戏剧企业公司诉派拉蒙电影发行公司案判决书第541页。因此,法院的这种测试规定,如果原告首先提出平行行为的证据,则它还必须提供某些附加因素的证据,以证明这种平行行为看起来与共谋而非与单边行为具有更大的一致性。

即便是在孟山都公司诉斯普雷里特服务公司案之前,附加因素测试就已具有经济学理论的风格,正如法院经常所暗示的那样,最强有力的附加因素将是这种能够表明如果不存在共谋则平行行为将是不理性的证据。在经典的美国烟草公司案中,三家寡头香烟生产商在长期内进行了几乎完全一致的协同性价格调整。对于最高法院而言最为重要的是,在整个经济大萧条时期三家企业持续性地提高了香烟价格,而在这一时期其他经济因素本应促使一个理性的企业单独降低价格以争夺日益萎缩的需求。参见美国烟草公司诉美国案判决书第805页。

但是,并不是所有的附加因素都必然会受到这一经济学理论的推动,实际上,任何证据,只要其能够证明共谋更有可能存在,则这种证据就是相关的。横向竞争者之间进行了大量的交流或信息共享的证据通常被认为是共谋的迹象,特别是在这种交流之后紧随某种平行行为时更是如此。其他的行为如果能够促进共谋,则有关这种行为的证据也是相关的,例如公开价格声明之后发生的平行价格调整,或者为计算投入或交通成本而制定的行业手册或方案,或者其他使得竞争者能够预测其他竞争者价格的任何资料。同样地,如果卡特尔针对其成员实施价格管制,则与此相一致的证据也是有用的。例如,如果有掠夺性价格反应或拒绝交易方面的证据,并伴随着受害者的价格回归到整体的平行定价水平,则这倾向于表明被告正在实施固定价格协议。

例子

显然,纽约至华盛顿特区之间航线的竞争应该是非常激烈的。主要的航空公司每天会安排大量的航班,它们会面临廉价折扣航空公司和数家小型穿梭班机的竞争。然而，原告提出证据，包括由一位经济学家所提供的统计分析，证明该市场中的飞机票价在过去几年中是惊人的一致。他们进一步指出在这一时期有多次诡异的价格上涨，所有航空公司几乎在同一时间进行了相同的涨价。原告诉称，如果没有某种固定价格的安排的话，则不可能发生这种行为，原告依据《谢尔曼法》第1条提起了诉讼。

被告否认这种指控，认为原告未能提供足够的证据证明共谋。法院会同意被告的观点吗？

解释

这是一个封闭式问题。原告主要依赖的是平行定价的证据，而这本身并不足以证明存在共谋。如果有证据表明可能存在相互依赖的寡头性行为，则即便存在正如原告在此所强调的不寻常的价格调整的证据，也不必然充分。但是，原告在此宣称市场是竞争性的，因此如果没有共谋协议的话，则任何反复的大幅涨价行为都是不理性的。原告的这种控诉应该不会被驳回，并且也应该能进入审判阶段，除非被告能够提出足够的证据，证明其行为是相互依赖的定价行为，或者就其定价行为（排除了存在共谋这一真正的事实问题）提供某种其他解释。

例子

原告是一种专业复印机的购买者，指控两家主要复印机生产商——ABC公司和XYZ公司——达成共谋以固定价格。证据就是在过去很长一段时间内，这两家公司在价格方面保持着无可争辩的一致性（尽管它们的价格与众多小的竞争者在很大程度上也保持着平行）。原告也提出证据证明两家公司的营销和销售人员经常进行交流，而且两家公司组织了一系列的"休养"活动，两家公司的高管进行了会晤，旨在进行团队建设及经营培训。在证据展示阶段，原告也确定了受到损坏的邮件，而两家公司的高管在证词中都作出了某些轻率的表述。例如，一位销售高管在回答为什么打某些电话时说，"我怎么还知道价格是怎样的？"最后，原告提出证据以证明在被指控的共谋发生期间，有几周的时间，两家公司的价格波动非常的大，并不是平行的。在这一段时期，也有证据能够证明两家公司的首席执行官进行了会面。之后不久，它们价格之间罕见的严重差异结束了，又保持了一致。

被告寻求简易判决，认为原告未能证明共谋。法院会同意被告的请求吗？

解释

可能不会，因为原告已经提出了能够证明共谋的足够证据。首先，在本案中有直接证据。附加因素测试以及孟山都案、松下电器案和通布利案三起案件中的所有推理都仅适用于间接证据。在本案中，原告有被告高管在证词中承认共谋的直接证据。假设这种承认是可以被采信的而且不会被压倒性的辩护意见所推翻，则其能够支持可以裁判的共谋问题。

但是，即便没有这种证据，原告也已经提出了能够证明共谋的大量间接证据。首先，有平行定价行为的证据。除了平行定价的证据以外，原告所提出的附加因素测试包括公司间展开的大量交流、公司高管之间的会面，以及在双方之间存在明显的价格竞争期间首席执行官之间的会面。后种证据可能也能很好地表明其中的一家公司对于另一家公司偏离所协定价格的行为进行了报复性的攻击，或者两家公司达成和平协议以解决价格竞争中的一次短时间冲突。

第四节 纵向共谋证明中的特殊问题

原则上，纵向共谋的证明与横向共谋的证明是一样的。二者遵循美国烟草公司案中所列的相同基本标准，也适用孟山都案、松下电器案和通布利案中的经济意义测试(事实上，孟山都案就是一个纵向限制的案件)。因此，既可以通过直接证据也可以通过间接证据证明纵向共谋，但是，如果只有间接证据的话，则原告必须提供某些有利的因素，以排除独立性行为的可能性。但是，至少自从大陆电视公司诉 GTE 西瓦尼亚公司(参见第十章中的讨论)这一具有重要影响力的纵向限制判决以后，法院在推断存在纵向共谋方面越来越谨慎。至少有两个方面的解释。首先，回忆一下，大陆电视公司诉GTE西瓦尼亚公司案强调反托拉斯主要应当关注品牌间的竞争，允许对品牌内部的竞争进行限制以促进在分销以及市场推广方面的创新。其次，横向共谋者之间的交流与合作是很值得怀疑的。在大多数情况下，如果不存在某种企业合营类型的安排，没有特殊的促进竞争理由支持这种交流与合作。但是在纵向关系下，某种程度的持续性交流是产品买卖过程的重要组成部分。

这一区分的主要结果就是，法院更不愿意将重要的交流或其他形式的互动作为证明存在限制竞争协议的证据。例如，在孟山都案中，供应商终止向原告供货，因为原告从事了降价行为。原告诉称，供应商之所以终止向其供货，是因为供应商与供应商的其他交易商达成了固定转售价格协议，并且其他交易商就原告的降价行为向供应商进行了投诉。但是，最高法院对其他交易商的投诉这一仅有的证据持怀疑态度，因为纵向关系中的交流是商业中的正常现象。考虑到纵向关系的性质，法院认为仅有其他交易商的投诉，即便这种投诉涉及的是其他交易商的降价行为，其本身也并不能证明存在纵向固定价格的共谋。

第六部分　遭遇"大人物"：垄断法

第十三章　垄断违法行为

> 除非你变得更加警惕、审查垄断以及渴望特权，否则你终将发现……你核心利益的控制权将转移到这些公司的手中。
> ——安德鲁·杰克逊（Andrew Jackson）[1]

> 伟大的案件，正如疑难案件，产生坏的法律。
> ——小奥利弗·W. 霍姆斯（Oliver W. Holmes, Jr.）[2]

> 进监狱。直接进监狱。不要不进。不要收 200 美元。
> ——查尔斯·布莱斯·达罗（Charles Brace Darrow）[3]

接下来我们将开始讲解美国反托拉斯法三大主要理论中的第二部分，单边性的限制竞争行为：《谢尔曼法》第 2 条。[4] 一般认为，《谢尔曼法》第 2 条列明了三种诉因：垄断（monopolization）（本章所讨论的），试图垄断（attempted monopolization）（见第十四章第一节），以及共谋垄断（conspiracy to monopolize）（见第十四章第二节）。

---

[1] 安德鲁·杰克逊，"哥伦比亚引用世界"（Columbia World of Quotations）（1996）。

[2] 参见北方证券公司诉美国［Northern Securities v. United States, 193 U. S. 197 (1904)］案判决书第 400 页（霍姆斯法官持反对意见；最早的被认定为违反《谢尔曼法》第 2 条的主要案件之一）。

[3] 查尔斯·布莱斯·达罗（1889—1967），美国的发明家［"垄断"（Monopoly）游戏的说明（1933）］。

[4] 正如在第一章的引言中所介绍的，另外两种是《谢尔曼法》第 1 条的多边行为诉因（也被称之为"合同、联合……或共谋"），这是第五章至第十一章的内容，以及依据《克莱顿法》第 7 条起诉合并和收购的诉因，这是第十七章的内容。

几乎自美国反托拉斯诞生之日起就很明确,即仅仅拥有很大的市场份额,甚至是拥有非常大的市场势力,本身并不违反《谢尔曼法》第 2 条。即便是利用这种市场势力以抬高价格,就其本身而言也并不违法。在《谢尔曼法》的立法历史中有证据表明立法者是故意这样规定的,而且它也源自于 1890 年之前普通法对于"垄断"的界定。换言之,仅仅是规模大,其本身并不违法。相反,作为垄断方的被告必须做了某些事情以获得或维持其垄断地位,而且所做的这种事情必须不仅仅是以品质为基础的竞争。甚至被告获得真正的市场势力也是可以被允许的,如果被告这样做只是为了确保自己是涉案产品或服务最为有效的提供商的话。

这一基本政策的现代阐述出现在美国诉格林内尔公司[United States v. Grinnell Corp., 384 U.S. 563 (1966)]案中,在该案中最高法院宣布垄断案件中的原告必须证明:"(1)被告在相关市场中拥有垄断力;(2)被告故意获得或维持这种垄断力,不同于因更好的产品、商业智慧或历史事件所带来的增长或发展而形成的垄断力。"参见美国诉格林内尔公司案判决书第 570—571 页。对第(1)要件的证明几乎总是可以利用第四章中所讨论的市场份额替代标准,尽管正如我们将要看到的,在《谢尔曼法》第 2 条的案件中,原告依据该标准必须证明被告拥有非常高的市场份额,只有这样才能证明被告违反了《谢尔曼法》第 2 条。至于第(2)要件,在随后的判例法中它逐渐被称之为"排他性行为"(exclusionary conduct)要件,因为原告通常须证明被告将原本能够正常进入垄断者所在市场的竞争者排挤出去了。正如我们所要看到的,对于什么能够构成"排他性行为"总是充满着大量的争议与不确定性,并且一般来说,原告很难证明。我们关于《谢尔曼法》第 2 条的讨论很大一部分都是为了弄清这一术语在当代法中的含义。

例子

"机身"的制造——飞机的架构部分,不包括动力及所有的内部设备——是一个集中的行业,目前整个美国只有四家企业从事机身的制造。毫无疑问现有的企业拥有某种定价权,因为市场进入门槛很高。由于存在巨大的初始启动成本,为了更加有效率地生产,进入者必须能够进行大规模的生产。但是,需求是缺乏弹性的(全世界真正需要的飞机和直升飞机数量是有限的),因此,新进入者将很难通过把价格定得足够低以攫取或创造足够的交易机会。不管怎样,其中的一家现有企业,即彼禾莫肯公司(Behemocon, Inc.),是目前为止最大的一家企业,拥有大约65%的市场份额。该行业只经历了偶尔的价格竞争,之所以如此主要是因为彼禾莫肯规模巨大且拥有丰富的资源,因此能够对降价行为进行可怕且迅速的价格报复。事实上,在二十多年之前那次大规模的严重价格竞争之后,在我们的记忆中,当时唯一一家试图进入该行业的企业被迫破产。因此,如果你现在想购买一个机身的话,你从现有的任何一家企业那进行购买都将需要支付同样的价格。

在上述情景中,有任何行为违反了《谢尔曼法》第2条吗?

解释

可能没有。不可否认,依据上述美国诉格林内尔公司案中的第(1)要件,彼禾莫肯可能拥有"垄断力"。但是,请回想一下,《谢尔曼法》第2条也要求证明存在某种排他性行为,在本案中唯一明显的行为就是在竞争不激烈的时期不展开竞争,以及当竞争变得激烈时通过降价以展开竞争。事实上,彼禾莫肯显然通常并没有将价格定在其竞争对手之下,而且其降价也只是为了防止竞争对手削价,并且至少一旦它这样做时,就会足够严重从而导致竞争对手退出市场。虽然这并不是最完美的状态,但是它通常也并不违法,因为降价以应对竞争对手的更低价格正是竞争的固有本质。因无法匹配竞争对手的价格而导致的企业退出,是正常的竞争结果,并不构成反托拉斯责任的基础。只要彼禾莫肯的行为不能被证明是"掠夺性"定价(参见第十三章第三节第三部分),它通过价格反应所做的一切都是"以品质为基础的竞争"(参见第三章第二节第一部分)。

附带提及一下,基于上述事实,这种行为也不会违反《谢尔曼法》第1条。第1条要求证明存在"合同、联合……或共谋",在本案中似乎也是不存在的。这一事实突出了反托拉斯法中的一个有趣问题:在《谢尔曼法》中有一个缺漏。虽然相互依存的寡头定价行为明显是限制竞争的并具有社会危害性，但它并不违法。就其本身而言，它并不构成《谢尔曼法》第 1 条所要求的共谋，也不构成第 2 条所要求的"排他性"行为。（第三章第四节、第十二章第三节第三部分以及附录对这种"缺漏"以及寡头问题展开了讨论。）

第一节 早期的判例法及其当前的重要性：美国铝业公司案、联合鞋业案，以及法律所可能存在的多种形式

几乎自《谢尔曼法》刚刚颁布之日起，依据该法第 2 条就提起了许多垄断案件，但是最高法院早期的判例法缺乏任何明确的理论指导。最高法院未能具体清晰地阐明这一诉因究竟包括哪些要件，在一些重要的问题例如垄断意图以及在证明垄断力时是否有任何要求等方面，法院的态度似乎很矛盾。因此，一系列的早期判例意见，尽管我们通常被告知它们是垄断法中的基本判决，却并不能为我们了解《谢尔曼法》第 2 条的现代含义提供更多的帮助。从本质上来看，对于美国诉美国钢铁公司[United States v. United States Steel，251 U. S. 417 (1920)]案以及其之前的案件，现在最高法院所不得不提及的大多数内容，都只是出于一种历史兴趣。[5] 美国诉美国钢铁公司案之后的许多年，最高法院在这一问题上几乎保持沉默。

从案件对法律的长期影响这一标准来看，早期第一个真正重要的案件直到几十年之后的美国诉美国铝业公司[United States v. Aluminum Co. of Am. ，148 F. 2d 416 (2d Cir. 1945)]（Alcoa）案才出现。尽管美国诉美国铝业公司案的意见是上诉法院的判决，但是由于特殊的程序性原因，该案事实

---

[5] 参见美国诉美国烟草公司[United States v. Am. Tobacco Co. ，221 U. S. 106 (1911)]案；新泽西标准石油公司诉美国[Standard Oil Co. of New Jersey v. United States，221 U. S. 1 (1911)]案；北方证券公司诉美国[Northern Securities v. United States，193 U. S. 197 (1904)]案。参见劳伦斯•A. 沙利文 & 沃伦•S. 格里姆斯，《反托拉斯法：综合手册》，2006 年第二版，第 92—95 页。

上具有最高法院判决的地位。[6] 同样地,审理该案的法官在某种意义上碰巧也是一个梦之队:勒恩德·汉德(Learned Hand),他的弟弟奥古斯塔斯·汉德(Augustus Hand),以及托马斯·斯旺(Thomas Swan)。

美国铝业公司曾经是(而且现在仍然是)一家大型的企业,在全世界的铝的生产中占据了很大的市场份额。美国铝业公司曾是具有商业可行铝生产方法的第一批专利的拥有者,美国铝业公司在19世纪80年代至90年代期间被授予了这些专利,并在1909年左右失效。在这一民事垄断诉讼中,政府指控美国铝业公司在这些专利失效以后采取了一系列措施,以确保其仍然是美国唯一的或主导性的铝生产商。

美国诉美国铝业公司案判决中最重要的观点就是法院坚持要求提供存在排他性行为的证据。尽管在相关时期内,美国铝业公司可以说拥有了大约90%的市场份额,而且即便司法部竭力主张拥有如此之高的市场份额这一事实本身就足以说明违反了《谢尔曼法》第2条,但法院重申仅有规模本身是不够的。正如勒恩德·汉德法官如下著名的表述:

> 不能因为"美国铝业公司"具有这种垄断力就认为它"垄断了"铝锭市场;它可能没有实现垄断;垄断可能是强加于其身上的……(例如),一个单一的生产商可能是众多活跃竞争者中的幸存者,其依靠的仅仅是其更精湛的技艺、远见和勤勉……成功的竞争者被敦促着展开竞争, 187 不能在它成功的时候斥责它。

参见美国诉美国铝业公司案判决书第429页。同样具有持续重要影响的是汉德法官的这一观点,即在依据《谢尔曼法》第2条提起的垄断诉讼中,如果原告欲通过市场份额来证明垄断力,则原告必须展示存在非常高的市场份

---

  6 由于当时最高法院有四名法官被取消了资格,因此最高法院被要求适用被称之为《加速法案》(the Expediting Act)中的一个条款,即现在的《美国法典》标题28第2109条(28 U.S.C. §2109),确认将该案交由相关巡回法院的三名最为资深的法官审理。依据《加速法案》该巡回法院所作的判决是"终局性的",因此该判决与最高法院的判决相同。

额,以满足《谢尔曼法》第2条诉因的绝对最低要求。在确定一套至今仍被许多法院所经常引用的标准时,汉德法官写道:"[美国铝业公司在相关市场中拥有90%的市场份额]足以构成垄断;60%或64%的市场份额是否构成垄断还存在疑问;而33%的市场份额则确定不构成。"参见美国诉美国铝业公司案判决书第424页。汉德法官的这一大致的标准经受住了检验。美国律师协会反托拉斯部门2005年版陪审团指令范式,建立在对大量现有的联邦上诉判例法进行审视的基础之上,该指令范式规定,拥有至少50%以上的市场份额是构成垄断的先决条件。参见美国律师协会反托拉斯部门(Section of Antitrust Law, Am. Bar. Assn.),"反托拉斯民事案件陪审团指令范式2005年版"[Model Jury Instructions in Civil Antitrust Cases 2005 Edition C-17 (2005)]。

另一方面,美国诉美国铝业公司案也提出了一种在现代反托拉斯法中受到了众多批评的观点,大多数人都不再认同这一观点。汉德法官认为,被告仅仅是扩大其产量以满足任何新的需求这一行为,就可以成为违反《谢尔曼法》第2条所必需的违法行为的证据。尽管法院承认,美国铝业公司自己"刺激了需求并且为金属寻找到了新的用途",这仍然构成违法行为,因为在它这样做之前它"确信自己能够满足所创造的新需求"。参见美国诉美国铝业公司案判决书第424页。

不管怎样,另外一个更早的下级法院的判决意见对于垄断法也具有持续性的影响。在美国诉联合鞋业机械公司[United States v. United Shoe Machinery, 110 F. Supp. 295 (D. Mass. 1953)]案中,一位德高望重的地方法院法官查尔斯·怀赞斯基(Charles Wyzanski)审理了一起依据《谢尔曼法》第2条针对联合鞋业机械公司提起的民事诉讼。联合鞋业机械公司是一家非常大的制鞋设备生产商,而且也是另外一个具有重要影响意义的早期案件美国诉新泽西联合鞋业机械公司[United States v. United Shoe Machinery Co. of N.J., 247 U.S. 32 (1918)]案中被告公司的直系继承公司。具有持续性重要影响的是怀赞斯基法官考察了哪些种类的行为能够满足依据《谢尔曼法》第2条提起诉讼的行为要件。他注意到截至当时的案件对于排他性行为采取了三种不同的方法。(1)在早期的案件中法院要求,垄断的获得或维持,是通过本身为不合理的限制并违反《谢尔曼法》第 1 条的行为实现的。(2)之后,法院"采取了一种更具包容性的方法",依据该方法,"一个企业从事了违反《谢尔曼法》第 2 条的垄断行为,如果它(a)拥有能够排除竞争的势力,并且(b)利用了这种势力,或者具有利用这种势力的目的。这一结论至少意味着,如果某企业能够对市场进行有效控制以进行或计划进行任何排他性行为,即便这并不是对贸易的一种技术限制,也违反了《谢尔曼法》第 2 条。"参见美国诉联合鞋业机械公司案判决书第 342 页。(3)最后是汉德法官在美国诉美国铝业公司案中所采纳的方法,即"当某企业获得了巨大的市场份额,则无论它何时进行交易都构成了'垄断',显然,即便没有证据表明其交易涉及任何排他性行为亦是如此",除非被告能够证明"其之所以拥有垄断力,仅仅是因为它的技艺更高、产品更优、拥有天生的优势(包括能够获得原材料或市场)、具有经济或技术效率(包括科学研究)、能够永久维持较低的利润率而且不存在歧视,或者获得法律所授予的许可并在法律范围内进行使用(包括因自己的发明而获得专利,或获得了由某一公共机构所授予的特许经营权)。"参见美国诉联合鞋业机械公司案判决书第 342 页。正如之前所说的,这是法院所愿意接受的次优方法。

第二节 基本的诉因:作为动词的"垄断"

我们现在需要对当前的垄断诉因予以界定。除了我们之前已经讨论的两个要件以外——证明存在垄断势力以及排他性行为——法院现在也认识到存在"促进竞争正当性理由"抗辩的可能性,有些法院已经明确将其纳入到了它们关于垄断诉因的框架中去。因此,基本的垄断诉因现在要求原告证明:

一、被告"在相关市场中拥有垄断势力";

二、被告"故意获得或维持这种垄断力,不同于因更好的产品、商业智慧或历史事件所带来的增长或发展而形成的垄断力";

三、限制竞争行为能够带来弥补性的好处,这要么是一种托词,要么要远远小于这种行为所带来的限制竞争危害。

参见美国诉格林内尔公司案判决书第 570—571 页。

至于第一个要件,即存在垄断势力,通常可以通过市场份额来予以证明。证明存在"垄断"势力与《谢尔曼法》第 1 条通常所要求的证明存在市场势力,二者之间的唯一不同就是,在《谢尔曼法》第 2 条的案件中,所必须证明的市场份额的量要更高一些。最高法院从来没有明确过原告证明存在垄断势力时所必须达到的最低市场份额比例。由于没有这种指引,正如所提到的,法院现在主要遵循汉德法官在美国诉美国铝业公司案意见中所设定的基准。换言之,垄断案件的原告通常必须证明被告在相关市场中拥有 50%—60% 的市场份额,另外还必须证明被告在市场进入或其他方面享有某种保护,从而使得其能够提高价格或减少产量。

第二要件"排他性行为"的证明是三个要件中到目前为止最困难和最充满争议的。本章第三节第三部分至第八部分将详细分析原告试图证明排他性行为的多种方法,这也构成了本章的大部分内容。最后,本章第四节将讨论关于具有促进竞争效果正当性这一要件的相关判例法。

第三节 排他性行为的证明

一、排他性行为一般理论

法院和学者长期以来都在探寻理论上一致性的解释,即为什么某些行为具有排他性而其他行为则不具有。这种努力并未取得很好的效果,至少如果目标是寻找一种统一理论的话的确是如此,对此大家已经习以为常。相反,正如我们将要看见的,法院现在已经勉强接受依据与《谢尔曼法》第 1 条相同的类型化方法来判断排他性行为了。法院首先会分析涉及的是哪一种类型的行为,然后将对应的教义测试方法适用于该类型内的所有其他行为。

在对排他性行为这一要件作了某些背景铺垫以后,本节考察了构建统一排他性理论的长期努力,以及得到了最为充分发展的替代性理论,即所谓的"利润牺牲"(profit sacrifice)测试。随后将总结我们现在所运用的默认方法,即类型化方法(category approach)(本章第三节第一部分第三小部分),并简要分析了垄断案件中的垄断意图这一特殊问题(本章第三节第二部分)。之后我们将在本章第三节第三至第八部分中对法院现在所认为存在的排他性行为具体类型展开分析。

(一) 背景

法院已经通过多种方式总结了排他性测试。在一个具有重要影响力的案件中,最高法院指出,排他性是一种为了"排除竞争,获得竞争优势,或者损害竞争者"而采取的行为。参见美国诉格里菲斯[United States v. Griffith, 334 U.S. 100 (1948)]案。但是,在任何现代的法律理解中,这种界定本身显然都是不够的,因为它过于宽泛。它可能将那些明显具有促进竞争效果的行为也认定为违法。例如,能够降低成本的创新可能产生"竞争优势",并很有可能"损害一个(效率低下的)竞争者",但是鼓励这种行为正是反托拉斯法的核心目标。

因此,现在越来越多的判决不仅关注对竞争对手造成的损害,而且也要求这种损害并不是由于竞争本身所导致的。如果原告所宣称的唯一损害源于被告通过提高效率或创新而得以实现的更低价格或更好的品质,则这是不够的。这一含义也体现在一个主要论著的著名定义中:"排他性行为至多是这样一些行为,即不仅(1)会损害竞争对手的机会,而且(2)要么不会促进竞争,要么是以一种不必要的限制性方式来促进竞争。"参见菲利普·阿里达 & 唐纳德·特纳,《反托拉斯法》(Antitrust Law) ¶ 626b (1978)。现代的判例法反复地表达了这样一种含义。[7]

---

[7] 参见阿斯彭滑雪公司诉阿斯彭高山滑雪公司[Aspen Skiing Co. v. Aspen Highlands Skiing Corp., 472 U.S. 585 (1985)]案判决书第 605 页及 35 注释(一字不差地引用了阿里达和特纳的表述);泰勒出版公司诉乔斯滕斯公司[Taylor Publg. Co. v. Jostens, Inc., 216 F. 3d 465 (5th Cir. 2000)]案判决书第 475 页(一字不差地引用);凯奇曲线公司诉维纳利公司[Catch Curve, Inc. v. Venali, Inc., 519 F. Supp. 2d 1028 (C.D. Cal. 2007)]案(一字不差地引用)。

但是,一般性的阐述并不能真正解决这一困难问题,事实上,大多数关于排他性行为的讨论都是以解释很难提出一个好的垄断性标准开始的。之所以会出现这种问题,部分是因为有许多不同种类的行为都会排除竞争,至少当拥有垄断力的销售者参与时即是如此。正是因为这方面的原因,排他性行为才很难被类型化。正如华盛顿特区巡回法院在美国诉微软公司[United States v. Microsoft Corp. ,253 F. 3d 34(D. C. Cir. 2001)]案中所指出的:

> 一个垄断者的任何行为是否是排他性的,而非仅仅是一种激烈竞争的形式,这是很难辨别的:违法排他性行为的形式,正如合法竞争的形式一样,多种多样。对于反托拉斯法院而言,确定一般性的规则以区分那些减损社会福利的排他性行为与那些增加社会福利的竞争性行为,是存在很大挑战的。

参见美国诉微软公司案判决书第58页。同样地,第三巡回法院曾指出:"'限制竞争的行为'存在有太多种不同的形式,而且也太依赖于具体的背景,以至于使得法院或评论者很难列举所有的情形。"参见利佩奇公司诉明尼苏达矿务及制造业公司[LePage's, Inc. v. 3M, 324 F. 3d 141(3d Cir. 2003)]案判决书第152页(全体出庭法官审理),引用了加勒比广播系统有限公司诉电缆无线PLC[Caribbean Broad. Sys. , Ltd. v. Cable & Wireless PLC. 148 F. 3d 1080(D. C. Cir. 1998)]案判决书第1087页。因此,最高法院指出:

> 在《谢尔曼法》的案件中,原告在证明时,可以不要求其对不同的事实进行严格区分,而且在对每一事实进行审查之后都应该勾销往事。

参见大陆矿业公司诉联合碳化公司[Continental Ore Co. v. Union Carbide & Carbon Corp. ,370 U. S. 690(1962)]案判决书第699页。

（二）模棱两可的"利润牺牲"和"非经济意义"测试

尽管法院和评论者从来都没有成功地提出任何一种一般性的测试方法来解释排他性行为，但从来都不缺乏这方面的努力。其中讨论最多的一种方法源于阿斯彭滑雪公司诉阿斯彭高山滑雪公司案，它类似于最高法院在之前反托拉斯判例法中提出的一些其他测试方法。虽然最高法院自己从来没有明确地采纳过这种测试方法，但是阿斯彭案的行文却使得某些人相信排他性行为要求证明存在某种利润牺牲。也即，这种行为要被认定为违法，其应当不具有经济合理性，除非垄断者能够通过排除竞争对手而获得更多的利润。

1985年作出判决的阿斯彭案，可能是自1945年汉德法官在美国铝业公司案中所作的著名判决之后，在整合《谢尔曼法》第2条排他性行为单一标准方面作出的最具系统性的努力。但是，在这样做时，最高法院又导致了模棱两可。一方面，最高法院引用了上述阿里达著作的观点，写道：

> "排他性行为"至多是这样一些行为，即不仅(1)会损害竞争对手的机会，而且(2)要么不会促进竞争，要么是以一种不必要的限制性方式来促进竞争。

参见阿斯彭滑雪公司案判决书第605页及32注释[引用菲利普·阿里达与唐纳德·特纳，《反托拉斯法》，第78页(1978)]。引用另外一本著名的反托拉斯著作，最高法院补充道："如果一家企业一直试图基于非效率方面的原因而排除竞争对手，则将这种行为认定为掠夺性行为是很合适的。"参见该案判决书第605页[省略了内部的引号；引用罗伯特·博克（Robert Bork），《反托拉斯悖论》(The Antitrust Paradox)，第138页（1978）]。无论是哪一种界定都是很宽泛的。它们可能包括由垄断者所做的损害竞争对手的任何行为，只要不会将这种行为归结为生产品质更好的产品或价格更便宜的产品。

但是随后审理阿斯彭案的最高法院重点强调了这样一种观点，即如果不存在排他性的目的,则本案中的被诉行为原本不具有经济合理性。原告和被告是两家相毗邻的滑雪胜地的经营者,并且被告在它们的市场上拥有垄断力。多年来,双方都遵照所达成的合作协议,各自所销售的门票可以在对方的滑雪场进行滑雪。但是,被告突然决定不再执行这一合作协议,并拒绝原告所建议的所有替代性方案,这导致原告遭受到了严重的经济损失。在认定拒绝交易是一种可诉的、限制竞争的排他性行为时,最高法院详细解释道,一个理性的企业原本应该将原告所提出的替代性的场地共享计划视为是一种获利的机会。因此,这种拒绝是不理性的,除非被告希望通过将原告逐出市场从而获取垄断性回报。由此而产生的模糊性就是,在《谢尔曼法》第2条的案件中,原告是否必须不仅证明损害竞争对手的行为不构成"以品质为基础的竞争",而且证明这种行为在没有排他性动机的情况下原本并不具有经济合理性。事实上,这将排除"没有代价"的排他性行为承担法律责任的可能性。这种行为可能并不是以品质为基础的竞争,但是代价也很低,因此即便它并不会带来垄断利润,也可能并不是非理性的。

最高法院在威瑞森通信公司诉柯蒂斯·V.特林科律师事务所案中进一步强化了这种印象。该案同样也涉及一个垄断者拒绝与竞争对手展开交易的情形,法院高度依赖阿斯彭案的意见。尽管最高法院也并没有明确要求证明存在利润牺牲,但是,在这一点上它甚至要比阿斯彭案走得更远。法院认为被告的拒绝交易行为并不具有排他性,在很大程度上是因为这种拒绝交易并不涉及利润损失。[8] 不管怎样,执法机构有时也在它们提起的诉讼中以及法庭之友的简要声明中要求进行某种形式的无经济意义的测试。[9]

然而,尽管依据《谢尔曼法》第2条,现在确实足以证明在没有限制竞争

---

[8] 威瑞森通信公司诉柯蒂斯·V.特林科律师事务所案也增加了一种新的不确定性,这仅限于拒绝交易的特殊情形:法院似乎表明,原告可能被要求证明垄断者拒绝从事其之前曾自愿从事的行为。这一点将在本章第三节第四部分中进行讨论。

[9] 参见格雷戈里·J.维尔登(Gregory J. Werden),"依据《谢尔曼法》第2条识别排他性行为:'无经济意义测试'"(Identifying Exclusionary Conduct Under Section 2: The "No Economic Sense" Test),《反托拉斯法律杂志》,第73卷(2006),第413—414页(描述了这种努力)。

动机的情况下,被告的行为是不合理的,但是,强制性的利润牺牲测试是否已经成为《谢尔曼法》第 2 条所要求的,却仍然不甚清楚。无论是阿斯彭案还是特林科律师事务所案都没有明确提出这种要求,并且这种要求至少被一个上诉法院在其著名的意见中予以了驳回。参见利佩奇公司诉明尼苏达矿务及制造业公司案(驳回了认为被告高于其成本进行销售不违反《谢尔曼法》第 2 条的主张)。同样也有许多学术上的争论,而且主流观点对利润牺牲测试提出了尖锐的批评。[10] 至少暂时来看,没有类似的标准看起来被强制采纳过。

(三) 当前的状态:通过类型方法分析排他性行为

因此,我们接下来要通过一种类型化方法来分析《谢尔曼法》第 2 条之下的排他性行为。对于这些不同类型的法律责任,并没有统一的划分标准,而且也有观点认为,将它们区分开来作为单独的责任理论可能并不是那么有用的分析方法。[11] 但是,至少存在一个主要的理由使人们相信,在某些排他性行为理论之间存在一种区别。那些被宣称是通过垄断者的定价决策而产生的排他性行为看起来要更难被证明。正是由于这方面的原因,我们将

---

[10] 参见埃莉诺·M. 福克斯(Eleanor M. Fox),"特林科律师事务所案以后阿斯彭案还有效吗?《谢尔曼法》第 2 条的沉默革命"(Is There Life in Aspen After Trinko? The Silent Revolution of Section 2 of the Sherman Act),《反托拉斯法律杂志》,第 73 卷(2005),第 161—162 页(特林科律师事务所案明显的利润牺牲测试标准是从先前的判例法中进行的"艰苦卓绝的推论",福克斯教授并没有发现有这种限制);史蒂文·C. 萨洛普(Steven C. Salop),"排他性行为,对消费者的影响,以及有缺陷的利润牺牲标准"(Exclusionary Conduct, Effect on Consumers, and the Flawed Profit-Sacrifice Standard),《反托拉斯法律杂志》,第 73 卷(2004),第 311 页;斯宾塞·韦伯·沃勒(Spencer Weber Waller),"微软案和特林科律师事务所案:两个法庭的故事"(Microsoft and Trinko: A Tale of Two Courts),《犹他大学法律评论》(Utah Law Review),2006 年卷,第 741—742 页["有时某种观点(像特林科律师事务所案),是如此极度的错误,以至于使人联想到了玛丽·麦卡锡(Mary McCarthy)援引莉莉安·海尔曼(Lillian Hellman)的著名的话:'她所写的每一个字都是谎言,包括 and 和 the……(特林科律师事务所案)在法律适用上是错误的,事实认定上是错误的,程序上是错误的,经济学分析上是错误的,机构的能力方面是错误的,而且与之前对《谢尔曼法》第 2 条所进行的清楚表达的法律标准相比显得相形见绌。"]。

[11] 参见安德鲁·I. 贾维尔(Andrew I. Gavil),"具有市场支配地位的企业从事的排他性分销战略:取得更好的平衡"(Exclusionary Distribution Strategies by Dominant Firms: Striking a Better Balance),《反托拉斯法律杂志》,第 72 卷(2004),第 24 页。

首先在本章第三节第三部分中进行讨论。将不同的类型视作是独立的,这至少也是一种组织大量案例的有效方式。记住这一点,我们可以将它们大致划分为以下五种类型:

1. 排他性定价行为(Exclusionary pricing)(参见本章第三节第三部分)。垄断者可能将其价格定得如此之低,以至于如果竞争对手进行匹配的话将无法生存,垄断者试图通过这种方式来达到排挤竞争对手的目的。这种策略又存在几种不同的形式:

(1) 普通的掠夺性定价行为,将价格定得如此之低以排挤竞争对手;

(2) 掠夺性购买,意指将那些必要投入品(inputs)的价格抬得如此之高以至于竞争对手无法负担;

(3) 被视作是忠诚或促销努力的折扣计划,但事实上却只是价格掠夺;

(4) "价格挤压"(price squeeze),是指一个纵向一体的垄断者只愿意以非常高的价格向竞争对手销售其所垄断的投入品,但随后又在下游市场中以很低的价格与其竞争对手展开竞争。

2. 排他性的拒绝合作行为(refusal to cooperate)(参见本章第三节第四部分)。有时,垄断者通过拒绝与竞争对手展开交易就能损害竞争对手。例如:

(1) 该垄断者可能是市场中非常重要的一个企业,以至于如果竞争对手无法与其展开某种形式的合作就无法开展经营;

(2) 该垄断者可能是一个纵向一体的销售者,它所销售的投入品是竞争对手所需要的;

(3) 该垄断者可能控制为竞争对手所需的某些资源,例如通信网络或火车站。

3. 排他性的分销(参见本章第三节第五部分)。一个垄断者可能通过封锁分销链的某个环节来排除其竞争对手,拒绝竞争对手接触消费者或者供应商。例如,该垄断者可能:

(1) 与供应商或者消费者达成排他性合同,或者通过惩罚或限制来阻止供应商或消费者转向其他竞争者,以此来排除潜在竞争对手的机会;

(2) 在其具有垄断力的产品上搭售其他的产品,或者从事相关的行为例如捆绑产品,或者达到一定数量的折扣,或全线商品购买(full-line purchases)。

4. 排他性的滥用机构行为(misuse of institutions)(参见本章第三节第六部分)。很多时候,如果你想获得垄断力,政府可能是一个很好的助手。一个垄断者可能滥用政府或类似机构的程序损害竞争对手。例如,它可能会:

(1)提起针对竞争对手的琐碎诉讼或行政控告;

(2)试图操控政府机构或者私人标准制定组织制定规则的过程,以此损害竞争对手。

5. 排他性的创新(参见本章第三节第七部分)。最后,当一个公司在很大程度上控制了一个市场的话,它可能有能力通过引入一些技术性的变革,或者策略性地利用技术以使竞争对手更难展开竞争,以此来使竞争对手处于不利的境地。例如:

(1)它可能试图改变其产品的设计,或者完全引入一个新的产品,以禁止竞争对手提供好的替代品;

(2)它可能战略性地利用知识产权以窒息竞争。

最后,在本章第三节第八部分中,我们将考察一系列的判例法,以显示法院是如何试图界定那些无法完全归入上述类型的排他性行为的。在这些更为混杂的领域中并没有明确的指南,而且判例法也很罕见,但确实突显出了主题。

我们将依次讨论上述各类排他性行为。但是在此之前,我们首先在本章第三节第二部分中讨论一个贯穿于所有排他性行为理论的证据问题:关于垄断意图的证据是否有任何特殊的重要性。结果表明,尽管关于垄断意图的证据并不为《谢尔曼法》第2条的案件所严格要求,但其确实具有某种价值,而且无论原告所指控的是何种类型的排他性行为,关于垄断意图的证据总是能够发挥或多或少的相同价值。

二、垄断意图的价值

关于被告垄断的意图或者损害竞争对手的意图的证据,在原告提起的垄断案件中是相关的,但是这对于证明被告违反《谢尔曼法》第 2 条是既非必要又不充分的。严格来说,《谢尔曼法》第 2 条所规定的明显的垄断违法行为(不同于试图垄断以及共谋垄断行为,这两种行为将在第十四章中进行讨论)并不要求原告证明被告有任何特定的垄断意图。而且,依据现代法很显然,仅仅有垄断意图的证据,即便主体是拥有垄断力的被告,也不足以满足"排他性行为"的要件。[12]

但是另一方面,不可否认的是,在许多垄断案件中垄断意图的证据都发挥着一定的作用。有某种迹象表明在早期的判例法中它发挥了很大的作用。最高法院的一些早期案例几乎完全关注垄断意图,在美国诉美国铝业公司案中,汉德法官提出了这一著名的尽管很模糊的观察:

> 为了能够落入《谢尔曼法》第 2 条的适用范围,垄断者必须既具有垄断的势力,又具有垄断的意图。将此理解为要求有任何"具体"的意图是没有意义的,因为没有一个垄断者在从事垄断行为时不知道它正在做什么。

参见美国诉美国铝业公司案判决书第 432 页。这似乎暗示着,证明存在某种垄断意图事实上是归责的前提条件。

这不再是法律,而且现行法可能最好这样来进行表述,即关于限制竞争行为意图的证据并不是必需的,但是它确实能够支持原告针对排他性行为提起的诉讼。垄断案件中垄断意图的证据所发挥的作用,与其在《谢尔曼法》第 1 条适用合理原则的案件所发挥的作用是一样的。回想(在第七章第一节中所讨论的)布兰代斯法官在芝加哥贸易委员会诉美国案中经常被引用的观点。垄断意图的证据在合理原则案件中是有用的,"这并不是因为一个好的意图将能够挽救一种原本令人反感的规制,或者相反;而是

---

[12] 参见美国律师协会,《反托拉斯法的发展》第 1 卷,2007 年第六版,第 242—243 页及 101 注释(案例汇编)。

因为了解意图可能有助于法院解读事实并预测结果。"参见芝加哥贸易委员会诉美国案判决书第 238 页。同样地,在华盛顿特区巡回法院有影响力的微软案中,法院写道:"垄断者行为背后的意图的证据只是在其能够帮助我们理解垄断者行为可能的效果方面是相关的。"参见美国诉微软公司案判决书第 59 页。

并不是所有垄断意图的证据都具有说服力。关于垄断意图的证据,法院现在最关心的并不仅仅是想要伤害竞争对手的愿望。正如最高法院曾解释的:

即便是一个竞争者针对另外一个竞争对手所采取的一种纯粹恶意的行为,如果没有其他更多的证据的话,也并不能依据联邦反托拉斯法提出诉讼请求;这些法律并没有产生一种不公平竞争的联邦法律,也不"旨在为州际贸易中的人所从事的所有侵权行为或针对其所从事的所有侵权行为提供救济"。

参见布鲁克集团有限公司诉布朗威廉姆森烟草公司案判决书第 225 页。相反,相关的证据能够证明被告意图完成被诉的特定限制竞争行为,正如那些能够证明被告意图阻止竞争对手获得所需技术或分销渠道的证据一样。

三、排他性定价:掠夺性定价及其形式

最常见的排他性理论就是掠夺性降价。该理论认为,一个企业在试图抵御潜在竞争对手时,可能会进行一种真正激进的价格反击,如果其效果是为了消灭这些竞争对手的话,那么这将是获得或保持市场势力的一种方式。比方说一个销售者已经在一个相当大的地域范围内获得了垄断地位,但随后面临来自比如说亚利桑那州梅萨市的一个新的市场进入者的挑战。该垄断者可能直接将其在梅萨市的价格降低到它所了解的竞争对手生产成本之下的某个水平。如果该垄断者能够在很长时间内维持这一价格,则它可能

会迫使竞争对手退出市场,然后又重新回到它舒适的垄断地位。这种低价甚至可能会低于垄断者自己的成本,因为垄断者可以通过两种方式来弥补这种掠夺性定价造成的损失。它既可以在其他其并不面临竞争挑战的市场中收取超竞争水平价格,也可以在打败竞争对手以后将梅萨市的价格恢复到以前水平。如果垄断者能够重新在足够长的时间内在梅萨市收取超竞争水平的价格以弥补其损失并赚取利润,则这一策略最终可能就是有利可图的。

但是,任何试图通过法律的方式解决掠夺性定价问题的努力都会面临两个严重问题。这两个问题都是由经济学家约翰·麦吉(John McGee)的一篇文章提出的,但同样也得到了大量的理论文章及司法观点的支持。[13] 首先,至少在这些案件中降价行为显然是限制竞争的——价格低于销售者自己的成本,因此只有当其能最终导致某种超竞争的定价权时才是理性的——这是一种具有风险的战略。销售者每销售一个产品都必然会带来一定的损失。如果它消灭了所有潜在的竞争对手,则它必然不仅能收回所有损失掉的钱,而且还能获得更多的收入,否则,最好就只是进行竞争性定价。随之而来的问题就是,在掠夺性行为之后收取过高的价格会吸引新的市场进入,除非有某种很大的市场进入障碍。这有时被称之为"深袋"战略("long purse"strategy),因为实施掠夺性行为的销售者必须拥有一个很大的钱袋子——手头上拥有大量的钱——通过"烧钱"来资助这种掠夺性定价行为。[14]

其次,即便确实发生了掠夺性定价行为,试图阻止这种行为可能存在一

---

[13] 约翰·S.麦克基的原创文章是,"掠夺性降价:标准石油案"[Predatory Pricing Cutting: The Standard Oil (N.J.) Case],《法律与经济学杂志》,第 1 卷(1958),第 137 页。之后主要的贡献性文献包括罗伯特·博克,《反托拉斯悖论》,第 149—155 页(1978),理查德·S.波斯纳,《反托拉斯法》(Antitrust Law),第 191—193 页,2001 年第二版,以及弗兰克·H.伊斯特布鲁克,"掠夺性战略与应对战略"(Predatory Strategies and Counterstrategies),《芝加哥大学法律评论》(University of Chicago Law Review),第 48 卷(1981),第 163 页。

[14] 参见莱斯特·G.泰瑟(Lester G. Telser),"残酷竞争与深袋"(Cutthroat Competition and the Long Purse),《法律与经济学杂志》,第 9 卷(1966),第 259 页(造出了"深袋"这个新词)。

个严重的政策问题。通过更低的价格来竞争客户被认为是健康竞争环境之下企业所应当做的。因此,针对纯粹的降价行为,即便只是有提起三倍损害赔偿诉讼的可能性,这也会打击反托拉斯法所鼓励的行为。而且,即便是针对明显限制竞争定价的索赔——故意低于"成本"定价——仍然存在测算成本的问题。生产成本的测算很困难而且具有不确定性,因此存在法院将其弄错的风险,高估被告的成本,到最后却惩罚了被告,即便其以成本或高于成本的价格展开竞争。[15] 正是由于这些方面的原因,法院已经制定了掠夺性定价的规则,使得其很难被证明(正如本章第三节第三部分第一小部分中所作的简短解释)。

然而,仍然有很多人认为掠夺性定价是一个严重的问题,而且现在就有学术论著试图证明掠夺性定价如何可能发生。可能在垄断法中没有其他的话题能够引起如此之多和充满争议的争论,在本章第三节第三部分第二小部分中我们将考察某些演进中的发展趋势,以及证明掠夺性定价可能最终变得容易的可能性。

(一)布鲁克集团案的价格—成本标准

当前主要的掠夺性定价案件是布鲁克集团有限公司诉布朗威廉姆森烟草公司[Brooke Group Ltd. v. Brown & Williamson Tobacco Corp.,509 U. S. 209(1993)]案。原告利格特(Liggett)是 20 世纪 80 年代早期的一家在低价非品牌香烟市场中占据领先地位的香烟生产商。在全国高度集中的

---

[15] 严格说来,即便企业的价格高于其成本,它的行为也有可能是限制竞争的。考虑到企业拥有市场势力,如果其原本有能力收取比现价更高的价格,但它为了排除新的竞争对手或阻止现有竞争对手的扩张而决定不这样做,长期的累积效应是,相比于该企业直接利用其市场势力,这样做可能会保存更多的定价权。试想一下,假设每次当有新的企业试图进入市场时,现有企业都降低价格,但即便降价之后,其价格仍然高于成本。现有的企业仍然可能会排挤掉那些低效率的市场进入者。但是,如果阻止这些低效率的进入者通过扩大产量来提升效率(而且这看起来也并不是不具有可能性),则排除这些低效率的进入者就可能是限制竞争的。如果这些低效率的进入者能够提升效率,但每一次尝试都被现有的企业以高于成本的降价排挤出去,则现有的企业将能够有利可图地保存其市场势力。然而,应当清楚,在现行法下,这种高于成本的掠夺性行为并不违法。从法律上来看,除非价格低于被告的成本,否则这种定价就不构成违反《谢尔曼法》第 2 条的掠夺性定价。参见本章第三节第三部分第一小部分。

香烟市场中，被告布朗威廉姆森是第三大生产商，不过落后前两大生产商很多。在其表现最好的年份中，其市场份额约为12%。但是，原告是一家更小的生产商，年市场份额在2%至5%之间。看起来似乎毫无疑问，该行业至少通过寡头定价或者直接共谋获得了超竞争的利润（回想一下最高法院在美国烟草公司诉美国案中的判决，该案在第十二章第三节中讨论过）。原告引进非品牌香烟是为了避免经济损失。这种香烟的定价大大低于现行价格，并且原告还给那些进行批量购买的分销商以折扣。这一策略成功了，而受此影响最大的竞争者则是定价相对较低的被告布朗威廉姆森。所有其他大的香烟生产商都选择与原告展开价格竞争，但只有被告布朗威廉姆森通过引入一种新的品牌香烟来与原告展开竞争，并借此击败了原告的价格。利格特发现自己无法坚持与布朗威廉姆森的竞争，于是提起诉讼，指控被告这样做的目的就是为了迫使原告重新遵守严格的寡头定价机制。

尽管陪审团裁决（陪审团认为应当承担法律责任，并且给予了原告1.5亿美元的三倍赔偿）认为原告未能证明其所指控的行为将对竞争造成任何长期损害，但是最高法院还是确认了判决。正如最高法院所写道的："根据本案的事实并不能推论被告弥补损失是可以持续的，因为并没有证据能够证明布朗威廉姆森——无论其引入新的品牌香烟的目的是什么——会获得垄断力从而将价格提升到竞争水平之上。"参见布鲁克集团有限公司诉布朗威廉姆森烟草公司案判决书第229页。最后，最高法院提出了依据《谢尔曼法》第2条证明可诉的掠夺性定价行为的两部分测试方法：

  首先，原告在证明是由于竞争对手的低价行为导致竞争损害时，必须证明其所控诉的价格低于经过合理计算的竞争对手的成本……证明竞争对手收取低价依据反托拉斯法应当承担法律责任的第二个前提条件是，要证明竞争者具有在低于成本价销售中收回投资的危险可能性。"如果投资是理性的话，掠夺性定价者必须具有合理的预期，即其在之后所获得的垄断利润，要超过其所遭受的损失。"……弥补损失是一个非法掠夺性定价行为的最终目的；它就是掠夺性定价者通过掠夺性定价行为获得利润的手段。如果没有这一目的的话，掠夺性定价将会导致市场中更低的总价格，消费者福利将得以提升。

参见布鲁克集团有限公司诉布朗威廉姆森烟草公司案判决书第 224 页。之后的法院开始将布鲁克集团案中的标准称之为掠夺性定价的"价格—成本"测试（"price-cost"test）。参见 ZF 美驰公司诉伊顿公司 [ZF Meritor, LLC v. Eaton Corp. ,696 F. 3d 254 (3d Cir. 2012)]案。

无论是布鲁克集团案还是在其他案件中，最高法院都没有确定"衡量……成本的合理方法"（appropriate measure of...cost），下级法院的判例法已经在这一问题上造成了很多困惑。从理论上来说，通常认为合理的衡量方法是"边际成本"，因为当生产商收取等于或高于边际成本的价格时，它将获得零利润或者更高的经济利润。[16] 问题是，在诉讼中边际成本的衡量要比其他成本的衡量更加困难。在一篇有影响力的法学评论文章发表之后，形成了某种共识，即一个适当的替代性标准是通过衡量平均可变成本而估算的"合理预期的边际成本"（reasonably anticipated marginal cost）。[17] 参见菲利普·阿里达与唐纳德·F. 特纳，"掠夺性定价及《谢尔曼法》第 2 条的相关实践"（Predatory Pricing and Related Practices Under Section 2 of the Sherman Act），《哈佛大学法律评论》，第 88 卷（1975），第 697 页；参见美国律师协会，《反托拉斯法的发展》第 1 卷，2007 年第六版，第 274—281 页。

（二）何时适用价格—成本测试方法

自布鲁克集团案以后，被告就主张，对于严苛的价格—成本测试所要求证明的被告事实上会在每一次销售中都损失金钱但却能合理预期弥补损失，这应当适用得更为广泛，而不应当仅仅是字面上的价格。其他一些能够

---

[16] 边际成本就是每增加一单位产量给总成本所带来的增量。参见第二章第三节。

[17] 平均可变成本是指随着产量变化而变化的所有成本的平均值，也即超过企业固定成本的所有价格。平均可变成本的计算，是用总的可变成本除以所生产的产品数量。见第二章第三节。

导致与降价相同效果的行为也很常见。例如,生产商可能会基于销售数量或市场份额而给予折扣。比方说,一个在其产品零售交易中拥有垄断力的生产商实施了一项计划,对那些能够实现年度销售目标的分销商给予年终折扣。这可能会迫使分销商尽可能地销售该垄断者的产品以达到销售目标,如此一来他们将减少从该垄断者的竞争对手那里进货,在这种意义上,这种计划可能是"排他性的"。但是这在效果上可能与垄断者一开始就直接降低价格没有区别。毕竟,基于这些事实,竞争对手似乎只要能够匹配垄断者折扣之后的有效价格,就能够保持销售。而且,如果由于达到销售目标的销售量能够降低垄断者的成本,垄断者能够因此而承受得起折扣后的价格的话,则这本身并不是限制竞争的"排他",而是反托拉斯法所要鼓励的效率。因此,可以说,驱动布鲁克集团案的相同政策问题仍然处于争论之中。将这种行为认定为违法,或者甚至使其面临更大的不确定性,可能会窒息那些促进竞争的行为。因此,被告主张,如果被诉行为确实只是降价行为,那么在所有这些案件中都应该适用布鲁克集团案的测试。事实上,有一些被告主张应该在更广的意义上适用该测试,例如,他们曾主张该测试应适用于如排他性合同、搭售或者捆绑销售的行为,只要被告所收取的价格仍然高于其成本,则这种行为就应该是合法的。

到目前为止,只有当被诉行为确实只是帮助被告降低了其实际价格时,下级法院才会适用价格—成本测试。适用该测试时,排他性理论是,被告通过提供回扣、折扣或其他促销方式所形成的价格是竞争对手所无法匹配的,尽管这可能是以牺牲竞争对手为代价扩大了被告的市场份额。[18] 适用该测

---

[18] 参见尼克桑德公司诉明尼苏达矿务及制造业公司[NicSand, Inc. v. 3M Co., 507 F. 3d 442 (6th Cir. 2007)]案判决书第451—452页(针对供应商向几个大的零售商提供预先支付的行为适用价格—成本测试,这种支付"只不过是向购买者的一种降价,授予他们一种排他性的权利,使其能够依据一份多年的合同向一系列商店供应货物");康科德船务公司诉布伦斯维克公司[Concord Boat Corp. v. Brunswick Corp., 207 F. 3d 1039(8th Cir. 2000)]案判决书第1060—1063页(针对生产商所提供的数量折扣和市场份额折扣行为适用了价格—成本测试);巴里莱特公司诉ITT格林内尔公司[Barry Wright Corp. v. ITT Grinnell Corp., 724 F. 2d 227(1st Cir. 1983)]案判决书第232页(针对与需求合同相关的支持折扣行为适用价格—成本测试)。

试并不取决于原告如何描述其排他性理论。原因很明显,如果原告能够将排他性理论描述为不仅仅涉及价格折扣,那么他们就会进行这种尝试,因为如果他们能够证明存在某种价格以外的排他性机制的话,则他们就可以规避非常严苛的价格—成本测试。参见 ZF 美驰公司诉伊顿公司案判决书第 273—275 页及 11 注释。

但是,某些法院,尤其是第三巡回法院,已经拒绝在某些案件中适用价格—成本测试,在这些案件中,被诉行为看似与价格相关,但"价格本身并不是明显占主导地位的排他性机制……"参见 ZF 美驰公司诉伊顿公司案判决书第 277 页。在 ZF 美驰公司诉伊顿公司案和利佩奇公司诉明尼苏达矿务及制造业公司案(全体法官共同审理)中,第三巡回法院认为价格—成本测试不适用于"捆绑折扣"(bundled discount)计划,在这种计划下,被告销售成批产品的价格要比单个购买花费得更少。其实际效果看起来可能与简单的价格折扣非常类似——如果我建议你同时购买 A 和 B 产品,此时价格要比分别购买价格更低,可能我真正所做的就是降低了价格。因此,在这两个案件中被告都认为应当适用价格—成本测试。尽管法院承认这种项目很常见而且通常没有损害(如季票或一体化的家庭影院系统),但是法院也指出,如果这种计划是由垄断了其中一种产品的企业所实施的话,那么这种计划就可能排除那些试图销售非垄断产品的竞争对手。因此,在这两个案件中,法院都驳回了被告所提出的如果价格高于成本则折扣计划就不违法的抗辩。相反,法院适用了实际上是排他性合同的标准,查看垄断者竞争对手的分销被排除了多少,以及其是否是一种不能被允许的排他。

同样地,在喀斯喀特健康解决方案诉和平健康[Cascade Health Solutions v. PeaceHealth, 515 F. 3d 883 (9th Cir. 2008)]案中,对于一个类似的捆绑折扣计划,第九巡回法院所要求的标准要比严格的价格—成本测试宽松得多。尽管法院认为确实必须考虑被告的成本,但它反对要求被告实际上因为这种捆绑而损失了金钱。更确切地说,法院采取了这样一种测试,在这种测试之下,捆绑可能是一种可以被起诉的排他性行为,即便垄断者对捆绑产品所收取的总体价格要高于垄断者生产所有捆绑产品的成本。[19]

(三) 掠夺性定价法律的演进趋势

但是,最后,在讲了以上所有内容以后,仍然有理由相信法院可能会慢慢地朝更加支持实施掠夺性标准的方向发展,即便针对的只是简单的掠夺性定价。这主要是与法学家和经济学家之间关于这一话题无休止的理论争论有关。无论是麦吉最初的论文,还是阿里达和特纳在1975年发表的具有重大影响力的论文,二者都促使了整个经济学界和法学界尝试解释掠夺性行为如何可能是理性和有效的,尽管早期存在理论质疑。这些文献在20世纪80年代和90年代之间取得了巨大的理论发展,现在学术界普遍认为早期理论对掠夺性定价行为持过于怀疑的态度。

为了简化大量而复杂的文献,这些文献基本界定了一系列并不会给掠夺者带来重大风险的掠夺性策略。这些文献的大部分内容都关注这样一种可能性,即掠夺者可能会获得进行激进价格报复的"声誉"。如果是这样的话,它可能会恐吓到潜在的市场进入者(或者可能更为重要的是,它们的资本金融家),使他们相信掠夺者只需从事一次或少数几次掠夺性的、代价高昂的报复,随后就能够享受较长时期的弥补期,因为其他的潜在进入者太过于担心以至于不敢挑战掠夺者最新的超竞争价格。事实上,掠夺的"声誉"产生了进入障碍,以使得布鲁克集团案如此令人怀疑。

不管怎样,到目前为止这种新的想法还没有结出判例法之果,但是有一

---

[19] 法院所采取的测试逐渐被称之为"折扣归属"(discount attribution)测试,在2007年被反托拉斯现代化委员会和数位专家所推荐。它有一些复杂,但它的基本原理就是,即便捆绑产品的价格要高于成本,它也可能是排他性的。它可能会排除捆绑产品中的单一产品生产商,即便该生产商与垄断者在生产该产品方面具有同样的效率。论证如下:我可能是A产品的垄断者,但我同时也销售B产品,尽管我生产B产品的效率并不是很高。另一个生产商可能只生产B产品,但他生产B产品的效率要比我高得多。我销售A产品所得的利润可能非常的大,使得我能够捆绑销售A产品和B产品,并且捆绑折扣如此的低以至于B产品的实际价格甚至要比我生产B产品的成本还要低。

折扣归属测试试图通过以下方式来处理该问题。首先计算为所有捆绑产品提供的总折扣量,然后从捆绑产品中由竞争者所提供的非垄断性产品的价格中减去总折扣量。如果从该产品的价格中减掉总折扣量将导致其价格要比垄断者生产该产品的成本还要低,则这种捆绑销售就是排他性的。这种思想的最终目的是,我们确实希望反托拉斯法能够保护那些至少能够以与垄断者同样低的成本生产产品的潜在竞争者。

些细微的迹象表明有一天它会取得成效的。在最近的一个案件中,第十巡回法院写道:

> 最近学术界对掠夺性定价策略是不合情理和不理性的观点提出了质疑……经济学家提出理论认为掠夺性定价不仅看似是合理的,而且是有利可图的,特别是在一个多市场的环境之下,掠夺定价者可以在其中的一个市场从事掠夺性行为,然后在另外一个市场中迅速获得弥补……尽管本院谨慎对待此问题,但我们并不因曾经盛行的怀疑而这样做。

参见美国诉 AMR 公司[United States v. AMR Corp. ,335 F. 3d 1109 (10th Cir. 2003)]案判决书第 1114—1115 页。不过,该法院只是以一种或多或少传统的方式适用了布鲁克集团标准,以一种极其批判的眼光检视了政府的成本证据,最终没有发现掠夺性行为或其他任何违法行为。

最后,值得指出的是,关于掠夺性的文献不仅提出了批评,也提出了替代性的教义学方法,其中的一些方法提出了解决布鲁克集团案方法不足的有趣可能性。一些经济学家提出了关于掠夺性行为"动态"方法的变量,这将完全免除价格—成本比较。相反,他们会使用对被诉垄断者行为来说至关重要的规则,以作为掠夺性行为的一种替代。一般来说,他们会寻求迫使垄断者自己确定不构成掠夺性定价的价格,并且不对这种价格是否是掠夺性的展开任何后续的调查。[20] 这些方法可能具有为新的市场进入提供某

20　参见威廉 • J. 鲍莫(William J. Baumol),"降价的准持久性:禁止掠夺性定价的一种政策"(Quasi-Permanence of Price Reductions: A Policy for Prevention of Predatory Pricing),《耶鲁法律杂志》,第 89 卷(1979),第 1 页(对新的市场进入作出反应时,进行"准永久性的"降价);亚伦 • S. 埃德林(Aaron S. Edlin),"停止高于成本的掠夺性定价行为"(Stoping Above-Cost Predatory Pricing),《耶鲁法律杂志》,第 111 卷(2002),第 941 页;奥利弗 • E. 威廉姆森(Oliver E. Williamson),"掠夺性定价:一种战略和福利分析"(Predatory Pricing: A Strategic and Welfare Analysis),《耶鲁法律杂志》,第 87 卷(1977),第 284 页(禁止垄断者在进入市场之后的 12 至 18 个月内增加产量;后果将是迫使垄断者在进入市场之前就确定合适的产量)。

种喘息空间的效果,[21]而且也提供了可能是最理想的关于维持价格不可知论的特征(与剩下的绝大多数的反托拉斯类似,但不同于布鲁克集团案;参见第三章第二节第三部分)。

四、排他性的拒绝合作

依据《谢尔曼法》第 2 条提起诉讼的原告有时会提出,由于垄断者具有垄断力,因此除非垄断者与竞争对手从事商业交易,否则竞争对手将无法生存。比方说一个垄断者拥有或者控制某些为竞争对手所需的技术基础设施,如港口,或者连接家庭用户或商业用户的电力网络。如果这种设施非常昂贵或很难复制,则垄断者的竞争者可能无法展开竞争,除非它们能够与垄断者展开协商并说服垄断者提供这种设施。以港口为例,垄断者可能是某种产品的进口商,同时也控制了港口,或者控制了港口卸载货物的某种设施;以电网为例,垄断者可能既是电网的拥有者,同时又是一个发电企业,并通过电网来输送电力。无论哪种情况之下,垄断者可能都有竞争者——相同产品的其他进口商,或者其他的发电企业——但它们并不拥有这种设施并且需要获取这种设施以展开竞争。或者,比方说某垄断者是电脑生产中某种重要元件的供应商,它在该元件的相关市场中拥有 80% 的市场份额。可能它与某个特定的买家之间建立了某种长期的、彼此都很满意的关系,但随后发现该买家从垄断者竞争对手那里进货以填补对该元件的需求。如果该垄断者中断了对该买家的供应以作为报复,并使其他买家也知晓,如果它们不忠诚的话,该垄断者也将对它们展开同样的报复,这可能就构成了一种针对竞争对手的限制竞争的排他性行为。

法院通过两种不同的方式来处理拒绝交易情形。第一,最高法院和下

---

[21] 令人担忧的是,如果垄断者能够迅速地对小的市场进入作出反应的话,则该垄断者将在这些新的市场进入者有机会达到有效率的生产水平之前就将它们扼杀(基于市场进入将增加产量因而能够提高生产效率这一合理的假设)。如果这样的话,则一个集中度较高的行业中的较大销售者就有可能避免唯一严重的持续性威胁,以保持超竞争的利润,甚至有可能以不低于成本的方式生产来这样做。

级法院在许多案例中承认,有时一个垄断者拒绝与其他人做生意是限制竞争的。第二,尽管最高法院从来没有明确地承认过,但下级法院有时在垄断者控制某种重要设施的案件中会适用所谓的"必要设施"(essential facilities)规则。

(一)拒绝交易的一般理论

如果垄断者的顾客或供应商经常与自己的竞争对手从事交易,垄断者因此而拒绝与这些顾客或供应商从事交易,[22]以及当垄断者拒绝与竞争对手展开交易会损害竞争对手的竞争能力时,[23]则垄断者的这种拒绝交易行为将被认定为违反了《谢尔曼法》第2条。

但是这一排他性行为的理论已经非常难以被证明。特别地,它遭遇到了首先在美国诉高露洁公司案(在第十章中作了更为详细的讨论)中所承认的一项规则。在该案中,生产商与分销商达成一致以固定向消费者转售的价格,这种行为如果能够被证明,则其将是违法的。[24]最高法院强调选择如何处理商业事务是固有的商业自由,认为这根本不违法。法院写道:

> 如果没有任何形成或维持垄断的目的,《谢尔曼法》并不限制贸易商或生产商从事完全私人商业活动这一长期以来得以承认的权利,他们能自由独立判断与谁展开交易。

参见美国诉高露洁公司案判决书第307页。美国诉高露洁公司案实际

---

[22] 参见洛雷恩期刊公司诉美国[Lorain Journal Co. v. United States, 342 U.S. 143 (1951)]案(报纸垄断者拒绝向那些同样也在地方电台作广告的企业出售广告版面)。

[23] 参见阿斯彭滑雪公司诉阿斯彭高山滑雪公司案(垄断者与一个小的竞争者一直都进行合作联合销售项目,但垄断者突然决定不再继续,唯一符合逻辑的解释就是其目的在于将该竞争对手逐出市场并获得完全垄断);伊斯曼柯达公司诉南方摄影材料公司[Eastman Kodak Co. v. Southern Photo Materials Co., 273 U.S. 359 (1927)]案(摄影器材的垄断供应商想要进入零售业,某零售商拒绝将其企业销售给该垄断者,该垄断者决定不再向该零售商销售产品)。

[24] 这种行为只是最近在迈尔斯医生医疗公司诉约翰·D.帕克父子公司案中被认为是本身违法的。迈尔斯医生医疗公司案规则本身在2007年被推翻了,并且现在纵向固定价格行为也只适用合理原则。参见第十章。

上是适用《谢尔曼法》第 1 条的案件，其基本观点是一个生产商单纯地拒绝交易事实上并不是一个"合同、联合……或共谋"。它仅是单方面拒绝向其不喜欢的分销商进行销售（因为分销商不会按照所期望的转售价格进行销售）。美国诉高露洁公司案与《谢尔曼法》第 2 条相关在于，法院从中发展出了这样一条基本原则，即私人有选择与谁展开交易的权利。事实上，在最近的判例法中，最高法院逐渐将拒绝交易所应承担的《谢尔曼法》第 2 条的责任描述为，是对美国诉高露洁公司案中选择自己商业伙伴的一般自由的一种非常罕见的例外。[25] 但是，正如一些学者所指出的，[26] 威瑞森通信公司诉柯蒂斯·V. 特林科律师事务所案的意见显然终止了著名的美国诉高露洁公司案程式的一部分，即只有"在没有任何形成或维持垄断的目的的情况下，《谢尔曼法》才不会限制"这种自由。参见美国诉高露洁公司案判决书第 307 页（着重号为作者所加）。最高法院自身在之前的场合指出这种语言表述对高露洁一般规则产生了实质性的例外。参见洛雷恩期刊公司诉美国案判决书第 155 页。可能释放出来的信息是，最高法院准备使高露洁规则相比于当时审理美国诉高露洁公司案的最高法院所意想的更加严格。

无论如何，依据现行法，关于拒绝交易案件的原告必须证明什么仍然存在一些不确定性，并且在阿斯彭案中也引发了一些讨论。正如上文所讨论的（参见本章第三节第一部分第二小部分），尽管最高法院显然从来没有强制要求在《谢尔曼法》第 2 条中证明存在利润牺牲，但是阿斯彭案看起来可能暗示，《谢尔曼法》第 2 条的原告必须证明，在不存在限制竞争意图的情况下，被诉行为并不具有经济合理性。特林科律师事务所案如果说有什么不同的话，则在于其增强了这种印象。而且，特林科律师事务所案为拒绝交易

---

[25] 参见威瑞森通信公司诉柯蒂斯·V. 特林科律师事务所案判决书第 408—409 页（最高法院在承认高露洁规则的"例外方面非常谨慎"；在最高法院关于这方面的主要案例中承认这种权利的"有限例外"就是"在或者接近《谢尔曼法》第 2 条责任的外延"）；阿斯彭滑雪公司诉阿斯彭高山滑雪公司案判决书第 601 页（给予"拒绝与其他企业展开交易的权利非常高的价值"）。

[26] 参见安德鲁·I. 盖尔（Andrew I. Gavil），"由具有市场支配地位企业所从事的排他性分销战略：实现更好的平衡"（Exclusionary Distribution Strategies by Dominant Firms: Striking a Better Balance），《反托拉斯法律杂志》，第 72 卷（2004），第 46 页。

案增加了特有的不确定性。在阿斯彭案中不仅拒绝交易是不理性的（在没有限制竞争动机的情况下），而且由于被告曾在一段时间内自愿从事正是原告所想继续的交易，最高法院从这两个方面来辨别阿斯彭案。这将进一步证实这一观点，即原告所希望进行的交易对于垄断者而言是有利可图的，在没有限制竞争动机的情况下，拒绝交易将是不理性的。

因此，如果垄断者拒绝参与其之前所自愿参与的某种交易，而且在没有限制竞争动机的情况下，这种拒绝是有悖其利益的，则如今很明显这足以证明存在排他性的拒绝交易行为。现在不那么确定的是，在特林科律师事务所案之后这种证明是否也是必要的。最高法院将特林科律师事务所案区别于阿斯彭案的部分理由就是，在特林科律师事务所案中，被告之前从来没有从事过原告所希望进行的交易。这是否意味着之前自愿遵从交易是拒绝交易理论的一个要件？判例法仍然不清楚。

（二）必要设施规则

除了阿斯彭案的观点——拒绝交易行为有时构成可以被起诉的"排他性行为"——法院有时也适用一种更加详细的被称为"必要设施"的规则。该规则看似只适用于这样一些案件，在这些案件中，被告拥有某种非常特殊的、不可复制的，但对竞争十分必要的技术资源或投入。如果一个或多个竞争者控制了这种资源，并且如果他们阻止潜在的竞争者获得这种资源，则他们的行为就可能违反《谢尔曼法》。

严格来讲，最高法院自身从来没有在名义上适用过必要设施规则，并且也暗示，如果碰巧遇上了这一问题，它也不会承认该规则是法律。[27] 但最高法院也从来没有认为该规则不是法律，而且也可以说以除了名称外的其他各种方式适用了该规则，因为最高法院大量的意见（现在已经很久远）事实

---

[27] 虽然该规则起源于最高法院早期的判例法，但事实上最高法院从来没有允许在《谢尔曼法》第 2 条案件中适用该规则。最高法院早期的案件都涉及《谢尔曼法》第 1 条的控诉，在这些案件中，某些集团的竞争者联合运营某种设施，但拒绝其他竞争者使用。参见美联社诉美国［Associated Press v. United States, 326 U. S. 1 (1945)］案；美国诉终端铁路协会［United States v. Terminal R. R. Assn., 224 U. S. 383 (1912)］案。

上都要求强势的企业无歧视地提供其所拥有的某些设施。事实上,诞生该规则的案件也列出了事实情况范式,以判断看起来可能是"必要的"设施。美国诉终端铁路协会案中的被告是数家铁路公司,它们共同拥有位于圣路易斯的一个"终端"设施,横贯美国东西的火车都必须使用该设备;碰巧的是,它们的终端设施是从美国西部开往东部的火车所唯一能够获得的。最高法院认为如果被告拒绝其竞争对手以合理的条款使用这一终端设施的话,将违反《谢尔曼法》,因为获得这种设施对竞争对手展开竞争而言是必需的。最高法院在大量的其他案件包括一些《谢尔曼法》第2条的案件中也进行了类似的论证,尽管不可否认的是它从来没有表明它在名称上适用了必要设施规则。

这一规则,正如绝大多数其他限制竞争排他性理论一样,被证明是充满争议的。除了上述所讨论的关于任何形式的拒绝交易责任问题——它会侵犯在美国诉高露洁公司案中所承认的选择与谁展开交易的权利——必要设施规则主要的政策问题在于它将损害创新。该规则几乎当然地影响重要的技术,这些技术或多或少地会非常昂贵(因为如果不昂贵的话,则竞争对手只用复制就可以了)。但是为了研发这些技术,企业通常需要投入大量的金钱和时间。如果它们知道,在研发出某些非常独特的设施以后,它们将被迫与其竞争对手分享,这可能会抑制进行这种研发的动机。

但是,下级法院却经常在名称上适用必要设施规则。在重要的MCI通信公司诉美国电话电报公司〔MCI Commcns. Corp. v. AT&T, 708 F. 2d 1081 (7th Cir. 1983)〕案中,第七巡回法院明确了依据该规则确定责任的四个必要要件,并被其他法院所广泛采纳。这四个要件是:

(1)必要设施为一个垄断者所控制;(2)竞争者无法实际或合理地复制该必要设施;(3)垄断者拒绝竞争对手使用该设施;(4)垄断者提供这种设施是可行的。

参见MCI通信公司诉美国电话电报公司案判决书第1132—1133页。

每一个要件的内容都在之后的判例法中得到了进一步的充实。设施必须事实上是由垄断者所控制的,而且垄断者也必须拒绝以合理的条款提供这种设施。(可以断定,必要设施规则可能从来不要求免费获得这种设施,也不要求以低于竞争水平的价格获得这种设施。如果某些竞争者没有能力支付这种价格,这本身将不构成限制竞争的拒绝提供设施行为。)这种设施是"必要的",意思是说竞争者无法通过其他的替代性设施来提供具有竞争力的产品或服务。如果其他的替代性设施是不那么经济的,或者复制这种设施比向被告支付价钱来获得必要设施花费更多,则这都不足以说明该设施是必要的。而且,对于垄断者而言提供这种设施必须是可行的,这意指在物理上是可行的,并且这样做不会带来不合理的过高成本。参见美国律师协会,《反托拉斯法的发展》第 1 卷,2007 年第六版,第 261—266 页。

最后,有理由相信,如果要适用该规则,至少在《谢尔曼法》第 2 条的案件中,控制必要设施的被告必须与寻求获得这种设施的企业具有竞争关系。也就是说,被告与潜在的竞争对手必须既处于横向的竞争关系也处于纵向的竞争关系之中。例如,在 MCI 通信公司诉美国电话电报公司案中,被告美国电话电报公司拥有美国的电话网络线路。原告 MCI 通信公司想要研发一种长途通信的竞争性技术,这种通信是通过微波塔之间的无线微波来进行传输的,但仍然需要使用美国电话电报公司的地方网络来将其信号传输到家庭或公司的电话中。因此,MCI 通信公司和美国电话电报公司双方就既处于纵向关系之中——如果原告要运行的话,则被告需要向其销售地方网络服务——同时也处于横向关系之中,因为原告在长途电话市场中将成为被告的竞争对手。至少有一个案件似乎认为从法律上来看要求具有这种混合的横向和纵向关系。参见阿拉斯加航空公司诉联合航空公司[Alaska Airlines, Inc. v. United Airlines, Inc., 948 F. 2d 536 (9th Cir. 1991)]案。无论是否正式要求具有这种关系,显然它使得一个案件看起来更具说服力,而且在绝大多数认为存在必要设施的案件中都涉及这种关系。

例子

两家线上的旧书商店卷入了一场势均力敌的竞争之中。其中的一家商店第二故事（SecondStory.com）目前在线上旧书购买中拥有约60%的市场份额。它计划将线下实体旧书店编织成一个巨大的"分销伙伴"网络。这些旧书店将电子编录它们的存货并将存货信息上传到第二故事。因此第二故事就能够向线上的买家提供一个巨大的、可搜索的二手书数据库，买家可以通过一键式系统方便地进行购买，而且也有一个简单的支付窗口（这使得看起来是直接从第二故事网站上而非从分散的未连接的独立旧书店的网站上进行的购买）。

建立这一网络被证明是极其昂贵的。第二故事不仅需要识别数千家分销伙伴，而且需要与每一个分销伙伴协商单个的合同（每一个合同都要求分销书店十年内不得向其他在线旧书店提供类似的综合性存货信息，而且这种合同是可以延长有效期的），它也必须建立一个巨大的技术基础设施。这一基础设施，即第二故事具有创新性的新虚拟仓库系统，要求它向每一个分销伙伴提供特殊的标签及包装设备、通用产品代码（Universal Product Code, UPC）扫描设备，以及由第二故事自动打印邮资支付的软件和系统，以确保能够将书直接寄送给买家。

该市场中的第二大卖家是第二章（ChapterTwo.com），它到目前为止至少已经四次向第二故事发出了希望能够使用虚拟仓库系统的请求。第二章越来越确信它需要使用这种系统才能生存。除了其所发出的要约，还有一份来自一家辛迪加银行的意向书，表明这些银行愿意资助第二章和第二故事之间的合作协议，依据该协议，第二章将要投资以维持和改善虚拟仓库网络。第二故事坚决地拒绝了这一要求。

第二章依据《谢尔曼法》第2条起诉第二故事拒绝交易。结果会如何？

解释

即便假设相关产品市场是"美国线上旧书购买"，因此第二故事拥有足够大的市场份额以满足《谢尔曼法》第2条的垄断势力，但仅仅是拒绝销售虚拟仓库系统看似不太可能构成《谢尔曼法》第2条之下的可诉的排他性行为。特林科律师事务所案中的政策论证应该会反对第二章的这种起诉。同样地，虚拟库存系统看起来不太可能像是一个"必要设施"。四个要件中的前三个要件看起来相当容易就能够得以满足,但是第四个要件——第二章没有能力复制这一设施——看起来可能是不存在的。事实上,第二章是有能力获得大量资金支持从而扩大和改善现有系统的,这削弱了无法复制的论点。有证据表明第二章可能有能力获得足够的资金支持来发展其自己的竞争系统。

正如我们所要看到的,第二章原本可能有一个更好的理由来反对这一针对分销伙伴的十年排他性安排。但是我们要在本章第三节第五部分中才会述及。

例子

让我们调整一下前面这个例子中的一些事实。同样地,假设第二故事研发了虚拟仓库系统,以及昂贵的基础设施项目,并且与分销伙伴达成了排他性的交易。但是很明显的是,第二故事计划让其他的旧书销售商使用该系统。在给投资者打电话和新闻发布会上,第二故事将销售系统的使用权描述为一个主要的、新的收入增长点。(如果第二故事是一家上市公司并且必须向主要的股东披露信息,则它会这样做。)假设第二故事和第二章事实上已经展开了某种初步的谈判,并且达成了一个不具有约束力的谅解备忘录,该谅解备忘录表明双方同意,一旦第二章开始运作则可以购买虚拟仓库系统的访问权。但随后,假设第二章逐渐获得了市场份额,或者这一交易对于第二故事来说不再具有那么大的吸引力,因此它解除了与第二章的谅解备忘录,并且拒绝任何进一步的访问请求。

这是否会改变之前例子的结果?

解释

这是一个更好的关于拒绝交易是排他性的例子。这些事实依据"利润牺牲理论"是一个很好的排他性例子。主要的支持性案件是阿斯彭案。

五、排他性分销:排他性合同、搭售、捆绑、全线逼销、忠诚折扣,以及纵向排他行为的多面性

接下来,一个垄断者可能利用各种各样的纵向限制来阻止竞争对手获得必要的分销途径,我们已经看到这与《谢尔曼法》第 1 条具有联系(参见第十章)。

在很大程度上,《谢尔曼法》第 2 条之下的排他性分销的法律与《谢尔曼法》第 1 条是相同的。例如,《谢尔曼法》第 1 条关于排他性合同的法律,以及《谢尔曼法》第 1 条和《克莱顿法》第 3 条关于搭售的法律,二者的适用与《谢尔曼法》第 2 条案件中法律的适用是十分相似的。一个可能的重要区别就是,许多法院认为,相比于那些联合起来才足以构成《谢尔曼法》第 1 条诉讼的市场份额的被告而言,针对垄断者适用这些规则要更为严格。原因很简单。正如在第十章以及将在附录中进一步解释的,法院在《谢尔曼法》第 1 条案件中对纵向限制的容忍度不断提高,原因在于它们认为品牌内的竞争通常不可能损害消费者的利益,协议当事方将面临激烈的品牌间的竞争。但是,如果一家企业在上游市场中拥有足以满足《谢尔曼法》第 2 条的市场势力,则很显然不存在激烈的品牌间的竞争,在这种情况之下应该具有限制竞争的效果。参见美国诉丹斯普国际公司[United States v. Dentsply, Inc. ,399 F. 3d 181,(3d Cir. 2005)]案判决书第 191—196 页。

但是,除了一般迹象表明如果被告是一个垄断者的话,分销协议将会被更为严肃地处理以外,从规则上来看它们似乎遵循的是同样的处理方式。这种限制当然可能具有不同的形式。各种各样类型的排他性合同的分析与其依据《谢尔曼法》第 1 条的分析类似,只是简单地调查垄断者竞争对手的分销被"排除了"多少(正如第十章中所解释的)。其他的一些安排有时并不是严格以独家经营或需求安排的形式进行的,但是在提高消费者转向竞争者产品的成本方面具有相同的效果。一个长期的产品租赁具有排他性的效果,至少当该产品具有很高的价值并且是一个耐用品时是如此。如果该租赁施加了某种强制性的租期,或者对提前归还进行惩罚,则这与排他性合同具有相同的效果。如果承租人完全有能力购买该设备,则当它寻求转向某些竞争对手的产品时,它至少可以销售最初的产品以收回某些成本。参见美国诉联合鞋业机械公司案。同样地,一家企业可能向那些从该企业购买所需全部产品的分销商提供某种"忠诚"折扣。尽管这种安排在竞争性市场中只是一种获得分销的积极努力，但如果是由垄断者提供忠诚折扣的话则具有排他性效果。如果这使得分销商转向垄断者的竞争对手变得极为困难，并且如果其效果是排除了竞争对手大量的分销渠道，则这可能就预先阻止了扩张与市场进入（并因此而阻碍了价格竞争）。参见 ZF 美驰公司诉伊顿公司案。对分销商未能从垄断者那里进行全部采购进行惩罚，也基本上适用相同的分析。限制竞争的效果可能是，这会使分销商更难转向其他原本更优的竞争对手。对这种安排的分析与排他性合同类似。同样地，如果垄断者搭售产品或将不同产品进行捆绑，并强迫消费者同时购买这些产品，在大多数情况之下这会按照与《谢尔曼法》第 1 条和《克莱顿法》第 3 条相同的方式进行处理。例如，在伊斯曼柯达公司诉图像技术服务公司案中，最高法院发现有证据证明垄断者强迫顾客接受一个搭售安排，这既符合《谢尔曼法》第 1 条之下的搭售理论，也符合《谢尔曼法》第 2 条之下的垄断理论。[211]（关于搭售与捆绑销售起诉要件的讨论，参见第十一章。）[28]

但是，除了以上所言，仍然有最后一个而且也可能是更为重要的条件。需要重申的是，贯穿于《谢尔曼法》第 2 条排他性法律的一个主题就是排他性行为可能是极其多样的，而且很难被辨别。因此，通常被起诉的分销协议并没有施加完全的排他性，也没有强行搭售或捆绑销售，但是看起来却可能是排他性的。例如，一个垄断者可能给予其交易对手数量折扣。即便是这种交易也不具有排他性，有人可能会认为它阻碍了市场进入或者抑制了市场扩张，因为它可能使得小企业的竞争代价更高。但是它促进竞争的效果也是明显的——假设垄断者的交易对手自身并不拥有市场势力，即便是由垄断者所提供的数量折扣也会降低成本，并且反映的只是该垄断者的效率优势。因此，在分析这些更加复杂的安排时，存在的问题是

---

[28] 可能有一些不同。对于其他分销限制来说，法院已经表明愿意将违反《谢尔曼法》第 2 条的排他性搭售行为认定为不符合《谢尔曼法》第 1 条或《克莱顿法》第 3 条的起诉，因为，例如它们可能不如此明确地要求证明产品是独立的或者存在关于搭售的协议。同样地，只有当搭售行为影响到了搭售品市场中的大量商业时，这种搭售才违反《谢尔曼法》第 1 条或《克莱顿法》第 3 条，但是如果相同的行为既影响到了结卖品市场又影响到了搭售品市场的竞争，则这种行为就会违反《谢尔曼法》第 2 条。参见美国律师协会，《反托拉斯法的发展》第 1 卷，2007 年第六版，第 251—252 页。

它们的效果并不那么直接，它们可能会真正有利于提升消费者的利益，并且法院非常不愿意阻吓那些可能具有促进竞争效果的行为。一般来说，如果这种安排并不具有确定的排他性效果，法院会认为它确实只是激进定价策略的一种形式，因此不会将其按非价格的纵向限制而是依据布鲁克集团案的掠夺性定价来进行分析。在这种情形之下，只有在一开始就能够证明存在垄断势力，这种安排才违反《谢尔曼法》第2条，折扣计划使得垄断者的价格低于其成本，而且还具有这样一种危险可能性，即垄断者会通过之后的超竞争水平的定价来弥补其损失。参见美国律师协会，《反托拉斯法的发展》第1卷，2007年第六版，第252—253页。

例子

再考虑一下前文中的例子：作为美国最大的线上旧书销售者，第二故事（SecondStory.com）计划通过建立一个旧书店的网络来扩大销售，该网络将使得第二故事的线上客户能够获得这些旧书店的存货信息——该系统被称之为虚拟仓库。这些"分销伙伴"须遵守一份期限长达十年的合同，该合同禁止它们向第二故事的竞争对手提供存货信息。

在前面这个例子中，当时的问题是，第二故事拒绝销售虚拟仓库系统的访问权是否是一种违法的拒绝交易行为。但是这一长期的排他性交易合同呢？

解释

相比于拒绝交易理论，第二章（ChapterTwo.com）的这一主张可能要更强一些。回忆一下第十章，一般而言，法院对于纵向限制的容忍度很高。即便是与供应商或顾客达成的排他性安排——正是这种类型的合同最有可能"排除"一方的横向竞争者——也不太可能被认定为违法，除非被排除的范围很广。但是在这个例子中，两方面的事实是不同寻常的。第一，这种协议是长期的。法院通常认为，在判断排他性交易合同的合法性时，期限是一个关键考量因素（参见第十一章）。第二，被排除的范围可能非常大。在本案中可能有可靠的证据表明，这种合同的目的在于阻止第二章或其他的竞争者发展能够与虚拟仓库系统相竞争的系统。

在本案中一个有趣的问题是,原告能够从上述提及的大陆矿业公司诉联合碳化公司案的规则中获益,依据该规则,《谢尔曼法》第2条的原告应当被允许整合其所拥有的关于排他性行为的所有证据,而非被迫孤立地反对任何具体的行为。在本案中,单个的排他性合同可能都只是排除了范围非常小的商业的竞争。但是综合起来,数千个这样的类似合同可能排除了必要资源供应的很大一部分竞争。

六、排他性的滥用机构:通过公共及准公共机构从事排他性行为

一家企业可能通过不同的方式来试图获得政府或某些其他机构的支持以打击其竞争对手。企业可能通过游说国会制定某部法律,以禁止竞争对手的产品或对其产生不利影响,或者不成比例地向竞争对手课征税收,或者通过其他方式进行阻碍。企业也可能阻止有利于竞争对手的政府行为,例如阻止政府准许竞争对手从事某种交易的许可,或者阻止政府授予竞争对手药品专利或准许其药品进入市场。有时企业也可能会利用一些严格来说不是政府但履行着类似职能的其他机构。任何类似的这种行为都会损害竞争,但对于实施这种行为的企业则是有利的,因此原则上,这种行为的任何一部分都可以构成《谢尔曼法》第2条之下的掠夺性或排他性行为。

但是,这一理论的主要问题在于,被诉行为可能符合反托拉斯法中所谓的诺尔-彭宁顿豁免(Noerr-Pennington immunity)的条件。如果当事人试图促使政府采取某种行动,无论其动机的恶意程度有多大,该规则通常都认为其行为能够从反托拉斯法中得到豁免。(诺尔-彭宁顿规则将在第二十一章中进行探讨。)简言之,如果原告试图以滥用公共或准公共机构为由提起《谢尔曼法》第2条之诉的话,则其要么证明被告的行为根本不是向政府的请愿——例如,被告可能是间接地向一个虽然具有很大影响力但形式上却为私人的标准制定组织进行请愿——或者请愿行为事实上只是一个"幌子"。之所以说其是一个幌子,是因为被告事实上并不关心其所请愿的政府行为,而只是想利用请愿程序本身来损害竞争对手或延迟新的市场进入等。

滥用机构的理论有很多形式。我们将考虑三种常见的情形——向政策制定者或者标准制定组织游说，提起虚假的诉讼或行政请愿，以及故意实施虚假的知识产权。

(一) 标准以及政府规则制定

市场充满着各种各样的规则和制度。有的规则规定所有权以及买卖交易，有的规定信息披露，有的限制威胁安全或环境的交易，还有的调整其他各种各样的事项。由于这些规则会限制市场参与者原本会作出的选择，因此这些规则将限制竞争。竞争者可能试图影响这些规则，在这种意义上，这些规则可以被战略性地用作针对竞争对手的武器。

需要某个机构来制定所有这些规则。当然，政府无所不在地在制定这些规则。大多数政府都会制定基本的商业交易规则、合同规则、财产规则和侵权规则，当今，政府也制定健康、安全和公共福利方面的规则，这已经被我们视为是理所当然的。尽管竞争者可能试图寻求获得那些不利于竞争对手的政府规则，但是一般而言，获得这种规则的尝试并不能构成反托拉斯责任的基础。如果一家企业仅仅是请求立法机关制定一部会损害竞争的法律，则诺尔-彭宁顿规则将使得很难对这种请愿行为提起反托拉斯控诉。

但是，仍然可以通过两种主要方式将滥用规则制定程序的行为认定为违反反托拉斯法。首先，并不是所有关于市场的政府规则都是由立法机构所制定的。行政机构有时也被授权制定规则，尽管最高法院还没有涉及这一问题，但是有越来越多的权威人士认为诺尔规则并不总是保护这种背景之下的恶意行为。特别地，有权威观点认为，在相比于立法领域而言"不那么政治化"(less political)的背景之下——至少包括某些行政规则的制定——虚假陈述行为并不受诺尔规则的保护(将在本章第三节第六部分第二小部分以及第二十一章第五节第一部分第三小部分中进一步讨论)。因此，如果一个垄断者意图误导行政机关制定规则以帮助其获得或维持垄断力，则这将可能构成《谢尔曼法》第 2 条诉因的基础。

其次,在美国同样活跃着成千上万个制定各种各样规则的其他组织。大多数的这种组织是纯粹私人性质的。这些组织通常被称之为"标准制定组织"(standard setting organizations),它们具有重要的市场影响力。它们的标准以惊人的频率被直接纳入进了州或地方的法律。但是,通常这些标准制定组织之所以具有影响力,仅仅是因为其自身的声誉,或者因为它们的标准被作为参考而纳入进了私人合同。而且一个特定的标准可能因为"网络"效应而变得具有主导性———一旦某一特定技术被广泛采纳,则竞争者为了在该市场中生存,必须使其产品与这种技术相兼容。经典例子就是在行业中具有广泛主导性的家用录像系统(VHS)录像带标准,该标准摧毁了竞争对手的贝塔(Beta)标准。

垄断者滥用任何类似标准制定程序的限制竞争尝试可能违反《谢尔曼法》第2条。一般来说,如果这种标准制定组织完全是私人性质的,而且责任的理论基础是标准制定组织通过其自己的声誉或其他市场主体采纳其标准而获得的影响力,则不可能适用诺尔豁免。并且,当标准具有这种意义上的影响力时,则责任理论应当是标准抵制理论(standard boycott theory),即被告利用标准制定组织的机构来劝导或强迫他人拒绝与被告的竞争对手展开交易。[29]

但是,一些标准制定组织并不完全是私人性质的,当限制竞争行为涉及一个准公共机构时,更为复杂的诺尔-彭宁顿问题就产生了。有时它们制定的标准被原封不动地纳入法律之中。有时一些原本是私人的机构甚至或多或少正式地被指定去做政府工作。例如,大多数州要求律师考试的申请者毕业于美国律师协会所认可的法学院,或者,如果他们没有毕业于这些法学院的话,将需要通过额外的、更为烦琐的官僚流程。同样地,国会也规定任何经过医院认证联合委员会这一私人机构准许的医院,将自动有资格获得医疗保险和医疗补助计划之下的付款。

---

29 参见联合管道公司诉印第安纳汉德公司案;美国机械工程师协会诉水位计公司[American Soc. of Mech. Engrs., Inc. v. Hydrolevel Corp., 456 U.S. 556 (1982)]案;辐射燃烧器公司诉人民燃气轻工焦炭公司案。

向准公共机构进行游说是否也能够享受诺尔豁免这一问题在联合管道公司诉印第安纳汉德公司案中得以解决。[30] 在本案中,一个有影响力的标准制定组织的成员寻求采用一种消防安全的标准,这将阻止在建筑中使用一个新的竞争对手的产品。为了达到这一目的,该成员在批准该标准的大会上安插了它所雇佣的代理人——事实上,这是在欺骗标准制定组织。尽管严格来说该标准制定组织完全是私人性质的,但是被告提出了诺尔抗辩,理由是该标准被例行原封不动地纳入州和地方的法律之中。事实上,被告指出,由于标准制定组织的标准在许多司法辖区内都是不经过审核就直接批准的,因此唯一能够对被采纳的实际法律有任何影响的方式就是游说标准制定组织自身。尽管最高法院对这一抗辩表达了同情,但最后还是认为"诺尔抗辩保护的范围取决于……涉案的反竞争限制的来源、内容及本质"。而且,"在不那么具有政治色彩的领域",也就是说,在游说实际立法机构这一情形之外,"不道德的和欺骗性的行为将构成滥用行政或司法程序的行为,并将导致违反反托拉斯法。"参见联合管道公司诉印第安纳汉德公司案判决书第499—500页。本案中的一个重要问题就是,尽管最高法院拒绝承认构成任何诺尔抗辩保护并且支持陪审团关于应当承担法律责任的认定,但是认定被告应当承担法律责任的唯一损害理论就是标准在市场中的独立影响力,而非因为其由任何政府所采纳。因此,如果一个原本具有私人性质的标准制定组织具有某种正式的政策制定功能,或者是一个准公共机构,这一情景之下的"来源、内容和本质"可能会导致不同的结果。某些下级法院也持这种观点。[31](关于诺尔-彭宁顿规则的更多讨论,参见第二十一章第

---

[30] 严格来说,联合管道公司案是《谢尔曼法》第1条的案件,涉案行为是由标准制定组织的数个成员所精心组织的。没有明显的理由说明为什么它关于诺尔的论证在《谢尔曼法》第2条的背景之下会得到不同的适用。

[31] 参见马萨诸塞州法学院安多弗公司诉美国律师协会[Massachusetts Sch. of Law at Andover, Inc. v. Am. Bar Assn., 107 F. 3d 1026 (3d Cir. 1997)]案(认为美国律师协会对法学院认证的行为是可以得到豁免的,损害理论是,州律师管理机构对律师协会的认证具有依赖性);塞申斯坦克班轮公司诉Joor制造公司[Sessions Tank Liners, Inc. v. Joor Mfg. Co., 17 F. 3d 295 (9th Cir. 1994)]案(对故意向标准制定组织作出虚假陈述的行为予以豁免,认为其是影响政府行为的有效尝试,损害理论是政府采纳了所产生的标准)。

五节。)

(二) 排他性的诉讼和行政投诉

一个引发类似诺尔问题的相似排他性理论是,一家企业可能提起没有意义的诉讼或者针对竞争对手采取没有意义的行政行为,其目的仅仅在于损害竞争对手的竞争能力。一个常见的例子就是,当事人可能虚假地获得知识产权或者某些其他的排他性政府权利来做某些事情,随后通过起诉竞争对手的方式来实施这种权利。或者,当事人可能利用诉讼或者向监管法庭申请以禁止竞争对手获得许可权或者为竞争所需的其他资质。当事人可能被诱使来提起这些诉讼,即便它们并没有真正的起诉资格,因为正是司法或行政机构程序的悬而未决可能延迟竞争对手进入市场或者在其他方面对其造成损害。

至少自加州汽车运输公司诉卡车运输无限公司[California Motor Transport Co. v. Trucking Unlimited, 404 U.S. 508 (1972)]案以后就很明显,任何类似的这种行为都可能是限制竞争的,并且原则上能够满足《谢尔曼法》第 2 条控诉的行为要件。原告的问题通常是要推翻诺尔豁免。需要重申的是,很难证明公开针对立法者或者政府管理机构的游说是一个"幌子",而且除非其是一个幌子,否则这种请愿能够得到豁免。(参见第二十一章第五节。)但是,当这种滥用发生在行政或司法领域时(正如它经常看起来的那样),可能有更大的可能性来挑战这种类型的滥用行为,即便它不是一个"幌子"。之所以如此是因为最高法院曾说过,相较于在传统的立法游说中,在这一背景之下的虚假陈述行为更加不能被忍受。

首先,在东部铁路公司总裁会议诉诺尔汽车货运公司[Eastern R. R. Presidents Conf. v. Noerr Motor Freight, Inc., 365 U.S. 127 (1961)]案中,最高法院明确地指出,在传统的向立法者进行请愿的情形下,虚假行为在法律上是不相关的。[32] 但是,在随后的案件中法院指出在"政治领域"以外的

---

[32] 参见东部铁路公司总裁会议诉诺尔汽车货运公司案(请愿行为包括一个虚假的宣传活动,报纸文章被认为是由相关的市民所写的,但实际上却是由被告的宣传公司所写,该案认为这些都是"法律上不相关的")。

虚假行为是更不能被容忍的，尤其是当这种行为发生在审判和行政的背景之下。[33] 现在，大量的下级法院判例认为，在"不那么具有政治色彩的领域"，诺尔豁免存在虚假陈述的例外。[34]

对这一问题最为全面的分析仍然是加州联合石油公司[Union Oil Co. of California, In re, 138 FTC 1 (2004)]案。在本案中，联邦贸易委员会控诉被告加州联合石油公司垄断了符合加利福尼亚州排放标准的汽油市场。联邦贸易委员会控告加州联合石油公司欺骗了一个叫作加利福尼亚空气资源委员会(CARB)的州机构，该机构有权依据州法强制实施汽油的技术标准以保护环境。更确切地说，被告加州联合石油公司被认为促使加州空气资源委员会制定了要求特定炼油技术的标准，但是它却并没有披露其在该技术中拥有专利。当该标准被制定以后，加州联合石油公司宣称其拥有专利并积极地向实施该标准的生产企业寻求专利许可费。联邦贸易委员会作出决定认为，至少依据加州空气资源委员会员工所控诉的事实来看，[35] 不能

---

[33] 加州汽车运输公司案写道："在政治领域中的虚假陈述行为能够被容忍，但是如果这种行为发生在审判程序阶段的话，则不能被豁免。"参见加州汽车运输公司诉卡车运输无限公司案判决书第513页。在联合管道公司案中，最高法院写道："在不那么具有政治性色彩的领域，不道德的和欺骗性的行为将构成滥用行政或司法程序的行为，并将导致违反反托拉斯法。"参见联合管道公司诉印第安纳汉德公司案判决书第489页。可能最重要的，在专业房地产投资者公司诉哥伦比亚电影工业公司[Professional Real Estate Investors, Inc. v. Columbia Pictures Indus., 508 U. S. 49 (1993)]案中，最高法院对联邦法院的一个案件进行了讨论，在联邦法院的这个案件中，被告诉称该案件本身就是排他性的。最高法院借此机会解释了在诉讼的背景之下什么才构成一个"幌子"，并认为该案中的这个诉讼并不是一个"幌子"。但是，重要的是，最高法院明确解释它并没有决定在审判或者行政背景之下对于诺尔规则是否有一个一般性的虚假陈述例外。在引用我们在此所讨论的最高法院自己之前的观点以后，最高法院提出了这样一个悬而未决的问题，即："是否，以及如果是这样的话，诺尔豁免在多大程度上允许对当事人的虚假或者其他误导性陈述行为施加反托拉斯责任。"参见专业房地产投资者公司诉哥伦比亚电影工业公司案判决书第61页及6注释。

[34] 参见 C. 道格拉斯·弗洛伊德(C. Douglas Floyd)，"因欺诈引发的政府行为限制竞争效果的反托拉斯法律责任"(Antitrust Liability for the Anticompetitive Effects of Government Action Induced by Fraud)，《反托拉斯法律杂志》，第69卷(2001)，第403页(案例收集)。

[35] 该案并没有在联邦贸易委员会实现最终的判决。当该案正在行政法官前进行程序时，加州联合石油公司被雪佛龙(Chevron)收购了。作为联邦贸易委员会批准该收购的一部分，雪佛龙与联邦贸易委员会达成了一份同意法令，依据该法令，雪佛龙同意接受对其使用这些专利的重大限制，而这则正是加利福尼亚空气资源委员会案争议的对象。

适用诺尔豁免。联邦贸易委员会分析中最有价值的部分可能就是其对法院在判断一个案件涉及的是否是一个"不那么具有政治色彩的领域"所考虑的事实，包括：(1) 政府主体是否会期望真实性，这最有可能发生在司法裁判或行政机构裁决的背景之下（欺诈可能构成犯罪或者违反道德的行为），并且不大可能发生在行政规则的制定中；(2) 政府决策者自由裁量权的大小，更大的自由裁量权将意味着更有可能获得诺尔豁免（因为欺诈例外的理由是它将有助于保证程序的完整性，这赋予了真实性很高的价值）；(3) 在获得信息方面，政府决策者必须在多大程度上依赖于参与者；(4) 情况是否允许反托拉斯特别法庭判断是因为请愿者的虚假陈述行为导致了原告所宣称的损害。

（三）实施虚假专利：沃克加工案诉因

沃克加工设备公司诉食品机械化工公司[Walker Process Equipment, Inc. v. Food Machinery & Chemical Corp.，382 U.S. 172 (1965)]案提出了一项特殊的规则，以调整实施虚假专利这一违反《谢尔曼法》第2条的排他性行为。在该案中，一家公司起诉另外一家公司侵犯了包含污水处理技术的一项专利。被告提出反诉，指出该专利本身是通过欺诈专利局而获得的。因此，被告认为，依据《谢尔曼法》第2条，提起实施该专利的诉讼就是一种限制竞争的努力，目的就在于垄断这一技术市场。最高法院认为能够进行反托拉斯反诉，认为试图实施一个通过欺诈方式获得的专利（或者即便仅仅是威胁这样做）将构成《谢尔曼法》第2条"排他性行为"控诉的要件。（该规则将在第十五章中作更为详细的讨论。）审理该案的最高法院没有考虑东部铁路公司总裁会议诉诺尔汽车货运公司案和美国矿工联合会诉彭宁顿案这两个当时已经作出判决的案件是否相关。这可能是因为在1972年加州汽车运输公司案之前，关于诉讼或者其他裁决请愿活动是否受诺尔规则保护尚不明确。

七、排他性的创新

原告有时试图通过垄断者享有独家获得某种特殊技术的能力这一事实

来证明存在排他性行为。该垄断者可能拥有知识产权,但拒绝向他人进行许可,或者它可能设计了一种垄断性的产品,使得竞争者很难制造有意义的替代品。例如,在著名的伯基照片公司诉伊斯曼柯达公司[Berkey Photo, Inc. v. Eastman Kodak Co.,603 F. 2d 263(2d Cir. 1979)]案中,被告柯达公司在胶卷、照相机以及少数其他产品的相关市场中拥有无可辩驳的垄断力,其之所以被起诉,主要是因为它引进了新的照相机以及新的只能在该新照相机上使用的胶卷。

法院对这些理论持非常怀疑的态度。这些理论对于那些旨在促使竞争者提供物美价廉产品的法律是一种讽刺。[36] 法院的这种不情愿也反映了隐藏在我们上文提及的高露洁规则中的强烈的、本质上的自由主义思想:即便是一个垄断者,通常也没有与其他企业展开合作的义务。

但是,创新以及设计改变仍然有可能是可以被提起诉讼的排他性行为。特别是在高科技行业逐渐获得了显著地位,这些行业中高科技产品之间的互操作性逐渐成为竞争的重要内容,法院已经承认在产品设计选择方面可能存在某种限制竞争的可能性。这在华盛顿特区法院美国诉微软公司案全体审判人员出庭的意见中体现得最为明显。作为一个一般性的问题,如果竞争者的产品必须以某种方式与垄断者的产品相互联结或相兼容,则该垄断者所做的技术选择会被指控为一种不必要的限制。如果原告能够进行这种证明的话,则垄断者将被要求提出商业正当性理由,具体到本案,垄断者必须证明其所做的技术选择将提高产品的质量或者使垄断者能够以更低的成本生产产品。参见美国律师协会,《反托拉斯法的发展》第 1 卷,2007 年第六版,第 268 页。

(一) 拒绝许可知识产权

在关于创新的规则中,该规则是最简单的,因为企业拒绝许可其知识产

---

[36] 参见威瑞森通信公司诉柯蒂斯·V. 特林科律师事务所案判决书第 407 页("为了保护创新的动机,拥有垄断力不应当被认为是违法的,除非它伴随有限制竞争行为。");伯基照片公司诉伊斯曼柯达公司案判决书第 281 页["(即便是一个垄断者)通过发明和创新的过程而取得的成功显然都是为反托拉斯法所容忍的。"]。

权的行为,除了一种情形以外,现在实际上是本身合法的。尽管不涉及知识产权的拒绝交易有时会构成违法的排他性行为(参见本章第三节第四部分),法院再一次地创造出了这一特殊的例外以保护支持创新的政策。参见独立服务机构反托拉斯诉讼[Independent Serv. Orgs. Antitrust Litig., In re,203 F. 3d 1322 (Fed. Cir. 2000)]案。唯一明确的例外是第九巡回法院的图像技术服务公司诉伊斯曼柯达公司[Image Technical Servs. v. Eastman Kodak Co.,125 F. 3d 1195 (9th Cir. 1997)]案,法院认为知识产权所有人仅享有推定的拒绝交易的权利。

(二) 产品设计

从理论上来说,一个垄断者可以通过引进新产品或改变现有产品以使竞争对手难以生产有效的替代品的方式来抑制竞争。即便该垄断者不拥有专利,但为了与垄断者的产品展开竞争,竞争性产品必须通过某种方式与垄断者的产品相兼容或者必须执行某些功能,但是通过垄断者的技术操纵,竞争性产品并不能执行这些功能。这一理论看起来几乎与控告拒绝许可知识产权一样困难。尽管没有法院看起来曾明确说过产品设计选择是本身合法的,而且许多法院在判决附带意见中表示它们能令人信服地构成排他性行为,但似乎只有一个意见曾认为设计选择事实上是排他性的,即华盛顿特区巡回法院在著名的微软案中的意见。

伯基照片公司诉伊斯曼柯达公司案是最早考虑该理论的案件,并且仍然是这方面最有名的案件。原告是一家小的胶卷加工者(在当时,拍摄照片的唯一方式就是向如柯达或伯基等公司支付一笔钱,由它们为你研发胶卷),同时也从事着小规模的照相机生产业务。根据原告的起诉,由于被告柯达在胶卷生产市场上拥有垄断力,而且由于不同类型的胶卷只能在与其配套的照相机上才能使用,因此伯基以及其他的照相机生产商的生存依赖于制造能够与柯达胶卷相兼容的照相机。1972年,柯达推出了十分受欢迎的110-快速"傻瓜式"系列相机,并几乎同时推出了一种新的、更好的彩色胶卷。柯达隆重地推广这种新的胶卷,认为它是对拍摄照片质量的技术突破,但是这种胶卷只能与柯达自己生产的新傻瓜式相机相兼容。原告诉称这阻止了它生产相兼容的相机。法院不接受原告的这一控告,写道:"任何企业,即便是一个垄断者,一般都可以向市场推出其产品,无论其选择何时推出以及如何推出该产品。"参见伯基照片公司诉伊斯曼柯达公司案判决书第286页。但是,关于对它的所有质疑,法院并没有排除产品设计理论责任的可能性。法院写道:

> 当然,这并不是说新产品的推出根据事实是可以豁免反托拉斯审查的,我们并不同意柯达认为可以得到豁免的抗辩;但是,在所有这些情形中,并不是推出新产品本身,而是一些相关的行为,使得柯达会违反反托拉斯法。

参见伯基照片公司诉伊斯曼柯达公司案判决书第286页。

在随后的案件中该理论一般都未被采纳,但微软案是一个重要的例外。被告微软被指控在"与英特尔相兼容的电脑操作系统"市场上拥有垄断力,并且它采取了一系列的措施来维持这种垄断力。这些措施包括微软在其Windows操作系统以及其IE网页浏览器中设定了相应的功能,特别是将其浏览器"融入"到了操作系统中。微软使得用户很难移除或者停用预先安装的IE浏览器,也很难将其替换成竞争对手的网景(Netscape)浏览器。法院认为,微软的动机并不是要避免网景成为一个竞争性的浏览器,而是避免其成为一个替代性的操作系统,因为如果网景取得成功并且第三方程序开发者有兴趣研发能够在网景系统上运行的软件的话,网景系统将有可能成为一个替代性的操作系统。法院指出,"一般情况下,法院对于这种控诉是持非常怀疑的态度的",法院发现"微软通过某种并不符合竞争优点的行为,具有严重减少用户使用竞争对手产品的效果,因此是限制竞争的……"尽管微软提出了一些一般性的商业正当性理由以证明这种软件融合的技术价值,但是它的这种正当性理由并不"具体或能够被证实……"参见美国诉微软公司案判决书第64—66页。

（三）未能进行提前披露

一个密切相关的损害理论是，垄断者在推出新产品时，应该将该新产品的技术规范告知给那些可能因此受到损害的竞争对手，以帮助它们做好准备进行回应。正如有人可能猜想的那样，该理论并没有取得很好的效果。

伯基照片公司案仍然是在这方面的一个主要案例。在该案中，原告宣称柯达原本应当提前向它披露新的傻瓜式相机以及配套胶卷的技术细节。原告提出证据证明，事实上柯达长期以来都有进行选择性提前披露的政策，前提是这种提前披露符合柯达的利益。例如，在20世纪60年代，柯达研发了现在为人所熟知的"速8"（Super 8）胶卷，该胶卷将使得业余爱好者能够制作家庭电影。但是，柯达自己并没有过多涉足电影摄像机的生产业务，因此，确保那些能够大规模生产业余电影摄像机的公司获得关于这种新胶卷的足够信息，并生产能够使用这种胶卷的摄像机，就最符合柯达的最大利益。这将最大化地提高柯达新的电影胶卷的销量，这是它最主要的目标。事实上，柯达的首席执行官在庭审中承认，公司在每一次类似的情形中都会进行这种判断，以确定披露是否符合公司自身的经济利益。

审理该案的法院认为，即便是一个垄断者也不具有提前披露设计规范的任何义务，尽管这一主张在其他地方被提出过，但看起来没有法院曾认为其应当承担法律责任。法院再一次地一开始就强调这种责任理论将给创新带来风险。法院进一步地发现即便是对于柯达而言也很难——"尽管它习惯在做出商业决策时进行反托拉斯考量"——知道它负有向哪些企业进行披露的法律义务，或者何时要求进行这种披露。法院也认为这种义务将会阻碍创新。

目前不清楚这一责任理论是否会成功，但是没有法院曾完全排除这种理论。

八、其他"排他性行为"的无限范围及司法的迟疑

如上所述，垄断者所从事的任何可能阻碍竞争对手进入或扩张的行为本质上都是排他性行为，除非这种行为仅仅只是以品质为基础的竞争——

生产更好的产品或以更低的成本生产产品。而且,在判断任何类似行为是否具有排他性方面,并没有一般性的理论解释。没有这种行为原本构成违法的要求。"垄断者提起的法律诉讼,如果具有限制竞争效果的话可能会引发法律责任。"参见图像技术服务公司诉伊斯曼柯达公司案判决书第1207页;也可参见伊斯曼柯达公司诉图像技术服务公司案判决书第488页(斯卡利亚法官持反对意见)("那些原本可能并不会引发反托拉斯法关注的行为——或者那些甚至可能会被视为是促进竞争的行为——如果是由垄断者所实施的话,就具有了排他性的内涵。")。只要原告能以某种合理的方式证明这种行为使其更难展开竞争,并且这种行为本身并不是以品质为基础的竞争,则至少在理论上这种行为就能作为证明排他性行为的一部分。例如,多州法律研究公司诉哈考特·布雷斯·约瓦诺维奇[Multistate Leg. Studies v. Harcourt Brace Jovanovich,63 F. 3d 1540 (10th Cir. 1995)]案所涉及的,就是一家在全国占主导性的律师考试学习课程的提供者与一家规模小的、试图销售补充课程的企业之间的竞争,这家小企业希望那些购买普通律师课程的学生都能够获得其所提供的课程。(据称,该垄断者之所以将原告视作是一种威胁,是因为它自己也想提供竞争性的补充课程。)除了采取其他措施损害原告以外,该垄断者还将其普通课程的学习安排在与原告的课程相冲突的时间。法院认为该指控足以构成可以裁判的事实问题。

在各种各样的行为中更常被起诉的是那些本身就违反《谢尔曼法》第1条的行为,例如各种各样的联合抵制,或者商业侵权如故意干扰合同。欺骗行为也是经常被控诉的,例如错误地诋毁竞争对手的产品或者传播损害竞争对手的虚假言论。[37] 同样地,尽管原告实际上很少能够揭示这种行为,但是毫无疑问对竞争对手的设施进行物理或者其他破坏行为或者暴力都能构成"排他"。例如,在康伍德公司诉美国烟草公司[Conwood Co. v. U. S.

---

[37] 参见美国制药制造商协会诉阿耶斯特实验室[National Assn. of Pharm. Mfrs. ,Inc. v. Ayerst Labs. ,850 F. 2d 904 (2d Cir. 1988)]案(生产品牌药的垄断者向药剂师发出了一封信,错误地诋毁原告所生产的非专利药);国际旅行安排公司诉西部航空公司[International Travel Arrangers,Inc. v. Western Airlines,Inc. ,623 F. 2d 1255 (8th Cir. 1980)]案(错误地诋毁广告)。

Tobacco Co.,290 F.3d 768 (6th Cir.2002)]案中,被告美国烟草公司——一个拥有超过70%市场份额的垄断者——指示其现场工作人员损坏原告康伍德公司销售香烟所用的店内展示架。这一破坏计划很大,给康伍德公司造成了每月10万美元的成本损失。这被认为足以构成《谢尔曼法》第2条之下的"排他性行为"。同样地,在杜利诉螃蟹船主协会[Dooley v. Crab Boat Owners Assn., No. C 02-0676 MHP,2004 WL 902361(N. D. Cal. April 26,2004)]案中,被告是一个钓鱼经营者,他剪断了竞争对手的蟹线并攻击其船员,法院认为这一事实足以交由陪审团审理。

第四节 合法的商业正当性理由

最后,即便原告能够证明被告拥有垄断力并采取了限制竞争行为来获得或维持这种垄断力,被告也可以提出证据证明其行为具有某种合法的商业正当性理由。如果被告能够进行这种证明,则原告就必须证明这种正当性理由只是一种托词,或者即便不是托词,这种行为所造成的损害也要超过其所可能带来的任何好处。如果正当性理由能够解释这种行为是如何帮助被告在价格或质量方面展开竞争的话,则其就是"合法的"。也就是说,这种正当性理由必须是被诉行为能够增加消费者的福利。它也必须是"具体的和能够被证实的";仅提供一般性的理由是不充分的。参见美国诉微软公司案判决书第66页。正如在任何其他反托拉斯背景之下一样,提出竞争本身会产生不好的结果尚不足以满足"社会正当性理由"或论证。(参见第三章第二节第二部分。)

正如我们学习的依据《谢尔曼法》第1条展开的合理原则分析(参见第七章第一节),尽管法院经常将这种分析的最后阶段描述为"权衡"促进竞争的效果与限制竞争的效果,但是,认为法院实际上权衡了任何事物是具有误导性的。相反,法院会问这种行为是否是一种"不必要的限制",参见阿斯彭滑雪公司诉阿斯彭高山滑雪公司案判决书第605页及32注释,或者是一种为了实现"以品质为基础的竞争"而进行的一种"超出合理必要范围的限制",参见多州法律研究公司诉哈考特·布雷斯·约瓦诺维奇案判决书第1550页。

例子

再次考虑一下之前的第二故事(SecondStory.com)及它的虚拟仓库系统的例子。第二故事是一家线上的旧书销售商,为了能够获得大量的存货信息,它与个体的线下实体旧书店达成协议以建立一个"分销伙伴"的网络。旧书店与第二故事达成了10年期限的排他性协议,依据协议,它们将不得向其他的线上书店提供存货信息,并对虚拟仓库系统及其技术细节进行保密。第二故事也拒绝其摇摇欲坠的小竞争对手第二章(ChapterTwo.com)使用虚拟仓库系统,尽管第二章多次提出请求。

假设第二章能够证明《谢尔曼法》第2条起诉的其他要件,第二故事是否可能会有任何商业正当性理由?

解释

有人可能会认为第二故事将有一个似是而非的商业正当性理由,至少如果指控针对的是其排他性合同以及保密协议。应该能够证明虚拟仓库系统本身是一个促进竞争的创新。该系统使得第二故事能够迅速地获得大量的市场份额,并且只是基于成本或质量的优势,也即,它是通过以品质为基础的竞争而非限制竞争的排他性行为获得的市场份额。而且它应该能够证明,如果没有排他性或者保密性,它建造该系统所进行的大量投资将会受到损害。想象一下,个体的分销伙伴被允许首先利用第二故事的设备将它们的库存书数字化,贴上漂亮的商品统一代码标签等,建立了详细的库存数据库,然后允许它们将这种信息销售给第二故事的竞争对手,例如第二章。这样的话,第二章就可能获得了一种具有价值的竞争性资产,而且所花费的成本要比第二故事少很多,第二故事进行创新的动机可能会受到严重打击。这可能就为第二故事的排他性行为和保密要求提供了一种明显的搭便车抗辩的正当性理由(正如在第十章所解释的,并将在附录中进一步解释)。但是,排他性限制会持续非常长的时间。尽管这最终是一个事实问题,但看起来不太可能基于此而认为10年期限的限制是正当的。

而且，第二故事拒绝与第二章交易的正当性理由看起来不那么可信，特别是，如果正如在本章第三节第四部分中所举的第二个例子，第二故事事实上在过去向其他的书店销售过虚拟仓库系统的使用权。如果能够证明这种拒绝交易是排他性的——因为虚拟仓库系统确实是一个必要设施，或者因为第二故事的真实目的不是实现以品质为基础的竞争，而是为了损害竞争对手——则很难说第二故事的安排确实只是为了实现以品质为基础的竞争所需要的。需要重申的是，正如在本章第三节第四部分的例子中所显示的，如果第二故事确实排除了很大一部分必要资源的供给并拒绝向竞争对手提供的话，则可能证明存在真正的排他性目的。

第十四章　试图垄断及共谋垄断

《谢尔曼法》第 2 条不仅禁止"垄断",而且也禁止另外两种行为。回想一下其条文,没有"人……可以垄断,或试图垄断,或联合或与任何其他人共谋垄断贸易或商业的任何部分……"(15 U.S.C §2)。在某些方面,这些试图垄断及共谋垄断的诉因对于原告而言是有困难的,相比于常规的垄断诉讼而言,原告很少依据它们来提起诉讼。它们要求原告进行一些在垄断诉讼或《谢尔曼法》第 1 条诉讼中所并不要求进行的证明,但它们却仅提供与任何《谢尔曼法》第 1 条或第 2 条的其他诉因相同的救济方式。不过,它们对于原告而言仍然是有用的战略工具,因为它们能够填补法律中所可能存在的一些空白。对于那些能够证明存在违法行为及损害但却可能无法证明是一个垄断案件或违反《谢尔曼法》第 1 条案件的原告而言,它们仍然是有所帮助的。

第一节　《谢尔曼法》第 2 条试图垄断的诉因

现行法之下,除了以下两方面外,试图垄断的诉因本质上与垄断诉因是相同的。第一,原告只需要证明某种更低门槛的市场势力;但是,第二,除了证明存在排他性行为以外,原告还必须证明被告特别希望获得垄断势力。

有两个可能是最为重要的试图垄断的案件,一个是很早以前的斯威夫特公司诉美国[Swift & Co. v. United States, 196 U.S. 375 (1905)]案,一个是最近的频谱体育公司诉麦奎兰[Spectrum Sports, Inc. v. McQuillan, 506 U.S. 447 (1993)]案。在斯威夫特公司案中,奥利弗·温德尔·霍姆斯(Oliver Wendell Holmes)法官代表最高法院写道,国会在《谢尔曼法》第 2 条中使用了"试图垄断"(attempt to monopolize)的术语,旨在将普通法中对试图的要求融入进来,在普通法中,试图是指被告特别希望实现违法的结果,这被控诉为试图实现。因此,原告必须证明被告具有获得垄断势力的"具体意图"。现在,频谱体育公司诉麦奎兰案是这一问题方面的主导性权威,它之所以最具影响力可能是基于两个方面的原因。第一,最高法院将诉因具体化为三要件测试。依据频谱体育公司案,在所有《谢尔曼法》第 2 条试图垄断案件中,原告必须"证明(1)被告从事了掠夺性或限制竞争性行为;(2)被告具有垄断的具体意图;(3)被告具有获得垄断势力的危险可能性"。参见频谱体育公司诉麦奎兰案判决书第 456 页。

第二,频谱体育公司案明确表明这三个要件之间都是彼此独立的,而且是必要的,最重要的是,"危险可能性"要求证明被告在某些相关市场中拥有势力。最高法院主要是想利用这个案件来解决一个异常不平衡的巡回法院之间的分歧。下级法院——第九巡回法院——再次确认了它自己早期的一个判决,即莱西格诉潮水石油公司[Lessig v. Tidewater Oil Co. ,327 F. 2d 459 (9th Cir. 1964)]案。但是潮水石油公司案之后,几乎每一个联邦巡回法院对于该案中所提出的核心问题都采取了不同的处理方式。特别地,潮水石油公司案将斯威夫特公司案解读为允许证明既存在获得垄断势力的危险可能性,又仅仅以举证存在掠夺性行为来证明具有具体的垄断意图。尽管并没有其他法院对此表示同意,但是当第九巡回法院在频谱体育公司案中再一次考虑了这一问题时,它再次确认了潮水石油公司案。最高法院推翻了这一判决,认为这三个要件都是必不可少的,而且对于每一要件都必须提供证据予以证明。正如我们将要看到的,至于具体意图是否与掠夺性行为如此分离,并不是如此明确——似乎证明存在掠夺性行为的证据也能作为被告具有具体意图的证据。但是很显然,它与危险可能性要求是不同的。

一、掠夺性行为

能够满足试图垄断诉因第一要件的行为——被告从事了旨在获得垄断势力的掠夺性或排他性行为——与能够满足全面垄断诉讼的行为要件完全相同。法院常认为,不能满足垄断诉讼行为要件的行为,也不能满足试图垄断诉讼的行为要件。参见美国律师协会,《反托拉斯法的发展》第1卷,2007年第六版,第307页及572—573注释(案例汇编)。能够同时满足垄断以及试图垄断诉因行为要求的行为,已在第十三章第三节进行了讨论。

二、具体意图

正如刑法中的犯罪企图一样,证明存在试图垄断要求证明被告具有"具体的意图"。在这种情形之下,被告必须具有获得垄断的具体意图。具体意图不同于反托拉斯案件中通常所介绍的一般性意图的证据,后者通常只要求证明被告具有从事某种排他性行为的意图(参见第七章第一节以及第十三章第三节第二部分)。事实上,汉德(Hand)法官在美国诉美国铝业公司案中写下了著名的一段话,即在试图垄断的案件中,具体意图并不仅仅是指通过降价、拒绝竞争对手获取有用的资源或者从事任何其他满足《谢尔曼法》第2条行为要件的行为来损害竞争对手的意图。相反,它是利用这种行为获得垄断的意图。参见美国诉美国铝业公司案判决书第431—432页。

之所以要求具有意图,原因很简单。显然,试图代表着未能成功地实施违法行为。特别地,在试图垄断情形下,被告希望获得非常大的市场份额但却未能如愿以偿。因此基本上,试图从事违法行为显然要比成功从事违法行为造成的损害小。在没有对完全垄断的实际效果进行确认之前,打击那些仅仅是试图垄断的行为存在阻碍竞争的风险。要求证明具有具体意图有助于控制这种风险。正如霍姆斯法官在斯威夫特公司案中所解释的,实际上很显然,如果没有某种意图的证据,构成试图垄断的行为将只是一些合法行为。正如他写道的:

> 对于试图垄断而言意图是必要的。如果行为本身不足以导致为法律所禁止的结果——例如,垄断——但除了导致这种结果的纯粹自然力量外还要求进一步的行为,为了证明这种结果具有发生的危险可能性,必须具有导致这种结果发生的意图。

参见斯威夫特公司诉美国案判决书第 396 页。

但需要哪些证据却并不那么确定。最高法院仅仅说它必须是"比激烈竞争的意图更强的证据"。参见频谱体育公司诉麦奎兰案判决书第 459 页。频谱体育公司案明确表明,关于被告"不公平"或采取"掠夺性定价"策略的证据……可能足以证明所必需的垄断意图……参见该案判决书第 459 页。一个可靠的总结就是,关于意图的直接证据可能是充分的,而且在那些涉及严重限制竞争的掠夺性或排他性行为的案件中,也可以推导出具有意图。[1]

三、获得垄断力的危险可能性

在大多数情况下,"危险可能性"要件可以被归结为市场势力,这可以通过为市场准入障碍所保护的较高市场份额来予以证明。正如在绝大多数的其他反托拉斯情形中,并没有一个明确的标准来判断多大的市场份额是足够的。但是,似乎 50% 的市场份额通常而言是足够的,30%—50% 的市场份额偶尔是足够的但通常是不足够的,30% 以下的市场份额几乎可以确定总是不足够的。参见 M&M 医疗用品服务公司诉悦谷医院公司[M&M Med. Supplies & Servs., Inc. v. Pleasant Valley Hosp., Inc., 981 F. 2d 160 (4th Cir. 1992)]案判决书第 168 页(为第四巡回法院确定了这些参数);参见美国律师协会,《反托拉斯法的发展》第 1 卷,2007 年第六版,第 313 页(案例汇编并归纳了这些指导原则)。

例子

比和莫斯航空公司(Behemoth Air, Inc.)是一家商业航空公司,它最重要的运营基地是达拉斯-沃斯堡(Dallas-Fort Worth, DFW)机场,该公司的首席执行官厌倦了在达拉斯-沃斯堡机场的价格竞争,尤其是与它最接近的竞争对手吉诺莫斯航空公司(Ginormous Airlines Corp.)之间的竞争。联合起来的话,这两家公司在所有非商业乘客市场上拥有约 90% 的市场份

---

[1] 参见劳伦斯·A.沙利文与沃伦·S.格里姆斯,《反托拉斯法:综合手册》,2006 年第二版,第 151—152 页(提出了这一观点)。

额,因此,只需要它们之间缓和一下彼此之间的价格战,它们在该市场的运营将非常有利可图。因此,比和莫斯航空公司的首席执行官最终给吉诺莫斯航空公司的首席执行官打电话,希望能够终止价格战。双方进行了一次非常紧张的谈话(正如人们可能预测到的,考虑到大多数竞争者都十分敏锐地知道他们不允许与他人讨论竞争),在这次谈话中,比和莫斯航空公司的首席执行官对因为两家公司之间的价格竞争而损失的利润感到惋惜。吉诺莫斯航空公司的首席执行官问道:"你有什么建议吗?"比和莫斯航空公司的首席执行官回答道:"是的,我有一个建议。把你该死的票价提高20%。我第二天一早就提高我的价格。你将赚更多的钱,我也是。"吉诺莫斯航空公司的首席执行官对此进行了婉拒并迅速挂断了电话。对于比和莫斯航空公司的首席执行官来说不幸的是,吉诺莫斯航空公司的首席执行官有一些预感比和莫斯航空公司的首席执行官将会打这个电话。他之前就已经联系了美国联邦调查局,联邦调查局已经在他的电话上安装了一个录音设备。他们之间的对话被录了下来,司法部提起了针对比和莫斯航空公司及其首席执行官的诉讼。但是,毋庸赘言,双方并没有实际的共谋。

是否发生了任何违法的行为?

解释

这就是美国诉美国航空公司[United States v. American Airlines, Inc.,743 F. 2d 1114 (5th Cir. 1984)]案的基本事实。美国航空公司的首席执行官,罗伯特·克兰德尔(Robert Crandall)向布兰尼夫航空(Braniff Airlines)的首席执行官霍华德·普特南(Howard Putnam)打了一个电话,并进行了上述对话。普特南的电话被监控了。法院认为这些事实构成了一个试图垄断的案件,理由是克兰德尔希望联合两家公司的市场份额以获得真正的垄断势力。法院认为双方没有实际达成协议这一事实是不相关的。这些事实构成了试图垄断的案件。

再一次注意这并没有《谢尔曼法》第1条的诉因,因为没有如同《谢尔曼法》第1条中的"试图"。由于没有完整的"合同、联合……或共谋",因此,其不违反《谢尔曼法》第1条。

第二节 《谢尔曼法》第2条的共谋诉因

在《谢尔曼法》第2条共谋垄断案件中，原告必须证明：(1)两个或两个以上的被告进行了共谋；(2)被告具有获得垄断力的具体意图；(3)被告至少采取了一次推动共谋的公开行为(overt act)。共谋要件的证明与《谢尔曼法》第1条之下的证明类似，具体意图的要求与试图垄断的要求相同。但是，该理论与《谢尔曼法》第1条之下的共谋和第2条之下的试图垄断的控诉存在两方面的不同，并且至少在某些司法辖区内，对某些原告而言这两方面的不同能够使得《谢尔曼法》第2条的共谋成为一个重要的战略选择。

首先，"公开行为"的要求不同于其他《谢尔曼法》第2条诉因中的排他性行为要件。甚至不要求这种行为具有独立的损害性，而且原则上可以由任何行为构成，只要这种行为可以被看作推动了共谋的付诸实施。可能更为重要的是，在原告是否必须证明垄断势力或甚至证明成功的危险可能性方面，法院存在分歧。在频谱体育公司案之前，遵循普通法中关于共谋的更为传统的概念，法院通常甚至认为并不要求证明存在成功的危险可能性。频谱体育公司案以后，许多法院都认为要求证明危险可能性（通常是指被告联合起来在涉及的相关市场内至少拥有50%的市场份额）或者如果共谋成功的话，至少将导致垄断的结果。但是其他法院仍然认为并不需要证明存在危险可能性。在这些司法辖区内，并不完全清楚必须证明存在多少市场份额（如果有的话），但大概少于50%的市场份额是足够的，更少的市场份额可能满足《谢尔曼法》第1条的指控，从而适用合理原则分析。

因此，在某些司法辖区内，如果原告只能证明存在事实上的共谋、具有共谋的具体意图以及公开的行为，也足以证明存在违法行为，尽管这种类型的共谋将不会适用《谢尔曼法》第1条的本身违法原则。

参见美国律师协会，《反托拉斯法的发展》第1卷，2007年第六版，第317—322页。

第三节 商业正当性理由的证据

230　尽管在这种情况下并不是那么清楚,但是似乎被告可以利用其在完全垄断的案件中所可能提出的同一种商业正当性理由,以此来反驳《谢尔曼法》第2条之下的试图垄断或共谋垄断的控诉。例如,在多州法律研究公司诉哈考特·布雷斯·约瓦诺维奇 [Multistate Leg. Studies v. Harcourt Brace Jovanovich, 63 F. 3d 1540 (10th Cir. 1995)] 案中,原告唯一向法院提出的就是《谢尔曼法》第2条的试图垄断控诉,但是法院从来没有考虑被告提出的一系列商业正当性理由,并最终认为其中的一些理由提出了可以裁判的事实问题。法院甚至都没有回答它们在试图垄断控诉案件中是否是相关的问题,而只是写道被告的正当性理由"有时可以成为《谢尔曼法》第2条控诉的抗辩理由"。参见多州法律研究公司诉哈考特·布雷斯·约瓦诺维奇案判决书第1550—1552页。没有明显的理由怀疑在共谋垄断控诉的案件不会发生同样的情况。

第四节 试图垄断与共谋垄断理论的实践意义:请求策略

有人可能会问这些诉因对于任何人而言会有何种好处。试图垄断诉因要求对存在市场份额进行大量的证明,因此从原告方面来看是一个需要提供大量事实的案件。共谋垄断案件需要证明存在多边行为,会面临《谢尔曼法》第1条案件证明中所遇到的所有困难,并且还要额外证明主观动机。《谢尔曼法》第2条共谋垄断也没有为原告提供适用本身违法原则或快速审查原则的待遇,而这在某些《谢尔曼法》第1条案件中是能够获得的。并且这两种理论并不能给原告提供超过《谢尔曼法》第1条和第2条控诉的救济。

但是，这些替代性的理论对于原告而言可能是十分重要的。它们有助于填补《谢尔曼法》中普通共谋与完全的、单一企业垄断之间的空白。基于这方面的原因，如果原告提出更加熟悉的《谢尔曼法》第 1 条共谋控诉或第 2 条垄断控诉，通常都会增加《谢尔曼法》第 2 条试图垄断的罪状，或者第 2 条共谋垄断的罪状，或同时增加这两个罪状。意思就是说，如果原告在诉讼过程中未能证明更加熟悉的罪状所需的某些特殊要件的话，其可能仍然能够证明《谢尔曼法》第 2 条的试图垄断或共谋垄断。[2] 如果原告担心其不能证明垄断诉讼所需要的市场势力，而且不能证明《谢尔曼法》第 1 条的多边行为，但却有一些关于意图及行为的好证据，它可能将试图垄断理论作为一个备份的选择。同样地，假设原告拥有共谋的证据，但却担心它既不能对市场势力进行任何实质性的证明，也不能主张适用《谢尔曼法》第 1 条的本身违法原则。如果原告拥有关于垄断的具体意图以及某些掠夺性行为的很好的证据，则至少在某些司法辖区，他可以提起《谢尔曼法》第 2 条的共谋垄断控诉。

---

[2] 在反托拉斯诉讼中，如果未能足够早地请求归责，通常都会失去机会。因此，例如，如果原告只是控诉完全垄断，但在简易判决或直接判决阶段因为未能证明存在垄断势力而败诉，试图重新以试图垄断或共谋垄断来提起起诉将会太迟。原告将败诉。

第七部分 反托拉斯、创新及知识产权

第十五章 反托拉斯、创新及知识产权

第一节 两种政策的合理性

美国法中的两种重要政策与私人经济的创新有关,并且它们之间至少存在某些冲突。首先,我们在许多方面都强烈支持创新。最主要的体现在通过知识产权法律予以保护。技术创新和商业方法可以申请专利,艺术作品可以申请版权,品牌可以申请商标,并且各种各样的知识产权能够享受商业秘密和其他普通法的保护。我们也通过许多其他方法来支持创新。政府直接资助各种类型的研究,并且也通过税收优惠及其他各种各样的方式予以间接资助。

我们之所以鼓励创新,本质上是基于经济方面的原因。创新将要么促使生产更好的产品——人们对这些产品的需求量要远远超过对现有产品的需求量——要么促使以更低成本的方式进行生产。实际上,创新将促进更好的价格竞争。问题在于创新可能很难具有商业可行性,这是由创新本质的内在特征所决定的。一旦某人创造或发明了某事物,会发现很难阻止他人进行复制。但是在创造过程中,发明人将很有可能已经进行了时间和金钱的投资。如果其他人在该创造进入公共领域之后只需要进行复制并开始生产销售,他们将能够以成本价进行销售。发明人则将被迫展开这种竞争,并且仅能够覆盖生产成本,无法收回研发的初始投资。照这样发展下去,创新的动机将被削弱,尤其是在那些研发非常昂贵或具有不确定性的领域中更是如此。[1] 知识产权法的基本目的就是要处理这些问题。通过禁止竞争

---

[1] 换言之,在此存在外部性。创新产生了一种正外部性,这是一种其他人无需支付对价就能够获得的好处。这被认为对于分配效率是不利的,因为一旦知道他们无法完全收回其投资,发明人将要创造的可能比社会所期望的要少。外部性将在词汇表中进行讨论。

对手迅速复制一项受知识产权保护的创新，知识产权法允许发明人在一段时间内获得一些超竞争水平的边际利润，以使其能够收回初始的研发成本。

但我们也有另外一种与创新政策存在某些冲突的联邦政策。反托拉斯（以及其他一些法律）强烈地鼓励价格竞争。价格竞争本身将侵蚀正是知识产权法所寻求保护的利润。即便有专利的保护，原本能够鼓励创新投资的利润可能是如此的少以至于难以支持研发工作。至少当市场竞争非常激烈时，创新的动机可能会非常小，当然生产过程和货物分销中的创新除外（这些创新能够降低成本并有助于通过更低的价格获得新的交易机会）。

这两种政策之间存在更直接的冲突。知识产权法鼓励创新的方式正是通过赋予生产创新产品的独占性权利，来给予某种程度的市场势力。显然，反托拉斯将市场势力视作是其中心敌人。这两种政策的对立产生了许多具体的反托拉斯规则，它们正是本章的主题。在知识产权法和反托拉斯法相冲突的大多数情形中，法院关心的是知识产权所有人是否采用了某些不当行为扩大其知识产权范围。知识产权的本质是限制竞争，但法院曾经说过，反托拉斯是一种对抗性的政策，那些将这种限制延伸至政府所授予的知识产权具体范围之外的行为，将被反托拉斯法认定为违法。参见沃克加工设备公司诉食品机械化工公司案判决书第180页（哈兰法官，持一致的意见，指出有必要"在专利和反托拉斯法这两种不同政策的领域中实现适当的和解"）。

第二节 反托拉斯具体适用程序

一方面，很明显，知识产权法所允许的行为可以得到反托拉斯法的豁免。在一个著名的观点中，这可能有点过度拉丁语化，最高法院写道："给予'制造、利用或销售发明'17年垄断权的专利法与反托拉斯法规定同一情形时(in pari materia)，应当将二者调整到这种程度(pro tanto)。"参见辛普森诉加州联合石油公司案判决书第24页。"in pari materia"这一术语是指这样一种法律规则,即当两部法律对同一情形作出规定时,必须结合这两部法律来进行解读,以实现尽可能的协调;当二者具有不可协调的冲突时,应当对其中一部法律进行调整。参见诺曼·J. 辛格(Norman J. Singer)与萨姆比·辛格(Shambie Singer)编,《论成文法与法律结构》(Sutherland on Statutes and Statutory Construction),2010 年第七版,§ 51:2。"Pro tanto"的意思只是"到……程度"。因此,辛普森认为必须将专利法与反托拉斯法联合起来予以理解,当二者有不一致的地方时,专利法在不一致的程度范围内对反托拉斯法进行修改。参见尤尼瑟姆食品系统公司诉斯威夫特-艾克里奇公司[Unitherm Food Sys. v. Swift-Eckrich, Inc., 375 F. 3d 1341 (Fed. Cir. 2004)]案判决书第 1356 页,基于其他理由而被推翻,参见尤尼瑟姆食品系统公司诉斯威夫特-艾克里奇公司[546 U. S. 394 (2006)]案("作为一般的规则,依据专利法旨在获得或实施专利的行为可以从反托拉斯法中得到豁免。")。

另一方面,法院已经注意到当事人可能过度地使用专利,对竞争政策构成过大的侵犯,这将违反反托拉斯法。有法院曾指出,"威胁竞争的联合行为以及合同行为并不能仅仅因为其涉及专利特权的行使就能够从反托拉斯法中得到豁免,这已经得到了广泛的承认。"参见数据通用公司诉格鲁曼系统支持公司[Data Gen. Corp. v. Grumman Sys. Support Corp., 36 F. 3d 1147 (1st Cir. 1994)]案判决书第 1185 页及 63 注释。提醒一下,在本节中我们将讨论利用知识产权最有可能违反反托拉斯法的情形。

一、违反反托拉斯法的收购合法知识产权行为

依据《克莱顿法》第 7 条,知识产权是一项"资产",因此,如果收购知识产权具有"可能会实质性地减少竞争,或者可能会产生垄断"的效果的话,则这种收购就是违法的。同样地,如果知识产权的收购足够大以至于触发收购审查标准时,则应当依据《哈特-斯科特-罗迪诺法》进行收购前的审查。(参见第十七章和第十八章。)产生市场势力以及排除竞争者的收购行为也将违反《谢尔曼法》第 1 条和第 2 条。例如,在神户公司诉登普西泵公司

[Kobe, Inc. v. Dempsey Pump Co., 198 F. 2d 416, 423-424 (10th Cir. 1952)]案中,被告收购了某特定领域中的每一个重要专利——在一段重要时期内收购了数十个专利——但却并没有利用这些专利来从事任何生产,而只是针对潜在竞争者实施这些专利,第十巡回法院认为被告的行为违反了《谢尔曼法》第2条。参见美国律师协会,《反托拉斯法的发展》第2卷,2007年第六版,第1083—1085页。

即便如此,这一责任理论显然只适用于对那些之前就已经授予他人的知识产权进行收购的行为。如果是某人自己的创造性活动,并且其通过专利这种法律途径来予以保护,则这看起来极不可能违反反托拉斯法。不可能适用《克莱顿法》和《哈特-斯科特-罗迪诺法》,因为它们只适用于"收购"。同样地,某人自己的创新,以及一家企业内部的研发努力,都不满足《谢尔曼法》第1条所要求的多个主体条件,而且《谢尔曼法》第2条从来不适用于企业通过"更优的技能、远见以及勤勉"而获得的增长。参见尤尼瑟姆食品系统公司案判决书第1356页。

至少可以想象得到,联合研发以及两家或两家以上的企业共同进行的生产能够引发《谢尔曼法》第1条的法律责任,但是创新工作本身似乎不太可能引发这种责任。当企业设立了研发的合营企业,它们可能会共享大量的信息,或同意就与合营工作不直接相关的事项展开限制,这些行为可能是违法的。但是,只要合营企业所主张的覆盖其工作的知识产权依据知识产权法是合法的,则这种主张事实上将不可能导致《谢尔曼法》第1条的法律责任。而且即便《谢尔曼法》第1条的原告可能想要进行这种尝试,合营企业也可能享受到一部联邦法律的特定保护,即《国家合作研究与生产法》(National Cooperative Research and Production Act,15U.S.C.§§4301-4306)。《国家合作研究与生产法》规定:(a)针对研发型企业合营行为的指控,只能依据合理原则标准,在市场界定方面依据特殊的、非常有利于被告的标准;(b)只要合营者已经向执法机构提交了一份特殊的通知,原告就只能获得单倍的赔偿及律师费;(c)如果原告败诉,被告能够获得律师费补偿。

二、不适当地扩展或滥用原本合法的知识产权

(一) 不实施知识产权

如果某企业收购了某一具有创新性的知识产权,但随后却只是拒绝利用这种权利从事任何生产或拒绝允许他人进行生产,我们认为这可能既会产生一种限制竞争的结果,也是对知识产权政策的一种颠覆。但是,知识产权的权利人可能只是选择不实施这种权利,并且单边性的不实施本身并不违反反托拉斯法。参见哈特福德帝国公司诉美国[Hartford-Empire Co. v. United States, 323 U. S. 386 (1945)]案判决书第 432—433 页("专利权人并不处于公众准受托人的地位,也不负有任何使得公众免费获得使用这种创新的义务。他既没有义务实施这种专利,也没有义务准予他人使用。");参见印第安纳标准石油公司诉美国[Standard Oil Co. of Indiana v. United States, 283 U. S. 163 (1931)]案判决书第 179 页。但正如上所述,一些判例法认为从他人那里收购专利,如果其目的是将替代品从垄断者的市场上排除出去,则这将构成《谢尔曼法》第 2 条之下的可以被起诉的排他性行为。参见神户公司诉登普西泵公司案判决书第 423—424 页。

(二) 无客观依据的侵权控诉

作为一个实践问题,知识产权会通过提起诉讼的方式得以实施。如果知识产权人针对竞争者提起侵权诉讼,其依据知识产权所主张的权利要超过实际所授予的权利范围,这从原则上来看可能是限制竞争的。法院从来没有否定这一点,但应当记住,侵权诉讼,正如其他诉讼一样,是"向政府的请愿",可以享受到诺尔-彭宁顿规则的反托拉斯豁免,除非其是一个"幌子"(参见第二十一章第五节)。事实上,最高法院使得其很难证明法律诉讼是一个幌子。在专业房地产投资者公司诉哥伦比亚电影工业公司[Professional Real Estate Investors, Inc. v. Columbia Pictures Indus. , 508 U. S. 49 (1993)]案中,最高法院认为只有满足以下两个条件时才能够认定法律诉讼是一个幌子:(1)法律控诉无客观依据(意思是说,没有一个理性的诉讼当事人会期望通过这种控诉获得补偿);(2)原告提起诉讼的主观动机

是限制竞争。

在一个重要的案件中,联邦巡回法院在意见中表明,提起虚假的侵权诉讼将构成《谢尔曼法》第 2 条"排他性行为"的要件。参见诺贝尔制药AB 诉移植创新公司[Nobelpharma AB v. Implant Innovations, Inc., 141 F. 3d 1059 (Fed. Cir. 1998)]案。重要的是,这将区别于另外一种特殊的情形,即知识产权人提起侵权诉讼所依据的专利,是其通过故意欺诈联邦专利和商标局而获得的。如果侵权被告能够证明存在这种欺诈,则被称之为沃克加工案控诉的反托拉斯反诉,要比依据专业房地产投资者公司诉哥伦比亚电影工业公司案证明存在幌子容易得多。这将在第十五章第二节第四部分中进行深入讨论(也可参见第十三章第三节第六部分第三小部分)。

(三)标准制定及专利劫持问题

自 20 世纪 80 年代高新技术爆炸式发展以来,标准制定组织(Standard Setting Organizations, SSOs)的工作在技术领域中就变得无处不在。标准制定组织通常是私人组织的非营利机构,其目的在于发布各种各样的正式行为指南。现在在美国有成千上万个标准制定组织,它们的工作几乎触及美国经济的方方面面。它们的标准可以通过多种方式而具有影响力。它们可以以惊人的频率被纳入法律之中,但通常只受到采纳这些标准的政府非常少的实质性监管。但它们也能通过自己的独立力量而变得有影响力。技术行业通常需要具有"互操作性"(interoperability)。如果一台传真机因为不兼容的软件而无法与其他传真机相连的话,则这台传真机就几乎没有价值。如果某台电脑的外围设备的接口无法与大多数的电脑相连的话,则这些外围设备的价值就可能会减弱。基于这些方面的原因,数十年来,高新技术生产商通过标准制定组织来开展合作性的工作,以制定能够确保互操作性的技术标准。

不管怎样,标准制定组织的工作都已经在知识产权与反托拉斯交叉领域中引发了另外一个问题。由于标准制定组织的成员通常包括来自于受标准影响的行业代表,因此他们的大多数行为至少从表面上来看是受反托拉斯法调整的。[2] 最近,关于标准制定组织行为的一个具体问题引发了人们浓厚的兴趣,它是与知识产权相关的问题,即所谓的"专利劫持"(patent hold-up)。

在标准制定组织考虑制定某标准时,当标准制定组织成员未能披露其专利,而该专利可能被纳入标准并且实施该标准将侵犯该专利时,就发生了专利劫持。如果这样的话,并且假设该标准在行业中变得很重要,则该成员可能会获得重要的、其原本并不会拥有的市场势力。近些年,联邦贸易委员会率先对这类行为展开反托拉斯执法,并在多个案件中,联邦贸易委员会在追究专利劫持行为的法律责任方面都取得了成功。但是,这些案件都必须与联邦贸易委员会针对拉姆布斯公司这家电脑内存制造商所提起的、最终未能胜诉的垄断诉讼进行权衡。拉姆布斯公司诉联邦贸易委员会[Rambus, Inc. v. FTC, 522 F. 3d 456 (D. C. Cir. 2008), cert. denied, 129 S. Ct. 1318 (2009)]案。法院将问题描述为欺诈是否可以构成《谢尔曼法》第2条的可以被起诉的"排他性"行为。法院强调被告拉姆布斯公司是"一个原本合法的垄断者",因为其市场势力源自于其合法的专利权,并且认为,"如果利用欺诈只是为了获得较高的价格,这通常而言并没有排除竞争对手的特定倾向,因此也不会减少竞争。"参见拉姆布斯公司诉联邦贸易委员会案判决书第464页。法院认为,并不能充分证明在本案中如果拉姆布斯公司披露了其专利权,则标准制定组织在制定标准的过程中就不会将其专利纳入标准之中。既然如此,法院认为唯一能够被证明的损害就是,相比于标准制定组织知道该专利并在将该专利纳入标准之前要求拉姆布斯公司以合理的专利许可费率许可其专利而言,拉姆布斯公司将能够从其专利许可中获得更多的利润。因此,法院适用了它对《谢尔曼法》第2条的一般性理解,即

---

[2] 两个有名的案件是联合管道公司诉印第安纳汉德公司案,以及美国机械工程师协会诉水位计公司案,在这两个案件中,作为标准制定组织成员的生产商利用标准制定组织的程序来损害竞争对手,因此最高法院都认为生产商应当承担反托拉斯法律责任。再稍微往回看一些,在辐射燃烧器公司诉人民燃气轻工焦炭公司案中,最高法院准许了针对标准制定组织所提起的反托拉斯诉讼,在本案中,原告指控被告反复拒绝批准一项新的技术,其目的是为了限制竞争。

仅仅是通过其合法获得的市场势力来获取更高的利润,这从来都不是违反反托拉斯法的行为。

三、合法知识产权的许可问题

(一)许可或拒绝许可

许可使用合法知识产权的行为本身并不违反反托拉斯法。同样地,一些下级法院现在通常认同对于单边拒绝许可知识产权的行为适用本身合法的原则,尽管最高法院从来没有如此这样认为。并且,如果这一规则在下级法院中准确地表述了法律,则它将是拒绝交易一般规则的一个例外。回想一下,尽管采取单边行为的单个企业拥有选择与谁展开交易的广泛自由(美国诉高露洁公司案),但也有一个例外,那就是该企业拥有垄断势力并且其拒绝许可知识产权的行为等同于"排他性"行为。在这种情况下,拒绝许可知识产权的行为将违反《谢尔曼法》第2条(参见第十三章第三节第四部分)。

多年来一直有这样一种迹象,即尽管最高法院早期意见中的语言表明拒绝许可的权利是不受限制的,但知识产权所有人拒绝许可可能构成反托拉斯违法行为的一部分。目前下级法院在这一问题上出现了分歧。第一和第九巡回法院认为拒绝许可知识产权可以被推定为是被允许的,但这一推定可以因被告关于其拒绝许可的解释只是一种托词的证据而被驳回。参见图像技术服务公司诉伊斯曼柯达公司案,数据通用公司诉格鲁曼系统支持公司案。作为证明这种解释只是一种托词的一个例子,审理图像技术服务公司诉伊斯曼柯达公司案的法院指出被告有一个一揽子政策,拒绝许可其机器的任何特定零配件,而事实上零配件只有65%是被专利所覆盖的。参见图像技术服务公司诉伊斯曼柯达公司案判决书第1219页。无论如何,另一巡回法院都认为拒绝许可原本是合法的知识产权的行为是本身合法的。参见独立服务机构反托拉斯诉讼[Independent Serv. Orgs. Antitrust Litig.,In re,203 F. 3d 1322 (Fed. Cir. 2000)]案。

这完全不同于联合拒绝许可知识产权。法院会非常严肃地审查联合拒绝许可的协议,并且有时会认为这种协议是本身违法的。即便法院认为可能有某些可以被宽恕的特性,但限制成员许可知识产权自由的协议也要受到合理原则的审视。参见美国律师协会,《反托拉斯法的发展》第 2 卷,2007 年第六版,第 1127—1128 页。

(二) 限制贸易的许可条款

无论知识产权所有人享有何种的许可或拒绝许可的自由,许可人与被许可人之间达成的许可条款都可能违反反托拉斯法。

最高法院在其最早的判例中表明,只要知识产权所有人愿意,其可以在许可中包含这些条款。例如,在美国诉通用电气公司案中,最高法院就依据"更多的－包括－更少的推理路线"(a greater-includes-the-lesser line of reasoning)来作出判决。由于通用电气完全享有不进行任何许可的自由,它可以附加其认为合适的限制性条件进行许可。(在本案中,最高法院支持包括在制造灯泡许可中的最低转售价格条款。)同样地,早期的判决也承认许可人有很大的自由针对被许可人施加地域或顾客方面的限制。参见乙基汽油公司诉美国[Ethyl Gasoline Corp. v. United States,309 U. S. 436 (1940)]案。法院也总是广泛地支持"使用领域"(field of use)的限制——允许被许可人只能依据技术从事某种特殊目的生产的许可条款。参见通用有声电影公司诉西部电气公司[General Talking Pictures Corp. v. W. Elec. Co. ,304 U. S. 175 (1938)]案(支持限制扩音技术仅用于公共剧院而非家庭的条款)。

但是,在之后的案件中,最高法院开始从这些早期的、非常宽泛的规则中,尤其是从美国诉通用电气公司案对价格限制适用本身合法规则中,找出了一些差别。第一个重要的差别体现在美国诉线路材料公司[United States v. Line Material Co. ,333 U. S. 287 (1948)]案中,在本案中,最高法院将美国诉通用电气公司案描述为"针对专利权人与被许可人之间制造和出售的协议。该案的意见没有暗示同意专利权人可能会增加专利许可收入的合同。"因此,美国诉通用电气公司案只要求"授权的准确条款界定专利权人垄断的具体范围,以及在哪些范围内专利权人是可以免于价格、服务、质量或者其他方面的竞争的"。参见美国诉线路材料公司案判决书第 299——

300页。

因此,随着时间的推移,法院承认数个具体安排中的许可条款可以依据反托拉斯法提起诉讼。首先,自从美国诉通用电气公司案判决之后,人们急于寻找价格限制的例外。在美国诉通用电气公司案中,专利权人仍然可以对利用专利技术从事生产和销售的被许可人进行转售价格限制。但是,美国诉线路材料公司案以及其他几个案件已经澄清,不能与其他专利权人的公司相协调进行价格限制。例如,两家企业可能拥有覆盖到可能是竞争性的和非侵权技术的专利,如果它们联合行动,同意向它们的被许可人索取最低的转售价格,这就是本身违反《谢尔曼法》第1条的行为。参见美国诉新温克尔公司[United States v. New Wrinkle, Inc., 342 U. S. 371(1952)]案。同样地,如果它们彼此之间"交叉许可"专利,并且同意双方随后都可以将它们所拥有的专利打包进行从属许可,但仅遵守最低转售价格条款,如果这样的话它们就违反了《谢尔曼法》第1条。参见美国诉线路材料公司案判决书第287页。

关于地域限制和顾客限制的早期规则要比通用电气规则发展得更好,可能是因为专利法的语言看起来尤为关注这种许可限制。但是,也有案件发现包含地域限制的许可确实只是一个被掩盖的横向市场划分,在这些案件中这种安排很有可能是本身违法的。例如,两家运动产品的生产商正在研发一种新的充气球技术,它们各自都希望就其不同的设计申请专利。由于担心它们可替代的新产品之间展开竞争,它们同意彼此都向对方许可技术,但前提条件是其中一家在美国西部进行销售而另外一家在美国东部进行销售。这种协议是违法的。

独家许可条款至少在以下两种情形下也是违法的。第一,专利权人与被许可人达成协议,承诺不会向其他人许可其专利,双方彼此之间可能是竞争对手,或者其他潜在的被许可人原本可能成为竞争对手,反托拉斯法实施机构将这种协议认定为是由被许可人对"资产"所进行的"收购",因此应当适用《克莱顿法》第7条,并且应当依据《哈特-斯科特-罗迪诺法》进行收购前的申报(参见第十七章和第十八章)。第二,如果专利权人禁止被许可人使用竞争性技术，则这种安排可以像其他排他性交易合同一样被提起诉讼，并适用合理原则。参见美国律师协会，《反托拉斯法的发展》第 2 卷，2007 年第六版，第 1103—1104 页。

例子

下一代前沿技术公司（Next Frontier Technology，Inc.，NFTI）是由电信行业企业所设立的一家旨在发展下一代电子通信技术的非营利性企业。下一代前沿技术公司自身并没有重要的资源，并且也不展开技术研究，但是下一代前沿技术公司的成员彼此之间同意互相披露它们希望被纳入下一代前沿技术公司设计的发明。它们的主要目的是就它们将要使用的软件设计达成一致，以实现"互操作性"——保证购买它们所生产设备的买家彼此之间能够互相联通。

下一代前沿技术公司的成员同意，它们将披露它们所拥有的、可能被下一代前沿技术公司产品设计侵权的任何知识产权，无论这种设计是在它们自己还是其他成员的督促之下被采纳的。它们同意，如果它们自己的知识产权被纳入进了设计之中，它们将会以合理和无歧视的许可条款向任何其他成员许可其知识产权，并且当它们依据纳入了其他成员知识产权的下一代前沿技术公司设计从事生产时，它们不会依据竞争性的设计方案来从事生产。

下一代前沿技术公司的安排违反反托拉斯法吗？

解释

是的，不依据竞争性的设计方案从事生产的协议可能是违法的。一方面，只要下一代前沿技术公司成员"披露……发明"以纳入进它们生产产品所要使用的共享软件设计之中，下一代前沿技术公司就只是一个普通的标准制定组织。同样地，成员达成协议披露其知识产权，并且规定当其被纳入下一代前沿技术公司产品设计标准之后许可这种知识产权，这种协议是促进竞争的。这保证了没有成员能够从它们的知识产权中获取相比于原本可能获得的更多的超竞争水平利润。

另一方面，达成协议不依据非下一代前沿技术公司设计生产非侵权产品，仅仅因为某些下一代前沿技术公司设计恰好纳入了某个成员的知识产权，这种协议可能是违法的。它构成了不竞争协议——下一代前沿技术公司成员似乎是横向竞争者，当竞争者同意只生产某种特定的产品而不生产其他产品时，它们通常就达成了一个本身违法的、不竞争的横向协议。这方面的一个案件就是上文所述的美国诉新温克尔公司案的判决。正如可以提出证据证明的那样，这种协议可能只是成立下一代前沿技术公司的一种附属性协议，因此可能适用合理原则，但很难理解为什么。当某协议与某个更大的促进竞争的安排合理相关，并且是为了实现其促进竞争的好处所合理必要时，才能将该协议认定成是附属性的。下一代前沿技术公司当然是一个促进竞争的安排，但是，不生产可能与下一代前沿技术公司成员知识产权相竞争的产品的协议，似乎只是对保护该知识产权的利润有用。因此，它可能并不是附属性的。（附属性限制规则在第七章第二节中进行了讨论。）

例子

法尔-弗里（Far-Fri）是一家全国主要的律师资格考试准备课程的提供者，多年来它在爱达荷州销售其课程，并且获得了丰厚的利润，最近它在该州已经没有竞争对手了。但是，最近毕业的法学院学生对法尔-弗里的高价不满，因此自己成立了一家初创企业，开始在爱达荷州提供其自己的课程，最近几年来这两家企业展开了激烈的价格竞争。后来，两家企业的代表见面了，它们同意平息它们之间的激烈竞争：为了使这家地方企业同意不在爱达荷州以外的地方销售课程，法尔-弗里将向该企业指派在爱达荷州范围内销售的独家代理。也就是说，这家初创企业之后事实上将开始在爱达荷州销售法尔-弗里的产品，而且即便是法尔-弗里自己也不会再在爱达荷州销售其课程。该协议也规定，对于该地方企业在爱达荷州销售的每一节法尔-弗里的课程，它都将向法尔-弗里支付100美元的版税（在达成协议之时，这大约是法尔-弗里课程价格的40%）。

解释

这是帕尔默诉佐治亚BRG公司案的事实。尽管在该案中协议被设计成为许可该新兴企业销售这家全国企业的产品，但是其实质上只是一个市场划分协议,最高法院在认定时并没有困难。最高法院认为其是本身违法的。

(三) 阻碍性专利、交叉许可及专利池

专利法中的一个常见问题就是,为了使某特定技术能够更好地运行或者在商业上是可行的,它必须包含多项专利。除非所涉及的专利都由一个人拥有,否则任何专利权人在实现其专利价值方面都存在困难。他们无法在不侵犯其他专利权的情况下生产可行的产品,而且他们也不会向被许可人许可其专利,除非他们也能够获得涉及的所有其他专利的许可。这种情形之下的专利被称之为"阻碍性专利"(bolcking patents)。对于专利权人而言通常的解决方式就是通过谈判以达成一个被称为"交叉许可"(cross-license)或"专利池"(patent pool)的协议。在这种交易之下,每一个人都同意向专利池中的其他人许可其自己所拥有的专利,并允许对所有被要求的阻碍性专利进行从属许可,从而使得他们自己的被许可人能够生产可行的和不侵权的产品。

按照反托拉斯法的一般观点,多边行为会受到更多的关注,知识产权专利池所采取的许可及其他限制也将受到更多的反托拉斯审查。首先,专利池或任何类型的交叉许可都会受到更多的怀疑,除非它们仅包括阻碍性专利;也就是说,知识产权所有人之间为了竞争性产品而创设任何类型的交叉许可安排,对此并没有可以被接受的正当性理由。唯一的例外是针对这样一些案件,例如在广播音乐公司诉哥伦比亚广播系统公司(BMI)案中,价值较小的知识产权的所有人在许可谈判和收取版税方面存在非常大的困难(参见第六章第二节第一部分第三小部分)。但是请注意,即便是类似于这样的团体——为许可和实施低价值的知识产权而组织起来的团体,通常被称之为"集体权利组织"或"集体管理组织"——也会受到很大的质疑。例如,在广播音乐公司诉哥伦比亚广播系统公司案中,被告就多次受到反托拉斯控诉,并且在反托拉斯同意令之下运行,并自20世纪40年代以来持续受到纽约南区法院法官的监督。

当专利池包含有阻碍性专利时,这种安排本身可能是能够被允许的。

但是,对交叉许可专利的使用施加限制将违反反托拉斯法。法院最为关注价格或其他限制,这将使得个体专利权人能够扩展源于他们自己专利的限制贸易权力。正如上文所提及的,法院认为专利池交叉被许可人对他们专利的从属许可进行转售价格限制是违法的。通过这样做,这些成员将对那些并非他们个人拥有的,而仅能通过从属许可来进行许可销售的专利施加限制。

(四)"首次销售"规则及搭售规则

有另外两个重要的规则可以限制知识产权所有人扩展其合法的知识产权垄断力。首先,在专利法中,尽管知识产权所有人有很大的自由通过许可进行限制,但是其不得对专利权人自己生产并随后销售的专利产品的使用或转售进行任何限制。例如,在一个重要的案件美国诉优力威透镜公司[United States v. Univis Lens Co.,316 U.S. 241(1942)]案中,一个生产商拥有多焦眼镜镜片的专利。他生产"毛坯"镜片,这是由两种不同类型的玻璃熔合而成的圆盘,最终可以加工成多焦眼镜。只有依据每一个配镜人员的具体情况进行打磨和抛光之后,这种"毛坯"镜片才能够加工成为眼镜镜片,而该生产商自己并不从事这项工作。相反,他利用分销商的网络以及验光师来完成具体的配镜工作,这些验光师拥有设备,并能依据配镜人员的具体情况加工"毛坯"镜片。该生产商直接将这些"毛坯"镜片销售给这些企业,并许可它们使用其规程来加工镜片,但也要求它们不得低于最低转售价格进行销售。

最高法院认为这是违法的,因为这是对专利权人已经依据其专利所生产产品的转售施加的限制。因为"垄断的全部范围就是专利权人使用和出售发明的专有权",法院写道:

> 专利权人通过出售其专利而完全放弃其垄断,或者通过出售体现其发明的产品而部分放弃其垄断……这种出售用尽了该产品中的垄断,专利权人之后不得再利用其专利来控制对该产品的利用或处置。因此专利权人不得控制其已销售的专利产品的转售价格,无论是通过诉诸侵权诉讼,还是与《谢尔曼法》保持一致要求买方维持价格。

参见美国诉优力威透镜公司案判决书第 250 页。

一个概念上类似的规则是,可以适用搭售的一般规则,即便"结卖品"恰好受知识产权的保护。在这些案件中,法院通过指出知识产权所有人试图超越知识产权授权条款而扩展其合法知识产权的限制权力,以此来证明适用反托拉斯法的正当性。只要原告能够证明搭售诉由的其他要件,结卖品受知识产权保护这一事实就是不相关的。(关于搭售的一般理论,参见第十一章。)

(五)知识产权诉讼的和解及"反向支付"或"有偿延迟"问题:联邦贸易委员会诉阿特维斯

最后,与知识产权相关的诉讼和解有一个特殊的、独特的反托拉斯问题。由于有特殊的法律条款调整医药专利,在过去三四十年间产生出了这样一种模式,即专利药的生产商与那些可能进入该市场的其他药品生产商达成协议,规定市场的现有企业向这些潜在的进入者支付大笔资金以使他们不进入该市场。

从描述来看,这种协议看起来很明显是违法的,正如因划分市场直接违法的帕尔默诉佐治亚 BRG 公司案一样(参见第六章第二节第二部分)。但事实证明这些交易相比于这种描述而言要更加复杂,主要是因为围绕医药专利有一个特殊的法律机制。讽刺的是,这一法律的目的原本是主要通过鼓励进入者挑战有问题的专利而使药品市场更具竞争性。但该法律无意间却促使了那些拥有专利的现有企业与那些潜在进入者达成协议,依据协议,现有企业将向潜在进入者支付一笔金钱,以换取进入者同意不再挑战现有企业所拥有专利的有效性。[3] 重要的是,这些交易——逐渐被称之为"反向

---

[3] 具体来说,一部被称之为《哈奇-韦克斯曼法》(Hatch-Waxman Act)的法律规定,如果一个潜在的市场进入者计划开始生产某种药品,但是现有生产商在该药品中拥有专利,市场进入者可以向食品药品监管局提交特殊申请,表明其将挑战该专利的有效性。该申请将触发一个持有期,在该期限内他人都不得进入该市场,并且市场进入者和现有企业应当在该期限内解决专利有效性的问题。需要重申的是,该法律的宗旨是促进竞争的,因为其意在鼓励挑战那些可能是无效的专利。但在实践中,双方都认识到这种申请会自动使他们成为专利有效性诉讼的当事人,他们宣称只有通过达成不竞争的协议才能够得到"解决"。

支付"(reverse payment)协议——通常都有一个关键的含义。它们之所以是"反向"协议,是因为是由现有生产商向潜在进入者支付一笔钱以解决该诉讼。但是,严格来说,在这些诉讼中现有企业是原告,控诉市场进入者(诉讼中的被告)将通过进入市场而侵犯现有企业的专利。不过双方认为这种协议只是合法专利诉讼的一种和解,而不是像一些批评家所指责的是赤裸裸的市场划分。由于这种协议的反向性质以及被指控的限制竞争效果,批评家并不将这种协议称为"反向支付",而是称为"有偿延迟"(pay for delay)。

大多数下级法院认为这种协议是合法的,并且事实上少数法院认为它们几乎是本身合法的。但是最高法院最近持相反意见,在联邦贸易委员会诉阿特维斯[FTC v. Actavis, 133 S. Ct. 2223 (2013)]案中,最高法院认为,在任何案件中,如果相比于诉讼成本和所涉及专利的价值,现有企业所支付的金额"很大",则这种协议很有可能是违法的。严格来说,最高法院宣称其只是宣布了一个完全合理原则的标准,并明确拒绝采取任何"快速审查"规则,也拒绝推定其是违法的。但是,尽管现在判断该标准在诉讼中将会怎样运用还为时尚早,法院意见的细节再一次表明其有一个特殊的、结构化的诉因,原告只需要证明存在某种支付,并且这种支付是"反向的"(需要重申的是,这意味着在某些其他的、早期的诉讼中,原告向被告进行了支付,以换取其撤销诉讼),而且与潜在的诉讼成本相比这种支付金额是"很大的"。如果起诉这种和解的当事人能够进行这种证明,则它并不需要对市场势力或限制竞争损害作出任何证明,并且被告只能以非常有限的理由进行抗辩。

四、违法获得的知识产权的实施

当某人试图利用知识产权但发现其是不可实施的时,就引发了单独的问题。反托拉斯法尤为关注企业通过欺诈政府的手段获得专利的行为。在沃克加工设备公司诉食品机械化工公司这一重要案件中,一家企业被指控通过隐瞒事实的方式从联邦专利和商标局那里获得了专利,在其提出专利申请前该发明已经能够公开获得(因此是不能获得专利的)。该企业随后针对竞争对手提起侵权之诉,竞争者提起反诉,认为实施通过欺诈方式获得的专利是一种垄断的努力。最高法院认为,试图实施通过欺诈方式获得的专利本身是一种能够构成《谢尔曼法》第2条"排他性行为"诉因的行为。

沃克加工案诉因给诺尔-彭宁顿反托拉斯豁免带来了一个小的逻辑问题(参见第二十一章第五节)。提起专利侵权诉讼,正如提起其他法律诉讼一样,构成"向政府请愿",因此受到诺尔-彭宁顿规则的保护。在诺尔-彭宁顿规则通过判例法完全得以阐明以及在这种诉讼也能构成"请愿"变得清楚之前,沃克加工设备公司诉食品机械化工公司案判决就已经广为流传了。而且,尽管诺尔-彭宁顿规则在请愿行为确实只是一个"幌子"时也有例外,但最高法院在专业房地产投资者公司诉哥伦比亚电影工业公司案中使得在涉案请愿是一个诉讼的情况下极难证明其是一个"幌子"。因此,问题是沃克加工设备公司诉食品机械化工公司案看起来热情地赞扬了一个几乎总是会被诺尔-彭宁顿规则所禁止的诉因。

但碰巧的是,专业房地产投资者公司诉哥伦比亚电影工业公司案似乎为审判背景之下的欺诈行为开拓出了相当大的例外。最高法院保留了"是否以及在何种程度上东部铁路公司总裁会议诉诺尔汽车货运公司案允许对诉讼当事人的欺诈或其他虚假陈述的行为施加反托拉斯责任"这一问题,并且特别指出,类似于沃克加工设备公司诉食品机械化工公司案的原告是否必须证明针对其提起的专利侵权诉讼是"客观上无依据"并且主观上动机不良,这并不具有决定性。参见专业房地产投资者公司诉哥伦比亚电影工业公司案第61页及6注释。(这两条要求确实是最高法院要求提供的,以证明非欺诈的法律诉讼构成专业房地产投资者公司诉哥伦比亚电影工业公司案之下的"幌子"。这是很难予以证明的。)在专业房地产投资者公司诉哥伦比亚电影工业公司案之后涉及该问题的主要下级法院的意见中,联邦巡回法院认为,如果当事人能够证明专利是通过"明知和故意欺诈"获得的——沃克加工案标准——或者该诉讼是专业房地产投资者公司诉哥伦比亚电影工业公司案之下的幌子的话,则其可以对通过欺诈方式获取的专利的实施提起控诉。这一观点的实际效果就是,侵权被告有两种不同的方式来反对将侵权诉讼视作是违反反托拉斯法的行为。第一,如果确实欺诈了专利和商标局,则侵权被告能够提出沃克加工案反诉。第二,即便没有证据能够证明对专利和商标局进行了任何不当行为,并且专利原本应当是有效的,侵权被告可以主张,侵权诉讼所依据的法律理论是如此的错误,侵权原告的主观动机是如此的反竞争,以至于这种侵权控诉只是专业房地产投资者公司诉哥伦比亚电影工业公司案之下的一个"幌子"。如果是这样的话,则提起诉讼本身就可能构成《谢尔曼法》第 2 条控诉的排他性行为的要件。参见诺贝尔制药 AB 诉移植创新公司案。

第八部分 价格歧视

第十六章 价格歧视及《罗宾逊-帕特曼法》

第一节 价格歧视及其竞争意义

价格歧视意味着就相同的产品向不同的买方收取不同的价格(事实上这有些不准确,但我们在下面将使其更加准确)。如果能够实现价格歧视的话,将是有利可图的,它会造成两种引起反托拉斯法关注的损害:它减少了消费者剩余,并且在某些情况下它减少了总体的经济福利。价格歧视之所以能够如此有利可图的原因是:一方面,它能够将剩余从消费者那里转移到生产商那里;但是另一方面,它并不必然会导致任何所需的产量的减少。让我们先来看一个例子。

假设一个销售者确实能够获得关于每一个特定消费者愿意为某产品支付多少金钱这样复杂的信息。如果该销售者能够使得每一个消费者都支付他们为获得该产品所愿意支付的最高价格,则该销售者将赚取相比于其他情形下更多的利润,而且可能是非常多的利润。在任何市场中,有一些买家*可能只愿意支付能够弥补生产成本的最低价格。也就是说,至少只有少数的买家愿意以竞争价格购买产品。但对于任何产品,至少其中的一些买家——通常而言认为是大多数的买家——可能愿意支付至少多一点的价钱。他们可能只是更喜欢这种产品,或者他们可能更富有一些,在其他条件相同的情况下,更富有的人应该会愿意为任何产品支付更高的价格。正如在第二章第三节第四部分中解释的,当产品是以竞争性价格进行销售时,对

---

* 原文为卖家,应为买家。——译者注

于所有原本愿意支付更高价格的消费者来说，都能够享受到一种特殊的小红利。他们获得了产品，并且他们将保留原本所要支付的额外的金钱。经济学家将这种额外的红利称之为"消费者剩余"(consumer surplus)。但是，只有当销售者以统一的、固定价格进行销售时，消费者才能够获得这种额外的小红利。如果销售者能够弄清每一个消费者实际愿意支付的价格，并且随后实际使他们支付各自的价格，则销售者就可以从消费者那里攫取这种红利，并且不会损失销售。如果销售者能够确定一个特别的、每一个消费者都愿意支付的最高价格，并且向每一个消费者都收取这一特别的价格，则它就可以攫取所有消费者剩余，并且不会损失任何销售。

但注意其他一些方面。尽管在此有一种为消费者所厌恶的财富转移，但并没有销售损失这一事实对于实践的社会需要产生了令人惊讶的结果。因为所销售的产品数量仍然和以前一样多，唯一的经济效果就是财富从消费者转移到了生产者。回想一下，现代经济学中最流行的规范目标就是实现"分配效率"的最大化。但正如在第二章和第三章所解释的，分配效率与财富的分配无关。因此，依据大多数经济学家通常所接受的规范性观点，价格歧视仅仅导致了消费者剩余的转移，这并不会给整体效率带来任何损失。事实上，假设市场原本是完全竞争的，分配效率仍将是最优的——将尽可能地好——即便实施价格歧视行为的垄断者攫取了所有消费者剩余。

来自反托拉斯方面的一个回应可能是，尽管很有可能是这样的，但现在通常所接受的观点认为国会制定反托拉斯法的意图是禁止对消费者实施滥用行为。反托拉斯法的主要目标并不是实现分配效率的最大化；它的主要目标是禁止攫取消费者剩余。参见第三章第一节第二部分。

但是，试图通过法律控制价格歧视存在争议，而且现在很难对其提起控诉。关于价格歧视的经济学是经济学中更加复杂和充满激烈争议的问题。而且，即便现在对于价格歧视可能会产生任何可感知的损害这一点存在共识，在美国法中用于处理价格歧视的主要工具现在受到了非常严厉的批评。对于我们而言，最为重要的工具是《罗宾逊-帕特曼法》，它是《克莱顿法》的第 2 条(15 U.S.C. §13)，该法极为棘手、复杂，而且制定得也并不好。[在美国法中控制价格歧视的其他主要方式是通过经济规制法确定公用企业的价格。自从20世纪70年代"取消监管"(deregulation)时代的开启,这一方法也无法发挥多大的作用。]

本书解决这一复杂问题的方法主要包括两个部分。本章第二节将首先列出当前价格歧视的经济学理论。第三节至第六节随后将分析当前依据《罗宾逊-帕特曼法》处理该问题的各种诉因。

第二节 理论观点

一、经济学理论中的价格歧视

(一) 什么是价格歧视?

严格来说,就相同的产品或服务向一个购买者收取一个具体的价格,随后又向另外一个购买者收取另一个不同的价格,这并不总是"歧视性的"。之所以这样是因为,根据产品或服务的情况,可能向其中的一些消费者提供要比向另外一些消费者提供支出更高的成本。例如,向那些分散居住在农村地区的居民提供公用事业服务,通常就要比向城市居民提供该种服务支出更高的成本。某些产品也会涉及很高的运输成本,根据特定消费者与该产品的生产地距离的不同,这种成本也会存在很大的不同。因此,向其中一个消费者收取的价格确实不同于向另一个消费者收取的价格,这意味着向第一个消费者所收取的价格能够给予销售者更大的超过销售成本的利润。如果向一个消费者提供服务要比向另外一个消费者提供服务成本更大,则如果向他们收取相同的价格事实上就相当于给那个花费更大成本的消费者一种折扣。因此,经济学家通常将"价格歧视"界定为,向不同的消费者收取与向这些消费者提供服务的成本不直接相关的价格。

在美国法中,对价格歧视的界定通常要更为简单。依据我们主要的价格歧视法律,即《罗宾逊-帕特曼法》,如果两个类似的消费者因相同的产品被收取不同的价格,则这种价格就是"歧视性"的。在提出抗辩时,只有当被告能够充分证明存在价格差异(以及其他正当性理由),这种理由才会被采纳。参见第十六章第五节第二部分。

(二)有效价格歧视的实际先决条件及实践中的可能性

某些形式的价格歧视被认为是非常普遍的。[1] 传单上的优惠券,老人的早餐折扣,电脑软件的学生折扣,所有这些可能都被设计成价格歧视计划。但一般也认为存在更为复杂和更为强大的价格歧视模式,它们可能要求至少拥有某种市场势力,并且能够带来超竞争水平的利润。

但是,有三方面的原因可以让我们有理由相信超竞争水平利润的价格歧视是很难完成的,并且在很多市场中是适得其反和不可能的。第一,生产商面临严重的信息问题。向某消费者收取超竞争水平的价格而不减少产量的唯一方式就是弄清该消费者愿意额外支付多少钱。但是很显然,消费者并不会主动提供这种信息,并且通常并不是十分愿意分享这种信息。有时有一些显而易见的外在特征,例如年龄,会将不同的顾客区分开来。因为这方面的原因,学生折扣和老人折扣是很常见的。无论是很年轻的消费者还是很年长的消费者,都是更具价格弹性的,因此,销售者可能会发现,如果他们能够通过折扣吸引这些消费者但仍然对他们的老顾客维持较高的价格,他们就能够增加销售并仍然能够覆盖成本。(第二章第三节第二部分第二小部分对价格弹性进行了讨论。)

如果生产商不能依赖如此明显的特征,那么他们就必须通过某种方式来迫使或欺骗消费者展示他们的偏好。一个众所周知的策略就是使用优惠券。那些不辞辛苦地寻找优惠券并进行兑换的消费者被认为对价格更敏感,并且如果没有优惠券的话可能并不会购买该产品。这种优惠券有很多的变种形式。有时一个生产商会向所有的消费者收取一大笔预付款,这只是为了使他们能够进入市场,随后向所有购买者的所有购买行为收取一个

---

[1] 参见哈尔·瓦里安(Hal Varian),"价格歧视"(Price Discrimination),载于《行业组织手册》(Handbook of Industrial Organization),理查德·施马兰西(Richard Schmalensee)与罗伯特·维立格(Robert Willing)编,1989年版,第597—599页(介绍了价格歧视的频率与形式)。

固定的价格。这具有价格歧视的效果，因为对于那些购买更多产品的购买者而言，每一单位产品的平均成本将更低。

但是，为了获得真正高额的超竞争利润，销售者可能需要更多的重要信息。为了实现这一目的，有些销售者已经设计出了更加巧妙的策略。例如，航空公司摸索出了区分商业旅行者和休闲旅行者的方法，前者的价格弹性更小，因此愿意支付更高的价格。但是它们为此而使用的技术却是非常昂贵的。事实上，航空公司的信息处理需求变得如此之大，以至于推动了世界范围内计算机处理能力最为重要的发展之一。[2]

由于通过价格歧视获得大量利润需要复杂的信息，这会带来一定的成本，而且即便实行的是并不那么复杂的价格歧视计划，也会因其不准确而给销售者带来真正的成本，因此对于大多数的销售者来说收取统一的价格通常恰恰是更有效的选择。[3]

第二，除了销售者的信息问题以外，只有在购买者被禁止从事套利（arbitrage）行为的情况下价格歧视才能发生作用。如果某些购买者能够以较低价格购买某产品然后又转售给那些认为该产品具有更高价值的消费者，则价格歧视就不能发生作用。想象一下，如果所购买的机票能够非常容易地进行转售（事实上它们不能被转售，这并不是一个巧合）。如果提前购买机票，则费用通常都要更便宜些，这是因为航空公司想在休闲旅行者和商业旅行者之间进行价格歧视。如果我知道纽约至波士顿工作日期间的航班在商业旅行者中具有很大的需求量，我可能就会提前大量购买这条航线上的机票。在临近出发日时将这些机票转售给商业旅行者，收取高于我所支付的但低于航空公司所定的价格，这样我就能获得大量的利润。随着时间的推移，航空公司就不得不对我通过套利行为所施加的价格压力作出反应，降低商业机票以匹配我的报价。假设市场原本是竞争性的，十分有效的套

---

2 参见 T. A. 赫彭海默（T. A. Heppenheimer），《狂暴的天空：商业航空的历史》（*Turbulent Skies: The History of Commercial Aviation*）（1995）。

3 丹尼尔·J. 吉福德与罗伯特·T. 库德尔，"现代经济学中价格歧视的法律经济学：和解的时机？"，《加州大学戴维斯法律评论》，第 43 卷（2010），第 1235 页（提出了这种观点）。

利行为最终将会把所有消费者都需支付的价格下调到竞争价格水平。

销售者有时可以通过合同禁止套利行为。另外,娱乐促销者和航空公司通常都会禁止转售票。在某些市场中,套利行为事实上也是不可行的。某些产品很难进行转售,特别是那些很容易腐烂或储存费用很高的产品,而且个人服务通常是不可能进行转售的。同样地,如果被实施价格歧视的市场在地理上是独立的,套利者将产品运输到估值更高的消费者那里的成本可能会使得这种套利行为变得无利可图。

第三,为了确保价格歧视行为带来大量的利润,通常认为需要具有某种市场势力。在完全竞争市场中,价格歧视是不可能的。如果某产品的销售者以两种不同的价格进行销售,其中的一种价格必须高于成本。这样的话,如果竞争者收取更高的价格,则该竞争者将失去这些消费者。即便是在竞争不那么激烈的市场中,只要市场进入不是非常困难的,从价格歧视行为中获得的任何利润都将吸引惩戒性的竞争。一旦某些消费者被收取了更高的价格,即便套利行为被禁止,没有什么可以阻止竞争对手向这些消费者提供更加优惠的价格。

二、价格歧视在竞争制度中的特征

即便暂且不论十分有利可图的价格歧视行为可能非常罕见这一问题,而且即便暂且不论价格歧视行为可能不会损害整体效率这一事实,竞争法制度的一些特性也决定了要禁止价格歧视行为。

首先,至少在美国,关于价格歧视的政治关注从来也没有超过对分配效率或消费者福利的关注,至少没有直接超过。更确切地说,20世纪早期国会和一般公众对价格歧视明显的敌意,是受对大企业的仇恨以及基于自身的原因主张保护小企业的愿望所驱使的。这种焦虑大多数集中在对强大的连锁零售商店的发展上,以及它们对小的、地方零售商所带来的威胁。这种焦虑是连锁零售商会利用它们的购买势力从供应商那里压榨更低的价格。地方商店将被迫接受歧视性的高价。[4] 但是,无论是好是坏,反托拉斯现在

---

4 参见前引注释3,吉福德与库德尔论文第1255—1259页(讨论了这一历史)。

很大程度上已经放弃了对特定组织形式的关注,也即,在大多数情况下它并不会在究竟是小企业还是大企业更好这一点上持有立场。

同样地,敌意也受简单的公平焦虑所驱使。在20世纪初期反托拉斯将集中的市场势力视作是一种主要的损害,仅仅因为价格可能是随意的和被滥用的。这种焦虑不仅促使了《罗宾逊-帕特曼法》的出台,而且也推动了许多经济规制法规的制定,以限制被规制企业从事价格歧视行为。[5] 但是,这些法规很难与现代的反托拉斯法实现很好的共存。无论是好还是坏,它的规范承诺都不再受传统道德焦虑所驱使。

其次,正如在第三章第二节第三部分中作了更为全面讨论的那样,关于价格歧视的任何方法都存在的一个真正问题是,反托拉斯几乎总是认为价格是不可知的。法院几乎很少将价格本身视作是责任的任何构成部分。在反托拉斯法历史的最早时期,其就明确地表明,考虑价格本身的合法性将是在"怀疑之海上起航"。[6] 换言之,法院回避了对价格本身进行分析,因为分析价格并判断价格是十分复杂的事。判断歧视性定价行为的主要问题在于,不同顾客之间的价格差异可能只是简单价格竞争的工具。[7] 例如,这可能只是反映了服务不同顾客的成本差异。

第三节 法规及其起源、特征

严格来说,在当前的反托拉斯法中,可以通过几种不同的方式对价格歧视行为提起控诉。如果价格歧视是掠夺性定价机制中的一部分,则可以依据《谢尔曼法》第1条提起控诉(如果有两家或两家以上的企业密谋进行掠

---

[5] 同前引。

[6] 这是由之前身为法官、之后成为总统和首席大法官的塔夫脱(Taft)所做的著名解释,体现在早期具有重要影响力的意见中,参见美国诉阿德斯顿钢管公司案判决书第283页。也可参见大西洋里奇菲尔德公司诉美国石油公司[Atlantic Richfield Co. v. USA Petr. Co., 495 U. S. 328 (1990)]案(引用了阿德斯顿钢管公司案以支持法院不愿对价格的"合理性"予以考虑的观点)。

[7] 参见前引注释3,吉福德与库德尔论文第1250—1255页。

夺性定价），或依据《谢尔曼法》第2条提起控诉（如果收取掠夺性价格的企业是一个垄断者）。价格歧视有时也为被规制企业所禁止。向大致相同的顾客收取相同的价格是传统"公共运输企业"的一项义务，禁止价格歧视正是对这些企业进行长期、普遍的经济监管的主要目的之所在。（关于公共运输企业和传统的经济监管，参见第二十二章第一节。）但是，在目前的法律中，挑战价格歧视的主要工具是《罗宾逊-帕特曼法》，它是《克莱顿法》的一个修正案，并被编入《美国法典》标题15第13条至第13c条（15 U.S.C. §§13-13c）。《罗宾逊-帕特曼法》的每一个条款都很宽泛，它规定，如果原告能够证明价格歧视将会导致竞争性损害，则销售者在国内市场上就同一产品向大致相同的顾客收取不同的价格就是违法的，除非销售者能够提出具体的抗辩理由。

大多数关于《罗宾逊-帕特曼法》的讨论首先都会提到其是一部并不受欢迎的法规，其起草的方式复杂且令人困惑，它所采取的政策与反托拉斯法中的其他政策并不一致。特别地，制定该法规是为了保护特定的竞争者免受激烈的竞争，然而，法院经常提醒我们，其余的反托拉斯法都只保护竞争，而非竞争者。参见第三章第二节第一部分。不过，自从1936年制定以来，该法规经受住了许多试图废除它的尝试的考验。

《罗宾逊-帕特曼法》列出了四种民事诉因，[8]具体如下：最重要也是最常见的是针对简单价格歧视行为提起诉讼，规定在该法的第2(a)条。其他的三个诉因发挥着支持性的作用，旨在支持实现禁止简单的价格歧视行为的主要目标。第2(c)条禁止虚假的经纪或佣金这些仅仅是被掩盖的价格歧视行为，第2(d)条和第2(e)条禁止那些确实只是被掩盖的价格歧视的促销津贴，第2(f)条禁止买方故意诱导或接受歧视性的好处。

《罗宾逊-帕特曼法》的实施基本上与其他反托拉斯法条款的实施相同，尽管由于实践方面的原因现在所有《罗宾逊-帕特曼法》诉讼都是由私人原

---

[8] 第五种诉因规定了对特定已知价格歧视的刑事处罚。《罗宾逊-帕特曼法》第3条（15 U.S.C. §13a）。但是，这一条款在将近四十年的时间中都没有被实施过。

告提起的。只有联邦贸易委员会在过去几十年中实施过,即便是这种努力事实上也减少为零。私人原告可以依据《克莱顿法》第 4 条和第 16 条提起《罗宾逊-帕特曼法》的控诉(参见第十九章第二节第二部分)。[9]

基于两个方面的原因,《罗宾逊-帕特曼法》判例法变得很复杂。第一,该法规的起草方式非常复杂——没有明确的原因——有多个网状的限制条件和附带条件(multiple reticulated qualifications and provisos)。第二,一直以来该法规是如此地不受法院和评论家的欢迎,以至于判例法中有很多限制,甚至限缩了该法规适用的情形,也缩窄了被告能够被归责的实质性损害理论。事实上,尽管接下来对该法规进行的调查要复杂得多,但是一定会遗漏许多应该在案例中发现的细节。

第四节 恢复的先决条件

《罗宾逊-帕特曼法》在几个方面限制了四种诉因可以适用的主体及交易类型。

一、被限缩的司法范围

(一)"商业":(可能)在所有的《罗宾逊-帕特曼法》案件中都要求证明商品进行了跨州的物理转移

依据其条文,至少只有当被诉交易行为确实涉及两个或两个以上的州时,违反《罗宾逊-帕特曼法》的主要违法行为—— 第 2(a)条之下的普通价格歧视行为——以及大多数的附属性违法行为才适用。也就是说,该交易中的商品必须在物理上跨过了一州的边界。这要与《谢尔曼法》以及《克莱顿法》第 7 条之下通常要求的"州际贸易"相区别,由于美国宪法的商业条

---

[9] 回想一下,在国家亲权诉讼中发挥作用的州律师只能依据《谢尔曼法》提起诉讼。《罗宾逊-帕特曼法》是《克莱顿法》的第 2 条,因此在国家亲权诉讼中原告不能实施该法。

款,也要与其他联邦法律相区别。无论该交易是"触及"(touches on)还是"影响"(affects)到了州际贸易,都满足了宪法的要求。即便是那些在物理上完全发生于一州范围之内的交易也是"州际商业",只要其与更大的经济具有某种重要的关系。(参见第二十章第二节。)相反,《罗宾逊-帕特曼法》特别要求被告"从事了贸易"并且被诉行为发生"在这种贸易之中"。第2(a)条补充道,"要么是其中之一要么是任何一种所涉及的购买都必须发生在贸易之中。"最高法院将这种表述理解为,在《罗宾逊-帕特曼法》第2(a)条案件中,至少有一种销售所涉及的商品必须在物理上跨过了一州的界限。参见海湾石油公司诉科普铺路公司[Gulf Oil Corp. v. Copp Paving Co., 419 U.S.186 (1974)]案判决书第 195 页。此外,尽管第2(a)条中的"所涉及的购买"这一用语既没有在第2(c)条虚假佣金的诉因中出现,也没有在歧视性的促销津贴诉因中出现,但是自海湾石油公司诉科普铺路公司案以来,下级法院已经认为在此也适用同样的要求。最后,第2(f)条关于确信受到歧视性好处的诉因是其他诉因的衍生物——购买者不能因接受好处而被归责,除非销售者在提供这种好处时违反了第2(a)条、第2(c)条,第2(d)条或第2(e)条。并且,由于处于商业之中这一要求适用于所有这些诉因,它也适用于第2(f)条。参见美国律师协会,《反托拉斯法的发展》第1卷,2007年第六版,第488—489页(收集并总结了案件)。

因此,在现行法下,所有《罗宾逊-帕特曼法》的诉因都要求证明至少在其中一个交易中,商品实现了跨州边界的运输。

(二)(可能)只是第2(a)条案件要求:国内消费或转售

此外,《罗宾逊-帕特曼法》第2(a)条要求商品被销售"以供在美国范围内使用、消费或转售"。这一用语被解读为,既要求上述交易发生在美国范围之内,也要求供使用而进行的销售或者之后的转售也发生在美国范围之内。因此,从美国的出口交易并不会违反《罗宾逊-帕特曼法》,并且,一个销售者对出口商品收取一个价格,而对国内销售商品收取另外一个不同的价格,这一事实是不相关的。至于这一要求是否也适用于第2(c)条、第2(d)条或第2(e)条之下的附属诉因,最高法院并没有表明观点,但下级法院认为不能适用。但是，从逻辑上来讲，如果被诉交易只是简单的价格歧视行为，则这一要求就应该适用于第2(f)条案件。只有当销售者也可能被归责，并且对销售者行为提起的唯一控诉依据的是第2(a)条，才会有第2(f)条案件，如此，第2(f)条的责任应当要求所涉及的交易是为了供国内使用或转售。

二、《罗宾逊-帕特曼法》的范围

一旦确定了被诉交易行为在《罗宾逊-帕特曼法》的管辖范围之内，则应当追问所涉及的当事方及交易是否是《罗宾逊-帕特曼法》所适用的对象。

（一）排除适用《罗宾逊-帕特曼法》的法人

两类具体的法人可以享受有限的《罗宾逊-帕特曼法》豁免：合作协会以及非营利性实体。参见《美国法典》标题15第13b条及第13c条（15 U.S.C. §13b, §13c）。这些条款被认为要比预想的更为复杂。

第一，消费者或竞争者有时会成立协会，旨在联合购买或生产某种产品并供他们共同使用，这种协会能够得到合作性豁免。一个常见的例子就是许多规模小的、彼此之间具有竞争关系的零售商店进行的采购合作，它们通过这种合作整合资源以进行大宗购买，并因此能享受到原本所无法获得的数量折扣。但这种豁免仅适用于：

> 将通过协会的商业运行所获得的全部或部分净收益或剩余，依据从协会那里进行购买的比例或销售给协会的比例，返还给协会的成员、生产者或消费者。

参见《美国法典》标题15第13b条（15 U.S.C. §13b）。它既不适用于接受歧视性的好处，也不适用于成员为了产生收益所做的工作。因此，假设零售商之间的采购合作是为了采购原材料，然后同时以相同的价格向合作组织的成员和非成员进行销售。但之后，在每一年年底，该合作组织可能从每年的销售中获得利润，并在成员之间进行分配。这将是真正的"歧视"，因为其效果就是，它向成员顾客提供产品的价格要低于向非成员顾客提供产品的价格。但这正是《罗宾逊-帕特曼法》合作豁免所允许的。参见西北文具批发公司诉太平洋文具印刷公司案判决书第 286 页及 2 注释。但是，相同的合作并不会因为其销售商品所收取的实际价格，或购买商品所支付的价格而得到《罗宾逊-帕特曼法》的豁免。

同样地，《罗宾逊-帕特曼法》也不适用于"学校、学院、大学、公共图书馆、教堂、医院以及慈善机构""为供自己使用而进行的采购"，只要它们"运营的目的不是为了追求利润"。参见《美国法典》标题 15 第 13c 条（15 U. S. C. § 13c）。

(二) 商品

正如《克莱顿法》第 3 条（参见第二十章第二节第二部分），《罗宾逊-帕特曼法》仅适用于"商品"的销售。事实上，这意味着它仅适用于有形商品的销售。因此，它完全不适用于服务或无形商品的销售。

第五节　《罗宾逊-帕特曼法》的四种诉因

《罗宾逊-帕特曼法》的四种民事诉因可以被看作是一个主要的关于简单价格歧视的诉因，以及通过弥补漏洞进而支持该主要诉因的另外三种诉因。

1. 目前最重要和最常见的《罗宾逊-帕特曼法》诉因是第 2(a) 条之下针对普通的价格歧视行为。简言之，根据第 2(a) 条，如果能够证明歧视会损害竞争，并且除非能够提出大量的抗辩理由，否则，在州际贸易中将相同的商品以不同的价格销售给不同的购买者的行为将是违法的。

2. 试图通过将价格歧视掩盖成为第 2(c) 条之下的佣金支付的行为，将是实际上本身违法的。之所以是"实际上本身违法"（effectively per se），是因为原告不需要证明竞争性损害，并且第 2(c) 条也不受适用于第 2(a) 条诉因抗辩的影响。

3. 同样地，试图通过《罗宾逊-帕特曼法》第 2(d)条和第 2(e)条之下的歧视性促销津贴方式掩盖价格歧视，这实际上也是本身违法的。同样，原告不需要证明对竞争造成了损害，而且只有唯一一种抗辩。

4. 购买方通过《罗宾逊-帕特曼法》第 2(f)条之下的故意诱导或接受歧视性好处，也会违反《罗宾逊-帕特曼法》。

一、主要的违法行为：《罗宾逊-帕特曼法》第 2(a)条之下的普通价格歧视

《罗宾逊-帕特曼法》将第 2(a)条确认为提出了一个"初步证据"(prima facie)的证明，原告必须首先进行证明，被告只有通过提出少数几个具体抗辩中的一个来进行反驳。初步证据案件由一组事实判断所构成——主要的，有两个可以比较的向不同买家收取不同价格的交易——以及要求证明存在竞争损害。

(一) 第 2(a)条诉因的事实判断

列明违反第 2(a)条的基本事实要求进行以下一系列具体证明：

1. 合理地同时发生(reasonably contemporaneous)。首先，涉案交易必须几乎在同一时间发生。否则，变化的市场情况可能使得它们不具有相当的可比较性，并且价格差异可能是基于竞争损害以外的其他目的。

2. 直接销售(outright sales)。它们也必须是直接和已经完成的交易。它们不能是租赁、许可、代理或寄售安排，以及不符合名称的其他交易。它们也不能是销售的早期努力，如报价或选择。

3. 类似的等级和质量(like grade and quantity)。所涉及的商品必须是"类似的等级和质量"。这一要求是简单的。如果产品在物理上是相同的，则它们就具有类似的等级和质量。如果它们在物理上存在不同并且这会影响到它们对于买家的价值，则它们就不具有类似的等级和质量。例如，如果一个生产商生产两款网球鞋，但是其中的一款使用的是低质量的原材料和手艺，则它们就不具有"类似的等级和质量"。最主要的限制就是，不能仅仅因为产品各自是独立的品牌就认为它们不具有类似的等级或质量。如

果销售者仅仅是给相同的产品贴上了不同的标签,并进行不同的营销,则它们仍然"具有相同的等级和质量"。

4. 相同的销售者,不同的购买者(same seller,different buyers)。这种销售也必须针对的是两个不同的购买者,并且是与同一销售者进行的交易。

5. 不同的价格(different price)。交易的价格必须不同。原告首先必须证明在绝对价格方面存在不同。这只是简单对比金额的问题,如果原告能够进行这种初始证明——单个销售者在向两个不同的购买者销售相同等级或质量的商品时,在绝对的、简单的价格方面存在差异——则可以推定其为违法。但是,如果在服务这两个顾客方面确实存在巨大的成本差异,则被告就能够提出"成本正当性"的抗辩。

(二) 导致竞争损害

在证明了必要的事实依据之后,第 2(a)条的原告也必须证明价格歧视导致了竞争损害。严格来说现在有三种竞争损害理论,尽管通常只有一种理论用得更多一些。

奇怪的是,一种被广泛承认的、可能被认为位于现在所理解的反托拉斯规范目标之内的价格歧视损害——从消费者那里榨取"剩余"并将其转移到生产者那里——难以得到《罗宾逊-帕特曼法》救济。相反,第 2(a)条的原告必须证明价格歧视给消费者造成了间接损害,因为价格歧视将会损害那些受到不利影响的企业参与价格竞争的能力。特别地,价格歧视违反了第 2(a)条,因为它的

> 效果……可能会实质性地减少竞争或倾向于在任何商业领域中产生一种垄断,或者损害、破坏,或者阻止与任何要么给予要么故意接受这种歧视性利益的人展开竞争,或者阻止与任何一方的顾客展开竞争。

参见《罗宾逊-帕特曼法》第 2(a)条[15 U.S.C. § 13(a)]。

法院将这种表述理解为支持第 2(a)条的三种竞争损害理论。第一,

第十六章　价格歧视及《罗宾逊-帕特曼法》　301

"主线"（primary line）损害就是对销售者的竞争者所造成的损害。例如，一个销售者可能仅仅针对那些同时也惠顾竞争对手的消费者进行减价，以此来给竞争对手造成主线损害。对于原告而言问题是，最高法院认为《罗宾逊-帕特曼法》的主线案件与《谢尔曼法》的掠夺性定价案件是如此相似，以至于最高法院在很大程度上将《罗宾逊-帕特曼法》诉讼与《谢尔曼法》诉讼视作是一样的。参见布鲁克集团有限公司诉布朗威廉姆森烟草公司案。因此，原告必须证明：(1)销售者向其竞争对手的顾客收取的歧视性价格是如此之低，以至于实际要低于该销售者自己的成本（也就是说，它事实上面临损失）；(2)销售者有可能收回其掠夺性定价行为所造成的损失。（参见第十三章第三节第三部分。）布鲁克集团标准使得很难证明主线损害（无论是依据《罗宾逊-帕特曼法》还是依据《谢尔曼法》第 2 条)，并且原告现在实际上从来没有在这种诉讼方面取得胜诉。

"次线"（secondary line）损害是对受销售者恩惠的买家的竞争者造成的损害。这一理论是通常唯一可行的理论，它主要是受对强有力的买家的购买势力的担忧所驱动。原告必须满足少数的几个要求来证明次线损害。被诉的交易必须是在两个实际在同一地理市场范围内展开竞争的买家之间进行的歧视。

最后，"三线"（tertiary line）损害是对被告销售者的分销商的顾客所造成的损害。在这些案件中的推理与次线损害一样。例如，一个直接从生产商那里进行购买的买家，可能与分销商的顾客展开竞争，而该分销商从同一生产商那里获得了有利的对待。在这种情形之下受到损害的买家就需要证明他与受到有利对待的分销商的顾客在同一地理市场内展开竞争。

在次线与三线损害的案件中，既可以通过受损害的竞争者损失了交易这些直接证据来证明第 2(a)条损害，也可以通过最高法院在联邦贸易委员会诉莫顿盐业公司[FTC v. Morton Salt Co.，334 U.S. 37 (1948)]案中所允许的特殊推理来证明第 2(a)条损害。莫顿盐业案认为，如果显著的价格差异能够在较长时间内得以维持，则这就证明了对竞争损害的推理。但是，莫顿盐业推理可以被推翻，只要能够提出证据证明受损害的买方所遭受的任何销售损失事实上都是由其他原因所造成的。(在主线损害案件中不能进行莫顿盐业推理。在主线损害案件中,必须证明价格低于成本并且有收回损失的可能性。)

因此,尽管严格来说有多种损害理论,但是通常唯一可行的理论是对受销售者恩惠的买家的竞争者造成的损害。考虑到《罗宾逊-帕特曼法》的立法目的是为了限制大型零售连锁店的势力,因此这一理论是合理的。因此,依据第 2(a)条起诉可能胜诉的最常见的情形就是,生产商仅给予其中一个分销商却并未给予其他分销商折扣,这会赋予得到折扣的该分销商一种优势,使其能够从具有竞争关系的分销商那里攫取交易机会。例如,一个生产商可能认为一个大型零售连锁店要比一个小的家庭企业更为重要,因此他可能会通过给予该连锁店优惠折扣,以此争取与该连锁店进行交易。但是如果这样做的话,该生产商可能会削弱这一小的企业获取交易机会以及最终得以生存的能力。这种形式的损害就是最常见的被起诉的情形,因此原告要么通过提出能够证明由于其无法享受折扣因而损失了销售的直接证据,要么从长期的显著价格差异这一证据中推论遭受了销售损失,以此来证明发生了损害。

二、第 2(a)条抗辩(也适用于另外一种情形)

在《罗宾逊-帕特曼法》中存在三种抗辩。这些抗辩以不同的方式适用于《罗宾逊-帕特曼法》的四种诉因。在普通的第 2(a)条诉因中,这三种抗辩对于被告而言都是可以运用的,并且,由于第 2(f)条案件完全是从第 2(a)条起诉中衍生出来的,因此这三种抗辩在第 2(f)条诉讼中也是可以运用的。但是,这些抗辩不能适用于第 2(c)条起诉,并且只有"应对竞争"(meeting competition)抗辩在第 2(d)条和第 2(e)条的促销津贴诉因中可以适用。

在任何案件中,被告都负有证明任何一种抗辩的义务。

(一) 应对竞争

《罗宾逊-帕特曼法》第 2(b)条规定了这种抗辩。依据其条款,这一抗辩对于依据第 2(a)条以及第 2(d)条和第 2(e)条被提起诉讼的被告是可以适用的——它可能在一个由"价格、服务或所提供设施存在歧视"构成初步证据案件后被提出。为了进行这种"应对竞争"的抗辩,被告必须证明其之所以进行歧视行为,是为了"真诚地匹配竞争者同样低的价格,或者匹配竞争者所提供的服务或设施"。而且,销售者必须证明其价格是"对普遍竞争环境的一种真实且合理的反应"。参见福尔斯城市工业公司诉范科饮料公司[Falls City Indus. v. Vanco Beverage, Inc., 460 U. S. 428 (1983)]案判决书第 450—451 页。如果被告没有系统地记录其歧视性选择是受竞争所驱使的话,则他在进行这种抗辩时就会存在困难。例如,如果被告只是在一般意义上证明竞争水平不断提升,而没有提出所要寻求匹配的具体价格的证据,也没有提出与那些要求匹配价格的客户展开交流的具体信息的证据,则这种抗辩可能就无法适用。法院也认为,为了应对竞争而收取的价格必须也仅仅是为了应对竞争,而不是为了消灭竞争。消灭竞争的价格会构成违反《罗宾逊-帕特曼法》的歧视性行为。参见福尔斯城市工业公司诉范科饮料公司案判决书第 446 页。

(二) 成本正当性

第 2(a)条的限制性条件本身允许

> 价格的差异只允许对生产、销售或运输成本的不同进行合理的补贴,这种成本的差异是由于向这些购买者销售或运输这些商品的不同方式或数量造成的。

参见《罗宾逊-帕特曼法》第 2(a)条[15 U. S. C. §13(a)]。成本正当性理由被证明对于被告而言是极为困难的,因为它要求证明实际成本,并且这种证明义务是由被告所承担的。

(三) 变化的条件

包含在第 2(a)条中的另外一个限制性条件允许

不断改变的条件影响市场或者商品的销售,为了对此作出回应,也需要不时调整价格,包括但不限于以下情形:易腐商品已经或很快就要变质,过季的季节性商品,法院程序下的抵押物拍卖,为了中止商品销售业务而进行的善意销售。

参见《罗宾逊-帕特曼法》第 2(a)条[15 U.S.C. § 13(a)]。尽管在限制性条件中所列明的具体的变化条件明确是非排他性的,但在绝大多数案件中被支持的抗辩都涉及所列举的情形之一;也就是说,案件事实上涉及食品或其他易腐商品的廉价销售,都是为了防止即将出现的损失。

第六节 《罗宾逊-帕特曼法》的附属性诉因

一、《罗宾逊-帕特曼法》第 2(c)条佣金支付

《罗宾逊-帕特曼法》第 2(c)条禁止给予或接受"佣金、回扣,或者其他的补偿,或者任何替代性的补贴或折扣,提供的服务除外……"正如第 2(d)条和第 2(e)条禁止歧视性的促销补贴,这一条款的目的在于填补这一法律漏洞;也就是说,对于这些类型的行为,国会事实上采取了一种本身违法的规则,旨在使那些通过虚假的佣金或单边支付而掩盖的价格歧视行为面临更大的法律风险。第 2(c)条诉因并不要求证明竞争性损害,而且它也不适用在《罗宾逊-帕特曼法》其他条款下适用的任何抗辩。

二、《罗宾逊-帕特曼法》第 2(d)条和第 2(e)条的促销

在同时与经销商进行交易时,某些种类的促销补贴必须是基于非歧视的条款向这些事实上具有竞争关系的分销商提供。同样地,这一条款旨在处罚那些试图通过伪装的折扣违反《罗宾逊-帕特曼法》的行为。与第 2(c)条一样,第 2(d)条和第 2(e)条诉因也不要求证明存在竞争损害,而且它也

只适用一种抗辩：应对竞争的抗辩。

受这一条款调整的补贴包括任何形式的有助于转售商品的支付或者协助，例如资助广告或店内营销。这不包括为了促进商品的初次销售所进行的努力，例如更优的信贷条款或运送服务。

三、《罗宾逊-帕特曼法》第 2(f)条的诱导或接受歧视性好处

最后，《罗宾逊-帕特曼法》规定，买方故意诱导或者接受歧视性好处的行为是违法的。这一责任完全是从卖方责任中派生出来的，因为第 2(f)条规定只有"为该条款所禁止的"诱导或接受这些好处的行为才是违法的。因此，如果卖方在相关交易原本有任何抗辩，或者如果原告起诉卖方将缺少任何必要的要件，则也将不存在针对买方提起的第 2(f)条诉讼。

第九部分　合并与收购的反托拉斯问题

第十七章　合并与收购的反托拉斯问题

最后,我们将转向反托拉斯法三大诉因的第三种诉因:《克莱顿法》第7条,该条规定,如果收购将形成市场势力的话,该收购就是违法的。[1] 反托拉斯法总是对合并及其他商业并购(M&A)施加了某种限制,并且严格来说可以依据多种理论对并购行为提起控诉。任何收购交易都涉及"合同",因此从理论上可以依据《谢尔曼法》第1条对其提起控诉。同样地,如果一次收购或一系列收购会导致一家企业获得一种真正的支配地位的话,则这可能会违反《谢尔曼法》第2条。但是,到1914年,国会认为法院在对并购行为适用《谢尔曼法》时过于宽松,因此国会当年在《克莱顿法》中引入了一个并购条款。由于实践方面的原因,针对并购提起的控诉现在主要依据的是《克莱顿法》第7条。正如我们将要看到的,在大多数案件中如果有任何可行的控诉的话,原告能够享受到《克莱顿法》第7条的特定优势。

《克莱顿法》第7条是一个令人惊讶的复杂小条款,尽管从它最主要的相关部分来看,它可能是足够简单的。该条款规定,如果一个人"收购"其他人的"股票""股本"或者"资产",这样做"可能会……实质性地……减少竞争,或……产生垄断",则这种收购是违法的。但是,关于并购的反托拉斯实体法被证明是非常复杂的,之所以如此,有两方面的原因。第一,该法案本身就充满了大量的吹毛求疵的教义细节。这主要是因为在其漫长的历史中,第7条是大量争议的焦点,并且在法院和国会的斗争中进行了多次修改。这是莫比·迪克式的,正如其在这诸多次斗争中遭受的创伤一样:大量

---

[1] 正如在第一章所解释的,其他主要的诉因是依据《谢尔曼法》第1条针对多边行为(也被称之为"合同、联合……或共谋")提起的诉讼,这包括在第五章至第十一章中,以及依据《谢尔曼法》第2条针对单边行为(原文为多边行为,应为单边行为——译者注)(也被称之为"垄断")提起的诉讼,这包括在第十三章至第十四章中。

的限制性条件、例外以及其他一些在诉讼中引起了大量（通常是非实质性）问题的花絮。第二，正如法律所演进的，第7条的实质性责任理论已经变得更加复杂。1950年的《塞勒－凯弗维尔修正案》（the Celler-Kefauver Amendments of 1950）最初被认为会禁止任何规模的合并，并事实上由合并双方承担几乎所有的风险。[2] 这使得该法变得很简单。中度集中市场中的任何合并，只要其会导致市场集中度有所增加，则这种合并就是违法的，并且法院对具有促进竞争好处的抗辩也会充耳不闻。但是，早在20世纪70年代中期，这种趋势就开始转变了，并且法院开始让原告承担越来越多的合并法上的实质性义务。法院现在既要求对市场状况也要求对原告所宣称的将要发生的损害的理论进行详细的证明。

　　如果说有一个贯穿于我们讨论始终的定义主题（defining theme）的话，那么这就是需要对合并法给原告与被告造成的风险进行平衡。一个简单的责任测试往往会使得由合并双方（也即被告）来承担绝大多数的风险；然而，一个更加开放的、以事实情况为基础的测试将会使得由原告（也可以说是由社会）来承担这种风险。之所以如此是因为，合并法甚至要比反托拉斯法的其他部分更加关注对未来情况的预测，而对事物的预测从本质上来讲是不确定的。重要的是，正如现在第7条的用语所表述的，不仅禁止那些"不合理的"收购，也会禁止那些其"效果……可能会实质性地减少竞争，或者可能产生垄断"的收购。法院长期以来就认为，按照这种语言表述，并不要求收购交易所造成的竞争损害在其被起诉时就已经出现了。只需要具有垄断的"倾向"。正是因为这方面的原因，第7条通常被称之为"初始"监管。本章首先将在第一节和第二节中介绍一些现实世界的背景，这将有助于我们理解该法。第三节至第七节将包括第7条的实体诉因——这是原告依据合并基本法起诉任何收购行为都必须提出的诉因，无论是私人原告起诉以寻求

　　2　参见德里克·博克（Derek Bok），"《克莱顿法》第7条以及法律和经济学的融合"（Section 7 of the Clayton Act and the Merging of Law and Economics），《哈佛大学法律评论》，第74卷（1960），第226页（此文是关于该问题的经典论文，主张提出第7条非常明确的司法测试，并对当时许多认为应当在成本—收益基础之上提出更为开放的分析的主张进行了批评）。

获得赔偿或禁令,政府依据哈特-斯科特-罗迪诺程序提起的诉讼,还是政府试图撤销一个已经完成的交易。最后,第十八章的内容是特殊的、非实体性的、纯粹的科层程序,这是现今大多数合并控诉都要遵循的:《哈特-斯科特-罗迪诺法》合并前的审查程序。

第一节 简单背景介绍

一、一家企业收购另外一家企业或其一部分的多种方式:收购交易的基本知识

在反托拉斯律师界以及反托拉斯评论中,通常将所有受《克莱顿法》第7条以及《哈特-斯科特-罗迪诺法》调整的交易都称之为"合并"(mergers)。这没有什么大不了的,因为在现行法之下,大多数控制权发生转移的交易处理的方式都相同。但这至少是不准确的。这一所谓的"合并"法实际上适用于所有类型的收购,无论收购的是权益性证券、实物资产、知识产权或其他的资产,[3]将其称之为"合并"法掩盖了一些技术问题。尤其是当一个人初次接触这部法时,该法可能具有相当大的误导性。正如我们将要看到的,各种不同类型的控制权交易,哪些达到了受《克莱顿法》第7条以及《哈特-斯科特-罗迪诺法》调整的程度,这会引发复杂的问题。

同样地,为了简单起见,本节的内容只介绍公司收购,这受各州公司法的调整。其他的商业收购——例如两家合伙企业的合并——在受到反托拉斯法的调整方面与公司合并是类似的,但是,交易结构本身将受到州的其他

---

[3] 而且,正如我们将要看到的,那些并不涉及所有权完全转移的交易也会被认定为是《克莱顿法》第7条的"收购"。合并和收购的反托拉斯法确实对"控制权"最为感兴趣,但是我们通常可能并不认为是"收购"的那些安排——例如使用某些资产的租赁、许可或合同权利——也会触及《克莱顿法》第7条。由于我们现在只关注更为传统的收购交易的商业组织法律机制,因此我们将在后文再讨论这些更为特殊的问题。参见第十七章第三节。

法律调整,而且在某些方面与我们在此讨论的法律存在差异。

合并是受各州公司法调整的一种交易,通过合并,两家公司事实上变成了一家公司。州的法律规定,当两家公司准备合并时,通常必须由这两家公司的董事会批准合并计划,并随后由公司的股东批准。合并有两种基本方式:(1)一家公司合并到另一家公司中,因此目标公司在合并后不复存在,并成为继续存在的收购公司的一部分;(2)两家公司合并组建成一家新的第三方公司(一般认为这两家原始公司在合并之后也不复存在了)。参见图17.1。

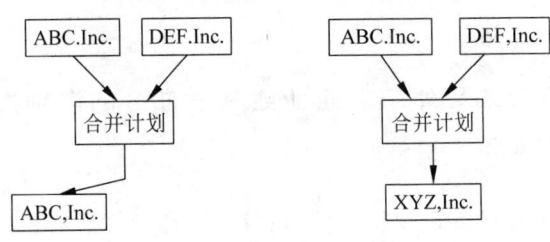

```
ABC,Inc.   DEF,Inc.         ABC,Inc.   DEF,Inc.
    \     /                     \     /
   合并计划                     合并计划
      |                            |
   ABC,Inc.                     XYZ,Inc.
```

图17.1　合并的两种基本方式

控制权的收购可以通过合并以外的其他方式完成。首先,收购方可以仅收购目标公司所有的或达到控制权的股份,这会使得目标公司成为收购方的一个子公司。在绝大多数情形下,收购方将迅速用其自己所任命的人员取代目标公司的董事(其之所以能够这样做,是因为届时它已经成为控股股东),新董事会将能够对运营团队做出其他调整。现在许多州的公司法规定,类似于这种的股票收购可以通过与目标公司的董事会协商并获得股东的批准之后得以完成。[4] 其次,收购方可能只是购买目标公司的全部资产。在完成这种交易之后,收购方将获得大量的新资产群,虽然被收购公司将继续存在(与合并的情形不同),但事实上将只是一个拥有单一资产的空壳——为出售其资产而向其支付的金钱或其他对价。原则上,被收购公司

　　4　也就是说,这种交易的运行基本上与合并相同,但结果并不是两家公司合并成为一家公司,而是目标公司将成为收购方的一个子公司。收购方将与目标公司的董事会就价格以及股份转让计划展开协商,董事会将把该计划提交给股东,如果股东批准该计划(通常简单多数同意即可),就可以依据该计划进行股份转让。如果获得批准,收购方将能从那些即便是反对该计划的股东那里收购其股份,就如同在合并中的那样。

可以无限期地继续存在，甚至可以将销售所得再投资于一些新的商业活动中。但通常情况下被收购公司只会向其股东分配销售所得，然后解散。（之所以有如此多的方式能够实现相同实质性结果——将商业从一家公司转移到另一家公司——是因为不同的交易形式在税收和公司法律后果方面具有不同的利弊。例如，合并的重要价值在于，这种形式不会给被收购公司的股东带来税收影响，但也具有不利的一面，即收购方要承继被收购公司向第三方所负有的所有债务。取决于特定交易的具体情况，从公司的特殊视角来看，合并、股份交换或资产收购都有可能被认为是最好的方式。）

最后，有一种完全不同类型的收购需要特别予以解释：要约收购（tender offer）。有时，一家公司（或者在特殊的情况下，一个富有的个人或众多富有的人）想要收购另一家公司，但是又不可能就这种收购安排展开类似于合并或通过合同购买股份、资产那样的友好谈判。这些其他类型的交易之所以是"友好的"，是因为在这些交易提交股东投票之前将首先寻求获得董事会的同意。要约收购因此常常被称为"恶意"收购，事实上也常常遭到现有的管理层强烈反对，因为他们担心一旦收购成功，他们将失去工作。因此，要约收购方将直接与公司的股东接触，并发出购买他们股份的要约。一个成功的要约收购将会使收购方获得目标公司具有表决权股份的控制权（有时是100％，尽管仅获得过半数的控制权常常是最有利于收购方的战略优势的）。对于反托拉斯法的目的而言，要约收购与其他控制权收购处理的方式基本相同，但是在哈特-斯科特-罗迪诺程序的处理中，还是有许多技术差异。参见第十八章。

二、合并企业之间的竞争关系：横向、纵向及混合合并，以及这种区分的价值

根据合并企业之间的竞争关系的不同，反托拉斯法规定了重要的规则后果。就反托拉斯而言，这种关系是三种可能关系中的一种：横向、纵向以及混合。合并法中横向与纵向这两个术语与《谢尔曼法》第1条共谋法律中横向与纵向的含义相同。横向合并是两个在某种商品或服务的分销链上处

于同一层次的公司之间的合并,而纵向合并是在同一分销链上处于不同层次的两家公司之间的合并。例如,索尼电子公司与三星电子公司之间的合并就是一种横向合并。它们生产的电子消费品存在着很大的重叠,如电视和DVD播放器。但是,如果索尼与电子消费品零售商百思买(Best Buy)公司合并的话,这将是一个纵向的合并。最后,混合合并是两家处于不同商业领域的公司之间的合并。它们在分销链中既不处于横向的关系之中也不处于纵向的关系之中,因为它们并不在同一分销链中。比方说,如果索尼与一家剃须产品的生产商吉列(Gillette)合并的话,这就是一种混合合并。(关于横向—纵向划分的特殊经济问题的讨论,参见附录。)

"混合"收购是一个有一些含糊的术语,它被用来指代不同的事物。大致上来看,它意指两家目前并不处于横向竞争关系的公司之间的合并,即便它们将来某一天会处于横向竞争关系之中。但这一术语至少能够描述三种类型的交易。合并双方可能生产相同的产品或提供相同的服务,但是并不处于同一地域范围之内。或者,他们生产的产品彼此之间可能并不具有竞争关系(也就是说,消费者并不认为他们的产品彼此之间具有可替代性),但是在某些方面可能具有某种相似性或类同。联邦贸易委员会诉宝洁公司[FTC v. Proctor & Gamble Co.,386 U.S. 568(1967)]案就是这种类型合并的一个很好的例子。合并双方是普洛克斯公司(Purex)和宝洁公司(Proctor & Gamble),前者是一家大型的漂白剂生产商,后者是一家主要的家用清洁产品生产商。尽管宝洁公司并不生产漂白剂,但是它的生产设备和营销设施与那些用于生产漂白剂的设备和设施类似。因此,宝洁公司相比于其他企业比方说一家高尔夫球棒生产商而言,进入漂白剂市场要更加容易一些。正如我们将要看到的,这一事实对于是否可以合法地控诉某一合并具有重要影响。最后,可能被我们认为是"真正的"或"纯粹的"混合合并是那些并不展开竞争并且将来也不会展开竞争的企业之间的合并,因为它们的产品没有任何的相似之处或类同。有人可能会想,为什么这种意义上的确实不相关的企业会进行合并,但确实有一段时间它们频繁地进行这种合并。事实上,在20世纪60年代后期经历了合并的大浪潮,其中很多合并实际上就是混合合并。至于为什么会发生大量混合合并仍然存在争议，尽管通常的解释是这些企业希望获得规模经济效应。无论如何，这些合并中的大多数都注定是要失败的，因为这种合并产生了一个难以被控制的公司，它要求有一个集中的管理机构监督大量不同业务部门的生产和运作。但是，这种合并仍然会继续。例如，奥驰亚集团公司（Altria Group, Inc.）是一家成立于1985年的控股公司，它拥有飞利浦·莫里斯烟草公司（Phillip Morris cigarette company），也碰巧拥有生产诸如卡夫奶酪、奥利奥饼干、果冻布丁等的卡夫食品公司（Kraft Foods）。但是，也许能够猜想得到，奥驰亚最终向其股东剥离了卡夫公司，卡夫之后就成为了一个拥有自己管理机构的独立公司。

第二节 并购法的法律渊源：《克莱顿法》第 7 条、《哈特-斯科特-罗迪诺法》、指南，以及最高法院特殊的准无相关性

在美国，绝大多数的反托拉斯课程都在关注美国最高法院的判例法，因为在大多数情况下，主要的反托拉斯规则正是在这些判例法中形成的。但是在并购法中却并非如此。自从美国诉南方公民国家银行［United States v. Citizens & S. Natl. Bank, 422 U.S. 86（1975）］案以后，最高法院就再也没有审理过一起反托拉斯合并案件。就实际情况而言，最高法院之所以如此沉默的主要原因是，在随后的一年，国会通过制定《哈特-斯科特-罗迪诺反托拉斯改进法案》而改革了并购法的行政程序。《哈特-斯科特-罗迪诺法》引入了"预先"审查的制度，通常要求任何规模较大的并购交易双方向两个反托拉斯法实施机构都进行申报，随后等待实施机构批准或否决并购交易。哈特-斯科特-罗迪诺程序将在第十八章中进行全面检视。通常而言，潜在的并购双方要么会修改他们的合并计划以满足反托拉斯法实施机构的要求，或者，在实施机构强烈反对这种并购的情况下选择完全放弃该并购。

因此,大多数较大的并购争议就不再进入法院接受审判。

但是,这绝不意味并购判例法就是不相关的。基于几个方面的原因,它仍然是非常相关的。首先,反托拉斯法实施机构依据《哈特-斯科特-罗迪诺法》就任何并购交易作出审查决定的基础,是该交易是否违反了《克莱顿法》第 7 条,正如法院曾经解释的那样。而且,仍然可以依据《克莱顿法》第 7 条进行审判,可以通过多种方式来启动这种审判。第一,一些并购可以从《哈特-斯科特-罗迪诺法》中得到豁免,或者未达到其申报标准(《哈特-斯科特-罗迪诺法》只要求对较大规模的并购交易进行事前审查),但无论如何,私人、州总检察长以及联邦反托拉斯法实施机构仍然针对这些并购交易提起诉讼。[5] 第二,有时,需要依据《哈特-斯科特-罗迪诺法》进行申报的合并被反托拉斯法实施机构否决了,如果潜在的合并方恰好自命不凡的话,则他们无论如何也会提起诉讼。他们仍然有权依据《哈特-斯科特-罗迪诺法》继续进行合并交易,但需要承担这样一种风险,即反托拉斯法实施机构随后会依据《克莱顿法》第 7 条标准,通过向联邦法院提起诉讼来禁止这种交易。

问题在于,尽管这些判例法重要,但是最高法院这方面的判例现在都非常的古老,并且所阐述的观点似乎与反托拉斯法的其他发展并不和谐。接下来我们将审视这一后果。

一、《克莱顿法》第 7 条漫长的立法历史及《哈特-斯科特-罗迪诺法》的制定

(一) 法律的起源

尽管联邦法律调整并购行为已经有超过 120 年的历史了,但法律的发展却经历了漫长而曲折的斗争,常常因为法院和国会关于其适用范围的分歧而被打断。尽管《克莱顿法》在 1914 年就制定了,但是该法发展成为目前

---

[5] 私人以及州总检察长可以通过《克莱顿法》第 4 条以及第 16 条的私人诉因提起民事诉讼。根据《克莱顿法》第 4a 条,如果违反《克莱顿法》第 7 条的行为损害了美国的商业或财产,则司法部可以提起诉讼寻求金钱赔偿。[注意,州不能通过国家亲权诉讼实施《克莱顿法》;参见《美国法典》标题 15 第 15c(1)条。]

的样子也仅仅只有50年的时间,因为直到最高法院在1962年和1963年作出的两个判决之前,它都没有在真正意义上得以开始,这对于赋予1950年法律修正案生命力是至关重要的。

可以说,这一历史中最为重要的事件就是制定了1950年的修正案,这一修正案仍然以其共同倡议人的名字而为人所知——《塞勒-凯弗维尔法案》(the Celler-Kefauver Act)。从表面上看,该修正案可能看起来并不是划时代的。它所作的两个主要的修正仅仅是为了填补长期以来所存在的法律漏洞——修正案使得《克莱顿法》第7条适用于收购资产的行为,并禁止会减损任何竞争而不仅仅是收购者与被收购者之间竞争的交易。随着时间的推移,这一点也变得更加明确,即修正案意在将《克莱顿法》第7条的适用范围扩展到纵向与混合交易,以及扩展到那些可能在某些人看来仍然要排除第7条审查的合并以及其他非股权交易。但是,更为重要的是包含在法律明确的语言及其广泛的立法历史中的明确信息,该信息表明国会要使并购变得更加困难。

(二)由沃伦法院创造的现代合并法

虽然塞勒-凯弗维尔修正案无疑具有重要意义,但直到十多年之后,在最高法院于20世纪60年代早期作出两个重要判决之前,现代的合并法都没有真正开始形成。布朗鞋业公司诉美国[Brown Shoe Co. v. United States, 370 U.S. 294 (1962)]案是最高法院在塞勒-凯弗维尔修正案制定之后审理的第一个重要案件。在本案中,全国第三大的制鞋企业收购第八大的制鞋企业。这两家企业都生产鞋,并且双方都进入下游的零售领域——也就是说,它们不仅生产鞋,而且也通过它们所拥有和经营的零售店直接向消费者销售鞋。

在布朗鞋业案中,最高法院第一次有机会对1950年的修正案进行延伸考虑。相比于法院在该案中所得出的任何教义上的结果而言,更为重要的可能是其对《塞勒-凯弗维尔法》及其立法历史进行了长篇幅的、详细的检视。沃伦首席大法官在该案意见中所留下的许多影响中,最为重要的是以下的总结:

在考虑1950年修正案时,弥漫于国会的一个主要议题就是担心在美国经济中将会出现一种经济集中的浪潮……人们引用数据以证明,企业通过合并的方式进行的扩张未受到控制,这给美国经济带来了危险。其他支持该修正案的理由包括,保留对行业进行"地方控制"的愿望,以及保护中小企业。在所记录的讨论中可能会发现这样一些例子,即国会不仅基于经济方面的理由对加速集中的经济权力表示担心,而且也忧虑集中的趋势会给其他一些价值理念带来威胁。

参见布朗鞋业公司诉美国案判决书第315—316页(省略了脚注)。沃伦法官通过对修正案及其立法历史进行考察,列出了一份非常有影响力的具体的国会目标,从而给他所做的归纳赋予了内容:

1. 由于国会填补了在1950年以前动摇《克莱顿法》第7条的两个具体法律漏洞——澄清了法律也适用于资产收购,以及收购者与被收购者之间以外的竞争损害——《克莱顿法》第7条就适用于所有类型的收购——横向的、纵向的以及混合的。

2. 最高法院发现只要有发生竞争损害的合理可能性,则国会就具有强烈的愿望予以制止,即便这种损害还没有出现:

(1) 正如法院所说的,应当"在某一商业领域中减损竞争的趋势尚处于初始状态时"就禁止合并;因为《克莱顿法》第7条禁止的是那些"可能会实质性减损竞争的"交易,法律关注的是"可能性,而非确定性"。参见布朗鞋业公司诉美国案判决书第323页。

(2) 但是,法院也警告不能过度地运用该初始标准;法院的这种关注体现在以下经常被引用的参议院司法委员会的观点中:"使用('可能')这一词语意味着,如果颁布该法律的话,在禁止具有减损竞争效果的行为方面,它不适用于那种纯粹的可能性,而仅适用于被禁止效果的合理可能性……"[6]

3. 不过,即便如此,最高法院强调认为,反托拉斯从根本上来说仍然是

---

[6] S. Rep. No. 1775, at 6 (1950).

为了促进价格竞争,而不是为了保护单个商业主体的利益。为了支持其观点,法院列出了反托拉斯中更为有名的并且经常被引用的一种观点,即国会制定反托拉斯法,其所关注的仅是"保护竞争,而非竞争者……"参见布朗鞋业公司诉美国案判决书第320页。

4. 最后,最高法院列出了它愿意在合并案件中适用的教义方法,这一方法现在通常被称之为"功能测试"。正如法院所写道的,虽然市场份额的统计数据是相关的,但是,"只有对特定市场展开进一步的检视——其结构、历史以及可能的未来——才能为判断合并所可能产生的限制竞争效果提供合适的背景。"参见布朗鞋业公司诉美国案判决书第322页及38注释。

参见布朗鞋业公司诉美国案判决书第316—323页。

如果说有什么更为重要的话,那就是仅一年之后的一个判决:美国诉费城国家银行[United States v. Philadelphia Natl. Bank,374 U. S. 321 (1963)]案。该案最重要的贡献可能就是它针对某些横向合并采用了一种准本身违法原则。布伦南(Brennan)法官在一开始就解释道"国会关于集中趋势的一种强烈关注",正如在塞勒-凯弗维尔修正案中所显示的,"表明在特定的案件中无需就市场结构、市场行为或可能的限制竞争效果展开详细的证明。"参见美国诉费城国家银行案判决书第363页。这种关注产生了以下观点,这些观点多年以来都是合并法中最为重要的陈述:

> 我们认为如果一个合并会导致一家企业在相关市场中控制不适当的市场份额,并且极大地提高该市场中企业的集中度,则该合并本质上很有可能实质性地减少竞争,以至于即便在没有证据能够明确证明该合并可能产生这种限制竞争效果的情况下,也必须禁止该合并。

参见美国诉费城国家银行案判决书第363页。正如在之后的20世纪60年代的判例法中所阐释的那样,美国诉费城国家银行案表明,对于那些即便仅导致市场集中度微弱增长的横向合并而言,也具有很大的违法可能性。

(三) 20世纪70年代发生的巨大改变以及《哈特-斯科特-罗迪诺法》的制定

20世纪60年代判例法,因其大多严格适用美国诉费城国家银行案的假设,而逐渐受到了温和的批评,因为它被认为过于严厉,而且也与当时经济学理论的发展趋势相冲突。最高法院常常禁止那些在今天看来甚至不会引发竞争关注的合并。[7]

部分是为了回应这种批评,部分是通过执法机构自身的努力,到20世纪70年代初期,法院开始在其《克莱顿法》第7条的判例法中融入当时不断发展的经济学思想,从而支持许多合并。这种新思想在最高法院最后的几个合并案件之一中体现得最为明显,即美国诉通用动力公司[United States v. Gen. Dynamics, 415 U. S. 486(1974)]案。尽管从很多方面来看该案的事实都具有独特性,这可能看起来会限制其适用,但是大多数的观察人士都认为它标志着最高法院思想的一个重大转变。该案以及当时少数的几个其他案件可能反映了多位新任命的大法官的思想,[8]并且这些案件似乎已经标志了一个重大的改变。简言之,在该案中司法部寻求禁止一个利用同样简单集中策略的合并,该策略在美国诉费城国家银行案框架之下已经被运用了十余年的时间,事实上这也是其唯一的证据。最高法院在该案的意见是五比四,斯图尔特大法官代表最高法院撰写判决书,斯图尔特大法官发现该案中的特殊行业(煤炭开采)具有特殊的经济特征,这使得可追溯的集中统计数据是不可靠的。最高法院也对美国诉费城国家银行案的方法进行了一般性的分析,认为应当更加谨慎地看待单独的集中证据。大多数观察者认为最高法院旨在作出一个重要的陈述,从而有效地反驳美国诉费

---

[7] 参见美国诉冯食品杂货公司案;美国诉帕布斯特啤酒公司[United States v. Pabst Brewing Co., 384 U. S. 546(1966)]案;美国诉美国铝业公司[377 U. S. 271(1964)]案。

[8] 参见霍华德·R. 卢里,"伯格法院时期的企业合并:一种反对反托拉斯的偏见及其影响",《维拉诺瓦大学法律评论》,第23卷(1978),第213页。这一时期司法政治的变化在第一章第一节和第二节中进行了详细的讨论。

城国家银行案强烈的推定方法。[9]

　　这一转变给执法机构带来了问题。执法机构在履行职责实施《谢尔曼法》第 7 条时已经面临着重要的挑战。在《哈特-斯科特-罗迪诺法》制定之前,在合并交易已经完成之后,执法机构几乎必然会对其进行挑战——在计划阶段,企业收购几乎总是会在法律所允许的范围内秘密进行,并且它们倾向于快速完成。这被证明将会严重阻碍有效救济的展开。虽然法律并没有规定依据《克莱顿法》第 7 条提起的诉讼必须在合并完成以前进行,但是法院非常不愿意针对已完成的合并进行任何有意义的救济。不过在美国诉通用动力公司案之后,执法机构不仅负有职责尽可能早地发现那些具有重要法律影响的合并交易,从而展开有效的救济,而且也被要求获得更为复杂的事实材料以提起诉讼。这引起了国会的反应,其在 1975 年制定了《哈特-斯科特-罗迪诺法》。事实上,往回追溯,至少在 20 世纪 30 年代,执法机构就经常呼吁要求获得某种联邦的、合并前审查的权力。国会终于在 1975 年注意到了这一点,并非是与美国诉通用动力公司案相巧合。

　　无论如何,几乎在同一时间,最高法院又突然归于平静。此后最高法院在将近 40 年的时间里都没有提及合并法。尽管从来不清楚具体的原因,但仍然有两种解释。其中,第一种解释是一种非常实际的事实,即在《哈特-斯科特-罗迪诺法》之后,大型合并案件不再能够进入法院了。如今,任何达到了申报标准的合并要么会在合并前的审查中得以准许,因此将很难面临任

---

[9] 参见美国诉贝克休斯公司[United States v. Baker Hughes, Inc., 908 F. 2d 981 (D. C. Cir. 1990)]案判决书第 984—985 页(发现美国诉通用动力公司案要求"一种考虑所有情形的方法",法院必须"权衡大量的因素以确定特定交易对竞争的影响");美国律师协会,《反托拉斯法的发展》第 1 卷,2007 年第六版,第 346—347 页;按语,"美国诉通用动力公司案之后的横向合并"(Horizontal Mergers After United States v. General Dynamics Corp.),《哈佛大学法律评论》,第 92 卷(1978),第 491 页。比较美国医院公司诉联邦贸易委员会[Hospital Corp. of Am. v. FTC, 807 F. 2d 1381 (7th Cir. 1986)]案,波斯纳法官指出最高法院 20 世纪 60 年代的合并判例法没有一起被推翻过,并且质疑美国诉通用动力公司案是否真正限制过这些判例。但是,他同样指出在其他的判决中,

　　最高法院(并且得到了下级法院的附和)反复地说,竞争的经济学概念——而非保护这类竞争对手的任何愿望——是指引反托拉斯法现代适用的准则,而不是要排除《克莱顿法》。

参见美国医院公司诉联邦贸易委员会案判决书第 1386 页。

何挑战；要么会被执法机构否决，这通常会导致合并双方放弃合并。第二种解释是一种猜测性的假设，认为最高法院和国会长期以来在合并政策领域中都进行着同样的斗争，而最高法院最终放弃了。在 1914 年之后的多个不同时期，国会都试图制定明确的规则以使并购变得更加困难，但最高法院当时通过对这些规则进行狭隘解释而不断侵蚀这些规则，国会则又修订这些规则以更加明确地表明其限制合并的意图，等等。

不管怎样，最高法院保持沉默的后果就是，自从 1975 年以后关于合并法的故事就只在美国上诉法院中得以书写了。尽管 1975 年以后在几个被提起诉讼的合并案件中寻求签发调卷令，但截至目前最高法院都拒绝了。

二、合并指南

在过去 40 年的时间里，反托拉斯执法机构一直寻求通过在一系列被称之为合并指南的规则中系统化地阐述它们自己对于《克莱顿法》第 7 条的理解，以此来澄清第 7 条。[10] 这些指南一直以来都具有很大的影响力，尤其是因为执法机构在依据《哈特-斯科特-罗迪诺法》进行的合并审查中发挥了主导性作用，而且也因为每一个指南的大多数修订，都是由有影响力的学者以及联邦政策制定者通力合作的结果。理解这些指南对于理解反托拉斯并购法是必不可少的。

20 世纪 60 年代支持合并的原则被认为是无原则的，并且太过于混乱以至于无法给法院或企业提供指导，为了对这种批评进行回应，司法部开始

---

[10] 最近，执法机构扩展了这一非常成功的咨询政策声明计划，将其他几个领域的法也纳入进来，这种进一步明确的方式被认为是可行的。这些目前有效的规则包括：《竞争者合作的反托拉斯指南》(the Antitrust Guidelines for Collaborations Among Competitors)（2000）,《医疗行业反托拉斯实施政策的声明》(the Statements of Antitrust Enforcement Policy in Healthcare)（1996），《国际业务的反托拉斯实施指南》(the Antitrust Enforcement Guidelines for International Operations)（1995），以及两个关于知识产权的声明，即《反托拉斯实施与知识产权：促进创新与竞争》(Antitrust Enforcement and Intellectual Property Rights: Promoting Innovation and Competition)（2007），《知识产权许可的反托拉斯指南》(Antitrust Guidelines for the Licensing of Intellectual Property)（1995）。所有这些文件的最新版本都可以通过访问 http://www.usdoj.gov/atr 获取。

了这一长期的工程,并在 1968 年制定了第一个指南。1968 年的指南在很多方面都受到了欢迎,但因其对那些即便是相当小的合并也采取一种非常严格的政策而饱受批评。[11] 自此以后,指南的修订就基本上与联邦政府的改变保持一致,尽管很明显它们不仅仅与不同的政治观点有关。直到里根政府早期,该指南才在 1982 年和 1984 年进行了较大程度的修订。在 1992 年克林顿政府即将继任时又对指南进行了重大修订,尽管这种修订是由上一届政府所策划的。可能值得指出的是,1992 年的指南似乎是专门进行修订以应对 20 世纪 80 年代发生的一系列法庭上的败诉,当时法院似乎决定大大缩减《克莱顿法》第 7 条的适用范围。[12] 无论如何,一般认为 1992 年指南对合并更为宽容,并且甚至要比之前的判例法还要宽容[13],尽管这只是再一次地反映了执法机构试图适应它们在 20 世纪 80 年代所经历的尖锐的司法批评。这些指南在其他几个方面也很重要。1992 年的指南也是第一次由司法部和联邦贸易委员会联合发布的指南。指南也增加了一种全新的源于合并的损害理论,即所谓的"单边效应"(unilateral effects)理论(参见第十七章第六节)。有趣的是,1992 年的指南并没有涉及纵向或混合合并的内容。它们明确规定 1984 年指南调整这些交易的规则仍然继续有效。最近,执法机构在 2006 年联合发布了一个重要的评论以对 1992 年指南进行补充,之后又在 2010 年奥巴马政府时期制定了一个新的指南,从而对 1992 年整个指南进行了重大修订。如果说在指南的发展历史中有一个最重要的主题的话,那就是反映了合并法实体部分自身的发展。最初的指南简单而严厉。随着时间的推移,它们不断变得更加灵活、宽容和复杂。

---

11 参见史蒂文·A. 纽伯恩(Steven A. Newborn)与弗吉尼亚·L. 斯奈德(Virginia L. Snider),"司法部门对于合并指南接受程度的日益提高"(The Growing Judicial Acceptance of the Merger Guidelines),《反托拉斯法律杂志》,第 60 卷(1992),第 849 页。

12 参见约翰·B. 柯克伍德(John B. Kirkwood)与小理查德·O. 泽布(Richard O. Zerbe, Jr.),"通往盈利之路:重振被忽视的并购分析阶段"(The Path to Profitability: Reinvigorating the Neglected Phase of Merger Analysis),《乔治梅森大学法律评论》,第 17 卷(2009),第 39 页(谈及了这一点并解释了背景)。

13 参见菲利普·E. 阿瑞达(Phillip E. Areeda)与霍伯特·霍温坎普(Herbert Hovenkamp),《反托拉斯法》(Antitrust Law),2006 年第二版,¶901b3。

284　　指南并不是联邦"规则",与行政法中使用的术语不同。也就是说,它们并不是具有联邦法效力的条例,联邦法是由国会制定的旨在授予权力的法定规则。因此,这些指南对当事人或其他任何私人都没有约束力,并且对法院也没有约束力(相反,法院必须根据司法判例而非指南来理解并适用《克莱顿法》第 7 条)。严格来说,指南甚至对反托拉斯执法机构也不具有约束力。它们只是一种指导性文件,是一种旨在告知公众哪些合并交易可能受到执法机构法律挑战的机构意见。而且,由于指南并不是具有法律效力的"规则",因此它们不能像真正的联邦规则那样受到联邦法院的审查。[14] 更为重要的是,这些指南并不声称改变法律或提出任何新的法律规则,而只是为了表明执法机构对当前《克莱顿法》第 7 条判例法的理解,正如法院所表明的那样。严格来说,指南只是重述了已经存在的法律。

　　不可否认,《横向合并指南》具有非常大的影响力,但这种影响也有些模棱两可。尽管法院经常对这些指南表达了高度的赞同,并且经常将它们作为权威而加以引用[15](事实上,法院曾指责执法机构未能遵守这些指南[16]),但也有理由相信许多法院只是未能理解这些指南,或者,虽然对这些指南予

---

[14] 当一个联邦机构制定了一项具有法律效力的规则时,如果某人认为该规则侵犯了自己的合法权益,通常可以在联邦法院通过"司法审查"的程序起诉该机构。如果法院认为该规则与法院所实施的法律相冲突,或者认为该规则制定的方式不合理,则法院可以认定该规则是不可实施的。但事实上,大多数情况下联邦机构发布指南文件只是为了向公众提出建议,或表明它们的实施意图,并且尽管这些指南通常可能是非常有影响力的,但它们并不受法院的司法审查。

[15] 参见芝加哥桥铁公司诉联邦贸易委员会[Chicago Bridge & Iron Co. N. V. v. FTC, 534 F. 3d 410 (5th Cir. 2008)]案判决书第 431 页及 11 注释("如果一个特定的收购违反反托拉斯法,在判决时合并指南通常被作为有说服力的权威");史蒂文·A. 纽伯恩与弗吉尼亚·L. 斯奈德,"司法部门对于合并指南接受程度的日益提高",《反托拉斯法律杂志》,第 60 卷(1992),第 851 页(指出在 1982 年修订的指南发布至 1992 年修订期间,联邦法院在超过 75 个案件中引用了 1982 年的指南)。

[16] 参见美国诉贝克休斯公司[United States v. Baker Hughes, Inc., 908 F. 2d 981 (D. C. Cir. 1990)]案判决书第 985—986 页,第 988 页及 13 注释;美国诉斯宇菲企业[United States v. Syufy Enters., 903 F. 2d 659 (1990)]案判决书第 664 页及 11、21 注释;美国诉废物管理公司[United States v. Waste Mgt., Inc., 743 F. 2d 976 (2d Cir. 1984)]案判决书第 982—983 页。

以尊重,但却未能适用或未能正确适用这些指南。[17] 但撇开所有这些不说,指南真正的重要性只是反映了执法机构在哈特-斯科特-罗迪诺程序之下所拥有的巨大权力。现在,大多数大型合并交易都是由执法机构依据哈特-斯科特-罗迪诺程序进行审查,并且绝大多数的合并都被执法机构批准了,没有遭受挑战。一小部分企业合并受到了更为严格的分析,但这些合并中的大多数也通过执法机构与合并方的协商而得以解决。每年只有其中的一小部分受到了执法机构的强烈反对,除了极少数案件以外,在绝大多数的这类案件中,合并双方直接就选择放弃交易,而非与执法机构对簿公堂。在所有这些案件中,执法机构和合并双方所作的决定都受到了指南的影响。换言之,尽管司法机关对这些指南的接受度可能是模棱两可的,但是绝大多数情况下,《克莱顿法》第7条适用于美国并购交易都是依据指南的框架以及在执法机构所可能具有的其他实施意图下进行的。并且,由于他们了解这一点,毫无疑问,为数不多的为被告辩护并提出建议的反托拉斯法律顾问会高度依赖这种指南,以及其他能够从执法机构的意图中解读出来的信息。

第三节 《克莱顿法》第7条的实体法：适用范围及适用性

现在,《克莱顿法》第7条的适用范围是很复杂的,尽管至少现在在有充分理由相信能够对其适用范围予以描述。依据现行法,《克莱顿法》适用于：

1. 任何"收购"(一个含混不清但非常宽泛的词,意指与某些有价值的事物相关的一系列法律权利转移的任何交易),
2. 在这种交易中,要么：

---

[17] 参见前引注释12,柯克伍德与泽布论文(分析了政府在1992年合并指南制定以后提起的合并案件的每一个司法意见,以判断法院是否遵从这些指南,或者适用指南中的方法来"进入"这些问题；发现所有司法意见在这一问题上都对指南表达了尊重,但事实上很少有法院适用指南,并且一些法院还误解了指南)。

(1) 任何

1)"个人"(意指私人、任何商业实体,以及本质上属于任何其他法律所认可形式的团体)收购

2)"股票或者股份"(意指任何具有投票权的利益),

(2) 或者任何

1)"受联邦贸易委员会管辖的""人"(意指营利性商业组织,受其他联邦机构调整的银行、运输或电信公司除外,或者为其成员提供金融服务的非营利性组织)收购

2)"资产"(意指本质上任何具有价值的事物),

3. 从任何其他"个人"那里,

4. 只要交易双方都处于国会通过的州际商业法的管辖范围之内。

需要进一步解释少数几个相关术语。《克莱顿法》第 7 条适用于个人"收购"任何"资产"或任何"股票或其他股份"的行为。法律并没有对这些术语进行界定,但是,部分是由于国会进行的数次矫正式干预的结果,对这些术语的解读现在都非常宽泛,以反映第 7 条预防性的目的,并阻止精明律师辩护进行的形式主义规避。

首先,"收购"是一种涉及某种资产减少的交易,由收购方获得控制权。一个早期的非常有名的论述体现在美国诉哥伦比亚电影公司[United States v. Columbia Pictures Corp. ,189 F. Supp. 153 (S. D. N. Y. 1960)]案中,在该案中,法院认为购买动画片版权的长期的、排他性的许可构成"收购"。概括来说,法院解释道:

> 正如在这里所使用的,"收购"以及"资产"这两个词并不是专业术语或严格的法律用语。在《克莱顿法》第 7 条的背景之下,它们是通用的、不准确的术语,包含了非常广泛的交易形式,收购方可能通过购买、转让、租赁、许可或其他形式来完成收购。这种检验是一种务实主义的。最终的答案并不能在字典中查找到。

参见美国诉哥伦比亚电影公司案判决书第181—182页。因此,法院写道,一个收购意味着"将足够部分的法律权利及特权从转让方那里转移给收购方,从而赋予这种转让经济意义以及被禁止的不利'后果'"。参见该案判决书第182页。因此,显然普通的购买属于"收购"——为了实现某物的价值进行转让而获得现金、证券或者其他交易的资产。但是法院也将许多更加奇特的安排认定为"收购",例如互联网书商与实体店书商之间的协议,前者将管理后者的网站(法院将其类推为收购后者公司的线上业务);[18]电脑生产商成立一个标准制定的合营企业,以研发某种特定的标准软件设计,参与者通过提供初始投资而参与进来并被分配了特定的管理权;[19]达成一项管理协议,依据该协议,某企业的所有者被雇佣以管理——作出商业决策,包括价格和产量方面的决策——一个横向竞争者。[20] 所有这些案件的一个中心要旨看起来似乎是,必须要有某种控制权的转移,因此收购人能够从中获得经济好处。

重要的是,设立一个新的实体可能构成一个"收购"。例如,在美国诉佩恩-奥林化学公司[United States v. Penn-Olin Chem. Co.,378 U.S. 158 (1964)]案中,两家化工企业同意合作生产一种新的产品。为了设立合营企业,它们成立了一家由它们共同拥有的新企业。最高法院认为该交易受《克莱顿法》第7条的调整,因为这两家企业"收购"了新成立公司的股份。

同样地,法律并没有对"资产"以及"股票或其他股份"进行界定,但与"收购"一样,这些术语都被解读得很宽泛,以防止形式主义的规避。"股票或其他股份"是一个相对简单的术语。一般来说,它包括企业中的所有具有表决权的证券,以及其他商业组织如合伙企业或有限责任公司中的股权利益。"资产"这一术语要更加模糊一些,但在任何情况下都会被解读得很宽

---

[18] 参见格林杰诉亚马逊公司[Gerlinger v. Amazon.com, Inc.,311 F. Supp. 2d 838 (N. D. Cal 2004)]案判决书第853页。

[19] 参见阿达马克斯公司诉开放软件基金会[Addamax Corp. v. Open Software Found.,Inc.,888 F. Supp. 274 (D. Mass. 1995)]案判决书第285页。

[20] 参见美国医院公司诉联邦贸易委员会案判决书第1387页。

泛。同样地,美国诉哥伦比亚电影公司案的意见还是具有很大影响力的,法院写道:

> 与宽泛语言相一致的是"资产"这个词。它并不是一个专门的术语,法律也没有对其界限进行界定。在本法中进行使用时,以及取决于具体的事实背景,"资产"可以指任何有价值的事物。
>
> 基于税收或记账方面的原因,有些有价值的事物可能并不会被认为是资产这一事实并不是决定性的,尽管这可能具有一定的证据意义。"资产"一词在税收和会计领域通常都有其技术含义。《克莱顿法》第7条的立法历史并不能支持被告所提出的应当从税收专家或会计而非商人的角度来理解"资产"这一词的主张,也不能证明"资产"只能指"固定资产"。

参见美国诉哥伦比亚电影公司案判决书第182页。因此,任何类型的用作商业用途的普通资产毫无疑问都是一种"资产",如一家工厂、存货或者设备。法院将更加奇特的、无形的以下事物也认定为构成"资产":专利,[21] 商标,[22] 以及贸易路线(trade routes)或顾客清单。[23]

最后,法律适用于哪些"人",以及这些"人"必须参加的"商业"类型现在也被解读得非常广泛。"人"受到联邦贸易委员会依据《克莱顿法》第11条实施《克莱顿法》管辖权的技术限制。由于这一限制,《克莱顿法》第7条适用于以下情形:

1. 收购方要么是:

---

[21] 参见 SCM 公司诉施乐公司[SCM Corp. v. Xerox Corp., 645 F. 2d 1195 (2d Cir. 1981)]案判决书第 1205 页。

[22] 参见美国诉比阿特丽斯食品公司[United States v. Beatrice Foods Co., 344 F. Supp. 104 (D. Minn. 1972)]案判决书第 114 页。

[23] 参见美国诉 ITT-大陆烘焙公司[United States v. ITT-Continental Baking Co., 485 F. 2d 16 (10th Cir. 1973)]案判决书第 20 页,基于其他理由被推翻,参见美国诉 ITT-大陆烘焙公司[420 U. S. 223,95 S. Ct. 926,43 L. Ed. 2d 148 (1975)]案。

（1）在涉及收购"股票或其他股份"情形中的任何"人"，或

（2）在涉及收购"资产"的情形中，特别排除适用《克莱顿法》第11条的银行业或者普通承运人以外的"人"，以及

2. 被收购方——也就是说，被收购的企业或准备销售其部分股票或资产的企业——是《克莱顿法》所定义的"个人"。

换言之，《克莱顿法》第7条的适用范围非常广泛，除了不适用于由银行、公用通信公司或运输企业所进行的、由具体行业监管机构进行监管的资产收购以外，几乎适用于所有类型的收购。

尽管"商业"这个词曾经也是一个引发争议的焦点，但其含义现在非常宽泛，事实上几乎与《谢尔曼法》所适用的"贸易或商业"一样宽泛。

例子

高曼兄弟（Gorman Bros.）是俄亥俄州的一家合伙企业，在俄亥俄州东北地区分销酒店用品及设备，取得了巨大的成功，现在在该行业中占有非常大的市场份额，年销售额超过了1000万美元。它的一个主要竞争对手菲兹波普公司（Fizzypop, Inc.）最近经营不善，并最终进入了破产清算程序。高曼兄弟迅速与俄亥俄州的另外一家投资公司惠特曼协会公司（Whitman & Assocs., LLC）进行接触。除了通过其他方式谋求生计以外，惠特曼协会公司还非常活跃地从破产企业那里购买资产，然后进行转售。高曼兄弟特别希望惠特曼协会公司可以在菲兹波普公司的破产清算程序中购买到一种优质资产，这是一套持续的服务安排，所有这些都被标识为"代理任命"，在这一制度之下，菲兹波普公司就被任命为维修由酒店所控制的冷饮销售柜台系统。惠特曼协会公司并没有直接"购买"这种代理任命，而是与破产受托人达成了一项交易，由它作为中间人将该交易再安排给一家新的服务公司。之后经过一些协商之后，惠特曼协会公司就能够将其从每一家酒店那里获得的重新安排的代理协议转移给高曼兄弟，所有涉及的相关方对此都很满意。高曼兄弟向惠特曼协会公司所做的工作支付了一笔不菲的费用。

这一交易受《克莱顿法》第7条的调整吗？

解释

可能受其调整。第一,毫无疑问,这一交易发生在美国或者对美国的商业产生了影响。第二,交易的一方是一家合伙企业,另一方是一家有限责任公司,这一事实是不相关的;双方现在明显都是《克莱顿法》规定的"人"并且受到该法第7条的调整。第三,所涉及的服务安排是《克莱顿法》第7条所规定的"资产",对于这一点可能并没有多大的疑问。依据上文所讨论的美国诉哥伦比亚电影公司案的意见,"资产"这一术语基本上可以指任何有价值的事物。可能真正有一些困难的是,对现有的服务合同进行再次协商是否构成"收购"。如果将其认定为是一种收购的话,则这种"收购"看起来将非常奇异。但是,同样地,美国诉哥伦比亚电影公司案强调对这些术语进行宽泛解读很重要,并表明,导致某种"资产"控制权发生转移的任何交易都构成"收购"。[24]

第四节 《克莱顿法》第 7 条实体性诉因

一旦确定某交易适用《克莱顿法》第 7 条,接下来的问题就是该交易是否是违法。无论被提起诉讼的是何种类型的交易,《克莱顿法》第 7 条实体性的诉因都是大致相同的,但是诉因的具体细节会因被诉交易是横向的、纵向的还是混合的而有所不同。针对横向交易提起的索赔是最为常见的,也是最常被起诉的,因此也是最好理解的。针对纵向和混合交易提起的索赔从法律上来讲要更加不确定些——无论是法院还是执法机构都没有就应

---

[24] 从技术角度来看,尽管该收购可能受《克莱顿法》第 7 条的调整,但它不应当受到《哈特-斯科特-罗迪诺法》收购前事前申报要求的调整,即便这种收购足够大从而达到了法律所规定的申报标准。由于惠特曼协会公司是一家"投资公司",其经营活动的一部分就是购买破产资产,并且持有这种资产的唯一目的就是为了进行转售,这种销售是一种"普通商业活动",因此可以豁免适用《哈特-斯科特-罗迪诺法》。参见《克莱顿法》第 7a(c) (1)条[15 U.S.C. § 18a(c) (1)]。《哈特-斯科特-罗迪诺法》的豁免规定将在第十八章第二节中进行解释。《克莱顿法》第 7 条本身并不包括"普通商业活动"豁免。

当如何处理这两种交易提供更多的指导——而且由于经济学理论方面的原因，这些交易的事实往往比较细致，而且也更加复杂。

总之，在任何《克莱顿法》第 7 条的案件中，原告都必须举证证明被诉交易会促使合并双方从事损害竞争的行为。在绝大多数案件中，原告都试图通过证明合并交易导致市场集中度的提高，这会产生市场势力，而正是这种市场势力赋予了合并实体从事限制竞争行为的能力，从而以此来证明这种合并行为的竞争损害性。但是这并非是必要的，尤其是在纵向合并情形中存在少数几种其他可能的损害理论。但确实在每一种情形中，损害理论都需要建立在某种横向影响之上。也就是说，即便合并交易并不是横向的，原告对损害的解释也必须是，这种合并会赋予合并一方某种新的、损害其横向竞争者的能力。

正如现在通常所表明的，从结构方面来看，《克莱顿法》第 7 条诉因包含三个基本要件。其中一个有影响力的意见作了如下解释：(1)通过证明合并交易将会导致特定产品在特定地域市场内集中度的不当提高，政府推定该交易将会实质性减少竞争。(2)反驳这种推定的举证责任转移到被告一方。如果被告能够成功反驳这种推定，则，(3)提出其他证据证明存在限制竞争效果的举证责任转移到政府一方，并且连同最终的举证责任，在任何时候都应由政府承担。

参见美国诉贝克休斯公司案判决书第 982—983 页（引文已省略）。[25]

将其进一步分解，这三个要件如下运作：

1. 结构推定：在相关市场内具有市场势力以及被告的反驳。首先，无论所涉及的是何种类型的交易，原告都必须提出证据证明相关市场是集中的，并且该交易将会提升市场集中度。原告完成举证后，举证责任就转移到了被告一方，被告需要证明市场集中的证据并不能证明存在市场势力，以此来反驳原告提出的集中数据。如果被告能够进行这种证明的话，则举证责

---

[25] 严格来讲，贝克休斯案是一个横向合并案件，并且认为这是对挑战横向合并的一种考验。但是，同样的基本框架似乎也适用于非横向合并的案件（也就是，适用于纵向和混合合并案件）。

任又转移到了原告一方,由原告提出损害理论来解释该合并将如何导致竞争风险。

2. 损害理论。接下来,原告必须提出证据以证明该交易事实上将会损害竞争。正是在这一阶段,原告必须提出所谓的"损害理论",并且正是在损害理论中,取决于何种类型的交易被起诉,诉由也将存在最大的不同。

(1) 横向合并。事实上,可以依据两种损害理论来起诉横向合并,这两种理论都将在第十七章第六节第一部分中进行讨论:

1) 协同效应(coordinated effects)

2) 单边效应(unilateral effects)

(2) 纵向合并。可以依据很多损害理论来起诉纵向合并。以下的每一种损害理论都将在第十七章第六节第二部分中进行讨论:

1) 排他性

2) 促进共谋

3) 不正当地交换竞争性的敏感信息

4) 通过价格受管制企业逃避监管

(3) 混合合并。目前唯一可以被用来起诉混合合并的损害理论就是这种合并会排除可能的"潜在竞争"。参见第十七章第六节第三部分。

3. 抗辩。最后,被告可能会试图通过提出以下两种被认可的抗辩中的一种,来证明应当准许原本将认定为违法的合并,这两种抗辩都将在第十七章第七节中进行讨论。

(1) 困境企业抗辩。在极端情形下,原本违法的合并将能够得到豁免,理由是如果没有这种合并被收购企业将会破产。

(2) 效率抗辩。在某些情形下,如果被告能够证明合并交易所带来的促进竞争的好处,要大于其所可能产生的限制竞争损害,则一个原本违法的合并也可能被豁免。考虑到我们在其他章节学习反托拉斯法时讲到法院和执法机构长期以来就坚决反对这种抗辩,这种抗辩也许会令人感到惊奇,而且这种抗辩仍然很难被证明。

我们应该注意一个有趣的焦点问题。起诉合并——包括竞争者之间横

第十七章 合并与收购的反托拉斯问题

向合并——的标准,相比于《谢尔曼法》第1条禁止横向限制的法律,通常要更加宽容一些。两个具有直接竞争关系的竞争者可以将它们所有的经营活动进行完全地合并,而不会面临本身违法的责任,即便这种合并会极大地增强单一企业的市场势力。而且,合并后的企业因此将能够为合并前分别由两家企业生产的产品设定统一的价格。然而,如果同样的这两家企业仍然各自保持独立,但就销售价格达成一致,则该协议将是本身违法的(并且少数的企业高管甚至可能会被送进监狱)。所有这些看起来可能是非常违反常理的,反托拉斯法的批评者经常将这一明显的冲突作为证明反托拉斯法缺乏基本协调的证据。

不过对此法院和评论家已经提出了多种解释。首先,也是当今最为明显的,合并被认为会产生协同效果——如果合并双方仍然各自独立运行的话(这必然会导致每一个企业在更小的规模上进行生产),则规模经济或范围经济(economies of scope)可能就无法得以实现。也有观点认为存在一种逐渐被称之为"企业控制市场"(market for corporate control)的社会价值。企业的控制利益也可以像其他任何能够被购买或销售的事物一样进行估值,至少在有一个健康市场的情况下是如此。作为一个简单的经济学观点,如果企业的控制权是在一个健康的、竞争性的市场中进行销售的话,则其将被那些对其估值最高的人买走。那些对这种控制权估值最高的人也是最能够利用这种控制权实现利润最大化的人。以最为有利可图的方式运营一家企业,排除市场缺陷或者某种形式的欺诈或错误行为,是最有利于社会的(一些经济学家持有这种观点)。因此,如果一家企业是由一个相比于其现在的所有者对该企业估值更高的人购买的话,则该购买者将更加有效地运营该企业,砍掉一些没有经济效益的项目,提升运营的效率。同样地,如果公司当前的管理层知道公司在他们的管理之下永远都处于一种被收购的危险之中,则他们会感受到一定的压力,从而促使其尽可能好地运营公司,以避免收购的发生。(正如你所见的,如果一个公司运营得尽可能地好,则股东将能够享受到其所持股份可能具有的最高价值,假设股票市场本身运行良好,应当没有买家愿意支付相比于这些股份现值更高的价格。)但是,如果法律严重阻止合并以及收购的话,则企业控制权转让市场将无法很好地运转。如果确实如此,则这将给予那些表现很差的、低效的或者怀有恶意的管理者一种来自于政府的保护,使他们免于遭受原本源于竞争力量的惩戒。

现在问一问你自己,这些事实是否有效地区分了合并以及那些依据反托拉斯法受到更为严厉对待的横向协议。至少在赤裸裸的、横向价格协议或划分市场协议等情形中,答案显然是作了有意义的区分。合并可能会导致产品形成统一的价格,而这原本应当是竞争性的,但是在赤裸裸的多边协议情形下,这是协议唯一实现的结果。

第五节 实体性诉因(第一步):市场界定、结构性推论,以及被告的初步反驳

在每一个《克莱顿法》第7条的案件中,原告都负有举证责任证明合并后的实体将能够通过市场势力造成损害。在合并案件中,最高法院总是拒绝明确衡量市场势力的最低标准,并且大多数下级法院仍然认为,严格来说,并不存在一个将导致违反《克莱顿法》第7条的固定阈值。[26] 相反,正如所提及的,原告的案件通常受到一个多步骤的举证责任转移框架控制,该框架始于原告就简要的集中数据进行基本证明。

一、横向合并

在横向合并案件中,原告的证明是最为简单的。自美国诉费城国家银行案之后,并且甚至在美国诉通用动力公司案之后,法院总是在横向合并案件中承认一个特殊的规则,旨在使原告的诉因稍微容易一些。如果原告能

---

26 参见联邦贸易委员会诉史泰博公司案判决书第1082页。援引美国诉费城国家银行案判决书第363—365页。

够证明行业内存在某种最低水平的集中,并且合并交易将导致集中度有最低限度的增长,就可以推定该合并是限制竞争的。这一证明通常被称之为原告的"表面证据确凿的案件"(prima facie case),这使得举证责任转移到了被告一方,由被告提出证据证明该合并交易事实上并不会限制竞争。

1992年《横向合并指南》最具影响力的单一特征就是它将这种测试法典化了,并运用具体的赫芬达尔-赫希曼指数基准来填充这种测试。[27] 1992年指南规定,如果合并导致合并后市场的赫芬达尔-赫希曼指数少于1000,这"通常不需要展开进一步的分析";如果合并后市场的赫芬达尔-赫希曼指数界于1000至1800之间,并且赫芬达尔-赫希曼指数增加值大于100的话,会"引发严重的竞争关注";如果合并后市场的赫芬达尔-赫希曼指数大于1800,并且赫芬达尔-赫希曼指数增加值大于100的话,则可以"推定该合并很有可能"是限制竞争的。参见1992年《横向合并指南》第1.51部分。

但是,正如提及的,1975年以后的强烈趋势是减少这种推定的分量,首先体现在美国诉通用动力公司案中,之后甚至在20世纪80年代至90年代下级法院的判例法中表现得更加明显。在这些判例中,法院对单纯的集中数据持有怀疑态度,尤其是强调法院必须审视被告所提出的反驳证据。[28] 法院也强调,从法律上来说,关于集中度特定增长的单一证据并不足以证明违反《克莱顿法》第7条。[29] 美国诉贝克休斯公司案的意见被认为尤其重要,因为它是由当时的克拉伦斯·托马斯(Clarence Thomas)法官所撰写的,并且当时的鲁斯·巴德·金斯伯格(Ruth Bader Ginsburg)法官也支持该意见。贝克休斯案最后强调,自从美国诉通用动力公司案开始依据《克莱顿法》第7条进行的调查就成为一种"整体情况"的测试,因此,即便是非常高的集中统计数据也不必然支持对合并提起诉讼,除非有充分的证据证明

---

[27] 也就是说,它运用我们在第四章第三节中所解释的市场集中度的赫芬达尔-赫希曼指数(HHI),来衡量满足原告"表面证据确凿的案件"所需的最低集中水平。

[28] 参见联邦贸易委员会诉亨氏公司案[FTC v. H. J. Heinz Co., 246 F. 3d 708 (D. C. Cir. 2001)]案判决书第720页;美国诉贝克休斯公司案判决书第990页及12注释;美国医院公司诉联邦贸易委员会案判决书第1386页;美国诉废物管理公司案判决书第981—983页。

[29] 参见联邦贸易委员会诉亨氏公司案判决书第716页及11注释。

存在市场进入障碍,或者能够提出具有说服力的损害理论。

这种新的司法怀疑主义的一个后果就是,如果合并没有大大地超过1992年指南中所规定的基准的话,这种合并就很少被提起诉讼。尽管相当低的集中证据也可能引发美国诉费城国家银行案以及合并指南下的法律推定,但是多年以来反托拉斯机构针对合并所提起的诉讼仅针对那些实质上具有较高集中水平的合并交易,通常而言要比1992年指南所规定的大数倍。参见美国律师协会,《反托拉斯法的发展》第1卷,2007年第六版,第336页,第347—348页。因此,尽管新的2010年《横向合并指南》保留了基本的美国诉费城国家银行案框架,但它事实上采取了更高的赫芬达尔-赫希曼指数基准。依据2010年《横向合并指南》,如果合并后的赫芬达尔-赫希曼指数低于1500的话,通常就不需要展开进一步的分析;如果合并导致赫芬达尔-赫希曼指数界于1500至2500之间,并且赫芬达尔-赫希曼指数的增量大于100的话,则该合并将"引发严重的竞争关注,并且通常需要审查";如果合并导致赫芬达尔-赫希曼指数大于2500并且赫芬达尔-赫希曼指数的增量大于100的话,则该合并将会引发严重的竞争关注;如果合并导致赫芬达尔-赫希曼指数大于2500并且赫芬达尔-赫希曼指数的增量大于200的话,则该合并将被推定为是限制竞争的。参见2010年《横向合并指南》第5.3部分。

二、纵向及混合合并

尽管非横向合并的诉因从来没有像横向合并的诉因那样被清晰地界定过,但法院似乎在这些合并中可以适用类似的举证责任转移框架,原告的表面证据确凿的案件也建立在集中度的证据之上。但是这些证据在非横向合并的案件中具有一定的差别,因为很明显,非横向合并并不改变任何市场的集中度。由于目标公司与收购方要么处于不同的产品市场,要么处于不同的地域市场,因此在收购前后,这两个市场的集中度水平都是一样的。相反,关注的焦点在于"主要"市场(the "primary" market)现有的集中度水平。"主要"市场是担心可能产生竞争影响的市场。例如,如果收购方收购了一个下游的分销商,有这样一种担心,即这一分销能力的排除可能会使得其他企业很难进入收购方所在的市场,甚至可能要求新进入者立刻进入两个层面的分销市场。由于担心收购方所在市场的市场准入会被窒息,因此该市场就是"主要"市场。

正如前文所提及的,1984年《合并指南》中有关非横向合并的内容在1992年和2010年的指南中都明显得以保留,因此这部分的内容仍然有效,并且现在被称之为《非横向合并指南》。[30] 指南规定,在执法机构起诉混合合并和纵向合并交易之前,主要市场的赫芬达尔-赫希曼指数最低必须达到1800。参见《非横向合并指南》第4.111、4.112及4.213部分。在混合合并情形中,执法机构也认识到要求被收购企业至少拥有5%的市场份额。参见《非横向合并指南》第4.131、4.134部分。理由是,如果一家小企业被任何一家大的、重要的新准入者收购的话,事实上都是促进竞争的,这就相当于是收购者重新进入了市场一样。这一收购只是为最小的生产设施、供应以及顾客关系建立了一个立足点,准入者被认为可以借此大大扩大生产。

第六节 实体性诉因(第二步):损害理论

一、关于横向合并的损害理论

可以说,原告可以通过多种不同的方式来证明合并将会损害竞争。并且,一如既往,1992年指南最初声称只列举了"一些"可能的限制竞争损害理论,并且坚持认为"将依据尽可能多合适的潜在不利竞争效果来对合并展开分析"。参见1992年《横向合并指南》第2.0部分。但是,执法机构在2006年的《关于横向合并指南的评论》中指出,它们只会依据1992年指南

---

[30] 美国司法部和联邦贸易委员会,《非横向合并指南》(1984),http://www.justice.gov/atr/public/guidelines/2614.htm,参见《非横向合并指南》第4.133部分。2020年6月30日,美国司法部和联邦贸易委员会联合发布了《纵向合并指南》,参见 http://www.justice.gov/atr/page/file/1290686/download。——译者注

中明确确定的两种竞争损害理论来起诉任何合并交易。参见《关于横向合并指南的评论》第2—3页。没有任何理由怀疑法院会持有任何不同的意见。

这两种损害理论如下。(1)协同效应:由于竞争者之间的收购会提高行业的集中度,这要么可能会促进共谋(对于任何共谋而言,成员数量越少越容易进行共谋),要么可能促进寡头定价行为,即便没有达成协议。(2)单边效应:在某些市场中——在这些市场中产品是"差异化"的或者品牌产品——提高的集中度可能有利于形成单边的定价权力。从实践方面来看,协同效应理论要更为重要,因为单边效应理论往往很难被证明。很少依据单边理论提起诉讼,即便是提起,它也表现得并不好。[31]

第一,协同效应理论建立在这样一种理念之上,即在特定市场中企业数量越少,则越容易进行限制竞争的合作。也就是说,在其他条件相同的情况下,在任何市场中,当企业的数量减少时,对于继续存在的企业而言将能够更容易地进行公开的共谋或从事相互依赖的定价行为(也被称之为"寡头定价"或"有意识的平行行为")。之所以更容易的原因主要是,在只有很少企业的情况下卡特尔协议或相互依赖的寡头行为中的"欺诈"将变得更加困难。这一理论在1982年《横向合并指南》中就已经被提出了,反映了经济学家乔治·斯蒂格勒(George Stilger)20世纪60年代著名论文中最早提出的寡头理论(这一理论在附录中作了详细探讨)。正是由于这方面的原因,《克莱顿法》第7条在反托拉斯法中发挥着一种特殊的作用,至少其在原则上可以填补原本存在于《谢尔曼法》中的一个空白。回想一下,相互依赖的寡头行为在提高价格方面可能是非常有效的,但是,由于并不存在某种协议,因此它可能并不违反《谢尔曼法》第1条。同样地,仅仅利用市场势力单边地收取超竞争水平的价格——这也是相互依赖的寡头所做的——并不构成垄断化或任何其他违反《谢尔曼法》第2条的行为。因此,打击相互依赖定价

---

31 你可能在想,最明显的担忧应当是合并可能会直接形成垄断。这当然是反托拉斯的一种担忧,依照现行法这类交易当然是违法的。但是,通过合并形成垄断长期以来都是如此明显的违法行为,以至于这种方式几乎甚至都没有被尝试过,并且通常都不会被认为是反托拉斯政策中的一种严重担忧。

行为的少数几个反托拉斯工具中的一个,就是依据协同效果理论适用《克莱顿法》第 7 条对横向合并交易展开合并审查。

这一理论不仅要求证明合并会提高市场集中度,而且也要求证明合并后的市场条件将有利于企业展开协同性的互动。最明显的是,原告可以提出证据证明市场条件与斯蒂格勒最初界定的有利于协同的条件类似。除了企业数量减少以外,任何其他能够使得欺诈行为难以被察觉的因素也被认为会促进企业之间的协同行为,例如产品的差异性以及非价格因素方面的竞争,或者不常见的或秘密的销售模式。其次,2006 年的《关于横向合并指南的评论》以及 2010 年的《横向合并指南》都采取了"标新立异"(maverick)的理论。该理论建立在一篇被广泛阅读的法律评论文章之上,[32] 其思想是,在某些市场中,某个企业可能具有一贯违反定价规范的记录。也就是说,它自身可能已经表明愿意从事"欺诈"行为而不从事协同行为。如果该企业被收购,这可能会增加协同效应的风险。

可能值得指出的是,2006 年的《关于横向合并指南的评论》表明,在采用协同效应损害理论的案件中,集中数据的统计更为重要。正如我们将要看到的,在单边效应的案件中,整体的思想就是,合并后的企业能够实施某种定价权,因为在市场中它不会面临来自于已经被其所收购的企业以外的其他企业的竞争,因此总体的集中度就没有那么重要。参见《关于横向合并指南的评论》第 16 页。因此,在协同效应案件中建立起表面证据确凿的案件,就可能要求有更高的集中度统计数据。

第二,单边效应理论假定在某些市场中,横向合并交易将提高市场集中度,这将促使合并后的实体依靠自身的力量单边性地抬高价格。指南指出这可能通过两种方式得以实现。首先,在某些市场中可能有数个卖家,但是其中的一些卖家销售非同寻常的"差异化"产品。也就是说,它们的产品在相关市场内与其他产品的差别可能足够大,以至于它们能够享受某种边际

---

[32] 乔纳森·B. 贝克(Jonathan B. Baker),"标新立异、合并以及排他性:依据反托拉斯法证明协同性竞争效应"(Mavericks, Mergers, and Exclusion:Proving Coordinated Competitive Effects Under the Antitrust Laws),《纽约大学法律评论》,第 77 卷(2002),第 135 页。

的定价自由。这是始于 20 世纪 30 年代经济理论化的结果,经过发展逐渐被称之为"垄断竞争理论"。[33] 这一理论在理论文献中并不受到推崇,因为在某些人看来,这一理论似乎要复兴一个由布朗鞋业案所提出的但现在并不受到支持的"亚市场"(submarkets)假设——这一思想的主要内容是指,在一个原本构成相关产品市场的市场内,可能存在某些足够特殊的产品以至于能够形成一个亚市场。

无论如何,建立在差异化产品之上的单边效应理论在法院都面临着好坏参半的命运。这显然是因为该理论需要提供极其细致的事实证据(因此也是很昂贵的)以证明确实存在某种此类不同的亚市场。提出该理论的最有名的判例同时也反驳了这一理论,基于一个冗长、非常彻底且事实集中的法官判决。参见美国诉甲骨文公司[United States v. Oracle Corp. ,331 F. Supp. 2d 1098 (N. D. Cal. 2004)]案(认为在"功能强大的财务管理软件"或"功能强大的人际关系管理软件"中并不存在一个特别的亚市场);纽约州诉卡夫通用食品公司[New York v. Kraft Gen. Foods, Inc. ,926 F. Supp. 321 (S. D. N. Y. 1995)]案(认为在"即食成人麦片"中并不存在一个特别的亚市场)。在联邦贸易委员会诉史泰博公司案这一著名的判决中,该理论通过强调原告举证责任的困难而取得了成功。在本案中,政府恰巧能够提出经济学方面的证据以证明合并双方在特定城市中并不存在竞争,它们的价格是系统性地上涨(systematically higher)。换言之,具有令人信服的关于价格效果的直接证据,直接导致了源自于产品差异化的单边效应。但是这种证据在很多案件中都很难获得。

单边效应的第二个理论就是,在特定市场中继续存在的企业的产能是受限的,它们可能无法对价格上涨作出反应。这一理论从概念上来看要更简单一些,而且在运用中也表现得更好。参见美国律师协会,《反托拉斯法

---

33 参见罗斯科·B. 斯塔莱克三世(Roscoe B. Starek Ⅲ)与史蒂芬·斯托克姆(Stephen Stockum),"是什么导致合并具有限制竞争效果? 1992 年合并指南下的'单边效应'分析"(What Makes Mergers Anticompetitive? "Unilateral Effects"Analysis Under the 1992 Merger Guidelines),《反托拉斯法律杂志》,第 63 卷(1995),第 806 页及 26 注释(指出这一理论源于 1929 年的经济学文献)。

的发展》第 1 卷,2007 年第六版,第 358—359 页。

例子

鲍勃·科克伦从小就被认为是一个天生的销售员和极为精明的竞争者。成年之后他将这些技能运用到了商业领域中(其家乡爱达荷州博伊西市)。某天他注意到了邻居家五金店钉子的价格之后,他认为自己的机会来了。他首先开了一家小的五金店,之后开了另外一家,然后又开了一家。当他第一次收购竞争对手的五金店后,他在博伊西市五金销售市场上获得了8%的市场份额,但当时惊心动魄的公司收购浪潮点燃了他内心的激情。鲍勃的最终目标是形成某种形式的纵向融合,因为他在博伊西市开设连锁店的最大困难是面临来自于全国性五金零售商持续性的扩张威胁。

鲍勃一直没有停止收购,直到他成为博伊西市的第四大五金店,而他下一步的计划是收购第三大的五金店。[34] 当时鲍勃在博伊西市场中拥有了16%的市场份额,而前三大五金店分别占有了 40%、23%和 21%的市场份额。而鲍勃原本准备收购第三大的五金店。他已经获得了融资承诺(鲍勃总是认为相比于更大的计划而言,获得融资承诺是容易的事项——重新进入市场或收购一家现存的公司并不需要花费很多,并且在博伊西市似乎也有很多私人投资者愿意在零售行业的收购中下赌注)并且也开始了这一交易。但在他开展进一步的计划之前,他收到了来自于司法部的民事调查令,司法部正在调查该交易是否会违反《克莱顿法》第 7 条。

鲍勃在博伊西市收购第三大五金店的计划是否会违反《克莱顿法》第 7 条?

解释

这是一个密切相关的问题,但可以说它并不违反《克莱顿法》第 7 条。不可否认,取决于如何界定市场,这可能是一个高度集中的市场,并且收购将会大大提高市场集中度。如果相关市场是"爱达荷州博伊西市的五金销售市场",则合并前市场的赫芬达尔-赫希曼指数是 2826,收购将使得赫芬

---

[34] 假设鲍勃的收购都没有大到能够触发《哈特-斯科特-罗迪诺法》的申报义务的程度,这是非常可能的。《哈特-斯科特-罗迪诺法》将在第十八章中进行详细讨论。

达尔-赫希曼指数增长 672 而变为 3498。这是非常高的数值，以至于足以引起反托拉斯实施机构的关注，并满足美国诉费城国家银行案标准的表面证据确凿的案件。但是，事实表明市场进入是很容易的，市场上现有竞争者也受到来自于全国性零售连锁店威胁的限制。这会使得是否真正会形成市场势力存在疑问，即便集中度很高。

而且，这一损害理论也存在许多问题。在本案中能够想到的理论要么是基于单边效应要么是基于协同效应理论，尽管单边效应理论在此看起来并不适合。可能可以运用单边效应理论将本案类推适用联邦贸易委员会诉史泰博公司案（在之前讨论过），但是，这些五金店除了规模大小不一样以外，并没有其他的不同，而仅仅是规模本身也无法使得任何五金店的差异化足以达到史泰博理论所要求的程度。鉴于非常高的市场集中度以及定价的透明性，协同效应理论可能要更加合理一些。该市场看起来非常符合寡头依赖性的情形。购买量非常大，而且价格是透明的。从质量方面来看，这四家五金店的产品可能并没有呈现高度的差异化，或者这种差异化至少没有大到无法进行价格比较的程度。一家五金店所卖的扳手、钉子等产品可能与其他家五金店的非常类似，并且事实上它们的很多产品可能品牌都是相同的。消费者因此能够获得大量的信息，并且"欺诈"行为将很容易被察觉。但是，同样地，较低的市场进入门槛可能会减损协同的效果。

法院审理了一个事实几乎与本例相同的案件，即美国诉斯宇菲企业案。该案中的相关市场是拉斯维加斯电影院影片的首映。但是结果应当是相同的。法院在其观点中最后强调，尽管该市场在一段时期内具有非常高的市场集中度，但是在该市场中应该不会存在严重的市场进入障碍。以下事实深深说服了法院，即在被告占据市场主导地位的时期，事实上有一些新的市场进入，并且当被告试图利用其在拉斯维加斯的主导性地位争取更加有利的获取影片的条款时，一家主要影片发行商拒绝了其要求。

二、关于纵向合并的损害理论

从理论上来看，关于纵向合并有多种可能的损害理论，针对纵向合并提起诉讼或展开的执法仍然存在,但是关于纵向合并仍然存在许多不确定性。之所以如此,既因为目前关于纵向合并的经济学思想是复杂的,也因为长期以来无论是法院还是执法机构都没有提供多少指导。法院几乎从来没有审理过纵向合并的案件——执法机构现在每年至多只调查一起或少数几起纵向合并案件,而且这些纵向合并案件几乎没有被起诉过。执法机构在25年多的时间里没有提供任何官方的指导。当《横向合并指南》在1992年被修订时,执法机构根本就没有涉及非横向合并交易。1984年指南中关于混合合并和纵向合并的部分并没有被改动,而且被重新命名为《非横向合并指南》(Non-Horizontal Merger Guidelines)。[35] 2010年《横向合并指南》修订同样没有涉及非横向合并交易,尽管有人呼吁进行官方澄清,但执法机构宣布目前并不打算予以考虑。事实上,自1984年以来只有零星的迹象表明实施意图曾经偶尔出现过。这本身并不是一种批评——虽然有一些人认为应当制定新的指南,但也有一些人明确认为不应当制定。[36]

这些在法律上仍然有效的损害理论大多都起源于最高法院早期的纵向合并案件的判决,尽管这些判决数量很少,并且最近的判决也是在40多年以前作出的。自1950年《塞勒-凯弗维尔修订案》颁布之后,最高法院在将近60年的时间中只作出了三个纵向合并案件的判决,这些判决的责任理论基础只是简单的"排他性"理论。该理论的观点是,如果一个企业收购了其竞争对手也需要的投入或分销渠道,这将会损害竞争对手进行交易的能力,

---

[35] 美国司法部和联邦贸易委员会,《非横向合并指南》(1984),http://www.justice.gov/atr/public/guidelines/2614.htm;参见《联邦公报》第57卷第41552页(57 Federal Register 41552),1992年9月10日(1992年指南首次发布时的一种声明,表明1984年指南中非横向合并的部分仍然保持不变,"在今天对横向合并指南进行修订的背景下进行解读"。)。2020年6月30日,美国司法部和联邦贸易委员会联合发布了《纵向合并指南》。——译者注

[36] 有人认为发布任何新的指南并不是明智的选择,这既是因为纵向合并的案件本质上需要进行大量的事实分析及个案分析,也是因为制定一系列新的、正式的指南的过程只是为危险地创新及未测试的新想法提供了一个机会。参见反托拉斯现代化委员会(Antitrust Modernization Commission),《报告及建议》(Report and Recommendations),第432页(2007)(肯普夫委员单独的陈述);戴维·T.斯切夫曼(David T. Scheffman)与理查德·S.希金斯(Richard S. Higgins),"纵向合并:理论与政策"(Vertical Mergers: Theory and Policy),《乔治梅森大学法律评论》,第12卷(2004),第967页。

因此是限制竞争的。正如最高法院所写道的：

> 纵向合并或者其他将消费者限定在特定供应商的安排的最大缺点在于，通过将任意一方的竞争对手从原本向它们开放的市场中排挤出去，这一安排可能就成了一个"竞争塞子"，"剥夺了竞争对手公平竞争的机会。"[37]

正如在附录中进行的更为详细的解释，这一简单的、传统的排他性理论遭受到了学术界的尖锐批评。

正如所说的，从法律上看，当时依据《克莱顿法》第7条起诉纵向合并将是非常合理的，并且事实上，自从20世纪90年代早期以来反托拉斯实施机构就已经针对大量的纵向合并寻求救济。[38] 目前这些起诉依据的是各种不同的损害理论，尽管对于原告而言很难予以证明。请注意，事实上在每一个案件中损害在本质上都是横向层面的。一般认为纵向融合本身并不会损害竞争，至少在任何与反托拉斯法相关的意义上来说是这样。[39] 但是，它却有可能有助于排除一个层级市场上的横向竞争者，或者有助于推动一个层级市场上的横向共谋。

---

[37] 参见布朗鞋业公司诉美国[Brown Shoe Co. v. United States, 370 U. S. 294 (1962)]案判决书第323—324页(省略了引文和脚注)。在本案中，全国第三大的制鞋厂商收购第八大的制鞋厂商。这两家企业都生产鞋，并且都纵向地延伸到了零售领域——也就是说，它们不仅生产鞋，而且也通过它们所拥有和运营的零售鞋店直接向消费者进行销售。最高法院运用了排他性理论进行说理，并认定该收购是违法的。也可参见福特汽车公司诉美国[Ford Motor Co. v. United States, 405 U. S. 562 (1972)]案(主要是依据简单的排他性理论认定福特收购火花塞生产商是违法的)；美国诉杜邦公司[United States v. E. I. du Pont de Nemours & Co., 353 U. S. 586 (1957)]案(认为杜邦公司收购通用汽车大量的具有投票权的股票是违法的，因为杜邦公司是一家汽车纤维制品和抛光剂的主要供应商；引入了简单的排他性理论)。

[38] 参见 M. 霍华德·莫尔斯(M. Howard Morse)，"纵向合并：最近的研究"(Vertical Mergers: Recent Learning)，《商法》(Business Law)，第53卷(1998)，第1217页(指出从20世纪90年代中期开始执法活动剧增，并讨论了演进中的责任理论以及救济方式的创新)。

[39] 参见菲利普·E. 阿瑞达(Phillip E. Areeda)等，《反托拉斯》(Antitrust)，2006年第二版，¶1000(指出无论是在上游还是在下游，纵向融合本身都不会提高市场集中度)；罗伯特·H. 博克，《反托拉斯悖论》，第245页(1978)(博克最著名的观察就是，除了重组供应关系以外，纵向融合通常并不会带来其他的影响)。

一些当前仍然适用的损害理论在非横向合并指南中得以保留下来,而其他一些损害理论则通过执法机构在哈特-斯科特-罗迪诺程序中得到了更加特别的发展。这些仍然适用的损害理论至少包括以下几种:

(一)排他性。排他性是最初的一种损害理论,并且可能仍然是最重要的一种,但该理论有多个版本。

1. 传统的观念。早期的纵向合并案件简单地假定合并后的企业会带来这样一种风险,即它将停止与上游或下游市场的竞争者展开交易。因此,即便纵向合并只会带来小范围的排他性效应也会被禁止。[40] 针对这种类型的合并,至少是这些只会导致很小范围排除效应的合并提起诉讼,可能不再具有可行性。

2. 现代的观念——进入障碍或提高竞争对手的成本。但是,一个受到更多限制的排他性理论在非横向合并指南中得以保留。如果一个纵向收购关闭了一个足够大的所需要的输入或分销渠道,则任何进入收购方市场的企业就不得不既进入该市场,而且也要进入被封锁的上游或下游市场。为了说明这一理论,指南要求被排除的市场具有很高的市场集中度(正如上文所提到的,赫芬达尔-赫希曼指数最低要达到1800)和进入门槛。参见《非横向合并指南》第4.213部分。

(二)不正当地交换竞争性的敏感信息。这一理论非常容易理解。该理论担心的是,纵向合并后的竞争者可能获得竞争对手的信息,例如竞争对手的成本或者其原本所收取的秘密价格。这些信息是可能获得的,因为被收购的企业即便在被收购之后也仍然可能与横向竞争者进行交易,或者它仍然能够拥有之前交易的信息。非横向合并指南并没有认可该理论,但是在大量由执法机关依据哈特-斯科特-罗迪诺程序提起的诉讼中,该理论被成功地提出。[41]

(三)促进共谋。对于那些试图进行共谋的企业来说,最大的困难在于确保共谋者切实遵守共谋协议。所有共谋者都具有通过向顾客提供更低的价格

---

[40] 参见福特汽车公司诉美国案(虽然收购火花塞生产商只会导致火花塞设备市场10%的市场被排除,该合并仍然被阻止)。

[41] 参见 M. 霍华德·莫尔斯,"纵向合并:最近的研究",《商法》,第53卷(1998),第1217页(讨论了这些案件)。

或其他优惠条件来进行"欺诈"的动机。纵向融合对于共谋者而言可以在两方面发挥工具性的作用。首先,收购可能只是上游共谋者监控价格的一种工具。对于任何试图通过秘密提供折扣或其他方式来盗取交易机会的竞争者而言,如果下游市场集中度已经很高或者下游市场的某些产能已经被上游市场的竞争者所拥有,则这种欺诈将更为困难。参见《非横向合并指南》第4.221部分。

第二,被收购的可能是一个"制造麻烦的买家"。有一些具有很大市场份额的买家能够迫使上游的共谋者作出让步。如果这些买家被共谋者所收购,该买家将无法再推动共谋者之间的价格竞争。

(四)价格受监管企业的逃避监管。某些行业仍然受到政府机构的价格监管。通常这种监管只允许这些企业收取能够涵盖其投入成本以及"合理利润"的价格。如果一家受监管企业收购了它自己的一家供应商,则它在进行采购时将会抬高进货价格,然后通过政府所准许的价格转嫁给消费者。至少自1982年的合并指南起该损害理论就已经得到了确认,但是该理论可能已经不再那么相关,因为直接的价格监管已经不那么常见。(关于价格监管的一些背景,参见第二十二章第一节第二部分。)

三、关于混合合并的损害理论

在美国,针对混合合并提起诉讼现在已经非常少见了。但是,在理论上仍然能够提起诉讼,并且海外的反托拉斯实施机构仍然保留着这种实施的可能性,[42]有时还有一些壮观。[43]在美国法中,基本的损害理论仍然以"潜在

---

[42] 参见杰弗里·切齐(Jeffrey Church),"混合合并"(Conglomerate Mergers),载于美国律师协会反托拉斯法部门编(ABA Section of Antitrust Law),《竞争法律与政策》(*Competition Law & Policy*),第2卷(2008),第1507—1519页(指出自20世纪80年代以来美国的混合合并实施就处于"休眠"的状态,但是自20世纪90年代开始,混合合并的实施通过欧盟委员会得以复苏,并且在某种程度上得以继续)。

[43] 特别是,在20世纪90年代末至21世纪初,欧盟委员会采取了相当积极的姿态,并且在备受争议的通用电气和霍尼韦尔这两家大型的航空企业和军工企业合并的审查中达到了壮观的程度。欧盟委员会反对该交易,并最终导致该交易失败,部分原因是混合重合,尽管美国司法部已经批准了该交易。这一分歧在随后的多年中引发了重要的跨大西洋冲突与争论。参见前引注释42切齐论文。

竞争"的可能性为依据。[44] 基本思想是,如果没有合并的话,收购方可能会"重新"进入市场——它可能通过建立自己的设施来生产市场现有企业所生产的产品,借此来进入该市场。如果没有这种潜在的市场进入,相反是收购了市场上已有的企业,这一收购交易在促进竞争方面的可能性要更小一些。而且,在这一收购交易之前,潜在的市场进入者——假设其被认为是一个潜在的市场进入者——可能已经在市场中对寡头行为施加了限制性影响。[45]

最近的经济学文献也发展出了其他一些理论,尽管到目前为止这些理论在美国尚没有展现出具有生命力的迹象,但是在某种程度上,它们已经为域外

---

[44] 有观点认为,严格来说,"潜在竞争"理论并不是一个混合合并的理论,而是横向合并的理论。潜在竞争的观点是,要是没有合并的话,收购方原本会进入市场并生产与现有企业的产品具有直接竞争关系的产品,而产生的损害则是失去了这种市场准入原本所具有的价格约束力。事实上,该理论确实只重新审视收购方是否已经是一个横向竞争者,如果目前在市场中是的话,则考察它对目标企业的收购依据横向合并标准是否是违法的。美国司法部和联邦贸易委员会,《非横向合并指南》(1984),第 4.133 部分, http://www.justice.gov/atr/public/guidelines/2614.htm;杰弗里·切齐,"混合合并",载于美国律师协会反托拉斯法部门编,《竞争法律与政策》,第 2 卷(2008),第 1508 页及 18 注释。但是,这也是目前唯一可以用来起诉那些彼此之间并不具有直接竞争关系的企业之间所进行的合并的理论,并且在很大程度上,执业者认为它是一个关于混合合并的损害理论。

[45] 曾经,在美国法中有另外两种不同的理论具有较大的影响,但是它们现在实际上都已经不再有效。第一种理论认为混合合并将会导致"相互购买"(reciprocal dealing)的问题。这一理论的基本思想是,如果一家企业(比如 A)与另外一家企业(比如 B)之间存在交易关系,A 能够通过购买另外一家恰好与 B 也有交易关系的企业(比如 C)而获得优势。假设 A 向 B 销售某种商品,B 向 C 销售另外一种商品(第二种商品不需要与第一种商品有特别的关系)。该理论认为,如果 A 购买了C,A 之后能够向 B 说:"如果你仍然希望向 C 销售商品,则你只能从我这里购买商品。"最高法院在联邦贸易委员会诉联合食品公司[FTC v. Consol. Foods Corp.,380 U.S. 592 (1965)]案中支持该理论,但由于这种相互交易并不可能损害消费者的利益,因此该理论受到了严厉的批评。该理论在美国法中不再被有意使用。参见杰弗里·切齐,"混合合并",载于美国律师协会反托拉斯法部门编,《竞争法律与政策》,第 2 卷(2008),第 1510—1511 页。

第二种理论认为,如果任何企业被一家更大的企业所收购,即便它们之间并没有竞争活动的重叠,该收购可能"巩固"被收购企业的地位,使其成为市场中新的领导者,这既可以通过其所获得的更大的市场份额而得以实现,也可以通过获得收购方更雄厚的财力而从事掠夺性行为的新势力而得以实现。该理论也迅速遭到了反对。批评意见认为,这种源于"巩固"而产生的所谓的损害恰恰是一种健康的、竞争性的优势,对此不应当予以打击。参见杰弗里·切齐论文第 1511—1514 页。这两种理论都被写入了最初的 1968 年合并指南,但在 1982 年进行修订时被删除了,并且自此以后都不再有效。

的一些国家所采纳。[46]

与纵向合并的情况类似，最高法院早期关于混合合并的判例法只是提出了简单的损害理论，并且进行非常严格的适用，而且与纵向合并一样，这种方法也遭到了广泛的批评。[47] 但是，同样地，1984年的《非横向合并指南》保留了一个更加微妙的"潜在竞争"理论。指南明确地将潜在竞争理论建立在"限制性定价"(limit pricing)这一概念之上，该概念将在附录中作更为全面的解释。该理论认为，即便市场上现有的一家企业具有主导性地位，或者一些大的现有企业所形成的集团拥有某种寡头定价权，这些现有企业在某种程度上仍然受到潜在竞争威胁的限制，如果它们定价过高的话，这种潜在竞争威胁就将变为现实。因此，需要依据这种理论进行审查的合并，通常都涉及寡头市场，在这种市场中，其中的一个寡头者被该市场外的一家企业收购了，收购方不仅原本可能会重新进入该市场，而且通常也很有条件这样做，它也为现有企业所熟知并被它们视为是一种潜在的威胁。

最高法院在其关于该问题的最后一次陈述中表明，一旦原告能够证明所要进入的市场存在某种最低限度的集中度，则源于混合合并的损害理论具有两个其他的要件。参见美国诉海洋合众银行[United States v. Marine Bancorp., 418 U.S. 602 (1974)]案判决书第624—625页。第一，原告必须证明，"收购方的特征、能力以及经济动机都使得它看起来像一个潜在的新进入者……"在确定一个新的市场进入是否会发生的标准方面，法院存在分歧，但有理由相信这是一个被抬高了的标准——在本质上是"可能"或"非常可能"。参见美国律师协会，《反托拉斯法的发展》第1卷，2007年第六版，第376页。

第二，原告必须证明，"合并之前，即将进入的企业出现在目标市场的边缘，这事实上会缓和该市场现有企业之间的寡头行为。"参见美国诉海

---

[46] 参见杰弗里·切齐，"混合合并"，载于美国律师协会反托拉斯法部门编，《竞争法律与政策》，第2卷(2008)，第1503页(对这些理论进行了解释，并指出这些理论在欧盟委员会最近的实施活动中被认可)。

[47] 参见罗伯特·H.博克，《反托拉斯悖论》，第246页(1978)("政府所展示出来的不进行合理的经济论证就能够赢得混合合并案件的能力，可能是最能够证明反托拉斯知识退化的令人沮丧的证据。基本的分析表明，在任何混合合并案件中，都不存在对竞争的威胁。")。

洋合众银行案判决书第 625 页。指南将第二要件理解为要求即将进入的企业是"一种明显存在的竞争威胁，将限制该市场现有企业的行为"，只有当该企业拥有"进入该市场的独特优势时……"它才会具有这种威胁。[48] 指南暗示，反托拉斯执法机构在进行这种判断时，要么会检查潜在市场进入者自身意图的证据，要么检查能够证明可能会有何种初始规模的客观经济证据。[49]

最后，该领域的混合合并是《克莱顿法》第 7 条实施中少数几种主观动机发挥重要作用的情形。由于原告必须证明，如果没有该合并的话，收购方原本自己会进入该市场，因此必须要有能够证明收购方主观动机的证据。那些适用潜在竞争理论的法院已经强调了主观动机证据的重要性。参见美国律师协会，《反托拉斯法的发展》第 1 卷，2007 年第六版，第 377—378 页。主观动机的证据与美国诉海洋合众银行案的两个要件都相关。[50] 这方面的证据，需要在哈特-斯科特-罗迪诺程序中现场对目击证人进行提问以及对收购方的文件进行审查才能够获得。

---

[48] 美国司法部和联邦贸易委员会，《非横向合并指南》(1984)，第 4.111 部分，http://www.justice.gov/atr/public/guidelines/2614.htm。

[49] 美国司法部和联邦贸易委员会，《非横向合并指南》(1984)，第 4.133 部分及 29 注释（"反托拉斯机构将要么使用企业自己的文件，要么运用行业最低的效率规模，以此来确定可能的市场进入规模。"）。

[50] 有时会对这两种不同的潜在竞争情形进行区分。第一，可能存在这样一个市场，该市场之外的一家企业通常会被视为是一个可能的市场进入者。如果是这样的话，该企业可能进入市场这一风险，会对该市场现有企业之间的价格共谋或者寡头定价行为形成威慑。因此，可以证明，应当禁止该企业与市场中的某个企业的合并，因为该合并将会导致失去一种促进竞争的约束力量。法院以及评论家将此指代为"观察到的潜在竞争"。这种情形更多情况下是由原告所提出的，而且也更容易证明。第二，也可能存在这样一种市场，在该市场中某个特定的企业通常并不被视为是可能的市场进入者，并且它进入的风险也不会对该市场的定价产生限制，然而，该企业具有进入该市场的主观意愿。从理论上讲，如果该企业与已经处于该市场的一家企业进行合并的话，则原告可能证明，如果禁止该合并并且要求收购方自己进入市场的话，这将更有利于竞争。对于原告而言，第二种理论要更加困难，因为必须要有收购方意图进入的同时期证据，而收购方会否认这一点；如果确实能够证明的话，也只能通过收购方自己内部的资料来进行证明。参见劳伦斯·A. 沙利文与沃伦·S. 格里姆斯，《反托拉斯法：综合手册》，2006 年第二版，第 655—666 页。

第七节　实体性诉因（第三步）：抗辩

在极少数的情形下，如果合并双方能够提出两种可能抗辩理由之一种的话，则原本违法的合并也将被允许。在进行这种抗辩时，被告负有举证义务。

一、"企业破产"抗辩

即便是在最高法院适用合并政策最为严格的20世纪60年代，法律也允许被起诉合并的当事人通过证明如果不进行合并的话其中一方当事人将面临财务破产来进行抗辩。国际鞋业公司诉联邦贸易委员会 [International Shoe Co. v. FTC, 280 U. S. 291 (1930)]案首先承认了该原则，随后在1950年的塞勒-凯弗维尔修正案的立法历史中被认可。公民出版公司诉美国案赋予了该原则更多的实质性内容。在该案中，最高法院认为为了进行这种抗辩，合并双方必须证明目标企业面临破产的"紧急危险"（imminent danger），在进行判断时，会对该企业的现金流、资产负债表以及其与贷款方之间的关系进行大量的事实性分析。其次，即将破产的企业必须不具有重组的任何现实可能性（通过联邦破产法第十一章的程序）。最后，必须没有能够产生更小限制竞争风险的可行的替代性收购方。通常，在这方面，法院会问即将破产的企业，其是否尽到了合理且善意的努力来寻找替代性收购方，但却没有成功寻找到。

二、效率抗辩

商业联合原则上会提高效率，对此没有人会提出质疑。商业联合有助于合并后的企业生产更好的产品或降低生产成本。如果合并后的企业能够联合或重组生产设施，或者联合起来在更大的范围或更多的产品上进行促销活动，或者对它们的货物进行更大规模的运输，或者它们能通过在任何其他方面利用联合来使得它们的运营更加合理,它们都能够降低成本。

更多的争议在于,这种可能提高的效率是否应当在依据《克莱顿法》第7条对合并交易的合法性进行评估时发挥任何作用。尽管被告长期以来一直主张这种效率应当成为一种抗辩的理由,但是法院、反托拉斯实施机构以及绝大多数的评论家直到最近都对此持有非常怀疑的态度。最高法院从来都没有完全解决该问题,并且在其最近关于该问题的陈述中,最高法院似乎认为从法律上来看不能以这种效率进行抗辩。在联邦贸易委员会诉宝洁公司案的判决中,最高法院写道,"可能的经济效果不能成为为违法行为进行抗辩的理由。国会曾认识到,某些具有减损竞争效果的合并可能同样会带来某些好的经济效果,但它将天平偏向了保护竞争一方。"[51]事实上,最高法院似乎认为——其意见中的一段受到了广泛批评——在《克莱顿法》第7条诉讼中,合并后的企业可能通过提高的效率而获得优势,这恰恰可以作为反对合并的理由。[52] 原告以及联邦贸易委员会早在20世纪90年代初期就主张,从法律上来看,效率无论如何也不能成为抗辩的理由,[53]即便是到最近,

---

51 参见联邦贸易委员会诉宝洁公司案判决书第579页。在少数几个其他案件中也可以找到具有类似含义的表述,包括如下经常被引用的观点,即一个原本为违法的合并不能被认定为合法,仅仅

因为,不能基于对社会或经济得失的最终计算而认为该合并可能是有利的。进行这方面的价值选择超出了一般司法能力的范围,而且无论如何,在国会通过修订后的《克莱顿法》第7条时,它就已经为我们作出了这种选择。国会决定保护我们传统的竞争性的经济。因此它禁止具有限制竞争效果的合并,无论这种合并的限制竞争效果是良性的还是恶性的,我们必须充分意识到,某些代价可能是不得不付出的。

参见美国诉费城国家银行案判决书第371页。也可参见福特汽车公司诉美国案判决书第570页(驳回了效率抗辩主张,主要引用了美国诉费城国家银行案的意见)。

52 在联邦贸易委员会诉宝洁公司案中,收购方是一家大型的、多元化的家居清洁用品的生产商,它准备收购一家主要的生产液体漂白剂的家居用品生产商,但收购方自身并不生产液体漂白剂。最高法院认为,收购方很大的广告预算以及其具有的在很大范围内对大量商品进行宣传的能力——即便它在营销产品中所获得的效率——将产生市场进入障碍,这会使合并后的企业获得市场势力。参见该案判决书第579页。

53 参见联邦贸易委员会诉大学健康公司[FTC v. Univ. Health, Inc., 938 F. 3d 1206 (11th Cir. 1991)]案判决书第1212页、1222页(指出了联邦贸易委员会的主张,即"对于依据《克莱顿法》第7条提起的控诉,不适用效率抗辩")。

一些法院还是表达了持续的不确定性。[54]

几乎可以肯定的是，严格的宝洁规则将不再成其为法律。对效率的敌视有其理论和立法历史的依据，[55]但是这引起了很多的争议，并且至少部分是被削弱了。早在1982年的合并指南中，司法部就承认了一种非常狭隘的效率抗辩，这在1992年的《横向合并指南》中被保留了下来，并且在1997年和2010年对《横向合并指南》进行修订时得到了进一步的扩张。同样地，大多数下级法院最近也认为，至少从理论上看，存在通过提出效率方面的理由来为一个原本是违法的合并进行抗辩的可能性。[56]然而，被告在进行这种抗辩时面临严重的困难。效率因素有时也促使法院发布同意令，但是到目前为止，还没有法院在企业合并的案件中基于这种理由准许了一个原本为违法的合并。参见美国律师协会，《反托拉斯法的发展》第1卷，2007年第六版，第362页及227注释（收集了案例并作了这种表述）。

被告负有证明效率的义务，并且必须对以下几个方面进行证明。首先，尽管法院和反托拉斯机构似乎从来没有提出过任何特殊的证明标准，但是它们对这种证明的要求是非常高的。特别是，由于效率方面的论证必然是对未来的一种预测，因此这种论证遭受到了很多的怀疑，因而必须建立在大

---

[54] 参见联邦贸易委员会诉史泰博公司案判决书第1088页（"被告所提出的效率抗辩表明所意图进行的合并将会大大提高相关市场的效率，因此这能够抵消合并所具有的任何限制竞争的效果，至于这种效率抗辩是否能够被被告用来反驳政府所提出的一个表面证据确凿的案件，这是完全不清楚的。"）。

[55] 依据《塞勒-凯弗修正案》进行修订的《克莱顿法》第7条，其用语极为强硬，可以从这以及从最高法院对待立法历史的观点中，发现法院最初对待效率的敌意。效率也提出了证明问题——这种证明通常都必须建立在预期和推测的基础之上，如果能够更加自由地进行这种证明的话，则必然会为被告以及抗辩专家所滥用。另一方面，现在的《克莱顿法》第7条已经含蓄地认可了效率，体现为横向联合不再被完全禁止，但是只是会在一个相对苛刻的标准之下才会被起诉。这是在第十七章第四节中所作的观察的另一面，那就是，相比于最微不足道的横向固定价格行为而言，即便是规模很大的横向合并也会被依据一个更宽松的标准进行审查，因为法律认识到合并会带来潜在的效率价值。

[56] 参见联邦贸易委员会诉亨氏公司案判决书第722页；联邦贸易委员会诉特尼特医疗保健公司 [FTC v. Tenet Health Care Corp., 186 F. 3d 1045 (8th Cir. 1999)] 案判决书第1054页；联邦贸易委员会诉大学健康公司案判决书第1222页；联邦贸易委员会诉史泰博公司案判决书第1088—1089页。

量证据的基础之上。如果被告所主张的效率是当事人在之前的交易中已经实现的类型的话,或者这种效率具有其他的现实依据,则被告将最有可能满足这种证明要求。对法院权衡效率论证具有重要影响的1992年《横向合并指南》补充道:

> 反托拉斯机构发现,相比于其他类型的效率而言,某些类型的效率更高,而且也更容易被察觉到。例如,在合并前各企业所分别拥有的设施之间进行生产的转移,将使得合并后的企业能够降低生产的边际成本,由此而产生的效率更容易被确认,是合并所特有的效率;另外这种效率也很高,也不太可能产生于具有限制竞争效果的减少产出行为。其他类型的效率,例如与研发相关的效率,可能从潜在方面来看是很高的,但是通常并不容易被确认,而且可能产生于具有限制竞争效果的减少产出行为。然而,还有另外一些类型的效率,例如与采购、管理或资本成本有关的效率,就不太可能是合并所特有的,也不太可能很高,或者可能因其他方面的原因而无法被识别。

参见1992年《横向合并指南》第4部分(2010年的指南保留了1992年指南关于效率的分析方法,只作了细微的调整)。

其次,效率必须是可以被"识别的"(cognizable),这意味着这种效率必须是反托拉斯法所意图产生的好处。例如,合并双方不能声称其所节约的成本是通过减少产出或者有能力收取更高的价格而实现的。

最后,效率必须是"合并所特有的"(merger-specific),这意味着,"这种效率不能是通过任何一方单独就能够实现的效率,因为如果能的话,则合并方所主张的好处就可以通过不减少竞争者而得以实现。"参见联邦贸易委员会诉亨氏公司案判决书第722页。

例子

全国汽车零部件公司(National Auto Parts, Inc., NAPI)是一家为汽车生产替换性零部件的生产商,已经收购了一家名为美国汽车供应公司

(American Auto Supply, AAS)的一家分销公司。尽管全国汽车零部件公司是该领域中远远领先的最大的生产商，但是它也面临着另外十二家生产商的竞争，其中有三家生产商规模很大。所有这些公司要么通过美国汽车供应公司，要么通过其他全国性汽车零部件分销商来销售它们的产品。这些全国性的分销商转而将这些产品卖给零售商店以及地方性的分销商，后者又将这些产品卖给修理厂或者机修工。结果表明零售交易，即直接销售给汽车所有者以及机修工的交易，竞争是非常激烈的。然而，全国性分销的竞争却并不激烈。在美国只有三家企业进行全国性的分销。美国汽车供应公司拥有53%的市场份额，另外两家企业分别拥有33%和14%的市场份额。

该合并交易遭到了全国汽车零部件公司的一个竞争对手的起诉。全国汽车零部件公司回应道，无论该合并可能会对竞争造成何种损害，都要小于合并所带来的效率的提升。特别地，全国汽车零部件公司指出，该公司管理者直接监管企业分销方面的能力将得以提升，这会节约成本。而且，全国汽车零部件公司认为，美国汽车供应公司"受到的约束过多"，并且进行了大量的低效生产；作为美国汽车供应公司新的所有者，全国汽车零部件公司将会通过缩减美国汽车供应公司的一些业务，以此来节约一些生产成本。

该收购是否违反《克莱顿法》第7条？

解释

我们应当总是能够回想起，诸如此类的纵向合并很少被起诉，并且几乎从来不会进入法院的考虑范围，该案件看起来相当地异乎寻常。涉案的两个市场似乎都是高度集中的，因此，无论哪一个市场是"主要"市场（也就是说，无论哪一个市场被认为可能存在竞争性的问题），市场的集中度都足够高从而支持追究责任。尽管我们不能从以上事实中得出全国汽车零部件公司所在市场的集中度数据，但是看起来似乎相当地高。全国汽车零部件公司因拥有"明显的优势"而占据主导地位，并且另外三家企业"相当地大"，因此，另外十一个竞争者可能并不代表具有很强的竞争力——这十一个竞争者可能相当小。并且美国汽车供应公司所在市场是高度集中的——目标市场的赫芬达尔-赫希曼指数的数值达到了 4049，是非横向合并指南中所提及的门槛的两倍。取决于其他可以被证明的因素，就任一市场而言，都可以依据多种损害理论来证明其遭受的损害。该收购可能会成为促进任一市场共谋或获取竞争对手敏感信息的工具。该收购似乎也有可能成为任一市场的排他性策略；无论是全国汽车零部件公司还是美国汽车供应公司，通过与另一市场中占主导性地位的企业建立紧密的关系，可能会为其他企业进入本企业自己所在的市场设置巨大的障碍。

至于全国汽车零部件公司所提出的效率方面的正当性理由，可能并不会很成功。首先，反托拉斯执法机构已经表明，最有可能具有说服力的效率，是那些直接从可以衡量的规模经济的改进中所产生的效率，例如以更少数量的工厂进行联合生产所节约的成本。而全国汽车零部件公司所提出的诸如从管理的改进中所产生的效率，可能是一种猜测性的效率，因此，是否会出现并不确定。其次，全国汽车零部件公司提出它将从缩减美国汽车供应公司的业务中节约成本，但即便这是真实的，也不是一种"可以识别的"节约。因为这种节约源于单边性的减少产出，这并不是反托拉斯诉讼中可以被提出的正当性理由类型。

第十八章 《哈特-斯科特-罗迪诺法》的合并审查

第一节 1976年:《哈特-斯科特-罗迪诺法》及合并审查官僚主义革命

一、引言

正如在之前所提到的(参见第十七章),关于合并及收购的反托拉斯法现在主要是发生于联邦实施机构办公室内部的一种官僚实践,而很少见之于法庭。这是1976年《哈特-斯科特-罗迪诺反托拉斯改进法案》所带来的结果。这一新的审查制度主要有两个方面的重大创新:(1)它自动冻结绝大多数的规模很大的收购交易,持续时间至少为一个月,在该时间内赋予反托拉斯执法机构强大的民事调查工具,以收集关于这种交易的信息;(2)它为反托拉斯机构提供了在合并交易完成前寻求初步禁令救济的工具。这些创新被认为是必要的,因为20世纪60年代和70年代多种因素的交织使得政府关于合并实施方面的工作变得日益难以处理。第一,一旦20世纪70年代需要进行更多分析、更不利于执法的合并收购判例法大行其道,政府就失去了美国诉费城国家银行案中简答结构假设的优势。(这一发展在第十七章第二节第一部分中进行了解释。)反托拉斯执法机构发现它们面临着发展更为复杂的事实性案例的负担。第二,即便是在这一发展之前,在政府曾拥有有利的实体法的时候,反托拉斯执法机构也面临着有效救济的严重问题。法院只是非常不情愿地在合并交易已经完成的情况下下令解除该交易,并且,在《哈特-斯科特-罗迪诺法》出台之前,由于在合并双方完成交易之前绝大多数依据《克莱顿法》第 7 条所提起的诉讼都不得作出终审判决,因此政府通常都无法得到任何非常有效的救济。事实上,尽管反托拉斯执法机构在 20 世纪 60 年代在美国诉费城国家银行案的框架之下赢得了许多重要的诉讼,但结果显示,在绝大多数的这些案件中,它们要么没有得到救济,要么就只得到了非常有限的救济。[1]《哈特–斯科特–罗迪诺法》解决了这些问题,它给反托拉斯执法机构提供了喘息的机会,使其能够收集证据并决定应当如何评判一个特定的收购。

在实践中,典型的《哈特–斯科特–罗迪诺法》审查通常是这样进行的:收购交易的双方通常都需要花费数月的时间就他们的安排展开谈判。当他们依据《哈特–斯科特–罗迪诺法》将达成的安排报送给反托拉斯执法机构时,他们就已经形成了大量的事实性和金融性的信息,这使得反托拉斯执法机构能够就该交易的竞争影响展开大量的事实性分析。他们随后将依据《哈特–斯科特–罗迪诺法》的要求进行申报,这将触发一个法定的最低期限,在该期限内,交易双方在完成最终交易之前必须等待反托拉斯执法机构的审查。[2] 申报本身是一个成本高、负担重且不利的事。信息披露本身通常并不是合并双方真正担心的问题。与向证券交易委员会进行证券申报以及某些其他的监管申报不同,依据《哈特–斯科特–罗迪诺法》所提交的信息通常是保密的。同样地,严格来说,仅仅是依据《哈特–斯科特–罗迪诺法》进行申报这一事实,并不会使得一个合并交易在反托拉斯法下面临任何更大的风险;适用的标准仍然只是该交易是否违反了《克莱顿法》第 7 条。但纯粹从金钱的角度来说,这一程序是很昂贵的,这既是因为该程序需要大量的申报费用,也因为它要求提供大量的信息,并且还会给合并双方带来严重的战略风险。无论如何,在审查程序中,联邦贸易委员会和司法部反托拉斯局都会

---

[1] 参见劳伦斯·A.沙利文与沃伦·S.格里姆斯,《反托拉斯法:综合手册》,2006 年第二版,第 578—579 页。

[2] 司法部和联邦贸易委员会都享有依据《哈特–斯科特–罗迪诺法》对合并交易进行审查的权力,但只有一家机构会对所申报的交易进行审查。两家机构通过达成的协议来确定具体由哪一机构对所申报的交易进行审查。

依据它们对《克莱顿法》第 7 条判例法的理解来进行审查。《哈特-斯科特-罗迪诺法》本身并没有产生实体法。它只是一种纯粹的程序性机制,使得反托拉斯执法机构能够判断任何特定的合并交易是否可能会违反《克莱顿法》第 7 条。但是,如今关于《克莱顿法》第 7 条最主要的陈述,可能是由反托拉斯执法机构联合发布的详细指导文件,即《横向合并指南》(参见第十七章第二节第二部分)。尽管它们声称只是解释《克莱顿法》第 7 条,正如从法院那里所接受得来的一样,但是指南在很多方面都提出了一种受到当今经济学思想重要影响的一种方法,这要更加微妙且更加复杂。

严格来说,反托拉斯执法机构可以在任何时候,无论是在《哈特-斯科特-罗迪诺法》所规定的等待期失效之前还是之后,针对合并交易提起实际的反托拉斯诉讼。但是从实际来看,一旦反托拉斯机构认为一个合并交易存在问题,它们通常会在提起反托拉斯诉讼之前,用尽它们在哈特-斯科特-罗迪诺框架之下所可能拥有的所有时间。原因很简单:只要仍然还在哈特-斯科特-罗迪诺程序之下,反托拉斯执法机构就具有优势。它们拥有强有力的工具要求获得信息——如果合并双方不提供的话,将可能会导致联邦法院发布禁令,取消正在进行的任何交易;如果继续违反的话,每天将面临严重的金钱处罚——如果合并交易的双方仍然不服从命令的话,反托拉斯执法机构可以长期推延该合并。

二、《哈特-斯科特-罗迪诺法》的解析

在作了如此多的介绍以后,现在需要面对某些事实了:《哈特-斯科特-罗迪诺法》的术语以及合并审查前的内部运行机制是很复杂、棘手和细致的。这一制度也已经演化成为一种详尽的非正式文化,仅仅依靠阅读法条是很难理解的,但这一文化对于理解《哈特-斯科特-罗迪诺法》在实践中的运行又是很重要的。在本章接下来的内容中,我们将试图通过一种非常简单的方式来解析《哈特-斯科特-罗迪诺法》。我们的这种解析将会通过类似于反托拉斯顾问在其顾客询问他某种合并交易是否会引发反托拉斯问题时所采取的分析方法来进行。

当一个律师被要求就任何类型的交易所涉及的反托拉斯问题提出建议时,他必须通过回答一系列相对具体的小问题来得出自己的答案。从抽象方面来讲,最重要的问题就是,在实体方面,该交易是否会违反《克莱顿法》第7条。需要重申的是,《哈特-斯科特-罗迪诺法》审查的程序确实只是为反托拉斯执法机构提供一个决定是否依据《克莱顿法》第7条起诉某交易的机会。

如果律师认为从实质方面来看该交易能够经受住起诉(或者,如果不能的话,建议客户如何进行修改以使其能够经受起诉),接下来的问题就是是否需要依据《哈特-斯科特-罗迪诺法》进行申报。基于以上所提及的原因,从客户的角度来看,是否需要进行申报关系重大。在回答这一重要问题时,第一个问题就是该交易是否真的受《哈特-斯科特-罗迪诺法》调整——它是否是《哈特-斯科特-罗迪诺法》所适用的类型交易中的一种,是否可以得到豁免,交易的规模是否达到了申报的标准。《哈特-斯科特-罗迪诺法》下的报告义务详见本章第二节。其次,如果该交易需要进行申报,律师不仅需要开始准备申报文件以及合并双方可能需要向反托拉斯执法机构呈递的资料,而且还需要就某些可能会引发《哈特-斯科特-罗迪诺法》法律问题的合并前的行为向客户提出建议。第一,合并双方应当在生成与合并交易有关的敏感性文件方面格外注意。HSR-1表(HSR-1是《哈特-斯科特-罗迪诺法》规定的合并双方进行申报时所必须提交的基本文件)中的第4(c)条要求初次申报应当包含"所有研究、调查、分析以及报告的"复印件,这些资料被用作"从市场份额、竞争、竞争者、市场、潜在的销量增长或者产品市场、地域市场的扩张……这些方面对合并交易进行评估或者分析"。这给并购律师提出了一个特别的咨询问题。一方面,合并双方必须准备内部的分析,以作为他们对潜在交易的调查和谈判的一部分。但是另一方面,律师必须提醒他们,他们形成的书面文件将会被披露给政府,因此必须避免有任何违法的嫌疑。同样地,如果需要进行申报的双方在批准前就"偷偷提前行动"(gun jumping),也即协调它们的运营或者共享信息,则这将是违法的。需要重申的是,也必须对那些将要掌管企业的一般性非律师经理告知这些事项,而且在哈特-斯科特-罗迪诺等待期内,必须要制定一个计划以确保独立运营。

之后，一旦已经做了这种准备，则接下来就要提交申报表，哈特-斯科特-罗迪诺的期限将开始计算。反托拉斯执法机构能够对95％的申报在初期就作出终止审查的决定。它们甚至能够在初始的等待期终止前就告知交易并不会引发《克莱顿法》第7条的法律关注，因此它们将批准合并交易。但是对于剩下的5％左右的申报，反托拉斯机构发现更多的会引发竞争关注。绝大多数这类案件都会进入所谓的"二次要求"（second request）阶段。在初始等待期终止以后——自初次申报日之后的30个自然日——负责审查的反托拉斯执法机构将会要求合并双方提供更多的信息，这些信息通常都会特别多。二次要求将开启第二个为期30天的等待期，但是这一等待期只有在合并双方完全提供了所要求的信息才会开始。由于提供这种信息是非常繁琐之事，并且可能导致合并双方与反托拉斯执法机构之间的争议，因此，在这些特殊情况之下，哈特-斯科特-罗迪诺程序的总时长可能会持续更长的时间，远远超过两个法定等待期的60个自然日。通常会持续四五个月的时间，个别情况下会持续一年或者更长的时间。（一旦第二个法定等待期开始以后，反托拉斯执法机构也可以非正式地要求合并交易当事方等待更长的时间，合并双方通常也会同意——因为如果不同意的话，替代性的结果是相当确定的，即反托拉斯执法机构会提起诉讼，指控合并交易违反了《克莱顿法》第7条。）无论如何，在二次要求的案件中，一旦到达这一漫长且通常引起争议的程序的最后阶段，通常都会有某种最后通牒。反托拉斯执法机构将会表达它们对于合并交易的担忧，并通常会提出合并交易当事方能够消除这种担忧的改正措施。（在横向合并案件中，执法机构通常希望能够剥离由合并交易当事人所持有的特定资产，它们认为如果这些资产仍然由合并后的主体持有的话，将会产生特定的问题。在纵向和混合合并案件中，执法机构通常希望对合并交易当事人的行为予以限制。）如果能够达成某些令人满意的改正措施的话，则执法机构与合并交易当事人将达成协商令，以使这种改正措施生效。调整后的交易之后就能完成了。不过有时也无法达成这种和解。当出现这种情况时，就只会出现两种结果：合并交易当事人要么放弃合并，或者不顾政府的反对而继续进行合并。继续进行合并将意味着风险、代价，以及依据《克莱顿法》第 7 条提起反对联邦政府的诉讼所带来的公开，并且将继续延迟原本就耗时的合并交易。同样地，对于上市公司而言，即便只是政府的反对声明也会使其股价大幅下跌。因此，合并交易当事方通常会放弃合并交易。对于当事人仍然选择继续合并的少数案件而言，政府将迅速提起诉讼以寻求初步禁令。如果初步禁令被准许的话，尤其是当初步禁令在总是加速进行的上诉中被准许的话，这将终结某些尚未放弃的交易。如果合并交易的当事人无论如何也要坚持的话，则案件将进入普通的《克莱顿法》第 7 条程序——如果执法机构是司法部的话，将进入联邦地区法院；如果执法机构是联邦贸易委员会的话，则将进入联邦贸易委员会行政法官所主导的行政诉讼程序中（参见第十九章第二节第一部分）。到达这一阶段之后，只有当合并交易的当事方胜诉，以及执法机构败诉或放弃其上诉时，才能够完成合并交易。

第二节　调整的交易

同样地，第一个问题就是某交易是否完全受《哈特-斯科特-罗迪诺法》的调整。对于该问题可以从三个方面来进行考虑：(1)交易的形式（如合并，购买资产或股份，或者要约收购）是否是受《哈特-斯科特-罗迪诺法》调整的类型？(2)如果是的话，这一特定的交易是否符合《哈特-斯科特-罗迪诺法》多种豁免情形中的一种？(3)如果第(1)问题的答案为是，但是第(2)问题的答案为否，则该交易的规模是否足够大，从而能够达到《哈特-斯科特-罗迪诺法》的申报标准？如果第(3)问题的答案为是的话，则合并交易的当事方必须遵守《哈特-斯科特-罗迪诺法》。

《哈特-斯科特-罗迪诺法》的一般范围——其所适用的主体以及交易的种类——基本上与《克莱顿法》第 7 条相同（参见第十七章第三节）。无论"一个人何时……收购"任何其他人的"资产或者具有表决权的证券"，只要他们中的一方"从事商业或者从事任何其他影响商业的活动……"，则都要适用《哈特-斯科特-罗迪诺法》[注意,这与《克莱顿法》第7条不同,第7条仅适用于合并交易双方都具有国会所指的影响"州际贸易"势力的情形,而《哈特-斯科特-罗迪诺法》适用于任何一方具有这种势力的情形。参见《美国法典》标题15第18a(a)(1)条]。需要特别指出的是,在《哈特-斯科特-罗迪诺法》中,"人""收购",以及"资产"这些术语的法律含义与《克莱顿法》第7条相同。而《哈特-斯科特-罗迪诺法》中"证券"的含义则在很大程度上与《克莱顿法》第7条中"股票或其他股本"的含义相同。

重要的是,与《克莱顿法》第7条类似(参见第十七章第三节),《哈特-斯科特-罗迪诺法》能够适用收购新设立实体的情形,包括收购新成立的作为构成所涵盖的交易本身一部分的实体情形。因此,例如,假设两家企业认为尽管直接合并并不是最符合他们利益的,但是他们能够在具体项目中展开合作而获益。这两家企业可以通过多种不同的方式来进行合作,但是,如果他们在该项目中投入了大量的资产并且仍然持续性地参与该项目的管理,另外假设该交易的规模很大,则他们很有可能被要求依据《哈特-斯科特-罗迪诺法》进行申报。事实上,他们可能选择成立一家新的公司或者一家有限责任公司或某种其他的正式实体,以此作为他们的合营企业,并且通过使他们自己在该合营企业中拥有股票或者具有投票权的所有者权益,他们就"收购"了另外一个"实体"的"证券"了。或者,他们可能仅仅同意通过合同来投入资产,然后共同经营,共享利润,但是,在这种情况下他们就只是在彼此之间成立了一个普通合伙,在这种情形之下,他们双方又将被认为是《哈特-斯科特-罗迪诺法》之下实体的收购方。

《哈特-斯科特-罗迪诺法》也包含有许多除外的情形,都规定在第7a(c)条,参见《美国法典》标题15第18a(c)条[15 U.S.C. §18a(c)]。这些除外主要包括三种类型:(1)非控制型的交易,例如购买无投票权的优先股,或者普通商业交易中并不是为了获得控制权的收购;(2)发生在其他行业中受其他联邦机构调整的交易,例如银行业或者海洋运输业;(3)其他由联邦贸易委员会通过制定规则而予以除外的各种领域。

最后,如果一个收购是《哈特-斯科特-罗迪诺法》调整的类型,并且不符合任何除外的情形,则必须确定该交易是否达到了《哈特-斯科特-罗迪诺法》的申报标准。尽管我们将要看到,确切地说,《哈特-斯科特-罗迪诺法》申报标准是非常复杂的,但我们可以粗略地将其表述为:如果被收购的标的价值超过 5000 万美元,则受《哈特-斯科特-罗迪诺法》调整的交易通常是需要进行申报的。也就是说,准确地描述申报标准规则是非常绕口的。根据《哈特-斯科特-罗迪诺法》的用语,在以下情形之下合并交易是需要进行申报的:

§18.a 合并前的申报以及等待期

(a)……

(2)收购完成以后,收购方累计获得被收购方具有表决权的证券以及资产——

(A)超过 2 亿美元(根据通胀进行了调整……);或者

(B)(i)超过 5000 万美元(根据调整及公布的)但是不超过 2 亿美元(根据调整及公布的);并且

(ii)(I)被收购方是制造业企业,其年净销售额或总资产达到了 1000 万美元(根据调整及公布的)或以上,其任何具有表决权的证券或资产被任何其他总资产或年净销售额达到 1 亿美元(根据调整及公布的)或以上的主体所收购;

(II)被收购方不是制造业企业,其总资产达到了 1000 万美元(根据调整及公布的)或以上,其任何具有表决权的证券或资产被任何其他总资产或年净销售额达到 1 亿美元(根据调整及公布的)或以上的主体所收购;或者

(III)被收购方年净销售额或总资产达到 1 亿美元(根据调整及公布的)或以上,其任何具有表决权的证券或资产被任何其他总资产或年净销售额达到 1000 万美元(根据调整及公布的)或以上的主体所收购……

这一测试可以基本上被分解为两个事实问题：(1)交易的规模以及(2)交易双方的规模。[3]

首先，就交易的规模而言：某些交易的规模是如此的大或如此的小，以至于它们需要自动进行申报或自动不需要进行申报，而无论合并交易的当事方规模有多大。如果收购方将拥有被收购方价值超过 2 亿美元的具有表决权的证券或资产的话，则该合并交易将总是需要进行申报的。同样地，5000 万美元以下的收购都无需进行申报。

其次，当所收购的具有表决权的证券或资产的价值在 5000 万美元至 2 亿美元之间时，就需要考虑合并交易当事方的规模了。在这种情形之下调查要更加复杂，因为它在某种程度上取决于被收购方是否"从事的是制造业"，也因为要对合并交易当事方不同的规模进行细微且棘手的区分。但这部分的测试也能够被分解为更具操作性的内容。一般来说，无论是收购方还是被收购方的规模非常大，这种规模的交易都需要进行申报。第一，我们将首先考虑收购方规模很大的情形。在这种情形之下无论被收购方是否"从事制造业"都具有影响。无论收购方的总资产还是年净销售额达到 1 亿美元或更多，如果被收购方的价值超过 1000 万美元的话，则该交易就需要进行申报。第二个数字的价值——被收购方的价值——在衡量时将根据被收购方从事的是否是制造业而有所不同。如果从事的是制造业，则无论是其总资产还是其年净销售额达到 1000 万美元或更多，该合并交易都需要进行申报。如果被收购方从事的不是制造业，则只有在被收购方的总资产达到 1000 万美元或者更多的情况下，该合并交易才需要进行申报。第二，在被收购方规模很大的情形下，这种测试可以被表述得更为简单些。无论被收购方的总资产还是年净销售额达到了 1 亿美元或者更多，如果收购方的净资产或者年净销售额达到 1000 万美元或者更多时，则该合并交易就需要

---

[3] 在 2000 年以前，还有第三个要求。在所有案件中都要求，收购方至少拥有被收购方 15%的股份及资产，或者股份及资产的总价值达到 1500 万美元。这一要求在 2000 年对《哈特-斯科特-罗迪诺法》进行修订时被删除。参见：Pub. L. No. 106-553, tit. VI, § 630(a), 114 Stat. 2762A-108-2762A-111 (Dec. 21, 2000)。

进行申报。

这种测试通常会以不同的方式予以归纳,即由"交易规模"(size-of-the-transaction)测试以及"交易当事方规模"(size-of-the-parties)测试组成。交易规模测试要求收购方将拥有目标公司价值5000万美元以上的具有表决权的证券或资产。交易当事方规模测试要求要么是收购方要么是被收购方的年净销售额或总资产至少达到1亿美元,同时对方的年净销售额或总资产至少达到1000万美元。如果合并交易的价值超过2亿美元的话,则不适用交易当事方规模测试。参见美国律师协会,《反托拉斯法的发展》第1卷,2007年第六版,第388—389页;斯蒂芬·M.阿克辛等(Stephen M. Axinn et al.),《哈特-斯科特-罗迪诺反托拉斯改进法案下的并购》(*Acquisitions Under the Hart-Scott-Rodino Antitrust Improvements Act*),2009年版,第5.04部分。

因此,总结如下:

一、导致5000万美元以下的所有权转移的合并交易永远不需要进行申报。

二、导致2亿美元以上的所有权转移的合并交易总是需要进行申报。

三、导致5000万美元以上2亿美元以下的所有权转移的合并交易,在以下任一情形之下都需要进行申报:

(一)收购方规模很大——它的总资产或年净销售额达到1亿美元或者更多——被收购方依据以下方式进行衡量价值达到1000万美元或更多:

1. 如果被收购方是制造业企业,则要么依据总资产要么依据年净销售额;

2. 如果被收购方不是制造业企业,则依据总资产。

(二)被收购方规模很大——如果它的总资产或年净销售额达到1亿美元或者更多——并且收购方的总资产或年净销售额达到1000万美元或者更多。

奇怪的是,事实上这一非常复杂的测试可以以一种更加现实的术语进行总结,所有这些都可以归结为以下的底线:大型企业——价值超过1亿美元的企业——必须就其绝大多数的大笔资产买卖进行申报。任何时候，当该企业获得了任何实体价值超过5000万美元的利益时，它都必须进行申报，除非该收购交易的价值少于2亿美元，并且被收购方规模很小——价值少于1000万美元（取决于被收购方是否是一个制造业企业，价值的衡量方法也有所不同）。任何时候，大型企业出售自己超过5000万美元的利益时，它都必须进行申报，除非该交易的价值少于2亿美元，并且收购方的价值少于1000万美元。

319 **例子**

派珀航空公司（Piper Aeronautics, Inc.）是一家在特拉华州注册的公司，其总部位于马里兰州并在该州从事经营，它主要生产发动机零部件以及轻型飞机的元件。派珀航空公司恰好也是另外一家在特拉华州注册的威尔逊行业（Wilson Industries）控股公司的子公司，威尔逊行业控股公司的总部位于纽约市，是一家多元化经营的控股公司。威尔逊行业控股公司拥有派珀航空公司60％具有表决权的股票。尽管如此，派珀航空公司拥有其主要竞争对手普瑞索尼克制造（Prisonic Manufacturing）公司8％具有表决权的普通股。普瑞索尼克制造公司在过去的一年中获得了不同寻常的利润，董事会决定向其普通股东派发"实物"股息，目前持有股份的每一位普通股股东都可以额外获得一半的普通股。部分是因为这个原因，同时也因为派珀航空公司自己的业绩表现得非常好，威尔逊行业控股公司决定增持派珀航空公司，再购买5％的具有表决权的股份。

假设这达到了《哈特-斯科特-罗迪诺法》的申报标准，本例中的交易是否需要依据《哈特-斯科特-罗迪诺法》进行申报？

解释

不需要。因为实物股息对所有股东的影响必然都是一样的，它并不会改变派珀航空公司在普瑞索尼克制造公司的持股比例。因此这种实物股息是能够依据《美国法典》第18a(c)(10)条而从《哈特-斯科特-罗迪诺法》中得到豁免的。同样地，威尔逊行业控股公司已经是派珀航空公司的控股股东了——它已经拥有了派珀航空公司50％以上具有表决权的股份。因此再收购派珀航空公司5％的股份可以依据《美国法典》第18a(c)(3)条而从《哈特-斯科特-罗迪诺法》中得到豁免。

例子

当两家公司的总裁为两家公司(恰好是横向竞争者)之间漫长且有一些艰难的谈判最终结束而举杯庆祝时,杯中的白兰地尝起来有些甜。考虑到他们将要共同进行的研发是符合双方利益的,现在他们可以展望,未来一段时期的生产将更富成效,也更加容易。在他们所达成的协议期间(最初持续五年,之后双方可以签订协议延期两年),该协议使得他们都能够享受到优于各自竞争对手的技术优势。然而,他们两个在小屋的壁炉旁都渴望地相望,谁都不能摆脱这种感觉……我们应当进行《哈特-斯科特-罗迪诺法》的申报吗?我们不应该吗?

解释

如果他们的联合计划规模大到满足《哈特-斯科特-罗迪诺法》申报标准的话,则他们可能需要进行申报。听起来这两家公司好像已经同意成立一家研发的合营企业,并且通常而言他们会设立一家公司或者合伙企业。因此,该合营企业就是他们都获得了所有权利益的第三方"主体"。

例子

如果你建议进行《哈特-斯科特-罗迪诺法》申报,你的客户对此会大吃一惊并感到很愤怒,或多或少地会指责你试图通过不必要的工作提高法律成本。毕竟,你的客户说他要收购的企业位于佛罗里达州,并且他只在爱达荷州经营。你的客户有一些暴躁,他是一个白手起家的人,仍然经营着价值近1200万美元的个人独资企业。现在,当你试图耐心地向他解释为什么必须要进行申报时,问问你自己:被收购方的规模必须达到多大,收购交易的价值必须达到多大?或者你的客户是正确的吗?该交易的某些部分是否会使得他的直觉是正确的?

解释

如果达到申报标准的话,没有事实表明该交易不需要进行申报。在不同的州进行经营这一事实是不相关的。即便它们完全处于独立的地域市场和产品市场,这也是不相关的。如果达到了申报标准,并且合并交易不符合《哈特-斯科特-罗迪诺法》规定的豁免情形,则一个"主体"收购了任何其他"主体"的交易依据《哈特-斯科特-罗迪诺法》都需要进行申报。至于申报标准,似乎收购方无论是年净销售额还是总资产都超过了 1000 万美元。因此,如果合并交易的规模超过了 2 亿美元,或者规模超过 5000 万美元并且被收购方的年净销售额或总资产超过 1 亿美元的话,则该合并交易就需要进行申报。

第三节　合并审查

一旦确定合并交易需要进行申报,接下来就需要准备并提交申报材料——HSR-1 表——并等待执法机构进行审查。提交申报材料将开启一系列复杂的程序步骤,这基本上构成了哈特-斯科特-罗迪诺程序。

一、初次申报以及 HSR 时间表

注意,尽管在 HSR-1 表提交之前并不会开始哈特-斯科特-罗迪诺等待期,但是依据法律将适用哈特-斯科特-罗迪诺自动中止,无论是否提交了任何申报表格。对于一个需要进行申报的合并交易而言,如果合并双方没有进行申报,也没有等候等待期的失效,则他们将面临巨额的民事金钱惩罚以及中止合并交易的禁令。

一旦合格的主体提交了符合要求的 HSR-1 表,则开启了法定的"等待期",这有时被称为哈特-斯科特-罗迪诺"钟"——这是非常重要的规则,执法机构将据此计算合并交易双方在完成交易之前必须等待的期限。一旦司法部和联邦贸易委员会这两个执法机构收到了合并交易双方所提交的完整的 HSR-1 表或不完整的 HSR-1 表,以及解释不遵守规定的声明,该"钟"就开始计时。

顺便提及一下,我们也将在多处看到一系列与破产公司的要约收购

(tender offers)和资产销售有关的特殊哈特-斯科特-罗迪诺规则。这些规则首先出现在这样一些情形中：由于要约收购几乎总是具有时效性，并且几乎总是"恶意"的——它们几乎总是遭到目标公司管理层的反对[4]——一旦两个执法机构都收到了收购方所提交的 HSR-1 表，哈特-斯科特-罗迪诺钟就开启了。要求并购交易的双方都进行申报以开启等待期，这将给目标公司的管理层提供一种简单的方式以阻挠任何达到《哈特-斯科特-罗迪诺法》申报标准的要约收购。但是，目标公司管理层并不能避免申报 HSR-1。在反托拉斯执法机构收到收购方申报的 15 日内，目标公司的管理层必须进行申报，或者在现金收购要约的情形下，自此之后的第 10 天进行申报。目标公司不进行申报并不影响哈特-斯科特-罗迪诺程序的运行，但这会违反《哈特-斯科特-罗迪诺法》，并且将面临民事金钱赔偿。

碰巧的是，尽管在破产受托人进行的交易中也适用特殊的计时规则，[5]执法机构仍然将这种规则理解为要求破产受托人和收购方都提交 HSR-1 表格，并且只有在两个执法机构都收到破产受托人和收购方提交的表格之后，哈特-斯科特-罗迪诺程序才开始。参见斯蒂芬·M. 阿克辛等，《哈特-斯科特-罗迪诺反托拉斯改进法案下的并购》，2009 年版，第 7.03[3][b][iii]部分。

在绝大多数的交易中，初始等待期自哈特-斯科特-罗迪诺程序开始以后持续 30 个自然日。如果负责审查的执法机构没有在初始等待期结束时

---

[4] "要约收购"就是在公开市场上直接从股东那里购买证券。因为目标公司的管理层几乎总是会反对要约收购，正是在这种意义上，我们说要约收购几乎总是"恶意"的。

[5] 在某些破产的情形下，也可能没有指定破产受托人，因此破产的哈特-斯科特-罗迪诺特殊计时规则并不总是适用。当一家公司依据《破产法典》第七章进行清算时，其总是由破产"受托人"负责，这种受托人有时是一名政府官员，但在所有情形下都只是公司债权人的受托人，唯一目标就是实现公司资产价值的最大化。同样地，由于破产公司的管理层通常会因为其无力清偿而受到指责，因此破产法通常要求依据第十一章进行重组的公司必须由破产受托人控制。有时，第十一章的债务人管理可能仍然处于控制之中，在这种情况下公司就被称之为"债务人持有资产"。适用于破产的哈特-斯科特-罗迪诺特殊计时规则只有在破产受托人提交 HSR-1 表格的情况下才适用。换言之，如果没有指定破产受托人，则 HSR-1 表必须由持有资产的债务人进行提交，此时才适用正常的哈特-斯科特-罗迪诺计时规则。

采取行动,则哈特-斯科特-罗迪诺程序就终止了,并且合并交易当事方可以进行合并。

同样地,在要约收购和破产的情形中适用特殊的计时规则。在现金要约收购的情形下,初始等待期自两个执法机构都收到收购方所提交的 HSR-1 表格以后持续 15 天。(在非现金要约收购中——也就是说,并不是以支付现金的方式来获得目标公司的股份——适用一般的 30 天的初始等待期。)同样地,如果一家破产公司处于破产受托人的控制之下,则自两个执法机构收到破产受托人和收购方所提交的 HSR-1 表格开始,初始等待期为 15 天。

二、二次要求及审查时间的进一步延长

执法机构通常在初始的 30 天等待期内批准了绝大多数所申报的交易。但是,在大约 5% 的申报中,执法机构在初始等待期内经审查确定这些交易将会产生严重的竞争关注,并且除非获得进一步的信息,否则它们将不会批准这些交易。在这种情形之下,执法机构会发布非常重要的"二次要求"——要求合并当事方提供进一步的信息和书面证据,这一要求具有自动开启第二个法定等待期的效果,自执法机构收到所要求提供的信息之日起,这一等待期通常持续 30 天的时间。

相比于被提前终止的普通哈特-斯科特-罗迪诺申报而言,遵守二次要求要花费更多的金钱和时间,通常要花费数个月的时间和数百万美元。之所以如此昂贵,主要是因为为了满足执法机构要求而提供的文件以及其他信息要远远大于在最初的 HSR-1 表格申报中所要求提交的文件和信息。通常也需要进行大量的谈判,并且在执法机构与合并双方的律师之间也有大量的博弈,所有这些都是十分耗时和昂贵的。严格来说,在初始等待期失效前的任何一天都可以提出二次要求,但是,可以理解的是,执法机构通常会在等待期的最后一天提出二次要求。等到最后的截止日期可以使执法机构拥有最长的审查时间。

同样地，少数几个特殊的规则适用于要约收购以及由破产受托人所进行的交易。首先，在所有要约收购的情形下（包括现金和非现金的要约收购），只有当执法机构收到了收购方所提交的符合实质性规定的材料以后，第二等待期才开始（与非要约收购情形不同，在非要约收购情形下，只有当执法机构收到了所有被要求提供信息的当事人提供了所要求的信息以后，第二等待期才开始）。参见《联邦法规法典》标题16第803.20(c)部分[16 C.F.R.§803.20(c)]。同样地，根本原因在于防止目标公司管理层仅仅通过不遵守规定而阻碍整个进程。[6] 其次，在现金要约收购以及由破产受托人进行的交易中，二次要求仅能将等待期延长10天。参见《联邦法规法典》标题16第803.20(c)部分。

最后，即便是超出了30天的第二等待期（或者在现金要约收购以及由破产受托人进行交易的情形下为10天），执法机构事实上也能够获得额外的时间。首先，依据《美国法典》标题15第18a(g)(2)条[15 U.S.C.§18a(g)(2)]，如果执法机构能够证明，在等待期即将结束之前，"有任何人……未能实际遵守"二次要求的任何内容，则执法机构就能够请求法院发布延长等待期的命令。更为常见的情形是，合并交易的当事方以及执法机构可能会直接展开协商，从而给执法机构更多的时间。毕竟，执法机构掌握着重要的手段——如果它严重质疑合并交易的合法性，并且合并交易的当事方不愿意给执法机构更多的时间，则执法机构可以直接选择起诉。

三、哈特-斯科特-罗迪诺程序内的争议

通常而言，合并当事方能够并且必须在哈特-斯科特-罗迪诺程序之内解决它们之间的分歧，而无需诉诸法院。

---

[6] 也就是说，在任何情况下，如果执法机构已经向目标公司或其管理层以及收购方发出了二次要求，目标公司可以仅仅通过拖延就阻止整个审查进程。同样地，目标公司管理层几乎总是对收购持有敌意。参见第十七章第一节第一部分。无论如何，《哈特-斯科特-罗迪诺法》以及实施规则会通过两种方式来解决这一问题。正如前文所提到的，一旦收购方遵守二次要求，二次要求的等待期就开始了。其次，《联邦法规法典》标题16第803.21部分[16 C.F.R.§803.21]要求所有收到二次要求的当事方必须在"合理时间"内作出回应，否则将面临《哈特-斯科特-罗迪诺法》的民事赔偿。

第一个可能的严重争议是,初次提交的 HSR-1 表格是否是完整的和充分的。原则上,《哈特-斯科特-罗迪诺法》允许当事人提交一份不完整的申报表格,并附上为什么未能完全遵守的解释说明。但是,执法机构可能声称申报并不是"基本完整的"(substantially complete),因此并不能启动哈特-斯科特-罗迪诺计时。执法机构对不遵守要求的行为持非常严厉的态度,并且只有当完全遵守事实上确实不可能时——例如就某个特定问题进行完全披露将要求获得为其他主体所掌握的机密信息——执法机构才会将这种不遵守要求的行为视为是情有可原的。参见斯蒂芬·M. 阿克辛等,《哈特-斯科特-罗迪诺反托拉斯改进法案下的并购》,2009 年版,第 9.05 部分["联邦贸易委员会和司法部反托拉斯局人员认为'基本相符'(substantial compliance)就是指'绝对相符'(absolute compliance)"]。严格来说,执法机构负有义务证明当事人所进行的申报是不完整的,因为执法机构的救济措施就是依据《美国法典》标题 15 第 18a(g)(2)条向联邦地区法院申请禁令救济。但是,执法机构能够并且确实非正式地以申报不完整的理由拒绝当事方所进行的申报,包括在当事方附加了之所以未完全遵守的解释说明的情况下亦是如此。在这种情况下申报人可能会有一些麻烦。《哈特-斯科特-罗迪诺法》并没有规定关于初始申报完整性的内部审查程序——正如以下所描述的关于二次要求引发争议的规定一样——仅仅以不完整为由驳回申请,这并不是一个可以依据行政法进行审查的"终局的机构行为"。但是合并当事方也不能直接就完成合并交易。如果交易事实上是需要进行申报的话,当事方不经过哈特-斯科特-罗迪诺等待期就完成合并交易,将是违反《哈特-斯科特-罗迪诺法》的行为,并将面临严重的惩罚。除了重新申报更加完整的 HSR-1 表格以外,合并交易当事方可能并不具有其他现实的选择。毫无疑问,对于任何当事人而言最为明智的选择就是尽可能地提交最为完整的 HSR-1 表格。

二次要求通常会在执法机构与当事人之间引发更多的严重分歧。最为常见的分歧就是,所要求提供的信息的范围是否合理。首先,当事人可能会与执法机构就该问题展开谈判,执法机构可能愿意限缩所要求提供的信息的范围。如果双方无法达成一致,《哈特-斯科特-罗迪诺法》规定了内部的争端解决机制。《美国法典》标题 15 第 18a(e)(1)(B)条要求每一个执法机构都"指定一个与涉案合并交易没有直接责任关系的高级官员"来解决以下争议,即执法机构的要求是否是"不合理累积、过于繁重或者重复的",或者当当事人试图遵守执法机构的要求时,其是否真正做到了实质性的遵守。联邦贸易委员会指定的是它的总法律顾问;司法部指定可以向没有对特定交易提出过实施建议的副助理总检察长提起申诉。如果争议解决的结果对申报当事方是不利的,则当事方可以将该争议解决结果提请法院依据行政法进行审查。

如果合并交易当事方试图遵守二次要求,或者只是部分地遵守了该要求并提交了关于为什么未能遵守的原因说明(被《联邦法规法典》标题 16 第 803.3 部分所允许),则将产生一种独立类型的争议,执法机构随后将确定,当事方试图遵守二次要求的行为是不完整的。正如《美国法典》标题 15 第 18a(e)(1)(B)条所规定的,这种类型的争议也可以呈交给"所指定的高级官员"来予以解决,高级官员的决定也是可以依据行政法进行审查的。

但是,如果当事方只是拒绝遵守《美国法典》标题 15 第 18a(e)(1)条的要求,则执法机构可以向联邦地区法院申请禁令,依据《美国法典》标题 15 第 18a(g)(2)条要求当事方遵守。同样地,即便当事方试图在"合理的时间"内遵守《联邦法规法典》标题 16 第 803.21 部分所要求的二次要求,但如果其未能做到的话,这同样可以成为发布《美国法典》标题 15 第 18a(g)(2)条所规定禁令的理由。

例子

你的老板 J. 沃辛顿·达林普尔三世(J. Worthington Dalrymple Ⅲ)是困难、无能 & 吱吱(Difficult, Feckless & Cheep)公司的合伙人,对于联邦贸易委员会两次而不是一次驳回其所提交的 HSR-1 表格再也无法控制他的愤怒。他(通过你)曾代表一家试图收购一个小的竞争者的公司向执法机构进行了申报,但执法机构认为没有 4(c)文件而驳回了他的解释。因此他指示你起草一份抗议声明,以启动促使执法机构接受申报的程序,尽管他并不知道如何具体来做。你应当怎样做？

解释

似乎你什么也做不了。这种驳回可能并不构成行政法意义上的"终局机构行为"，因此可能无法进行司法审查。同样地，《哈特-斯科特-罗迪诺法》和实施规则并没有规定任何有关驳回初始申报的内部争议解决机制。尽管严格来说，如果当事人选择不进行重新申报的话，它们目前确实不负有重新申报的义务，但是如果不遵守《哈特-斯科特-罗迪诺法》的话，他们将不得完成合并交易。因此你唯一现实的选择就是要求你的客户进一步更加勤勉地搜索 4(c) 文件（也就是说，为管理层准备的交易分析），然后尝试再次申报，可能需要对所要采取的步骤作更为详尽的解释。

四、"偷偷提前行动"的问题

对于需要进行申报的交易当事方而言，在获得执法机构的批准前，协调彼此的行为或从事违法的信息共享——也被称之为"偷偷提前行动"（gun jumping）——是违法的。这样做会违反《哈特-斯科特-罗迪诺法》本身，《哈特-斯科特-罗迪诺法》禁止在等待期结束之前就完成应当进行申报的合并交易，并且，如果在合并前就价格、市场划分、信息或者其他限制竞争的事实达成协议，则这可能会违反《谢尔曼法》第 1 条。因此，一旦"偷偷提前行动"的行为被发现了，则执法机构可以对这种不遵守《哈特-斯科特-罗迪诺法》的行为处以严重的民事处罚，也可以就违反《谢尔曼法》的行为寻求禁令救济。[7] 当事方通常并不了解该规则的范围与严重性，他们通常都

---

[7] 参见美国诉詹姆斯达电视指南国际公司 [United States v. Gemstar-TV Guide Intl., Inc., No. Civ. A. 03-0198 (JR), 2003 WL 21799949 (D. D. C. July 16, 2003)] 案（在等待期结束前，合并交易当事方达成了限制贸易的协议，预计处以 567 万美元的哈特-斯科特-罗迪诺金钱赔偿以及因违反《谢尔曼法》第 1 条的禁令）；美国诉泰坦车轮国际公司 [United States v. Titan Wheel Intl., Inc., No. Civ. A. 1:96 CV01040, 1996 WL 351143 (D. D. C May 10, 1996)] 案（在等待期结束以前，收购方取得了目标公司设施的控制经营权 13 天，因此而遭受到了 13 万美元的哈特-斯科特-罗迪诺民事罚款）；参见斯蒂芬·M. 阿克辛等，《哈特-斯科特-罗迪诺反托拉斯改进法案下的并购》，2009 年版，第 9.05 [3][b][iii] 部分。

非常渴望能够尽快开始这种繁杂而且时效性很强的工作,以便能够实现两家公司的合并,因此他们需要进行谨慎的咨询,从而避免从事所禁止的准备活动。

五、审查的结果

同样地,《哈特-斯科特-罗迪诺法》在大多数的案例中几乎以没有什么影响而结束。要么合并交易在早期就因为审查终止而被准许,要么初始等待期因执法机构未在等待期内采取行动而失效。

即便是在仅占很小比例的发布了二次要求的案件中,执法机构也很少直接反对该交易。更为常见的情形是,执法机构将会确定合并交易中所存在的可能导致竞争损害的具体问题,合并交易当事方将会协商出一个自愿的解决方案,剥离某些资产以满足执法机构的关切。例如,在两家销售类似产品的零售连锁店之间展开的合并交易中,执法机构可能会觉得尽管合并交易本身从整体上来说是没有问题的,但是该合并交易可能会导致特定城市的市场集中度提高到不能被允许的程度。在这种情形下,执法机构以及当事方将可能达成协议以解决这种具体问题,参与合并的一方当事人可能将他的连锁店销售给第三方的竞争者。如果达成了这种交易,将会被备忘在"同意令"中,这只是一份和解协议,在执法机构以合并交易违反《克莱顿法》第7条为由提起诉讼时,会同时将这份和解协议提交给法院。这具有确保和解协议约束当事人的效果,并且借助于法院的藐视法庭的惩处权限而得以实施。

如果执法机构直接反对合并交易,而且双方也没有达成和解协议,则在这种极少可能出现的情形下,执法机构的这种反对通常会导致当事人放弃进行合并。但是在这种情形之下,少数的当事人也会试图继续从事交易,尽管他们知道他们必须在执法机构依据《克莱顿法》第7条所提起的诉讼中成功地抗辩执法机构的指控。在这种诉讼中,执法机构首先可以寻求一种特殊的、异常强有力的初步禁令救济。严格来说,联邦贸易委员会和司法部申请初步禁令要适用不同的法定标准,而且联邦贸易委员会所适用的标准似乎要更加有利。[8] 但是,在这两种情形之下,法院通常在准予禁令方面所采取的标准要更有利于执法机构,这与民事案件中法院准予初步禁止令时所适用的普通标准不同。执法机构通常只需要证明根据案情具有成功的某种"合理可能性",并且如果它们能够证明的话,法院通常将会推定准予发布禁令是符合公共利益的。私人股本——对当事人造成的损害——并没有得到多大的重视。参见美国律师协会,《反托拉斯法的发展》第 1 卷,2007 年第六版,第 408—410 页。同样地,准予初步禁令通常将终结那些已经展开的合并交易,但是如果法院拒绝发布禁令,这通常将终止执法机构所采取的反对行动。

但是,有时发布或拒绝发布这种初步禁令并不会导致案件的终结。首先,可能会存在向上诉法院提起上诉,这一程序通常会加速进行,并且,尤其是在这一阶段发布初步禁令的话,则随后可能会展开实质性的诉讼。

六、适用于现金要约及破产实体的特殊规则

由于具体的细节是相当复杂和分散的,因此,回顾一下所有适用于要约收购以及破产交易的哈特-斯科特-罗迪诺特殊程序性规则可能是有所帮助的。

(一) 要约收购

1. 开始哈特-斯科特-罗迪诺程序:

在所有要约收购中,收购方提交 HSR-1 表之后就开始了哈特-斯科特-罗迪诺程序。

2. 目标公司的 HSR-1 表格:

(1) 在现金要约收购的情形下,在收购方进行初始申报以后,目标公司必须在 10 日内提交其自己的 HSR-1 表格;

(2) 在非现金要约收购的情形下,在收购方进行初始申报以后,目标公

---

  [8] 司法部申请这种救济的权力规定在《克莱顿法》第 15 条(15 U.S.C. § 25)。联邦贸易委员会的这种权力规定在《联邦贸易委员会法》第 13(b)条[15 U.S.C. § 53(b)]。

司必须在 15 日内提交其自己的 HSR-1 表格。

3. 初始等待期：

（1）在现金要约收购的情形下，初始等待期为 15 日；

（2）在非现金要约收购的情形下，初始等待期为 30 日。

4. 二次要求等待期：

（1）在所有要约收购的情形下，在收购方实质性地遵守了要求时，二次要求等待期就开始了；

（2）在现金要约收购的情形下，二次要求等待期为 10 日；

（3）在非现金要约收购的情形下，二次要求等待期为 20 日。

（二）破产交易

1. 开始哈特-斯科特-罗迪诺程序：

在所有情形下，只有当执法机构收到了由持有资产的债务人或者破产受托人（视情况而定），以及由收购方提交的 HSR-1 表之后，初始等待期才开始。

2. 初始等待期：

（1）一旦指定了破产受托人，则自两个执法机构都收到了双方当事人所提交的 HSR-1 表格之后的 15 日；

（2）如果债务人仍然持有资产，以及在《联邦破产法》第十一章规定的重组的情形下，自两个执法机构都收到了双方当事人所提交的 HSR-1 表格之后的 30 日。

3. 二次要求等待期：

（1）在指定受托人后，自所有收到要求的当事人实质性遵守后的 10 日；

（2）如果债务人仍然持有资产，以及在《联邦破产法》第十一章规定的重组的情形下，自所有收到要求的当事人实质性遵守后的 30 日。

例子

你的客户"处于艰难时期行业公司"（Havenahardtime Industries, Inc.）的管理层，对于非常接近《联邦破产法》第十一章所规定的重组程序而非常高兴。公司的首席执行官给你打电话,让你对他和他的团队在就最后一个重要资产交易谈判中所取得的巨大成功进行报道,该资产是根据《联邦破产法》第十一章重组计划而被要求与"处于艰难时期行业公司"的债务人谈判进行销售的一部分。他们知道该交易依据《哈特-斯科特-罗迪诺法》可能需要进行申报,但是他希望你能够大致告诉他《哈特-斯科特-罗迪诺法》将导致多长时间的延迟;特别是,他希望你能够估算出最短的延迟时间。你会如何告诉他?

解释

可能需要30个自然日。

严格来说,并没有最短的期限;依据规定,执法机构可能迅速就发布早期的终止审查决定,并且很有可能在申报的最初几天内就发布。但是,假设交易会引发即便是非常小的竞争问题,执法机构也可能至少会用尽初始等待期。在本案中,初始等待期以及二次要求等待期将持续30个自然日。在本案中,似乎并没有指定破产受托人,因为"处于艰难时期行业公司"的首席执行官和其他管理者似乎都仍然掌控着公司。因此,公司就是由债务人所控制,并不适用破产受托人的特殊时间规则。

因此,最短时间的合理预期将是三到四周。在不太可能的情况下,如果发布了二次要求(因为总是不可能的),最短的时间将是60个自然日,加上"处于艰难时期行业公司"(可能是收购方,如果也向其发出了二次要求的话)遵守这一要求所花的时间。因此,在这种情形之下,预期的时间将是3个月。

329 **例子**

P. 布恩·奇肯斯是一个声名狼藉的企业并购大师,是任何地方公司管理层的噩梦,他宣布对一家在特拉华州上市的西汀达克公司(Sittingduck, Inc.)进行"全现金收购全部股份"(all-cash, all-shares)的交易。在作出该声明的同一天,奇肯斯向联邦贸易委员会和司法部提交了 HSR-1 表。但是,西汀达克公司的管理层决定通过任何可能的方式反对该收购,包括采取任何能够采取的措施来阻止哈特-斯科特-罗迪诺程序。现在,他们决定拒绝遵守任何哈特-斯科特-罗迪诺程序,并向联邦地区法院申请禁令以终止哈特-斯科特-罗迪诺程序。

结果会怎样？奇肯斯的哈特-斯科特-罗迪诺审查初始等待期将何时失效？

解释

对于西汀达克公司管理层而言,结果当然是不利的。首先,他们不能拒绝遵守哈特-斯科特-罗迪诺程序。目标公司如果未能"在合理时间内"遵守初始的 HSR-1 申报义务或者任何可能发布的二次要求,都是违反《哈特-斯科特-罗迪诺法》的民事违法行为,会遭受严重的金钱处罚。执法机构也可以寻求获得要求西汀达克公司遵守哈特-斯科特-罗迪诺程序的联邦禁令。

初始等待期在联邦贸易委员会和司法部都收到奇肯斯提交的 HSR-1 表之后的 15 个自然日失效,无论西汀达克公司可能做或不做什么。奇肯斯发出的是现金要约收购,适用 15 天的等待期,并且由于是要约收购,因此目标公司未遵守哈特-斯科特-罗迪诺程序并不影响哈特-斯科特-罗迪诺计时。

第十部分　反托拉斯机构与程序

第十九章 反托拉斯机构与程序

反托拉斯法包含着一系列特殊的附属性规则。这些规则规定了反托拉斯政策实施的方式，其中很多都寻求确保反托拉斯法仅服务于其立法目的。特别地，有一系列关于通过私人诉讼实施反托拉斯法的相当复杂的程序性规则。国会，以及近年来联邦法院也更为关注以确保私人不会基于不当理由提起这种诉讼。正如我们所要看到的，贯穿于反托拉斯法的一个长久的主题就是，法院怀疑私人提起反托拉斯诉讼主要只是为了损害竞争对手，而不是为了保护市场的健康发展。我们在这章中所要学习的许多规则正是基于这种焦虑而产生的。

在很大程度上，典型的反托拉斯诉讼与其他类型的诉讼类似。反托拉斯诉讼总是发生在联邦法院中[1]（尽管当由联邦贸易委员会提起时，反托拉斯诉讼有时会首先在被称之为行政法法官的行政法院进行审理），因此反托拉斯诉讼也适用其他联邦审判的一般民事及刑事程序。尽管可能有一些令人惊奇，但是考虑到所要解决问题的复杂性，反托拉斯案件通常也由陪审团进行审判，并且在反托拉斯民事诉讼中，双方当事人似乎都享有宪法第七修正案所规定的申请陪审团审判的权利。[2] 正如我们已经看到的，原告通常

---

[1] 参见马雷兹诉美国骨科医生协会案判决书第379—380页；通用投资公司诉湖滨密歇根南方铁路公司案判决书第286—288页。

[2] 参见灯塔剧院公司诉韦斯特弗[Beacon Theatres, Inc. v. Westover, 359 U. S. 500(1959)]案判决书第504页（判决附带意见）；弗莱特曼诉韦尔斯巴赫街道照明公司[Fleitmann v. Welsbach St. Lighting Co., 240 U. S. 27 (1916)]案判决书第29页（判决附带意见）；日本电子产品反托拉斯诉讼[Japanese Elec. Prods. Antitrust Litig., In re, 631 F. 3d 1059 (3d Cir. 1980)]判决书第1079页（指出"之前的案件总是享有"这一权利）。同样地，反托拉斯刑事诉讼的被告也像其他刑事诉讼的被告一样享有宪法第六修正案所规定的申请陪审团审判的权利。当然，在任一类型的诉讼中，当事人都可以同意由法院进行审判。

但是，在由联邦贸易委员会展开的实施活动中，并没有宪法性的申请陪审团审判的权利。这是因为《宪法》第七修正案只规定那些在"普通法"上被认可的"案件"才能享有民事陪审团审判的权利，法院将这一术语解释为仅包含在1789年《权利法案》制定时所存在的那些诉因。当时并不存在《联邦贸易委员会法》第5条，因此不在第七修正案的范围之内。在联邦贸易委员会的程序中，发现事实的职责由委员会自己完成。

必须证明被告对贸易的限制是"不合理的",并且这通常需要证明被告拥有市场势力。因此最终,反托拉斯民事诉讼通常可以归结为 12 位普通民众对"专家之战"(battle of the experts)的反应。陪审员通常被要求决定他们到底是相信经原告申请给原告作证的经济学家还是经被告申请给被告作证的经济学家,这可能是一系列复杂的事实性问题。[3]

　　在任何案件中,不论反托拉斯审判在表面上有多么地类似于其他诉讼,其也要受到一系列特殊的附属性规则和制度的调整。首先,反托拉斯法是由大量不同寻常的实施者所实施的。反托拉斯法可以通过美国司法部的律师提起刑事起诉的方式实施,通过由两个完全独立的联邦机构提起民事诉讼的方式实施,通过由州政府提起民事诉讼的方式实施,以及通过由私人原告提起民事诉讼得以实施。接下来,部分是由于有这么多可能的实施者,因此需要某些特殊的技术规则来调整这些诉讼。第一,存在一种与被俗称为"后继"诉讼("follow-on" litigation)有关的间接禁止反言的特殊规则。第二,反托拉斯法自身拥有非常复杂的诉讼时效规则。接下来我们将要学习上述与私人原告提起反托拉斯诉讼有关的特殊规则。有多个这样的规则。同样地,所有这些规则看起来最终都是为了确保反托拉斯诉讼仅能由那些最有可能实现反托拉斯法潜在目标的原告提起,这些原告不太可能会为了商业上的优势而滥用这种起诉权。最后,我们将考虑几个与反托拉斯救济相关的特殊问题。

第一节　私人救济的局限性:
"反托拉斯损害"规则、当事人资格的
要求,以及伊利诺伊州砖块公司案规则

　　回忆一下,美国宪法第 3 条设立了美国最高法院并列出了联邦法院的

---

[3] 反托拉斯刑事起诉通常也会由陪审团进行审判,但是由于除非是本身违法的情形,否则几乎从来不会提起刑事诉讼,因此,在反托拉斯刑事诉讼中陪审团通常遇到的一个问题就是被告是否从事了被诉行为。困难的经济学问题——当陪审团必须确定被告的行为是否为"合理"时所提出的问题——在本身违法的刑事案件中通常是有限的或不相关的。

最大管辖权,要求每一个向联邦法院提起诉讼的原告必须证明"当事人资格"。从非常一般性的意义上来说,原告要具有当事人资格,就必须证明其遭受到了某种实际损害,并且必须证明这种损害是由被告的被诉行为所造成的。如果不进行这种证明,则受理争议就超出了宪法第3条法院的权力范围。

依据《克莱顿法》第4条提起诉讼的私人原告必须进行这种最低限度的证明,不低于其他原告在联邦法院所进行的证明。但是,有时基于联邦法院自己的原因,法院也要求反托拉斯原告进行更多的证明,并且他们是依据《克莱顿法》第4条的规定来提出这种要求的。(批评者认为第4条的语言至少可以被解读为,其要求不比宪法第3条所规定的最低"损害"以及"因果关系"更多。毕竟,第4条仅要求原告是一个"其经营或财产被任何为反托拉斯法所禁止的行为损害的人"。但是法院认为第4条所要求的要更多。)法院关于私人原告的各种规则也建立在他们这样一种焦虑之上,即如果私人诉因太过宽泛的话,则反托拉斯法可能被滥用以损害正是其所要保护的市场。法院发展出了三条一般性的规则,以限制只有那些在他们看来能够实现反托拉斯的法律目的,以及符合第4条规定的原告才能够依据第4条提起诉讼。这些规则是:(1)反托拉斯损害(antitrust injury),要求所控诉的损害正是反托拉斯法所意欲禁止的;(2)反托拉斯当事人资格(antitrust standing),从某种意义上来说这事实上是一个因果关系规则,要求证明特定的原告没有"太远离"(too far removed)被诉的行为;(3)间接购买者规则(the indirect purchaser rule)(也被称为伊利诺伊州砖块公司案规则),意在避免重复救济。

一、反托拉斯损害

私人原告必须证明其所寻求获得赔偿的损害是一种特殊的损害,也即,其构成反托拉斯损害。《克莱顿法》第4条允许对"任何其经营或财产被任何为反托拉斯法所禁止的行为损害的人"进行金钱损害赔偿。同样地,《克莱顿法》第16条允许私人"针对违反反托拉斯法的行为所造成的损失或损害"寻求禁令。因此，私人原告不仅必须证明被告违反了反托拉斯法，以及这种违法行为导致原告的"经营或财产"遭受了某种损害，而且还必须证明这种损害正是反托拉斯法所要禁止的。

最高法院首先在布伦斯维克公司诉普韦布洛保龄球馆公司案中提出了这一概念。被告是全国最大的保龄球设备生产商之一，它决定开始收购保龄球馆。原告是许多家拥有并经营私人保龄球馆的小型公司。原告依据《克莱顿法》第7条提起诉讼，反对被告收购与原告具有竞争关系的保龄球馆，并且原告唯一能够清晰阐述的损害理论就是，如果被收购的保龄球馆——所有都面临财务困难——被允许倒闭，则原告原本将能够赚取更高的利润。最高法院首先假设该收购违反了《克莱顿法》第7条。同样地，假设原告能够证明被收购的保龄球馆确实能够带来有效的竞争并降低价格，法院并不怀疑原告能够证明收购会对他们的"经营或资产"造成损害。但是，正如法院所解释的，由于竞争的加剧而使得原告失去了提高价格的能力，这并不是反托拉斯法所意欲要救济的损害类型。恰恰相反，事实上，准予原告救济将阻止法律基本目标的实现。

在嘉吉公司诉科罗拉多州蒙福特公司案中，事实与上述案件非常类似，最高法院重申了布伦斯维克案的意见，并指出，对于私人原告依据《克莱顿法》第16条提起的禁令诉讼也适用同样的规则。自此以后，最高法院也认为，即便被诉的是本身违法的行为，例如横向固定价格行为，原告也必须证明反托拉斯损害。参见大西洋里奇菲尔德公司诉美国石油公司案判决书第337页。[4]

反托拉斯损害要求通常只有在原告是被告的竞争者的情况下才成其为一个问题。原告需要证明竞争者从事了违反反托拉斯法的行为，并且这种行为也通过某种方式损害了原告的利益，这种损害是由于竞争受到限制（而非是通过提升竞争）而产生的，对于作为一个竞争者的原告来说，要进行这种证明一般是非常困难的。如果被告的行为能通过某种方式提高其竞争的

---

[4] 严格来说，大西洋里奇菲尔德案涉及的是一个纵向而非横向的固定价格共谋，但是依据当时的法律，纵向固定价格也是本身违法的。

能力，也就是说他能够提供更好的产品或者以更低的价格进行销售，这非常有可能会损害原告，但这并不是反托拉斯法所要禁止的。如果被告的行为确实是以一种为反托拉斯法所反对的方式损害了竞争——例如，如果被告提高了价格——这事实上通常会有助于原告，因为原告要么能够提高价格，要么能够从被告那里夺取交易机会。在这种情形之下，就存在对竞争的损害，但不是对原告的损害，因此作为竞争者的原告仍无法证明反托拉斯损害。[337]

这一概括存在一些明显的例外。第一，作为竞争者的原告可以起诉降价行为——这通常被认为正是竞争的灵魂——如果这种降价行为达到了掠夺性低价行为的程度。之所以如此是因为，掠夺性定价机制的目的通常被认为不仅仅是为了损害竞争者，这本身是完全可以被允许的，而是为了直接将这些竞争对手排挤出市场。一般认为掠夺性定价的最终目标是，一旦竞争对手被排挤出去，掠夺者就能够收取超竞争水平的价格。参见嘉吉公司诉科罗拉多州蒙福特公司案判决书第 121 页。第二，如果被诉行为是排他性的，则不仅作为竞争者的原告受到了损害，而且竞争本身也受到了损害。例如，原告的竞争者是一个垄断者，或者其竞争者形成了一个卡特尔，这可能会迫使重要的供应商或者消费者拒绝与原告进行交易。这显然会损害原告，也会损害竞争，因为市场将无法享受到因原告在价格或质量方面展开竞争所带来的好处。

例子

多年以来，曼尼在印第安纳州的曼西市经营着仅有的两家五金店中的一家，而且在整个时期，他都一直与竞争对手在价格和质量方面展开非常激烈的竞争。最终，去年秋季曼尼成功了——他的竞争对手在当地的报纸发布了一则通知，表明其准备申请破产清算。曼尼迅速将其整体的存货价格进行了适度的上调，并开始享受舒适的利润。

让曼尼感到恐惧的是，一家全国性的五金连锁店决定进入曼西市，但其并不决定开设一家新店，而只是在曼尼的竞争者破产前将其收购。曼尼认为这一收购将会减少竞争并且会导致垄断，违反了《克莱顿法》第 7 条，因而提起诉讼。结果会怎样？

解释

曼尼可能缺乏"反托拉斯损害",他提起的诉讼将会被驳回。他唯一的选择就是提出新进入者已经或将要从事掠夺性定价行为,但这是很难证明的。

例子

ABC公司是一家口香糖的生产商。它的两个最大的竞争对手DEF公司和GHI公司秘密会面同意设定它们将要推出的新产品的最低价格,这些产品的包装上印有一些流行的卡通人物。ABC公司通过贿赂这两家从事密谋行为的公司的职员而获得了关于这一协议的确凿证据。由于对其所珍爱的ABC口香糖的未来感到担忧,ABC公司提起了诉讼。指控该横向固定价格协议违反了《谢尔曼法》第1条。由于ABC公司认识到它可能在证明反托拉斯损害方面存在困难,因此它只寻求获得《克莱顿法》第16条所规定的禁令。被告对此予以反驳。结果会怎样?

解释

原告未能证明存在反托拉斯损害,因此应当驳回其起诉。(关于将推出新产品以及印有卡通人物形象的事实是转移注意力的次要事实,是不相关的;这是一起普通的固定价格共谋。)假设原告所宣称的事实是真实的,原告已经证明了存在违反《谢尔曼法》第1条的行为。但是,在该案中,正如大多数固定价格的案件一样,被告只是同意提高它们的价格。如果你的竞争对手提高了价格,这只会帮助你,因为这会导致那些购买你竞争对手产品的消费者转而向你进行购买。

虽然最高法院从来没有在大西洋里奇菲尔德公司诉美国石油公司案和松下电器工业有限公司诉天顶无线电公司案中明确地表达这一立场,但是它在措辞强硬的判决附带意见书中指出过。

二、当事人资格或"关系疏远"

法院长期以来就认识到,《克莱顿法》第4条宽泛的语言会给反托拉斯被告带来非常严重以及意想不到的后果。从表面上来看,任何声称其"经营或资产"受到任何违反反托拉斯法的行为"损害"的人都可以寻求三倍损害赔偿。但这可能会使得潜在原告的范围非常广泛。比方说一家公司是高端咖啡机的生产商。为了从事生产,它必须购买的一种原材料就是一个很小的电脑芯片。后来显示,生产这种芯片的所有生产商都秘密共谋以固定芯片价格。这提高了咖啡机生产商的成本,从而导致其提高价格,它因此而损失了大量的交易。该公司依据《克莱顿法》第4条提起诉讼是没有问题的。它明显遭受到了损失,并且它也能够很容易就证明存在反托拉斯损害。但是该公司的股东呢?他们可能会因为公司经营变差而遭受损失。他们是否也能够提起诉讼?如果公司因为失去了收入而无法偿还贷款,这又会怎样?它的债权人是否有权起诉请求电脑芯片公司赔偿三倍的未支付的本金及利息?如果公司由于失去了收入而无法继续为员工福利计划提供资金,该计划因此而无法执行,必须由联邦养老金福利担保公司进行救助,这又会给纳税人以及公司的雇员造成巨大损失,这又会怎样?公司雇员或者联邦养老金福利担保公司能够针对该电脑芯片卡特尔提起反托拉斯诉讼吗?显而易见,国会并不准备给所有这些不同主体就其所遭受的损失寻求三倍损害赔偿的权利。

为了解决这些问题,法院要求,反托拉斯私人原告除了要证明存在反托拉斯损害以外,还必须在更一般性的意义上证明他们是"合适的"原告。法院所提出的这一测试逐渐被称之为"反托拉斯当事人资格"规则(the "antitrust standing" rule)或"关系疏远"规则(the rule of "remoteness")。关于这一规则的主要指导仍然体现在最高法院在弗吉尼亚蓝盾诉麦克格雷迪案以及联合总承包商诉加州木工协会案判决中。这两个案件提出并打算适用一个相当神秘莫测的、多要素的测试,该测试由于缺乏透明度而遭到了诸多批评。

有趣的是,最高法院在联合总承包商案中指出,"普通法法官努力试图准确界定'近因'(proximate cause)的准确概念",与法院试图努力确立反托拉斯当事人资格规则,这二者之间"存在相似之处"。为了试图提出一个确定《克莱顿法》第4条适格原告的规则,联邦法院发现自己与100多年前普

通法法院在侵权法因果关系方面一样,处于令人困惑的规则泥沼之中。最高法院认为这是上述两种司法努力的"共同点":

> 司法救济无法覆盖每一个可以被察觉的、能够被归因于违法行为的损害。在两种情形下,可能提出的无限种类的控诉使得法院事实上不可能宣布一种能够预测每一个案件结果的标准规则。

参见联合总承包商诉加州木工协会案判决书第536页。相反,最高法院试图收集其所能获得的所有相关事实,并最终确定了五种。法院应当考虑:

1. "反托拉斯违法行为与所宣称的损害二者之间"是否具有"因果关系",以及"被告"是否"意图造成这种损害";

2. "所宣称的损害的本质",包括原告是否"是一个消费者还是一个竞争者";

3. "所声称的损害的直接性或间接性",也就是说,在"损害以及所宣称的限制性行为的因果关系链中",有多少"联系";

4. 是否有某些除了原告以外的"可以被识别的主体"遭受到了更为"直接的"损害,因为他们的"私利通常会促使他们在反托拉斯法的实施中维护公共利益",并且在这些情形之下,"拒绝向原告进行救济"是否"不太可能使得严重的反托拉斯违法行为无法被发现或纠正";

5. "重复救济的风险……或者复杂的损害赔偿分配的危险……"

参见联合总承包商诉加州木工协会案判决书第537—544页。

当下级法院在适用这一测试时,它们主要关注的是,是否有某些比原告遭受了更为直接损害的主体,如果有的话,法院可能会否认当事人资格。一篇重要的文献总结了当前的状态:

> 如果原告的损害是从对其他人更为直接的损害中派生出来的,则他人将具有更强的动机提起针对被告的诉讼,原告的当事人资格就不

太可能被承认。

参见美国律师协会,《反托拉斯法的发展》第 1 卷,2007 年第六版,第 823 页。事实上,许多法院并没有适用上述五种要素进行分析,而只是分析了原告在市场中的作用,以此作为解决当事人资格的简单方法。如果原告既不是被告的竞争者也不从被告那里购买产品,则法院通常会拒绝承认原告的当事人资格。参见美国律师协会,《反托拉斯法的发展》第 1 卷,2007 年第六版,第 826 页。

三、间接购买者规则

最后一个在司法中形成的限制私人救济的规则就是所谓的"间接购买者"规则,通常也被称之为伊利诺伊州砖块公司案(Illinois Brick)规则,因为该规则是在伊利诺伊州砖块公司诉伊利诺伊州[Illinois Brick Co. v. Illinois,431 U. S. 720 (1977)]案中提出的。伊利诺伊州砖块公司案事实上是与一个更早的案件即汉诺威鞋业公司诉联合鞋业机械公司[Hanover Shoe, Inc. v. United Shoe Mach. Corp. ,392 U. S. 481 (1968)]案截然相反的案件。在汉诺威鞋业案中,原告是一家制鞋企业,成功地起诉了一家占主导地位的制鞋机器的生产商构成《谢尔曼法》第 2 条的垄断。被告抗辩认为原告并没有遭受损失,因为它可以将多支付的费用转嫁给消费者,最高法院驳回了被告的这种抗辩。法院认为这种抗辩将会招致过于复杂的诉讼,而且也将唯一可能的原告限定为最终的零售消费者,但他们遭受的损失太小以至于不具有提起诉讼的正当性。

十年以后,伊利诺伊州砖块公司案解决了另一方面的问题。如果直接购买者(如汉诺威鞋业案中的原告)能够起诉的话,在没有任何可能抵扣转嫁的损失的情况下,他们的顾客能够就这种过高定价行为提起诉讼吗?审理伊利诺伊州砖块公司案的最高法院认为不能。在该案中,伊利诺伊州起诉砖块生产商共谋固定它们的价格。伊利诺伊州购买了这些砖块,但只是从那些被授予州建设工程合同的建筑承包商那里购买的。首先是由这些承包商购买了砖块。因此，伊利诺伊州与汉诺威鞋业案中的原告不同。伊利诺伊州并没有直接从被告那里购买被抬价的砖块。最高法院的说理很简单。伊利诺伊州无法获得赔偿——即便承包商自己并没有提起诉讼——因为显然，依据汉诺威鞋业案，承包商可以提起诉讼，因此如果允许一个间接购买者也起诉的话，这将会使得被告面临重复赔偿的风险。而且，最高法院认为，计算间接购买者所遭受的实际损失，要远远比估算直接购买者所多支付的价钱这种相对简单的事更加困难。

因此，汉诺威鞋业案和伊利诺伊州砖块公司案所提出的简单规则就是，如果原告是一个消费者的话，则只有当他从从事了违反反托拉斯法行为的被告那里直接购买产品时，才能提起诉讼。一方面，直接购买者能够就全部的被过高收取的金额获得赔偿，即便他可能已经将其中的一部分转嫁给了自己的顾客；另一方面，间接购买者完全不能就所遭受的金钱损失提起诉讼。

最高法院认为伊利诺伊州砖块公司案同时适用于《谢尔曼法》第1条和第2条，下级法院发现该案也适用于依据《克莱顿法》第7条针对企业合并和收购所提起的诉讼。参见卢卡斯汽车工程公司诉普利司通/费尔斯通公司[Lucas Auto Engr., Inc. v. Bridgestone/Firestone, Inc., 140 F. 3d 1228 (9th Cir. 1998)]案判决书第1233—1234页。另外一个附属性规则是，伊利诺伊州砖块公司案并不适用于依据《克莱顿法》第16条所提起的禁令之诉，尽管最高法院还没有解决过该问题。参见卢卡斯汽车工程公司案判决书第1235页（持该种观点并收集了案例）。

有趣的是，州法院在解释它们的反托拉斯法时，绝大多数都没有遵守伊利诺伊州砖块公司案规则。它们允许间接购买者（例如声称其所购买的产品使用的原材料存在固定价格行为并因此而受到损害的最终消费者）提起反托拉斯诉讼。由于这方面的原因，间接购买者诉讼通常都是由私人原告依据州反托拉斯法提起的。这也是被告及其法律顾问强烈抱怨的地方，因为这似乎会导致伊利诺伊州砖块公司案规则所试图避免的重复赔偿。

例子

你刚刚买了一双价值400美元的耐克球鞋，这双鞋有缓冲垫、霓虹灯、

USB接口以及全球定位技术。你在读华尔街日报时了解到，耐克公司涉嫌与其他制造这种所谓的"超高档的运动鞋"的公司实施了固定价格的行为。你很快就提起了诉讼，声称这是违反《谢尔曼法》第1条的行为。仅仅依据这些事实，耐克能够驳回你的起诉吗？

解释

可能。像绝大多数的零售商品一样，你的鞋可能是从一家零售店而非直接从耐克那里购买的。如果是这样的话，你提起的诉讼可以依据伊利诺伊州砖块公司案规则被驳回，因为你不是一个直接购买者。如果你是通过某种途径直接从耐克那里购买的话，例如直接从耐克所拥有的店里购买，你就是一个直接购买者，因此能够提起诉讼。

例子

联邦贸易委员会依据《联邦贸易委员会法》第5条提起了针对眼科医生的诉讼，指控他们通过共谋固定了价格。被告以缺乏"反托拉斯损害"和伊利诺伊州砖块公司案规则进行反驳。结果会怎样？

解释

应当驳回被告的请求。"反托拉斯损害"和伊利诺伊州砖块公司案规则都只适用于私人原告。

第二节　不同寻常多的实施者

在反托拉斯法悠久的历史中，国会为反托拉斯法的实施规定了异常宽泛的不同途径。这可能反映出国会在不同时期确信反托拉斯法未能得到很好的实施。例如，联邦贸易委员会作为实施反托拉斯法的主要联邦机构之一，就是在许多立法者认为反托拉斯法未能得到全面实施以及司法解释过于狭隘的20年之后的1914年成立的。他们成立联邦贸易委员会，是希望其成为一个拥有调查、起诉以及规则制定权力的专业机构，这样联邦贸易委员会就能够有效推动立法者理想中的反托拉斯法在更广的范围内得以实施。[5]

一、联邦实施机构

两个不同的联邦机构实施反托拉斯法：司法部反垄断局，以及作为独立机构的联邦贸易委员会。反垄断局是由总统任命的助理总检察长领导，负责对发生在美国辖区内的可能违反《谢尔曼法》《罗宾逊-帕特曼法》或《克莱顿法》的行为展开调查并提起诉讼。反垄断局也与联邦贸易委员会共同负责依据《哈特-斯科特-罗迪诺法》对企业合并展开事前审查。

（一）司法部反垄断局：民事实施权力

尽管司法部也履行大量特殊的反托拉斯行政职能，但对于我们而言，它在民事反托拉斯诉讼中发挥的作用大致类似于任何民事诉讼原告。反垄断局提起反托拉斯民事诉讼的权力来源于三个条款——《谢尔曼法》第4条、《克莱顿法》第15条以及《克莱顿法》第4a条。前两个条款事实上赋予了司法部通过在联邦地区法院提起禁令诉讼的方式来实施所有反托拉斯法的权力。

第三个条款即《克莱顿法》第4a条是非常不同的。它事实上授权司法部在法院以私人反托拉斯原告的身份代表联邦政府提起诉讼。当司法部依据该条款提起诉讼时，它指控某些向政府出售产品的人，或者其他与政府有商业关系的人，其违反反托拉斯法的行为损害了政府的利益。一个典型的例子可能是，一家公司为政府的车队提供车辆。政府在采购这些产品时，通常都会进行招标，选择与报价最低的公司进行交易。如果汽车生产商与其竞争者就它们的投标价格达成一致，这违反了《谢尔曼法》第1条，并且政府依据《克莱顿法》第4a条能够享有金钱损害诉因。在依据《克莱顿法》第4a

---

[5] 这一历史也有另外一个独立的主题。当时也有这样一种担心，即反托拉斯法对于商人而言是如此的模糊和难以预测，他们将面临风险，因此，1914年制定《克莱顿法》和《联邦贸易委员会法》的另外一个目的就是借此为商人提供更加明确的指导。关于这一时期以及当时制定这两部法的担心的更为详尽的历史，参见马丁·J. 斯科拉（Martin J. Sklar），《美国资本主义的公司重构，1890—1916》(*The Corporate Reconstruction of American Capitalism, 1890-1916*)（1988）。

条提起诉讼的案件中，正如反托拉斯诉讼的私人原告，政府也能够获得三倍的损害赔偿，以及诉讼成本、律师费和利息。

但是，司法部不只是普通的反托拉斯原告。它的角色要大得多，这是一种根本性的监管。它与联邦贸易委员会共同负责依据《哈特-斯科特-罗迪诺法》对全国的企业合并进行事前审查（这在第十八章中作了详细讨论）。同样地，尽管司法部无权制定有关竞争政策的具有约束力的实体性规定，但是它通过发布实施"指南"来实现其具有影响力的政策制定功能。严格来说，这些文件并不是具有约束力的法律，而只是提出了司法部何时将就特定行为展开执法行动的指导。司法部发布这些指南以规制企业合并、涉及知识产权的交易、国际运行、竞争者之间的合作（"合营企业"）以及健康医疗等，这些指南具有重要的影响力（其中最具影响力的是《横向合并指南》，这在第十七章中进行过详细的讨论）。在相关主体的请求之下，司法部也会就具体提议行为的合法性发布非正式的意见。虽然司法部并不受其发布的"商业评论函"（business review letters）的约束，但是司法部将会在合适的情形下表明其对于当事人请求中所描述的行为是否具有任何"即刻展开执法的意愿"（present enforcement intention）。最后，国会赋予了司法部强大的调查工具。与普通原告不同，司法部在提起任何诉讼前都可以发布称之为"民事调查要求"（civil investigative demands）的发现指令，要求被告提供有关文件，回答质询，或者亲自到场提供证词。参见《美国法典》标题15第1312条（15 U.S.C. § 1312）。事实上，司法部通过利用这些权力履行了一种信息调查功能，这不像是任何单纯的诉讼当事人。

（二）美国律师以及刑事实施

反托拉斯刑事诉讼主要是由众多的美国律师所提起的，而不是由司法部反垄断局总部负责。联邦贸易委员会不享有刑事起诉的权力（事实上，所有联邦层面的犯罪都是由司法部起诉的——其他的联邦机构都不享有针对犯罪行为提起诉讼的权力）。严格来说，对于任何违反《谢尔曼法》第1条和第2条以及其他一些违反反托拉斯法的行为都可以寻求进行刑事处罚，但是在实践中，除了赤裸裸的横向固定价格行为或者划分市场的行为以外，司法部并不会对任何其他行为提起刑事诉讼。之所以如此有多方面的原因。除了其他方面的原因外,最高法院曾指出司法部必须证明(超出合理的怀疑,在刑事诉讼中要求更高的证明标准)被告具有"犯罪的意图"。[6] 考虑到绝大多数反托拉斯案件事实的复杂性,这一证明将是很困难的。在刑事证明标准以及刑事被告所享有的宪法性保护之下,证明一个合理原则的案件一般来说也是很困难的。但是这一政策也反映出了这样一种担心,即只应当使那些最为明显的道德上有罪的行为——普遍所认为的赤裸裸的横向价格限制或产出限制行为——面临刑事定罪的耻辱以及严重的反托拉斯犯罪惩罚。无论如何,对于我们而言,司法部民事诉讼与刑事诉讼之间最主要的区别在于:(1)刑事诉讼几乎总是始于大陪审团的调查,由司法部的检察官组织实施;(2)刑事诉讼依据《联邦刑事程序规则》进行,也受到美国宪法中关于刑事程序保护的调整,《联邦刑事程序规则》规定了一些关于证据展示以及当事人之间审前关系的不同规则;(3)政府将负有更高的证明刑事犯罪的证明义务;(4)政府必须证明存在"犯罪意图"。

例子

司法部针对众多 X 射线设备生产商提起了民事诉讼。被告被指控彼此之间达成了各种各样的贸易限制协议。被告将他们的 X 射线设备销售给不同的医院,包括纽约的西达斯西奈(Cedars-Sinai)医院,隶属于哈佛大学的布赖海姆女子(Brigham & Women's)医院,约翰·霍普金斯(Johns Hopkins)、耶鲁医学院,美国陆军的沃尔特·里德(Walter Reed)医疗中心,梅奥(Mayo)诊所,以及克利夫兰(Cleveland)诊所。政府能够获得何种救济?

解释

这里有一个陷阱问题。正常来说,司法部可以仅仅以这种行为构成犯罪而依据《谢尔曼法》第 1 条提起诉讼,或者以这种行为构成《谢尔曼法》第

---

[6] 参见美国诉美国石膏公司[United States v. United States Gypsum Co.,438 U. S. 422 (1978)]案。

1条的民事违法行为而依据《谢尔曼法》第4条提起禁令之诉。但是请注意,其中的一个购买者是由联邦政府所拥有的医院——美国陆军的沃尔特·里德医疗中心。因此,政府自己可以证明这种行为给其"经营或资产"造成了损害,因此可以起诉寻求获得《克莱顿法》第4a条所规定的三倍赔偿、诉讼成本以及律师费。

(三)联邦贸易委员会及其特殊的功能以及复杂的管辖

反托拉斯法的第二个联邦实施机构就是联邦贸易委员会。联邦贸易委员会是一个"独立的机构",这意味着依据其基本组织法为其所创设的结构使其在某种程度上能够免受总统的影响。特别是,联邦贸易委员会是由五位委员所组成的,对于绝大多数重要的事项,只有获得这五位委员的多数票决才能通过。而且,尽管委员是由总统所任命并经参议院确认,但是,他们的七年任期是相互重叠的;依据法律,这五位委员中来自同一政党的最多不得超过三位;而且,总统只能以"工作效率低下、玩忽职守和渎职"为由开除他们。参见《联邦贸易委员会》第1条(15 U.S.C. §41)。总统很难将忠于自己的人安插进联邦贸易委员会,而且委员也不用担心仅仅因为总统不同意自己的决定而丢掉工作。

虽然联邦贸易委员会并不享有反托拉斯刑事起诉权,但是它在其他方面享有与司法部反垄断局类似的权力。然而,事实证明,联邦贸易委员会的管辖以及权力是一个比较复杂的小问题。之所以如此,是因为联邦贸易委员会几乎总是一个具有争议性的主体,而且各种利益集团都或多或少地不断游说国会调整联邦贸易委员会的权力。

联邦贸易委员会管辖的范围是非常复杂的,但是这一问题将会在之后的章节中与反托拉斯法的整体范围一起进行讨论(参见第二十章第二节第三部分)。联邦贸易委员会的执法权也是相当复杂的。在反托拉斯领域,联邦贸易委员会享有两种主要的实体性执法权。第一,《克莱顿法》赋予联邦贸易委员会实施该法第2、3、7和8条的权力(分别调整价格歧视、搭售与排他性合同、企业合并与收购、连锁董事,所有这些都在本书的其他部分进行过讨论)。参见《美国法典》标题15第21(a)条[15 U.S.C. §21(a)]。第二,联邦贸易委员会的基本法,即《联邦贸易委员会法》,该法第5(a)(1)条赋予联邦贸易委员会制止所有"贸易中的或影响贸易的不公平竞争方法……"[7]这一条款与反托拉斯的关系一般来说是有一些复杂的。严格来说,联邦贸易委员会并不享有实施《谢尔曼法》的正式权力,但是最高法院已经明确,违反《谢尔曼法》的行为也是违反《联邦贸易委员会法》第5条的行为。参见加州牙科协会诉联邦贸易委员会案判决书第763页3注释("《联邦贸易委员会法》禁止不公平竞争以及虚假行为或实践的规定……与《谢尔曼法》第1条的范围重叠");美国时尚创始者协会诉联邦贸易委员会[Fashion Originators' Guild, Inc. v. FTC, 312 U. S. 457（1941）]案判决书第463—464页。另一方面,《联邦贸易委员会法》第5条可能也调整那些本身并不违反《谢尔曼法》或《克莱顿法》的行为。参见联邦贸易委员会诉斯佩里哈钦森公司[FTC v. Sperry & Hutchinson Co. ,405 U. S. 233（1972）]案判决书第239页(认为《联邦贸易委员会法》第5条赋予了联邦贸易委员会权力以"界定并禁止不公平的竞争行为,即便这种行为既没有违反字面上的反托拉斯法也没有违背反托拉斯法的精神")。简言之,联邦贸易委员会的反托拉斯实施权至少与《谢尔曼法》《克莱顿法》和《罗宾逊-帕特曼法》集合的权力一样广,或许可能要更广一些,尽管现在在实践中联邦贸易委员会已经很少试图利用这一更广的权力了。

联邦贸易委员会实施这些实体性规定的程序也很复杂。事实上,联邦贸易委员会可以通过两种不同的方式来依据《克莱顿法》和《联邦贸易委员会法》第5条提起诉讼。第一,联邦贸易委员会可以展开被称之为"第3部分"程序的内部审判程序,[8]如果成功的话,将会产生一种面向未来的禁令,被称之为"停止令"("cease-and-desist" order)。为了提起这种类型的诉讼,联邦贸易委员会的五位委员必须首先投票表决以提起控诉。这样做之后,

---

7　第5(a)(1)条也禁止"不公平或欺诈性的行为或实践";联邦贸易委员会在绝大多数情况下都会利用这一独立的权力来保护消费者的利益,打击虚假广告或者欺诈消费者等行为。

8　之所以将其命名为第3部分程序,是因为这些程序规定在联邦贸易委员会实践规则的第3部分,编纂在《联邦法规法典》标题16第3.1—3.83部分(16 C. F. R. § § 3.1-3.83)。

联邦贸易委员会随后就要退出,案件将由联邦贸易委员会的内部律师即"控诉辩护律师"提起诉讼。案件程序的绝大多数方面与其他反托拉斯民事诉讼案件无异,只不过这种案件是由联邦贸易委员会的人员即行政法法官(Administrative Law Judge,ALJ)进行审理,并且没有陪审团。无论是被告还是控诉辩护律师都可以将行政法法官的决定上诉至联邦贸易委员会,联邦贸易委员会随后将事实上充当一个上诉机构。如果联邦贸易委员会认定构成违法,则其将发布停止令以禁止被告从事被诉行为。被告可以将联邦贸易委员会所作出的所有决定上诉至联邦上诉法院,在这种案件中,联邦贸易委员会自身将成为与被告相对立的一方。

重要的是,当被告针对联邦贸易委员会作出的停止令提起上诉时,法律要求庭审法院给予联邦贸易委员会非常广泛的尊重。"联邦贸易委员会、联邦贸易委员会内部的局或者联邦贸易委员会秘书有关事实发现,如果有实质性的证据支持的话,应当是终局性的。"《美国法典》标题15第21(c)条,第45(c)条[15 U.S.C.§§21(c),45(c)]。就这一点而言,波斯纳法官曾就这种尊重以一种相当令人惊讶的自我谦逊作了讨论:

> 成立联邦贸易委员会并赋予其实施《克莱顿法》权力的一个主要原因,就是国会并不信任司法机关就反托拉斯问题所作的决定。国会认为由一个行政机关协助解决这些问题将是有所帮助的,并且事实上希望联邦贸易委员会能够在实施与其同一年制定的《克莱顿法》方面发挥主导性作用。

参见美国医院公司诉联邦贸易委员会案判决书第1387页。因此,法院的"唯一功能就是确定,联邦贸易委员会对被诉行为的可能效果的分析……是否是如此的难以置信,没有证据的支持,以至于即便法院对联邦贸易委员会的实质性证据予以尊重也无法支持其所进行的分析。"参见美国医院公司诉联邦贸易委员会案判决书第1385页。

与司法部类似,联邦贸易委员会也拥有大量的在本质上更多具有监管属性的权力。同样地,联邦贸易委员会与司法部共同负责《哈特-斯科特-罗迪诺法》规定的合并前的审查。但是联邦贸易委员会也有权制定规则以禁止违反《联邦贸易委员会法》第 5 条的行为;也就是说,联邦贸易委员会能够制定具有联邦法律效力的规则以确定哪些行为违反了《联邦贸易委员会法》第 5 条。[9] 这种规则制定的权力,正如关于联邦贸易委员会的其他方面,是很复杂的,虽然这种权力可能是有意义的,但是规则制定从来没有在联邦贸易委员会的工作中发挥过非常重要的作用。更为重要的是联邦贸易委员会所拥有的大量的特别调查权。联邦贸易委员会不仅拥有司法部在起诉前发布民事调查令的权力,而且也能利用一系列的非诉调查权,仅仅出于准备各行各业报告的目的而强制要求提供信息。[10] 最后,与司法部类似,联邦贸易委员会能够应私主体的请求而发布非正式的"商业咨询意见"(business advisory opinions)。

二、私人原告及三倍赔偿规则

事实上与世界上其他所有国家的竞争法都不同,美国的反托拉斯法允许那些遭受违反反托拉斯法行为损害的私人提起诉讼。事实上,在美国反托拉斯法制定伊始,其就不仅允许获得私人损害赔偿,而且还允许获得提高的、额外的损害赔偿,以作为鼓励私人扮演"私人总检察长"(private attorneys general)角色的一种激励机制。在 1890 年制定《谢尔曼法》时,其第 7 条就规定,因任何违反《谢尔曼法》的行为而遭受损害的任何人,都有权获得其实际遭受损害的三倍赔偿。这就是所谓的"三倍损害赔偿"规则("treble damages" rule)。最初的《谢尔曼法》第 7 条也规定,胜诉的私人原告能够获得律师费及诉讼成本的补偿。有趣的是,立法史表明,最初的立法

---

9 联邦贸易委员会能够依据《联邦贸易委员会法》第 6(g)条的规定制定规则以调整不公平竞争行为,见《美国法典》标题 15 第 46(g)条[15 U. S. C. §46(g)];依据《联邦贸易委员会法》第 18 条的规定制定规则以调整欺诈行为,见《美国法典》标题 15 第 57a 条(15 U. S. C. §57a)。

10 联邦贸易委员会的民事调查令的权力规定在《联邦贸易委员会法》第 20 条(15 U. S. C. §57b-1)。它也可以依据《联邦贸易委员会法》第 9 条发布更加普通的、效力更低的传票(15 U. S. C. §49)。联邦贸易委员会的非诉调查权规定在《联邦贸易委员会法》第 6 条(15 U. S. C. §46)。

者可能没有预测到未来某一天三倍损害赔偿将是多么的巨大。立法者担心,受大型"托拉斯"影响的主要受害者将是个体消费者,单个消费者遭受到的损害可能是如此的小,以至于如果没有三倍损害赔偿及律师费补偿的鼓励的话,这些消费者可能不会提起诉讼。(当时集团诉讼制度尚没有建立——如今,集团诉讼可能是规模较小的消费者获得损害赔偿的最主要的途径。)事实上,三倍损害赔偿现在经常会导致数百万美元的赔偿。

最初的《谢尔曼法》第7条被《克莱顿法》第4条、第4a条以及第4c条所取代,这些条款保留了三倍损害赔偿的救济以及律师费补偿,并且规定可以获得判决前利息(prejudgment interest),而且还增加了《克莱顿法》第16条,该条规定任何有权寻求获得金钱赔偿的州政府或私人也有权寻求禁令以禁止托拉斯行为。

因此,例如假设乙酰水杨酸(阿司匹林的基本成分)的生产商形成了一个卡特尔,达成了一个稳定的、长期的固定价格共谋。原告是阿司匹林的生产商,必须从该卡特尔成员那里购买原材料,原告在诉讼中证明该卡特尔能够将每磅乙酰水杨酸的价格提高10美分。原告也证明其在被诉行为发生期间购买了100万磅乙酰水杨酸。因此,原告在这段时间遭受的损害将是10万美元,如果原告能够成功地证明这种责任,则他将获得30万美元的损害赔偿以及律师费和诉讼成本。

私人三倍损害赔偿救济仍然具有争议。批评者认为该制度鼓励了没有意义的诉讼,对违法者形成了过度威慑,这可能会窒息具有促进竞争效果的行为。批评者尤为反感这样一种事实,即私人原告可以在司法部成功提起刑事或民事诉讼以后再提起金钱赔偿诉讼,并且当私人原告这样做时他们将享受一种特殊的法定禁止反言效果(这将在之后探讨)。这种所谓的"后继诉讼"通常是由集团诉讼的原告律师提起的,如果胜诉的话,他们将能够获得非常高的律师费。但是,这种救济的支持者也直言不讳地认为,鉴于提起私人反托拉斯诉讼极为困难——尤其是具有偶然性——有必要保持竞争政策有意义地实施。而且,有新的经验证据表明,事实上至少某些限制竞争的行为——尤其是横向固定价格行为——要比之前所预想的获得更多的利润,其利润是如此之多,以至于三倍损害赔偿责任可能无法完全有效禁止这种行为。[11]

三、州政府:作为私人原告及国家亲权

州政府在实施联邦反托拉斯政策方面发挥了重大的作用。它们成为经常提起诉讼的当事人,并且它们已经形成了一个具有影响力的协会,即全国总检察长协会(the National Association of Attorneys General,NAAG),除了其他方面以外,全国总检察长协会已经发布了虽然不具有约束力但是具有相当大影响力的一系列示范实施指南。

州政府可以通过两种方式来充当反托拉斯诉讼原告的角色。第一,如果它们的经营或资产受到了损害,则它们能够以自己作为"人"所享有的权利依据《克莱顿法》第4条提起诉讼,正如私人原告所做的那样。尽管《克莱顿法》第4条以及第16条所使用的"人"这一术语并没有被明确界定包括州政府,[12]出于私人实施的目的,法院将它们认定为"人"。参见佐治亚州诉宾夕法尼亚铁路公司[Georgia v. Pennsylvania R. R. Co.,324 U. S. 439(1945)]案判决书第447页(认为佐治亚州作为铁路的所有者,起诉以禁止对其铁路造成的损害,是《克莱顿法》第16条意义上的"人")。就此而言,城市以及其他政府分支机构能够以它们作为"人"的个人能力提起禁令以及三倍损害赔偿的诉讼。参见美国律师协会,《反托拉斯法的发展》第1卷,2002年第五版,第803页。

---

11 约翰·M.康纳(John M. Connor)与罗伯特·H.兰德(Robert H. Lande),"作为理性商业策略的卡特尔:犯罪是有代价的"(Cartels as Rational Business Strategy: Crime Pays),《卡多佐法律评论》(Cardozo Law Review),第34卷(2012),第474—476页(展示了关于卡特尔行为实证研究的结果,发现可能要将对卡特尔行为的惩罚提高到比当前的标准高很多倍的水平,这样才是"最佳的")。

12 《克莱顿法》术语界定的部分是这样来界定"人"的:

本法中任何地方使用的"person"或"persons"都应当被视作是包括企业以及协会,无论是依据美国法、任何地区的法、任何州的法、任何域外国家的法所成立的或授权的企业或协会。

《美国法典》标题15第12(a)条[15 U. S. C. § 12(a)]。

第二，州政府也能够提起一种特殊的被称之为"国家亲权"（parens patriae）（意思是"代替父母"）的代表人诉讼。国家亲权诉讼是由《克莱顿法》第4c条所创设的,在1976年增加以作为《哈特-斯科特-罗迪诺反托拉斯改进法》的标题三,创设该制度是为了纠正加州诉菲多利公司[California v. Frito-Lay, Inc., 474 F. 2d 774 (9th Cir. 1973)]案的观点。菲多利公司案认为州政府无权以作为其市民代表的身份实施联邦反托拉斯法。重要的是,国家亲权诉讼具有特定的限制。除了其他方面的限制以外,主要包括:(1)只能代表居住在州范围之内的自然人的利益而提起;(2)只能针对违反《谢尔曼法》的行为提起,这意味着不能用来实施《克莱顿法》或《罗宾逊-帕特曼法》。但是,在国家亲权诉讼与普通诉讼之间,也存在其他特定的有趣区别,并且,从它们所要保护的当事人的角度来看,它们有时可能要优于依据《克莱顿法》第4条所提起的集团诉讼。例如,没有必要依据《联邦民事程序规则》第23条来验证这种诉讼,这是一个严重的障碍,通常会导致《克莱顿法》第4条集团诉讼的败诉,并且,如果州政府胜诉的话,受益的市民将能够避免原本很高的律师费。

第三节　技术程序特征

一、后继诉讼及禁止反言

通常情况是,联邦执法机构将首先起诉被告,获得了某种禁令或刑事救济,随后私人才意识到他们也受到了相同违法行为的损害,并起诉以寻求获得金钱损害赔偿。《克莱顿法》以及《联邦贸易委员会法》为这些所谓的后继诉讼的原告提供了多种具体的利益。这些具体条款的整体效果就是,政府已经起诉被告这一事实,对于之后的原告来说没有负面的影响;政府诉讼的悬而未决将会损害私人原告的诉讼时效;如果法院对政府所提起的诉讼依据案情作出了最终的判决,则这对于之后的原告将具有积极的法律影响。

首先，这两部法律规定，政府的实施对于随后的原告不会产生消极的影响。[13] 司法部或者联邦贸易委员会已经获得了某种救济这一事实，并不影响随后的私人原告寻求获得救济。[14] 而且，《克莱顿法》第 5(a) 条[15 U.S.C. §16(a)]规定，如果"政府因被告违反了所述的反托拉斯法而提起的任何民事或刑事诉讼"已经作出了"最终的判决或法令"，则在任何由其他当事人起诉该被告的诉讼中，"可以作为反对该被告的初步证据"，"至于与上述判决或法令相关的所有事项，都类似于双方当事人之间的一种禁止反言……"换言之，如果司法部成功地获得了陪审团的裁决或进行了定罪，则原告在之后的民事诉讼中起诉相同的行为时，可以使用之前判决中对其有利的结论。即便政府不再是当事人，私人原告也可以将之前的程序作为"初步证据"，证明在更早案件中所审理过的任何问题，包括最为模糊的被告的责任问题。

这一规则受到几个方面的限制。第一，该规则不适用于大多数由联邦贸易委员会所提起的诉讼——法律不适用于联邦贸易委员会所作出的"裁决"，这意味着在联邦贸易委员会行政停止程序中所作出的任何事实或法律裁决都不得为之后的原告所使用。第二，《克莱顿法》第 5(a) 条仅在政府的判断是"最终的"情况下才适用，并且不适用于在获得任何证词之前所作出的判决。这就是为什么许多政府诉讼是以达成同意令而解决以及许多刑事起诉最终都是以无罪申诉（nolo contendere）的申请而结束的——在任何一种情况下，第 5(a) 条都是不适用的。

最后，私人以及州政府诉讼的反托拉斯诉讼时效（在下文讨论）在司法部所提起民事或刑事诉讼期间（司法部依据《克莱顿法》第 4a 条提起三倍损害赔偿的诉讼除外）或者在任何由联邦贸易委员会提起的诉讼期间中断。

---

[13] 国家亲权诉讼是一个例外。如果是州政府提起了这种诉讼，并且法院作出了最终的判决，在这种诉讼中被代表的市民将因此而不能依据《克莱顿法》第 4 条提起私人诉讼。

[14] 参见《克莱顿法》第 11(e) 条[15 U.S.C. §21(e)]（规定联邦贸易委员会实施《克莱顿法》实体性条款对于之后的反托拉斯诉讼没有影响）；《联邦贸易委员会法》第 5(e) 条[15 U.S.C. §45(e)]（规定联邦贸易委员会实施《克莱顿法》实体性条款对于之后的反托拉斯诉讼没有影响）。

在政府所提起的诉讼结束后,诉讼时效中断的时间仍将持续一年。

二、反托拉斯诉讼时效

正如大家可能预期的那样,鉴于可能的违法行为的复杂性以及实施者的范围,反托拉斯的诉讼时效本身也是相当复杂的。基本的规则规定在《克莱顿法》第 4b 条,即《美国法典》标题 15 第 15b 条(15 U.S.C. §15b),依据该规定,绝大多数的反托拉斯民事诉讼的诉讼时效为四年。第 4b 条明确适用于私人金钱损害赔偿诉讼(包括那些由州政府以其个人身份所提起的诉讼)、司法部的三倍损害赔偿诉讼以及州政府的国家亲权诉讼。但是,第 4b 条并不适用于司法部依据《谢尔曼法》第 4 条所提起的禁令诉讼、联邦贸易委员会依据《联邦贸易委员会法》第 5 条展开的行政停止程序或者政府依据《克莱顿法》第 7 条所提起的任何诉讼。这些由政府提起的民事诉讼基本上没有诉讼时效的限制。

第 4b 条也不适用于私人依据《克莱顿法》第 16 条提起的禁令之诉。但是,下级法院认为它们应当适用迟迟不提起诉讼的公平原则(the equitable doctrine of laches),对于那些迟迟不提起诉讼的原告可以适用第 4b 条的四年诉讼时效。参见国际电话电报公司诉通用电话电子公司[International Telephone And Telegraph Corp. v. General Telephone & Electronics Corp.,518 F.2d 913 (9th Cir.1975)]案判决书第 926—929 页。对于司法部和联邦贸易委员会提起的禁令之诉,并不适用迟迟不提起诉讼的不利后果。司法部的刑事起诉适用独立的诉讼时效——必须在违法行为发生的五年之内提起,参见《美国法典》标题 18 第 3282 条(18 U.S.C. §3282)。

当原告遭受到了可以确定的损害时,第 4b 条的诉讼时效就开始了。从实践来说,这意味着,即便损害是可知的,但只要这种损害还只是推测性的,也不开始计算诉讼时效。参见天顶无线电公司诉哈泽尔廷研究公司[Zenith Radio Corp. v. Hazeltine Research,Inc. 401 U.S.321 (1971)]案判决书第 338—342 页(在本案中,损害行为发生在 1954 年之前,但损害结果出现在 1959 年至 1963 年期间,原告在 1963 年提起诉讼,最高法院准许了原告的损害赔偿请求,因为被诉行为发生之时,所造成的损害尚无法被确认)。也请回忆一下上述的,任何私人或者州政府所提起诉讼的第 4b 条诉讼时效,在政府所提起诉讼期间中断,司法部依据《克莱顿法》第 4a 条提起三倍损害赔偿的诉讼除外。参见《克莱顿法》第 5(i)条,《美国法典》标题 15 第 16(i)条[15 U.S.C. § 16(i)]。

例子

1995 年 1 月,司法部依据《谢尔曼法》第 4 条提起诉讼,最终,陪审团认为麦格比斯特(Megabeast)公司——一家视频游戏软件的开发商——应当承担民事责任。司法部起诉被告在"网络暴力游戏"的相关市场内从事垄断行为。被诉行为主要涉及被告与分销商达成错综复杂的排他性交易协议,司法部起诉认为该协议使得其他软件公司很难进入该市场。被诉行为最近大约发生在 1991 年至 1992 年期间。两年审判之后,陪审团对所有方面的责任都作了裁定。六个月之后,与被告具有竞争关系的软件开发商基于几乎相同的事实和相同的法律理论提起了针对被告的私人诉讼。经过两年多的审前程序包括重大的发现以后,麦格比斯特公司申请简易判决。在原告的答复中,原告集团并没有提出与相关市场或者麦格比斯特公司行为相关的任何新的事实。

麦格比斯特公司的申请提出了多种理论:(1)具有竞争关系的软件视频游戏开发商在这种情形之下并不是合适的原告;(2)原告未能提出充分的证据以支持《谢尔曼法》第 2 条的诉因;(3)原告的诉讼请求超出了诉讼时效。法院是否应当准许被告的申请?

解释

从上述的案件事实来看,没有理由认为应当驳回原告的诉讼请求。首先,由横向竞争者所组成的原告集团在这种情形之下能够证明反托拉斯损害。事实上,原告因为损失了交易而遭受到损害,并且这种损害并不是因为竞争本身而是由于限制竞争的排他性行为导致的。在本案中不存在伊利诺伊州砖块公司案规则问题——所声称的损害并不是通过某种间接购买产品所导致的——并且也没有明显的理由怀疑"关系疏远"或"反托拉斯诉讼当事人资格"问题。损害是直接的,并且是可以被确定的。(回想一下,通常只有在原告既不是被告的顾客也不是被告的竞争者的情况下,才会存在关系疏远的问题。)

其次,尽管依据《谢尔曼法》第 2 条起诉垄断行为的原告确实必须证明相关市场以及该市场内的排他性行为(参见第十三章),但是,本案是在法院对司法部提起诉讼作出判决之后的一种"后继诉讼"。因此,依据《克莱顿法》第 5(a)条,前一诉讼有关责任的确定是之后私人集团诉讼中责任确定的初步证据。除非麦格比斯特公司在这一阶段能够提出反驳前一诉讼中有关责任确定的证据,否则它的申请不能基于这些理由而被准许。

最后,原告的集团诉讼并没有超出诉讼时效。尽管本案是一个《克莱顿法》第 4 条案由的案件,并因此要适用《克莱顿法》第 4b 条所规定的四年诉讼时效,但是,司法部提起的诉讼中断了诉讼时效,因此要适用《克莱顿法》第 5(i)条。

例子

2002 年 1 月,司法部起诉 IBM 以及其他电脑生产商从事了限制贸易的共谋。除了司法部提起诉讼以外,还有九个州的总检察长提起了国家亲权之诉。被诉行为发生在 1992 年 11 月与 12 月,主要涉及固定价格以及划分市场的共谋。司法部和州总检察长能够提起该诉讼吗?

解释

司法部可以提起诉讼,但是依据《克莱顿法》第 4b 条关于诉讼时效的规定,州的起诉可能已经超出了诉讼时效。回想一下,对于联邦政府所提起的民事诉讼并没有诉讼时效的限制(尽管司法部提起的刑事诉讼与金钱损害赔偿诉讼是有诉讼时效限制的,前者是五年,后者与其他的金钱损害赔偿诉讼一样适用四年的诉讼时效)。但是,规定了主要的反托拉斯诉讼时效的《克莱顿法》第 4b 条,显然是适用于国家亲权诉讼的。

三、政府和解及托尼法案

最后一个特殊的程序性问题调整的是由政府所达成的和解协议。与私人反托拉斯诉讼不同,在政府所提起的反托拉斯诉讼中,双方当事人不能因为自己觉得合适就自愿达成和解。

依据《托尼法案》(Tunney Act),即《克莱顿法》的第 5(b)—5(h)条[15 U.S.C. §16(b)-§16(h)],司法部达成的和解协议需要得到法院的批准,并且要有机会能够得到公众的评论。一旦达成和解协议——这种协议被称之为"同意令"——司法部必须向对该案具有管辖权的地区法院提交该同意令,同时提交由司法部所准备的被称之为竞争性影响声明(the Competitive Impact Statement,CIS)的文件。竞争性影响声明必须描述被告、其所在行业以及被诉行为,并且解释为什么所建议的同意令是符合公共利益的。这些文件也必须在联邦公报上发布,所有利益相关方都被邀请发表意见。接下来就由地区法院依据竞争性影响声明以及公众的评论来决定同意令是否符合公共利益从而被准许。

同样地,根据国家亲权诉讼的基本法律依据《克莱顿法》第 4c(c)条,州政府国家亲权诉讼的和解协议也需要得到法院的批准,并且告知被代表的当事人。与《托尼法案》不同的是,《克莱顿法》第 4c(c)条并没有为法院作出判断提供指导,也没有规定要求通知公众进行评论或者给予公众参与的机会。

联邦贸易委员会并不受《托尼法案》或其他法律关于和解协议限制的约束,但是,联邦贸易委员会自愿采取了对和解协议进行审查的程序,这在很大程度上遵循了《托尼法案》的程序。参见美国律师协会,《反托拉斯法的发展》第 1 卷,2007 年第六版,第 675—676 页。

第四节 反托拉斯救济

一、金钱补偿

(一) 金钱损害:私人原告、国家亲权诉讼中的州政府、联邦政府

私人原告,包括以个人身份提起诉讼的州政府,因自身利益受到损害而

提起诉讼的联邦政府,以及提起国家亲权诉讼的州政府,对于他们所遭受的损害都可以寻求三倍损害赔偿。他们也有权寻求律师费以及诉讼成本的补偿。严格来说,胜诉的原告还有权获得自提起诉讼之日起至最终判决作出之日期间的判决前利息,[15]但前提是原告能够证明被告是异常延迟的,但似乎从来没有原告能够成功地进行这种证明。[16]

取决于所声称损害的性质的不同,可以通过多种不同的方式计算所造成的损害。如果原告是一个控诉收取过高价格的消费者,则他能够获得的补偿将是被抬高的价格与如果没有被告的违法行为而实际收取的价格二者之间的差价。如果原告是被告的竞争者,则他能够获得的补偿将是所损失的利润;也就是说,他能够获得补偿的数额,将是其经营在没有受到被告行为损害的情况下原本可以获得的利润。

自然,所有原告都负有对其有权获得赔偿的损失进行证明的义务。原告的证明必须"建立在数据的基础之上"[17],并且不能含有"投机或猜测的成分"。[18]而且,被告也可以通过证明原告的有些损失是由于其管理不当、正常的竞争、经济低迷或者其他合法因素导致的,以此来反驳原告的损害赔偿请求。被告也可以通过证明原告未能采取有效措施减少其损失来进行反驳。[19]

但是,一个重要且长久以来就存在的规则就是,不得强迫原告对所遭受的损害进行非常精确的证明。法院认识到,反托拉斯损害本质上就具有推测性。这几乎不可避免地要求查明事实以确定如果没有被告的行为原本将

---

[15] 所有在全部联邦民事诉讼中胜诉的原告都有权获得判决后的利息——依据《美国法典》标题 28 第 1961 条(28U. S. C. §1961),这是强制性的。

[16] 美国律师协会,《反托拉斯法的发展》第 1 卷,2007 年第六版,第 846 页。

[17] 参见天顶无线电公司诉哈泽尔廷研究公司[Zenith Radio Corp. v. Hazeltine Research, Inc. ,395 U. S. 100,(1969)]案判决书第 123 页。

[18] 参见毕格罗诉 RKO 雷电华电影公司[Bigelow v. RKO Radio Pictures,327 U. S. 251 (1946)]案判决书第 264 页。

[19] 例如,如果原告控诉被告违法拒绝向其销售某种产品,或者终止与原告的交易关系,被告可以提出证据证明原告可以抓住其他一些机会。如果这样的话,即便存在违法行为,则原告的损害也仅仅是替代选择的价值与原告原本能够从被告那里获得交易所产生的价值这二者之间的差价。

会发生什么,然而并没有特定的方式来查明这些事实。正如最高法院曾经说过的,"市场的变幻莫测通常使得我们无法确定地知道,如果没有被告违反反托拉斯法的行为,原告的情形原本将是怎样的。"[20]法院经常说,如果允许有罪的被告从这种固有的不确定性中获益,将是不公平的。因此,原告提出"公正且合理的估算"就足够了,只要"这种估算建立在数据的基础之上",[21]并且这种估算通常可以由专家证词或者有见识的人的证词作出。

(二) 联邦贸易委员会:追缴、赔偿以及没收

通常而言,联邦贸易委员会并不寻求金钱损害赔偿。它不能起诉以追回对政府所造成的损害(这是司法部依据《克莱顿法》第4a条所负有的职责),也没有其他明确的法定权力以寻求金钱损害赔偿。但是,联邦贸易委员会确实享有一种更广的权力,以在联邦地区法院寻求获得禁令(不要与其拥有的发布停止令的权力相混淆,发布停止令并不需要任何法院的参与)。在最近一些年,联邦贸易委员会提出其在适当的情形下可能会利用该权力以追缴违法所得,然后将其分发给受害者。[22] 但是,联邦贸易委员会的这一权力是有争议的,并且联邦贸易委员会自己也表明,只有在违法行为是非常明显以及不会有其他原告针对同一被告寻求金钱损害赔偿的情况下,它才会寻求这些救济。[23]

一种相关的但却很少被使用的救济方式,就是司法部有权没收在违法共谋中所取得的或利用的资产。尽管没收财产的权力是《谢尔曼法》第6条特别授予的,但是,只有当这种资产是由共谋者所共同拥有或者是在共谋的过程中所获得的,才能够予以没收。司法部几乎从来没有使用过该救济。

---

  20 参见 J. 特鲁特佩恩公司诉克莱斯勒汽车公司[J. Truett Payne Co. v. Chrysler Motor Corp.,451 U.S. 557 (1981)]案判决书第 566 页。

  21 参见天顶无线电公司诉哈泽尔廷研究公司案判决书第 123 页。

  22 参见联邦贸易委员会诉米伦实验室公司[FTC v. Mylan Labs.,62 F. Supp. 2d 25 (D. D. C. 1999)]案;联邦贸易委员会,"竞争案件中金钱公平救济的政策声明"(Policy Statement on Monetary Equitable Remedies in Competition Cases),《联邦公报》第68卷第45820页(68 Fed. Reg. 45,820),2003年8月4日。

  23 联邦贸易委员会,"竞争案件中金钱公平救济的政策声明",《联邦公报》第68卷第45820页,2003年8月4日。

（三）藐视行为的金钱处罚

许多执法机构维护公平的权力可以通过对违反命令或者合规性要求的行为进行金钱处罚的方式得以实现：

1. 对于违反联邦贸易委员会停止令的行为，对于每一次违法行为或者持续违法行为中的每一天的违法行为，可以处以民事处罚（对于每次违反《联邦贸易委员会法》命令的行为可以处以1万美元的罚款，对于每次违反《克莱顿法》命令的行为可以处以5000美元的罚款）。《联邦贸易委员会法》第5(1)条［15 U.S.C. §45(1)］；《克莱顿法》第11(1)条［15 U.S.C. §21(1)］。

2. 同样地，对于不遵守《哈特-斯科特-罗迪诺法》合并前申报要求的行为（这在第十八章中进行了详细的讨论），每天将处以1.1万美元的罚款。事实上，如果合并双方完成了一个需要依据《哈特-斯科特-罗迪诺法》进行申报的合并，则自合并完成之日起直至它们遵守规定之日这段时间，也将适用上述处罚。《克莱顿法》第7A(g)(1)条［15 U.S.C. §18A(g)(1)］。

在寻求进行上述任何救济时，执法机构必须获得法院的命令。

二、结构性救济：剥离或解散

在特殊情况下，法院可以发布衡平性的"剥离"令以撤销某些已经完成的合并交易，解散商业协会，或者甚至将一家公司分解为更小的部分或者完全解散。在反托拉斯法的大部分历史中都偶尔会进行剥离以及解散，甚至是在最近的一些案件中也发布了剥离及解散令。尽管总是充满争议，但是，最高法院不止一次表明剥离以及解散是最重要的反托拉斯救济方式。[24] 但是，法院只是在最罕见以及影响极坏的案件中才会发布剥离或者解散令，并且法院声称如果有任何其他衡平性救济方式的话，法院将不会发布这种命令。例如，如果原告仅仅控诉某些具体的、能够直接予以禁止的限制竞争行

---

[24] 参见加州诉美国商店公司［California v. Am. Stores Co., 495 U.S. 271 (1990)］案判决书第281页（"剥离已经被称之为最重要的反托拉斯救济"）；美国诉杜邦公司［United States v. E. I. du Pont de Nemours & Co., 366 U.S. 316 (1961)］案判决书第329页（持有相同的观点）。

为的话,其他的救济方式就是可行的。只有当被告确实拥有巨大的市场势力,并且这种市场势力将来具有很大的被滥用的可能性情况下,剥离看起来才是必要的。

在新近完成的合并交易中,尤其是如果合并双方尚未作出巨大的努力来整合他们的公司时,剥离将是最为可行的救济方式。然而,即使是在这种情形之下,剥离救济也并非能够得到支持。事实上,在合并后进行资产剥离所存在的困难,是促使制定1976年《哈特-斯科特-罗迪诺法》的重要原因——执法机构认为,除非它们有机会在合并提议阶段就对其进行审查,并且在交易完成之前认为有必要的话能够提起诉讼,否则它们将永远无法有效实施《克莱顿法》第7条。参见第十七章第二节第一部分。

但是,这些救济方式仍然充满争议。当然,最主要的反对还是针对它们激进的本质,但是对于剥离而言——预计在剥离之后,两家或多家独立企业仍然将继续以运行实体的形式而展开经营——会产生另外一个问题。为了使救济措施能够持续有效,法院必须作出一种本质上与法律无关的决定,即如何能够最优设计经营结构以确保企业长期的财务活力。

司法部可以依据授予其广泛权力的《谢尔曼法》第4条(15U.S.C. §4),以及《克莱顿法》第15条(15 U.S.C. §25),来寻求剥离以及解散的救济。传统上,联邦贸易委员会并不寻求结构性救济,并且它寻求这种救济的法定权力也并不明确。但是,联邦贸易委员会最近开始主张,其依据《联邦贸易委员会法》第13(b)条[15 U.S.C. §53(b)]所享有的寻求初步禁令或其他禁令救济的权力,至少赋予了它针对已经完成的合并交易寻求剥离救济的权力。参见芝加哥桥铁公司[Chicago Bridge & Iron Co.,138 F.T.C. 1024(2004)]案(在一个已经完成合并交易的案件中判令剥离)。私人原告(包括州政府)可以依据《克莱顿法》第16条寻求剥离救济。参见加州诉美国商店公司案。

三、其他类型的禁令

调整剥离以及解散救济的相同法律条款——《谢尔曼法》第4条,《克莱顿法》第 15 条和第 16 条,以及《联邦贸易委员会法》第 13(b)条——授权当事人寻求形式多样的、不那么激烈的禁令救济,以补救他们因持续的反托拉斯违法行为所遭受的可预见的损害。尽管严格来说,这些条款可能并不像其文意上所表现的如此宽泛,[25]长期以来,法院对这些条款进行了非常宽泛的解读,认为它们授权发布为了实现反托拉斯目的而"必要或合适的命令和法令"。联邦贸易委员会发布停止令的权力,以及联邦贸易委员会和司法部与合并当事方达成被称之为"同意令"的自愿性和解协议的权力,在本质上都是有效的禁令。这些命令和法令总是采取相当详细的、大致上是监管性命令的形式,以对被告将来某一特定时期的持续性行为进行限制。

四、经营者集中合并前审查的救济

1976 年国会制定了《哈特-斯科特-罗迪诺法》,要求大多数的大型合并及收购计划在完成之前都必须向联邦执法机构进行申报。这使得执法机构有机会判断这些交易是否可能违法。然而,《哈特-斯科特-罗迪诺法》本身却并不包含任何实质性的责任条款。[26] 然而,在依据《哈特-斯科特-罗迪诺法》进行审查的期间,执法机构提起的诉讼本质上正如其他主体提起的诉讼一样,通常都声称违反了《克莱顿法》第 7 条。在依据《哈特-斯科特-罗迪诺法》进行审查期间实施《克莱顿法》第 7 条,执法机构通常必须立即在地区法院寻求禁令救济,并且这通常都是在巨大的时间压力之下进行的,因为在合并交易完成之前予以制止才有价值。但是,很少会出现这种情况,因为如果执法机构在审查阶段就反对合并交易,在这一罕见的情形中,合并双方在完成合并交易之前几乎总是会接受某种救济条件,或者就完全放弃合并交易。如果执法机构表明其将反对企业合并,但是合并当事方仍然决定继续进行

---

[25] 例如,司法部依据《谢尔曼法》第 4 条和《克莱顿法》第 15 条所享有的寻求禁令救济的权力,从名义上来看仅限于"禁止或限制……违法行为的"命令。有人可能会对该条款进行狭义的解读,认为其仅授权对被诉的具体行为展开行为性救济。

[26] 在这种意义上存在一种例外,那就是,未遵守《哈特-斯科特-罗迪诺法》的行为——例如未能就一个应当申报的交易进行申报——应当就违反规定期间的每一天处以 1.1 万美元的罚款。参见第十八章。

合并,则在这种极其罕见的情形中,执法机构唯一的选择就是通过起诉以寻求临时性限制令、初步禁令以及永久性禁令[如果是司法部,则其将寻求依据《克莱顿法》第15条在联邦地区法院获得这些救济;如果是联邦贸易委员会,其将寻求依据《联邦贸易委员会法》第13(b)条在地区法院获得初步救济,然后在行政法官这一机构那里启动第三部分的程序,以寻求获得永久性的停止令]。

第十一部分　反托拉斯法的适用范围

第二十章　反托拉斯法适用范围概论

第一节　反托拉斯法是巨大的"瑞士奶酪"

从抽象意义上来看,反托拉斯法适用范围是如此之广,以至于乍一看似乎包括国会关于州际贸易的宪法性权力所触及的整个范围。从字面上来看,《谢尔曼法》第 1 条和第 2 条适用于发生在美国州际以及与外国的"贸易或商业",联邦法院认为这一用语表明国会希望该法在更广范围内适用的意图。具有包容性的现代定义可能是最高法院长期以来所坚持观点的一种最高总结,即"国会试图尽可能地使《谢尔曼法》第 1 条更加宽泛",[1] 其之所以形成了这一观点,是因为比《谢尔曼法》第 1 条语言"更为宽泛"的表述是"很难予以构想的"。[2] 鉴于在普通法上出于不同目的的使用"贸易"以及"商业"术语,这可能也产生了宽泛界定的印象,因为法院已经明确表明反托拉斯法意欲将这些观点纳入进来。

但是话虽如此,事实表明,反托拉斯法实际上充满了大量的除外以及限制,并且每一种限制都形成了其自身的判例法、历史及特性。换言之,反托拉斯法的适用范围被证明是相当复杂的主体法。事实上,本书试图用四章(第二十章至第二十三章)的内容来探讨该问题,但即便如此也依旧未能完全涵盖这一主题。有趣的是,这也是大多数国家的竞争法所存在的问题。例如,欧盟自从其制定竞争法以来,就一直存在一种程序,特定的行业可以借此来寻求从欧盟竞争法获得"集体豁免"(block exemptions)。作为少数

    1　参见戈德法布诉弗吉尼亚州律师协会案判决书第 787 页。
    2　参见美国诉东南保险商协会〔United States v. South-Eastern Underwriters Assn.,322 U. S. 533（1944）〕案判决书第 553 页。

的几个例子,欧盟多年以来就承认保险行业以及远洋运输行业的豁免,这两个行业长期以来也得到了美国反托拉斯法的豁免。

首先,即便是《谢尔曼法》中非常宽泛的现代概念"贸易或商业"也没有包括为国会权力所调整的任何事物。明显地,它排除了纯粹慈善性的或无偿性的商品或服务交换,而且,众所周知,作为历史事件的遗留产物,它也排除了职业棒球运动。它也具有国际性的限制。尽管美国反托拉斯法确实适用于某些发生于域外的行为,但是,这些所适用的规则很复杂,并且产生于涉及美国进出口利益的长期政治妥协。本章接下来的内容将讨论反托拉斯法基本适用范围的这些特征。

而且,通过法官所创造的判例法,在反托拉斯法的适用范围中也发展出了多个适用除外的情形。其中最为重要的就是禁止将反托拉斯法适用于政治程序的一系列规则,这一问题将在第二十一章中进行讨论。想象一下,假设某州的铁路运营商联合起来敦促该州的立法机构出台法令禁止在该州使用二轮半拖车(semi truck)运输货物。如果立法机构同意的话,结果将明显是限制竞争的,并且有悖于反托拉斯法的政策。但是,如果联邦反托拉斯法禁止这一行为的话,这也会导致非常令人惊讶的、并非是国会意图想要实现的结果,而且这也可能与宪法第一修正案所保护的政治参与相冲突。因此,正如我们将要看到的,最高法院通过一系列被称之为政治"豁免"的规则规定,反托拉斯法在大多数情况下并不适用于这种类型的行为。

最高法院也通过判例法发展出了其他一些豁免规定,主要是针对那些已经由反托拉斯法以外的其他法律所调整的行为(在第二十二章中进行讨论),以及工会的行为(在第二十三章中进行讨论)。

最后,国会也对反托拉斯法的适用范围进行了大量的调整,所采用的方式通常也要比法院更为具体。国会通常是在受影响行业的请求下调整的,并且往往遭到该行业的客户、政府执法机构以及其他观察家的强烈抗议。目前有三十多种明确的反托拉斯豁免法定情形。除了其他十几种豁免情形以外,反托拉斯法不适用于"保险行业"、远洋运输、出口卡特尔、居民医疗匹配计划、国际航空联盟、大学根据需要所提供的经济援助、慈善礼物年金固定利率的行为,或者——每个人都必然会支持的——猪霍乱血清的营销活动。同样地,在那些反托拉斯法仍然适用的诸多情形中,国会也通过法案进行了修订。例如,尽管地方政府机构可以成为反托拉斯诉讼的被告,但它们不能被起诉以支付金钱赔偿。再如,只能依据合理原则对研发及生产型的合营企业提起诉讼,并且只能要求其支付单倍(而非三倍)的损害赔偿。这些法定除外情形的适用及其重要性将会在第二十二章中予以简要讨论,这也更一般性地解决了管制行业内的反托拉斯问题。

第二节　反托拉斯法的基本范围："商业"的要求、州际的要求,以及《克莱顿法》和《联邦贸易委员会法》的适用范围

一、"贸易或商业"的一般原理;排除慈善和退休金;以及反托拉斯法不适当的例外——职业棒球

需要重申的是,虽然反托拉斯法的适用范围有许多具体的除外情形,但在没有法定的或判例法豁免的情形下,反托拉斯法的适用范围是非常广泛的。反托拉斯法适用范围的基本问题就是问发生在"数州之间或者与外国之间的""贸易或者商业"的界限在哪,这明显参照了《谢尔曼法》第 1 条和第 2 条。

首先注意,从明确的法律用语所显示的来看,发生在州际或者与外国的商业中的行为这一要求,从逻辑上来看有别于行为构成"贸易或者商业"这一要求。这似乎表明,看起来属于"贸易"或者"商业"的行为,可能并不是发生在州际或与外国商业中的行为,反之亦然。幸运的是,至少这些要求中有一个是很容易满足的。现在很显然,如果国内行为发生在美国宪法商业条款所规定的州际商业范围之内,则其在任何时候都属于"州际"商业的范围。至于这种行为是否属于与"外国的"商业,则是一个更加复杂的问题,但是这

将会在第二十章第三节中进行讨论。

行为是否属于"贸易或商业"引发了一个不同的问题,即这种行为是否是国会想要使其面临强制性竞争的行为。现今法院将"贸易或商业"的范围界定得非常宽泛。即便是早期的判决在界定"商业"时,也认为其包括任何"购买、销售或者商品的交换"[3],法院认为应当对其进行宽泛的解释,以实现法律所意欲实现的效果——"不应当将其视为是一个技术性的法律概念,而是应当将其视为是从商业实践中发展出来的一个实践概念。"[4] 更为重要的是,法院现在也普遍认为,任何人之间所发生的任何用钱购买商品或者服务的行为,都是一种"贸易或商业"[5]。在具有影响力的美国诉布朗大学案中,第三巡回法院认为,非营利性的大学之间就以需求为基础的奖学金(need-based scholarship funds)达成的协议,是一个涉及"贸易或商业"的合同。尽管大学可能看起来是一个真正的慈善机构,但是法院在处理这一问题时并不存在真正的困难。被告承认,提供教育服务以获取金钱是一种"商业"行为,这并不受其非营利组织形式的影响。法院写道:

> 助学金的数量不仅影响,而且直接决定了一个贫困学生为了接受被告大学的教育而必须支付的金钱的数量。因此,助学金是确定学费这一商业程序中的一部分。

参见美国诉布朗大学案判决书第 665 页。

事实上,当今在反托拉斯案件中,确实只有在非常有限的、罕见的情形下,法院才会直接认定某一行为不属于反托拉斯目的的"贸易或商业"范围。一个主要的案件就是对动物的奉献和永恒的爱诉美国人道协会[Dedication

---

[3] 参见阿德斯顿钢管公司诉美国[Addyston Pipe & Steel Co. v. United States, 175 U.S. 211 (1899)]案判决书第 241 页。

[4] 参见斯威夫特公司诉美国案判决书第 398 页。

[5] 参见戈德法布诉弗吉尼亚州律师协会案判决书第 787 页("商业"包括任何"为了获得金钱而交换商品或提供服务的行为");美国诉布朗大学案(认为作为非营利性机构的大学为获得学费补偿所提供的教育,属于《谢尔曼法》中的"商业")。

and Everlasting Love to Animals v. Humane Socy. of the United States, Inc.，50 F. 3d 710 (9th Cir. 1995)]案。原告是加利福尼亚州的一家致力于保护野生动物的利益慈善机构。原告起诉美国人道协会，美国人道协会是一个全国性联盟组织，由众多致力于从事与原告相同事业的非营利性实体组成。事实上，原告的责任理论就是，被告是原告运营所依赖的慈善捐助的"竞争者"，它采取了各种各样的行为以窃取"捐助"的市场。虽然法院最开始认为，不能从当事人是非营利性机构这一事实中得出结论，但是法院似乎对原告责任理论的思想感到十分震惊。法院写道："如果法律用语能够被赋予即便是一点点含义的话，""请求公众进行慈善性的捐助……并不是一种贸易或商业行为，《谢尔曼法》也不适用于这种行为。"参见对动物的奉献和永恒的爱诉美国人道协会案判决书第712页。

让我们来观察一下这些"商业"定义中的一个重要事实。它们关注的是被诉行为的性质，而非参与该行为的个人或实体的性质。最高法院已经非常明确地进行了澄清，即当事人是非营利性实体这一事实并不相关。[6] 更一般地说，法院以及评论家普遍同意，"这种形式的组织无法从反托拉斯法中获得豁免。"[7] 因此，如果当事人是例如非营利性实体、非公司社团或某些其他看起来为非商业形式的实体的话，则这些本质上都是不相关的。之所以如此，是因为这些实体具有与营利性实体相同的动机并且也会导致相同的政策问题。再者，如果商业组织仅仅通过特定方式进行重组就能逃避适用反托拉斯法的话，则这将在反托拉斯法中留下一个很大的漏洞。

《克莱顿法》《罗宾逊-帕特曼法》以及《联邦贸易委员会法》的用语也都产生了略有不同的适用范围问题。但是，这些条款中的一条，并且也是最为重要的一条——调整企业合并与收购的《克莱顿法》第7条——的适用范围基本上与《谢尔曼法》相同。在20世纪70年代中期，在这一问题上存在一

---

6 参见全国大学生体育协会诉俄克拉荷马大学董事会案判决书第100页及22注释（"毫无疑问，《谢尔曼法》第1条笼统的用语适用于非营利性实体"）；美国机械工程师协会诉水位计公司案（认为"无需争辩，依据反托拉斯法，非营利性组织是可以被认定为负有责任的"）。

7 参见对动物的奉献和永恒的爱诉美国人道协会案判决书第713页。

些疑问，当时最高法院认为，国会使用"从事商业"这一术语，是为了限制这些法律的适用范围。但是，当这些判决适用于《克莱顿法》第 7 条时，它们在 1980 年被国会推翻了。(《克莱顿法》第 7 条的适用在第十七章中作了更为详细的讨论。)

最后，我们将简单地考察一下反托拉斯法中最为奇怪的规则，即对职业棒球宽泛的反托拉斯豁免。现在声名狼藉的巴尔的摩联邦棒球俱乐部诉全国职业棒球俱乐部联盟[Federal Baseball Club of Baltimore v. Nat. League of Profl. Baseball Clubs, 259 U. S. 200 (1922)]案就坚持这种观点，尽管在当时联邦棒球案事实上是非常敏感的。在该案中——当时棒球已经成为一个真正的巨大商业，并且其组织形式已经形成并一直持续到现在——一家破产的球队起诉两家全国性的联盟组织，指控它们合谋以将该球队逐出该行业。在代表最高法院撰写判决书时，奥利弗·温德尔·霍姆斯（Oliver Wendell Holmes）法官就直接认为，尽管打棒球也是为了获得利润，但是它并不属于国会商业条款的范围，依据他们当时的理解，认为该案应当适用法院之前的判例。霍姆斯法官认为体育运动与其他类型的"个人努力"（personal effort）具有相似性，在当时，霍姆斯法官认为这些很显然完全是属于州政府监管的事项。当然，如果这一案件是在当今首次进行审判的话，则审判结果将会完全不同。如今，所有其他的专业运动很显然都是完全受反托拉斯法调整的。[8] 但是，到目前为止，最高法院都非常坚定地拒绝推翻巴尔的摩联邦棒球俱乐部诉全国职业棒球俱乐部联盟案，正如在最近的一个 1972 年案件中所指出的，这一规则必须被保留下来。参见弗洛德诉库恩案。尽管长期以来最高法院自己就很清楚，其他形式的娱乐也属于"商业"，并且，即使法院自己也承认其他专业运动也属于商业，但法院仍然坚持这种观点。最高法院关于棒球运动的判决持续地支持巴尔的摩联邦棒球俱乐部诉全国职业棒球俱乐部联盟案的判决，这可能只是在遵循先例方面是有意

---

[8] 参见美国尼德公司诉美国职业橄榄球大联盟案；弗洛德诉库恩[Flood v. Kuhn, 407 U. S. 258 (1972)]案判决书第 282—283 页（也持有这种观点）。

义的。参见弗洛德诉库恩案判决书第 282—283 页。这一特殊的豁免长期以来就遭到了强烈批评,可能除了棒球队所有者以外的其他人都反对这一豁免,但是即便是国会也无法取消这一豁免。

例子

一所卫理公会教堂(Methodist church)开始接受衣物、毯子以及其他旧物的捐赠,以便将这些物品分发给贫困的人。城镇中的另外两家主要的慈善机构,良好心灵产业(Goodspirit Industries)和天主教牧师庇护(Catholic Ministries Shelter)也接受这些物品的捐赠。良好心灵产业随后在其自己的"良好心灵节约"(Goodspirit Thrift)商店里以极低的价格销售这些物品。销售所得的收入被用于资助那些无家可归的人,并且良好心灵产业在自己的商店里也雇佣一些残疾人,借此向他们提供就业培训。天主教牧师庇护只是简单地将其所收集的物品再次捐赠,既包括直接捐赠给贫困的人,也包括将这些物品捐赠给当地的收容所。

这两家慈善机构的管理层获悉卫理公会教堂将要开展一项大规模的项目,并且担心自己可能无法持续地获得捐赠。因此,这两家慈善机构共同决定,它们将不再向那些已经接受了卫理公会教堂捐赠的贫困人群进行捐赠。它们的这一安排违反反托拉斯法吗?

解释

可能并不违反。从理论上来说,被诉协议类似于一个横向联合拒绝交易行为,并且在适当的情况下可能是违法的。但是,由于这些主体明显都是慈善机构,这可能并不是反托拉斯法所要调整的"贸易或商业"。

相比于对动物的奉献和永恒的爱诉美国人道协会案来说,本案例要更典型一些,因为在本案中确实有实际的资金交换,并且很显然它并不是完全无偿的。其中的一个合谋者,即良好心灵产业为了获得资金而销售其所接受的捐赠物品。不过,良好心灵产业大概是以亏损的状态进行销售的,或者只是能够收回成本,并且无论如何都只会将其收入用来救助贫困的人。但是,根据所能够获得的信息来看,良好心灵产业至少可能从事了"贸易或商业",因此,它们所从事的联合抵制行为可能是违法的。

二、《克莱顿法》第 3 条及《罗宾逊-帕特曼法》

正如在第十一章第一节第二部分和第十六章第四节中所详细讨论的，《克莱顿法》以及《罗宾逊-帕特曼法》某些条款的适用范围存在更多的困惑，并且在某些方面，它们的适用范围不同于《谢尔曼法》。依据目前的法律，这些限制主要针对《克莱顿法》第 3 条（该条规定的是搭售以及排他性交易安排）以及《罗宾逊-帕特曼法》（该法是《克莱顿法》第 2 条，调整价格歧视行为）。

首先，这两个条款仅适用于"商品"（commodities）交易行为。通常认为，这两部法所规定的"商品"仅包括有形商品。因此，它们不包括任何形式的服务，也不包括无形物，如新闻和信息、证券、金融工具、保险以及知识产权。参见美国律师协会，《反托拉斯法的发展》第 1 卷，2007 年第六版，第 174—175 页，第 494—496 页。其次，它们仅适用于那些为了"在美国范围内进行使用、消费或者转售……"[9]而进行的商品交易。虽然在这一点上并不十分确定，但似乎相当清楚的是，这些法律都要求被诉行为所涉及的所有交易必须发生在美国。实际上，它们只能适用于国内的行为或者向美国出口的行为。参见美国律师协会，《反托拉斯法的发展》第 2 卷，2007 年第六版，第 1186 页。

最后，在 20 世纪 70 年代中期，最高法院在所发布的为数不多的意见中强调，某些出现在这些条款中的管辖权语言却并没有出现在《谢尔曼法》中。更确切地说，正如它们当时所规定的，以下条款都仅适用于"从事商业的人"：《罗宾逊-帕特曼法》《克莱顿法》第 3 条及第 7 条。最高法院在这一时期所作出的多个判决都认为，"从事商业"意味着被诉行为必须确实是"发生在"州际贸易之中。这意味着，被诉交易的某些部分应当是发生在两个或两

---

[9] 严格来说，这一限制仅出现在《罗宾逊-帕特曼法》第 2(a) 条中，因此，《罗宾逊-帕特曼法》的其他条款可以适用于出口交易。但是到目前为止，第 2(a) 条仍然是该法中最为重要的实体性条款。参见第十六章。

个以上的州。

1980年，国会对《克莱顿法》第7条进行了修订，规定它适用于"发生在……或影响商业"的交易行为（强调为本文所加），现在很显然，这一修订使得《克莱顿法》第7条具有了与《谢尔曼法》相同的广泛适用范围。但是，到目前为止，最高法院对《克莱顿法》第3条以及《罗宾逊-帕特曼法》更为严格的解释被保留了下来。

例子

柯瑞文范克里斯 & 诺古德（Craven Feckless & Nogud, CF&N）是一家律师事务所，控制了蒙大拿州比林斯市约50%的法律业务。柯瑞文范克里斯 & 诺古德能够感受到自己的市场力量，但同时又有些担心比林斯市另外一家较小的律所不断壮大的地产规划业务。因此，柯瑞文范克里斯 & 诺古德出台了一项新的政策，规定其所有的客户如果想继续聘请该律所处理任何法律事务的话，都必须同时聘请该律所处理他们的地产规划业务。柯瑞文范克里斯 & 诺古德的这一安排是否违反了反托拉斯法？

解释

这是一个"搭售"安排，既可以依据《谢尔曼法》第1条对其提起诉讼，也可以依据《谢尔曼法》第2条将其视为是一种试图垄断的行为提起诉讼（搭售行为满足完全垄断指控所要求的"排他性行为"要件，但是50%的市场份额可能并不足以构成垄断，而只能构成试图垄断）。

但是，这一安排可能并不违反《克莱顿法》第3条，尽管该条款通常适用于搭售行为。原因是，《克莱顿法》第3条仅适用于涉及"商品"的搭售，而专业性的服务如律师服务并不是"商品"。

三、联邦贸易委员会的管辖

联邦贸易委员会拥有两项主要的反托拉斯法实施权，即实施《联邦贸易委员会法》第5条的权力（在实践中这意味着具有实施《谢尔曼法》的权力），以及依据《克莱顿法》第11条实施《克莱顿法》实体性条款的权力。这些条款对联邦贸易委员会的管辖权施加了两种形式的限制。

首先,《联邦贸易委员会法》第5条适用于"个人、合伙或者公司",银行以及公共运输企业除外。但是,《联邦贸易委员会法》第4条将"公司"界定为仅包括"为了自身的利润或其成员的利润……而组织并展开运营的实体"。因此,《联邦贸易委员会法》对所有的自然人、合伙[10]以及所有的营利性公司都具有管辖权,但至少是在某些时期它对非营利性公司并不具有管辖权。不管有些人可能怎么想,这都是一个严重的法律漏洞,因为许多非营利性实体也参与了大量的商业活动,获得了巨额的收入,并且使它们的许多成员变得富有。但是,联邦贸易委员会相对成功地说服了法院,使其承认某些特殊的非营利性实体也是"为了其成员的利润"而展开经营。例如,如果一个专业协会向其成员提供某种经济利益,例如帮助他们获得低价的医疗事故保险或者某些产品和服务的特别折扣,这可能将落入《联邦贸易委员会法》第5条的管辖范围之内。参见加州牙科协会诉联邦贸易委员会案。

其次,联邦贸易委员会实施《克莱顿法》的权力也受到两种不同类型的限制。第一,与依据《克莱顿法》提起诉讼的任何其他原告一样,联邦贸易委员会也受到相同的"处于商业活动之中"的限制——也就是说,当其试图实施《克莱顿法》第3条或者《罗宾逊-帕特曼法》时,它都必须证明被诉交易行为涉及"商品交易"并且直接涉及了两个或两个以上的州(参见第二十章第二节第二部分)。第二,《克莱顿法》本身规定,尽管联邦贸易委员会通常被赋予实施《克莱顿法》实体性条款的权力,但是它不能针对银行或者公共运输企业展开实施活动(包括运输公司以及电信公司)。《克莱顿法》第11条(15 U.S.C. §21)。对于这些实体,《克莱顿法》的实施权被赋予了具体的行业监管机构(例如,银行业主要是由联邦储备理事会实施《克莱顿法》进行调整)。但是,有趣的是,司法部可以针对任何人实施《克莱顿法》。虽然联

---

10 依据定义,所有的合伙都是为了获得利润而成立的组织。参见《统一合伙法案》第6条(1914年)。

邦贸易委员会不能依据《克莱顿法》起诉银行或公共运输企业，但是，司法部却可以依据《克莱顿法》第 15 条寻求禁令（15 U.S.C. §25）。

例子

联邦贸易委员会和华盛顿州的州检察长依据《克莱顿法》第 7 条提起诉讼，以试图撤销一起已经完成的收购，收购方是在不列颠哥伦比亚省温哥华附近经营众多医院的一家控股公司，被收购方是位于华盛顿州西雅图市的一家大型医院。西雅图的这家医院之前是由第七天基督复临安息日会宗教组织所经营的，并且被授予了非营利免税地位。被告试图以管辖权理由驳回两个原告的指控。结果会怎样？

解释

驳回两个原告指控的请求可能会被拒绝。首先面临的一个问题可能涉及联邦贸易委员会针对非营利企业提起诉讼的权力，但是请注意这一限制仅针对《联邦贸易委员会法》第 5 条的实施活动。（并且，无论如何，医院名义上是一个非营利性实体，这不太可能满足《联邦贸易委员会法》第 5 条豁免所要求的实体并不是"为了其成员的利润"而展开经营的条件；医院提供医疗服务是为了获取金钱，并且赚取大额的收入。）另一个问题就是，该交易具有国际性的因素。关于这一问题，参见下文。提前透露一下，这一特殊的交易必然位于《克莱顿法》第 7 条域外适用的范围之内。它会对美国国内的市场产生重大的经济影响。

第三节　国际反托拉斯：
美国反托拉斯法的域外适用

很显然，限制竞争行为会发生在其他国家，并且有时这种行为可能与美国具有一定的联系，或者可能会损害美国的市场。在这种情况之下，产生的问题是，是否有任何人可以提起诉讼来制止这种限制竞争行为。

一、《谢尔曼法》的域外适用范围

除了一些与本部分并不相关的例外以外，依据国际惯例法，主权国家只能对发生在其领土范围之内的行为或者在其领土范围之内具有重大或可预见后果的行为享有法律管辖权。参见《美国对外关系法重述（三）》[Restatement (Third) of the Foreign Relations Law of the United States]第 402 部分(1987)。因此，从国际法来看，只有当发生于域外的行为确实会对美国造成一定损害时，美国反托拉斯法才能适用于这些行为。而且，对于那些包含涉外主体或者涉外行为的法律诉讼，美国法院通常都会遵守被称之为"礼让"(comity)的原则。礼让是由法官所创设的、尊重其他国家主权的一项原则，并且劝告法院在对发生于国外的行为进行管辖时谨慎行事。在 1982 年以前——在 1982 年，国会通过了一项旨在明确反托拉斯法域外适用的某些方面的重要法令，我们将在后文予以讨论——法院笼统地适用这些规则，要求只有当域外行为在美国范围内具有重大的、可以合理预见的后果时，才能够适用美国的反托拉斯法。但是，随着 1982 年法令的制定，这一系列的规则变得更加复杂了。

目前的状况可以大致概括为一个强有力的推定，即支持对那些影响美国国内贸易的外国行为适用域外管辖，但有两个主要的例外情形。这两个例外是由《对外贸易反托拉斯改进法》(Foreign Trade Antitrust Improvements Act, FTAIA)、《美国法典》标题 15 第 6a 条(15 U.S.C. §6a)以及少数其他法律条款所规定的。这种例外就是，美国反托拉斯法通常并不适用于域外造成的损害，也不适用于因美国出口而导致的损害。

首先，域外适用的强烈推定源于《对外贸易反托拉斯改进法》颁布之后的一个判决，即哈特福德火灾保险公司诉加利福尼亚州[Hartford Fire Ins. Co. v. California, 509 U.S. 764 (1993)]案。在该案中最高法院指出，对于由外国主体所从事的域外行为，只要其试图并且事实上确实损害了美国国内的商业，则这种行为就是违法的，并且应当适用《谢尔曼法》。似乎在这种情形之下最高法院唯一承认的例外是，外国主体的这种行为是在外国政府的直接强迫下所从事的。

其次,两个例外主要源于《对外贸易反托拉斯改进法》。法律的详细规定如下:

《美国法典》标题 15 第 6a 条
涉及外国政府的贸易或商业行为

这一标题(也就是指《谢尔曼法》)之下的第 1 条至第 7 条不应当适用于涉及外国政府的贸易或商业(除非是进口贸易或进口商业)的行为,除非——

(1) 这种行为对以下情形具有直接的、重大的以及可以合理预见的效果——

(A) 并非与外国政府所展开的贸易或商业,或者与外国政府所展开的进口贸易或者进口商业;或者

(B) 与外国政府所展开的出口贸易或者出口商业,参与这种贸易或商业的人位于美国范围之内;以及

(2) 这种效果使得依据本标题之下的第 1 条至第 7 条而非依据本条提起诉讼的可能性增大。

如果只是因为(1)(B)段的规定而对这种行为适用本标题之下的第 1 条至第 7 条,则只有当这种行为损害了美国的出口商业时,才能够对其适用第 1 条至第 7 条。

《对外贸易反托拉斯改进法》的第一个后果就是,《谢尔曼法》并没有对域外造成的损害规定救济措施。最高法院关于这一问题的最近的表述认为,适用《谢尔曼法》所要求的"重大的以及可以合理预见的损害"必须与原告寻求救济的损害相同。在 F. 霍夫曼-拉罗什有限公司诉南美恩帕格兰[F. Hoffman-La Roche, Ltd. v. Empagran S. A., 542 U. S. 155 (2004)]案中,原告是维他命的购买者,他们对美国以及外国维他命生产商所达成国际固定价格卡特尔行为提起诉讼。原告是外国公司,他们购买维他命产品并

将其运输到海外,尽管他们也宣称,独立地来看,这种共谋也导致了美国境内的价格上涨。换言之,原告起诉的是域外行为——一个国际性的共谋以及维他命的销售合同,维他命的价格因为这种共谋而被抬高了——该行为对外国市场以及美国本土市场都造成了损害。但是,他们的控诉却完全建立在域外造成的损害的基础之上。最高法院认为依据美国反托拉斯法,这种主张是不可诉的。

哈特福德火灾保险公司案对《谢尔曼法》适用范围所做的广义推定的第二个例外就是,美国的反托拉斯法并不禁止美国出口商从事的、对域外市场造成损害的行为。[11] 首先,《对外贸易反托拉斯改进法》规定,《谢尔曼法》并不适用于与外国政府之间所进行的商业活动,除非其对国内市场造成了损害,或者损害了美国出口商的出口贸易。而且,另外两部单独的法律,即1918 年的《韦布-波梅琳法案》(Webb Pomerene Act)和 1982 年的《出口贸易公司法》(the Export Trading Company Act)[12]规定,美国的出口商所形成的卡特尔可以固定它们在域外的价格,并且实施一些原本可能为违法的行为,只要它们提前向联邦反托拉斯机构披露它们的行为,并且这种行为不会对国内市场造成损害。

二、《联邦贸易委员会法》及《克莱顿法》的域外适用

就大部分内容来看,《联邦贸易委员会法》以及《克莱顿法》的域外适用范围与《谢尔曼法》相同。有两个重要的例外,也就是《克莱顿法》第 3 条(该条调整某些搭售以及排他性交易安排)以及《罗宾逊-帕特曼法》(该法是《克

---

[11] 我们的域外适用规则反映了美国对外贸易政策中长期的政治妥协,记住这一点是有所帮助的。尽管美国的利益明显希望外国公司不要损害美国经济,但是,国内对于美国公司可能在国外造成的损害却并不关心。因此,尽管美国经常重申要致力于建设一个竞争性的市场,但是它长期以来就坚持一种支持美国出口商的保护主义立场。这些出口商一般都被允许实施一些限制竞争的行为,以增加它们在国外的利润。

[12] 这两部法分别是:ch. 50, § 1, 40 Stat. 516 (1918),现在被重新编纂在《美国法典》标题 15 第 61—65 条(15 U. S. C. § § 61-65),以及 Pub. L. No. 97-290, 96 Stat. 1233 (1982),现在被重新编纂在《美国法典》标题 15 第 4001—4021 条(15 U. S. C. § § 4001-4021)。

莱顿法》第 2 条,调整价格歧视行为)。

联邦贸易委员会最主要的实体性实施条款,即《联邦贸易委员会法》第 5 条,适用于那些"在商业中或者影响商业"的"不公平竞争方法"。《联邦贸易委员会法》将"商业"界定为包括"与外国政府……所展开的商业活动"。《联邦贸易委员会法》第 4 条(15 U.S.C. § 44)。但是,《对外贸易反托拉斯改进法》在对《谢尔曼法》进行修订的同时,也对《联邦贸易委员会法》进行了修订,并且其修订现在表现为《联邦贸易委员会法》第 5(a)(3)(A)条。联邦贸易委员会依据该条款实施《联邦贸易委员会法》第 5 条所查处的行为,事实上与依据《对外贸易反托拉斯改进法》被认定为违法的行为相同。同样地,《克莱顿法》第 7 条适用于"从事商业或者从事了任何影响商业的行为"的人之间的收购,并且,《克莱顿法》将"商业"界定为包括"与外国政府……所展开的商业活动"。《克莱顿法》第 1(a)条[15 U.S.C. § 12(a)]。事实上,如果所涉及的被收购方在美国境内具有重要的销售活动,则这种收购应当适用《克莱顿法》第 7 条,即便收购交易中的一方或多方的总部或者主要经营位于域外。

同样地,例外就是《克莱顿法》第 3 条以及《罗宾逊-帕特曼法》。这些条款都仅适用于为了"在美国进行使用、消费或者转售……"而从事的商品交易。[13] 尽管在这一点上并不具有那么强的确定性,但是,似乎相当清楚是,这些法律都要求被诉行为所涉及的所有交易都发生在美国范围之内。事实上,它们仅能适用于国内行为或者向美国进口的行为。参见美国律师协会,《反托拉斯法的发展》第 2 卷,2007 年第六版,第 1186 页。

三、反托拉斯法域外适用总结

理解当前反托拉斯法中关于域外适用规定的最好方式可能是假设几种可能的诉讼情形:

---

[13] 严格来说,这一限制仅出现在《罗宾逊-帕特曼法》第 2(a)条中,因此,《罗宾逊-帕特曼法》中的其他条款可能能够适用于出口。但是到目前为止,第 2(a)条是《罗宾逊-帕特曼法》最为重要的实体性条款。

1. 纯粹的域外行为,并且对美国没有影响,则这种行为在任何情形之下都不适用美国反托拉斯法。

2. 纯粹的域外行为,并对美国具有影响,原告的起诉仅建立在"独立的"域外影响基础之上,则这种行为也不适用美国的反托拉斯法。这些就是被审理 F. 霍夫曼-拉罗什有限公司诉南美恩帕格兰案的最高法院认为是属实的事实,并且基于这些事实,法院认为原告不能依据美国反托拉斯法在美国法院中提起诉讼。

3. 纯粹的域外行为,并且对美国具有影响,原告的起诉建立在美国影响基础之上,则这种行为应当适用于《谢尔曼法》《联邦贸易委员会法》以及《克莱顿法》第 7 条(尽管可能并不适用《克莱顿法》第 3 条或者《罗宾逊-帕特曼法》)。

4. 纯粹的域外行为,并且仅损害了美国的出口商的利益,则这种行为应当适用于《谢尔曼法》《联邦贸易委员会法》以及《克莱顿法》第 7 条(尽管可能并不适用《克莱顿法》第 3 条或者《罗宾逊-帕特曼法》)。例如,美国的出口商可能依赖于欧洲的交易,并需要获得欧洲的分销渠道。如果它们在欧洲的直接竞争者实现了纵向的整合,控制了为美国公司所依赖的大多数分销设施,并且拒绝美国公司获得这些设施,则可以适用美国的反托拉斯法。

5. 影响美国出口的国内行为,可以豁免适用美国的反托拉斯法,除非这种行为在美国范围之内产生了某种影响。

第四节　反托拉斯法适用的基本范围总结

让我们停下来总结一下截止到目前我们关于反托拉斯法的一般范围学到了什么:

(一)《谢尔曼法》第 1 条和第 2 条以及《克莱顿法》第 7 条适用于:

1. 为了金钱或任何其他有价值的东西而进行的任何商品或服务的

交换，

2. 无论任何一方的组织形式如何，

3. 发生在：

（1）美国范围之内，

（2）域外，但是其目的或效果在于损害美国市场，或者

（3）域外，并且具有损害美国出口商的效果，

4. 职业棒球除外，并且联邦贸易委员会也不能依据《克莱顿法》第 7 条针对银行或者公共承运人展开执法。

（二）《联邦贸易委员会法》第 5 条事实上适用于《谢尔曼法》和《克莱顿法》第 7 条所适用的任何行为，不向其成员提供经济利益的非营利性实体所从事的行为除外。

（三）对搭售以及排他性合同创设了特殊规则的《克莱顿法》第 3 条，以及调整价格歧视行为的《罗宾逊-帕特曼法》，适用于：

1. 有形商品的交易，

2. 直接涉及美国两个或两个以上的州。

第二十一章 反托拉斯法与政治

第一节 反托拉斯法与政治的交融

一、为什么政治行为或者政府行为(理论上)会违反反托拉斯法

有必要制定规则来界定反托拉斯法与政治进程之间的关系,这似乎令人感到有些惊奇。反托拉斯法是调整商业的法律,然而,发生在政治领域中的行为却并不那么类似于商业行为。一般来说,政策制定者通常并不会为了进行销售而生产商品或提供服务。但是,请回忆一下我们在第二十章中所讨论的,如果没有具体例外情形的话,反托拉斯法的适用范围是非常广泛的。事实上,政治行为会通过多种方式损害竞争,我们很容易就能想到这些方式,它们至少在理论上符合《谢尔曼法》意义上的"限制……贸易"或者帮助"垄断"行为。例如,州政府对法律行业或医疗行业进行的全面管制。州政府要求医生和律师在执业前要获得执业许可,而获得这种许可是非常昂贵和困难的。因此,很明显,州政府通过设定市场准入门槛而非常显著地在这些市场中"限制了……贸易",毫无疑问,这些规则也提高了专业服务的价格。

州政府也通过其他许多方式对如何从事商业活动进行规制,它们的这种干预中的很大一部分显然是有损竞争的。州政府监管广告、产品安全、雇佣关系以及许多其他商业行为,这种监管可能会形成不同于竞争水平之下的价格与产出。有时,州政府甚至会直接调整产品和服务的价格。州政府会基于各种不同的理由来进行这种监管,并且州政府通过监管可能会追求经济效率以外的其他价值目标,这种价值目标可能是以牺牲一定的经济效

率为代价而获得的。但是,几乎任何人都会认为,其中的一些价值目标毫无疑问是有害的、被游说了的并且是不受欢迎的。私人在他们参与政治的过程中也会对竞争造成损害。最为明显的就是,私人有时会请求政府损害他们的竞争对手——例如,通过宣布竞争对手的产品为违法——并且有时他们会基于限制竞争的理由而非常直接地这样做。

请再一次记住,尽管无论是《谢尔曼法》还是《克莱顿法》都没有明确州政府是否属于"人",但是,这两部法都将"人"界定得非常宽泛。参见《谢尔曼法》第 7 条(15 U.S.C. §7);《克莱顿法》第 1(a)条[15 U.S.C. §12(a)]。事实上,州政府确实是属于《克莱顿法》第 4 条意义上的人,这也是它们能够就自己的"商业或财产"遭受反托拉斯损害而提起诉讼的原因。[1] 换言之,从纯理论的角度来看,我们可以说某一"政治"行为在很多情形之下都会违反反托拉斯法字面上的规定。但是,由于法官创造了政治豁免规则,因此,只要该行为确实是一种"政治"行为的话,它通常都完全不受反托拉斯法的调整。

通常认为,可以将政治豁免分为两种类型。第一种是适用于州政府自己行为的一系列规则。州政府可能会采取一系列行为来干扰市场的运行——例如通过制定法规、规章或者司法决定,以某种方式影响正常的竞争。在大多数情况下,反托拉斯法并不适用于州政府从事的这些行为。这就是所谓的"州行为豁免"(state action immunity)或者以帕克诉布朗[Parker v. Brown, 317 U.S. 341 (1943)]案命名的帕克豁免(Parker immunity)。唯一的主要例外就是,如果州政府试图让私人充当代表限制贸易时,州政府的这种行为就具有很大的可能性违反反托拉斯法。参见加州零售白酒经销商协会诉米德卡铝业公司[California Retail Liquor

---

[1] 事实上,即便是在法院最为重要的政治豁免的案件中,最高法院也认同这种观点,正如在不到一年前的案件中,法院对这一问题作出的决定。参见帕克诉布朗案判决书第 351 页,引用佐治亚诉埃文斯[Georgia v. Evans, 316 U.S. 159 (1942)]案。最高法院谨慎地解释道,这一"结论并不是直接从'人'以及'公司'这些词的字面意义上推导出来的,而是从《谢尔曼法》的立法宗旨、调整对象、立法背景以及立法历史中得出的"。参见帕克诉布朗案判决书第 351 页。

Dealers Assn. v. Midcal Aluminum,445 U. S. 97（1980）]案。第二种是保护参与到政治程序之中的私人行为的一系列规则。当人们请求政府采取行动时,他们通常并不能因此而被起诉,即便政府的这种行为是限制竞争的,也无论政府的行为会造成多大的损害。这在某种程度上反映了对被告所享有的宪法第一修正案权利的担心,这似乎也反映了这样一种自然的直觉,即如果私人的行为是政府强迫从事的,或者得到了政府的准许,则私人不应当因为从事了这种行为而承担责任。这就是诺尔－彭宁顿规则（Noerr-Pennington rule）,是以东部铁路公司总裁会议诉诺尔汽车货运公司案以及美国矿工联合会诉彭宁顿[United Mine Workers of Am. v. Pennington, 381 U. S. 657（1965）]案命名的。

二、政治豁免案件的宪法特征

（一）政治豁免本身（似乎）并不是宪法规则

一个很重要但却未得到解决的问题就是,政治豁免规则本身是否是宪法规则,这是不确定的。这一问题可能通过两种方式得以解答。一方面,可能是最高法院意图在其审理的政治豁免的案件中表明,如果反托拉斯法适用于涉案行为,则反托拉斯法本身将是违宪的。很明显,产生这两种政治豁免的案件类型——针对州政府政策提起诉讼并享受帕克豁免的案件,以及针对私人游说活动提起诉讼并享受诺尔豁免的案件——可能是以宪法本身的文本为基础的。有人可能认为帕克豁免是我们的联邦制规则所要求的,产生于宪法第十修正案以及国会依据宪法第1条所享有的权力,而诺尔豁免则是由宪法第一修正案所保护的自由表达的权利以及政治参与的权利所要求的。

但是另一方面,最高法院自己的意见中又没有证据表明其认为这些规则本身是由宪法所要求的。在基本的观点中,法院明确地表明其判决并非是依据宪法所作出的。相反,在帕克诉布朗案以及东部铁路公司总裁会议诉诺尔汽车货运公司案中,最高法院明确表明其是基于所谓的"宪法回避规则"（rule of constitutional avoidance）而作出的判决,在这一规则之下,如果可行的话,在对法律进行解释时应当回避宪法问题。

而且,如果认为豁免规则是宪法规则的话,这可能会导致某些奇怪的、令人惊奇的后果。一方面,这些规则将在原告针对政治行为提起诉讼的案件中适用,但主张的却并非是反托拉斯诉求。最高法院从来没有在反托拉斯之外适用豁免规则,并且似乎曾经明确表明它们不会在反托拉斯以外适用。[2] 不管怎样,如果这样适用豁免规则的话,则某些已经得到认可的普通法诉因将可能是违宪的。[3] 然而,这一问题仍然没有一致的答案,并且多个下级法院认为诺尔-彭宁顿规则是宪法第一修正案规则。

(二)在某种意义上,州行为案件无疑是合宪的:这暗示主权豁免并寻求联邦"优先"

尽管如此,其中的一种政治豁免——帕克诉布朗案下的州行为豁免——无疑提出了一个实际的、重大的宪法问题,这具有一种完全不同的意义。当被告是州本身或者某些地方政府机构的话,则在某种意义上,该诉讼就完全不是一个反托拉斯诉讼,而是依据美国宪法的至上条款提起的指控。也就是说,原告寻求禁止实施州的政策,这些政策与联邦反托拉斯法体现的竞争政策是如此相冲突,以至于反托拉斯法要优先适用。参见赖斯诉诺曼·威廉姆斯公司[Rice v. Norman Williams Co.,458 U.S.654(1982)]案

---

[2] 参见麦克唐纳诉史密斯[McDonald v. Smith,472 U.S.479(1985)]案。麦克唐纳指控向美国总统以及其他联邦机构寄送诽谤信的作者,并提起诽谤之诉。被告撰写了这些信件,被告并未能成功地说服最高法院诺尔-彭宁顿判例法应当适用于原告的诽谤之诉,正如其适用于一个反托拉斯之诉那样。颇为奇怪的是,最高法院并没有明确地解决这一问题。但是,最高法院的观点却产生了基于法律的原因而予以驳回的实际效果。法院认为,依据宪法第一修正案的请愿条款,任何人都不享有向政府官员请愿的绝对权利,因此,原告提起的诽谤之诉的合宪性应当像那些并不涉及向政府发表言论的诽谤案件一样进行审判。但是,如果诺尔-彭宁顿案件实际上是为宪法第一修正案所要求的话,则情况将会有所不同。如果适用的话,则结果将是承认一种实质上绝对的请愿权,而这是为最高法院所反对的。

[3] 参见格瑞普-派克公司诉伊利诺伊州工具工作公司[Grip-Pak,Inc. v. Illinois Tool Works, Inc.,694 F.2d 466(7th Cir.1982)]案判决书第471页,基于其他的理由而不认可,参见专业房地产投资者公司诉哥伦比亚电影工业公司案第55页及3注释("如果所有的非恶意诉讼都能够依据宪法第一修正案而豁免适用政府监管,则滥用程序的侵权行为将是违宪的——截止到目前,没有人会相信这一点。")。

(提出了这种观点)。[4]

381　　一个相关问题是,联邦反托拉斯诉讼只能在联邦法院中提起,[5]并且,美国宪法第十一修正案规定,州可以从公民针对该州在联邦法院提起的诉讼中得到豁免。参见爱德曼诉乔丹[Edelman v. Jordan, 415 U.S. 651 (1974)]案判决书第663页。但是,结果表明,这一规则存在很多广泛的例外,而这在反托拉斯案件中基本不成其为一个问题。首先,该规则仅保护州本身,而不包括其部门和自治市。参见威尔诉密歇根州立警察局[Will v. Michigan Dept. of State Police, 491 U.S. 58 (1989)]案判决书第79页。这些较小的主体可以在反托拉斯诉讼中被起诉,而不用考虑宪法第十一修正案。其次,即便诉讼确实是针对州而提起的,对于发生在其主权范围之内的行为——例如针对的是州的法律所提起的诉讼——一种以Ex帕特杨(Ex Part Young)规则的形式绕开宪法第十一修正案的方式通常是可行的,参见Ex帕特杨[Ex Parte Young, 209 U.S. 123 (1908)]案。在该案中,原告在联邦地区法院针对明尼苏达州总检察长提起禁令之诉,以阻止他实施一项新制定的调整铁路运费的法律,这一诉讼的基础是该法律违反了铁路公司的宪法性权利。最高法院认为宪法第十一修正案并不妨碍该诉讼,因为总检察长是以个人身份被任命的,并且州本身也并不是当事方。如果反托拉斯诉讼的原告寻求禁止一项州法或州本身的某些其他法令,则几乎总是有某些具体的官员负责实施这些州的法律,因此,依据Ex帕特杨案,在这些案件中第十一修正案显然并不成其为问题。

　　4　事实上,整体的"州行为"准则,也即第二十一章第二节的内容,可能被认为是一个专业性的优先权规则,仅被用来判断联邦反托拉斯政策是否要优先于特定的州政策。显然,最高法院有时似乎是这样认为的,正如赖斯诉诺曼·威廉姆斯公司案中所展示的那样。但是,沙利文和格里姆斯提出了精彩的观点,认为如果法院在考察《谢尔曼法》是否要取代州法时适用一般的宪法性优先分析的话,则相比于目前的判例法而言,将会对州的监管权构成更为严重的干涉。正如他们所说的,"所有鼓励或保护定价或者其他明显违反反托拉斯法行为的州的监管法律,显然是与反托拉斯法相冲突的,与反托拉斯法相比,可能任何州的法律都在被允许的和被禁止的经济合作之间划定了更为明确的界线。"劳伦斯·A.沙利文与沃伦·S.格里姆斯,《反托拉斯法:综合手册》,2006年第二版,第800页。

　　5　参见第十九章。

(三) 涉及这两种豁免规则的案件也涉及其他一些宪法问题

依据反托拉斯法会引起政治豁免问题的案件类型通常也会引起所有其他类型的宪法问题，至少具有这种可能性。州行为案件通常涉及州政府规制其州内经济的努力。这通常是它们的职权，但是如果它们过度干预市场，则通常会违反各种各样的宪法性原则。首先，它们可能会干预个人的私权，例如当它们获取私人财产而不予以补偿即是如此。它们也可能会引发关于它们自己进行规制的宪法权力问题，尤其是当它们的市场干预对其他州的商业活动具有同样的效果，或者当它们所规制的本州范围之内的商业本质上是"跨州"的商业时更是如此。在这些情形之下，州政府行为可能涉及所谓的"休眠商业条款"（dormant Commerce Clause）规则。州行为也可能涉及其他联邦优先问题，例如，当一个州试图对那些已经为联邦法所广泛规制的行业例如药品或州际货物运输等行业进行规制时，就会产生这种问题。

请愿豁免案件通常会产生不同类型的问题。如果个人因为政治行为而被起诉，则其可以直接依据宪法第一修正案而获得其他保护。言论自由条款规定了一般性的权利，个人可以据此而从事消费者联合抵制或者其他公共示威的行为，只要这种行为不具有商业动机，即便这种行为可能会产生经济损害或者以经济胁迫作为说服的工具。（参见第二十一章第四节第五部分。）但是，这些行为看起来可能像言论或政治行为这一事实，并不能确保其能得到宪法性保护，也不能确保对其所施加的反托拉斯责任将是违宪的。对于那些具有商业动机的行为而言，并不能享受同样的公共示威的宪法性权利，尽管其可能具有非常真诚的表达内容。同样地，在反托拉斯案件中，出版自由通常对于作为媒体的被告而言也没有带来什么好处。

三、政治豁免总结

由于政治豁免这一问题非常大而且很复杂，因此，对前面的整体法律进行总结将是有益的：

（一）就反托拉斯法而言，州政府可以自主地确定其本州范围之内的经济政策，除了以下两个方面的例外：

1. 如果州授权地方政府机构或者（可能）州行政机构，被授权机构声称某些限制贸易行为是依据授权所做出的，则被告必须证明：

（1）被诉行为是依据向其进行授权的州所明确阐明的政策而做出的。

2. 如果州向个人进行授权，个人声称某些限制贸易行为是依据授权所做出的，则该个人必须证明：

（1）被诉行为是依据向其进行授权的州所明确阐明的政策而做出的；并且

（2）该行为受到了州政府本身的积极监督。

（二）个人不能因为向联邦政府、州政府或地方政府的任何机构进行"请愿"而承担法律责任，即便个人所请求的政府行为会损害竞争，除非：

1. 所声称的请愿行为是一个"幌子"，也就是说，该个人事实上并不关心所请求的政府行为，而只是希望利用请愿程序来损害竞争对手；

2. 所声称的请愿行为本身就违反了反托拉斯法；或者

3. 所声称的请愿行为发生在与传统政治交流场所相去甚远的背景之下，例如私人标准制定组织所召开的闭门会议。

第二节　州自身作为被告：帕克豁免或"州行为"豁免

一、基本规则：真正的州行为是"根据事实"进行的豁免

一般来说，州行为豁免适用的最纯粹形式是当这种行为确实是"州"自身的行为，在某种程度上是明确的"州"行为。因此，如果州的最高机构——州的立法机构、州的最高法院或者（可能——在这一点上判例法并不是那么明确）州长——采取具有法律效力的正式行动，则这种行为不能成为任何类型反托拉斯救济（针对任何人的）的基础。这一规则通常被称为帕克规则，以首先承认该规则的帕克诉布朗案命名。这一规则通常也被称之为"州行

为"豁免("state action" immunity)。法院有时认为,依据该规则,"任何符合州行为条件的行为都'根据事实本身……能够豁免适用反托拉斯法……'"参见哥伦比亚市诉欧姆尼户外广告公司[City of Columbia v. Omni Outdoor Advert., Inc., 499 U. S. 365 (1991)]案判决书第 379 页,引用胡佛诉朗温[Hoover v. Ronwin, 466 U. S. 558 (1984)]案判决书第 568 页。

事实上,在这一点上,这一宽泛的陈述具有相当大的误导性。至少在一种重要类型的案件中,州政府是不能从反托拉斯起诉中得到豁免的,并且在这类案件中,州政府可能事实上被当作真正的利益相关方而被起诉,并且它们的行为可能被禁止。具体而言,如果州政府试图授权私人在没有政府监管的情况下从事限制贸易的行为,则州政府就不能"根据事实"获得豁免。这类性质的案件受到所谓的米德卡规则的调整,该规则将在第二十一章第三节中进行讨论。因此,例如,假设一个州的立法机构严格依据所有正当的程序展开立法工作,比方说制定了这样一部法律,规定"本州范围内的所有药店自此以后都被允许就阿司匹林的价格展开协商"。毫无疑问,这一法律就是州自身的真实行为,但是,同样毫无疑问的是,法院会依据米德卡规则禁止这部法律。

因此,更加准确的说法是,作为州自身的行为是可以根据事实从反托拉斯法中得到豁免的。州行政机构的行为并不是州的行为,除非某些官员可以被认为仅仅实施了某些纯粹的州行为,正如帕克诉布朗案一样(在本案中,被告帕克是一个州的官员,他被指控实施了一部调整农产品价格的州法)。因此,如果宽泛地向州行政机构授权以制定监管规则,而这种授权之后被用来制定限制贸易的规则,则这很有可能不会被认为是州本身的行为。参见哈雷镇诉奥克莱尔市[Town of Hallie v. City of Eau Claire, 471 U. S. 34 (1985)]案判决书第 46 页及 10 注释(在判决中持有这种观点)。自治市政府当局的行为不是州的行为。参见哈雷镇诉奥克莱尔市案判决书第 38—39 页。

例子

乔·邓斯莫尔是刚刚从印第安纳州的一所法学院毕业的法学博士,不幸的是他刚刚得知自己未能通过印第安纳州的律师资格考试。他并不是唯一一个未通过考试的人。似乎印第安纳州的律师当局作出了某种一致性的决定,从而使得今年的考试要比往年更为严格些,并且通过率自去年开始就明显地下降了很多。乔最近也听到了许多关于律师志愿小组从事不道德的事的流言,这些律师志愿者每年都参与律师资格考试的评分。他们都是获得在印第安纳州执业资格的律师,谣传他们利用自己的地位故意缩减新的执业申请者的规模。每年,这些志愿者都是由印第安纳州的最高法院依据"印第安纳州律师管理规则"进行指定的。他们对试卷进行评分,然后正式向九人法庭推荐那些已经通过考试的申请人。今年,他们给3000多份试卷打分,并且他们的推荐都没有被法院驳回过。

乔是否享有就他的考试失败提起诉讼的反托拉斯诉由?

解释

不享有。这些基本上都是胡佛诉朗温案的事实。在该案中,亚利桑那州最高法院通过律师资格考试管理律师资格的获得,并且通过类似于上述案例中的执业律师小组来进行。一位未能通过考试的申请者就他未能通过考试提起诉讼,声称为他的试卷评分的律师从事了横向的联合拒绝与他进行交易的行为。联邦最高法院认为,由于所有申请者是否能够获得律师资格的最终决定是由亚利桑那州最高法院作出的,即便其对所有评分结果的审核都可能只是一种形式上的,但是这种决定是州自身的行为。因此,本案中拒绝授予原告律师资格的行为"根据事实"是可以从反托拉斯法中得到豁免的。

例子

鲍勃是新泽西的一个水暖工,他想搬到康涅狄格州。根据康涅狄格州的法律,所有水暖工都必须从该州的商务部获得许可。除了其他的条件以外,商务部要求所有水暖工都必须通过一个书面的测试,该州法律要求,该测试是由商务部长负责管理的。鲍勃并没有参加考试,而是起诉康涅狄格州的商务部长,指控他的许可权力限制了贸易,因为这种许可相当于康涅狄格州的水暖工联合抵制所有州外的水暖工。

结果会怎样?

解释

至少根据鲍勃的反托拉斯理论,他会败诉。从字面上来看,这种许可要求确实会限制贸易。但是，由于这种许可是州的法律所规定的，因此，它"根据事实"是可以从反托拉斯法中得到豁免的。（如果鲍勃依据宪法理论的话，可能更有机会胜诉——他可以提出自己未能享受到为宪法所保护的"特权和豁免"。）

二、其他未被承认的可能例外，以及市场参与者例外具有持续不确定性

多年来，有传言认为州行为规则包含多个例外，这些例外绝大多数都散见于最高法院早期判例法的只言片语中。除了一个例外以外——在州政府限制贸易的同时其同样也购买或销售某种产品，此时仍然存在"市场参与者"例外的可能性——其他的例外到目前为止都被驳回了。

首先，长期以来就一直存在这样一种怀疑，即可能有某种"共谋"例外，以便对州政府与私人勾结从事某种邪恶计谋的案件进行调整。帕克诉布朗案本身在判决中也承认存在这种可能性，判决写道，该案不涉及"州或其自治市成为私人协议参与者或与他人联合限制贸易的问题"，并且，

> 州政府在制定及实施……这一项目时，并没有达成合同或协议，也没有参与为了限制贸易或者形成垄断而进行的密谋，只是作为一种主权行为，由州政府施加了限制，而这种限制本身并不是《谢尔曼法》所意欲禁止的。

参见帕克诉布朗案判决书第351—352页。但是，哥伦比亚市诉欧姆尼户外广告公司案则完全排除了这种可能性，认为没有这种例外。最高法院的意见是很实际的：

> 由于公职人员通常既不可避免也乐意同意去做私人团体所希望他们做的事，因此，这种例外实质上将吞没帕克规则：所有限制竞争的规制都很容易遭受"共谋"的指控。

如果政府行为具有邪恶的动机或以某种方式构成犯罪的话——例如,如果政府行为是因贿赂而实施的,则最高法院也会以同样的方式驳回任何可能基于前述情况所提出的例外。法院写道,尽管在这种情形之下追究公职人员的法律责任可能"(以一种相当直接的方式)维护善治原则,……但是,我们所理解的法律并不是为了达到这个目的。国会已经制定其他旨在反对州以及地方政府腐败的法律。"最高法院引用东部铁路公司总裁会议诉诺尔汽车货运公司案以表达这样一种观点,即"如果反托拉斯法确定了伦理规则的话,则这种伦理规则一定是谴责限制贸易行为而非政治行为。"参见哥伦比亚市诉欧姆尼户外广告公司案判决书第378—379页(引用东部铁路公司总裁会议诉诺尔汽车货运公司案判决书第140页)。

最后,州行为豁免可能仍然存在一种例外:"市场参与者"例外("market participant" exception),这涉及的是州或者地方政府机构作为买家或卖家而非主权机构的情形。同样地,在这一点上,哥伦比亚市诉欧姆尼户外广告公司案很重要。在反驳"共谋"例外时,最高法院区分了一种单独的例外可能性,即"州并不是以监管者的身份行事,而是以商业参与者的身份在特定市场中行事"。参见哥伦比亚市诉欧姆尼户外广告公司案判决书第374—375页。最高法院在本案的讨论似乎强烈表明具有这种例外,但其仍然只是判决的附带意见,并且法院自此以后就再也没有考虑过这一问题。但是,这些少数甚至考虑过该问题的下级法院对其产生了疑问,并且似乎从来没有法院曾经认为可以在案件中适用这一例外。至于是否存在这一例外仍然存在疑问。

第三节　私人作为州政府限制贸易代理人的问题:米德卡豁免

有时,州政府事实上会委托一个非州政府机构实施某种可能会损害竞争的行为。帕克诉布朗案本身就考虑过这种可能性,并且似乎承认该案件可以被归为一种代理情形。在帕克诉布朗案中,葡萄干种植者委员会提出了葡萄干产量配额的建议,随后由州政府公职人员付诸实施。最高法院暗示,如果本案不直接涉及州政府公职人员将这一计划付诸实施的话,则本案可能会有所不同。最高法院在判决的附带意见中指出,"州不应当通过授权他人违反《谢尔曼法》而给予这些违反《谢尔曼法》的人以豁免权,或者宣布他们的行为是合法的……"参见帕克诉布朗案判决书第351页。

但是,最高法院总是会为那些确实依赖私人制定政策行为的州项目留有余地,而且要比帕克诉布朗案更甚,只要州本身能够保持足够的监管。调整类似案件的一系列规则现在被称之为米德卡规则(Midcal doctrine),是以加州零售白酒经销商协会诉米德卡铝业公司案命名的。米德卡规则实际上只是帕克规则的一种扩展。米德卡规则仅仅反映了帕克诉布朗案的一种基本观点,即如果州政府确实是以州的名义行事的话,则其应当享有规制该州经济的权力,而不受联邦反托拉斯法的干预。但是问题在于确保在特定案件中,确实是州在从事限制贸易行为。正如最高法院所解释的,在这类案件中的基本政策问题是:

> 当私人主体从事限制竞争行为时,具有这样一种现实危险,即他从事这种行为是为了促进他自身的利益,而非州政府的利益……米德卡规则旨在确保州行为规则仅能保护私人主体特定的限制竞争行为,即根据州的判断,确实能够推动州的监管政策实施的行为……因此,州必须能够对被诉的限制竞争行为施加最终的控制,然而,仅仅存在州的某种介入或者监管是不足够的……如果没有这种监管的话,则不能真实保证私人主体的限制竞争行为推动了州的政策的实施,而只是为了追求私人主体个人的利益。

参见帕特里克诉伯吉特[Patrick v. Burget, 486 U.S. 94 (1988)]案判决书第100—101页。用另外一种稍微不同的表述方式就是:

> [米德卡规则]的目的……不在于确定州是否在其监管中达到了某

种规范标准,例如效率。其目的在于确定州是否进行了充分的独立判断和控制,从而使得费率或价格细节的具体确定确实是州主动监管的结果……这一分析考察州在确定经济政策的具体细节方面是否发挥了重要作用。问题不在于州的监管运行得如何,而在于这种限制竞争的计划是否出自于州自身。

参见联邦贸易委员会诉提科尔产权保险公司[FTC v. Ticor Title Ins. Co.,504 U.S. 621 (1992)]案判决书第634—635页。换言之,存在这样一种政策的制定,即州将其限制贸易的权力转移给私人主体。从反托拉斯法的角度来看,这是完全没有问题的,但只是这种政策必须是由州自己所作出的。而且,正如我们所要看到的,米德卡规则包含两个方面的独立要件,"这两个要件旨在确保特定的限制竞争计划都因主动制定且有意实施的州政策而得以运行。"参见联邦贸易委员会诉提科尔产权保险公司案判决书第636页。

在20世纪60年代至70年代这20年的大部分时间中,最高法院事实上都在努力解决这一特殊的政策问题。它的思想最终集中体现在1980年米德卡案对于现在而言非常有名的两要件测试之中。在该案中,加利福尼亚州制定了一项法令,依据该法令,葡萄酒的批发商可以就他们能够公布的批发价达成一致,并且一旦达成,任何批发商都不得低于该价格进行销售。尽管州政府官员通过针对那些降价的批发商提起刑事诉讼的方式强制实施了价格,但是,州政府官员却并没有参与价格制定本身。最高法院在判决中指出,在这种类似的案件中,只有当满足以下两个要件时,参与这种计划的私人主体以及州政府本身才能够获得反托拉斯豁免:

1."被诉的限制竞争行为必须是被清晰阐述并且被确定地表述为州政策";并且

2."该政策必须受到州自身的积极监管"。

参见加州零售白酒经销商协会诉米德卡铝业公司案判决书第105页。正如我们在之后的章节中所要看到的,"清晰阐述"(clear articulation)(第二十一章第三节第一部分）以及"充分的监管"（adequate supervision）（第二十一章第三节第二部分）这两个要件已经成为许多判例法阐述的对象。正如我们还将看到的，当州将其限制贸易的权力授予其自己的机构或者政府分支机构而非私人时，也要适用一些特殊的规则。在这些情形下，作为被告的地方政府只需要证明"清晰阐述"这一要件（参见第二十一章第三节第三部分）。

无论如何，弄清米德卡案判决和原始的帕克诉布朗案判决之间的区别至关重要，因为尽管这两个案件看起来事实相似，但是结果却不同。这两个案件都涉及加利福尼亚州的法律，该法律授权特定产品的私人销售者——横向竞争者——就产品的价格和产量达成一致，并且，这两个案件都涉及州政府官员的参与。区别在于州政府官员参与的程度不同。如果一个案件类似于帕克诉布朗案，即如果法院确定一个特殊的州行为确实是州自己的行为而非私人代理行为的话，则之后的调查甚至不会触及米德卡的两要件。在类似于这种情形的案件中，正如法院所说，州行为"根据事实……"可以从反托拉斯法得到豁免。

因此，让我们来思考一下，在这两个案件中州行为者发挥了怎样不同的作用。这两个案件中更为简单的是米德卡案，因为在该案中州所发挥的作用非常有限。重要的是，在米德卡案中，州行为者在作出重要的政策选择方面完全没有发挥作用。在确定所收取的价格或考虑可能因此而产生的任何后果方面，它们都没有发挥作用。相反，在帕克诉布朗案中，葡萄干产量配额计划最终是由一个叫作"农业配定产量咨询委员会"（Agricultural Prorate Advisory Commission）的机构管理的，该委员会有九个成员，其中的一个成员是州的农业局局长，其余的八个成员由州长所任命并得到州参议院确认。在十个葡萄干种植者的请愿中，如果该委员会选择的话，可以批准设定一个限制葡萄干产量的"区域"。如果委员会批准了的话，则农业局局长将会任命一个由葡萄干种植者以及某些其他市场参与者所组成的"项目委员会"。该项目委员会随后可以向农业配定产量咨询委员会建议实施一个"营销项目"（也即葡萄干产量配额），农业配定产量咨询委员会只有在召开公开的听证会并且正式确定"该项目是经过精心策划以实现该法案的目标"时才能批准。农业配定产量咨询委员会获得法律的授权以对营销项目展开必要的调整。违反配额的行为将会被视为是州的犯罪行为而遭到处罚。参见帕克诉布朗案判决书第346—347页。

在州行为案件中,法院有时也会参考"混合"限制("hybrid" restraints),但这只是参考上文刚刚所描述的区别。混合限制的案件只是那些"私人行为者……被授予了一定程度的私人规制权"的案件,参见费舍尔诉伯克利市[Fisher v. City of Berkeley, 475 U. S. 260 (1986)]案判决书第268页。在这种案件中,将依据米德卡规则来判断限制行为的合法性。因此,"混合限制"这一术语也仅描述那些适用米德卡规则的安排。

一、清晰阐述

如果一种限制行为要进行米德卡分析,则第一个问题就是,实施这种限制行为所依据的是否是一项"清晰阐述的"旨在限制贸易的州政策决定。一个州可以通过多种方式来阐述这一意图,例如可以通过州的宪法或州的法律,或者通过由州最高法院所制定的经正式授权的规定来进行阐述。但是,关键问题在于这一阐述应当是由州自身所作出的——例如,一个城市的政府就不能"清晰阐述"州的政策以限制贸易,因为它并不是州本身。参见社区通信有限公司诉博尔德市[Community Commcns. Co., Inc. v. City of Boulder, 455 U. S. 40 (1982)]案判决书第50页(该案认为,从帕克豁免的目的来看,城市政府并不是"州")。

在大多数案件中,考虑清晰阐述这一要求存在的主要问题是,所声称的对州政策的阐述是否足够的"清晰"。一方面,并不要求被告就其限制行为"指出一个具体的、详细的立法授权",参见哈雷镇诉奥克莱尔市案判决书第39页,并且,特别地,"州的立法机关……并不必然要明确表明其期望被告从事那些可能具有限制竞争效果的行为。"参见哈雷镇诉奥克莱尔市案判决书第42页。这种灵活性可以实现两方面的政策目标。第一,它可以使州能够自由地……实现州的监管政策,而不至于受联邦反托拉斯法的约束,同时也不会因为允许纯粹的狭隘利益而影响国家自由市场的目标。参见该案判决书第 42 页(已省略引注)。第二,最高法院曾强调,在适用米德卡豁免时,联邦法院不应当纠缠于程序正确或实体正确的问题:

> 我们不应当轻率地认为米德卡授权要求将州的行政审查转变为联邦反托拉斯工作。但是这将是使得反托拉斯法律责任取决于不加区分以及完全行政法意义上对"授权"的技术要求的结果。

参见哥伦比亚市诉欧姆尼户外广告公司案判决书第 372 页。引用菲利普·I.阿里达与霍伯特·霍温坎普,《反托拉斯法》1989 年增补版,第 145 页,¶ 212.3b。因此,最高法院并不要求贸易限制授权必须对限制贸易作出明确的授权,并明确表明涉案的州法既不需要具有具体的"经济"属性也不需要与任何具体的行业相关。参见哥伦比亚市诉欧姆尼户外广告公司案判决书第 372—373 页及 4 注释。但是,州法律授权的"可预见的后果"就是压制竞争,这就足够了。参见哈雷镇诉奥克莱尔市案判决书第 41—42 页。

另一方面,仅仅是任何一般性的授权并不能满足"可预见的后果"这一要求。在社区通信有限公司诉博尔德市案中,科罗拉多州宪法包含有一个"地方自治"(home rule)条款,赋予城市"全权自我管理地方和市政事务",并且规定,对于这些事务,城市拥有"在此之前由立法机关所拥有的所有权力……"参见社区通信有限公司诉博尔德市案判决书第 43—44 页,第 52 页。博尔德城就曾利用这一权力对其管辖范围内有限电视业务的扩展发布了一项临时暂停命令,尽管它制定了一项新的规则来管理该业务。一家潜在的有线电视提供商依据《谢尔曼法》提起了诉讼,并且获得了针对该规则的禁令。最高法院驳回了该市所提出的米德卡抗辩,认为地方自治条款并不构成对允许城市限制有线电视业务这一政策的"清晰阐述"。

> 当州只是处于一种中立地位时,此时并没有满足"清晰阐述以及肯定表达"的要求……当一个州允许其各市随意地做它们想做的事,这很

难说已经"考虑过"市政应当为其而承担责任的具体限制竞争行为。

参见社区通信有限公司诉博尔德市案判决书第55页。同样地，在联邦贸易委员会诉菲比帕特尼健康系统公司案中，一个地方政府实体并没有被授予比普通公司签订合同及买卖财产的权利更大的权力，最高法院驳回了"清晰阐述"。该政府实体是一个由市政所拥有的"医院管理局"，其具有拥有及管理医院的权力，而被告认为其所具有的收购它们的权力（尤其是在那些它所运营的范围小的、人口稀少的地域内）反映了州的立法者预见到了它可能会在其领域范围内收购数量足够多的医院以限制竞争。最高法院驳回了这一主张，写道，仅仅只有"州法授权从事某种行为并不足以确立州行为豁免；州政府的分支机构还必须证明其被授权从事具有限制竞争效果的行为或进行具有限制竞争效果的监管。"参见联邦贸易委员会诉菲比帕特尼健康系统公司案判决书第1012页（强调为本书所加）。最高法院作了进一步的阐述，这提供了一种将可能被视为是对哈雷镇诉奥克莱尔市案中所宣布"可预见性"条件的重要解释：

因此，我们的结论是，如果取代竞争是州立法机构授予的权力运行所固有的、合乎逻辑的或通常的结果的话，则这就足以表明州的政策取代了联邦反托拉斯法。在这种情形之下，州必须已经预见到并明确支持这种与其政策目标相一致的限制竞争效果。

参见联邦贸易委员会诉菲比帕特尼健康系统公司案判决书第1012—1013页（强调为本书所加）。

该测试可能使得清晰阐述这一要求更加清楚了，也可能没有，但就目前而言，至少它似乎表明对于那些建立在宽泛授权基础之上的豁免不再具有那么高的容忍度，并且要求证明立法机构对限制竞争效果进行过某种实际的、确定的考虑。这一要求"必然意味着州对这一问题做出过肯定的处理"。参见哥伦比亚市诉欧姆尼户外广告公司案判决书第55页。州政府自身通过一个合适的州主权机构，例如州的立法机构或者州的最高法院，必须对所做的具体限制性竞争行为的效果展开过实质性的评估。

二、积极监管

如果被告是一个私人实体，而非一个州的机构或地方政府，则不仅必须对州政府限制贸易的政策作出"清晰阐述"，而且州自身还必须对涉案行为进行"积极监管"（active supervision）。最高法院曾经说过，"仅仅存在州的某种介入或监管是不够的……米德卡测试的积极监管这一要件要求州的公职人员拥有并且实施了审查私人主体特定限制竞争行为的权力，并且否决了那些未能遵守州政策的行为。"参见帕特里克诉伯吉特案判决书第100—101页。最高法院也明确反对其他法院所适用的一项标准，依据该标准，仅仅"存在一项由法律规定了工作人员、提供资金并且授权的州监管计划……"就能够证明存在积极的监管。参见联邦贸易委员会诉提科尔产权保险公司案。

例如，在提科尔产权保险公司案中，最高法院考察了一项针对已经在数州生效的产权保险业务展开的州监管计划。[6] 州的监管计划允许由产权保险商成员所组成的"费率局"固定其成员所愿意销售的费率。在每一个州，费率局名义上都由州的保险监管机构进行监督，并且，每一个州都将一个所谓的"消极选择"（negative option）融入到了它们的保险监管计划之中。也就是说，一旦费率局提交了它们所确定的费率，保险监管机构保留某种否决的权力，但是如果它没有采取任何行动的话，则这种费率将自动生效。从来没有一个州曾实施过其消极选择。每一个州也保留展开听证或采取其他程序性步骤审查费率的权力，尽管从来没有一个州这样做过。参见联邦贸易委员会诉提科尔产权保险公司案判决书第629—631页。最高法院认为这是不足的。

---

[6] 尽管本案所涉及的行业被命名为产权"保险"，但是，通常可以使得"商业保险"得到豁免的反托拉斯适用除外，依据麦卡伦-弗格森法（McCarran-Ferguson Act）被认为是不可以适用的，原因与米德卡豁免问题无关。

例子

由于面临来自生产者团体的压力,缅因州制定了一项法律,禁止在该州范围内以低于该州农业部长所固定的价格销售特定海鲜产品。

1. 如果考虑联邦反托拉斯法,这一法律还能够实施吗?

2. 假设其他事实都是相同的,除了以下事实以外:法律要求农业部长实施一项由生产者、消费者以及来自于其他选区团体的代表所组成的委员会制定的一项价格计划,而该委员会的成员是由农业部长与州长商量以后任命的。哪些事实与这一法律是否可以实施这一问题相关?

解释

1. 非常有可能实施。依据这些事实,确定价格的行为很有可能被视为是州自身的行为,并因此"依据事实"豁免承担反托拉斯法责任(包括豁免优先适用《谢尔曼法》)。之所以说是"有可能"实施,是因为最高法院从来没有解释过州行政机构的行为是否以及何时能够被认定为是州自身的行为,但是在本案中,一个头衔似乎非常高的官员实施了直接由州立法机构所授予的职权,因此,这可能是一个非常好的可以被用来说明这一行政部门的行为就是州本身行为的例子。

2. 依据这些调整后的条件,相关的事实包括:任命委员会成员的详情,它开展其工作的细节,以及农业部长和其他政府官员实施监管的程度。如果所确定的价格只是委员会所决定的,则依据米德卡规则,将缺乏"积极监管",因此该法律是不能被实施的。但是,如果农业部长拥有并展开了实质性的监管,则存在"积极监管",并且即便考虑到《谢尔曼法》,该法律也是可以被实施的。

三、州机构和地方政府分支机构:哈雷镇案规则

(一) 自治市

最高法院已经非常明确地指出,如果反托拉斯被告是一个地方政府实体,州行为豁免仅要求对自治市限制贸易所依据的州政策进行过某种"清晰地阐释"。参见哈雷镇诉奥克莱尔市案判决书第46—47页。正如最高法院

在该案中解释的：

> 我们可以推定，在没有相反证据的情况下，自治市的行为是符合公共利益的。另一方面，一个私人实体则可以被推定为主要为了他或它自己的利益而行事。

参见哈雷镇诉奥克莱尔市案判决书第 45 页。这一结论证明了不考虑"积极监管"这一要件是合理的。

（二）州的行政机构

最高法院从来没有回答过州的行政机构是否也享有反托拉斯豁免，尽管其已经表明哈雷镇案规则也可以适用于这些机构。如果是这样的话，则州的机构根据立法机构授权所从事的行为将不被认为是以州的身份从事的"州"的行为。但是，如果它们能够证明它们所从事的行为依据的是被"清晰阐述的"州的政策的话，则它们也能够获得反托拉斯豁免。参见哈雷镇诉奥克莱尔市案判决书第 46 页 10 注释。不过，一些下级法院也表明，至少一些级别很高的行政官员和部门事实上是"州"，并因此能够"根据事实"获得豁免。参见美国律师协会，《反托拉斯法的发展》第 2 卷，2007 年第六版，第 1280 页。

（三）针对地方政府的金钱损害赔偿：《地方政府反托拉斯法案》

如果反托拉斯诉讼的被告是地方政府——一个县、城市、镇或它们的一个行政单元，例如一个学校系统——则被告将会享受到一种特殊的保护，即便其不能证明其行为可以依据帕克规则得到豁免。《地方政府反托拉斯法案》(the Local Government Antitrust Act)，即《美国法典》15 标题第 34—36 条(15 U.S.C. §§34-36)规定，在这种情形之下，无论是地方政府还是以公务身份行事的政府官员或雇员，都不能因为其违反反托拉斯法的行为而要求其承担金钱损害赔偿的责任，也不得要求其承担原告的诉讼成本或律师费用。同样地，如果地方政府或以公务身份行事的政府官员或雇员指示他人从事任何官方的行为，则任何人都不能因为这种控诉而承担金钱损害赔偿责任或者律师费用或诉讼成本。参见《美国法典》15 标题第 36（a）条。该法并不调整针对上述任何个人的禁令救济。

例子

正如明尼苏达州其他主要城市一样，明尼阿波利斯市依据一部被称之为"城镇"的州法令中的一章而享有特定的监管权。相关的条款规定，"每一个一级市（该法令其他部分对此作了界定，并且包括明尼阿波利斯）都有权制定和修改不违反本章规定或与其财产、事务或政府相关的任何一般性法律的地方法律。"明尼阿波利斯市制定了一项城市法令，要求任何搭载两名旅途相同的乘客的出租车司机，应当向这两名乘客收取一个具体的最低费用。一个消费者权利组织对此提起了诉讼。在法庭审判以后，地区法院作出裁决宣布，依据联邦反托拉斯法这种监管是无效的，并且永久性地予以禁止，并评估了诉讼成本和损害。

地区法院的这一裁决是否能得到上诉法院的支持（假设该市提出并合理地保存了其能够获得的所有抗辩）？

解释

第一个问题就是明尼阿波利斯市是否能够获得哈雷镇案豁免，在本案中，似乎无法证明满足"清晰阐述"这一要件。这是一种非常一般化的授权，并且这也并不是明尼苏达州的城市将会利用这种权力来限制出租车（或任何其他私人商业）定价的一种"可以预见的结果"。这些事实上都是赫兹公司诉纽约市［Hertz Corp. v. City of New York, 1 F. 3d 121 (2d Cir. 1993)］案的事实，而在上述案例中所引用的条文是从该案所涉及的纽约州宪法的"地方自治"条款中摘录的。

因此，假设这种限制是违法的，则应当支持这种裁决和禁令。但是，对于支付诉讼成本和律师费用的请求，则应当予以驳回。明尼阿波利斯市是以官方的身份行事的，因此应当受到《地方政府反托拉斯法案》的保护而无需承担任何损害赔偿责任或任何诉讼费用及成本。

第四节 诺尔-彭宁顿豁免或"请愿"豁免

我们接下来要讲述第二种重要的政治豁免规则,该规则保护私人政治行为免受反托拉斯法的调整——即诺尔-彭宁顿豁免或"请愿"豁免。这一相当复杂的法律形成于最高法院在很长一段时间内所作出的少数几个、判决时间大多都很久远的判决意见——仅有五个判决意见,始自于东部铁路公司总裁会议诉诺尔汽车货运公司案,接下来的案件分布在之后的30年时间中,但是,最后的一个判决是在接近20年以前作出的。[7] 有学者认为,这一法律通过之后一段时期所作出的两个判决而得到了重大修改,这两个案件是联合管道公司诉印第安纳汉德公司案以及联邦贸易委员会诉高等法院出庭律师协会案,这两个案件都阐明了并且可能限缩了对"请愿"的定义。但是,无论是否确实如此,更早时期的判例显然都仍然相关。我们应当在适当的时候对所有相关的波折都进行审视。(联合管道公司案将在第二十一章第四节第二部分中作进一步的讨论,联邦贸易委员会诉高等法院出庭律师协会案将在第二十一章第四节第三部分中予以讨论。)

东部铁路公司总裁会议诉诺尔汽车货运公司案的事实在很多方面都成为"请愿"案件的范例。众多铁路公司向宾夕法尼亚州的州长以及立法机构进行游说,希望它们能够制定法律以限制通过汽车运输货物。换言之,它们请求制定将直接限制其横向竞争者的法律。最高法院并不难发现"如果对贸易的限制或垄断行为是合法的政府行为而非私人行为的结果的话,则这并不是违反《谢尔曼法》的行为"。参见东部铁路公司总裁会议诉诺尔汽车货运公司案判决书第136页。因此,"《谢尔曼法》并不适用于……那些仅仅

---

[7] 东部铁路公司总裁会议诉诺尔汽车货运公司案之后的案件分别是美国矿工联合会诉彭宁顿案,加州汽车运输公司诉卡车运输无限公司案,联合管道公司诉印第安纳汉德公司案,联邦贸易委员会诉高等法院出庭律师协会案,哥伦比亚市诉欧姆尼户外广告公司案,以及专业房地产投资者公司诉哥伦比亚电影工业公司案。

是请求政府制定和实施法律的行为。"参见该案判决书第138页。

许多下级法院和评论家认为,东部铁路公司总裁会议诉诺尔汽车货运公司案意见中包含的数页偏离其推理的内容是很重要的,认为这数页的讨论确定了几个明确的理由来认定该案中涉及的行为是可以得到豁免的。这些理由对于在其他案件中确定能够得到豁免的请愿行为是有价值的。首先,最高法院关注政治行为与商业行为之间的"本质不同"。例如:

> 如果与通常被认为违反了《谢尔曼法》的联合行为有任何相似之处的话,则在东部铁路公司总裁会议诉诺尔汽车货运公司案中,游说联盟几乎没有承担责任,联合行为通常表现为明示或默示的协议或谅解,参与者将放弃他们的贸易自由,或者彼此帮助通过利用诸如固定价格协议、联合抵制、划分市场协议或者其他类似协议的方式来剥夺自由。

参见东部铁路公司总裁会议诉诺尔汽车货运公司案判决书第136页。其次,最高法院担心要求政治行为承担反托拉斯法律责任将会干预民主政治进程的正常运行。特别是,法院认为行政官员和立法机构二者都依赖于来自于私人的信息,但是,如果请愿行为有可能要面临反托拉斯法律责任风险的话,将会阻断这种信息的流通。基于以上这些原因,最高法院认为:"为商业世界所量身定制的《谢尔曼法》的禁止性规定,完全不适合适用于政治领域。"参见东部铁路公司总裁会议诉诺尔汽车货运公司案判决书第141页。

最后,东部铁路公司总裁会议诉诺尔汽车货运公司案提出了另外两个具有持久重要性的观点。第一,最高法院提出了关键的"虚假"请愿的概念,截至目前这仍然是诺尔豁免的唯一例外。法院认为可能会存在这样的情形,即"表面上看旨在影响政府行为的公共宣传,其实际上可能仅仅是试图直接干预与竞争对手商业关系的一个幌子……"参见东部铁路公司总裁会议诉诺尔汽车货运公司案判决书第144页。第二,东部铁路公司总裁会议诉诺尔汽车货运公司案明确,某些交流即便其并不是直接针对政府官员作出的也是可以得到豁免的。除了他们针对政府官员的游说以外，诺尔案的被告也聘请了一家公关公司，以发起一项支持它们立法的公共营销运动，原告认为这具有误导性，并且是限制竞争的。换言之，被告也通知了并未直接涉及任何政策制定的第三方主体，但是，这种通知作为说服政府的努力的一部分也被认为是可以得到豁免的。第三，诺尔案明确，被告的邪恶动机或共谋策略与反托拉斯豁免不相关。正如将在以下所探讨的（第二十一章第四节第一部分），现在很明显，被告限制竞争的动机、请愿的方式或者其竞争后果与豁免没有任何关系，对此是没有问题的。唯一的问题就是，被告的行为是否构成诺尔-彭宁顿判例法意义上的"请愿"，如果构成的话，则这种请愿是否是一个"幌子"。

短短几年之后，在美国矿工联合会诉彭宁顿案中，最高法院审查了一个管理着大部分煤炭开采行业的集体谈判协议。协议的一部分内容被认为可以依据诺尔规则得到豁免，因为它涉及工会和主要雇主——集体谈判协议的当事方——与美国劳工部达成的协议。因此，判决意见清楚表明，向行政官员进行的请愿，正如向立法机构进行的请愿一样，可以得到豁免。最高法院也强调了诺尔案中的一个重要主题，观察到"在诺尔案中，限制竞争的目的并不会使得行为违法，法院的意见中没有比这更为清楚的了"。参见美国矿工联合会诉彭宁顿案判决书第 669 页。

一、基本规则：不是"幌子"的"请愿"能够获得反托拉斯法豁免

（一）一般规则

随着法律的发展，诺尔-彭宁顿豁免的基本规则现在可以足够简单地表述为：如果反托拉斯诉讼中的被诉行为构成了豁免意义上的"请愿"，则这种行为将不会被认定为违反反托拉斯法，除非该请愿只是一个"幌子"。

最高法院从来没有为了诺尔-彭宁顿规则的目的而明确界定过"请愿"这一术语，对于一种行为何时会构成"请愿"，我们所能做的就是综合案件的事实进行判断。在最为一般的意义上，很明显，最高法院希望将请愿的概念界定得非常宽泛。除了少数几个我们马上就要讨论的限制以外，似乎私人实

体向政府请求的任何行为或通知都构成请愿，只要其是为了请求某种东西。

那些确实构成请愿行为的例子包括直接向政府代表呈送的通知，例如与联邦、州或者地方立法机构的成员或行政官员进行交谈，或者向他们写信。针对他人提起诉讼或者提起其他实质上的裁判诉讼也是一种请愿，但是法院已经形成了某种特殊的规则以调整这种行为（将在第二十一章第四节第一部分第三小部分中进一步讨论）。最后，如果通知不是直接向政府官员发出的，而是通过某种方式试图或多或少地对他们产生一定的影响，则这种行为也可以得到豁免。最主要的例子可能就是诺尔案中的宣传活动，包括向报纸的主编写信，以及其他意在说服公众支持其所希望通过的法律的努力。

那些确实不构成请愿行为的例子则要更难举出，但是，至少有两件事可以说得相当清楚。第一，联邦贸易委员会诉高等法院出庭律师协会案已经说得很清楚，即如果被诉的请愿行为本身是违反反托拉斯法的行为，则其并不构成"请愿"。第二，在概念上更具挑战性的联合管道公司诉印第安纳汉德公司案的判决中，最高法院提出了一些规则以调整这样一些案件，即所宣称的可以得到豁免的通知并非是直接向政府官员进行呈送的。法院特别指出，豁免的范围取决于"行为的背景与性质"。参见联合管道公司诉印第安纳汉德公司案判决书第499页。（联邦贸易委员会诉高等法院出庭律师协会案和联合管道公司案将分别在第二十一章第四节第三部分和第二十一章第四节第二部分中进行更为全面的讨论。）

（二）什么是"幌子"？虚假请愿本身是违反反托拉斯法的行为吗？

最高法院解释说虚假请愿是这样一种请愿行为，即：

> 在这种请愿中，个人利用政府的程序——而非该程序的结果——作为一种限制竞争的武器……在虚假请愿中，被告的行为"并不是真正想促使政府采取有利于被告的行为"，并不是"真正寻求政府作出有利于被告的决定，而是通过不正当的方式来这样做……"

参见哥伦比亚市诉欧姆尼户外广告公司案判决书第380页（强调为原

文所加,引文已省略)。换言之,虚假请愿者事实上并不真正关心所请求的政府行为是否曾经实施过。相反,他利用请愿行为本身来诋毁或损害竞争对手,或者减损竞争对手的竞争力。这一概念在诺尔案中进行了界定,最高法院在判决附带意见中写道:

可能存在这样的情形,即表面上看旨在影响政府行为的公共宣传,可能仅仅是一个幌子,以掩盖实际上试图直接干预与其竞争对手商业关系这一事实,此时,适用《谢尔曼法》就具有正当性。

参见东部铁路公司总裁会议诉诺尔汽车货运公司案判决书第144页。然而,在之后的十年中,最高法院都没有在任何案件中明确发现存在这样的幌子,直到十年后的加州汽车运输公司诉卡车运输无限公司案为止。在该案中,被告是众多在加利福尼亚州运营的卡车运输公司,它们针对那些想在该州扩大业务的竞争对手的卡车执照申请提起了重复的并且被认为是毫无意义的反对意见。最高法院认为被告没有提起行政诉讼的真正实体法律依据。相反,它们只是想尽可能地推迟这一程序,从而能够延迟竞争对手进入该市场。法院认为这就是一个"幌子"。

重要的是,请愿行为不会仅仅因为其在某些方面看起来是坏的就被认定为是一个"幌子",这一点现在已经非常清楚。请愿行为也不会仅仅因为请愿者提出的指控是错误的、诽谤的、虚假的或者其他看起来是错误的或不道德的就会被认为是一个"幌子"。最高法院在哥伦比亚市诉欧姆尼户外广告公司案中对这一问题作了最为详尽的、认真的考虑,该案首先就指出,"私人主体的政治动机是自私的"这一事实"是不相关的……"参见该案判决书第380页。法院写道,"拒绝……有意义地进入适当的城市行政及立法机构……可能导致游说活动不适当甚至违法,但这并不必然导致其是一个'幌子'。"参见该案判决书第381页。因此,尽管最高法院从来没有直接回答这一问题,但有理由相信,即便请愿在其他情况下可能是犯罪,其也可能不是一个"幌子"。这是进一步从斯卡利亚法官在整个意见的反复观察中得出的，即政治领域不需要反托拉斯，因为该领域的错误行为将会受到监管，并且有时会依据其他法律而被提起刑事诉讼。正如斯卡利亚法官援引诺尔案所写道的那样，反托拉斯法，"正如其是为商业世界所设计的，完全不适合在政治领域中适用。"参见该案判决书第380页。

虚假请愿本身并不是一种违反反托拉斯法的行为。参见专业房地产投资者公司诉哥伦比亚电影工业公司案判决书第61页（"证明是一个**虚假请愿**行为仅仅剥夺了被告的豁免权；这并未解除原告证明其诉求的所有其他要件的义务。"）。因此，即便证明了被告的行为是一个幌子并因此无法得到豁免，原告随后也必须证明无法得到豁免的行为是一种违反反托拉斯法的行为。

（三）审判背景下的一个特殊请愿案件以及关于判决"欺诈"挥之不去的不确定性

尽管最初看起来会有一些奇怪，但是，提起诉讼的行为确实会造成损害竞争的后果，并且原则上会违反反托拉斯法。例如，当事人可能宣称其在某商品或程序中拥有知识产权，而被告试图利用此知识产权来作为其竞争努力的一部分。提起诉讼保护该知识产权因此可能会限制贸易，并且，如果这种诉讼在某方面是不适当的话，这本身还可能违反反托拉斯法。再如，当事人可能会利用诉讼或向监管法庭提出控告，以此来阻止竞争者获得其竞争所需要的许可权、财产或某种其他资源。当事人可能被引诱提起类似的诉讼，即便他们并不具有真正的起诉依据，因为这些诉讼仅仅悬而不决就可能延误或阻止竞争对手的竞争能力。即便诉讼本身缺乏实体价值也会造成这种后果。

但是，自从道格拉斯法官在加州汽车运输公司诉卡车运输无限公司案发表意见之后就已经很清楚，即提起诉讼或请求政府行政法庭作出决定构成"请愿"行为。[8] 毕竟，诉讼也仅仅是向司法部门提出的一种申诉补救请

8　法院在1973年水獭尾电力公司诉美国[Otter Tail Power Co. v. United States, 410 U. S. 366 (1973)]案的意见中间接地处理过这一问题，该意见也是由道格拉斯法官所写的。但是，在该案中最高法院只是推翻了判决并要求下级法院重新审理，下级法院曾判决认为诺尔规则完全不适用于司法请愿，注意该判决是由审理了加州汽车运输公司**诉卡车运输无限公司**案的最高法院所作出的。

求,而司法部门也是政府的一部分。同样地,如果政府机构内部包含某个旨在解决个案问题的审判法庭,则参与这种程序也仅仅是请求获得政府救济。

有趣的是,加州汽车运输公司案是最高法院唯一发现存在"幌子"的案件,并且该幌子发生在司法审判的背景之下。而且,在这一理论上很奇怪并看起来很混乱的案件中,最高法院似乎暗示,在司法审判的背景下幌子是更容易被发现的。正如道格拉斯法官所写,"在司法审判程序中不道德的行为通常都会导致处罚。证人作伪证即是一个例子。"因此,"政治领域中被宽恕的虚假陈述行为,如果其被运用在司法程序中时,将无法得到豁免。"参见加州汽车运输公司诉卡车运输无限公司案判决书第512—513页。

但是,这一看法被证明是非常错误的。二十多年后,当最高法院最终在专业房地产投资者公司诉哥伦比亚电影工业公司案中为司法领域中的虚假请愿行为提供进一步指导时,法院使得其很难证明法律诉讼就是一个幌子。只有当反托拉斯原告能够证明以下两方面的事实时,其才能够以大多数诉讼违反反托拉斯法为由而提起诉讼:

1. 该诉讼"客观上是没有依据的,没有一个理性的诉讼当事人会真正地期望能够胜诉";并且

2. 这一"客观上没有依据的诉讼掩盖了这样一种意图,即通过利用政府程序——而非这种程序的结果——作为一种限制竞争的武器……来直接干预与竞争对手的商业关系"。

参见专业房地产投资者公司诉哥伦比亚电影工业公司案判决书第60—61页(内部引文和引号已省略)。最高法院尽力强调,必须首先满足第一个要件,否则法院甚至都不被允许考虑第二个要件。也就是说,甚至在法院被允许考虑当事人提起诉讼是否只是为了损害竞争对手之前,这一诉讼根据事实来看必须是如此地坏以至于没有一个理性的当事人会认为它可能胜诉。因此,"客观合理的诉讼,不管当事人的主观动机如何,都不构成虚假请愿行为。"参见专业房地产投资者公司诉哥伦比亚电影工业公司案判决书第57页。为了使第一要件中的"客观上没有依据"的内容更为具体,最高法院将其类比为普通法上的"恶意举报"侵权,也即是说如果当事人在没有"合

理依据"(probable cause)的情况下提起诉讼并且主观为恶意的话,则这种行为也可以被提起诉讼。正如专业房地产投资者公司诉哥伦比亚电影工业公司案所指出的,普通法判例法中的"合理依据""只要求有一种合理的确信,即诉讼请求有可能被裁定为有效。"参见该案判决书第62—63页(内部引号已经省略)。

二、联合管道公司案及限制的"来源、背景和性质"

401　　请愿豁免存在的一个问题是,并不是所有真正旨在获得政府支持的通知都是直接或明确地向传统的"政府"机构发出的。回想一下,即便是诺尔规则也曾考虑过那些向公众所发布的通知的豁免地位——"附属于"政府请愿——并且认为这些通知是可以得到豁免的。从表面上看,在该案中,被告向许多报纸的编辑发送了信件,这被认为具有误导性和限制竞争性。这并不是直接向政府决策者所进行的请愿,但很显然,这是被告试图影响宾夕法尼亚州州长以及立法者的一种努力。因此是可以得到豁免的。

　　然而,随着时间的推移,法院开始对那些通过某种方式可能是直接向政府进行的但却具有限制竞争效果的任何类型的请愿也予以豁免的做法表达了担忧。法院也逐渐更加清楚地认识到,个人可能通过如此多的不同方式来最终达到影响政府的目的,并且,如果那些想要进行"请愿"的行为能够通过其中的某种方式而得到豁免的话,这将会造成某种非常严重的风险。联合管道公司诉印第安纳汉德公司案是最高法院关于这一问题最为重要的阐述。在该案中,被告生产一种特殊的用于在建筑物内架设电线的管道。由于电线会引发安全风险,因此受到了全面的监管。大多数的监管都建立在一个称之为国家防火协会(National Fire Protection Association, NFPA)的私人机构所制定的模范准则之上。国家防火协会的准则通常都或多或少地直接被州或地方政府的规则所采纳,而成为一种事实上的法律。国家防火协会内具有投票权的成员来自于政府、学术界以及私人行业,但是,其中一个成员——被告——滥用了该团体的标准制定程序,利用欺骗手段促使协会通过了一部禁止利用其竞争对手产品的模范准则。(因这种行为而受到损害的竞争者就是本案中的原告。)

重要的是,原告的损害理论完全建立在因模范准则独立的市场影响而遭受损害的基础之上——其造成的损害仅仅只是借助了国家防火协会的声誉——而非因为其被政府机构所采纳。但是,被告毫无疑问提出了诺尔抗辩。被告提出的抗辩理由是,向具有影响力的标准制定组织发出通知类似于在诺尔案中向编辑发送信件一样。被告认为,由于国家防火协会准则影响力非常大,并且通常被直接引入了法律之中,因此,向国家防火协会进行游说就无异于是向州以及地方政府本身进行游说。尽管最高法院对这一观点表达了一定的认同,但最终还是予以反对。法院写道,"诺尔豁免的范围取决于涉案的限制竞争行为的来源、背景和性质。"参见联合管道公司诉印第安纳汉德公司案判决书第 499 页。在该案中,最高法院认为限制竞争行为的"背景和性质"太过类似于私人市场的决策,并且太不同于政治程序,以至于不能支持获得诺尔豁免。法院强调指出,对私人的、封闭环境下的竞争者之间的行为予以豁免,将会产生非常严重的竞争风险。

三、本身违反反托拉斯法的行为不是"请愿行为"

针对"请愿行为"的第二种限制在概念上要更加简单些;那些被称之为"请愿"的行为,即便其是直接向政府做出的,如果其本身就是一种违反反托拉斯法的行为,则也不能被豁免。

一个重要案例就是联邦贸易委员会诉高等法院出庭律师协会案。该案涉及众多刑事辩护律师,他们绝大多数的收入来自于法院所指定的为贫困人群进行辩护的业务。他们寻求抗议地方政府(哥伦比亚特区)长期以来未能提高他们的工作补偿。除了公开宣传他们的理由并直接向政府发布消息——这种行为依据诺尔规则显然是可以从反托拉斯法中得到豁免的——他们也采取了更有力的行动:罢工。经济影响是很大的。尽管只有大约 90 名律师参与了罢工,但是,这 90 名律师承担了为该地区贫困人群进行辩护这一工作的绝大部分,并且,该地区绝大多数的其他法律团体都没有兴趣参与这一业务。该地区的刑事司法制度实际上陷入了停滞状态,罢工最终取得了胜利,哥伦比亚特区政府需要支付更高的费用。联邦贸易委员会起诉这些律师达成了限制贸易的共谋。

除了其他方面的抗辩理由以外,[9]律师抗辩认为,他们的罢工仅仅是受到诺尔规则保护的一种请愿。明显地,如果他们仅仅请求政府提高他们的费率水平,则不会产生反托拉斯法律责任。在这种情形下,也不会存在请愿行为是否是一个幌子的问题。毫无疑问,律师真正希望获得的,是他们所寻求的政府救济。但是,最高法院驳回了诺尔抗辩,理由是,依据反托拉斯法,所声称的请愿行为本身是违法的。最高法院解释道:

> 在诺尔案中,被诉的限制贸易行为是公共行为所意欲实现的后果;而在本案中,联合抵制是被告寻求获得更为有利的立法的一种工具。在联合抵制行为持续期间实施限制贸易行为,与这一时期即便最终未能制定法律具有几乎相同的限制竞争后果。在诺尔案中,所意欲制定的法律将会限制卡车司机之间的竞争;而在本案中,对联合抵制所采取的紧急立法将会终结这种限制。

参见联邦贸易委员会诉高等法院出庭律师协会案第424—425页(强调标记为原文所有)。因此,如果能够证明所意欲进行的"请愿行为"并不是针对政府的,而且本身是违法的,则这种请愿行为就不能得到豁免。

例子

假设众多零售连锁超市聚集起来,并共同表明它们受够了沃尔玛,因为沃尔玛是一个非常成功的砍价者。回答以下问题:

---

[9] 重要的是,被告提出了纯粹的宪法第一修正案抗辩,这与他们的诺尔抗辩无关。关于宪法第一修正案的理论将在第二十一章第四节第五部分中进行讨论,这一理论并不成功。

有人可能会好奇,为什么这一"罢工"并没有像其他劳动者的罢工那样获得反托拉斯法的准许。答案在于,只有当个人是"雇员"的情况下,才能够获得所谓的"劳动豁免"。律师以及其他向客户提供服务的专业人员,正如联邦贸易委员会诉高等法院出庭律师协会案中的律师,通常都会独立于任何雇主而进行自我组织。因此,反托拉斯法和劳动法都仅仅将其视为独立的企业家,并且,他们不得以雇员可以从事的方式那样联合固定费率或罢工。劳动豁免将在第二十三章中进行全面的讨论。

1. 如果这些连锁超市集体造访多家主要的生产商,这些超市都销售这些生产商的产品,它们告诉这些生产商,除非这些生产商停止向沃尔玛供货,否则这些超市将不再销售这些生产商的产品,这是违法的吗?

2. 假设这些超市并没有采取以上的行为,相反,它们成立了一个团体,并向国会提出,除非国会通过将使得沃尔玛更难展开竞争的法律,否则它们将停止销售那些同样也在沃尔玛超市销售的产品,结果会有所不同吗?

3. 如果该团体没有以上述方式威胁国会,相反,该团体向国会议员进行行贿以通过该立法,结果会有所不同吗?

解释

1. 违法。这是一种针对横向竞争者的横向联合抵制行为;因此,它是一个赤裸裸的、横向的限制价格行为。它很有可能构成违法,并且很有可能是本身违法。(参见第六章第二节第三部分。)

2. 这是一个稍微复杂的问题,但结果显然是一样的。尽管零售商是针对政府做出的努力,并且尽管这种努力显然也不是一个幌子,但是,这种潜在的请愿行为本身就是一种违法的联合抵制行为。因此,它并不能获得诺尔豁免的保护,结果将是与联邦贸易委员会诉高等法院出庭律师协会案相同。

3. 对比而言,这种情形可能可以得到诺尔-彭宁顿规则的保护。毫无疑问,零售超市事实上确实希望得到它们所请求的政府行为,因此,这并不是一个"幌子"。而且,最高法院在重要的意见中表明,错误的行为,即便其原本是违法的,仍然能够获得诺尔-彭宁顿豁免,只要它不是一个"幌子"。

四、声称的例外

至于州行为规则,诺尔规则长期以来就被质疑是否包含特定类型行为的例外。寻求诺尔规则豁免的努力要比寻求帕克规则豁免的努力更成功一些。一方面,一种长期以来寻求的除外未能获得成功。有观点认为可能存在某种形式的"共谋"例外——也就是说,如果请愿行为只是私人请愿者与政府官员达成违法共谋的一部分的话,则该私人请愿者将因此而承担责任。

哥伦比亚市诉欧姆尼户外广告公司案完全消除了州行为豁免可能存在的所谓共谋例外的可能性（第二十一章第二节第二部分）。

另一方面，至少可能存在另外两种例外。第一，许多下级法院认为诺尔规则包含"市场参与者"（market participant）例外，这一例外允许私人与政府主体达成共谋以购买或销售产品。（相比之下，之前那些质疑"市场参与者"是否构成州行为豁免的一种例外的下级法院，也变得更加怀疑。）尽管哥伦比亚市诉欧姆尼户外广告公司案排除了其他例外，但是它并没有排除"市场参与者"这一例外，因为在该案中，政府主体在其所制定的条例中并没有私人金钱利益关系。有些法院对"市场参与者"这一例外提出质疑，无论这一例外具有何种价值，对于诺尔豁免而言，"市场参与者"这一例外似乎与美国矿工联合会诉彭宁顿案并不一致。在彭宁顿案中，被告为政府所拥有的田纳西流域管理局购买煤炭，并就该事宜向劳工部进行请愿，最高法院对这种请愿予以豁免。因此，该案涉及的就是被告向联邦机构进行请愿，而该联邦机构本身就是被告产品的购买者的情形。

更为重要的是，在"审判"的上下文中，可能存在"虚假陈述"（misrepresentation）的例外。尽管许多下级法院都曾承认这一例外，[10]最为详尽的阐述仍然体现在联邦贸易委员会在加州联合石油公司案的意见中。在该案中，被告加州联合石油公司参与了由加利福尼亚州某机构负责制定规则的程序，由加利福尼亚州立法机构负责汽油环境标准的制定。加州联合石油公司误导该机构制定了一项标准，该标准将要求加利福尼亚州的所有汽油销售者都使用纳入了加州联合石油公司专利的技术，联邦贸易委员会就此提起了垄断诉讼。

联邦贸易委员会首先指出，在最高法院的声明中有多个重要的迹象表明在司法和行政的背景之下，存在虚假陈述的例外。加州汽车运输公司案指出，"政治领域中被宽恕的虚假陈述行为，如果其被运用在司法程序中时，

10　参见美国律师协会，《反托拉斯法的发展》第2卷，2007年第六版，第1292—1295页（案例汇编）。

将无法得到豁免。"参见加州联合石油公司案判决书第23页（引用加州汽车运输公司诉卡车运输无限公司案判决书第513页）。联合管道公司案则在更一般意义上指出，尽管欺诈行为在立法游说中能够被允许，但是，"在政治色彩并不那么强烈的领域，不道德和欺骗性的行为将构成滥用行政或司法程序，这将导致违反反托拉斯法。"参见加州联合石油公司案判决书第23页（引用联合管道公司诉印第安纳汉德公司案判决书第499页）。最后，联邦贸易委员会注意到，在上文所提及的专业房地产投资者公司诉哥伦比亚电影工业公司案意见的最后一部分中，对虚假陈述例外给予了一定的支持。基于沃克加工设备公司诉食品机械化工公司案（参见第十五章第二节第四部分）和加州汽车运输公司案（参见第二十一章第四节第一部分第二小部分），最高法院写道：

> 在调查那些"可能破坏行政或司法程序并且可能会违反反托拉斯法的违法和应受谴责的行为的形式时"，我们注意到，"司法程序中的不道德行为通常都会导致处罚"，并且，"政治领域中被宽恕的虚假陈述行为，如果其被运用在司法程序中时，将无法得到豁免。"对于诉讼当事人的欺诈或其他虚假陈述行为，我们在此无需决定诺尔规则是否以及在何种程度上将会允许追究这种行为的反托拉斯法律责任。

参见专业房地产投资者公司诉哥伦比亚电影工业公司案判决书第61页6注释（省略了内部引文及引号）。加州联合石油公司案最为重要的贡献可能是，联邦贸易委员会就其何时会认为一个特定的案件发生在"政治色彩并不那么强烈的领域"作出了解释，在这一领域中，虚假陈述行为可能会构成违反反托拉斯法的行为。联邦贸易委员会展开了多因素的调查，有效地询问了相关因素是否表明政府对此会有很强的信赖以及对其履行特定职能的合法性至关重要。参见加州联合石油公司案判决书第51—58页。在这一测试之下，联邦贸易委员会认为加州联合石油公司向加利福尼亚州机构所作的虚假陈述不能依据诺尔规则得到豁免。

五、独特的宪法第一修正案保护:克莱本五金公司规则

前文已述,诺尔规则本身似乎并不是宪法第一修正案实体法律的一项规则。但是,宪法第一修正案却单独保护某些公开表达的行为,即便这种行为碰巧造成了经济损害或利用经济威胁作为说服的工具。

全国有色人种促进会诉克莱本五金公司案认可对消费者联合抵制以及不具有商业性质的游行示威行为适用一般性的宪法第一修正案豁免,即便这些行为可能会导致经济损害,并且可能会利用经济威胁作为说服的工具。但是,某些特定行为可能看起来像言论或政治行为这一事实并不必然确保其能依据宪法第一修正案而得到豁免。例如,在联邦贸易委员会诉高等法院出庭律师协会案中,被告就无法享受克莱本五金公司权利。尽管该案中的联合拒绝交易行为具有很强的表达成分,最高法院也毫不怀疑其诚意,但是,法院认为被告的联合抵制行为同样是出于"商业动机"的,并认为这种行为不能得到宪法第一修正案的任何保护。(之所以认为其具有商业动机,是因为无论他们是否可能具有其他动机,联合抵制者都旨在寻求提高他们自己的费率。)

第五节 关于反托拉斯及联邦行为的一点说明:暗示废止规则

可能存在一定困惑的是,当所涉及的政府机构是联邦政府时,应当如何适用这些政治豁免规则。诺尔-彭宁顿规则并没有区分被游说的对象是联邦政府、州政府还是地方政府。这一规则在每一种情形下的适用都是相同的。但是,如果对限制贸易的联邦政策有某种清晰的阐述时,则分析将会有所不同。联邦法律有时会干预竞争,并且明确规定它们所适用的行为豁免适用反托拉斯法。这在某些领域例如工会、商业保险、远洋运输以及铁路行业内(所有这些都将在第二十二章中进行讨论)确实如此。但是,在其他许

多情形中,联邦法律所要求或授权的私人行为可能会引发一定的反托拉斯风险。为了解决这一问题,联邦法院已经提出了一套完全独立的规则——被称之为"暗示废止"(implied repeal)规则,这将在第二十二章第三节中进行解释。尽管细节方面会有所不同,但是在某种更广的意义上来看,暗示废止规则的分析与米德卡调查是一样的。问题在于,联邦政府是否有意以其主权身份在特定情况下取代竞争。

例子

联邦交通部负责对卡车运输危险品进行运输许可。交通部部分是通过针对那些获得联邦授权但却存在"不合理地不安全"(unreasonably unsafe)的危险品运输者提起诉讼的方式来实施这一制度的。

众多危险品运输者促使交通部长成立一个顾问小组,以制定新的安全政策,旨在降低恐怖分子犯罪的风险。依据法定权限,"在听证以后,确定了此种被认为是确保卡车运输危险品的安全所必要的程序",交通部长成立了一个顾问小组,成员包括当前获得许可的危险品运输者、卡车设备的生产商、其他的行业代表以及少数来自于交通部及其他机构的代表。小组的建议本身并不是联邦法律,但是,交通部长创建该小组的命令指出,在交通部依据其"不合理地不安全"标准采取的调查行动中,凡是未能遵守小组安全建议的,都将成为违反反托拉斯法的"初步证据"。在最初的行动中,该小组制定了一项危险品拖车设计的协议,并且该设计强制要求使用其中一个小组成员所拥有的特定技术。该成员的竞争者起诉了该成员、该小组以及交通部长,声称这是一种违反反托拉斯法的行为。

涉及的豁免问题是什么?

解释

至少有两种。第一,假设被告是主要向交通部长进行游说请求其成立小组的私人,则他的这种请求将能够直接依据诺尔规则得到豁免。第二,假设被告参与了标准的制定,该标准本身并不是法律,并且只能由交通部长通过最为弱化和事后的方式予以"制定",则在这种情形之下将很有可能无法得到豁免。从理论上来说,被告的参与可以被认定为是一种向交通部长请愿的行为,这可能可以享受诺尔豁免,尽管这一情形看起来很像联合管道公司案。联邦政府最终赋予小组的建议以效力这一事实可能并不相关。这的确如此,例如,在沃克加工设备公司诉食品机械化工公司案(在第十五章第二节第四部分中进行了讨论)中就是如此。被告也可能提出,通过授权交通部长"建立制定安全规程的程序"的权力,国会意在暗示,其打算取消对那些参与到这种程序中的私人适用反托拉斯法。也就是说,被告可能提出"暗示废止"抗辩。正如将在第二十二章第三节中讨论的,这看似是极不可能的。

第二十二章　反托拉斯及受监管行业

正如我们所有人都非常清楚的,美国经济的大部分都在某些方面受到联邦以及州政府的"监管"。有时,某个商业主体可能同时受到反托拉斯法以及某些其他规则的调整,这可能会使得该商业主体处于一种相当尴尬的境地。某些行为例如联合或者信息共享等是明确为其他规则所鼓励或强制的,但从事这些行为可能会使得该商业主体面临承担反托拉斯责任的风险。在这种情形之下,被告通常都会主张他们应当得到反托拉斯的豁免,并且法院以及国会曾经表达出一定的同情。在简单介绍了一些背景知识以后,本章讨论三个紧密相关的反托拉斯规则,它们旨在努力使法律适应反托拉斯与行业监管目标:

1. 明示的反托拉斯法定豁免的处理;
2. "暗示废止"规则;
3. 两种限制或调整针对受监管企业提起反托拉斯诉讼的相关规则:基奥或"申报价格"规则以及主要管辖规则。

第一节　受监管行业的范围及它们与反托拉斯的关系

一、引言

自联邦反托拉斯法实施之日起,被告就曾试图以其受到其他一些州或联邦规则的调整为由,主张自己应当豁免适用反托拉斯法。例如,对于铁路公司而言即是如此,它们是最早的、主要的反托拉斯被告,但铁路公司恰巧也受一个被称之为州际贸易委员会的联邦机构的监管。[1] 直到最近,法院才开始公开反对这种抗辩,因此这种抗辩通常都不再取得成功。法院长期遵守"暗示废止"的"基本原则",也就是说,通过采取某种其他的适用于某特定被告的联邦监管制度,国会旨在限制反托拉斯法的适用或者不针对该被告适用反托拉斯法——遭到了"强烈的反对……"[2] 因此,"如果针对同一对象存在两个调整的法案的话,规则就是,如果可能的话同时赋予这两个法案效力。"[3] 即使国会明确要求——即便某些联邦法律明确规定反托拉斯法的适用受到限制或完全不适用于某些主体或行为——这种对反托拉斯法适用施加的限制至少在名义上是为法院所反对的。[4] 事实上,这是反托拉斯中少有的能够取得共识的领域。有一种被广泛接受的观点认为,在政治范围内,反托拉斯法方面的限制几乎不具有正当性,并且应当进行狭义的解读。[5]

然而,几乎自从反托拉斯法诞生之日起,我们就几乎面临着各种各样的法定限制,并且,即便是在那些没有明确法律解决反托拉斯法适用范围的案件中,最高法院偶尔也会认为反托拉斯法的限制隐含在其他一些联邦法律中。不论好坏,法院和国会都认为有时针对某些行为最好适用监管规则而非反托拉斯法,即便该行为正是在通常情况下要适用反托拉斯法的商业行为。

我们基本上通过三种不同的方式来解决这一问题。(1)多年来,针对某

---

[1] 参见美国诉跨密苏里州货运协会案。

[2] 参见西尔弗诉纽约证券交易所案判决书第357页,引用美国诉博登公司[United States v. Borden Co.,308 U.S.188(1939)]案判决书第198页;美国诉费城国家银行案判决书第350页。

[3] 参见美国诉博登公司案判决书第198页。

[4] 参见芝加哥职业体育有限公司合伙诉美国全国篮球协会[Chicago Profl. Sports Ltd. Partnership v. NBA,961 F.2d 667(7th Cir.1992)]案判决书第671—672页(因为"特殊利益立法体现的是结果而不是原则","法院以一种怀疑的眼光狭义地解读反托拉斯法的豁免制度")。

[5] 参见美国律师协会反托拉斯法部门编(Am. Bar Assn.,Section of Antitrust Law),《联邦反托拉斯法的法定豁免》(Federal Statutory Exemptions From Antitrust Law)(2007);反托拉斯现代化委员会(Antitrust Modernization Commission),《报告与建议》(Report and Recommendations),第333—337页(2007)。

些具体的行业和具体的行为，国会已经提出了多个明确的法定反托拉斯豁免。我们之后将在本节对这些明确的豁免以及适用的司法方法进行简要的讨论。(2)接下来，在反托拉斯法与其他联邦法律存在严重冲突但国会并没有明确说明应当如何解决这些冲突的情形中，法院已经形成了由法官所制定的法定规则来解决这种冲突。法院所形成的这种方法被称之为反托拉斯"暗示废止"规则，该规则对于那些同时适用反托拉斯法和其他的法律、规则会造成诸多冲突的行为完全豁免适用反托拉斯法。该规则将在第二十二章第三节中进行讨论。(3)最后，法院也形成了另外两种规则，虽然并没有完全豁免受监管的行为，但有时要求审理反托拉斯案件的法院应当对拥有监管权的监管机构予以某种尊重。第一，在监管要求"申报价格"（filed rate）的特殊情形下，即在受监管企业设定价格或调整现有价格之前，必须首先向相关的监管机构进行申报，并且可能需要得到监管机构的准许，对于这些已经申报的价格，不允许私人提起反托拉斯私人诉讼以寻求金钱损害赔偿。第二，在某些反托拉斯案件中存在某些特殊的问题，这些问题要么是完全由监管机构享有排他性的管辖权，要么是在法院看来由具有管辖权的监管机构进行管辖将会更好。在这些案件中，"主要管辖权"（primary jurisdiction）规则可能要求法院中止反托拉斯诉讼，直到监管机构有时间解决这一问题。这两个规则将在第二十二章第四节中进行讨论。

但是请记住，这些看似独立的规则事实上恰恰都试图回答相同的问题。正如最高法院曾经说过的，每一个规则

> 产生于，当某种行为看似是处于反托拉斯法的管辖范围之内，但该种行为可以说同样至少受到国会所制定的其他监管法令的保护或禁止。通常情况下，尽管并不总是这样，其他制度包含一个行政机构，该机构享有依据该监管法令独特的标准实施该法令主要条款的权力，这可能包含也可能不包含竞争方面的考虑。

> 参见里奇诉芝加哥商品交易所 [Ricci v. Chicago Mercantile Exch.,

409 U.S. 289（1973）]案判决书第299页。并且，在所有符合这一描述的案件中，法院都面临相同的问题：探寻国会究竟是适用反托拉斯法还是适用其他法律的意图。因此，每一个规则事实上都提出了同样狭隘的法律解释问题。

因此，在典型的案件中，反托拉斯诉讼的被告恰巧也受到其他监管机构的监管。第一个问题就是，赋予监管机构职权的法律是否也包含覆盖被诉行为的明示豁免规定。通常，即便存在这种豁免规定，当事人也会就该规定是否适用于被诉行为展开激烈的诉讼。无论如何，如果没有这种豁免规定，则问题仍然是，在所适用的其他法律中是否隐含限制适用反托拉斯法的意图。最为典型的情形是，监管机构并不能直接控制价格、市场准入或其他实际的商业经营活动，而仅仅拥有某种权力以要求被监管对象进行信息披露或遵守某些特殊的规则。在这些案件中，法院必须确定，如果被监管对象同样会因为违反反托拉斯法而被起诉，则监管机构的监管权是否会因此而受到严重的不利影响。如果会的话，则暗示废止规则就直接规定，被诉的特定行为将能够从反托拉斯法中得到豁免。另外，即便没有暗示废止规则，反托拉斯诉讼可能仍然受到申报价格的特殊条件以及主要管辖规则的调整。在某些特殊的案件中，其他法律事实上会对被告所收取的价格进行调整。如果这样的话，并且如果法律要求被监管对象应当向监管机构报告其所收取的价格，则依据申报价格规则，针对价格本身所提起的反托拉斯诉讼并不能请求金钱赔偿。最后，法院在某些案件中有权决定，反托拉斯案件中的有些问题最好首先由监管机构予以解决，并且，在这些案件中，法院可以搁置反托拉斯案件，直到监管机构已经解决了这一问题为止。

二、经济规制的历史：改变对竞争的信念

自19世纪后半叶开始，联邦政府和州政府都通过各种各样的方式对商业进行规制，这种规制有时非常广泛。这一历史的一个事实对于本书而言非常重要：在美国，政府规制基本上采取两种基本形式，并且，这两种基本形式具有不同的竞争政策后果。

（一）"破坏性竞争"时代的价格—市场准入规制

首先，19世纪后半叶，经济学家们开始形成这样一种理念，即在完全竞争之下某些行业可能表现得并不好，需要通过政府监管来保护其免受竞争。经济学家的这种看法在很大程度上反映了他们所处环境发生的快速改变。正如在第一章中所讨论的，南北战争之后，是一个技术变革以及工业生产极大扩张的时期，而且工业组织也发生了变革，包括为期十年的直到现在仍然被称之为"大合并浪潮"的大规模工业合并。在1873年、1893年和1907年同样也发生了严重的、灾难性的经济衰退，并且在这一时期，对于城市贫困、财富分配不均、劳资纠纷等问题的关注日益增长。通过各种各样论证，这逐渐被称之为"破坏性竞争"（destructive competition）理论，人们普遍担心，在许多行业中，竞争本身就是罪魁祸首。主要的主张就是，在这些行业中，从事商业活动的成本变得如此之高，以至于如果处于竞争之下的话，将没有企业能够赚取足够的金钱以维持经营活动。

因此，美国两大主要监管浪潮的第一次监管浪潮主要是为了解决破坏性竞争问题。所体现的监管理念是，如果不受约束的竞争将导致特定市场中的每一家企业都面临倒闭，则政府应当介入以避免竞争过于激烈。所制定的新的法律采取了一种极具侵略性的经济控制方式，从而对事实上应当由企业所决定的价格和产量进行规制。通常，这些监管机制也保护现有企业——旨在努力确保它们能够获得足够的回报以弥补其所声称的极其高昂的成本——所使用的方式，则是为那些寻求进入的新企业设立监管障碍。监管机构通常要求新的市场准入者在进入市场之前，首先需要获得某种许可或特别准许，并且常常要求潜在的市场准入者证明在该市场中新的市场进入是为公众所需的。

在价格—市场准入规制（rate-and-entry regulation）的历史中，有三个主要的主题是尤其相关的，并且每一个主题现在看起来都相当地陌生。第一，一个重要的保护消费者的主题就是"公共承运人"义务（"common carrier" duty）。20世纪早期受到监管的大多数主体都被要求像公共承运人那样运营，这意味着它们要像真正的公用事业企业那样经营。这一理念具有非常古老的起源,[6]但是,在早期的监管机制之下,这一理念广泛地扩展到了那些以前并不受其调整的行业。公共承运人企业有义务公开宣布其所愿意提供服务的价格,这在文件中被称之为"公共服务收费"(tariffs);它们被禁止收取违背公共服务收费的价格;它们被要求按照公共服务收费价格向所有希望购买这种服务的消费者提供服务。

第二个相关的消费者保护主题就是避免价格歧视。这部分反映了公众对于世纪之交垄断者所从事的被控滥用行为的强烈抗议。据说这些垄断者对那些最无助的消费者实施价格歧视行为。因此,反歧视规则的主要动机就是追求公平。但是,存在的一种担心是,由于存在一种被称之为"撇脂战略"(cream skimming)的做法,一些边际消费者将完全失去获得服务的机会。[7] 无论如何,关于价格歧视的理论观点已经发生了很大的改变,这可能是有价值的。当代的理论认为,价格歧视不仅在本质上不坏,而且有时还能提高效率。如果某些受监管的企业恰巧能够以更低的价格向特定的买家销售商品或者提供服务,因为,比方说,该买家能够进行大量的购买,则允许受监管企业这样做可能是符合分配效率的。但是,这一观点在早期关于价格和市场准入监管的争论中并没有出现。

价格—市场准入监管的最后一个主要主题就是其目标在于确保受监管行业仍然保持有利可图。由于监管在很大程度上剥夺了企业决定价格和产量的自由,并且由于监管规则的基本理由是这些行业并不适合展开真正的

---

[6] 甚至是在新大陆殖民之前,英国法律就规定了公共承运人的义务,主要针对的是交通和住宿服务的提供者。这一义务要求他们要向所有的顾客提供服务,收取合理的费用,并且遵守相比于侵权法而言更高标准的注意义务。参见威廉·K. 琼斯(William K. Jones),"公共便利与必要证书的起源:美国的发展,1870—1920"(Origins of the Certificate of Public Convenience and Necessity: Developments in the States, 1870-1920),《哥伦比亚大学法律评论》,第 79 卷(1979),第 428—431 页。

[7] 这一问题就是,为某些客户提供服务是更有利可图的,因为为这些客户提供服务的成本更低——例如,向城镇的一个用电量很大的客户销售电能,相比于向一个人口分散的农村地区的家庭用户销售电能,显然成本要更低。根据政府所批准的价格向这些农村用户提供电力服务甚至可能是无利可图的。因此,如果一家企业能试图只赢得那些高价值的生意——如果它能够"撇去奶油"——而另外一家受到监管的企业则被要求依据所批准的价格向那些低价值的用户提供服务,则该受监管的企业可能停止发展或者无法获得所需要的资本。如果这样的话,受监管的企业可能退出经营,将不会有企业为那些低价值的用户提供服务。参见前引注释 6 琼斯论文第 428 页。

竞争,有观点认为,监管者应当确保它们能够获得一定的利润。监管者通过限制市场准入、设定有利可图的价格以及避免撇脂战略来实现这一目的。

(二) 当代的健康与安全监管

其次,在新政之后产生了一种更新类型的监管,尤其在 20 世纪 60 年代和 70 年代得以兴盛。作为政府监管私人市场的一种方式,它基本上已经完全取代了价格—市场准入监管。这些最近出现的监管制度往往并不关注具体的市场或者具体类型的企业,而是关注特殊类型的、被认为具有损害效果的行为,并且适用于出现这些问题的任何企业或市场。它们包括环境保护、人身安全、劳动标准以及其他类似的社会关注。重要的是,当代的监管机制通常并不直接关注被监管对象的竞争或财务状况,至少是没有特别将其作为中心目标。总之,价格—市场准入监管是对竞争的监管,因为竞争本身被认为是问题之所在。而最近的健康及安全监管(health-and-safety regulation)则更为严格地控制被认为具有损害效果的具体行为。价格、产量以及更大的组织决策交由私人企业作出决定,仅受反托拉斯法的调整。当代的监管含蓄地表明了对竞争本身具有更大的信心。

(三) "取消监管"这一术语的不明确性

最后,我们应当阐述一下在过去三四十年时间中我们经常听到的一个术语——"取消监管"(deregulation)。事实上,取消监管是用来指称在 20 世纪 60 年代首次获得重要支持的一场政治运动。对于价格—市场准入监管制度的巨大失望推动了取消监管的发展。取消监管人士主张,国会建立价格—市场准入监管的理论基础是错误的——事实上,竞争很少是"破坏性的",并且,即便在 20 世纪早期在这些行业中竞争可能是不可持续的,但是,技术的进步已经使得竞争非常可行。价格—市场准入监管也导致了被监管行业更高的价格以及低效率的投资计划,并且造就了国会和监管机构出现保护主义偏袒的一段历史。这些之后得到大量经验和理论证据的支持并已被广为接受的主张,开始在 20 世纪 70 年代发挥出效果。在卡特政府时期,国会及少数几个监管机构采取重要举措以取消对航空业、水路运输以及电力行业的价格—市场准入监管。自此以后,国会以及行政机构就开始一点一点取消剩余的价格—市场准入监管制度。

然而,尽管在某种程度上来说美国的经济确实已经"取消监管"了,但是,这一术语却具有非常大的误导性。首先,有必要重申的是,即便是现在仍然存在某些价格—市场准入监管,特别是在保险行业(大部分受到了州的监管,并且在某些州还受到了广泛的价格—市场准入监管)、金融行业(尤其是银行业,但即便是在证券和其他领域,通常也要求联邦许可)、电信行业(受到联邦通信委员会的监管)、能源行业(在州的层面受到了更多的监管,并且受到了联邦层面某种程度的监管),以及其他行业。但是,更为笼统地来看,如果"监管"意味着政府剥夺了商品和服务销售过程中的某些选择权,则所有美国公司都将仍然受到联邦、州以及地方层面的广泛监管,并且在可预见的未来都很有可能继续下去。这不仅包括当代的健康和安全监管,而且也包括合同法、侵权法、物权法以及所有在某种程度上限制私人自由的其他规则。并且对于我们而言更为直接相关的是,所有这些政府干预都会产生某种竞争后果。监管可能会影响企业的决策成本,并因此而改变原本在真正"自由"竞争之下形成的价格、产量以及投资模式。

三、源于行政法的几点有益思考

这些受到政府机构管理的监管制度——也就是说,它们中的大多数——受到被称之为"行政法"的法律的调整。行政法是调整政府机构的运行以及它们与私人之间的关系的一系列宪法性和法律性规则。行政法确立了行政机构为了进行监管、裁决所提起的行政控诉以及从事其他事项所必须遵守的程序。了解基本的行政法有利于我们理解反托拉斯法中的被监管行业规则。

行政法始于"组织法"——该法成立机构并赋予其基本权力。几乎所有机构都受类似法律的调整,并且一般来说,一个机构不能采取未得到其组织法或其他联邦法授权的任何行为。例如,联邦贸易委员会是根据《联邦贸易委员会法》所设立的,并且,该法赋予联邦贸易委员会依据该法第5条展开实施活动的权力。许多机构依据其他法律被赋予了其他权力。例如,联邦贸易委员会可以提起诉讼以实施《贷款法案》中的贷款真实披露规则。

行政机构可以采取各种各样不同的行动。行政机构最为基本的职责就是制定条例,即具有法律效力的规则。行政机构只有在组织法或者其他法律明确赋予其这种权力的情况下才能够制定条例。许多机构也享有裁决权。它们能够主持提供证据的审判或听证,并据此作出裁决以解决争议。同样地,联邦贸易委员会依据《联邦贸易委员会法》第5条所展开的实施活动通常也采取机构内部审判的形式。联邦贸易委员会的内部律师将首先调查某人或某企业是否违反了《联邦贸易委员会法》第5条;如果违反,则向委员会的官员提出控诉,委员会官员的职责就是主持审判活动并作出决定,其大部分工作在形式上来看类似于法院的常规审判活动。(在联邦制度中,大多数的机构听证官被称之为"行政法官"。)机构审判的一个特殊之处在于其许可程序。某些行政机构许可相对人从事特定的活动,例如运营广播电视或电台业务,或者建立一个新的核电站。通常,尤其是当被许可的活动很重要或具有争议时,许可程序本身将很复杂且类似于审判活动,可能将由行政法官主持并包括现场证人以及对抗式举证。最后,许多机构也拥有实施的权力,这要求它们向法院提起诉讼。例如,司法部通过在联邦法院针对被告提起刑事或民事诉讼的方式来实施反托拉斯法。

行政法不仅确立了调整行政机构行为的程序,而且也规定了确保行政机构遵守这种程序的机制:"司法审查"。一般来说,如果某人认为自己受到了行政机构侵害的话,则可以向法院提起司法审查的请求以寻求救济。这种诉讼看起来基本上类似于任何其他民事诉讼,在这种诉讼中,认为自己受到侵害的人将会提出,行政机构在某些方面违反了法律从而导致其受到了损害。原告在这种诉讼中所提出的机构违反法律的情形一般包括:机构所实施的行为违反了宪法、违反了机构自己的组织法或者某些其他的法律,或者机构的行为违背了行政法所要求遵守的程序。例如,如果联邦贸易委员会的工作人员依据《联邦贸易委员会法》第5条向该机构的行政法官提起控诉,并且最终在全体委员会获得胜诉,则被告可能会在联邦法院寻求司法审查。被告可能提出,联邦贸易委员会未能提出违反第5条的理由,或者裁决程序在某些方面是不适当的。再如,一个享有规则制定权的机构可能制定了损害某种私人利益的规则。例如,食品药品监督管理局可能制定规则,要求药品企业在其产品的标签上要注明新的安全信息。反对这一新规则的公司可以在联邦法院起诉食品药品监督管理局,指控该机构滥用了基本的法规,或者,同样可以提出规则的制定在某些方面存在程序不当或者违宪。最后,考虑一下许可申请程序的情形——比方说,向联邦通信委员会申请无线电广播许可证。这种申请可能会产生许多重大分歧。申请者将要说服委员会这种申请是适当的,而这种申请可能会遭到那些认为这种许可是不适当的潜在申请者或第三方团体的反对。如果这种申请被拒绝了,则申请者可能会寻求司法审查,而如果申请被准许了,则反对者同样可能会寻求司法审查。双方在司法审查中提出的主张将是相同的,即依据委员会的组织法,其所作出的决定是不合适的,或者这种决定从程序上来看是不适当的或者违宪的。

第二节 曾经且继续普遍存在的法定豁免

受破坏性竞争理论以及20世纪初期监管革命的影响,国会被说服从而认为许多行业是不适合竞争的。并且,由于国会准许在这些行业中不展开竞争,因此也就豁免对这些行业适用反托拉斯法。事实上,反托拉斯法就是要确保其所适用的行业必须存在竞争,因此,对于那些已经被国会准许不展开竞争的行业而言,如果试图遵守反托拉斯法也会显得很尴尬。自20世纪初期以来的任何特定时期,都会有几十项明确的法定豁免,尽管随着时间的推移,有少量的豁免会被取消或调整,但是也有更多的豁免被增加了进来。即便是现在,也仍然有大约30个现行有效的豁免。[8]

然而,正如经济规制本身的性质一样,随着时间的推移,法定豁免的性质也发生了改变。当这些法定豁免在20世纪初期开始被广泛引入时,它们本质上都是绝对的。1916年最先引入的远洋运输行业豁免本来是很宽泛的——

---

[8] 参见美国律师协会反托拉斯法部门编,《联邦反托拉斯法的法定豁免》(2007)。

远洋运输企业被准许达成固定价格的卡特尔,这可以从反托拉斯法中得到完全豁免。但自此以后,法定豁免的范围就开始通过两种主要方式受到限制。

第一,最近所规定的法定豁免在范围上几乎总是受到了更多的限制。它们往往豁免的是具体的交易,而非豁免整个行业,它们仅仅豁免一种具体的行为。之所以经常会这样,是因为引入豁免是为了回应不利的司法裁决。例如,在20世纪70年代初期,国会为报纸出版商之间的合营生产规定了一种特殊的豁免,以回应最高法院在公民出版公司诉美国案中的判决。由此所形成的法案,即《报纸保护法案》(the Newspaper Preservation Act),《美国法典》标题15第1801—1804条(15U. S. C. §§1801-1804),对于成立类似于公民出版公司案所涉及的具体类型的合营企业予以豁免,但并未豁免报纸企业所从事的任何其他行为。这种类型的豁免以某种频率持续进行,如最近针对地方政府的豁免,[9] 大学财政资助计划,[10] 以及研究生住院医师"匹配"计划。[11]

第二,法院已经开始(或至少声称)高度怀疑法定豁免,并且经常指出它

---

[9] 在社区通信有限公司诉博尔德市案以及少数几个更早的案例中,最高法院认为,市政府及其官员即便从事的是公务行为,也可能会承担反托拉斯责任,除非它们受到"州行为"反托拉斯豁免(在第二十一章进行了讨论)的保护。作为回应,国会制定了《地方政府反托拉斯法案》以豁免地方政府行为的金钱损害赔偿以及律师费或诉讼成本。参见《美国法典》标题15第34—36条(15 U. S. C. §34-36);吉姆·罗西(Jim Rossi),"反托拉斯程序与纵向尊重:州监管不作为的司法审查"(Antitrust Process and Vertical Deference: Judicial Review of State Regulatory Inaction),《爱荷华大学法律评论》,第93卷(2007),第195—196页及43注释(指出制定《地方政府反托拉斯法案》是为了回应社区通信有限公司诉博尔德市案)。

[10] 在美国诉布朗大学案中,一些精英大学达成协议取消以成绩为基础的奖学金并调整以需要为基础的奖学金的做法应当依据"快速审查"的标准适用反托拉斯法。作为回应,国会制定了《基于需要的教育援助反托拉斯保护法案》(the Need-Based Education Aid Antitrust Protection Act),现在编纂于《美国法典》标题15第1条注释[15 U. S. C. §1(note)],以推翻最高法院的判决。

[11] 在荣格诉美国医学院协会[Jung v. Assn. of Am. Med. Coll., 300 F. Supp. 2d 119 (D. D. C. 2004)]案中,参加住院医师"匹配"计划的医学院研究生班级,依据《谢尔曼法》第1条,针对管理该计划的组织提起诉讼。匹配计划是依据申请者以及计划的偏好将医学院的研究生分配到住院医师教学点的一种制度。原告宣称这限制了原本是竞争性的实习医生劳动力市场。法院经过审判以后拒绝撤销案件,并且在被告的请求下,国会通过规定匹配计划并不违反《谢尔曼法》第1条从而终结了这一诉讼。参见《美国法典》标题15第37b条(15 U. S. C. §37b);荣格诉美国医学院协会[Jung v. Assn. of Am. Med. Coll., 399 F. Supp. 2d 26 (D. D. C. 2004)]案判决书第40页(注意到了这一法案通过的特殊情况,但是仍然驳回了原告的案件)。

们将对其进行狭义解释。反托拉斯执法机构长期以来就反对这种豁免,并且它们也受到了最近一些年成立的研究反托拉斯法的每一个蓝丝带政策专家小组(blue-ribbon panels of policy experts)的批评,例如 2005 年至 2007 年期间的反托拉斯现代化委员会。其他一些制定了反托拉斯法的司法辖区绝大多数也开始持有类似的观点。例如,欧盟委员会就已经限缩或者取消了许多行业中大量存在的"集体豁免"。

第三节 "暗示废止"规则

正如最初所设想的,提出暗示废止规则是为了应对"反托拉斯法与其他监管规定之间明显冲突"的情形。[12] "只有在有必要使其他法规发生效力,并且即便是在这种情形之下也只能在最低必要的程度范围之内"才能够适用暗示废止规则。[13] 在 20 世纪 70 年代以前,法院几乎驳回了所有类似的请求,除非某些机构被赋予了明确的权力来监管那些明显违反反托拉斯法的行为,并且,这些机构似乎被要求实际运用了这种监管权。[14]

但是,最高法院最近表现出了承认暗示废止规则的更大意愿,并且似乎不再那么坚持认为反托拉斯法和其他某些法规之间存在明显的且不可调和的冲突。这一趋势始自于 20 世纪 70 年代中期,判决所涉及的是金融行业。[15]

---

[12] 参见美国诉费城国家银行案判决书第 350—351 页。

[13] 参见西尔弗诉纽约证券交易所案判决书第 357 页。

[14] 参见美国诉博登公司案判决书第 198 页(认为如果仅仅只是赋予联邦官员的一种监管权,即便是一种绝对的权力,本身也并不能自动获得反托拉斯豁免);比较戈登诉纽约证券交易所[Gordon v. New York Stock Exchange, 422 U.S. 659 (1975)]案判决书第 692—693 页(斯图尔特法官持相同意见,指出,在持有相同意见的大法官看来,最高法院没有并且永远也不会仅仅依据某些联邦官员尚未实施的权力就赋予反托拉斯豁免权)。

[15] 参见戈登诉纽约证券交易所案(认为固定经纪佣金率的证券交易规则可以得到反托拉斯豁免,但前提是 1934 年《证券交易法》明确授权证券交易委员会调整这种费率并且证券交易委员会积极履行了这种职权);美国诉全国证券交易商协会[United States v. Natl. Assn. of Sec. Dealers, 422 U.S. 694 (1975)]案(认为在二级市场上就共同基金份额的分销达成的纵向协议可以得到反托拉斯豁免,但前提是 1940 年《投资公司法案》明确授权证券交易委员会对这种限制进行监管)。

但是,在最近的瑞士信贷证券有限公司诉比伶[Credit Suisse Sec.,LLC v. Billing,551 U.S.264 (2007)]这一案件的判决中,这种改变变得更加明显。至少就涉及的证券监管问题而言,最高法院明确地将其传统调查从探寻反托拉斯法与其他法规之间"明显的冲突"(plain repugnancy),转向仅探寻存在"明显不相容性"(clear incompatibility)。参见瑞士信贷证券有限公司诉比伶案第275页。在以下情形下,可以认定存在明显不相容:

1. 反托拉斯起诉所针对的是"位于其他法律核心领域内的行为";
2. 存在"明确且充分的机构权力对这种行为进行监管";
3. 存在"积极且持续的机构监管";并且
4. "在反托拉斯法与其他监管制度之间"存在某种"严重的冲突"。

参见瑞士信贷证券有限公司诉比伶案第285页。最高法院补充道,如果负有职责的监管机构被授权考虑竞争价值,则暗示废止规则将更为合适,并且,其他一些意见也强调了这一事实。[16]

这一新规则的潜在影响看起来是相当巨大的。至少在金融行业,考虑到证券交易委员会管辖范围很广,对于大多数被告而言上述第1至第3要件都很容易满足。[17] 而且,最高法院暗示,第4要件中的"冲突"仅要求有一个悬而未决的反托拉斯诉讼——将法院所宣称存在的误查(false positives)产生的成本与风险纳入考虑之中——将"证明实际上与证券交易委员会对全国性证券法律的监管不相容"[18]。这种实际不相容是由多方面的因素造成的,这将使得被监管主体很难同时遵守反托拉斯法与其他监管制度。此外,瑞士信贷证券有限公司诉比伶案强调,依据反托拉斯法和证券法针对被

---

[16] 参见瑞士信贷证券有限公司诉比伶案判决书第283页;也可参见威瑞森通信公司诉柯蒂斯·V.特林科律师事务所案判决书第412页。

[17] 重要的是,最高法院似乎认为这种行为是处于其他法律的"核心领域",因此满足第一要件,只是这仅对证券市场有用。法院认为,联合承销——包括具有限制竞争效果的共谋性限制——在这种意义上是重要的,因为通过联合承销进行发行是有助于提高效率的。参见瑞士信贷证券有限公司诉比伶案判决书第276页。但是,最高法院所确定的效率与任何其他的、普通的企业联营安排中的效率并没有差别。

[18] 参见瑞士信贷证券有限公司诉比伶案判决书第277页。最高法院关于反托拉斯的成本及其与"明显不相容"之间的相关性的讨论集中在该案判决书第282—285页。

诉行为提起的诉讼中，相同的证据将是相关的，并且在这两种情形之下，即便针对的是同一被告，也可能产生不同的结果。即便只是潜在的冲突，也可能会发生实际不相容。例如，即便当前没有监管机构允许或者鼓励限制竞争行为，法院也可以认为，如果监管机构将来某一天有可能采取这种监管的话，则这种行为也是可以从反托拉斯法中得以豁免的。从根本上说，"实际不相容"要件似乎可以归纳为，在责任的可能性变得过于复杂或不确定的意义上，使被告同时受反托拉斯法和某些其他规则的调整是否只是一种负担。最高法院也补充了一种新颖的观点，即依据证券法可以获得私人救济，这应当对反托拉斯法是否可以适用于被诉行为产生影响。参见瑞士信贷证券有限公司诉比伶案判决书第277页。这似乎是一个相当大的改变，因为限制竞争行为通常都会产生多个诉因。对于史蒂文斯法官的反对意见，[19]法院认为，市场参与者同时遵守反托拉斯法与证券规则所具有的困难，构成所要求的"冲突"要件。

例子

医疗保险和医疗补助服务中心（the Centers for Medicare and Medicaid Services, CMMS）是联邦卫生和公共服务部内部的一个机构，被国会赋予了一项新的法定职责。为了解决疗养院中广泛存在的公开不当行为，国会修改了医疗保险法，以加强医疗保险和医疗补助服务中心对那些为病人提供医疗保险服务的疗养院的监管。另外，医疗保险和医疗补助服务中心被赋予了禁止回扣计划的新权力，在该计划中，有些疗养院为了使医生能够将病人安排到自己的疗养院而向医生违法支付金钱。现在，国会认为这种行为已经很好地受到了私人专业组织所制定的道德规则的调整，但国会仍然担心这些组织具有共谋或从事其他违法行为的风险。因此，修正案授权医疗保险和医疗补助服务中心"享有自由裁量权"，制定规则以调整"疗养院的管理者之间就入院及转院事项进行讨论或合作的程序及安排"。在制定这种

---

[19] 参见瑞士信贷证券有限公司诉比伶案判决书第288页（史蒂文斯法官持相同意见）（"我当然不会建议……无论是反托拉斯诉讼的负担还是'反托拉斯法院可能犯非同寻常严重错误'的风险……应当在分析中发挥任何作用。"）。

规则时，医疗保险和医疗补助服务中心被要求"考虑这种讨论或合作可能对竞争造成的损害"，并"禁止不当的限制竞争效果"。最后，法律明确规定，医疗保险和医疗补助服务中心可以通过机构内部正常的行政实施程序实施新规则，对违法行为可以处以罚款。医疗保险和医疗补助服务中心并没有针对"讨论或合作"制定规则，并且它也从来没有针对类似的安排展开过实施活动。

全国疗养院管理者协会（the National Association of Nursing Home Administrators，NANHA）是一个疗养院的贸易团体，众多医生针对全国疗养院管理者协会的成员涉嫌达成共谋而依据《谢尔曼法》第1条提起诉讼。尽管原告没有明确的证据证明存在共谋，但是，他们宣称，全国疗养院管理者协会的成员利用其组织的会议来共同就他们愿意为"探视医生"——基于需要而为病人提供疗养院诊断的第三方医生——医疗保险所支付的金额设定上限。根据医疗保险法案，探视医生支付是完全合法的，尽管有时会存在某个特定的支付是合法的探视医生费用还是一个掩盖的、违法回扣的难题。

原告是否能胜诉？

解释

这并不是一个简单的问题，但是，瑞士信贷证券有限公司诉比伶案的多个因素表明，这一行为有可能依据暗示废止规则而获得反托拉斯豁免。问题在于，同样的合作行为依据反托拉斯法可能是违法的（至少在涉及原本为合法的支付的情形中是违法的），但依据医疗保险和医疗补助服务中心将要制定的规则，则可能受到鼓励或被允许。在本案中，正如在瑞士信贷案那样，存在这样一种风险，即在两种情形之下相同的证据将会导致不同的结果——认定不违反反托拉斯法但却违反了医疗保险和医疗补助服务中心的规则，或者相反。医疗保险和医疗补助服务中心尚未制定规则或展开任何实施行动，这并没有影响，因为瑞士信贷案表明，即便存在未来监管的调整可能导致冲突的风险，也足以表明满足暗示废止的条件。

重要的是，尽管国会的意图可能看起来是追求竞争价值，但是，医疗保险修正案要求医疗保险和医疗补助服务中心"考虑对竞争的损害"以及"禁止不当的限制竞争效果"的措辞,事实上将会支持暗示废止规则。瑞士信贷案指出,当某机构有权考虑竞争价值时,暗示废止规则的适用将更为合适。

尽管如此,原告可能还是有能力区分瑞士信贷案。也许,取决于医疗保险修正案的具体细节,原告能够证明医疗保险和医疗补助服务中心将不会被准许,也不太可能允许或鼓励那些可能违反反托拉斯法的合作行为。原告也可能能够证明,在这一案件背景下所引发的问题,不同于瑞士信贷案中证券法背景之下所引发的问题,并不会特别复杂或需要专业的知识。参见西部各州天然气批发反托拉斯诉讼[Western States Wholesale Natural Gas Antitrust Litig. , In re, 661 F. Supp. 2d 1172 (D. Nev. 2009)]案判决书第1180页("意图,以及共谋的存在及其范围等,是法官和陪审团每天都解决的事项。在意图、知识、目的或协议等方面,反托拉斯法院不太可能犯'异常严重的错误',依据基本法规能够被允许或鼓励的行为将会受到威慑,这种基本法规也适用于被告的行为。")。

第四节　司法谦抑规则:申报价格规则及主要管辖规则

423　法院已经确立了两项规则,根据这两项规则,如果州或联邦监管机构对特定被告具有管辖权,则这可以限制或推迟对该被告适用反托拉斯法——不是排除适用反托拉斯法,而仅仅是要求尊重监管者。这两项规则——无论是申报价格规则(the filed rate rule)还是主要管辖规则(the rule of primary jurisdiction)——严格来说都不是反托拉斯法规则。它们都是行政法规则,可以适用于任何诉由,这种诉由要么是针对申报的价格提起的诉讼,要么是提出了某些事实问题,这些问题首先由监管者回答效果会更好。

一、基奥或申报价格规则

回想一下,曾经有一段时间,美国经济受到了相当普遍的价格—市场准入规制。大部分的经济都或多或少地远离了竞争,而是在政府精心管理和保护的市场中运行。这种体制仍然部分继续存在着,并且几乎完全存在于州政府之中。许多州仍然要求提交某些表格或在使用前进行申报,例如,甚至要求保险费率获得提前批准,并且,在能源、交通、电信以及其他领域中也存在价格监管。价格监管通常要求申报"收费",即被监管企业声明计划就特定服务所收取的费用。在大多数情形下,一旦价格被申报并得到了批准(如果需要获得政府提前批准的话),则该企业就必须按照该价格进行收费,除非获得法律的准许,否则不能偏离这一价格。这一规则反映了价格—市场准入规制传统中的一种长期承诺,即被监管企业不得在其顾客中实施歧视性行为。

很明显,申报价格规则不仅仅只是一种反托拉斯豁免。它其实包含两种规则。第一,它规定,申报的价格——要求向任何联邦或州机构申报的价格——不能基于任何理由被起诉,而不仅仅是反托拉斯方面的理由。第二,它规定,一旦对价格进行了合理申报,则被监管企业必须按照该价格进行收费,不能对特定用户收取其他价格。尽管提前申报价格的理念以及对非歧视性的强调与当前的政治和经济思想脱节,但是,最高法院最近重申其将致力于价格申报的实施。[20]

根据该规则,对于那些需要向州或联邦监管机构进行申报的价格,私人原告可能无法提起反托拉斯诉讼以寻求获得金钱赔偿。该规则源于基奥诉芝加哥西北铁路公司[Keogh v. Chicago & Nw. Ry. Co., 260 U.S. 156 (1922)]案,在该案中,铁路公司卡特尔固定了价格,并且向联邦州际商业委员会(ICC)进行了申报,原告针对该价格提起反托拉斯之诉。最高法院承认,如果价格不是共谋的结果,则即便是州际商业委员会所批准的价格也可能会更低,因此,基奥可能在理论上遭受到了可以得到反托拉斯法救济的损害。该意见也承认,最高法院自身之前也认为可以允许政府针对共谋固定

---

[20] 参见美国马斯林工业公司诉初级钢铁公司[Maislin Indus., U.S., Inc. v. Primary Steel, Inc., 497 U.S. 116 (1990)]案判决书第126—128页(梳理了这一规则的历史,并指出,"尽管该规则具有不良的效果,但是我们仍然将持续地予以遵守。")。

价格的行为提起诉讼,即便这种价格是"公平合理的"并且受到州际商业委员会的监管。参见基奥诉芝加哥西北铁路公司案判决书第161—162页,引用美国诉联合交通协会[United States v. Joint Traffic Assn. ,171 U. S. 505 (1898)]案以及美国诉跨密苏里州货运协会案。但是,最高法院明确驳回了原告所建议的替代性解决方案,即在州际商业委员会举行听证以决定其所建议的价格依据州际商业委员会规则是否会被依法准许期间,可以搁置其所提起的反托拉斯诉讼。参见基奥诉芝加哥西北铁路公司案判决书第164页。尽管基奥诉芝加哥西北铁路公司案受到了众多批评,但其仍然是现行有效的判例法。[21]

最高法院和下级法院的其他判例法也面临大量与申报价格规则有关的问题。首先,大约20年后所判决的一个案件,即佐治亚州诉宾夕法尼亚铁路公司案,认为基奥诉芝加哥西北铁路公司案并不禁止私人禁令救济。但是,自此以后逐渐明确,起诉价格本身并不能获得禁令救济——只有起诉与价格形成有关的行为才能获得禁令救济。

其次,至于反托拉斯执法机构是否必须首先"批准"或甚至对价格的实质内容进行审查才能够适用申报价格规则,仍然存在不确定性。通常,如果当事人受到了某些申报价格的不利影响,则其可以向反托拉斯执法机构寻求救济。如果当事人对结果不满意,则可以请求法院以行政法的事由进行司法审查。这种类型的救济可能在很多方面都会使当事人感到相当失望,[22]但是,许多法院认为只要有某种类似的救济,当事人就不能就价格本身针对被监管企业提起任何类型的诉讼。

---

[21] 尤其是,在美商实快公司诉尼亚加拉边境关税局公司[Square D Co. v. Niagara Frontier Tariff Bureau,760 F. 2d 1347 (2d Cir. 1986)]案中,令人尊敬的亨利·弗兰德利(Henry Friendly)法官发表了一份篇幅很长的学术意见,对该规则的有效性提出了严重质疑,或多或少明确地请求最高法院推翻基奥诉芝加哥西北铁路公司案。在法庭上,美国总检察长对此表示同意。但是,最高法院拒绝了,并大致上再次肯定了基奥诉芝加哥西北铁路公司案,主要理由是遵循先例。美商实快公司诉尼亚加拉边境关税局公司[Square D. Co. v. Niagara Frontier Tariff Bureau,476 U. S. 409 (1986)]案。

[22] 之所以可能会感到失望,是因为法院所适用的审查标准通常是尊重反托拉斯执法机构,并且,由于所能够期望的最好的救济仅仅是发回反托拉斯执法机构展开进一步的程序。当事人通常都不抱有获得任何金钱赔偿的希望,并且也完全不享有任何权利来对抗申报价格的企业。

因此,基奥诉芝加哥西北铁路公司案只是禁止了价格支付者因申报价格本身所造成的损害寻求补偿而提起的私人金钱损害诉讼。它并不影响任何其他类型的反托拉斯诉讼。因此,它也完全不会影响政府提起的反托拉斯诉讼,它并不禁止因价格本身以外的行为所造成的损害而提起的金钱损害诉讼,并且,大多数的法院都认为它并不禁止由被监管企业的竞争者所提起的诉讼。允许竞争者提起诉讼的依据在于,与消费者提起的诉讼不同,竞争者针对申报价格的正当性提起的诉讼不太可能与价格监管的非歧视政策发生冲突。

二、主要管辖规则

也存在这样一些案件,即即便没有"申报价格",并因而不禁止私人损害赔偿诉讼,但是法院会延迟反托拉斯诉讼,以等待联邦监管机构采取某种行动。法院所提出的理由通常是,案件中的某些问题是为解决反托拉斯诉讼所必需,但这些问题最好首先由监管机构进行判断。法院通常认为监管机构在特定行业中拥有更多的专业知识。法院通常也担心存在判决不一致的问题。如果反托拉斯诉讼认为某些行为是违法的,但同样也具有管辖权的监管机构却认为这些行为是合法的,则被监管主体将面临规则冲突的问题。

正如波斯纳法官在一个重要的意见中所解释的,这一"主要管辖规则",正如其称谓一样,已经"确实"开始成为"两个规则……"其中一个是强制性的,而另外一个则处于法院考虑反托拉斯案件的自由裁量中。参见阿斯贝里诉伊利诺伊州[Arsberry v. Illinois, 244 F. 3d 558 (7th Cir. 2001)]案判决书第563页。首先,强制性规则认为,联邦机构对反托拉斯诉讼过程中可能出现的一些问题享有排他性的管辖权。在这种案件中,联邦法院必须推迟反托拉斯诉讼并等待监管机构就该问题作出最终的决定。其次,尽管并不被要求这样做,但法院在许多案件中也认为,某些问题可以由对当事人享有监管权的监管机构先行予以解决,并且法院在这些案件中主张享有自由裁量权以推迟一个待决的联邦反托拉斯案件,直到监管机构有机会解决这一问题。换言之,在有些案件中,法院以及监管机构共同拥有管辖权,而不像在某些案件中只有监管机构对某些事项享有排他性的管辖权。

第二个(正如我们将要看到的,要更为复杂)概念的主要例子就是里奇诉芝加哥商品交易所案。在该案中,最高法院审理了由里奇提起的反托拉斯诉讼,里奇是一个商品交易员,曾经是芝加哥商品交易所的一名成员。当该交易所在没有通知或听证的情况下将里奇的会员资格转移到了另外一家交易商时,里奇事实上就被开除了。交易所声称,其作为受商品期货交易委员会(the Commodity Futures Trading Commission,CFTC)监管的交易所,需要遵守该委员会制定的一项会员规则,而其之所以转移里奇的会员资格,依据的正是该会员规则。该案的一个重要事实就是,商品期货交易委员会有权调查交易所的行为,并判断其是否遵守了依据商品期货交易委员会组织法即《商品交易法案》(the Commodities Exchange Act)而"有效"的规则。依据该法案,私人交易员如里奇有权向商品期货交易委员会起诉交易所,并且有权提起诉讼以质疑反托拉斯案件中所涉及的资格转让问题。

审理里奇案的最高法院中止了诉讼,直到商品期货交易委员会能够就交易所的会员规则是否有效作出决定。法院认为存在这样一种重大的可能性,即被诉行为事实上将触发"暗示废止"规则的适用并能够从反托拉斯法中得到豁免(参见第二十二章第三节),但前提是该规则被证明为有效。最高法院也强调,"机构"对规则的有效性问题进行"事前裁决","对于最终确定《商品交易法案》是否会"因为案件所呈现出来的特定事实问题而"阻碍原告提起的反托拉斯诉讼具有重大帮助"。这些事实问题以及关于交易所各种规则的"范围、含义和重要性的问题","应当首先由那些对该行业以及与本案所涉及的独特市场的习惯和做法尤为熟悉的人予以处理。"参见里奇诉芝加哥商品交易所案判决书第 305 页。

重要的是,里奇观察到该案与西尔弗诉纽约证券交易所案具有相似性。对于被告提出的反对意见,即应当适用暗示废止规则,西尔弗指出,反托拉斯法应当完全适用于纽约证券交易所的行为。最高法院也持有这种观点,即便交易所完全受证券交易委员会的监管,即便本案所涉及的具体交易规则要获得委员会的批准。审理里奇案的最高法院在一个具体问题上与西尔弗诉纽约证券交易所案存在差别,即,与西尔弗案中的证券交易委员会不同,在里奇诉芝加哥商品交易所案中,商品期货交易委员会被授权在类似于里奇案的个案中审查投诉。商品期货交易委员会的组织法并不要求其在裁决针对交易所规则所提起的诉讼时考虑反托拉斯法或竞争价值,最高法院认为这也很重要。参见里奇诉芝加哥商品交易所案判决书第 302 页 13 注释。

里奇案明确指出其并不认为处于商品期货交易委员会管辖范围内的行为可以从反托拉斯法中得到豁免,参见该案判决书第 302 页 13 注释,并且,将相关事项移交给商品期货交易委员会的目的并不是为了使其能够就反托拉斯豁免问题进行裁决。这一事项应当由法院进行裁决。参见该案判决书第 306 页。对于商品期货交易委员会而言唯一的问题就是,交易所是否实际上遵守了一项有效的规则。如果没有的话,则反托拉斯诉讼将是可行的,如果这样的话,联邦法院将需要确定该行为是否可以从反托拉斯法中得到豁免。

该领域中仍然存在一种不确定性,即地区法院享有多大的自由裁量权来决定是否应当中止案件以等待监管机构完成程序。该规则并不是绝对强制性的,正是在这种意义上,可以说该规则显然是自由裁量的。在阿斯贝里案中,波斯纳法官写道:

> 如果法院是因为监管机构更为高级的专业知识……而非监管机构的管辖权,从而将问题移交给监管机构,则这种案件并不能被确切地描述为主要管辖案件。这种案件类似于……弃权案件(即法院寻求监管机构的介入,因为它们)担心晦涩难解的监管问题;或者类似于法院请求利益相关的监管机构以法庭之友的身份提供诉状的案件;或者类似于法院事实上将监管机构指定为一位特殊的专家的案件……在这些案件中,要么法院和监管机构共同拥有裁决某问题的管辖权,要么仅有法院拥有管辖权,并仅仅寻求监管机构的建议。

参见阿斯贝里诉伊利诺伊州案判决书第563—564页。在另外一份重要的意见中,卡拉布雷西(Calabresi)法官写道:

> 主要管辖这一概念并不意味着地区法院对争议事项不享有管辖权,也不意味着诉讼当事人必须首先向行政监管机构提起相关控诉……主要管辖既不是管辖性的也不是主要的。尽管里奇诉芝加哥商品交易所案的上诉法院援引主要管辖规则,主要是为了通过指示地区法院停止诉讼以等待监管机构作出审查,以避免地区法院迅速地作出裁决,但是,上诉法院也默示承认,地区法院拥有管辖权,以及一开始就向该法院提起诉讼,这二者都是完全合理的。

参见MFS证券公司诉纽约证券交易所[MFS Sec. Corp. v. New York Stock Exchange, Inc. ,277 F. 3d 613 (2d Cir. 2002)]案判决书第621—622页。但是,另一方面,MFS证券公司案把移交给监管机构描述为"在这种类型的案件中所应当做的",参见该案判决书第622页,并且,因为地区法院未进行移交而推翻了地区法院的判决。最高法院和上诉法院都因为地区法院进行了移交或未进行移交而推翻了地区法院的判决,并且,某些机构认为主要管辖这一规则完全不能进行自由裁量。[23]

---

[23] 参见美国诉通用动力公司[United States v. Gen. Dynamics Corp. ,828 F. 2d 1356 (9th Cir. 1987)]案判决书第1364页15注释("当我们读这一案件时……这一问题要么位于监管机构的主要管辖范围之内,要么没有,并且,如果位于监管机构主要管辖权范围之内,则法院可能在监管机构作出最初裁决前都不会进行审理。如果法院未按照主要管辖规则所强制要求的那样推迟裁判,则这将是一个可以被推翻的错误,……正如在不适当的情形中推迟一样。")。

第二十三章 劳动豁免

第一节 反托拉斯中的劳动问题

一、引言

（一）背景

尽管今天看起来可能并不是很明显，但是，反托拉斯法和劳动法之间存在着天然的矛盾。反托拉斯政策是价格竞争，即产品和服务的提供者彼此之间必须为了销售而展开斗争，而在这种斗争中唯一被允许使用的武器就是制造更好的产品或者以更低廉的价格进行销售。而劳动政策本质上则相反。这种特殊服务——人力劳动——的提供者依法被允许通过联合向买主施压的方式来提高自身的利润。并且，即便成功的工会行为会产生通常为反托拉斯法所禁止的后果，这也不会产生严重的问题。如果工人成功地提高了自己的工资，改善了自己的福利或劳动条款，则他们就成功地利用市场势力提高了生产者的成本。至少在某些情形下这将提高消费者所支付的价格。

尽管有理由相信 1890 年的国会并不意图将有组织的劳动界定为违法，[1] 但是，如果当前的《谢尔曼法》第 1 条是唯一可以适用的法律，则工会联合努力以改善劳动条款将可能构成"限制贸易的共谋"，并且是严重的违

---

[1] 参见道格拉斯·L. 莱斯利（Douglas L. Leslie），"劳动反托拉斯的原则"（Principles of Labor Antitrust），《弗吉尼亚法律评论》（*Virginia Law Review*），第 66 卷（1980），第 1192 页及 27 注释（指明了这一点，并批评早期的反托拉斯意见误解了这一点）；西奥多·J. St. 安托万，康奈尔（Theodore J. St. Antoine, Connell），"以劳动法为代价的反托拉斯法"（Antitrust Law at the Expense of Labor Law），《弗吉尼亚法律评论》，第 62 卷（1976），第 604 页及 7 注释（也持有这种观点）。重要的是，各界普遍认为，《谢尔曼法》的起草者希望"限制贸易"这一术语仅仅包含那些从字面上来看属（接下页）

法行为。在《谢尔曼法》极其抽象的用语中,劳动者将像其他产品或服务的提供者一样从事"贸易或商业",并且有义务在提供服务时彼此之间展开竞争。因此,如果他们罢工的话——如果他们拒绝工作,除非提高工资——则他们在从事一种赤裸裸的横向固定价格共谋,并且,他们试图通过联合横向抵制交易的方式来予以实施。与雇主所达成的劳资协议也将构成一个含有纵向因素的赤裸裸的、横向固定价格协议。换言之,依据《谢尔曼法》第 1 条,劳动者的绝大多数联合行为都将明显是违法的。

但是很显然,依据现行法所有这些行为都是被允许的。在大多数情形之下,我们所认定的普通工会行为是完全合法的。在这种意义上,劳动只是我们经济政策中众多妥协中的一种,反托拉斯法也是这种经济政策的一部分。尽管我们通常确实强烈支持形成一个价格竞争的市场,但有时,其他的公共价值——在本案中为维护人格尊严与生活工资的希望——是以牺牲某些分配效率为代价而获得的。

但这说起来容易,实现这一目的却要花费很多年的时间,并且需要国会与司法机关之间互相妥协。最终的法律很复杂而且很难预测,并且,理解这一所谓的"劳动豁免"带来了某些明显的挑战。首先,劳动法本身是很复杂的。劳动法是由六部相当详细的法律、一系列的行政法规以及法院和被称之为全国劳资关系委员会的联邦机构数十年的判例法所组成的。其次,这个问题的性质决定了其不可能有简单的解决方法。这是调和两种直接冲突的政策的一种尝试,并且,引起这种冲突的案件往往都出现在不同的和不可预测的事实情形中。最后,理解劳动情景的一个真正问题是,工会的动机有时是模棱两可的。国家劳动政策显然允许工会施压以提高工资或改善雇佣的条款和条件。但是,它们可能通过许多不同的方式来实现这一目的。它

(接上页)于普通法专门术语的对象。尽管相较于起草者所确信的而言,事实上,对于这一术语意指的是什么事实上并没有那么确定,参见威廉·莱特温(William Letwin),《美国的法律与经济政策》(*Law and Economic Policy in America*),第 15—17 页,第 51—52 页(1965),但是,在 1890 年以前,如果工会曾经被起诉的话,其也基本上没有因为限制贸易的原因而被起诉,参见阿佩克思袜业公司诉利德尔[Apex Hosiery Co. v. Leader,310 U.S. 469(1940)]案(调查了普通法的历史);汉斯·B. 索雷利(Hans B. Thorelli),《联邦反托拉斯政策》(*The Federal Antitrust Policy*),第 40—41 页(1955)。

们可能采取和平的、善意的谈判,仅仅以联合拒绝工作相威胁作支持。每个人都同意依据现行法这是被允许的。但是,它们也可能从事暴力的,或者更确切地说,它们可能利用自身的影响制造市场事端。最为极端的情形下,没有人认为劳动豁免允许工会参与发生在劳动市场以外的严重限制行为,即便这种行为可能有助于它们实现其自己的中心目标,即争取更好的工资以及劳动条件。正如最高法院曾写道的:

> 如果工会要求制定零售价格表,雇主必须按照该价格表销售其产品,则我们严重怀疑工会或雇主能够以劳动除外的理由主张豁免,无论有何种实质性的违法问题。

参见联合切肉工人诉珍宝茶叶公司[Amalgamated Meat Cutters v. Jewel Tea Co. ,381 U.S. 676(1965)]案判决书第689页。因此,即便在最高法院对劳动表达了最大程度同情的时刻,法院也总是认为,反托拉斯法"在某种程度上以及在某种情况下接受工会及其行为……"参见阿佩克思袜业公司诉利德尔案判决书第487页。问题仍然是如何确定被允许与被禁止之间的界限,而这被证明是充满争议的。

(二) 对法律的总结

通过少数几种不同的方式对这一法律体系进行总结可能是有所帮助的。首先,现代的劳动豁免规则事实上可以被认为包含三种独立的规则:

1. 法定豁免:单边的工会行为可以得到豁免。雇员采取联合行动,[2] 工

---

[2] 与那些独立企业家不同。那些不享有任何反托拉斯"劳动"豁免的企业家或独立的订约人,他们工作并不是为了获得工资,并且不受雇主的监督。例如,众多拥有自己渔船的渔民,各自将他们所捕获的鱼销售给一家鱼加工公司,并不能成立工会以增加他们卖鱼的收入。即便渔民之间的议价能力存在不均衡,即便鱼加工公司是一个垄断者并针对渔民从事了滥用行为,亦是如此。在考虑反托拉斯和劳动政策时,这些渔民确实只是共谋以固定价格的独立商人。参见哥伦比亚河流包装工协会诉欣顿[Columbia River Packers Assn. v. Hinton,315 U.S. 143(1942)]案。也可参见美国医学协会诉美国[American Med. Assn. v. United States,317 U.S. 519(1943)]案(将协会的医生成员视为是独立的订约人,他们联合抵制那些试图发展竞争性的医疗保健模式的主体)。

会单边支持其成员个人利益的行为可以得到反托拉斯法的豁免。罢工及对雇主的抗议即是例子。有些类似的行为将违反劳动法,但却并不违反反托拉斯法。

2. 非法定豁免:与非工会成员的合作。如果集体谈判协议、与雇主达成的其他协议以及与第三方达成的协议"与工资、时间及工作条件……密切相关的话",可以得到豁免。

3. 禁止工会与雇主之间的共谋:艾伦布拉德利(Allen Bradley)规则。工会不能与雇主或第三方就其他当事人违反反托拉斯法的行为达成共谋。这就是艾伦布拉德利规则,参见艾伦布拉德利公司诉电气工人[Allen Bradley Co. v. Electrical Workers,325 U. S. 797 (1945)]案。

其次,我们可以通过另外一种不同的方式来归纳这一相同的法律体系,即考察工会和雇主究竟可以从事哪些类型的行为。通常,作为雇员可以:

(1) 为了提高工资和改善工作待遇之目的而进行组织;

(2) 针对雇主采取非暴力手段的经济强制,以实现所期望的改善;

(3) 与雇主就工资及工作待遇达成协议;并且

(4) 在较小程度上,与第三方达成协议(例如为他们寻找工作的代理机构),该第三方对于维持他们的工作条件尤为重要。

同样地,雇主可以:

(1) 与工会展开谈判,并与工会就雇佣条款及条件达成协议;

(2) 集体与其他雇主展开谈判,表现为"多雇主集体谈判单位";并且

(3) 彼此之间达成协议,且不涉及任何劳动当事人,协议涉及雇佣的条款和条件,并且在谈判陷入僵局之前提供给劳动方。

例子

扬基快船医疗联盟有限公司(Yankee Clipper Medical Coalition, Inc)是一家新成立的非营利性实体,其成员是在缅因州、新罕布什尔州和马萨诸塞州三州交汇地带执业的医生。他们开始身处财务困境,并且,他们将此归结于大的保险公司不断增长的势力。他们同意遵守一系列的规则,包括彼此将就特定服务收取的最低费用。他们将这些规则整合成为一个文档,并

命名为"扬基快船医疗宣言"(Yankee Clipper Medical Manifesto)。他们决定向与之交易的每一家保险公司都邮寄一份该宣言的复印件。在律师的建议下,他们的附函将他们的行为描述为"罢工",并且将宣言界定为提议的集体谈判协议。

美国司法部针对他们的罢工行为提起诉讼,请求法院发布禁令。结果会怎样?

解释

这种安排是违法的并且将被禁止。传统上,医生和其他职业被认为是独立的"企业家"而非"雇员",因此,他们既不受联邦劳动立法的调整,也不能从反托拉斯法中获得任何劳动豁免。参见本章注释2。这一特殊的共谋同样也是一种固定最低价格的共谋,并不明显附属于任何促进竞争的安排,因此可能是本身违法的。

二、一段非常简短的历史:早期的司法敌意及现代法律制度的兴起

美国的劳动政策历史悠久。在美国,对有组织的工人首次感到焦虑开始于美国历史非常早的时期。众所周知,早在18世纪晚期和19世纪早期就存在冲突,与之伴随的是传统的、以家庭为基础的学徒组织的瓦解,取而代之的是大规模的机器生产以及更广范围的分销。早在19世纪早期,雇主和政府就已经试图利用犯罪共谋规则以及限制贸易的普通法阻止心怀不满的工人从事有组织的活动。这一方法在19世纪早期获得了成功,但是,可能是因为公众对有组织的劳工的容忍度不断提升,针对工会所提起的法律诉讼在19世纪中期已经大幅减少。但是,在南北战争以后又出现了报复性的反弹。这一时期快速的工业化,以及由此而产生的大量失去土地和低收入的劳动力,导致了更为激进的工会骚动,也产生了针对工会的新一轮的法律诉讼。到20世纪早期,雇主和政府通过利用《谢尔曼法》第1条进行反击,以禁止工会组织。参见洛威诉劳勒[Loewe v. Lawlor, 208 U.S. 274 (1908)]案。

国会在1914年也作出了回应,制定了《克莱顿法》,并在其中规定了两

个条款,旨在将劳动从联邦反托拉斯法中予以豁免。首先,《克莱顿法》第6条(15 U.S.C. §17)的相关部分规定,"人力劳动并不是商品或者商业物品。反托拉斯法的任何部分都不得被解释为禁止工会的存在和运行",只要工会只是"合法地实现其法定目标……"。另外,《克莱顿法》第20条[现在规定在美国法典的劳动关系标题下(29 U.S.C. §52)]禁止联邦法院限制"与就业有关的条款或条件的争端",并且规定了一个具体的"和平且合法"手段的清单,凡是使用清单上的方式处理争端的做法都不违反联邦法律。但是,实践表明这两个条款很容易就被那些顽固不化的司法机关予以规避,法院可以径直裁定,从语义上来看,这些法律条款仍然规定由法院来确定工会的"法定目标"是什么,并且,即便是这些受到《克莱顿法》第20条明确保护的具体行为,也只有当其仅仅发生在雇员及其雇主之间时,才能够得到保护。参见迪普莱印刷公司诉迪尔林[Duplex Printing Press Co. v. Deering, 254 U.S. 443 (1921)]案判决书第468—470页。

  国会对司法机关顽固不化的不满,导致了1926年至1935年间的另一次立法的浪潮。首先,作为新政经济一揽子计划的《1932年诺里斯-拉瓜迪亚法案》(the Norris-LaGuardia Act of 1932),即《美国法典》标题29第101—110条,第113—115条(29 U.S.C. §§101-110,113-115)扩大了劳动禁令,而这是国会在制定《克莱顿法》第20条时原本想规定的。然后,在1935年,国会最终制定了一部综合性的联邦劳动法规,即《全国劳动关系法案》(the National Labor Relations Act, NLRA)。制定《全国劳动关系法案》以后,国会不再仅仅容忍积极鼓励工会的行为,而是走得更远,开始致力于调整雇员与雇主之间的力量平衡,更加支持雇员。特别是,《全国劳动关系法案》为工会的成立以及承认特定的工会作为某些行业的谈判代表确定了一种程序性框架。这一框架向雇主和雇员双方都施加了一种强制性的义务,在工会被正式承认以后,双方应当善意地就工资、工作时间和工作条件等展开谈判。《全国劳动关系法案》通过将某些行为规定为违法,并且通过设立一个被称之为全国劳动关系委员会(the National Labor Relations Board, NLRB)的行政机构来实施并监督劳动法的执行,以此来调整集体谈判程序。

这部劳动法在两个方面与反托拉斯法有特别的相关之处。首先,《全国劳动关系法案》规定,如果某个特定雇主的雇员已经正当地建立了工会,则该工会与雇主必须共同"善意地"就特定事项展开谈判。这些"强制谈判的事项"在《全国劳动关系法案》中进行了界定,包括"工资、工作时间和其他雇佣条款及条件……"参见《美国法典》标题 29 第 158(d)条[29 U.S.C. § 158(d)]。需要明确的是,雇主和雇员都不负有就任何事项达成一致的义务,如果双方都试图善意地消除分歧但谈判仍然陷入"僵局",则任何一方都可以采取胁迫行动(工会可以罢工,雇主可以拒绝雇员进入工作场所)。但是他们必须进行善意的谈判,任何一方拒绝进行善意谈判都将导致全国劳动关系委员会要求双方进行谈判(有时也会面临其他的惩罚)。"工资"和"工作时间"都足够清楚,但是"其他雇佣条款及条件"的含义则必须依据《全国劳动关系法案》以及由法院予以明确。一般来说,这一术语包含那些与雇员为雇主工作的经验直接相关的政策,例如工作任务和安全规则。

其次,修订后的《全国劳动关系法案》所禁止的"不公平劳动行为"是所谓的"间接"行为("secondary" practices),也即争议双方针对中立的第三方所采取的行为。最为典型的有两种情形。工会可能会向某个与雇主有商业往来的公司施压,要求其停止与该雇主展开交易。这就是"间接联合抵制"(secondary boycott)。同样地,工会可能试图向雇主施压,要求其不得与工会正试图组织的某个第三方公司从事商品交易。这被称之为"热货协议"(hot cargo agreement)。这两种行为在劳动法上都是违法的,并且这对于反托拉斯法的处理也具有影响。

劳动行为唯一明确的反托拉斯法定豁免情形——规定在《克莱顿法》和《1932 年诺里斯-拉瓜迪亚法案》中——保护工会的行为,甚至不是所有的行为都是它们实施的。司法机关迟早都要面临的一个问题是,工会为了能够与雇主进行集体谈判,就必须与雇主达成某种协议,这可能构成《谢尔曼法》第 1 条所规定的"合同、联合……或共谋"。重要的是,该法定豁免被认为不包括工会与"非劳动当事人"达成的协议,如雇主和多雇主团体达成的协议。法定豁免本身甚至都不豁免工会与雇主达成的基本的"集体谈判协议",而这却正是工会存在的真正目的之所在。因此,正如接下来要讨论的,法院已经发展出了某种被称之为"非法定劳动豁免"(nonstatutory labor exemption)来涵盖这些重要领域的行为。

第二节 当今的规则框架:"法定"豁免、"非法定"豁免及艾伦布拉德利规则

正如所提到的,可以说,当今的劳动反托拉斯豁免法律包括两个独立的、互补的规则,即保护工会自身单边行为的"法定"豁免,以及保护工会与非劳动团体第三方之间关系的"非法定"豁免。似乎同样存在一种特殊的规则,即工会与雇主共谋以限制劳动市场以外贸易的劳动管理协议是违法的(即所谓的艾伦布拉德利规则)。劳动豁免的法律,正如我们现在所知道的,实质上直到1941年才开始出现,并且经历了三个不同的发展阶段:

(1) 1941 年在美国诉哈奇森[United States v. Hutcheson, 312 U. S. 219 (1941)]案中建立了法定豁免;

(2) 1945 年在艾伦布拉德利公司诉电气工人案中建立了反对工会与雇主共谋的艾伦布拉德利规则;

(3) 1965 年在两个相伴案件中,即美国矿工联合会诉彭宁顿案和联合切肉工人诉珍宝茶叶公司案中,建立了非法定豁免。

一、法定豁免

目前法定豁免是这些规则中最简单的。法定豁免规则源于美国诉哈奇森案,在该案中,工会对安豪斯-布希(Anheuser-Busch)集团不满,在其所在地之一展开了罢工,并号召全国消费者抵制安豪斯-布希集团的啤酒,最高法院认为工会的这种行为可以得到反托拉斯法的豁免。美国诉哈奇森案列出了以下现在已经明确的条件:"只要工会是基于自身利益而展开行动,并

且没有与非劳动团体展开联合",则法院将不会就"作为手段的特定工会行为是否明智、是否正确、是否自私等作出任何评判"。参见美国诉哈奇森案判决书第232页。换言之,只要满足两个条件——工会仅仅是出于其自身的利益而行动,并且没有与非劳动团体展开联合——则工会的这种行为就能够从《克莱顿法》第20条以及《1932年诺里斯–拉瓜迪亚法案》获得完全的反托拉斯豁免。

哈奇森法定豁免规则之后发生了细微的变化。尽管严格来说,法定豁免仅适用于工会的单边行为——工会只是为自己的利益而采取行动并且没有与非劳动集团联合——最高法院有时也会稍微予以扩大,以涵盖工会与那些正常来说是非劳动团体但对工会实现其中心目标是必要的集团之间达成的协议。最高法院在两个案件中解释了这种细微的变化。美国音乐家联合会诉卡罗尔[American Fedn. of Musicians v. Carroll, 391 U. S. 99 (1968)]案涉及的是一个包括普通演奏者("伴奏者")和乐队领导的音乐家工会。乐队领导本身也是演奏者,只有当其承担安排一次演出的任务时,才体现出其乐队领导的身份。工会的规则设定了乐队领导和伴奏者收取的最低费用,并且要求每一次演出要使用的伴奏者达到最低人数。严格来说,当某个乐队成员作为领导时,他是以独立订约人和雇主的身份出现的;只有当其作为一个演奏者时,他才与其他演奏者一样是工会的成员并受其规则的约束。法院认为,为了达到豁免的目的,应当将乐队领导看作是"劳动团体"的一部分,因为如果不这样做将会降低工会通过乐队领导之间的价格竞争而为工会成员争取的工资。最高法院写道,一个外部人或外部团体可以被视为是"劳动团体",只要"工会成员与外部团体之间存在某种工作或工资竞争,或某种其他影响工会合法利益的经济关系"。基于相同的理由,H. A. 艺术家协会公司诉演员权益协会[H. A. Artists & Assocs., Inc. v. Actors' Equity Assn., 451 U. S. 704 (1981)]案豁免了演员工会禁止会员使用未经工会许可的戏剧经纪人的规则。

例子

国家抽血文理科学研究院(the National Academy of Phlebotomy Arts

& Sciences，NAPAS)是一家非营利性组织，其会员全部都是专业的刺络医师，即在医院或诊所，或者当你向类似于红十字组织献血的时候为你抽血的人。该组织并不销售任何产品或提供任何服务，而是依靠其会员每年所缴纳的年费来维持自身的运营。

美国所有州都要求刺络医师在执业前，要接受某种最低程度的培训和测试。但是，任何州都不要求刺络医师成为国家抽血文理科学研究院的会员。不过，美国执业的刺络医师中，是该研究院会员的比例仍然占到了65%，这很大程度上是因为他们能从会员身份中获得某种好处。特别是，他们可以接受免费的继续教育，而这是他们在大多数州保持执业资格有效所需要的。他们也可以通过该研究院购买便宜的保险并获得某些其他的促销福利。

国家抽血文理科学研究院制定了简短的会员规则，并且经常开除那些违反规则的会员。此外，规则规定，每个会员每周工作的时间都不得超过40个小时。国家抽血文理科学研究院为该规则辩护道，在该组织看来，过度劳累的刺络医师伤害病人以及从事不当行为的风险更大。

国家抽血文理科学研究院的规则违反了联邦反托拉斯法吗？

解释

首先需要回答的一个问题是，反托拉斯法是否适用。国家抽血文理科学研究院在本案中应当有要求获得法定劳动豁免的很好理由。该组织是由"雇员"所组成的（或者很明显——刺络医师看起来是受医院或组织所雇佣的），因此该组织是一个"劳动集团"。从这些事实中我们能够看出，该规则是由国家抽血文理科学研究院单边施加的，并且由于它与一个核心的劳动政策问题相关——工作时间——看起来该行为是符合雇员自身利益的。如果这样的话，该规则就能够从美国诉哈奇森案中的法定豁免规则中得到豁免。如果能够证明刺络医师不是雇员的话，则不能适用劳动豁免规则。

如果不适用劳动豁免规则，则国家抽血文理科学研究院的规则很有可能是违法的。该规则是一种赤裸裸的产出限制，因此其要么是本身违法的，或者考虑到该组织所声称的专业性，因而适用快速审查。考虑到诸如第八章中所讨论的联邦贸易委员会诉印第安纳牙医联合会案,大概快速审查事实上将是快速的。

二、非法定豁免

一个更难界定的概念是"非法定"劳动豁免。法院在早期认识到,如果唯一的豁免就只有仅保护劳动团体单边行为的哈奇森法定豁免的话,则大量普通的、对于有组织的劳工工作必要的(例如,与雇主——一个"非劳动"当事方——达成集体谈判协议)行为都将违反反托拉斯法。司法机关创造"非法定"豁免以补充哈奇森法定豁免的需要,源自于拜伦·怀特(Byron White)大法官的思想,非法定豁免现在是劳动豁免司法领域的重要制度。他的思想反映在两个相伴案件中,即美国矿工联合会诉彭宁顿案以及联合切肉工人诉珍宝茶叶公司案,这两个案件的判决是由严重分裂的最高法院于 1965 年在同一天发布的。两个案件都不是多数大法官的意见。在这两个案件中,各自都形成了三种意见,并且每一种意见都各自有三名大法官支持。但是,这两个案件的意见都是由怀特大法官所撰写的,并且都具有非常大的影响力。

当与非劳动团体达成的协议被起诉时,怀特大法官在美国矿工联合会诉彭宁顿案和联合切肉工人诉珍宝茶叶公司案中的意见明确指出,合适的调查应当是在两种冲突的联邦政策之间实现大致的平衡。无论是这两个案件的意见还是最高法院之后涉及这一问题的大量意见,都没有就如何进行这种平衡给出明确的指导。正如怀特大法官在美国矿工联合会诉彭宁顿案的意见中所写道的:

"通过谈判斡旋来影响劳动管理争议",以此来促使"行业争议的和平解决",这是《国家劳动关系法案》中阐明的国家政策,我们在本案中所关心的,就是实现《谢尔曼法》与这一国家政策相协调。

参见美国矿工联合会诉彭宁顿案判决书第 665 页。因此,非法定豁免

案件中的终极问题就是,与非劳动团体所达成的任何协议是否是如此地

> 与工资、工作时间以及工作条件紧密相关,以至于工会在追求自身的劳工政策时,通过真诚而公平的谈判而试图成功达成协议的做法……正是国家劳动政策所保护的。

439　参见联合切肉工人诉珍宝茶叶公司案判决书第689—690页。相比于这些广义抽象用语,从这些意见中也很难获得更多的信息,但值得注意的是,这一问题似乎可以更宽泛地界定为,被诉的与非劳动团体达成的特定协议,其效果是否过于偏离国家劳动政策的核心关注点(即超出对涉案雇员的工资、劳动时间以及工作条件的关注)。

　　在彭宁顿案中,工会被指控与多雇主谈判单位达成协议,工会将协商达成的工资施加给所有其他雇主,尽管工会明知某些雇主很难在这一工资水平生存下去。最高法院认为该协议不能得到劳动豁免的保护。该协议涉及强制性的谈判议题,这并不是决定性的,它们中最重要的——工会成员的工资——也同等重要。参见美国矿工联合会诉彭宁顿案判决书第664—665页。法院主要的理由似乎是,在其看来,该协议有悖于工会成员自身的利益,因此甚至与劳动政策不一致。最高法院认为,如果工会没有将之前协议达成的工资"强行套加给"之后与其谈判的其他雇主,则"工会对于其成员所负有的职责将能够最好地得以实现"。参见该案判决书第666页。由于劳动政策将不会支持违背工会成员自身利益的工会协议,在平衡劳动政策与反托拉斯政策时,最高法院将支持反托拉斯政策。

　　但是,怀特大法官认为在联合切肉工人诉珍宝茶叶公司案中并不适用这种豁免。在联合切肉工人诉珍宝茶叶公司案中,代表屠夫的工会与食品杂货店达成了集体谈判协议,该协议不仅确定了屠夫自己的工资和工作条件,而且也固定了他们的雇主肉铺的营业时间。这具有限制"自助服务"肉类柜台的效果,因为"自助服务"肉类柜台只有通过更好的包装和冷藏才具有可行性。换言之,这种协议是对肉制品市场以及屠夫劳动力市场竞争的

限制。然而，这种协议也可能会影响屠夫的利益，因为为自助服务肉类柜台准备食物可能会给屠夫带来更大的工作量或更长的工作时间。怀特大法官认为该协议可以从反托拉斯法中得到豁免，因为该协议"与工资、工作时间以及工作条件密切相关……"

相反，在康奈尔建筑公司诉管道工蒸汽工地方工会[Connell Constr. Co. v. Plumber & Steamfitters, Loc. Union No. 100, 421 U. S. 616 (1975)]案中，最高法院认为工会协议的影响太过偏离工资、工作时间以及工作条件这些核心关注了。在该案中，被告是管道工工会，其会员为管道分包商工作，被告向总承包商施压，要求其只能与工会分包商进行交易。[3] 最高法院认为这是工会对分包商之间竞争的一种不当影响。

非法定劳动豁免将有利于雇主。在布朗诉职业橄榄球公司[Brown v. Pro Football, Inc., 518 U. S. 231 (1996)]案中，职业橄榄球运动员与多雇主谈判单位美国职业橄榄球大联盟（NFL）展开谈判。双方的谈判陷入僵局，因此美国职业橄榄球大联盟就直接规定某一特殊群体的运动员遵守一项工资协议。这一集体规定工资的做法原本可能是一种违法固定价格的安排，但这也是球队老板在谈判期间所能够提供的最后的、最好的报价。最高法院认为这一协议——尽管当事方只有雇主而没有雇员——能够获得豁免，因为多雇主谈判是全国劳动政策固有的特征。而且，法院认为，如果雇主不能将多雇主谈判单位在谈判陷入僵局时所提出的条款和条件强制实行的话，则他们将受到不公平的约束。最高法院认为，如果一些雇主坚持这些条款，而另外一些雇主则转向更为不利的条款，这些强制实行更为不利条款的雇主将会被起诉从事了"不公平的劳动行为"。

例子

众多广播有线电视网络提供商最近与代表专职作家的工会达成并执行了一份调整作家工资和雇佣条件的集体谈判协议（collective bargaining

---

　　[3] 尽管这种特殊类型的间接联合抵制看起来是明确为《全国劳动关系法案》所允许的，但是最高法院却持有不同的意见。

agreememt，CBA)，从而解决了双方之间的争议。但是，其中一家网络提供商是在抗议之后才签订集体谈判协议的，并且，当集体谈判协议生效以后，该网络提供商针对工会以及其他网络提供商提起了反托拉斯诉讼。原告针对集体谈判协议中的如下具体条款提出控诉：

1. 集体谈判协议要求，雇主一方不能仅仅因为作家是由一个代理人所代表的，就拒绝与潜在的作家达成协议。事实上工会中的所有作家都是由代理人所代表的，并且该代理人通常就作家的雇佣交易与作为雇主的网络提供商展开协商。碰巧的是该工会也制定了一项并没有在集体谈判协议中提到的内部规则，该规则规定工会中的作家只能雇佣那些事先得到工会批准的代理人。原告也针对该规则提起控告。

2. 集体谈判协议要求，网络提供商所出品的电视节目每季不得超过30集。

原告会胜诉吗？

解释

从这些事实中我们可以判断，所有相关的行为可以说无论是依据法定还是非法定劳动豁免规则，都是可以被豁免的。首先，注意只要雇主彼此之间都同意集体谈判协议，那么就不存在违反反托拉斯法的行为。雇主彼此之间是横向竞争者，他们自身并不能得到法定劳动豁免的保护，因为他们不是"雇员"。但是，非法定劳动豁免规则保护多雇主谈判，因为即便其不能明确从反托拉斯法中得到豁免，其也是联邦劳动法所考虑的。

这两种与机构代表有关的安排也很有可能得到豁免。第一，集体谈判协议中反对拒绝与被代表的作家进行交易的条款似乎是与"工资、工作时间和工作条件密切相关的"，正如在联合切肉工人诉珍宝茶叶公司案中的条款那样。第二，工会要求提前批准代理人的内部政策很有可能得到法定豁免的保护，这听起来可能有一些令人惊讶。尽管代理人并不像作家那样是同一个雇主的雇员，因此他们看起来可能属于非劳动团体的一部分，但是"在工会成员与他们的代理人之间很有可能存在一种影响工会合法利益的经济关系"，这足以使得该政策适用美国音乐家联合会诉卡罗尔案以及 H. A. 艺术家协会公司诉演员权益协会案的规则。

最后,集体谈判协议关于电视节目每季长度的限制似乎是一个更难判断的事,但是它仍然明显可以得到豁免。首先,需要明确的是,这种限制并不能获得法定豁免,因为它并不是由工会单边施加的——该条款出现在与雇主达成的协议中。而且,该条款是对非劳动市场产出的一种限制。但是,正如联合切肉工人诉珍宝茶叶公司案中的作业时长规则一样,集体谈判协议的该规则显然也与工会成员的雇佣条款密切相关——他们被要求工作多少——这落入了非法定豁免的保护范围。

三、艾伦布拉德利规则:工会—雇主共谋

最后一种也是相当简单的规则就是,工会不能与雇主共谋在劳动市场以外造成限制竞争损害(不清楚该规则是否真的需要被认为是不同于非法定豁免的一种独立规则;可能其仅仅是在特殊的、极端情形下适用非法定豁免规则的一种结果)。该规则来源于艾伦布拉德利公司诉电气工人案,在该案中,电气工人工会被指控与数个非劳动团体达成了覆盖纽约市的共谋,使得纽约市电气承包和电气设备制造的市场准入异常困难。最高法院并没有发现工会有什么特别的动机使其促成该共谋并作为其实施者,但看起来工会是要分享垄断利润。无论如何,法院都很容易认定这并不适用反托拉斯豁免。法院承认,工会可能有权抵制拒绝加入工会的电气设备生产商的商品。但是,如果工会"帮助非劳动团体制造商业垄断并控制商品及服务的营销",参见该案判决书第808页,这将无法从反托拉斯法中得到豁免。因此,之后的最高法院意见明确,工会与雇主达成的任何共谋,如果会对产品市场施加"直接和迅速的"限制的话,将不能得到豁免。参见美国矿工联合会诉彭宁顿案判决书第663页(判决书附带意见;如果工会"提出了一系列要求雇主按此销售的价格……,工会和雇主恰巧同意",这将不能享受反托拉斯豁免)。

附录　反托拉斯经济学的更多主题：产业组织问题

本附录涵盖了经济学中一个通常称之为"产业组织"（industrial organization）理论分支的更为高级的主题。产业组织关心的是市场的组织。产业组织理论关注的问题包括：特定市场中将有多少企业，它们的规模有多大，它们彼此之间具有何种关系，以及当市场竞争条件达不到完全竞争时它们将会如何行动。

本附录涵盖了两个产业组织主题。第一，附录第一节将讨论贯穿于反托拉斯法始终的一种关系，即"纵向"关系。当某种关系是某特定产品分销链中的一部分时，这种关系就是纵向关系——例如，索尼电器公司与消费品零售商百思买之间的关系就是一种纵向关系。纵向关系的经济学是相当复杂和不确定的，反托拉斯法对待纵向关系的态度也一直处于不断变化中。

第二，我们将会探寻，当我们放松了价格理论的基本假设以后将会发生什么，该假设认为市场中的企业是"价格的接受者"（price takers），它们只能收取竞争性价格，否则将会破产；也就是说，我们将会探寻，当一家或者更多的企业拥有市场势力但却没有任何一家企业是完全垄断者时，将会发生什么。我们将会考虑几种可能描述这种市场的不同情形。附录第二节将会考虑当市场中仅有几家企业并且每家企业都拥有某种市场势力时，该市场将会怎样运行。这种市场是"寡头市场"，经济学家认为这种市场的表现通常不同于竞争性市场。我们也将考虑有关少数几个竞争者竞争的变量，包括"可竞争市场"（contestable markets）和"限价"（limit pricing）的概念。

第一节 分销经济学：纵向关系及其在反托拉斯法上的意义

一、横向—纵向的区分

一个在反托拉斯法中反复出现并具有重要法律意义的问题就是：在某种产品的分销链中，两家或多家企业之间是什么关系？在几乎所有的反托拉斯案件中，原告所起诉的行为都涉及两家或多家企业之间的某种关系，要么是横向的要么是纵向的。

任何产品的生产者或任何服务的提供者都必须通过某种方式将他们的产品或服务提供给那些想要购买的消费者；也就是说，他们必须分销他们通过某种方式生产的产品或提供的服务。在简单的商业活动中，分销是非常容易理解的。一位汽车修理工向那些将他们自己的汽车开到其修理店的顾客"分销"其服务，餐馆老板直接将他们的产品和服务分销给进入餐馆的顾客。但是在很多商业活动中，分销要更为重要、复杂，并且通常还是非常昂贵的事，事实上整个行业都致力于分销其他行业的产品或服务。这对于交通运输公司（例如铁路公司和远洋运输企业）以及快递公司（例如联邦快递）尤其明显，但是零售商店也是其他企业所生产产品的"分销者"。事实上，分销现在是一个如此大的行业，并且产品分销的规模是如此之大，以至于许多交通运输公司开始不仅仅将自身定义为运输企业，而且定义为"物流"的提供者——一整套的服务，包括规划货物的取货与交货、实际运输、遵守监管及计划要求，设计以处理大型销售者将其产品投放市场所可能面临的昂贵且繁琐的实际问题。

产品分销的这一问题引起的区分被证明在整个反托拉斯法中都很重要——横向关系与纵向关系之间的区分。这两种关系都会引发反托拉斯问题，但是反托拉斯法对待二者的态度非常不同。在大多数情况下，相比于纵向安排,横向安排将会受到更多的质疑。首先,纵向安排和横向安排都可以依据《谢尔曼法》第1条以"合同、联合……或共谋"而被提起诉讼。但是,比方说相对于索尼和百思买之间的协议安排,法院将会更多关注索尼和三星之间的协议。原因很简单。具有直接竞争关系的竞争者之间没有理由展开合作或就许多事情达成一致。它们之间正常是一种敌对的关系,并且它们的基本目标就是生产更好、更便宜的产品,在牺牲对方利益的基础上增加自己的利益。因此,除非横向竞争者能够证明它们之间达成的某种协议将有助于生产某种新的产品,或者寻找到新的、更好的办法,而这是单靠一方所无法实现的,否则它们将可能面临承担反托拉斯法律责任的巨大风险(参见第六章)。相反,产品的销售者或服务的提供者则总是有理由与分销其产品或服务的企业达成协议;这是基本的需求。因此,纵向协议通常并不违反《谢尔曼法》第1条(参见第十二章)。同样地,无论合并和并购是横向的还是纵向的,都能依据《克莱顿法》第7条对其提起诉讼。但是在现行法下,针对纵向协议提起的诉讼很罕见,而且也几乎很难胜诉。而针对横向合并所提起的诉讼则会有更大的胜诉几率(参见第十七章)。横向关系与纵向关系之间的区分对于《谢尔曼法》第2条的垄断法也很重要。只有当企业的单边行为损害了垄断者的横向竞争者或阻碍了潜在的市场竞争者进入该市场时才有可能是违法的(参见第十三章)。

二、一些基本特征:产品分销的基本问题及产品差异化的目标

在理解为什么反托拉斯法对待横向和纵向关系如此不同时,思考一下为什么企业会形成纵向关系以及当它们决定如何构建这种关系时所考虑的利弊,将会有所帮助。

(一) 分销的问题

一般来说,分销可以通过两种方式来完成。一方面,某种产品的生产商可以进行纵向融合,也就是说,它可以直接同时拥有生产经营和能够将其产品提供给消费者的分销经营。另一方面,它可以通过独立分销商来销售其产品(有时被认为是"通过合同实现融合")。这两种情形可以参见图 A.1。

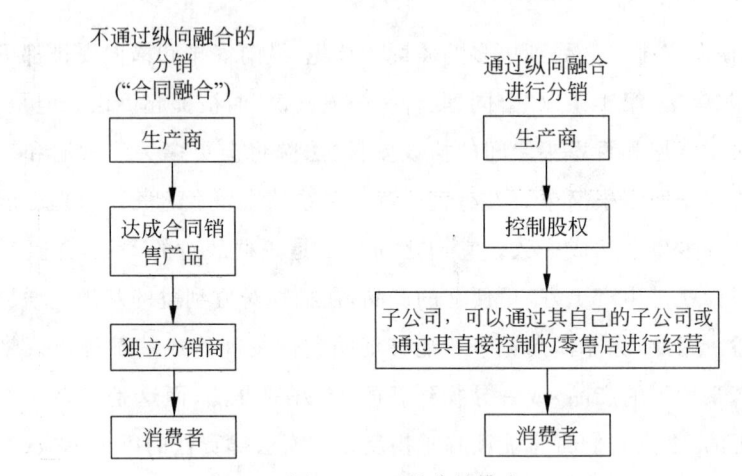

图 A.1　两种分销模式

我们可能会问自己，为什么某企业会选择此种分销形式而不是另外一种分销形式。标准经济学理论表明，在其他所有条件相同的情况下，一家理性的企业将选择那种能够实现其成本最小化的组织形式。因此，对于任何特定分销机制，首先要问的问题就是会涉及哪些成本。结果表明这种成本问题在不同行业各不相同。如果特定类型产品的分销存在重大的规模经济，则这将不利于该产品的生产商进行纵向融合。如果存在这种经济的话，最好是由一家运输企业或分销企业来分销多家销售者的产品而非仅仅分销一家生产商的产品。更大数量的分销将使得其能够获得规模经济效益。同样地，在选择纵向融合还是合同融合时，就是在更加集中的控制与更高的风险和成本二者之间进行基本权衡。纵向融合的生产商通常都将对其产品分销的各个方面保持更强的控制。这本身可能具有诸多价值，使得企业能够控制运营效率和代理成本。但是，纵向融合的企业也要承担与分销相伴随的所有风险。产品可能在运输中受到损害，如果生产商将其产品直接销售给分销商的话，他就能将这种风险转嫁出去。通过合同融合也可以避免任何商业活动中所涉及的所有法律责任风险。[1]

---

[1] 有大量的文献讨论分销组织的这种成本权衡。一个主要的文献是奥利弗·E. 威廉姆森(Oliver E. Williamson)，"纵向市场限制的评估：交易成本方法的反托拉斯影响"(Assessing Vertical Market Restrictions: Antitrust Ramifications of the Transaction Cost Approach)，《宾夕法尼亚大学法律评论》，第 127 卷(1979)，第 953 页。

(二) 品牌推广或产品差异化

大多数产品生产商都在乎它们分销形式的一个完全不同的原因是:产品分销的方式对于其品牌推广(branding)至关重要。为产品"进行品牌推广"是一种通常被经济学家称之为"产品差异化"(product differentiation)的过程。这一过程旨在使消费者相信该生产商的产品不同于其竞争对手的替代性产品,借此促使消费者赋予其产品更高的价值。对生产商而言,差异化的价值在于,通过将自己的产品从那些原本替代关系很强的产品中区分出来,可以使其自己的产品免受某种价格竞争;即,这产生了某种价格非弹性,并且给予生产商某种市场势力。作为一个规范性问题,差异化有一些复杂。一方面,与品牌推广相伴随的市场势力代表了对完全竞争的一种偏离,并且有可能导致价格高于社会最优情形下的价格。在许多情况下,差异化也被认为鼓励了过度的多样化。现有品牌商品的利润可能会鼓励太多其他新品牌的进入,每一个品牌之间可能并没有实质性的差别。而且,差异化还会具有误导性。经验已经很好地证明,物理上相同的商品可以通过广告和包装而被区分开来。消费者将要支付更高的价钱,但表面上的质量差异其实只是一种幻觉。但另一方面,品牌又传递了有关质量的信息,这有利于消费者作出最有利于其自身利益的决定。对于后面这一原因而言,毫无疑问至少在过去几十年中,品牌推广及差异化一直被认为是合法的、促进竞争的行为。而且,无论差异化将会在何种程度上提高成本或造成其他损害,都很难区分这种不利的差异化与那种明显的好处:能够带来新的以及更好质量产品的创新。[2]

这与反托拉斯法有关,因为创造一个差异化品牌的意愿将会使得生产商在某些情形下进行某种纵向限制。为了建立一个强大的品牌,一般认为

---

[2] 差异化及品牌推广在以下文献中得到了很好地阐述:丹尼斯·W.卡尔顿与杰弗里·M.佩洛夫,《现代产业组织》,第194—215页,2000年第三版;劳伦斯·A.沙利文与沃伦·S.格里姆斯,《反托拉斯法:综合手册》,2006年第二版,第316—369页;以及尼古拉斯·S.埃克罗米斯(Nicholas S. Economides),"商标经济学"(The Economics of Trademarks),《商标报道》(*Trademark Reporter*),第78卷(1988),第523页。

需要支出超过生产产品并将其运送到消费者手中的净成本的一定费用。这可能包括设计或包装产品的创新，这要求进行研发投入、广告宣传以及可能的面对面营销。除非所有品牌差异化工作都能够通过制造商支付的全国性广告得以完成，否则某些品牌差异化工作将由分销商及零售商来承担。问题是，下游的合作伙伴可能有也可能没有很强的动机来提供这种服务。[3]因此，生产商要么必须通过某种方式直接向下游的分销商或零售商支付这笔费用，要么必须谋划如何通过合同来约束分销，从而使下游的分销商或零售商来支付这笔费用。

三、纵向损害的传统理论及新古典主义的批判

传统上，反托拉斯法对待纵向限制竞争协议非常严厉。即便是现在，针对第十章或第十一章中所描述的任何限制竞争行为（纵向共谋、搭售以及排他性协议）或者第十三章第三节第五部分中所描述的任何限制竞争行为（由垄断者所从事的排他性分销安排），都可以依据《谢尔曼法》第 1 或第 2 条或者《联邦贸易委员会法》第 5 条提起诉讼，并且，如果这些行为涉及搭售或者排他性的话，还可以依据《克莱顿法》第 3 条提起诉讼。同样地，如果所提议的纵向融合计划会产生类似于通过纵向协议限制的相同效果的话，则可以以其构成违法收购而依据《克莱顿法》第 7 条提起诉讼。在反托拉斯法实施更加活跃的今天，这些协议中的许多都很容易被起诉，并且现在看起来很小的竞争影响也足以支持违法性的认定。一如既往地，反托拉斯法对待纵向价格限制行为最为严厉。纵向固定最低价格——通常被称之为"转售价

---

[3] 参见本杰明·克莱因（Benjamin Klein），"在没有搭便车情况下的竞争性转售价格维持"（Competitive Resale Price Maintenance in the Absence of Free-Riding），《反托拉斯法律杂志》，第 76 卷（2009），第 431 页（认为生产商通常希望由下游的零售商进行更多的促销，而后者则并没有那么积极，因为如果这样做的话，下游的零售商将会赚取更少的利润）。长期以来也存在这样一种观点，即即便是分销商或零售商有足够的动机进行促销，但如果下游其他分销商或零售商能够在不进行这种促销的情况下销售同一品牌的商品（因此将能够享受更低的成本，并有能力以低于进行促销的分销商或零售商的价格进行销售），则这种动机也会受到侵蚀。这种"搭便车"的问题将在附录第一节第三部分中进行讨论。

维持"(resale price maintenance 或 RPM)——在 1912 年就被认定为本身违法,并一直维持到 2007 年。搭售安排也遭到了尤为严厉的对待,并且在早期的案件中几乎都是违法的。其他一些非价格限制也没有得到容忍,并且在 20 世纪 60 年代至 70 年代的短暂时期也大多被认为是本身违法的。最后,通过合并和收购进行的纵向融合也提出了同样的问题,并且也遭到了非常严厉的对待。

关于纵向限制的最早判例法基本上都是非经济性的,将纵向限制所造成的损害视为是对个人自由的一种限制。这种随着传统判例法发展起来的经济损害理论就是所谓的"排他性"(foreclosure)理论。如果一个销售商能够通过排他性安排对分销其产品的市场进行足够的控制,则其就有可能阻碍那些同样需要获得分销渠道的新的市场进入者。在极端情形下,被排除的分销市场可能足够的大,以至于新的市场进入者需要同时进入两个市场——产品的生产市场和分销市场。同样地,一个强势的买方可能与大量的供应商达成产出合同,要求供应商仅向自己供货,借此来锁定供应渠道。

但是,判例法也总是承认纵向限制可能具有好处。纵向限制可以为买方和卖方提供预期和稳定,或者可以使他们免受价格波动的影响。纵向限制可能是卖方品牌间竞争计划的一部分——有观点认为,纵向限制可以被用来激励交易商更加积极地营销卖方的产品。对于买方而言,纵向限制可能是减少库存或降低其他库存成本的一种方式。

排他性理论长期以来一直遭到学术界的攻击。一种主要的批评建立在所谓的"垄断利润"(one monopoly profit)的论点之上。该论点认为,能够从任何产品或服务中获得的超竞争性利润的总量,是由向最终消费者进行的最后一笔交易所决定的。例如,就零售产品而言,存在某种最高的零售价格,超过该价格的进一步的涨价将会损失如此多的销售,以至于这种涨价将不再是有利可图的。无论这种涨价是生产商针对分销商,还是分销商针对零售商,抑或零售商针对消费者,都将是无利可图的。究竟是哪一方有能力涨价,这取决于哪一方拥有最大的市场势力(也就是说,谁在其所处的分销链层面上面临最小的横向竞争)。

例如,思考一下"搭售"合同(见第十一章)的问题。想象一下20世纪30年代至40年代的IBM公司。IBM是当时大型固定计算机的主要销售者。当时的电脑并不通过键盘输入信息,也不在显示屏或打印材料上显示信息,相反,这些电脑使用的是叠纸打孔卡。IBM也生产打孔卡,并要求顾客在所购买的机器上也使用IBM所生产的打孔卡。"垄断利润"论点认为,从逻辑上来讲,消费者因购买打孔卡而遭受的损害,并不会比消费者因为IBM在电脑市场上具有市场势力而遭受的损害更大。如果IBM已经在固定计算机市场上拥有了某种非常重要的市场势力,则其就已经有能力提高价格并获得超竞争的利润。如果IBM是一家理性的、追求利润最大化的企业的话,则IBM将收取仍然能够保证获利的最高价格。如果IBM同时试图强迫消费者购买其打孔卡,并试图向消费者收取超竞争的价格,则消费者将会把这种提高的价格视为是电脑产品价格的一部分,这必然会减少电脑的销售,并导致IBM损失一部分其原本享有的最大化利润。这一观点对许多法院和主要评论者具有重要影响。参见理查德·A.波斯纳,《反托拉斯法》,2001年第二版,第197—207页。但是,正如我们所要看到的,有理由相信至少在某些时候搭售是一种有利可图的策略,即便垄断者在"搭售"市场上赚取了高额的超竞争利润。

批评者也提出了诸多理由,认为纵向合并可能会具有促进竞争的效果,而这可能会受到不当的反托拉斯执法的阻碍。明显的促进竞争的动机包括,这可以降低在特定市场进行分销的成本。如果收购方能够控制目标公司的话,则可以降低这种成本。早期被认可的一种成本节约就是减少"双重边缘化"(double marginalization)。该观点认为,如果某家企业在上游市场和下游市场都拥有某种市场势力,则这两个市场上的销售者都会加价。而生产商则具有很强的动机限制这种双重加价行为,因为对于生产商而言,其与零售交易有关的唯一真正利益就是实现销量的最大化。正是因为这方面的原因,纵向限制法的批评者通常指出,生产商在纵向关系中的利益与消费者的利益是一致的。同样地,这还可能减少或降低原本会使独立供应商之间供应关系复杂化的机会主义或"代理成本"。

最近出现了一种非常不同的、支持纵向安排的观点。在判例法中,这种观点首先出现在具有重要影响力的大陆电视公司诉GTE西瓦尼亚公司案中。在该案中,最高法院首次表明,"品牌间的竞争……是反托拉斯法首要关注的。"参见该案判决书第51页19注释。法院继续阐述这一新的观点,即消费者至少在某些时候能够从更加昂贵的促销活动中受益;也就是说,如果分销商投入资金以促销某些特定的品牌,告知消费者这些品牌的质量优势,则消费者就能够从这种促销中获得好处。如果这种信息导致消费者花费更多的钱来购买这种质量更好、能够更好服务消费者的产品,而不是购买那种价格更低的产品,则消费者也能够从这种信息中获益。但是,如果这样做产生的所有好处都被销售相同品牌产品的其他未展开促销活动的分销商通过竞争而销蚀掉的话,则分销商就不会投入资金进行这种促销活动——因为这种促销活动可能会很昂贵。因此,纵向限制可能促使生产商贿赂分销商与自己合作或更好地为自己工作,这可能使得生产商能够进入新的市场,或者使它们在现有的市场中更好地展开竞争:

> 新的生产商以及进入新市场的生产商可以利用这种限制诱使有能力和有进取心的零售商,促使其投入必要的、分销不为消费者所熟知的产品所要求的资本和劳动力。现有的生产商能够借此来诱使零售商从事促销活动或提供对于有效营销其产品而必要的服务及修理设备。服务及修理对于许多产品例如汽车和主要的家用电器都十分重要。是否能够获得这种服务以及这种服务的质量将会影响生产商的商誉以及其产品的竞争力。由于存在市场缺陷如所谓的"搭便车"效应,在纯粹竞争的环境中零售商可能不会提供这些服务,尽管如果所有零售商都提供这种服务的话,相比于没有任何零售商提供这种服务,在前一情形下每一个零售商都将获得更大的利益。

参见大陆电视公司诉GTE西瓦尼亚公司案判决书第55页。

四、最近关于新古典主义批判的重新审视

近年来,关于新古典主义观点引发了大量问题,并且一些严重的关注可以归结为纵向限制所导致的限制竞争风险。首先,"垄断利润"的论点遭到了质疑。哈佛大学法学院埃纳·艾尔豪格教授的一篇被广泛阅读的论文指出,垄断利润的结果只有在极为苛刻的条件下才会出现。[4] 在搭售或捆绑销售的情形下,垄断利润的论点假设结卖品市场是完全垄断的,而搭售品市场是完全竞争的,并且,结卖品与搭售品是完全互补的(这就是说,为了获得其中任何一种产品的价值,消费者必须以固定的形式同时消费这两种产品;一个典型的例子就是一只右鞋和一只左鞋)。艾尔豪格教授认为,如果上述的任何一个假设条件不满足的话,销售者可能会发现搭售或捆绑行为虽然有利可图,但对消费者却没有好处,这种情形可能很常见。如果结卖品市场或搭售品市场处于完全垄断与完全竞争之间,则销售者可能事实上有能力实现某种程度的排他,或者获得某种其仅仅垄断结卖品市场所无法实现的额外利润。同样地,如果产品并不是紧密互补的话,或者,如果不同的消费者在希望获得其中一种产品的量方面存在不同的话,则在结卖品市场上具有市场势力的销售者就能够从事特殊的价格歧视行为以榨取消费者剩余——因此,相较于仅仅垄断结卖品市场将更为有利可图——并同样可能降低整体效率。

其次,品牌内部的限制通常不具有危害性,这似乎不再那么明确。第一,即便纵向限制的坚定支持者也承认,传统的搭便车理论可能无法解释现实中所观察到的纵向限制性营销活动。[5] 正如联邦贸易委员会的一位前主席所指出的,通常被实施机构视为是转售价格维持协议涉及的产品类型,似乎是不可能通过促销服务进行营销的产品,因此打折扣的卖家也无法搭便

---

[4] 参见埃纳·艾尔豪格,"搭售、捆绑折扣以及单一垄断利润理论的终结",《哈佛大学法律评论》,第123卷(2009),第397页。

[5] 参见本杰明·克莱因,"在没有搭便车情况下的竞争性转售价格维持",《反托拉斯法律杂志》,第76卷(2009),第431—435页。

车。有学者认为这些产品包括宠物食品、维他命、洗发水、军火、牛仔裤以及男士的内衣。[6]

同样地,批评者也不断提出理论及证据证明,特定类型的纵向限制并不具有其所声称的促进竞争效果,并且会导致某些限制竞争的损害。[7] 通常认为品牌内竞争损害相对较小,并且很有可能促进更为重要的品牌间竞争,但在很多情形下品牌内竞争可能并非如此无害。随着品牌影响力的不断提升,任何独立品牌的分销商和零售商之间的竞争都将变得更为重要。如果一个产品是高度差异化的,并且没有密切的替代品,零售商之间的品牌内竞争可能是唯一存在的价格竞争。并且,事实上已经有经验证据表明,转售价格维持通过涨价确实给消费者造成了损害。[8]

最后,针对纵向限制所可能产生的好处,也有人提出了质疑。例如,尽管转售价格维持可能提供一定的利润差额,从而鼓励零售商展开促销活动,但是有时其也可能完全无法提供任何鼓励。一方面,对于生产商而言,很难确保其下游的合作伙伴实际上提供了其所希望的促销服务。下游的零售商可能只是袖手旁观并享受他们很小的利润差额。同样地,如果分销商或零售商同时经营许多不同的品牌——例如杂货店——则只有当生产商的竞争对手没有提出转售价格维持要求时,他们才有动机进行额外的促销活动。

---

[6] 罗伯特·皮托夫斯基(Robert Pitofsky),"提供折扣的零售商真的是'骗子'吗?迈尔斯医生医疗公司案规则即将面临的挑战"(Are Retailers Who Offer Discounts Really "Knaves"?: The Coming Challenge to the Dr. Miles Rule),《反托拉斯》,2007年春季卷,第61、63页。

[7] 参见沃伦·S. 格里姆斯,"转售价格维持的动态分析:无效的品牌营销、更高的利润率、被扭曲的选择以及受到阻碍的零售创新"(A Dynamic Analysis of Resale Price Maintenance: Inefficient Brand Promotion, Higher Margins, Distorted Choices, and Retarded Retail Innovation),《反托拉斯导报》(Antitrust Bulliten),第55卷(2010),第101页;沃伦·S. 格里姆斯,"利金案之后走向何方:寻求纵向限制反托拉斯法改革的共识"(The Path Forward After Leegin: Seeking Consensus Reform of the Antitrust Law of Vertical Restraints),《反托拉斯法律杂志》,第75卷(2008),第467页。

[8] 参见亚历山大·麦凯(Alexander MacKay)与大卫·阿隆·史密斯(David Aron Smith),"最低转售价格维持对价格和产量的经验效果"(The Empirical Effects of Minimum Resale Price Maintenance on Prices and Output)(2013),见于 http://home.uchicago.edu/~davidsmith/research/Leegin_and_MRPM.pdf。

如果生产商的竞争对手提出了这种要求,则结果将是所有品牌的零售价都将变得更高。也有观点认为,无论纵向限制能够带来何种消费者利益,这种利益也几乎可以通过对竞争损害更小的方式得以实现。例如,生产商可以直接支付现金促销补贴或者提供折扣的批发价格,以获得零售商进行促销服务的合同承诺。

预测这些发展中的观点的实际效果还为时尚早。如果法院开始理解近来关于新古典主义的批判,并重新考虑在这种批判之下发展起来的纵向规则的严格性,则基本上会有一个主要的结果:在依据合理原则对纵向安排展开分析时,如果这种纵向安排是合同性的分销限制、搭售或者纵向合并,[9]原告将被赋予新的理论工具以论证特定行为具有限制竞争效果,但应当受到更加严肃的对待。

作为对发展中的法律所可能选取方向的一种预览,法院以及评论家已经进行了某种理论上的阐述。其中某些最为一般性的观点是由审理利金创意皮革产品公司案的最高法院自己提出来的,这些已经在第十章第二节第三部分中进行了讨论。但评论家则进行了更为细致的阐述。首先,如果纵向价格限制是在一个"开放的"分销系统中施行的,则其应当受到更多的关注。在一个开放的分销系统中,生产商没有对其交易商进行地域上或竞争对手方面的限制。交易商有权在其选择的任何地域范围内与其他交易商展开竞争。这应当受到更多的关注,因为没有理由相信这会有任何促进竞争的动机。这并不能避免搭便车的行为,并且交易商也没有明显的动机进行生产商所希望的积极营销投资。也存在这样一种风险,即最低的转售价格维持将被适用于在多品牌商店(例如杂货店或五金店)中销售的产品,从而引诱其他生产商进行效仿。避免品牌内部的竞争可以促使零售商经营一个品牌,

---

[9] 所有的纵向合同限制现在都依据合理原则进行分析。参见第十章以及第十一章。搭售通常仍然是依据一种被称为本身违法的特殊规则进行分析的,但是,由于原告承担如此之多的举证义务,以至于最好仍然将其视为是一种合理原则,依据该原则,原告仅能对限制竞争效果进行非常有限的、可以被反驳的推定。参见第十一章。纵向合并,正如其他适用《克莱顿法》第7条的交易一样,事实上也适用合理原则。参见第十七章。

至少在该品牌具有影响力的情况下是这样,具有竞争关系的其他生产商将会感到有压力来展开这种竞争,并展开他们自己的最低转售价格维持计划。[10]

任何类型的纵向限制,如果其在一个行业中十分普遍的话,将会受到更大的怀疑。只有当品牌内部的限制使得下游交易商选择了其原本不会选择的生产商进行交易,或者进行了其原本不会进行的促销投资,并且这样做对于交易商而言是有价值的,此时,品牌内部限制所能够产生的好处才会真正实现。但是,如果每个生产商都提供同样的激励,则这种激励会互相抵消,并且,品牌内部限制广泛应用的唯一可能结果就是导致更高的零售价格。[11]

最后,也存在一种共识认为有一种纵向限制不太可能导致损害。在没有例外情形存在的情况下,依据《谢尔曼法》第1条针对这种限制所提起的诉讼可能不会进展得特别好。有观点认为,如果是限制分销的非价格限制——也就是说,生产商利用地域或顾客限制来防止其分销商彼此之间就该品牌的销售展开竞争——则非常有可能具有促进竞争的好处,而相对不太可能造成损害。第一,限制分销的非价格限制有助于促进新的市场进入,有助于小公司或衰落公司获得分销以扩大其产出。之所以如此,是因为这种类型的协议本身并没有给交易商带来好处,除非交易商事实上进行了促销投资,而且这种协议也限制了搭便车行为。第二,这种类型的协议不太可能由具有市场势力的生产商施加;如果在上游市场上具有市场势力,则销售者通常会支持品牌内部的竞争。因此,限制分销的协议不太可能是违法的,除非在下游市场存在重要的市场势力或者这种协议普遍存在于整个行业。[12]

第二节　不完全竞争的模型:寡头垄断理论

正如一本主流教科书的作者在该教科书中就该问题所写的:

---

[10] 参见注释2劳伦斯·A.沙利文与沃伦·S.格里姆斯书第482—483页。
[11] 参见前引沙利文与格里姆斯书第483—484页。
[12] 参见前引沙利文与格里姆斯书第481—482页。

只有一种竞争模式和一种垄断模式,但是却存在许多非合作性寡头的模式:少数的企业各自独立地运行,但是都了解其他企业的存在。不同于垄断性的或竞争性的企业,非合作性寡头者不能轻率地忽视其他企业的行为。

参见丹尼斯·W.卡尔顿与杰弗里·M.佩洛夫,《现代产业组织》,2000年第三版,第153页。

我们在此将考虑关于一种特殊类型的不太完美的市场——寡头垄断,正如其经常被称之的那样——其在反托拉斯法中具有重要意义。

一、寡头垄断相互依存

寡头垄断仅仅是一个只存在少数卖方的市场。大多数观察家都认为,基于两个方面的原因,寡头垄断市场会引发竞争性的问题。第一,竞争者数量越少,维持一个秘密的限制竞争卡特尔将会越容易。第二,对于反托拉斯原告而言,一个真正的问题是,寡头垄断者可能在完全没有达成任何协议的情况下就达到了限制竞争的目的。寡头垄断者可能会通过原本依据反托拉斯法将被起诉的方式来损害竞争,但是不存在《谢尔曼法》第1条所要求的"共谋",也没有单个的生产者有足够的市场势力以达到《谢尔曼法》第2条垄断者的要求。

根据许多经济学家的观点,上述第二个问题的原因在于,一些寡头垄断市场可以实现长期的"非合作均衡"(non-cooperative equilibrium),在这种均衡之下,价格是超竞争的,但这种价格既不会吸引新的市场进入者,也不会鼓励现有生产商的"欺诈行为"。之所以这样是因为:(1)存在某种市场进入障碍,并且(2)现有的生产商将能够预测到,通过降价而获得的短期利润,将会被所有其他销售者了解到这种降价并进行匹配所导致的长期损失所抵消掉。因此,虽然完全竞争理论建议,寡头垄断者应当总是展开竞争,直到其价格降低到经济利润为零的水平,但是,寡头垄断者有时可能都能够预见到,如果他们都将价格维持在高于竞争性价格的某个特定水平,则每一个人都能够实现利润的最大化。标准的论点指出,销售者的数量越少,则他们越有可能预测到这一点。顺便提及一下,依据任何标准经济学关于健康市场的观点,这种超竞争的均衡并不健康;它只是碰巧是反托拉斯法没有提供救济的一种情形。[13]

无论如何,涉及反托拉斯法的基本问题就是,在寡头垄断情形下,单个销售者的行为通常看起来像他们之间已经达成了固定价格共谋似的。因此,正如在第十二章中所解释的,原告通常作为间接证据提出以证明违法共谋——某一时期内的平行定价行为——的同一证据,正如其与共谋具有一致性一样,其与寡头垄断的相互依存性也具有一致性。因此,法院不得不提出新的规则以解释,这种证据何时以及如何能够成为证明共谋的一部分;他们的解决方案就是在第十二章中所解释的所谓的"附加因素"测试("plus-factors" test)。

与寡头垄断和共谋证明相关的一个单独问题是,理解固定价格卡特尔是如何运作的,以及这种卡特尔更容易出现在哪种类型的市场之中。这也与法院如何处理证明共谋的问题以及法院对原告提出的证明要求有关。关于这些问题思考的集大成者,仍然是一篇具有重要影响的论文,即乔治·斯蒂格勒,"寡头垄断理论"(A Theory of Oligopoly),《政治经济学杂志》,第72卷(1964),第44页。斯蒂格勒的基本贡献之一就是思考共谋者是如何处理"欺诈"这一基本问题的。例如,在一个简单的横向固定价格共谋中,每一个成员都可以通过涨价而增加利润。但是,涨价也意味着每一个卡特尔成员都将损失一定的销量。对于每一个成员来说,如果它能够秘密地将价格降低一点,它就能够从其他的卡特尔成员那里攫取交易机会,但仍然能够向这些消费者收取超竞争的价格。通过这种方式,卡特尔成员就能够赚取

---

[13] 事实上,这一情形未能受到《谢尔曼法》的规制,可能是由于该法案的起草人缺乏经济学理论而未认识到这成其为一个问题,从而成为一个令人遗憾的疏忽。这个问题经常被提及,以至于被一些观察者称之为"寡头垄断空白"。参见乔纳森·B. 贝克(Jonathan B. Baker),"《谢尔曼法》第1条的两个困境:平行定价、寡头垄断问题以及当代的经济学理论"(Two Sherman Act Section 1 Dilemmas: Parallel Pricing, the Oligopoly Problem, and Contemporary Economic Theory),《反托拉斯导报》,第38卷(1993),第143页。

相较于遵守卡特尔协议更多的利润。正是由于这方面的原因,卡特尔被认为天生就是不稳定的,至少从理论上来说是这样。但是,斯蒂格勒随后发现某些市场所具有的两个基本特征可能使得这些市场中的卡特尔更加地活跃:卡特尔成员能够很容易察觉到欺诈,并且卡特尔成员能够有效地惩罚欺诈行为。[14] 斯蒂格勒随后讨论了某些市场中能够使得这两方面基本任务更加容易的许多因素。首先,很显然,销售者的数量越少,察觉以及惩罚欺诈行为就更加容易。同样地,如果涉案的产品是可替代的话,则欺诈行为也将更容易被察觉。之所以如此是因为,如果涉案的产品在不同的卡特尔成员之间具有很大的差异性,则被指控的欺诈者就可以看似合理地主张,任何价格差异或其所提供的折扣,在成本方面是合理的,并且不是欺诈的证据。同样地,与众多小规模的买家进行经常性的交易也将使得欺诈行为更难被掩饰,因为这些买家更有可能向其他卖家也要求同样低的价格。

另外一个能够鼓励共谋或非共谋相互依存的重要市场特征就是需求的价格非弹性。如果一个产品在价格方面不具有弹性,则即便该产品的价格上涨,买方仍然会购买相同数量的该种产品。价格最不具有弹性的典型商品就是主食如牛奶和面包、健康医疗,或者是生产程序中所投入的、通常仅占最终零售价格非常小一部分的中间产品(例如,有时投入的包装材料)。对于卡特尔和寡头垄断者而言,价格不具有弹性的价值在于,这有助于更容易说服潜在的卡特尔成员,共谋提高价格不会导致顾客转向其他的替代品。

二、关于较少数量竞争者竞争的进一步发展:限制定价及可竞争性市场

对于原本属于寡头垄断市场的一种可能限制是,该市场可能是可竞争

---

[14] 卡特尔已经诉之于诸多的惩罚方式。通常,共谋者会同意如果发现了欺诈者,则其他的卡特尔成员将在一段时期内采取针对欺诈者的价格竞争报复行动,这种价格竞争可能是掠夺性的,因掠夺性定价而遭受的损失将由共谋者提供资金所形成的某种共同基金予以支持。通常在更为正式的安排中,共谋者将会向欺诈者处以罚金;尽管这种罚金在法律上不具有可实施性,但是它可以得到在欺诈者不遵守的情况下展开掠夺性定价行为这一威胁的支持。

性的(contestable)。该观点认为,即便在市场上仅有非常少数量的企业,并且每一家企业在该市场的销售中都占据了非常大的份额,如果新的竞争者能相对很容易就进入该市场的话,则这些企业可能在价格方面不具有任何定价权。换言之,如果潜在竞争的威胁——即便很小的超竞争价格上涨都会快速吸引市场进入的可能性——制约了市场上现有企业的定价自由裁量权的话,则即便是企业数量很少的市场可能事实上也会表现得更加类似于一个竞争性的市场。

而且,即便市场进入并不容易——存在某些进入障碍,例如,市场进入所带来的成本要高于市场上现有企业最初进入时所面临的成本——新的市场进入的可能性也能够对市场上现有企业的定价自由裁量权施加某种限制。在这种情形之下,市场上现有的企业将拥有某种定价权,但是它们不会将价格抬得过高以至于使得市场进入者能够有利可图并承担得起并非很低的进入成本。这一现象被称之为限制定价,并且其至少具有施加某种竞争约束的效果,即便市场上现有企业能够从市场准入门槛的保护中获得某种市场势力。[15]

---

[15] 达赖厄斯·W. 加斯金斯(Darius W. Gaskins, Jr.),"动态限制定价:市场进入威胁下的最优定价"(Dynamic Limit Pricing: Optimal Pricing Under Threat of Entry),《经济理论杂志》(*Journal of Economic Theory*),第 3 卷(1971),第 306 页,该文介绍了这一观点。

词 汇 表

Ancillary 附属性：某种更大的安排或制度的一部分。结合《谢尔曼法》第1条，附属性协议是某些其他安排的一部分。例如，一份出售工厂的合同可能包含协议约定，工厂的出售方在一定时期内不与购买方展开竞争。如果这一协议不是附属性的——也就是说，如果它是"赤裸裸的"——它将是本身违法的。但是，由于它附属于一种具有促进竞争效果的安排——健康市场中的产品销售被推定为是促进竞争的，因为如果这对双方不是互相有利的话，这种销售就不会发生——它将依据不同的规则进行判断。参见[交叉参考文献*]。

Arbitrage 套利：以某一价格购买某产品然后以更高的价格进行销售。通常，该术语表明套利者希望利用市场的缺陷——套利者发现一种产品在一个市场上被错误定价了，并且可以在另一个市场上转售该产品并获得利润。在反托拉斯法中，套利行为主要在价格歧视法律中具有重要意义，这在[交叉参考文献]中进行了讨论。该术语有时被赋予非常准确或奇怪的定义，尤其是在金融经济学领域中，但是，这些定义很少与反托拉斯法相关。

Asymmetry of Information 信息不对称：是指交易一方相对于其他方而言掌握更好的与交易相关的信息。

Cartel 卡特尔：众多市场主体（通常是横向的具有竞争关系的市场主体）集体同意采取某种行动对其所在的市场进行自我规制；该术语具有消极的含义，通常暗示具有直接竞争关系的竞争者共谋固定价格、分配市场或从事其他损害竞争的行为。

---

* 原文为 cross reference，相当于 word 中的交叉引用。是指在此处所做的解释，可以在其他地方找到相应的解释。例如，Ancillary（附属性）的解释中涉及对应的词 Naked（赤裸裸的）；后文 Naked 的解释中，也涉及 Ancillary 的解释。——译者注

Competitive Price or Competitive Equilibrium 竞争性价格或竞争均衡：在完全竞争情形下所有销售者都必须收取的价格。这一价格恰好等于普遍的生产成本，这将是特定时期技术上可行的最低成本。任何无法以该成本从事生产的销售者都将被迫退出市场。

Conglomerate 企业集团：将不同的业务整合到一家企业之中，这些业务彼此之间不存在竞争，而且也不相关。例如，一家生产电子产品、运动产品以及办公用品的企业就是一个企业集团。

Cost 成本：

Accounting Cost 会计成本：生产某种商品或提供某种服务的成本，不包括投资者在企业投资中所获得的任何回报。会计成本是最接近日常用语中所使用"成本"的一个概念。

Average Cost 平均成本：生产单位产品或提供单位服务的经济成本。

Average Total Cost 平均总成本：这一术语与"平均成本"同义。

Average Variable Cost 平均可变成本：单位产品的可变成本。

Avoidable Cost 可避免成本：是指当商业终止时将不会再发生的成本。这种成本既可以是固定成本，也可以是可变成本。固定成本在特定情形下是可以避免的，例如，当租约可以被转租或者设备可以以公允的价格再次销售时即是如此。可变成本总是可以避免的，因为当商业终止时所有的可变成本都为零。

Economic Cost 经济成本：生产产品的成本，包括投资者向企业投资所获得的市场回报。

Fixed Cost 固定成本：不随所生产的产品或提供的服务的量的变化而变化的生产成本。无论生产了多少单位的产品，即便事实上没有生产任何产品，都会发生相同的固定成本。

Marginal Cost 边际成本：生产下一个单位产品或服务的成本。如果一家企业生产100单位产品的总成本是10美元，但是，如果生产101单位产品的总成本是10.05美元的话，则生产第101单位产品的边际成本就是0.05美元。

Sunk Cost 沉没成本：是指不仅无法避免而且已经发生的成本。

Total Cost 总成本：在特定产量的水平上，生产所有产品的总成本。

Variable Cost 可变成本：随着产量的变化而变化的生产成本。例如，在企业已经购买昂贵的机器并进行了安装之后，该企业可能还需要购买某种原材料，将这些原材料投入到机器中以生产产品，但是只需要投入能够满足生产需要的原材料。因此，生产更多的产品就需要投入更多的原材料；购买原材料的支出就是一种可变成本。

Deadweight Loss 无谓的损失：当拥有市场势力的生产商提高价格或减少产量时所发生的效用损失。在这种情形之下，原本可以以更低价格购买产品的购买者将无法购买到该产品。其中一些购买者原本可以享受某种消费者剩余，因为其中一些购买者原本愿意支付至少比竞争性市场价格高一点点的价格。同样地，一些生产商可能在竞争性的价格上获得某种生产者剩余，因为他们可以销售一些原本并不会销售的某些产品，并且他们可能原本愿意以至少低于竞争性价格的价格进行某些交易。但是，因为一些交易不再发生——产量已经减少了——所有原本可以从这些交易中产生的消费者剩余和生产者剩余都损失了。

Distributional Inequality 分配不均衡：是指财富分配的不均衡。尽管完全竞争可以实现分配效率的最大化，却无法考虑分配结果。之所以如此是因为，只有当大多数人的大多数需求都得到满足时，才能够实现资源分配的最大化，但是，此处所计算的"需求"完全是以"支付意愿"进行衡量的。

Economics 经济：

    Macroeconomics 宏观经济：对整体经济的研究。例如，政府规定的利率的效果，整体的失业状况，以及通货膨胀，这些都是宏观经济问题。

    Microeconomics 微观经济：对个体市场的研究。例如，绿豆市场的供求关系就是微观经济问题。

Economy of Scale 规模经济：因大规模生产产品或大规模提供服务而节约的任何成本。

Efficiency 效率：

Productive Efficiency 生产效率：特定企业能够减少生产成本的程度（这是最一般意义上的"效率"）。

Allocational Efficiency 分配效率：特定市场能够将所有资源分配到对其估值最高的人手中的程度。

Dynamic Efficiency 动态效率：随着时间的推移，特定市场能以最低的成本实现技术进步的程度。

Elasticity 弹性：

Cross-Price Elasticity 交叉价格弹性：是指当某种替代品的价格发生变动时，消费者对另一种产品需求的敏感度。通常而言，如果两种产品是紧密的"替代品"（参见后文的定义）的话，则这两种产品之间的关系将更具有交叉价格弹性（更具有敏感度）。因此，有线电视与卫星电视之间的关系可能非常富有弹性（如果有线电视的价格上涨的话，则对卫星电视的需求将会增长，反之亦然），然而，白面包与牙膏之间的关系可能并不具有非常强的弹性，因为这两种产品彼此之间并不是非常紧密的替代品。

Price Elasticity 价格弹性：是指消费者需求对某一特定产品价格上涨的敏感度。对于所有或几乎所有的产品而言，价格上涨将导致需求的下降，但是对于某些产品（需求更富有"弹性"的产品）而言，这种需求的下降要更为明显些。因此，奢侈品的消费者需求往往是具有高度价格弹性的，然而，对于主食等产品而言需求是高度不具有弹性的。

从技术方面来说，"需求价格弹性"是指，价格每变动一个百分点所导致的需求量的百分比变动。一般而言，当需求价格弹性小于 1 时，这种产品就被认为是"价格非弹性的"。当需求价格弹性大于 1 时，这种产品就被认为是"价格弹性的"。

$$\Delta P/P = \frac{需求量的百分比变化\ \Delta Qd/Qd}{价格变动的百分比}$$

之所以将弹性为 1 作为划分"弹性"和"非弹性"的重要区分线，是因为小于 1 意味着价格上涨将是有利可图的——依据定义，当需求是非弹性时，销售者可以提高价格并借此赚取更多的利润，这要大于其因损失部分交易而遭受的损失。

Entry Barrier 市场进入障碍：存在某些成本或阻碍使得新的生产商很难进入某个特定的市场。

Externality 外部性：某些可能对于社会具有重要性但却并没有被特定市场的买家和卖家"内部化"的一种价值。也就是说，外部性是对整个社会的一种成本或收益，这些特定的买家和卖家在决定他们愿意支付多少来购买产品或愿意以多少的价格来销售产品时并不会考虑这种外部性。例如，环境损害对于特定产品市场具有外部性，即便这种损害正是由生产该产品的生产程序所导致的。如果对环境的损害并没有强制（通过环境法）由市场参与主体内部化的话，这种产品的买方和卖方将不会自愿选择以更高的价格进行交易，尽管这对于将产量减少到环境所能够承受的水平是必要的。因此，如果没有这种规制的话，产品将会过度生产。

Free-Riding 搭便车：利用由其他人所生产的产品或提供的服务，而不用支付相应的对价。例如，想象一下，一个零售商店在店内陈设、豪华展厅方面进行了大量的投资，并投资培训受过良好教育的销售人员，以确保他们能够投入大量的时间为个体顾客提供服务。如果附近的其他零售商销售同样的产品，消费者可能访问提供全服务的零售店以了解产品的情况并观看演示，但随后在没有提供类似服务的其他竞争性的零售商店购买该产品。反托拉斯法和经济学之所以关注搭便车行为，是因为这种行为会打击被搭便车的产品或服务的提供。如果消费者只是在价格更低的竞争者那里购买产品，则提供全服务的零售商将不会再提供这种服务，并且，如果消费者事实上认为这种全服务具有价值的话，则不提供这种服务对于消费者而言将是一种损失。基于这方面的原因，搭便车是"外部性"的一个具体例子（本例中是一种正外部性——这是一种有价值的产品，但是这种产品的提供商却无法获得完全的支付）。

Function 函数：是指一种数学关系，其中的一个变量的变化会引起另一个变量的变化。例如，如果产品供应量的变化会影响销售者在市场中对该产品的定价,则我们可以说价格是供应的函数。

Inframarginal 超边际:从字面上来说,是指"边际左边的部分";该术语指那些在简单的市场图中位于竞争均衡价格及产量左边部分的消费者和生产者,正如这些出现在[交叉参考文献]中的。超边际消费者是指那些原本愿意支付高于市场价格的价格的消费者。超边际生产者是指那些原本愿意以低于市场价格的价格进行销售的生产者。

Joint Venture 企业合营:两个截然不同的企业之间展开的一种合作。该术语既不是一个法律术语也不是一个经济学术语。企业合营通常是为了生产某种产品或执行某种功能,而这是任何一个成员企业依靠自身力量所无法完成的,通常认为企业合营能够节约成本或产生其他一些协同效应,因而具有正当性。企业合营可以有不同的组织方式。例如,两家企业可以同意成立一家新的企业,并且各自持有一定的股份。或者这两家企业可以仅仅展开合作而不成立新的企业,在这种情形下它们之间的关系事实上就是普通法上的合伙。

Long Term 长期:在经济学中,长期就是固定成本变为可变成本的时期。例如,如果生产某个特定的产品要求获得最低数量的技术以及在一年之内不能更改劳动合同,则长期就是开始生产的一年以后。

Market 市场:购买或销售特定产品或服务包括所有的替代品的买家或卖家所形成的世界,在该地域范围内该产品或服务的卖家彼此之间展开竞争。[1] 例如,在阿拉斯加州的首府朱诺市提供汽车修理服务的个人,与那些在佛罗里达州的首府塔拉哈西市提供这种服务的人,可能就并不处于同一"市场"之内,即便他们提供的是同一种服务,因为他们不太可能为了同一顾客而展开竞争。

Market Power 市场势力:在特定市场内提高价格或限制产量的能力。

Merger 合并:严格来说,在商业组织法中,合并是指两个之前各自独立的企

---

[1] 有时在反托拉斯判例法中使用的另外一个有用的定义是,"市场"是"展开有效竞争的领域"。参见坦帕电力公司诉纳什维尔煤炭公司[Tampa Electric Co. v. Nashvill Coal Co.,365 U.S. 320 (1961)]案判决书第 327 页。

业合并成为一个法律实体的一种法律交易的具体形式。但是,在反托拉斯法中,该术语的使用要更为宽松一些,是指一家企业对另外一家企业的资产或股权所进行的任何收购,这要依据《克莱顿法》第7条以及《哈特-斯科特-罗迪诺法》展开反托拉斯审查。这些问题都在[交叉参考文献]中进行了讨论。

Monopoly 垄断:(1)经济学意义上的垄断:是指仅有一个卖家的市场。(2)反托拉斯法意义上的垄断:是指其中一个生产商("垄断者")拥有某种市场势力而其他生产商都不拥有任何市场势力的市场。在垄断条件下,可能仍然有许多小的"边缘性"的生产商(被称之为"竞争边缘"),其中任何一个生产商都不拥有任何较大份额的市场势力。

Monopoly Price 垄断价格:是指销售价格与每单位生产成本差距最大的价格,因此在该价格水平上能够获得最大可能的利润。只有不面临任何现有的或潜在竞争的垄断者才能够收取这一价格,而任何其他试图以该价格进行销售的销售者都将面临低价出售的情况。

Monopsony 买方垄断:是指仅有一个买家的市场,或者更为宽泛的,在一个市场中,买家在购买方面拥有重要的市场势力。

Naked 赤裸裸的:与任何其他的安排或制度无关。这一术语被用在《谢尔曼法》第1条的法律中,是指并非当事人之间任何更大的、具有促进竞争效果安排中一部分的协议。例如,如果两家零售商店同意不销售相同的产品,除此之外没有其他的安排,则该协议就是一个赤裸裸的横向划分市场协议,因此是本身违法的。但是,如果该协议只是双方设立一个共同拥有的购物中心合同中的一个条款,则该协议"附属于"这一更大的协议("附属于"是与"赤裸裸的"相对应的词),这种协议将会受到不同的判断。参见[交叉参考文献]。

Network Effect 网络效应:是指当使用的人越多越具有价值从而给产品带来的一种价值提升。例如,家用录像系统(VHS)盒式录像带相比于贝塔(Beta)机器具有更大的价值,这不是因为家用录像系统盒式录像带内在品质更好或更具有价值,而是因为与家用录像系统相兼容的录像带非常普遍,而与贝塔相兼容的录像带则非常少。同样地,一个传真机将没有价值,除非许多消费者都已经购买了与其相兼容的传真机,而且随着更多的人购买了能够与之相兼容的传真机,这种传真机也将具有更大的价值。

Oligopoly 寡头垄断:是指在一个市场中,一些生产商("寡头垄断者")每一个都拥有某种市场势力。在寡头垄断市场中,通常只有少数几个寡头垄断生产商,尽管可能有许多小的"边缘性"的生产商(被称之为"边缘性竞争",没有任何人拥有市场势力)。

Predatory Pricing 掠夺性定价:以牺牲某种利润的价格进行的销售,目的在于损害竞争对手。严格来说,在限制竞争的意义上来说,价格可能是"掠夺性的",即便这种定价高于掠夺者的成本。如果降价只是损害或恐吓竞争对手战略的一部分,并且其最终目的是为了维持更高的、长期的价格,则这种降价将是限制竞争性的。但是在反托拉斯法中,这一术语被界定为低于掠夺者自己的成本。参见[交叉参考文献]。

Price Discrimination 价格歧视:向不同的买家以不同价格进行的销售。严格来说,不能仅仅因为价格在两个不同的买家之间是不同的就认为价格是"歧视性的",因为服务不同顾客的成本可能是不同的。无论如何,依据反托拉斯法,价格歧视行为有时可能构成违法,正如[交叉参考文献]中所讨论的。

Price Predation 价格掠夺:参见 Predatory Pricing 掠夺性定价。

Product Differentiation 产品差异化:使自己的产品区别于竞争对手产品的一种努力,并且更为重要的是,使消费者相信这种差异。

Profit 利润:

    Accounting Profit 会计利润:超过生产某种特定产品或提供某种服务成本的收入,不包括向所有者进行的利润分配。

    Economic Profit 经济利润:超过所有生产成本的收入,包括投资的合理回报。

Revenue 收入:总量

Rationality 理性:实现自身利益最大化的行为。

Short Term 短期：在经济学中，短期是指固定成本尚不能改变的时期。例如，如果生产某个特定的产品要求获得最低数量的技术以及在一年之内不能更改劳动合同，则短期就是开始生产的一年时间。

Substitute 替代品：与其他某种产品或服务不相同的产品或服务，但是如果其他产品或服务的价格上涨，则消费者会予以替代。例如，卫星电视很有可能是有线电视的紧密替代品。

[1] **Surplus 剩余**：剩余是指特定消费者或生产者从交易中所获得的额外收益的数量，因为消费者或生产者原本可能愿意以某种其他的价格从事这种交易。

    Consumer Surplus 消费者剩余：如果一个消费者原本愿意为购买一个产品而支付较之于市场价格更高的价格，则该消费者就能够享受一种剩余。例如，如果一个消费者原本愿意支付 20 美元购买一个电脑游戏，但实际只花费了 15 美元，则该消费者就获得了 5 美元的剩余。该消费者拥有了电脑游戏，但也拥有了额外的 5 美元来购买其他的产品，而该 5 美元原本是消费者愿意花费在游戏上的。

    Producer Surplus 生产者剩余：如果一个生产者原本愿意以低于市场价的价格销售产品，则该生产者就能够享受一种剩余。例如，如果市场价是 20 美元，但是，一个特定的生产商拥有某种技术优势，从而使得其能够以 15 美元的经济成本进行生产，则该生产者就能够在每一个单位的产品上享有 5 美元的剩余。

[2] **Surplus 过剩**：某种产品的供应过量。

Transaction Cost 交易成本：除了生产用以交换的产品或服务的经济成本以外（也就是说，除了劳动和原材料投入的成本以及资本的市场回报），为了完成交易所发生的所有成本。

"Vertical" and "Horizontal" Relationships "纵向"和"横向"关系：

    "Vertical""纵向"：处于特定商品或服务分销链不同层次的企业之间的关系；例如，食盐生产商、运输食盐的卡车公司，以及最终销售食盐的杂货店都处于一种纵向关系之中。

"Horizontal""横向"：处于同一种产品或服务同一分销层次的买家或卖家之间的关系；例如，两个食盐生产商处于横向的关系之中。

Utility 效用：因拥有某种商品而获得的好处。重要的是，在经济学中，这一价值总是只依据个人愿意支付的价格进行衡量。如果一个人愿意支付 1 美元购买一个热狗，但不愿意支付更高的价钱，经济学认为该人因拥有热狗而享有的效用恰好等于其因拥有 1 美元所享有的效用。

Welfare 福利：参见 Utility 效用。

案 例 表

（页码为原书页码，即本书边码）

Addamax Corp. v. Open Software Found. ,Inc. ,888 F. Supp. 274（D. Mass. 1995） 阿达马克斯公司诉开放软件基金会 286

Addyston Pipe & Steel Co. ,United States v. ,85 F. 271（6th Cir. 1898） 美国诉阿德斯顿钢管公司 64

Addyston Pipe & Steel Co. v. United States,175 U. S. 211（1899） 阿德斯顿钢管公司诉美国 366

Alaska Airlines,Inc. v. United Airlines,Inc. ,948 F. 2d 536（9th Cir. 1991） 阿拉斯加航空公司诉联合航空公司 207

Allen Bradley Co. v. Electrical Workers,325 U. S. 797（1945） 艾伦布拉德利公司诉电气工人 432,435—436,441—442

Allied Tube & Conduit Corp. v. Indian Head,Inc. ,486 U. S. 492（1988） 联合管道公司诉印第安纳汉德公司 109,214—215,240,395,397,400—402,405,408

Aluminum Co. of Am. ,United States v. ,148 F. 2d 416（2d Cir. 1945）（Alcoa） 美国诉美国铝业公司 185—188,191,195

Aluminum Co. of Am. ,United States v. ,377 U. S. 271（1964） 美国诉美国铝业公司 281

Amalgamated Meat Cutters v. Jewel Tea Co. ,381 U. S. 676（1965） 联合切肉工人诉珍宝茶叶公司 431,436,438—439,441

American Airlines,Inc. ,United States v. ,743 F. 2d 1114（5th Cir. 1984） 美国诉美国航空公司 228—229

American Column & Lumber Co. v. United States,257 U. S. 377（1921） 美国卡勒姆木材公司诉美国 133—136

American Fedn. of Musicians v. Carroll,391 U. S. 99（1968） 美国音乐家联合会诉卡罗尔 436,441

American Med. Assn. v. United States,317 U. S. 519（1943） 美国医学协会诉美国 431

American Needle,Inc. v. NFL,130 S. Ct. 2201（2010） 美国尼德公司诉美国职业橄榄球大联盟 8,161,163—167,367

American Soc. of Mech. Engrs. ,Inc. v. Hydrolevel Corp. ,456 U. S. 556（1982） 美国机械工程师协会诉水位计公司 214,240,367

American Tobacco Co. v. United States, 328 U. S. 781（1946） 美国烟草公司诉美国 168—171,177,179,186,198
AMR Corp., United States v., 335 F. 3d 1109（10th Cir. 2003） 美国诉AMR公司 202
Apex Hosiery Co. v. Leader, 310 U. S . 469（1940） 阿佩克思袜业公司诉利德尔 430—431
Appalachian Coals v. United States, 288 U. S. 344（1933） 阿巴拉契亚煤炭公司诉美国 63
Arizona v. Maricopa County Med. Socy., 457 U. S. 332（1982） 亚利桑那州诉马里科帕县医学协会 124
Arnold Schwinn & Co., United States v., 388 U. S. 365（1967） 美国诉阿诺德施温公司 143
Arsberry v. Illinois, 244 F. 3d 558（7th Cir. 2001） 阿斯贝里诉伊利诺伊州 425—427
Aspen Skiing Co. v. Aspen Highlands Skiing Corp., 472 U. S. 585（1985） 阿斯彭滑雪公司诉阿斯彭高山滑雪公司 190,191—192,204—205,209,223
Associated Gen. Contractors of California Inc. v. Carpenters, 459 U. S. 519（1983） 联合总承包商诉加州木工协会 5,107,339—340
Atlantic Richfield Co. v. USA Petr. Co., 495 U. S. 328（1990） 大西洋里奇菲尔德公司诉美国石油公司 336

Baker Hughes, Inc., United States v., 908 F. 2d 981（D. C. Cir. 1990） 美国诉贝克休斯公司 281,284,290,293
Barry Wright Corp. v. ITT Grinnell Corp., 724 F. 2d 227（1st Cir. 1983） 巴里莱特公司诉ITT格林内尔公司 200
Bausch & Lomb Optical Co., United States v., 321 U. S. 707（1944） 美国诉博士伦光学公司 168
Beatrice Foods Co., United States v., 344 F. Supp. 104（D. Minn. 1972） 美国诉比阿特丽斯食品公司 287
Bell Atl. Corp. v. Twombly, 550 U. S. 544（2007） 贝尔大西洋公司诉通布利 11,170—174,179
Berkey Photo, Inc. v. Eastman Kodak Co., 603 F. 2d 263（2d Cir. 1979） 伯基照片公司诉伊斯曼柯达公司 218—221
Bigelow v. RKO Radio Pictures, 327 U. S. 251（1946） 毕格罗诉RKO雷电华电影公司 355
Blue Shield of Virginia v. McCready, 457 U. S. 465（1982） 弗吉尼亚蓝盾诉麦克格雷迪 106—107,339
Borden Co., United States v., 308 U. S. 188（1939） 美国诉博登公司 410,419
Broadcast Music, Inc. v. Columbia Broad. Sys., 441 U. S. 1（1979） 广播音乐公司诉哥伦比亚广播系统公司 62—63,91—92,93,103—104,245

Brooke Group Ltd. v. Brown & Williamson Tobacco Corp. ,509 U. S. 209（1993） 布鲁克集团有限公司诉布朗威廉姆森烟草公司 59,195—196,197—203,211,265

Brown Shoe Co. v. United States,370 U. S. 294（1962） 布朗鞋业公司诉美国 58,278—280,297,300

Brown Univ. ,United States v. ,5 F. 3d 658（3d Cir. 1993） 美国诉布朗大学 125,366,418

Brown v. Pro Football,Inc. ,518 U. S. 231（1996） 布朗诉职业橄榄球公司 440

Brunswick Corp. v. Pueblo Bowl-O-Mat,Inc. ,429 U. S. 477（1977） 布伦斯维克公司诉普韦布洛保龄球馆公司 60,336

Business Electronics v. Sharp Electronics,485 U. S. 717（1988） 商业电子公司诉夏普电子公司 143

California Dental Assn. v. FTC,526 U. S. 756（1999） 加州牙科协会诉联邦贸易委员会 93—94,96,112,119,125,128—129,346,370—371

California Motor Transport Co. v. Trucking Unlimited,404 U. S. 508（1972） 加州汽车运输公司诉卡车运输无限公司 395,398,399—400

California Retail Liquor Dealers Assn. v. Midcal Aluminum,445 U. S. 97（1980） 加州零售白酒经销商协会诉米德卡铝业公司 378,383,386—393

California v. Am. Stores Co. ,495 U. S. 271（1990） 加州诉美国商店公司 357,358

California v. Frito-Lay, Inc. ,474 F. 2d 774（9th Cir. 1973） 加州诉菲多利公司 349—350

Cargill,Inc. v. Monfort of Colorado,Inc. ,479 U. S. 104（1986） 嘉吉公司诉科罗拉多州蒙福特公司 60,336—337

Caribbean Broad. Sys. ,Ltd. v. Cable & Wireless PLC. 148 F. 3d 1080（D. C. Cir. 1998） 加勒比广播系统有限公司诉电缆无线 PLC 190

Cascade Health Solutions v. PeaceHealth,515 F. 3d 883（9th Cir. 2008） 喀斯喀特健康解决方案诉和平健康 201

Catalano,Inc. v. Target Sales,Inc. ,446 U. S. 643（1980） 加泰拉诺公司诉塔吉特销售公司 102

Catch Curve,Inc. v. Venali,Inc. ,c（C. D. Cal. 2007） 凯奇曲线公司诉维纳利公司 190

Cement Mfrs. Protective Assn. v. United States,268 U. S. 588（1925） 水泥制造商保护协会诉美国 134,135

Chicago Board of Trade v. United States,246 U. S. 231（1918） 芝加哥贸易委员会诉美国 62,89,113,195

Chicago Bridge & Iron Co. ,138 F. T. C. 1024（2004） 芝加哥桥铁公司 357—358

Chicago Bridge & Iron Co. N. V. v. FTC,534 F. 3d 410（5th Cir. 2008） 芝加哥桥铁公司诉联邦贸易委员会 284

Chicago Profl. Sports Ltd. Partnership v. NBA,961 F. 2d 667（7th Cir. 1992） 芝加哥职

业体育有限公司合伙诉美国全国篮球协会　410

Citizen Publishing Co. v. United States, 394 U. S. 131（1969）　公民出版公司诉美国　102,306,418

Citizens & Southern Natl. Bank, United States v. , 422 U. S. 86（1975）　美国诉南方公民国家银行　164,277

City of Columbia v. Omni Outdoor Advert. , Inc. , 499 U. S. 365（1991）　哥伦比亚市诉欧姆尼户外广告公司　383,386,390,391,395,398,404

Colgate & Co. , United States v. , 250 U. S. 300（1919）　美国诉高露洁公司　142,143,148,204,241

Columbia Pictures Corp. , United States v. , 189 F. Supp. 153（S. D. N. Y. 1960）　美国诉哥伦比亚电影公司　286—289

Columbia River Packers Assn. v. Hinton, 315 U. S. 143（1942）　哥伦比亚河流包装工协会诉欣顿　431

Community Commcns. Co. , Inc. v. City of Boulder, 455 U. S. 40（1982）　社区通信有限公司诉博尔德市　389—390,418

Concord Boat Corp. v. Brunswick Corp. , 207 F. 3d 1039（8th Cir. 2000）　康科德船务公司诉布伦斯维克公司　200

Conley v. Gibson, 355 U. S. 41（1957）　康利诉吉布森　173

Connell Constr. Co. v. Plumber & Steamfitters, Loc. Union No. 100, 421 U. S. 616（1975）　康奈尔建筑公司诉管道工蒸汽工地方工会　439—440

Consolidated Metal Prods. , Inc. v. Am. Petroleum Inst. , 846 F. 2d 284（5th Cir. 1988）　联合金属制品公司诉美国石油协会　167

Container Corp. of America, United States v. , 393 U. S. 333（1969）　美国诉美国集装箱公司　68,134—136,169

Continental Ore Co. v. Union Carbide & Carbon Corp. , 370 U. S. 690（1962）　大陆矿业公司诉联合碳化公司　190,212

Continental T. V. , Inc. v. GTE Sylvania, Inc. , 433 U. S. 36（1977）　大陆电视公司诉GTE西瓦尼亚公司　12,143—145,179

Conwood Co. v. U. S. Tobacco Co. , 290 F. 3d 768（6th Cir. 2002）　康伍德公司诉美国烟草公司　222

Copperweld Corp. v. Independence Tube Corp. , 467 U. S. 752（1984）　柯普维公司诉独立管道公司　5,8,59,67,161—167

Credit Suisse First Boston Ltd. v. Billing, 127 S. Ct. 2383（2007）　瑞士信贷第一波士顿有限公司诉比伶　12

Credit Suisse Sec. , LLC v. Billing, 551 U. S. 264（2007）　瑞士信贷证券有限公司诉比伶　419—422

Data Gen. Corp. v. Grumman Sys. Support Corp. , 36 F. 3d 1147（1st Cir. 1994）　数据通

用公司诉格鲁曼系统支持公司 237,241

Dedication and Everlasting Love to Animals v. Humane Socy. of the United States, Inc., 50 F. 3d 710 (9th Cir. 1995) 对动物的奉献和永恒的爱诉美国人道协会 366, 367,368

Dentsply, Inc., United States v., 399 F. 3d 181 (3d Cir. 2005) 美国诉丹斯普国际公司 210

Dooley v. Crab Boat Owners Assn., No. C 02-0676 MHP, 2004 WL 902361 (N. D. Cal. April 26, 2004) 杜利诉螃蟹船主协会 222

Dr. Miles Med. Co. v. John D. Park & Sons Co., 220 U. S. 373 (1911) 迈尔斯医生医疗公司诉约翰·D. 帕克父子公司 12,141—143,145,204

Duplex Printing Press Co. v. Deering, 254 U. S. 443 (1921) 迪普莱印刷公司诉迪尔林 434

Eastern R. R. Presidents Conf. v. Noerr Motor Freight, Inc., 365 U. S. 127 (1961) 东部铁路公司总裁会议诉诺尔汽车货运公司 213—218,379—380,386,395—407

Eastman Kodak Co. v. Image Technical Servs., Inc., 504 U. S. 451 (1992) 伊斯曼柯达公司诉图像技术服务公司 153,210,221

Eastman Kodak Co. v. Southern Photo Materials Co., 273 U. S. 359 (1927) 伊斯曼柯达公司诉南方摄影材料公司 204

E. C. Knight Co., United States v., 156 U. S. 1 (1895) 美国诉 E. C. 奈特公司 88

Edelman v. Jordan, 415 U. S. 651 (1974) 爱德曼诉乔丹 381

E. I. du Pont de Nemours & Co., United States v., 351 U. S. 377 (1956) (cellophane) 美国诉杜邦公司 74—76

E. I. du Pont de Nemours & Co., United States v., 353 U. S. 586 (1957) 美国诉杜邦公司 300

E. I. du Pont de Nemours & Co., United States v., 366 U. S. 316 (1961) 美国诉杜邦公司 357

Ethyl Gasoline Corp. v. United States, 309 U. S. 436 (1940) 乙基汽油公司诉美国 242

Ex Parte Young, 209 U. S. 123 (1908) Ex 帕特杨 381

Falls City Indus. v. Vanco Beverage, Inc., 460 U. S. 428 (1983) 福尔斯城市工业公司诉范科饮料公司 267

Fashion Originators' Guild, Inc. v. FTC, 312 U. S. 457 (1941) 美国时尚创始者协会诉联邦贸易委员会 346

Federal Baseball Club of Baltimore v. Nat. League of Profl. Baseball Clubs, 259 U. S. 200 (1922) 巴尔的摩联邦棒球俱乐部诉全国职业棒球俱乐部联盟 367—368

F. Hoffman-La Roche, Ltd. v. Empagran S. A., 542 U. S. 155 (2004) F. 霍夫曼-拉罗什

有限公司诉南美恩帕格兰 373,375

Fisher v. City of Berkeley,475 U.S. 260（1986） 费舍尔诉伯克利市 389

Fleitmann v. Welsbach St. Lighting Co.,240 U.S. 27（1916） 弗莱特曼诉韦尔斯巴赫街道照明公司 334

Flood v. Kuhn,407 U.S. 258（1972） 弗洛德诉库恩 367—368

Ford Motor Co. v. United States,405 U.S. 562（1972） 福特汽车公司诉美国 300,301,307

FTC v. Consol. Foods Corp.,380 U.S. 592（1965） 联邦贸易委员会诉联合食品公司 303

FTC v. H. J. Heinz Co.,246 F.3d 708（D.C. Cir. 2001） 联邦贸易委员会诉亨氏公司 293,308

FTC v. Indiana Fedn. of Dentists,476 U.S. 447（1986） 联邦贸易委员会诉印第安纳牙医联合会 71,72,97,119,122,125

FTC v. Morton Salt Co.,334 U.S. 37（1948） 联邦贸易委员会诉莫顿盐业公司 265

FTC v. Mylan Labs.,62 F. Supp. 2d 25（D.D.C. 1999） 联邦贸易委员会诉米伦实验室公司 356

FTC v. Proctor & Gamble Co.,386 U.S. 568（1967） 联邦贸易委员会诉宝洁公司 276,306—307

FTC v. Sperry & Hutchinson Co.,405 U.S. 233（1972） 联邦贸易委员会诉斯佩里哈钦森公司 346

FTC v. Staples,Inc.,970 F. 2d 1066（D.D.C. 1997） 联邦贸易委员会诉史泰博公司 72,292,297,299,307,308

FTC v. Superior Court Trial Lawyers Assn.,493 U.S. 411（1990） 联邦贸易委员会诉高等法院出庭律师协会 61,108,109,395,397,402—403,406

FTC v. Tenet Health Care Corp.,186 F.3d 1045（8th Cir. 1999） 联邦贸易委员会诉特尼特医疗保健公司 308

FTC v. Ticor Title Ins. Co.,504 U.S. 621（1992） 联邦贸易委员会诉提科尔产权保险公司 387—388,391—392

FTC v. Univ. Health,Inc.,938 F. 3d 1206（11th Cir. 1991） 联邦贸易委员会诉大学健康公司 307,308

Gemstar-TV Guide Intl.,Inc.,United States v.,No. Civ. A. 03-0198（JR）,2003 WL 21799949（D.D.C. July 16,2003） 美国诉詹姆斯达电视指南国际公司 325

General Dynamics,United States v.,415 U.S. 486（1974） 美国诉通用动力公司 281—282,292—293

General Electric Co.,United States v.,272 U.S. 476（1926） 美国诉通用电气公司 142—143,242—243

General Inv. Co. v. Lake Shore & Michigan Southern Ry. Co.,260 U.S. 261（1922） 通

用投资公司诉湖滨密歇根南方铁路公司　4.333

General Talking Pictures Corp. v. W. Elec. Co., 304 U.S. 175（1938）　通用有声电影公司诉西部电气公司　242

Georgia v. Evans, 316 U.S. 159（1942）　佐治亚诉埃文斯　378

Georgia v. Pennsylvania R. R. Co., 324 U.S. 439（1945）　佐治亚州诉宾夕法尼亚铁路公司　349,424

Gerlinger v. Amazon.com, Inc., 311 F. Supp. 2d 838（N.D.Cal 2004）　格林杰诉亚马逊公司　286

Goldfarb v. Virginia State Bar, 421 U.S. 773（1975）　戈德法布诉弗吉尼亚州律师协会　121,363,366

Gordon v. Lewiston Hosp., 423 F. 3d 184（3d Cir. 2005）　戈登诉刘易斯墩医院　124

Gordon v. New York Stock Exchange, 422 U.S. 659（1975）　戈登诉纽约证券交易所　419

Griffith, United States v., 334 U.S. 100（1948）　美国诉格里菲斯　189

Grinnell Corp., United States v., 384 U.S. 563（1966）　美国诉格林内尔公司　184—185,188

Grip-Pak, Inc. v. Illinois Tool Works, Inc., 694 F. 2d 466（7th Cir. 1982）　格瑞普-派克公司诉伊利诺伊州工具工作公司　380

Gulf Oil Corp. v. Copp Paving Co., 419 U.S. 186（1974）　海湾石油公司诉科普铺路公司　261

H. A. Artists & Assocs., Inc. v. Actors' Equity Assn., 451 U.S. 704（1981）　H. A. 艺术家协会公司诉演员权益协会　437,441

Hahn v. Oregon Physicians' Serv., 868 F. 2d 1022（9th Cir. 1988）　哈恩诉俄勒冈医生服务　168

Hanover Shoe, Inc. v. United Shoe Mach. Corp., 392 U.S. 481（1968）　汉诺威鞋业公司诉联合鞋业机械公司　340—341

Hartford-Empire Co. v. United States, 323 U.S. 386（1945）　哈特福德帝国公司诉美国　238

Hartford Fire Ins. Co. v. California, 509 U.S. 764（1993）　哈特福德火灾保险公司诉加利福尼亚州　372,373

Henry v. A. B. Dick Co., 224 U.S. 1（1912）　亨利诉A.B.迪克公司　150

Hertz Corp. v. City of New York, 1 F. 3d 121（2d Cir. 1993）　赫兹公司诉纽约市　394

Hoover v. Ronwin, 466 U.S. 558（1984）　胡佛诉朗温　383,384

Hospital Corp. of Am. v. FTC, 807 F. 2d 1381（7th Cir. 1986）　美国医院公司诉联邦贸易委员会　281,286,293,347

Hutcheson, United States v., 312 U.S. 219（1941）　美国诉哈奇森　436—438

案例表 543

Illinois Brick Co. v. Illinois, 431 U. S. 720（1977） 伊利诺伊州砖块公司诉伊利诺伊州 335, 340—342, 353

Illinois Tool Works, Inc. v. Independent Ink, Inc. , 126 S. Ct. 1281（2006） 伊利诺伊州工具工作公司诉独立油墨公司 12, 154

Image Technical Servs. v. Eastman Kodak Co. , 125 F. 3d 1195（9th Cir. 1997） 图像技术服务公司诉伊斯曼柯达公司 219, 221, 241

Independent Serv. Orgs. Antitrust Litig. , In re, 203 F. 3d 1322（Fed. Cir. 2000） 独立服务机构反托拉斯诉讼 219, 241

关于（In re），参见当事方名称（See name of party）

Insurance Brokerage Antitrust Litig. , In re, 618 F. 3d 300（3d Cir. 2010） 保险经纪反托拉斯诉讼 124

International Bus. Mach. v. United States, 298 U. S. 131（1936） IBM 诉美国 152

International Shoe Co. v. FTC, 280 U. S. 291（1930） 国际鞋业公司诉联邦贸易委员会 306

International Travel Arrangers, Inc. v. Western Airlines, Inc. , 623 F. 2d 1255（8th Cir. 1980） 国际旅行安排公司诉西部航空公司 222

Interstate Circuit, Inc. v. United States, 306 U. S. 208（1939） 州际电路公司诉美国 168—171

ITT-Continental Baking Co. , United States v. , 485 F. 2d 16（10th Cir. 1973） 美国诉ITT－大陆烘焙公司 287

International Telephone And Telegraph Corp. v. General Telephone & Electronics Corp. , 518 F. 2d 913（9th Cir. 1975） 国际电话电报公司诉通用电话电子公司 352

Japanese Elec. Prods. Antitrust Litig. , In re, 631 F. 3d 1059（3d Cir. 1980） 日本电子产品反托拉斯诉讼 334

Jefferson Parish Hosp. Dist. No. 2 v. Hyde, 466 U. S. 2（1984） 杰斐逊教区医院第二区诉海德 153

Joint Traffic Assn. , United States v. 171 U. S. 505（1898） 美国诉联合交通协会 424

J. Truett Payne Co. v. Chrysler Motor Corp. , 451 U. S. 557（1981） J. 特鲁特佩恩公司诉克莱斯勒汽车公司 355

Jung v. Assn. of Am. Med. Coll. , 300 F. Supp. 2d 119（D. D. C. 2004） 荣格诉美国医学院协会 418

Jung v. Assn. of Am. Med. Coll. , 399 F. Supp. 2d 26（D. D. C. 2004） 荣格诉美国医学院协会 418

Keogh v. Chicago & Nw. Ry. Co. , 260 U. S. 156（1922） 基奥诉芝加哥西北铁路公司 409, 423—425

Kobe, Inc. v. Dempsey Pump Co. , 198 F. 2d 416（10th Cir. 1952） 神户公司诉登普西泵

公司 237,238

Leegin Creative Leather Prods., Inc. v. PSKS, Inc., 551 U. S. 877（2007） 利金创意皮革产品公司诉 PSKS 公司 11—12,59,141,145—147

LePage's, Inc. v. 3M, 324 F. 3d 141 (3d Cir. 2003) 利佩奇公司诉明尼苏达矿务及制造业公司(3M) 190,192,200

Lessig v. Tidewater Oil Co., 327 F. 2d 459 (9th Cir. 1964) 莱西格诉潮水石油公司 226

Line Material Co., United States v., 333 U. S. 287（1948） 美国诉线路材料公司 242

Loewe v. Lawlor, 208 U. S. 274（1908） 洛威诉劳勒 433

Loew's, Inc., United States v., 371 U. S. 38（1962） 美国诉劳氏公司 154

Lorain Journal Co. v. United States, 342 U. S. 143（1951） 洛雷恩期刊公司诉美国 203,205

Lucas Auto Engr., Inc. v. Bridgestone/Firestone, Inc., 140 F. 3d 1228 (9th Cir. 1998) 卢卡斯汽车工程公司诉普利司通/费尔斯通公司 341

M&M Med. Supplies & Servs., Inc. v. Pleasant Valley Hosp., Inc., 981 F. 2d 160 (4th Cir. 1992) M&M 医疗用品服务公司诉悦谷医院公司 228

Maislin Indus., U. S., Inc. v. Primary Steel, Inc., 497 U. S. 116（1990） 美国马斯林工业公司诉初级钢铁公司 424

Maple Flooring Mfrs. Assn. v. United States, 268 U. S. 563（1925） 枫木地板制造商协会诉美国 133—135

Marine Bancorp., United States v., 418 U. S. 602（1974） 美国诉海洋合众银行 304—305

Marrese v. Am. Acad. of Orthopaedic Surgeons, 470 U. S. 373（1985） 马雷兹诉美国骨科医生协会 4,333

Massachusetts Bd. of Optometry, In re, 110 FTC 549（1988） 马萨诸塞州验光注册委员会 124,129

Massachusetts Sch. of Law at Andover, Inc. v. Am. Bar Assn., 107 F. 3d 1026 (3d Cir. 1997) 马萨诸塞州法学院安多弗公司诉美国律师协会 215

Matsushita Elec. Indus. Corp. v. Zenith Radio Corp., 475 U. S. 574（1986） 松下电器工业有限公司诉天顶无线电公司 170—171,173,176,179,338

McDonald v. Smith, 472 U. S. 479（1985） 麦克唐纳诉史密斯 380

MCI Commcns. Corp. v. AT&T, 708 F. 2d 1081 (7th Cir. 1983) MCI 通信公司诉美国电话电报公司(AT&T) 206—207

MFS Sec. Corp. v. New York Stock Exchange, Inc., 277 F. 3d 613 (2d Cir. 2002) MFS 证券公司诉纽约证券交易所 427

Microsoft Corp., United States v., 253 F. 3d 34 (D. C. Cir. 2001) 美国诉微软公司

190,195,218—220,223

Monsanto Co. v. Spray-Rite Service Corp.,465 U.S. 752(1984) 孟山都公司诉斯普雷里特服务公司 143,161,170—180

Multistate Leg. Studies v. Harcourt Brace Jovanovich,63 F.3d 1540(10th Cir.1995) 多州法律研究公司诉哈考特-布雷斯-约瓦诺维奇 222,223

NAACP v. Claiborne Hardware Co.,458 U.S. 886(1982) 全国有色人种促进会诉克莱本五金公司 109—110,405—406

NCAA v. Bd. of Regents of the Univ. of Oklahoma,468 U.S. 85(1984) 全国大学生体育协会诉俄克拉荷马大学董事会 93,96,111,119,121,367

National Assn. of Pharm. Mfrs.,Inc. v. Ayerst Labs.,850 F.2d 904(2d Cir.1988) 美国制药制造商协会诉阿耶斯特实验室 222

National Assn. of Sec. Dealers,United States v.,422 U.S. 694(1975) 美国诉全国证券交易商协会 419

National Socy. of Profl. Engrs. v. United States,435 U.S. 679(1978) 美国专业工程师协会诉美国 5,60,96,119—120

New Wrinkle,Inc.,United States v.,342 U.S. 371(1952) 美国诉新温克尔公司 242,244

New York v. Kraft Gen. Foods,Inc.,926 F. Supp. 321(S.D.N.Y.1995) 纽约州诉卡夫通用食品公司 297

NicSand,Inc. v. 3M Co.,507 F.3d 442(6th Cir.2007) 尼克桑德公司诉明尼苏达矿务及制造业公司(3M) 200

Nobelpharma AB v. Implant Innovations,Inc.,141 F.3d 1059(Fed. Cir.1998) 诺贝尔制药 AB 诉移植创新公司 239,249

Northern Pac. Ry. Co. v. United States,356 U.S. 1(1958) 北太平洋铁路公司诉美国 99,154

Northern Securities v. United States,193 U.S. 197(1904) 北方证券公司诉美国 183,186

North Texas Specialty Physicians v. FTC,528 F.3d 346(5th Cir.2008) 北得克萨斯专科医生诉联邦贸易委员会 129,168

Northwest Wholesale Stationers,Inc. v. Pacific Stationery & Printing Co.,472 U.S. 284(1985) 西北文具批发公司诉太平洋文具印刷公司 108,127,262

Oracle Corp.,United States v.,331 F. Supp. 2d 1098(N.D.Cal.2004) 美国诉甲骨文公司 297

Otter Tail Power Co. v. United States,410 U.S. 366(1973) 水獭尾电力公司诉美国 399

Pabst Brewing Co.,United States v.,384 U.S. 546(1966) 美国诉帕布斯特啤酒公司

281

Pacific Bell Tel. Co. v. Linkline Commcns. ,Inc. ,129 S. Ct. 1109（2009） 太平洋贝尔电话公司诉链路通信公司 12

Palmer v. BRG of Georgia,Inc. ,498 U. S. 46（1990） 帕尔默诉佐治亚 BRG 公司 104,106,244

Parke,Davis & Co. ,United States v. ,362 U. S. 29（1960） 美国诉帕克戴维斯公司 168

Parker v. Brown,317 U. S. 341（1943） 帕克诉布朗 378—379,380—394

Patrick v. Burget,486 U. S. 94（1988） 帕特里克诉伯吉特 387,391

Penn-Olin Chem. Co. ,United States v. ,378 U. S. 158（1964） 美国诉佩恩奥林化学公司 286

Petroleum Prods. Antitrust Litig. ,In re,906 F. 2d 432（9th Cir. 1990） 石油产品反托拉斯诉讼 175—176

Philadelphia National Bank,United States v. ,374 U. S. 321（1963） 美国诉费城国家银行 280—281,292—294,307,410,419

FTC v. Phoebe Putney Health Sys. ,Inc. ,133 S. Ct. 1003（2013） 联邦贸易委员会诉菲比帕特尼健康系统公司 390—391

Polygram Holding,Inc. ,In re,136 FTC 310（2003） 宝丽金控股公司 124

Polygram Holding v. FTC,416 F. 3d 29（D. C. Cir. 2005） 宝丽金控股公司诉联邦贸易委员会 94,128,129,130

Professional Real Estate Investors,Inc. v. Columbia Pictures Indus. ,508 U. S. 49（1993） 专业房地产投资者公司诉哥伦比亚电影工业公司 216,239,249,380,395,399,400,405

Radiant Burners,Inc. v. Peoples Gas,Light & Coke Co. ,364 U. S. 656（1961） 辐射燃烧器公司诉人民燃气轻工焦炭公司 107,214,240

Rambus,Inc. v. FTC,522 F. 3d 456（D. C. Cir. 2008） 拉姆布斯公司诉联邦贸易委员会 240

Realcomp Ⅱ ,Ltd. ,In re,No. 9320（FTC,Oct. 30,2009） Realcomp Ⅱ有限公司 129

Ricci v. Chicago Mercantile Exch. ,409 U. S. 289（1973） 里奇诉芝加哥商品交易所 411,425—427

Rice v. Norman Williams Co. ,458 U. S. 654（1982） 赖斯诉诺曼·威廉姆斯公司 380

Ruckleshaus v. Monsanto Co. ,467 U. S. 986（1984） 拉克尔肖斯诉孟山都公司 131

Salerno v. Am. League of Profl. Baseball Clubs,429 F. 2d 1003（2d Cir. 1970） 萨勒诺诉美国职业棒球俱乐部联盟 85

SCM Corp. v. Xerox Corp. ,645 F. 2d 1195（2d Cir. 1981） SCM 公司诉施乐公司 287

Sealy,Inc. ,United States v. ,388 U. S. 350（1967） 美国诉西利公司 165,167

Sessions Tank Liners,Inc. v. Joor Mfg. Co. ,17 F. 3d 295（9th Cir. 1994） 塞申斯坦克班轮公司诉 Joor 制造公司 215
Singer Mfg. Co. ,United States v. ,374 U. S. 174（1963） 美国诉辛格制造公司 169
Silver v. N. Y. Stock Exchange,373 U. S. 341（1963） 西尔弗诉纽约证券交易所 12,410,419,426
Simpson v. Union Oil Co. of California,377 U. S. 13（1964） 辛普森诉加州联合石油公司 142—143,237
Socony-Vacuum Oil Co. ,Inc. ,United States v. ,310 U. S. 150（1950） 美国诉索科尼-真空石油公司 60—61,64,100,102,103
South-Eastern Underwriters Assn. ,United States v. ,322 U. S. 533（1944） 美国诉东南保险商协会 363
Spectrum Sports,Inc. v. McQuillan,506 U. S. 447（1993） 频谱体育公司诉麦奎兰 225—226,227,229
Square D. Co. v. Niagara Frontier Tariff Bureau,476 U. S. 409（1986） 美商实快公司诉尼亚加拉边境关税局公司 424
Square D Co. v. Niagara Frontier Tariff Bureau,760 F. 2d 1347（2d Cir. 1986） 美商实快公司诉尼亚加拉边境关税局公司 424
Standard Oil Co. of New Jersey v. United States,221 U. S. 1（1911） 新泽西标准石油公司诉美国 5,88—89,186
Standard Oil Co. of Indiana v. United States,283 U. S. 163（1931） 印第安纳标准石油公司诉美国 238
Standard Oil Co. of California v. United States,337 U. S. 293（1949）（Standard Stations） 加州标准石油公司诉美国 156
State Oil v. Khan,522 U. S. 3（1997） 州石油公司诉卡恩 145
Swift & Co. v. United States,196 U. S. 375（1905） 斯威夫特公司诉美国 225—227,366
Syufy Enters. ,United States v. ,903 F. 2d 659（1990） 美国诉斯宇菲企业 80,284,299

Tampa Electric Co. v. Nashvill Coal Co. ,365 U. S. 320（1961） 坦帕电力公司诉纳什维尔煤炭公司 145
Taylor Publg. Co. v. Jostens,Inc. ,216 F. 3d 465（5th Cir. 2000） 泰勒出版公司诉乔斯滕斯公司 190
Terminal R. R. Assn. ,United States v. ,224 U. S. 383（1912） 美国诉终端铁路协会 206
Texaco,Inc. v. Dagher,547 U. S. 1（2006） 德士古公司诉达格尔 100,165—166
Theatre Enter. v. Paramount Film Distrib. Corp. ,346 U. S. 537（1954） 戏剧企业公司诉派拉蒙电影发行公司 169,171,177

Timken Roller Bearing Co. v. United States,341 U. S. 593（1951） 蒂姆肯滚压机轴承公司诉美国 165

Titan Wheel Intl. ,Inc. , United States v. , No/Civ. A. 1:96 CV01040,1996 WL 351143(D. D. C. May 10,1996) 美国诉泰坦车轮国际公司 325—326

Topco Assocs. ,Inc. ,United States v. ,405 U. S. 596（1972） 美国诉拓普康联合公司 99,104,165,167

Town of Hallie v. City of Eau Claire,471 U. S. 34（1985） 哈雷镇诉奥克莱尔市 384,389,393

Toys "R" Us v. FTC,221 F. 3d 928（7th Cir. 2000） 玩具反斗城公司诉联邦贸易委员会 148

Trans-Missouri Freight Assn. ,United States v. ,166 U. S. 290（1897） 美国诉跨密苏里州货运协会 88,410,424

Union Oil Co. of California,In re,138 FTC 1（2004） 加州联合石油公司 217,404

United Mine Workers of Am. v. Pennington,381 U. S. 657（1965） 美国矿工联合会诉彭宁顿 379,396—397,436,438—439,442

United Shoe Machinery,United States v. ,110 F. Supp. 295（D. Mass. 1953） 美国诉联合鞋业机械公司 187,210

United States Gypsum Co. ,United States v. ,438 U. S. 422（1978） 美国诉美国石膏公司 344

United States v. 美国诉,参见被告的名称

Unitherm Food Sys. v. Swift-Eckrich,Inc. ,375 F. 3d 1341（Fed. Cir. 2004） 尤尼瑟姆食品系统公司诉斯威夫特-艾克里奇公司 237

Univis Lens Co. ,United States v. ,316 U. S. 241（1942） 美国诉优力威透镜公司 246

U. S. Steel Corp. v. Fortner Enterprises,Inc. ,429 U. S. 610（1977） 美国钢铁公司诉福特纳企业公司 145

Valuepest. com of Charlotte, Inc. v. Bayer Corp. ,561 F. 3d 282（4th Cir. 2009） Valuepest. com 夏洛特公司诉拜耳公司 143

Verizon Commcns. ,Inc. v. Law Offices of Curtis V. Trinko,540 U. S. 398（2004） 威瑞森通信公司诉柯蒂斯·V. 特林科律师事务所 12,65,192,204—205,208,218,420

Von's Grocery Co. ,United States v. ,384 U. S. 270（1966） 美国诉冯食品杂货公司 10,281

Walker Process Equipment,Inc. v. Food Machinery & Chemical Corp. ,382 U. S. 172（1965） 沃克加工设备公司诉食品机械化工公司 217—218,236,239,248—249

Waste Mgt. ,Inc. ,United States v. ,743 F. 2d 976（2d Cir. 1984） 美国诉废物管理公司 284,293

Western States Wholesale Natural Gas Antitrust Litig., In re, 661 F. Supp. 2d 1172 (D. Nev. 2009)　西部各州天然气批发反托拉斯诉讼　422
Weyerhaeuser Co. v. Ross-Simmons Hardwood Lumber Co., 127 S. Ct. 1069 (2007)　惠好公司诉罗斯-西蒙斯硬木公司　12
White Motor Co. v. United States, 372 U. S. 253 (1963)　怀特汽车公司诉美国　144
Will v. Michigan Dept. of State Police, 491 U. S. 58 (1989)　威尔诉密歇根州立警察局　381

Yellow Cab Co., United States v., 332 U. S. 218 (1947)　美国诉黄色出租车公司　163—164

Zenith Radio Corp. v. Hazeltine Research, Inc. 401 U. S. 321 (1971)　天顶无线电公司诉哈泽尔廷研究公司　338，352，355
ZF Meritor, LLC v. Eaton Corp., 696 F. 3d 254 (3d Cir. 2012)　ZF美驰公司诉伊顿公司　200

索　引

（页码为原书页码，即本书边码）

Abbreviated rule of reason　简化的合理原则。参见 Quick Look

Accounting cost　会计成本。参见 cost

Accounting profit　会计利润。参见 profit

Adjudicatory fraud　诉讼欺诈　215—217,248—249,399—400,404—405

Administrative law　行政法　213—214,215—217,284,324—325,382,390,405,415—417,424—425,430,436

Administrative law judge　行政法法官　315,333,346—347,416

Ancillary restraints　附属性限制　62,91,100,101,103—104,114—117,124,125,166,243—244,433

Antitrust Division, DOJ　反托拉斯局　9,101,282—285,303,307,308,311—313,320—329,342—345,350—351,354,357,358—359,416

Antitrust injury　反托拉斯损害　58—60,189—190,264—266,335—338,342,424

Attempts　试图　72,195,225—229

Attorneys fees　律师费用　9,238,343,345,348—349,354,393—394,418

Average cost　平均成本。参见 Cost

Avoidable cost　可避免成本。参见 Cost

Bankruptcy　破产　288,289,306,321—323,327—328

Baseball　棒球　364,367—368,376

Boycott　联合抵制　15,62,72,91,96,100,106—110,117,127,148,203—209,214,222,368,382,384,385,403—404,406,429—430

Bundling　捆绑　140,194,199—200,209—212

Business justification　商业性正当理由　60—64,113—114,122—123,154—156,188,222—224,230,305—310

Cartel　卡特尔　67,82,101—104,132,146—147,174—176,296,365,372,374,418,423

Category approach　类型化方法　7—8,92,111,189,193

Celler-Kefauver amendment　塞勒-凯弗维尔修正案　272,278—280,300,306

Cellophane fallacy　赛璐玢谬误　75—76

Cellophane test　赛璐玢测试　74—78

Circumstantial proof of conspiracy　共谋的间接证据　132,162,169—179

Circumstantial proof of market power　市场势力的间接证据（证明限制竞争效果）　72,73,112

Cities　城市。参见 Municipal government

Civil War　南北战争　5,412,433

Class action　集团诉讼　70,348—349,350

Clayton Act　《克莱顿法》　3,4,278,342,343,346,350,367,371,374—375,

378,433,435

Clayton Act Section 1 《克莱顿法》第 1 条 349,374,375,378

Clayton Act Section 2 《克莱顿法》第 2 条。参见 Robinson-Patman Act

Clayton Act Section 3 《克莱顿法》第 3 条 72,149—152,209—210,211,262, 369—370,346,374,375,376

Clayton Act Section 4 《克莱顿法》第 4 条 260,277,335,338,339,331,341, 348,349,350,353,378

Clayton Act Section 4a 《克莱顿法》第 4a 条 277,343,345,348,351,352,356

Clayton Act Section 4b 《克莱顿法》第 4b 条 351,353

Clayton Act Section 4c 《克莱顿法》第 4c 条 348,349,354

Clayton Act Section 5 《克莱顿法》第 5 条 350,352,353,354

Clayton Act Section 6 《克莱顿法》第 6 条 433

Clayton Act Section 7 《克莱顿法》第 7 条 3,4,10,14,15,16,58,59—60,67, 72,81,229,237,238,260,271—310, 312—313,315,336,337,341,346,351, 357,358,367,369,374,375—376

Clayton Act Section 8 《克莱顿法》第 8 条 72,346

Clayton Act Section 11 《克莱顿法》第 11 条 288,350,356,370,371

Clayton Act Section 15 《克莱顿法》第 15 条 326,343,357,358,359,371

Clayton Act Section 16 《克莱顿法》第 16 条 259,277,335,336,338,341, 348,349,351,358

Clayton Act Section 20 《克莱顿法》第 20 条 434,436

Cognizability 辨识 60—63,129—130,

222—223,254,308—310

Colgte rule 高露洁规则 142—143, 204—206,218,241

Collaboration 合作 85—87,114—117,204

Collateral estoppel 禁止反言 334, 348,350—351

Collusion 共谋 54,67—68,81,92, 161—180,290,295,301—302,305

Common law 普通法 4,5,7,87—89, 91,142—144,168,184,226,229,335, 339,363,380

Concentration 集中度 6,7,9—10,67, 81—82,162,175—176,202,272,278— 280,281,289—290,292—304,309,326

Concentration ratio 集中率 81—82

Concerted refusal to deal 联合拒绝交易。参见 Boycott

Conglomerate merger 混合合并 278— 279,289—291,294,275—276,299— 300,302—305,315

Conspiracy 共谋 3,11,15,16,62—63, 67—68,72,85—97,99—101,147— 148,161—180,229—231,259,295

Conspiracy exception to Noerr-Pennington immunity 诺尔-彭宁顿豁免的共谋除外 404

Conspiracy exception to state-action immunity 州行为豁免的共谋除外 385—386

Conspiracy to monopolize 共谋垄断 72,184,194,229—231

Constitution, U.S. 美国宪法 88,109— 110,260—261,334,335,344,363,365, 379—382,385,405—406

Consumer surplus 消费者剩余。参见 Surplus

Consumer welfare 消费者福利 53, 56—57,222—223,253—254,264

Contestable market　可竞争市场　457
Coordinated effects　协同效应　295—299
Copperweld gap　柯普维空缺　67—68，185，230，296
Copyright　著作权　62—63，103，154，286
Corporation　公司　67—68，103，163—168，273—275，286—287，316，321，370，371
Cost, accounting　会计成本　30
Cost, average　平均成本　35—39，42—43，45—47，48，199，256
Cost, avoidable　可避免成本　43—44，46
Cost, economic　经济成本　26，28，30—32
Cost, fixed　固定成本　6，32，35—39，43—47，48
Cost, marginal　边际成本　35—39，42—43，45—47，199，308
Cost, sunk　沉没成本　44
Cost, total　总成本　28，35—39，42—43，45—46，48
Cost, transaction　交易成本　25，27，31，34，62
Cost, variable　可变成本　35—39，42，44—46，199
Covenant not to compete　不竞争公约　4，5，71，114—115
Criminal enforcement　刑事实施　9，87，99，259，333—334，344—345，350，351，352，353
Criminal procedure　刑事程序　333—334，343，344
Cross-licensing　交叉许可　242，245
Cross-price elasticity　交叉价格弹性　75—76，78，79

Damages　损害赔偿　9，238，272，277，335，337，338，340，341，343，345，348—349，350，351—352，353，354—355，365

Deadweight loss　无谓损失　49—51，57
Deception　欺诈　240，399—400，405
Department of Justice　司法部。参见 Antitrust Division, DOJ
Destructive competition　破坏性竞争　9—10，60—61，64，412—415，417
Direct proof of anticompetitive effect　限制竞争效果的直接证据　71—73，97，112，130，297
Direct proof of conspiracy　共谋的直接证据　162—163，170—172，173，179
Disgorgement　追缴　356
Dismissal　驳回　172
Dissolution　解散　357—358
Distribution　分销　12，90，94—95，139，157，179—180，209—212
Divestiture　剥离　314，357—358

Economic cost　经济成本。参见 Cost
Economic profit　经济利润。参见 Profit
Economics　经济学　9，14，15，21—51
Economies of scale　规模经济　6，184—185，276，291，295，306—307
Elasticity　弹性　39—41，75—76，79，175，184，255—256
Equilibrium　均衡　26，32—38，44—51
Essential facility　必要设施　203，205—209，260
Exclusion　排他　59，108，117，184—224，229，230—232，233，235，239，301，370
Exclusionary conduct　排他性行为　188—222，230—232，233，235，239，370
Exclusive contract　排他性合同　145，149—151，156—157，194，200—201，209—212，223，235，286，369，374，376
Exclusive dealing　排他性交易。参见 Exclusive contract

Exemption 适用除外 12,17,60,110,126,213,262,313,315,316,320,363,364,365,368,371,402,409—411,417—419

Failing firm defense 困境企业抗辩 291,305
False negative 漏查 65—66
False positive 误查 65—67,91—92,420
Federal Rules of Civil Procedure 联邦民事程序规则 172—174
Federal Trade Commission 联邦贸易委员会 4,9,72,119,120,123—124,129—130,148,217,224,232,259,283,285,287—288,307,312,315,323—325,329,333,334,342—347,350,351,354,356,357—359,370—372,374,376,402,404—405,416—417
Federal Trade Commission Act 联邦贸易委员会法 4,333,334,342,345,346,347,350,351,356—359,362,367,370,371,374—375,376,416
Filed rate doctrine 申报价格规则。参见 Keogh doctrine
First Amendment 第一修正案 106,109—110,364,379—380,402,405—406
Fixed cost 固定成本。参见 Cost
Follow-on litigation 后继诉讼 334,348—349,350—351
Full-line forcing 全线商品搭销 149,209

Geographic market 地理市场 73,78,265,294,314
G. E. rule 通用电气规则 142,233—234
Great Merger Wave 大合并浪潮 6,412

"Ground Rules" of antitrust economics 反托拉斯经济学"基本规则" 14,22—32

Hart-Scott-Rodino Act, HSR 哈特-斯科特-罗迪诺法案 15,72,81,237—238,243,272—273,277—289,298,305,311—329,343,349,356,357,358—359

"Harvard School" of antitrust analysis 反托拉斯分析的"哈佛学派" 54,65—66
Herfindahl-Hirschman Index, HHI 赫芬达尔-赫希曼指数 81—82,293,294,298,301,309
Hog cholera serum 猪霍乱血清 364—365
Horizontal restraints 横向限制 8,9,85—90,100—110,112,114,117,119,121,123—126,131—136,147—148
Hub-and-spoke conspiracy 轴辐式共谋 94,95,148

Ideal conditions of perfect competition 完全竞争的理想条件 24—27,31,34,41,132
Illinois Brick rule 伊利诺伊州砖块公司案规则 335,340—342,353
Immunity 豁免 12,17,110,213—217,237,239,248,367,377—407
Implied repeal 暗示废止 12,406—407,409—412,419—422,426
Incipiency 萌芽 272,279
Indirect purchaser rule 间接购买者规则。参见 Illinois Brick rule
Industrial organization economics 产业组织经济学 23,443—457
Industrial Revolution 产业革命 5—7,9
Information exchange 信息交换 15,

23,68,86,131—136,169,177,213,290,302,409

Injunction 禁令 9,272,324,325,326—327,338,346,348,349,358—359

Insurance 保险 364,391

Intellectual property 知识产权 15,17,86,104—105,145—146,151,154,213,215,218—219,235—249,273,282,343,369,399

Intent 意图 100,113,133—134,186,189,194—196,205,226,227,229—231,305,344,389—390,400

Interest 利息 102

Interest postjudgment 判决后利息 354

Interest prejudgment 判决前利息 348,354—355

Intermediate rule of reason 中等程度的合理原则。参见 Quick look

Interstate Commerce Commission 州际贸易委员会 410,424

Joint venture 企业合营 58,71,86,104,116,127,165—167,179,206,238,262,286,287,316,320,343

Judicial review 司法审查 284,325,390,416—418,424

Jury 陪审团 93,187,198,215,222,333,334,344,346,352

Keogh doctrine 基奥规则 409,411—412,423—425

Labor Exemption 劳动豁免 126,364,402,406,429—442

Labor law 劳动法 433—435

Labor union 工会 7,16,364,396—397,402,404,406,412,429—442

Laches 懈怠（迟迟不提起诉讼）351—352

Legislative history 立法历史 56—57,184,278—282,306—307,348,429

Limit pricing 限制定价 304,457

Local Government Antitrust Act 地方政府反托拉斯法案 393—394

Long run 长期 26,32,34—35,38,41,43—46,48—49,197

Marginal cost 边际成本。参见 Cost

Marginal revenue 边际收入 46—48

Market 市场 3,5,6,23—51,69—82,92—93,256—257

Market allocation 划分市场 15,89,96,100,101,104—106,168,242,244,247,292,325,344,353

Market definition 市场界定 73—79,230

Market division 划分市场。参见 Market allocation

Marketplace participant exception to Noerr-Pennington immunity 诺尔-彭宁顿豁免的市场参与者除外 404

Marketplace participant exception to state-action immunity 州行为豁免的市场参与者除外 386

Market power 市场势力 6,15,16,27,31,46—48,54,57,66,67—68,69—82,92—93,97,100,101,112,121,127,129,135,140,141,145,146—147,149,151,153—154,174—175,186—188,225,228,229,230—231,232,257,271,289,290,291—292,296,299,307

Market share 市场份额 57,67,73—79,92—93,97,112

McCarran-Ferguson Act 麦卡伦-弗格森法 392

Merger 合并 6,9,13,15,16,57—58,

索引　555

67，68，72，81，183，271—329，341—343，346，356—359，367
Merger Guidelines　合并指南　282—285
Merger Guidelines, Horizontal　横向合并指南　284，293—297，300，301，308，310，312—313，343
Merger Guidelines, Non-Horizontal　非横向合并指南　294，300，310
Merger preclearance review　合并事前审查。参见 Hart-Scott-Rodino Act
Midcal doctrine　米德卡规则　378，383，386—394，406
Money damages　金钱损害赔偿。参见 Damages
Monopoly　垄断　3，4，5，8，10，16，27，46—49，75—76，150—151，183—224，225—231，254，259，295
Monopoly power　垄断力　46—49，69，175，183—231，236，237，241—242，246，295
Multilateral　多边　8，15，16，59，67—68，85—97，111，161，164，183，230—231，245，292
Municipal government　市政府　381，384，390—391，393

Naked restraints　赤裸裸的限制　62—63，71，88，92，100—109，112，114—117，121，123—125，247，292，344
National Cooperative Research and Production Act　国家合作研究与生产法　230
Natural monopoly　自然垄断　48
Noerr-Pennington doctrine　诺尔-彭宁顿规则　109—110，213—218，231，239，248，379—380，386，395—407
Nolo contendere　无罪申诉　351
Noncompete　不竞争。参见 Covenant not to compete
Nonprofit entity　非营利性实体　122，125，262，285，366—367，370—371，376

Ocean shipping　远洋运输　316，364，406，418
Oligopoly　寡头垄断　23，67—68，132，134—136，170，174—176，185，198，295—296，303—304，305，454—457
Oligopoly gap　寡头垄断空缺。参见 Copperweld gap
"One monopoly profit" argument　"垄断利润"论点　448—454

Parens patriae　国家亲权　260，277，349—350，351，353，354—355
Parker doctrine　帕克规则。参见 State action immunity
Part III proceedings　第三部分程序　315，333，346—347，359
Partnership　合伙　86—88，116，273，287—288，316，320，370
Patent　专利　27，123，150，154—155，163，212，217—219，235—249，287，404—405
Patent hold-up　专利劫持　217，240，405
Patent pool　专利池　245
Pay-for-delay settlements　有偿延迟协议　123，246—248
Perfect competition　完全竞争　21—51，69，132，254，257
Perfect information　完全信息　25，132
Per se rule　本身的规则　10—12，13，62，67，71—72，85—97，99—11—，111—117，114—130，135，140—148，161，164，166，204，229—230，241，242，244，263，268，280，291，334，336
Per se illegality of profit sharing　利润分

享的本身违法性 102
Per se legality of product design decisions 产品设计决策的本身合法性 219
Per se legality of refusals to license intellectual property 拒绝许可知识产权的本身合法性 219,241
Per se rule for tying 搭售的本身规则 151—155
"Person" within meaning of antitrust statutes 反托拉斯法意义上的"人" 262,285—289,316,349,366—367,369,370,378
Petitioning immunity 请愿豁免。参见 Noerr-Pennington doctrine
Predation 掠夺 12,59,64—65,72,177,191,193,196—203,211,213,226—227,231,259,265,303,336,337
Predatory pricing 掠夺性定价。参见 Predation
Price discrimination 价格歧视 15,17,58,63—65,72,253—268,346,369,374,413—414,423—424
Price elasticity 价格弹性。参见 Elasticity
Price fixing 固定价格 7—8,12,15,55,61—64,71,81,86—89,91—92,96,99—104,112,116,120,132,140,142,146—147,291—292
Price predation 价格掠夺。参见 Predation
Price theory 价格理论 21—51
Primary jurisdiction 主要管辖 409,411—412,423,425—427
Private plaintiff 私人原告 4,9,11,59,70,92,260,272,333—342,348—349,350—353,354
Producer surplus 生产者剩余。参见 Surplus
Product market 产品市场 74—78
Profit, accounting 会计利润 30

Profit, economic 经济利润 26,28,30—32,38,42—48
Profit sacrifice test 利润牺牲测试 189,191—192
Profit sharing, as per se violation 本身违法的利润分享 102
Progressive politics 进步政治运动 7
Purpose of antitrust 反托拉斯的目的 55—58

Quick look 快速审查 71—72,91—97,112,119—130,161,230,247—248,418

Railroad 铁路 6,88,193,206,349,381,395,410,423
Reasonable interchangeability 合理的可互换性 74
Refusal to deal 拒绝交易。参见 Boycott
Regulated industries 被监管行业 12,15,48,254,258—259,285,288,290,302,316,364—365,371,409—427
Regulation 监管。参见 Regulated industries
Relevant market 相关市场。参见 Market definition
Remedies 救济 301,312,325,326,354—359
Remoteness 关系疏远。参见 Standing
Requirements contracts 需求合同 156—157
Resale price maintenance 转售价格维持 12,94,140—141,143,144,180,204,242,245,246
Restraints of trade 贸易限制 4,5,8,12,85—95,99—110,111—117
Revenue sharing 收入共享 102
Reverse-payment settlements 反向支付协议。参见 Pay-for-delay settlements

Robinson-Patman Act 罗宾逊－帕特曼法 4,15,17,72,253—268,343,346,350,367,369—371,374—376

Rule of reason 合理原则 4,16,22,62,63,71—72,85—97,99—110,111—117,119—130,135—136,140,145—148,150,154,156—157,165,166,195,204,229,233,238,241,243,247,344,365

Scale economies 规模经济。参见 Economies of scale

Securities and Exchange Commission 证券交易委员会 312,420

Settlement 和解 246—248,326,354,358

Seventh Amendment 第七修正案 333—334

Sham litigation 虚假诉讼 216,231,239,248—249,399—400

Sham petitioning 虚假请愿 213,216,231,239,382,396,397,398—399,402—404

Sherman Act 《谢尔曼法》 3—16,67—68,70,86—87,96,112,114,150,184,185,260,264,271,288,296,325,342,346,350,366,369—370,372—376,377,387,396,430,438

Sherman Act Section 1 《谢尔曼法》第1条 3,8,14,15,67—68,72,85—95,119—130,149,150,151,152,185,209,229,230,259,265,271,291,296,325,337,338,341,343,344,345,363,365,370,429,430,435—436

Sherman Act Section 2 《谢尔曼法》第2条 3,8,14,16,67—68,72,76,78,86,150,183—224,229,230,231,233,239,259,271,296,340,341,344,363,365,370

Sherman Act Section 4 《谢尔曼法》第4条 343,345,351,352,357,358

Sherman Act Section 6 《谢尔曼法》第6条 356

Sherman Act Section 7 《谢尔曼法》第7条 348,378

Short run 短期 27,32,34—35,41,42—46,48

Single entity 单一实体 13,162—168

Sixth Amendment 第六修正案 334

Social justifications 社会正当性理由 54,58,60—63,104,223,30

Standard setting 标准制定 86,107,116—117,194,213—215,239—240,286,383,401—402,404—405,407

Standing 当事人资格 335,338—340,353

State action immunity 州行为豁免 378,379—380,383—394

State antitrust 州反托拉斯法 4

Statute of limitations 诉讼时效 74,351—353

Structural remedies 结构性救济 314—315,357—358

Subjective intent 主观意图 230,239,249,305,389—390,400

Summary judgment 即决审判 93,113,172—174,230

Sunk cost 沉没成本。参见 Cost

Superior skill, foresight, and industry 更精湛的技艺、远见和勤勉 186—188,238

Surplus 剩余 49—51,56—57

Surplus, consumer 消费者剩余 49—51,56—57,253—254,262,264,451

Surplus, producer 生产者剩余 49—51,56—57

Tender offer　要约收购　275，315，321—323，327，329
Total cost　总成本。参见 Cost
Trademark　商标　287
Transaction costs　交易成本。参见 Cost
Treble damages　三倍损害赔偿　9，197，338，343，345，348—349，351，352，365
Tunney Act　托尼法案　354
Tying　搭售　12，15，71，72，97，140，145—146，149—156，200，209—212，246，346，369，370，374，376

Unilateral　单边的　8，12，15，16，54，59，67—69，86，96，142—143，230，233
Unilateral effects　单边效应　283，290，295—299

U.S. Attorneys　美国律师　344—345
Utility　效用　24，49—51

Variable cost　可变成本。参见 Cost
Vertical integration　纵向融合　193，204，300—302，375，445—448
Vertical merger　纵向合并　275—276，278—279，283，289，290—291，294—295，298，299—302，309，315
Vertical price fixing　纵向固定价格。参见 Resale price maintenance
Vertical restraints　纵向限制　59，90，94—95，139—148，180，209—212

Warren Court　沃伦法院　10—11，278—280
Welfare　福利。参见 Utility

图书在版编目(CIP)数据

反托拉斯法:案例与解析/(美)克里斯托弗·L.萨格尔斯著;谭袁译.—北京:商务印书馆,2021(2022.3重印)
(威科法律译丛)
ISBN 978-7-100-18526-4

Ⅰ.①反… Ⅱ.①克…②谭… Ⅲ.①反垄断法—研究—美国 Ⅳ.①D971.222.94

中国版本图书馆 CIP 数据核字(2020)第 087749 号

权利保留,侵权必究。

威科法律译丛

反托拉斯法:案例与解析

〔美〕克里斯托弗·L.萨格尔斯 著
谭袁 译

商务印书馆出版
(北京王府井大街36号 邮政编码100710)
商务印书馆发行
北京冠中印刷厂印刷
ISBN 978-7-100-18526-4

2021年4月第1版 开本710×1000 1/16
2022年3月北京第2次印刷 印张 37¾
定价:169.00元